심 리 학 총 서

인간행동의 이해

[제 2 판]

이훈구 · 한종철 · 정찬섭
오경자 · 한광희 · 황상민 · 김민식 공저

法 文 社

제2판 머리말

대학에 진학하기 전에 심리학을 제대로 배워볼 기회가 적은 우리나라 학생들은 대학에 들어와 막연한 호기심으로 심리학을 접하게 되는 경우가 많다. 프로이트의 정신분석이나 대중매체에서 재미로 다루는 인간 심리에 대한 표면적이고 다소 왜곡된 내용들만을 접하고 그것이 심리학에서 다루는 주된 내용이라고 오해하는 경우를 많이 보아왔다.

심리학을 처음 배우는 학생들에게 인간 심리에 관하여 궁금한 질문을 하게 하면, 많은 학생들은 우리에게 투시라는 것이 있는지, 육감이라는 것이 있는지, 어떻게 다른 사람의 마음을 꿰뚫어 볼 수 있는지 등등 초감각적 지각 현상이나 초심리 현상에 대한 질문들을 쏟아낸다. 일상적인 우리의 행동이나 마음과는 거리가 먼 이러한 질문들은 그야말로 신비롭고 환상적인 매력을 갖고 있는 듯이 보인다. 그러나 이런 대부분의 질문들은 과학으로서의 심리학과는 거리가 먼 질문들이고, 따라서 이런 질문에 대한 답변을 통해서 학생들의 심리학에 대한 잘못된 환상은 무너지게 된다. 그렇다고 심리학에서 다루는 내용들이 재미없다는 얘기는 아니다. 오히려 신비롭고 환상적인 매력을 지닌 질문이 반드시 뭔가 이상한 것 혹은 일상적이지 않은 것만을 대상으로 할 필요가 없음을 깨달을 때 학생들은 더욱 심리학에서 다루는 주제와 연구 방법에 매력을 느끼게 된다고 생각한다.

인간의 행동 중에 지극히 일상적인 일, 가령 어떤 사물이나 글자를 보고 그것이 무엇이지 아는 과정 즉 '본다'는 행동 하나에도 우리가 아직 밝혀내지 못한 수많은 비밀과 신비한 과정들이 숨어 있고, 우리의 날카로운 질문을 기다리고 있다. 단지, '본다'는 것은 너무도 당연하고 아무런 노력 없이 자동적으로 일어나는 것이라는 생각 때문에 이 '본다'라는 것에 대해서는 더 이상의 질문도 없는 것처럼 느낄 뿐이다. 그러나 우리가 너무도 쉽게, 그리고 거의 순간적으로 하는 '본다'는 과정은 실제로 우리의 시각 시스템과 뇌에서 아주 복잡한 정보처리 과정을 거쳐야만 가능하다. 신비롭고 환상적인 일들은 멀리 있는 것이 아니다. 우리가 너무도 쉽게 보고, 듣고, 행동하는 것 자체가 아직도 우리 인간이 그 과정을 이해하지 못하는 신비 덩어리이며 이것이 심리학도인 우리들이 밝혀 나가야 할 관심 주제인 것이다.

심리학을 하는 일차적 목적은 인간을 보다 잘 이해하기 위한 것이고 또한 잘 이해하기 위한 여러 방법들을 개발하는 것이다. 심리학에서 인간을 이해하기 위하여 다양한 방법을 개발하고 이를 사용하여 더욱 정교하고 체계적으로 인간을 이해하려는 노력들을 접하다보면 결국, 이러한 지식들이 인간이 사는 사회에서 적절하게 사용될 수 있고 또한 사용될 것이라고 우리는 확신하고 있다.

심리학에 대한 사회적 요구와 수요는 나날이 증가하고 있다. 급변하는 현대 사회는 제한된 영역의 전문 지식을 요구하기보다는 일반적 문제 해결 능력이나 창의력, 다양한 환경에서 체계적이고 합리적으로 문제를 이해하고 사고하는 능력 등을 요구하고 있다. 가령 여러분이 심리학을 전공하고 은행에 들어갔다고 하자. 엄청난 예산을 들여 현금 자동지급기를 만들었지만 은행 고객들이 잘 사용하려고 하지 않는다면 무엇이 문제이고 어떻게 할 것인가? 여러분은 이런 문제를 심리학을 통해 배운 지식들을 활용하여 과학적이고 체계적으로 접근할 수 있다. 어떤 웹 페이지는 왜 많은 사람들이 좋아하고 쉽게 사용하는 반면 다른 웹 페이지는 많은 사람들이 불편해서 사용하려고 하지 않는지, 사소한 문제처럼 보이는 이런 문제도 하나의 벤처회사를 살릴 수도 있는 중요한 문제일 수 있다. 비단 이런 문제뿐인가. '왕따' 문제를 어떻게 이해하고 어떤 해결책을 모색할 수 있는지, 효과적인 학습방법은 무엇인지, 부적응이나 발달상의 문제는 왜 일어나고 어떻게 도움을 줄 수 있는지, 상품에 따른 효과적인 광고 전략은 무엇인지, 그리고 상업적으로 혹은 정치적으로 악용될 수 있는 우리의 비합리적인 사고의 유형은 무엇이고 어떻게 이를 극복할 수 있는지 등등 심리학의 지식들은 우리의 일상생활부터 사회나 산업 현장 전반에 걸쳐 얼마든지 그 진가를 발휘할 수 있다.

심리학을 전공하는 것은 학문 자체의 흥미뿐 아니라 그 이후의 진로에서도 다양한 기회를 제공받을 수 있기 때문에 심리학 전공 후의 전망은 매우 밝다. 인간에 대한 보다 체계적이고 과학적인 관심으로부터 시작한 심리학은 최근 수십 년 동안 급속도로 발전하여 수많은 영역에서 활발한 연구가 진행되고 있으며, 지금도 계속해서 그 영역이 확장되고 있는 그야말로 살아있는 학문이다. 이제 우리나라에서도 심리학은 문과적 속성과 이,공계적 속성을 모두 지닌 복합 학문 영역으로 분류될 정도로 그 영역은 방대하다. 특히, 심리학은 거의 모든 다른 학문영역에 영향을 주는 중요한 학문으로 발전하고 있는데, 특히 인지과학이나 뇌과학 등에서 심리학은 핵심적 위치를 차지하고 있으며, 인간-친화적 사회환경을 구축하는 데 산업 장면이나 정신 건강 및 문화 전반에서 빼놓을 수 없는 중요한 역할을 수행하고 있는 것이다.

하루가 다르게 새로운 발견과 연구가 쏟아지는 심리학의 변화를 생각할 때, 약 9년 전의 개정판이 나온 이후 이제야 새로운 개정판을 내 놓게 된 점에 대해 자책과 함께, 앞으로 더 좋은 개정판으로 독자들을 자주 만날 것을 다짐해 본다. 본 개정판은 모두 7명의 연세대학교 심리학과 교수가 참여하여 이전의 내용을 수정, 보완하고, 어떤 장은 새로 집필하는 등 많은 곳에서 개정을 하려고 하였다. 기존의 번역서와는 달리, 각각의 교수가 자신이 전공하는 분야를 맡아 이해하기 쉬운 우리의 문장과 사례를 이용하여 우리의 개론서를 만들었다는 자부심을 갖고 있다. 새롭게 삽화를 추가해 준 장근영 군을 비롯하여 색인과 교정작업을 도와준 많은 대학원생들에게 심심한 감사의 뜻을 전한다. 또한 이 책이 나오기까지 관심과 배려로 도와주신 법문사 배효선 사장님과, 제작과정을 통해 수고와 협조를 아끼지 않으신 위호준 과장님과 예상현 씨를 비롯한 편집관계 여러분께 감사를 드린다.

2003년 1월

저자 일동

개정판 서문

우리 학과에서 심리학개론 교재를 만들어 사용하기 시작한지 벌써 7년이 지났다. 그동안 많은 학자들로부터 격려와 호평을 받아 왔으며 우리들도 현대사회에서 필수 기초과목인 심리학의 소개 내지 입문서로서 비교적 충실하다고 자부해 왔다.

그러나 그동안 급속하게 변화해가는 학문의 추이를 따라가야만 하는 것이 우리의 사명이므로 이번에 책의 내용을 전적으로 개정 · 보완하기로 하였다. 제8장 성격과 제12장 이상심리는 집필진에 새로 참여하게 된 오경자 교수가 개정 · 보완하였고, 그밖의 부분은 전에 집필하였던 교수가 개정하였다. 새로 들어온 원고를 살펴보니 약간의 수정을 가한 장도 있고 아예 새로 쓰다시피 한 장도 있었다. 그림이나 예도 새로 만들고, 매장마다 거의 다 새로 쓰다시피 하여 내용이 비교적 참신하게 새로와졌다고 믿는다.

신입생이나 심리학을 새로 접하는 이들에게, 쉽게 입문할 수 있고, 편견이나 착오없이 흥미롭게 읽혀야 하기 때문에 각론으로 들어가는 전문서적보다도 집필하기가 어려웠던 것도 사실이다. 겸허한 마음으로 이 책을 다시 세상에 내어 놓게 되어 조심스러우면서도 기쁜 마음 가득하다.

첫번 책 머리말에 '부족한 면을 앞으로 계속 보완해 나갈 생각이다' 라고 말한 약속을 지킬 수 있게 된 것도 매우 다행스러우며, 개정하기로 작정하고 시작한지 2년 가까이 또 시간이 흐르는 동안, 재집필하여 주신 교수님과 표지를 디자인해 주신 지상현 선생, 여러가지 어려운 정리, 색인 만들기, 삽화넣기 등 수고를 아끼지 아니한 장근영 군을 비롯한 대학원 조교 여러분에게 심심한 감사의 뜻을 전한다.

책을 아예 새로 만들게 된 법문사 관계자 여러분의 노고에도 감사드리며 개정판 머리말에 대신하고자 한다.

1993. 여름

최 정 훈

머 리 말

오늘날 심리학은 현대사회의 거의 모든 분야에서 활용되고 있으며, 또한 꼭 필요한 학문들 중의 하나가 되었다. 이와 같은 심리학의 사회적 중요성과 필요성에 부응하기 위하여 우리 나라에서도 대학에 심리학과가 설치된 곳이 이제는 20여교가 넘으며 그간 개론서와 전문서 등 꽤 많은 심리학 서적들이 출간되었다. 그러나 돌이켜 보면 지금까지 우리 나라 서적보다 주로 서양서적을 가져다가 읽거나 해설해 주면서 대부분 심리학을 공부해 왔다. 물론 대학에서 교재를 만들어 사용하는 곳도 몇 군데 있고 또 개론서를 집필했거나 번역한 것들이 있지만 그 중 심리학 전공생에게 뿐 아니라 교양이나 특수분야의 기초학문으로서 심리학을 배우려는 학생들에게 적절한 수준의 교재가 절대로 부족하였다고 본다. 차제에 이러한 결핍을 느끼고 연세대학교 심리학과 교수 다섯 명이 각기 자기 전공분야를 맡아서 쉽고 평이한 문장으로 우리의 개론서를 하나 꾸미기로 하였다.

이 책의 집필은 다음과 같이 분담 집필되었다. 제12장 이상행동과 제13장 심리치료는 본인 최 정훈, 제1장 심리학이란 어떤 학문인가와 제8장 성격, 제9장 사회행동은 이 훈구 교수, 제4장 학습, 제10장 심리검사와 지능, 제11장 적응은 한 종철 교수, 제3장 동기와 정서, 제7장 발달, 제14장 심리학의 새로운 활동분야는 윤 진 교수, 제2장 행동의 생물학적 기초, 제5장 감각과 지각, 제6장 기억은 정 찬섭 교수가 각각 맡아서 집필하였다.

심리학 개론서를 집필하는 것이 전공서적을 쓰는 것보다 어려웠다는 것이 집필자 모두가 공통된 생각이다. 한 가지 다행스러운 것은 모두가 각자의 관심분야를 맡아서 집필하였으므로 본 개론서가 각 필자들의 독특한 관점과 철저한 이해를 바탕으로 쓰여졌다는 것이다. 좋은 책을 만든다는 것이 얼마나 힘들다는 것을 안다. 이 책을 써가면서 부족한 면을 앞으로 계속 보완해 나갈 생각이다.

그 동안 이 책이 나오기까지 2년여에 걸쳐 많은 사람들의 땀과 노력이 함께 하였다. 이 책을 집필하여 주신 교수 여러분과 원고 정리, 색인 작성을 비롯한 편집 간사의 일을 도맡아 준 김 정화 선생의 노고에 감사드린다. 또한 사진을 비롯한 참고자료 수집·선정과 교정작업에 자발적으로 여름방학을 할애해 준 최 영주, 이 희수 강사와 일일이 이름을 밝히지 못할 만큼 기타 참여 대학원생 모두에게 심심한 사의를 표한다.

그리고 이 책의 제작과정 전체를 통하여 많은 배려를 해 주신 법문사 배효선 사장님을 비롯한 편집관계 여러분의 희생적인 협조에 감사를 드린다.

1986. 여름

연세동산에서

집필자 대표 최 정 훈

차 례

* 각 장의 표지 그림은 Roger N. Shepard(1990)의 Mindsights에서 인용했음을 밝혀둔다.] ►

제1장 심리학이란 어떤 학문인가?

심리학의 정의
심리학의 연구방법
심리학의 범위

현대사회는 빠른 속도로 변해가고 있으며 더욱 복잡해지고 있다. 심리학은 이와 같이 복잡한 사회 속에서 일어나는 많은 문제들을 해결하는 데 큰 비중을 차지하고 있으며 그 역할 또한 점점 중요하게 되었다. 심리학은 우리 생활의 거의 모든 영역을 다룬다. 작고 구체적인 문제에서부터 아주 광범위한 문제까지 심리학자들이 다루는 연구범위는 무한하다. 훌륭하고 능력있는 사람을 길러내기 위해서는 어떤 육아법이 가장 좋은가? 오늘날 증가일로에 있는 정신병을 어떻게 예방할 것인가? 인종차별을 어떻게 제거할 수 있는가? 청소년 문제를 해결하기 위한 방법으로 어떤 것이 효과적인가? 이와 같은 문제들은 모두 다소 광범위하고 일반적인 문제들이다.

한편, 심리학자들이 연구하는 보다 구체적인 문제들로는 어떻게 약물중독을 방지할 수 있는가, 어떤 방법으로 흡연인구를 줄일 수 있는가, 보다 정확한 여론파악을 위해서 어떤 조사방법을 사용할 것인가, 작업장의 기계배열을 어떻게 하면 안전사고를 방지할 수 있는가, 전기자극을 줌으로써 인공적인 지각을 느끼게 할 수 있는가 등이다. 이 외에도 심리학은 여러 방면의 문제를 연구한다. 심리학은 법이나 공공정책에 영향을 미침으로써 우리의 일상생활에도 관여하고 있다. TV프로가 주는 영향을 연구함으로써 보다 재미있고 효과적인 프로그램을 개발하게 해주며 청소년의 비행원인과 상담교사의 활용문제도 심리학에서 다루는 문제들이다.

인간이 스스로에게 호기심을 갖게 되면서 심리학이 시작되었다.

이처럼 심리학은 우리 생활의 거의 모든 측면과 관련을 맺고 있으며 폭넓게 영향을 미치기 때문에 심리학을 전공으로 하지 않는 사람이라도 심리학에 대한 기본이론과 연구방법을 알아둘 필요가 있다. 특히, 심리학개론은 왜 사람들이 그런 방식으로 행동하는가에 대한 올바른 이해와 자기자신의 태도나 반응에 대한 지식을 제공해 줄 것이다.

Ⅰ. 심리학의 정의

많은 사람들이 심리학에 흥미를 갖고 있지만 이들의 심리학에 대한 인식은 오해와 편견이 지배적이다. 우리는 일상생활 속에서 심리학이란 이름 아래 보고되는 주장들을 수없이 접하고 있으며 그러한 주장들을 타당한 것으로 잘못 판단하고 있는 경우도 허다하다. 〈표 1-1〉 (이훈구와 박미자, 1985)은 이와 같은 우리의 오해와 편견을 잘 나타내 주고 있다. 이 표는 인간에 대해 얼마나 잘 이해하고 있는가를 알아보기 위해 교양과목인 「인간행동의 심리적 이해」를 수강신청한 연세대학교 재학생들을 대상으로 설문조사를 실시한 결과이다. 연구문항들은 아직 논쟁이 되고 있거나 대부분 사실이 아니라고 밝혀진 것들이다. 이 조사결과에 따르면 많은 사람들이 입증되지 않은 사실을 종종 사실로 간주하고 있음을 알 수 있다.

이와 같은 오해를 극복하고 심리학을 보다 올바르게 이해하기 위해서는 어떤 심리학적 사실이 입증되어 왔으며 또한 최근에 대두되는 새로운 주장들이 타당한지를 판단하는 데 필요한 정보를 잘 이해해야 한다. 이 책에서는 이전의 심리학 개론서는 물론 심리학의 최근 지식을 종합했으며 먼저 심리학의 본질을 규명하고자 한다.

심리학의 정의는 학자마다 조금씩 다르며 시대에 따라서도 계속 변화해 왔다. 심리학이 철학으로부터 새로운 학문으로 독립하기 시작할 무렵에는 '정신활동의 연구분야' 로 간주되어 오다가 그 후 객관적으로 측정가능한 현상만을 다루어야 한다는 주장이 대두되고부터는 '행동의 연구' 로 바뀌었으며 인간뿐 아니라 동물의 행동도 함께 연구해야 된다고 보았다. 즉, 심리학은

심리학에는 오랜 역사만큼이나 많은 오해들이 일반화되어 있다.

〈표 1-1〉 인간에 대한 이해(이훈구와 박미자, 1985 : 숫자는 %임)

내 용	사실이다	아니다	모르겠다	무응답
혈액형과 성격과는 관계가 있다	59.2	30.0	10.6	.2
소질은 타고 난다	72.7	22.9	4.1	.3
남·여는 태어날 때부터 성격적인 차이가 난다	54.5	37.6	7.5	.4
지능은 유전된다	69.0	23.3	7.5	.2
지능은 노령화에 따라 퇴보한다	60.2	27.8	11.5	.5
반복연습하면 기술이 향상된다	96.0	3.2	.6	.2
인간은 자율적으로 행동한다	61.9	28.3	9.5	.3
꿈이 많으면 숙면을 못한다	56.8	30.7	12.3	.2
벌을 아끼면 자식을 망친다	56.1	35.6	7.7	.6
학교 때 성적으로 장래성공을 예측할 수 없다	80.3	14.0	5.2	.5
출신도에 따라 성격에 차이가 난다	63.9	26.1	9.7	.3
지능지체는 정신병이다	13.1	56.8	29.8	.3
인간은 본능의 동물이다	46.7	45.3	7.7	.3
꿈은 들어 맞는다	17.2	57.0	25.5	.3
딸은 아버지를, 아들은 어머니를 좋아한다	48.5	36.3	14.7	.5

(N=651, 피험자는 연세대 재학생임)

'인간과 동물의 행동에 관한 과학' 이라는 정의가 유행했었다. 이후 인지심리학과 현상학적 심리학의 발전으로 심리학의 정의는 행동뿐 아니라 정신과정의 연구도 포함해야 한다는 것으로 변화했으며 최근에 와서는 심리학을 '인간행동을 이해하기 위해 기억구조와 정신과정을 과학적으로 분석하는 학문(Mayer, 1981)' 으로 정의하기도 한다.

방금 살펴본 바와 같이 아직 심리학에 대해 확고한 정의를 내리기는 어려우나, 일반적으로 '인간의 행동과 심리과정을 과학적으로 연구하는 학문' 이라고 정의할 수 있다. 이 정의 속에는 관찰가능한 행동의 객관적 연구라는 관점과 함께 직접 관찰할 수는 없어도 신경생물학적 자료로 추론할 수 있는 심리과정 등이 주제가 될 수 있음을 함축하고 있다. 이처럼 심리학을 한 마디로 확고하게 정의하기 어려우므로 우선 심리학이 과학으로서 지니는 특징을 간단하게 살펴보는 것이 필요할 것이다. 앞에서도 밝혔듯이 심리학은 하나의 과학이다. 과학은 체계를 이루고 있는 지식의 조직체이며 정확하고 세밀한 관찰, 측정 및 실험을 통해 일반원리를 추구한다. 과학의 일반적인 특징은 실험 및 관찰, 체계적 접근, 측정이며 심리학도 과학인 이상 이 세 가지 특징을 학문의 특성으로 삼고있다.

심리학의 역사는 다른 학문에 비해 비교적 짧으나 심리학 연구는 최근에 들어 급증하고 있다. 이러한 이유로 심리학의 여러 이론과 개념들은 계속 변화, 생성되고 있다. 따라서, 심리학에 대해 완벽한 정의를 내리기는 어렵지만 현재까지 심리학자들이 규명하려는 문제와 인간행동을 설명하기 위한 여러 가지 연구 방법을 살펴봄으로써 심리학에 대한 기초지식과 개념을 이해할 수 있을 것이다.

실험심리학의 탄생!

Ⅱ. 심리학의 연구방법

대부분의 학문이 철학의 영역으로부터 분리되어 나온 것과 마찬가지로 심리학도 철학의 한 분파로부터 독자적인 학문의 영역으로 발전했다. 심리학은 1879년 Wundt가 독일 라이프찌히 대학에 최초로 심리학 실험실을 세운 후부터 독립적인 학문으로서 발달하기 시작하였다. 이전까지만 해도 인간의 정신과정인 사고와 꿈은 접근할 수 없는 신비한 현상으로 여겨졌으며 정신과 물질, 영혼과 육체는 완전히 분리되어 있다고 생각해 왔다. Wundt는 이러한 전통에 반기를 든 학자였으며 인간의 정신을 객관적이고 과학적으로 연구하기 위해 측정과 실험을 도입함으로써 과학으로서의 심리학의 기틀을 마련하였다. Wundt 이후 심리학은 여러 학파로 분화, 발전되어 왔으며 인간의 사고와 행동을 연구하는 방법도 다양하게 변화해 왔다.

Wilhelm Wundt

심리학의 연구방법을 살펴볼 때 여러 가지 분류나 유형을 행각해 볼 수 있으나 여기서는 다섯 가지 기본 연구방법을 살펴봄으로써 현대심리학의 기본개념을 파악하고자 한다. 그런데 이러한 연구방법들은 서로 배타적인 것이 아니라 문제를 보는 입장이 다를 뿐이라는 것을 명심해야 한다. 인간행동을 연구하는 데 어느 하나의 방법만이 전적으로 옳다고 말할 수 없으며 가장 좋은 방법을 찾기는 더욱 힘들다. 대부분의 심리학자들은 여러 가지 연구방법과 견해를 종합해서 적용하려는 절충적 입장을 취하고 있다.

1. 신경생물학적 연구

인간을 연구하는 한 가지 방법은 행동을 신체 내부, 특히 뇌와 신경계통에서 일어나는 사건과 연관시켜 보는 것이다. 신경생물학적 연구방법은 행동과 정신 활동에 내재해 있는 신경생물학적 과정을 분석하는 데 중점을 두고 있다. 인간의 뇌세포는 약 120억개에 달하며 매우 복잡하게 상호연합되어 있다. 인간이 사고하고 활동하는 데서 비롯되는 모든 심리학적 사건들은 이러한 뇌의 활동과 각 신체부위와 연결되어 있는 신경계통의 활동으로 설명될 수 있다. 예를 들면, 학습에 관한 연구를 할 때 신경생물학적 입장에서는 새로운 과제를 학습한 결과 신경계통에 어떠한 변화가 일어났는가에 관심이 있다.

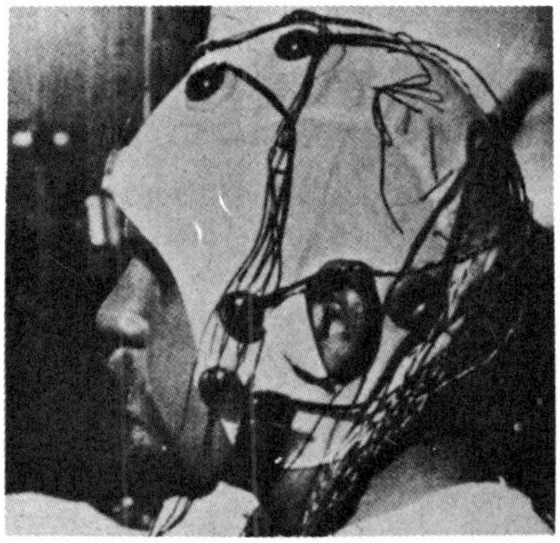

[그림 1-1] 정서반응을 유발하도록 장치된 뇌

최근의 연구들은 뇌의 활동과 행동, 경험간에 밀접한 관계가 있다는 것을 증명하고 있다. 뇌의 어떤 특정한 부위에 약한 전기자극을 가함으로써 공포, 분노와 같은 정서반응을 유발시킬 수 있었다[그림 1-1]. 뇌의 특정부위에 전기자극을 가해 기쁨과 고통, 과거의 일을 기억시킬 수 있다는 사실은 이와 같은 연구방식이 우울증 등의 치료에 이용될 수 있음을 시사하고 있다.

이러한 연구방법은 우리의 행동에 내재해 있는 신경생물학적 메커니즘을 규명해 봄으로써 인간행동을 이해하려는 입장이다. 그러나 현재까지의 신경생물학적 이론으로서는 그러한 신경 생물학적 메커니즘을 규명한다는 것이 어려운 실정이다. 그것은 뇌 자체가 매우 복잡하고, 또한 인간의 뇌를 연구대상으로 하기에는 많은 문제점이 있을 뿐 아니라 신경기능에 관한 우리의 지식 또한 아직 크게 부족한 상태이기 때문이다. 따라서 신경생물학적 입장만으로는 우리의 행동을 적절히 기술하기 힘들며 다른 여러 가지 연구방법이 필요하다.

J. B. Watson

2. 행동주의적 연구

미국 심리학자인 J. B. Watson은 쥐의 학습에 관한 논문을 발표하면서 심리학의 유일한 주제는 오직 행동뿐이어야 한다고 주장했다. 그는 이전의 구조주의와 기능주의를 함께 반박하면서 의식이나 정신생활은 정의할 수도 없고 측정할 수도 없으므로 심리학은 관찰이 가능하고 측정할 수 있는 행동만을 다루어야 한다고 주장했다. Watson이 이러한 입장을 표명하기 이전에는 심리학이 정신경험이나 활동을 연구하는 학문으로 정의되었으며 그 연구 방법은 주로 내성(introspection)에 의한 자기관찰이었다. 내성이란 개인이 자신의 지각이나 느낌을 자세히 관찰하고 기록하는 것으로 다른 과학영역의 관찰이 반복가능한 것임과는 달리 내성은 오직 한 명의 관찰자에 의해서만 보고되는 것이 특징이다. Watson은 이러한 내성법이 자신만이 관찰할 수 있는 방법일 뿐이며 정확하지 못하기 때문에 객관성과 타당성이 결여된 무익한 방법이라고 생각했다. 그는 심리학이 하나의 과학이 될 수 있으려면 그 연구자료의 정의가 명확하고 관찰과 측정이 가능해야 한다고 보았다. 행동은 관찰할 수 있는 인간의 활동이며 다른 사람도 관찰할 수 있다. 그러므로 Watson은 인간의 행동을 연구하는 것이 심리학이 과학적인 학문이 될 수 있는 길이라고 주장했다.

B. F. Skinner

이러한 Watson의 입장을 대변해 주는 것이 행동주의이며 이 연구방법은 이후 미국 심리학계에서 큰 환영을 받았다. 자극-반응심리학(간단히 S-R심리학이라고도 한다)은 바로 행동주의의 산물이며 하버드 대학의 심리학자인 B. F. Skinner가 내세웠다. Watson과 마찬가지로 Skinner 역시 심리학의 주제는 관찰될 수 있고 측정가능한 행동의 연구로 국한되어야 한다고 믿었으며 행동의 자연법칙을 연구하는 데 주력했다. 자극-반응심리학은 반응을 유발하는 자극과 반응을 지속시켜 주는 보상이나 처벌을 연구하며 이 보상이나 처벌의 양상이 변화함에 따라 행동이 어떻게 달라지는가를 연구한다. 자극-반응 심리학은 생물체내에서 발생하는 일은 다루지 않는, 이른바 '검은 상자(black-box)' 연구방법이라고 부르기도 한다. 즉, 뇌와 신경계통이 끊임없이 활동하고 있지만 그 활동은 관찰할 수도 없고 측정할 수도 없으므로 상자 속의 일은 무시하고 상자 안으로 들어가는 것(자극)과 나오는 것(반응)만을 연구함으로써 심리학이 과학으로 기능할 수 있다고 보는 것이다. 이는 과학이나 기술분야에서의 투입-산출(input-output)연구방법과 같은 것이다. 그러므로 학습을 통해 신경계통에서 일어나는 변화는 굳이 규명할 필요가 없으며 단지 환경조건에 따라 학습행동이 어떻게 변하는가만을 관찰함으로써 학습이론을 발달시킬 수 있다고 보는 것이다.

엄격한 S-R접근방법은 인간의 의식적 경험을 완전히 배제한다. 다른 연구방법을 쓰는 심리학자들은 개인이 자기가 느낀 의식경험에 대해 말하는 것을 기록하고 이 객관적 자료를 통해 그 개인의 정신활동을 유추하기도 한다. 그러나 엄격한 S-R이론가들은 자극과 관찰가능한 반응 사이에 개재하는 정신과정은 연구하지 않는다. 이러한 엄격한 S-R심리학은 이후 다소 완화되었다. C. L. Hull과 N. Miller에 의해 신 행동주의가 대두되었는데, 신 행동주의는 행동주의의 전통을 잇기는 했으나 이전의 행동주의에서 인간의 마음을 완전히 무시하던 것과는 달리 인간의 마음, 즉 정신과정도 객관적으로 접근할 수 있는 연구대상에 포함시켰다. 즉 우리가 쓰는 언어도 행동인 이상 언어를 통해 정신과정을 연구할 수 있다는 입장이다. 신 행동주의는 정확한 전제에 의한 이론에서부터 결과를 예측하고 이를 객관적 관찰이나 실험을 통해 검증하는 오늘날의 연구방식을 정착시키는데 공헌했다.

3. 인지적 연구

인지심리학들은 인간을 능동적인 정보처리자로 간주한다. 즉, 인간은 자극을 단순히 수동적으로 지각하기보다는 들어온 정보를 능동적으로 처리하고 그것을 새로운 형태로 변형시키기도 한다. 예를 들어 신문을 읽을 때 우리가 근본적으로 보는 것은 물리적 자극인 잉크입자의 배열이다. 그러나 시각기관에 들어온 감각입력은 신문의 지면에서 눈에 투영된 빛의 형태이다. 이러한 입력은 신경활동을 일으켜 정보를 뇌에 전달하게 되고 그에 따라 우리는 사물을 읽고, 보고, 기억하게 된다. 우리가 읽

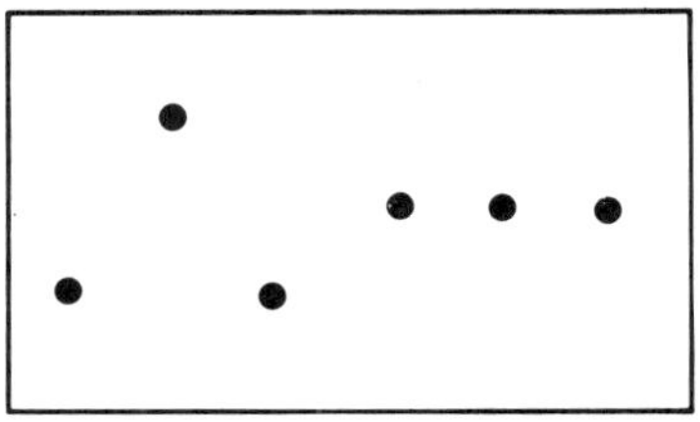

[그림 1-2] 지각심리학자들의 연구
사람들은 이것을 단순한 6개의 점으로 보지 않고 하나의 삼각형과 하나의 선으로 본다.

고 보는 경험과 자극 사이에는 수많은 변형이 일어난다. [그림 1-2]. 이 변형은 빛이 어떤 형태의 시각상으로 변형되는 것뿐만 아니라 그 시각상을 우리의 기억 속에 이미 저장해 놓은 다른 시각상과 비교해 보는 과정도 포함한다(만일 이전에 신문이나 글자라는 것을 보지 못했다면 신문의 지면을 형성하는 잉크입자의 배열에 대한 우리의 반응은 전혀 다를 것이다).

인지란 감각자극을 여러 가지 방법으로 변형하고 부호화해서 기억 속에 저장하고, 다시 이를 사용하기 위해 인출하는 정신과정을 의미한다. 인지의 단계를 가설적으로 표현하는 용어들 중에는 지각(perception), 심상(image), 문제해결, 기억, 사고 등이 있다. 이러한 것은 모두 자극과 반응 사이에 개재하는 단계이다. 따라서 인지심리학은 그러한 인지를 과학적으로 연구하며, 정신과정의 조직화방법과 기능을 설명하기 위해 실험을 하고 이론을 세우는 것을 목표로 하고 있다. 인지과정의 각 단계들과 그 활동은 신경생물학적으로 설명하지 않고도 이론화될 수 있다.

인지적 연구방법은 S-R관점이 너무 기계적이고 경직화된 데 대한 반발로 발전하였다. 인간의 행동을 단순히 자극과 반응이란 용어로만 설명하는 것은 아주 단순한 형태의 인간행동을 연구하는 데는 적합할지 모르나 인간의 다른 여러가지 흥미있는 기능들을 간과하는 것이다. 인간은 생각하고 기억하며 계획하고 판단한다. 또한 여러 가지 환경자극 중에서 자신의 관심을 끄는 것을 선택할 수도 있다. 행동주의는 심리학이 하나의 과학으로 발전하기 위해서는 행동만을 연구해야 하며 정신생활의 주관적인 연구는 배제할 것을 강조했다. 이러한 행동주의의 입장은 심리학자들이 객관성과 측정의 필요성을 자각하는 데 크게 공헌했다. 그러나 인지심리학은 내적과정에 대한 연구를 하되 객관적이고 과학적인 방법으로 한다.

엄격한 S-R이론이 전화교환장치에 비유된다면 인지심리학은 현대적인 컴퓨터나 일반적인 '정보처리시스템'과 비슷하다고 말할 수 있다. 정보는 선택되고 비교되며 기억 속의 다른 정보와 합쳐지고 변형되는 등 여러 가지 방법으로 처리되는 이러한 내적 정신과정의 특성과 내적 상황에 의해 반응이 결정된다. 현실에 관한 정신모델이 인지심리학의 중심을 이루고 있으며 현재 인지심리학의 연구분야는 급격히 확대되고 있다. 인간이 자극이나 정보를 어떻게 지각하고, 해석하며, 저장하고 또 사용하는가를 다루는 인지심리학은 특히 학습, 기억, 사고 및 언어분야에서 많은 연구결과를 내놓고 있으며 심리학의 거의 모든 영역에 영향을 미치고 있다.

4. 정신분석학적 연구

정신분석은 심리학보다는 정신의학에서 많아 사용하는 인간이해에 대한 관점이며 정신병을 치료할 때 적용하는 방법이다. 정신분석학적 이론은 실험적 연구를 주로 하는, 즉 자연과학적인 연구방법을 학문적 특성으로 하는 현대 심리학과는 맥을 달리한다. 정신분석학적 이론은 주로 개별환자를 광범위하게 사례연구한 결과에 의존한다는 점에서 실험적 연구와는 차이가 있다. 정신분석학적 연구 역시 심리학적 사고에 지대한 영향을 끼쳐 왔으며 특히 성격연구에 큰 공헌을 했다.

정신분석학적 연구는 미국에서 행동주의가 시작된 것과 거의 같은 시기에 유럽에서 Sigmund Freud에 의해 확립되었다. Freud는 환자들과의 임상경험에서 발견한 것을 토대로 인간의 정신생활에 관한 종합적인 이론을 정립시켰다. Freud이론의 기본가정은 우리 행동의 대부분이 무의식적 과정에 의해 지배되고 있다는 것이다. 무의식적 과정이란 우리가 의식하지 못하지만 우리 행동에 영향을 주는 사고, 숨겨진 동기, 욕망, 공포 등을 뜻한다. 또한 인간의 마음에는 원초아(id)가 있다고 보고 이를 자아(ego)와 초자아(superego)가 통제하려 하나 완전하게 통제하지는 못한다고 본다. 이 본능은 평상시에는 잘 나타나지 않고 무의식 속에서 우리의 행동에 영향을 준다. Freud에 의하면 무의식적 충동은 무심결에 나오는 실언이나 꿈, 습관적 행동, 신경증적 증상, 때로는 사회적으로 용납되는 예술이나 문학, 과학적 활동으로 표현된다.

Freud는 인간의 모든 행동은 원인이 있으며 그 원인이 무의식적 동기에서부터 비롯된다는 것을 강조했다. 그리고 인간본성에 대해 부정적인 입장을 취했다. 다시 말해 인간의 행동은 동물과 같은 기본적 본능에 의해 결정되고 인간의 많은 충동은 비도덕적이고 비이성적이므로 인간의 본능의 통제를 강조하는 사회와 끊임없이 투쟁한다는 것이다. Frued는 공격성을 인간의 근본적인 본능이라고 믿었으며 인간이 서로 평화롭게 공존할 가능성은 희박하다고 보았다.

Carl G. Jung

인간의 문제가 무의식적 욕망과 관련된 갈등 및 어린 시절 부

Alfred Adler

모와 갖는 부정응적인 경험에서 출발한다는 점에선 Freud와 그 이후의 다른 정신분석학자들 사이에 큰 이견이 없다. 그러나 무의식적 충동에는 항상 성(性)적인 속성이 있다는 Freud의 주장에는 많은 비판이 있어 왔다. 이러한 비판으로부터 신 정신분석학파가 생겼으며 대표적인 학자로는 A. Adler와 C. Jung을 들 수 있다. 이들은 무의식적 동기와 유아기경험의 중요성을 강조하면서 성적인 요소보다는 사회적 · 문화적 요소를 강조한다. 특히 Adler는 열등감을 극복해 가는 과정이 성격형성의 중심이 된다고 보았으며, Jung은 인종적 · 역사적 · 종교적 충동의 맥락에서 이루어지는 자기실현을 강조했다. Freud이론은 오늘날에도 많은 논쟁이 되고 있으며 찬 · 반으로 양분되고 있으나 그가 체계화한 정신분석은 심리치료의 기초를 이룩했으며 심리학의 한 주류로서 정립되었다.

5. 현상학적 · 인본주의적 연구

현상학적 연구는 개인의 주관적 경험을 강조한다. 즉 어떤 사건에 대해 개인이 어떻게 지각하며 해석하느냐 하는 개인의 현상학을 문제삼는다. 사건이나 현상을 이해하는 데 있어서도 어떤 가설이나 이론적인 틀을 설정하지 않고 개인이 경험하는 그대로의 사건과 현상으로써 연구한다. 현상학적 연구는 사람의 행동을 관찰하기보다는 자신의 지각과 경험세계를 연구함으로써 인간의 특성에 대해 더 많이 배울 수 있다고 믿는다. 이와 같이 현상학적 연구는 행동보다는 내적 정신과정을 강조한다는 점에서 인지적 연구와 유사하다. 그러나 연구하려는 내용과 그 연구방법에는 상당한 차이가 있다. 즉 인지적 연구에서는 개인이 사건을 어떻게 지각하고, 부호화하며, 분류하고, 기억내의 정보로써 표현하는가를 중시하는 반면에 현상학적 연구에서는 이론을 세워 행동을 예측하기 보다는 개인의 내적 생활과 경험에 대한 이해를 더 중요시한다. 현상학적 이론은 자아개념이나 자기평가의 감정, 자기의식 등을 중요하게 다룬다.

현상주의 심리학자들은 인간이 외부자극과 무의식적 본능에 의해 통제된다고 보지 않으며 오히려 인간은 스스로의 행동에 책임이 있다고 본다. 현상학적 연구는 행동주의와 정신 분석학의 기계론적인 특성에 대한 반박으로 나타났다. 현상주의 심리학자들은 인간을 자기자신의 운명을 통제할 수 있는 행위자로 보며 자유의지를 강조한다. 그러므로 다른 연구방법처럼 과학적인 방법을 강구하지 않는다. 예측과 통제에는 관심이 없으며 개인의 내적 생활과 경험을 이해하는 것을 중요시한다.

현상학적 이론 중 어떤 이론은 인본주의 이론이라고도 불리운다. 이는 인간의 기본적인 자유의지와 자아실현에 대한 욕구를 강조하기 때문이다. 인본주의 이론에 의하면 인간은 성장과 자아실현을 추구하려는 강한 동기를 가지고 있다. 환경적 · 문화적 장애에 의해 방해받기는 하지만 인간은 잠재력을 최대로 개발하고 현재의 자신보다 더 향상하려는 기본성향을 지니고 있다. 개인의 잠재력 개발을 중시하는 인본주의 심리학은 대면집단(encounter group)이나 그밖의 신비스러운 경험도 다룬다. 인본주의 심리학은 과학보다는 문학이나 휴머니즘을 지지하며 때로는 과학적인 심리학의 연구방법이 인간의 본질을 이해하는 데 별로 도움이 되지 않는다고 본다.

심리학이 실험실에서 단편적인 행동을 연구하기보다는 인간복지와 인간의 잠재력 실현에 보다 많은 관심을 기울여야 한다는 인본주의 견해는 가치가 있지만 오늘날처럼 극도로 복잡한 사회 속에서 발생하는 문제를 과학적인 연구방법을 도외시한 채 해결될 수 있다고 보는 관점은 비판의 여지가 있다.

6. 여러 가지 연구의 적용

앞에서 언급한 각 연구방법의 개념은 이 책 전체를 통해 더 자세하게 설명될 것이다. 이제 서로 다른 연구방법이 실제 연구에 어떻게 적용되는가를 살펴보도록 하겠다. 같은 연구주제라 하더라도 심리학자들은 각기 다른 연구방법으로 연구할 수 있다.

예를 들어 공격에 관한 연구를 할 때 생리심리학자는 공격행동과 관련된 뇌기능을 조사할 것이며 공격행동을 유발하는 호르몬이 있는가 등을 연구할 것이다. 실제로 어떤 연구들은 특정한 뇌부위에 전기나 화학물질로 자극을 줌으로써 공격행동을 야기시킬 수 있음을 보여준다. 행동주의 심리학자들은 공격적인 행동과 관련된 학습경험이나 특수한 상황에서 공격행위를 일으키는 자극을 연구한다. 인지적 연구에서는 사람들이 한 사건을 어떻게 해석하고 조직해서 처리하는가에 관심을 두며 그러한 사람에게 다른 정보를 줌으로써 지각을 수정하려는 데 초점을 둔다. 반면 정신분석학자는 공격과 관련된 유아기의 경험을 발견하고자 한다. 인본주의 심리학자는 우리 사회의 어떤 면이 개인의 자아실현 욕구를 좌절시켜 공격적 행위를 유발하느냐를 살펴볼 것이다.

각 연구들은 연구방식이 다른 것처럼 개인의 행동을 수정하거나 변화시키는 방법에 있어서도 차이가 있다. 공격성을 억제시키거나 공격성을 없애려는 방법으로 신경생물학적 연구에서는 약이나 특정부위의 수술과 같은 신경생물학적 방법을 취할 것이다. 행동주의 연구에서는 공격행동을 유발하는 환경조건을 바로잡는 한편 비공격적 행동을 강화시켜 주는 학습경험을 제공하려 할 것이다. 인지적 연구의 학자들은 행동주의자들과 비슷하지만 공격유발상황에 처할 때의 개인의 지각과정과 사고과정을 중시할 것이다. 정신분석적 연구는 공격행동이 왜 나타났는가를 규명하기 위해 개인의 무의식을 조사하고 그 무의식을 의식화해서 이를 보다 용납될 수 있는 방향에서 표현되도록 할 것이다. 마지막으로 인본주의 연구는 사회가치관을 수정시키고 인간이 잠재적으로 지니는 건설적이고 긍정적인 능력에 집중하며 이를 증진시키는 방향으로 사회환경을 조성하려 할 것이다.

지금까지 설명한 예들은 아주 극단적인 경우이고 실제로 대부분의 심리학자들은 여러 가지 연구방법을 조합해서 보는 절충적 입장을 취한다. 모든 연구방법이 인간의 본질을 설명하는 데 중요하며 각 연구마다 장 · 단점이 있으므로 연구문제에 가장 적합한 방법을 선택하는 것이 중요한다.

Ⅲ. 심리학의 범위

앞에서도 언급했듯이 심리학을 정의하기는 쉬운 일이 아니다. 비록 오늘날에는 행동과 정신과정을 연구하는 학문이라는 견해가 지배적이긴 하지만 한 가지 정의에 안주하기보다는 실제 심리학자들이 어떤 분야에서 어떤 연구를 하는가를 살펴봄으로써 심리학에 대한 이해를 보다 높일 수 있다.

1. 실험심리학

동물의 행동을 연구하여 인간의 행동원리를 추론하는 것도 실험심리학의 한 분야이다.

실험심리학이란 독자적인 분야라기보다는 실험을 중심으로 하는 심리학 분야를 총칭하는 용어라 할 수 있다. 그것은 실험심리학자가 아닌 다른 심리학자들도 실험을 하기 때문이다. 좁게는 지각, 생리, 학습의 분야를 포함하며 넓게는 사회, 성격 등의 분야도 포함한다. 그러나 실험심리학자들은 주로 지각이나 학습 및 인지심리학의 주제를 다룬다. 예를 들면 감각 자극에 대한 인간의 반응, 환경에 대한 지각, 학습과 기억, 정신적 반응, 배고픔으로 나타난 행동 등을 과학적으로 연구하려 한다. 때로는 동물을 연구해서 인간행동과 관련시키려 한다. 연구의 관심이 어디에 있든 실험심리학자들은 정확한 통제 및 측정방법을 개발하려고 노력한다.

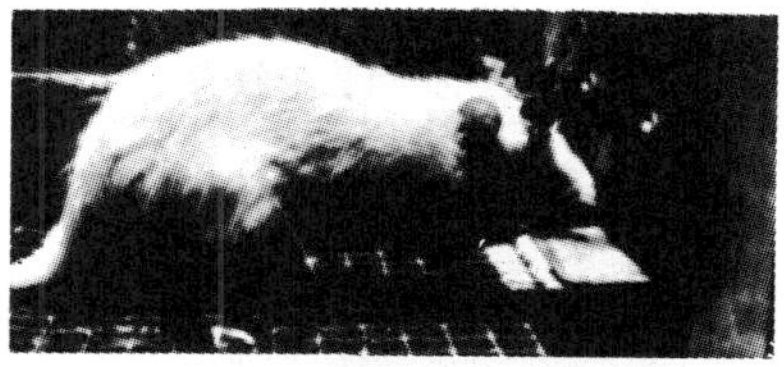

생리심리학에서는 뇌 신경계통의 자극이 동물의 행동에 어떤 영향을 주는가를 연구한다.

2. 생리심리학

생리심리학은 인간행동의 생리적 기초를 다루는 분야로서 실험심리학과 생리학 모두가 밀접한 관련을 맺고 있다. 예컨대 성호르몬이 어떻게 영향을 주는가, 언어를 담당하는 뇌부위는 어디인가, 그리고 뇌신경계통 및 내분비선이 행동에 어떤 영향을 미치는가를 연구한다. 최근에는 약물과 신체 및 심리적 반응간의 관계를 연구하는 좀더 광범위한 분야인 생물심리학(biopsychology)도 이 분야에 포함되고 있다.

3. 발달 · 성격심리학

발달심리학은 인간의 성장과정과 출생으로부터 노년까지의 행동을 결정하는 요인을 연구한다. 아동이 성장함에 따라 언어가 어떻게 발달하고 변하는가와 같은 문제와 더불어 특수한 능력의 발달이나 발달단계 등을 다룬다. 과거에는 아동심리학이 주류를 이루었지만 최근에는 청소년 및 장노년 심리학이 새롭게 발달하고 있다.

성격심리학은 그것이 다루고 있는 성격 문제가 발달의 산물이라는 점에서 발달심리학과 밀접하게 관련을 맺고 있다. 성격심리학은 사람들간의 개인차에 초점을 두는 분야로 개인의 고유한 속성을 분류하고 독특한 행동특징을 파악하는 데 관심을 둔다. 관찰 및 심리검사의 방법을 주로 사용하며 때로는 실험실에서도 연구한다.

4. 사회심리학

인간은 혼자서가 아니라 다른 사람들과의 관계 속에서 살아간다. 사회심리학은 개인의 다른 사람과의 관계가 그의 태도와 행동에 미치는 영향 및 집단행동을 다루는 분야이며 특히 사회장면에서의 인간행동을 연구한다. 사회심리학자들이 초점을 두는 연구주제로는 선전과 설득, 동조, 집단간 갈등, 편견 및 공격적 행동의 결정요인, 태도변화 등이 있으며 여론조사나, 태도조사, 시장조사도 포함된다.

5. 임상 · 상담심리학

임상상담 장면

임상심리학은 심리학이론을 적용하여 정서나 행동의 문제를 진단하고 치료하는 데 관심이 있다. 즉 인간의 적응문제를 연구하고, 진단하며, 치료한다. 주로 다루는 문제는 정신병, 청소년 비행, 범죄, 약물중독, 지능장애, 결혼 및 가족갈등 등으로써 개인뿐만 아니라 집단을 다루기도 한다. 임상심리학자들은 정신병원이나 가정재판소, 소년원, 정신치료소, 각심학원, 교도소, 의과대학 등 공공기관에서 전문가의 역할을 하거나 개인적으로 치료활동을 하기도 한다.

상담심리학은 임상심리학과 거의 같은 기능을 하지만 임상심리학이 정신이상이나 심한 행동장애를 다루는 데 비해 상담심리학은 성격이나 대인관계의 문제, 진로지도, 학업문제와 같은 보다 경미한 문제를 다룬다. 또한, 임상심리학은 심리진단과 치료가 중심인 데 비해 상담심리학은 면접 및 행동수정과 같은 교육적 훈련방법을 주로 사용한다. 두 분야는 서로 밀접하게 관련되어 있으며 전문적 훈련수준에 따라 양쪽을 겸할 수도 있다. 일반적으로 상담심리학자는 보다 '정상인'의 문제를 다루며 기업체나 관공서, 군대 등의 기관에서 전문가로 활동한다.

6. 학습 · 지각심리학

교육장면

학습심리학은 학습과 기억의 문제를 다루는 심리학 분야이다. 과거에는 주로 동물을 연구대상으로 하여 행동습득의 문제를 연구했으나 최근에는 인간의 기억과정을 다루는 경우가 많으며 수리적인 모델을 이용한 학습이론의 연구도 활발히 진행되고 있다.

지각심리학은 인간이 환경으로부터 받은 정보를 해석하고 수용, 처리하는 과정을 다루는 분야로 감각과 사고의 문제도 포함한다.

7. 학교 · 교육심리학

학교심리학은 학생들의 학습문제 및 사회생활 적응에 관여한다. 상담심리학이 그 배경을 이루고 있으며 지능검사나 학력검사, 성격검사의 실시와 해석 등 개별 학생의 학습과 정서문제를 지도해주고 부모 및 교사와 협동해서 가정이나 학급에서 발생하는 문제를 해결하려 한다.

교육심리학은 심리학적 지식을 토대로 한 교수방법과 학습 동기의 활용문제를 주로 다룬다. 교육심리학자는 학생이나 교사의 문제를 직접 진단하고 상담하기보다는 교수방안에 관한 연구 및 교사나 학교심리학자를 대상으로 연수교육을 한다.

이상으로 언급한 것 이외에도 심리학자는 여러 종류의 전문업을 할 수 있다. 물론 아직 우리 나라에서는 거의 활동이 없는 상태이지만 법심리학자는 사법기관, 교정기관에서 여러 종류의 일을 한다. 경찰관이나 교도관에게 상담을 해주며 고소당한 사람의 정신상태에 대한 판정, 그리고 재판장이 가장 적합한 판결을 내릴 수 있도록 도와준다.

또한 컴퓨터 과학을 전문으로 연구하는 심리학자는 컴퓨터를 이용한 실험방안이나 자료처리를 설계할 수 있다. 이들은 주로 인공두뇌분야에서 많은 역할을 한다.

심리학자들은 또 실험설계 전문가이므로 평가연구분야에서 활동할 수 있다. 조기교육 프로그램이나 약물과용방지 프로그램, 청소년 훈련프로그램 및 보건, 직업분야의 공공프로그램을 평가하는 데 가담하고 있다.

8. 심리학자의 활동분야

심리학자들이 활동하고 있는 분야는 다양하지만 현재까지는 대부분의 심리학자들이 대학에 근무하고 있다. 심리학이 가장 잘 발달되어 있는 미국의 경우 심리학 학위소지자의 절반이 대학에 종사하고 있다. 이들은 강의뿐만 아니라 연구 및 상담에 많은 시간을 보낸다. 그 외에 미국 심리학자들은 각급 학교나 병원, 정부기관 및 산업체나 연구소에서 전문가로 일하고 있다. 최근에는 개인 사무실을 개업해서 유료상담을 하는 경우가 점

〈표 1-2〉 미국심리학자들의 주요 활동분야

내 용	백 분 율
대학(의과대학, 초급대 포함)	43.1
중등학교 및 교육위원회	4.6
병원, 진료소, 보건소, 상담소	23.9
개인 개업	14.7
기업체, 정부기관, 연구기관	13.0
기타	0.7

(Stapp & Fulcher, 1981)

점 증가하고 있다. 미국 심리학자들이 주로 활동하고 있는 분야의 분포는 〈표 1-2〉와 같다.

〈표 1-3〉은 1990년 12월 현재 한국심리학회 회원들의 분야별 분포이다. 우리나라는 아직 심리학자의 수가 적지만 절반 이상이 대학에 근무하고 있으며 그 외 병원이나 전문기과, 연구소 등에서 일하고 있다. 미국과의 차이점을 보면 미국은 임상 및 상담심리학자의 비율이 전체회원의 23.9%에 이르나 우리나라의 경우 이 분야에 종사하는 비율은 9.0%에 지나지 않는다. 표에서 알 수 있듯이 아직까지 우리나라 심리학은 강의 위주의 교수들에 의존하고 있으며 심리학 전문가로서의 사회 진출은 부진한 편이다. 심리학이 우리 사회에서 더 널리 알려지고 인정을 받기까지는 어느 정도 시간이 걸릴 것이다. 그러나 조만간 우리 사회에서 심리학에 대한 요구는 늘어날 것이며 이에 따라 심리학자에 대한 요구도 급증할 것이다.

〈표 1-3〉 한국심리학회 회원들의 직장별 분포(1990년 12월 현재)

근 무 처	회 원 수	백분율
대학전임교수	213	48.6
정신병원	54	12.3
대학강사	45	10.3
정부기관	14	3.2
사기업체(심리학 전문가)	2	1.4
일반회사원, 개인사업	1	0.2
중등학교 교사	1	0.2
대학원생, 유학 중, 무직	55	12.6
연구소(연구원 조교 포함)	49	11.2
계	438	100

제2장 심리학의 연구방법

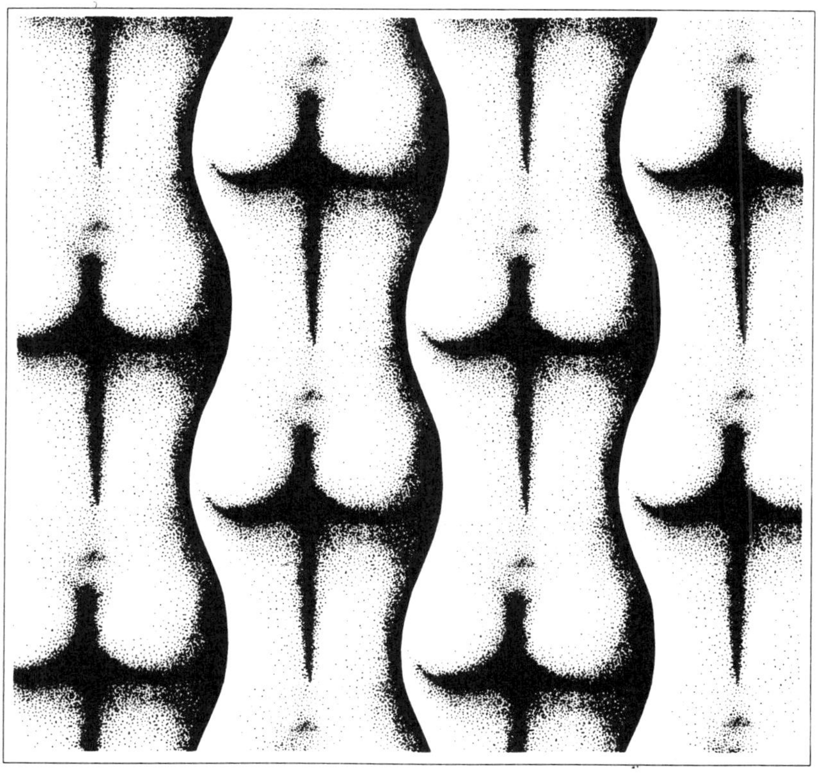

연구의 방법들
심리학에서 통계적인 방법
심리학 연구에서의 오차와 편향의 원천
심리학 연구에서 윤리의 문제
심리학의 연구방법의 함의

앞장에서 언급된 것처럼 심리학은 행동과 마음을 연구하는 과학으로 정의된다. 그렇다면 심리학이 과학이라는 것은 어떤 의미인가? 과학은 객관적이고 편견이 개입되지 않고, 논리적이기 위해서 조화되고 조직화된 노력들을 필요로 한다. 게다가 과학은 보통 공개적으로 관찰된 자료들을 체계적인 방법으로 수집하고 분석하는 것을 요구한다. 심리학에서 자료는 보통 사전에 주의 깊게 규정된 절차를 따라서 수집된 인간이나 동물의 행동에 대한 측정치들로 구성된다. 모든 과학에서와 마찬가지로 자료를 수집하고, 자료에서 결론을 도출하는 데에 특별한 문제들이 존재한다.

본 장에서는 심리학에 적용되는 과학적인 방법에 대하여 다룬다. 본 장은 연구의 설계에서 연구전략, 통계적 절차, 오류와 편견의 근원 그리고 윤리적인 문제들을 다룬다.

I. 연구의 방법들

어떤 생각이나 가설들을 지지하거나 반증하는 증거들을 이해하기 위해서는 다양한 연구방법들에 대한 일반적인 지식을 갖는 것이 유용하다. 심리학에서 이용되는 연구방법들을 분류하는 방법 중 한 가지는 세 가지 차원에 대한 고려를 하는 것이다 (Hendricks 등, 1990). 첫번째는 연구 설계에 대한 차원으로 실험, 상관연구, 기술적 연구가 기본적인 유형이라 할 수 있다. 두 번째는 자료의 수집 방법으로서 관찰자에 의한 관찰과 자기보고라는 두 가지 기본적인 유형이 있다. 세번째는 연구가 수행되는 상황으로 실험실연구와 현장연구라는 기본적인 두 가지 유형이 있다. 이러한 차원들은 각기 독립적으로 변화될 수 있으며 연구설계, 자료수집방법, 연구상황이라는 세 가지 차원의 조합에 의하여 12가지의 연구방법이 만들어질 수 있다. [그림 2-1] 참조.

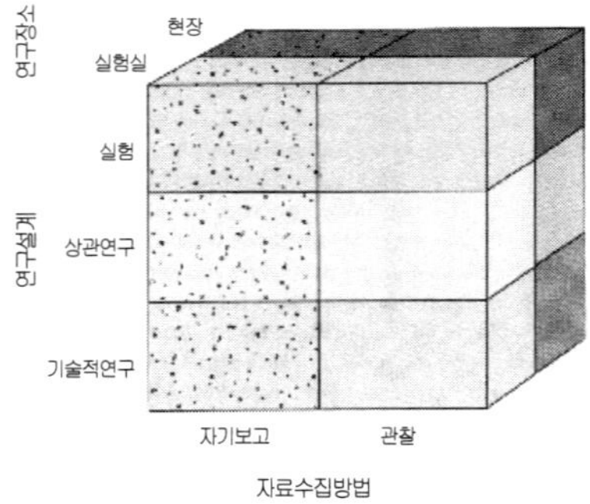

[그림 2-1] 연구전략의 세 가지 차원

1. 연구설계(Research Design)

실험(Experiments) : 실험은 두 가지 변인간의 인과관계를 검증할 수 있는 가장 직접적이고 결론적인 방법이다(변인이라는 것은 단순히 변화될 수 있는 어떤 것이다.) 실험을 이해하기 위해서는 변인을 이해해야 하는데 실험에서 대표적인 변인은 두 가지가 있다. 다른 변인에 영향을 줄 것으로 기대되는 변인이 있는데 이를 **독립변인**(independent variable)이라 하며, 영향을 받을 것으로 기대되는 변인을 **종속변인**(dependent variable)이라고 한다. 독립변인은 다른 변인이 그 변인에 주는 영향은 검증의 관심사가 아니기 때문에 "독립"변인이라고 하며, 종속변인은 실험의 목적이 그 변인이 독립변인에 의해서 어떠한 영향을 받는가를 알아내는 것이기 때문에 "종속"변인 이라고 한다. 심리학에서 대부분의 경우 종속변인은 행동에 대한 측정치들이며, 독립변인은 이러한 측정치들에 영향을 줄 것으로 기대되는 요인들이다.

좀더 구체적으로 이야기하면, 연구자가 하나 또는 그 이상의 독립변인들을 체계적으로 변화시키고, 하나 또는 그 이상의 종속변인들의 변화를 관찰하며, 다른 변인들은 일정하게 유지하는 일련의 절차를 실험이라고 정의할 수 있다. 다른 변인들을 일정하게 유지하는 이유는 종속변인에서 관찰되는 변화가 우연히 변화되는 다른 요인에 의한 것이 아니라 독립변인이 원인이라는 것을 확실히 하기 위해서 이다.

이러한 것들을 구체화하기 위해 예를 들어보자. 어떤 사람이 책을 만드는 데 두 종류의 크기를 가진 글자체 중에서 어떤 것이 읽는데 시간이 적게 소요되는지에 관심이 있다. 그는 한 가지 크기의 글자로 구성된 문장을 보여주고 실험참여자에게 읽도록 하고, 또 다른 크기의 글자로 구성된 문장을 제시하고 읽도록 한 후, 각각의 독서시간을 기록하면 어떤 크기의 글자가 어느 정도의 읽기 시간을 요구하는지 비교할 수 있다. 이러한 연구는 글자 크기(독립변인)가 독서시간(종속변인)에 미치는 효과에 관한 실험이라고 할 수 있다. 만약에 동일한 참여자를 두 가지 조건에서 모두 측정한다면 이러한 실험을 피험자내 실험(within-subjects experiment)이라고 한다.

다른 예로 비만에 관한 실험을 살펴보자. 어떤 연구자들은 일단의 비만증인 사람들을 서로 다른 조건에 무선적으로 할당하였다. 한 집단은 다이어트와 운동을 하고, 두번째 집단은 운동만 하고, 세번째 집단은 다이어트만 하고, 네번째 집단은 아무런 처치도 받지 않았다. 다이어트는 영양사가 열량을 계산한 식단에 의해 규정된 식사를 하는 것으로 구성되어 있었고, 운동은 하루 중 일정 시간동안 특정한 운동을 하는 것으로 구성되어 있었다. 서로 다른 처치에 의한 효과의 측정치로서, 연구자들은 6

운동과 체중의 관계에 대한 실험연구법의 예

개월 후에 체중의 변화량을 측정하여 평가하였다. 따라서 이 실험에서는 주어진 처치의 종류가 독립변인이고 6개월간의 처치 후에 변화된 체중의 정도가 하나의 종속변인이다.

이것은 독립변인(즉, 서로 다른 처지)의 다른 조건이 서로 다른 참여자 집단에 실시되었기 때문에 집단간 실험(between-groups experiment)의 예이다. 연구자들이 서로 다른 처치 집단에 참여자들을 무선적으로 할당했다는 것을 주목하라. 우선배당을 한다는 것이 중요한데 그 이유는 다른 방법을 이용하는 경우 결과에 편파를 야기할 수 있기 때문이다. 예를 들어 만약에 참여자들이 자신이 받을 처치를 결정한다면, 처치가 없이도 개선될 가능성이 많은 사람들이 어떤 한 처치를 선택하고, 다른 사람들은 또 하나의 다른 처치를 선택하는 것이 가능하다. 그러면 연구자는 한 집단이 다른 집단에 비해서 많이 개선된 이유가 처음의 선호성 때문인지 처치 효과 때문인지 알 수가 없게 된다.

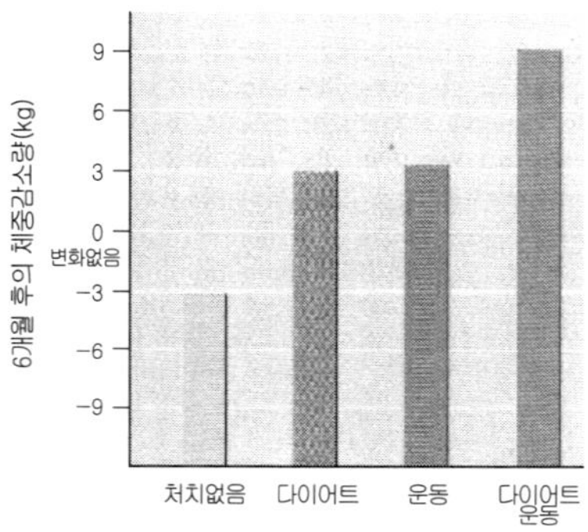

[그림 2-2] 비만에 대한 처치 조건의 효과
종축에 제시된 6개월 후의 체중감소량은 편의상 값이 클수록 많이 감소한 것으로 표기하였다(이 자료는 가상적 결과임).

이 실험의 가상적 결과는 [그림 2-2]에 제시되어 있다. 실험의 결과를 그래프로 나타낼 때는 일반적으로 독립변인의 수준들을 횡축에 표시하고, 종속 변인의 변산을 종축에 나타낸다. 그림에서 볼 수 있는 것처럼, 다이어트와 운동을 모두 한 집단이 6개월 후에 체중이 가장 감소한 것으로 나타났고, 처지를 받지 않은 집단이 가장 체중 감소가 없는 것으로 나타났다. 결과에 의하면 다이어트와 운동은 비만을 치료하는 데 효과가 있는 것으로 나타났고, 두 가지를 병행하는 것이 어떤 한 가지 방법만을 이용한 것 보다 효과가 큰 것으로 나타났다.

상관 연구(Correlational Studies) : 앞서 읽은 바와 같이 실험 연구에서 연구자는 한 변인(독립 변인)이 또 다른 변인(종속 변인)에 미치는 효과를 알아보기 위해서 의도적으로 하나의 변인(독립 변인)을 조작하게 된다. 하지만 심리학자들이 갖는 의문들의 상당수는 연구자가 통제할 수 없는 변인들간의 관계에 대한 것들이다. 이러한 경우에 실험 연구는 불가능하며 상관 연구(correlation study)를 실시해야 한다. 상관 연구란 연구자가 어떠한 변인도 조작하지 않고 다만 변인들 사이의 관계를 파악하기 위해서 두 개 이상의 변인들을 관찰하거나 측정하는 모든 연구로 정의될 수 있다. 상관 연구는 변인들 사이의 관계를 알아볼 수 있는 정당한 방법이기는 하지만 상관 연구를 통해서 두 변인 사이의 인과 관계, 즉 한 변인의 변화가 다른 변인의 변화의 원인인가 대해서는 알 수 없다.

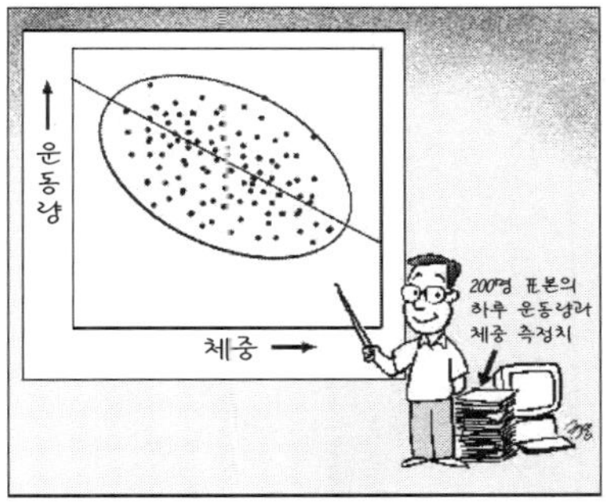

운동과 체중의 관계에 대한 상관연구법의 예

종종 상관 연구는 실험 연구와 비슷하게 보이며 또 통계적으로 실험 연구와 유사한 방법으로 분석된다. 하지만 상관 연구에서 얻어진 결과를 인과 관계로 해석하는 것에 대해서는 주의를 해야한다. 상관 연구의 한 예로 부모의 훈육 방식과 어린 아이들의 행동적 특성 사이의 관계에 대한 Diana Baumrind(1971)의 고전적인 연구를 들 수 있다. 질문지와 가정에서의 관찰을 통해서 Baumrind는 부모의 훈육 방식을 독재적인 (부모가 강력한 힘을 행사하는 경우), 권위적인(독재적인 방식보다는 더 민주적인 방식이기는 하지만 여전히 부모가 주도권을 쥐고 있는 경우), 허용적인(아이들이 버릇없는 행동을 해도 부모가 방관하는 경우)의 세 가지로 분류하였다. 그녀는 또한 유치원에서의 관찰을 통해 아동 개개인의 행동을 협동심, 사교성 등의 행동의 여러 차원 상에서 평정하였다. 이 연구에서 얻어진 주된 결과는 권위적인 훈육 방식을 가진 부모의 아이들이 독재적이거나 허용적인 훈육 방식을 가진 부모의 아이들보다 행동 측정치에서 더 나은 수행을 보였다는 것이었다.

Baumrind의 연구에서 얻어진 결과를 마치 부모의 훈육 방식을 독립 변인으로, 아이들의 행동 특성을 종속 변인으로 한 실험 연구를 통해서 얻어진 결과처럼 인과 관계로 해석하는 것, 즉 부모의 훈육 방식의 차이가 아이들의 행동의 차이를 유발한다라고 결론 내리는 것은 얼핏 보면 전혀 문제가 없어 보인다. 하지만 다른 인과적 해석 역시 가능하다는 것을 간과해서는 안된다. 어쩌면 아이들의 행동 특성의 차이가 부모의 훈육 방식을 달라지게 했을 수도 있다. 혹은 부모의 훈육 방식과는 전혀 다른 이유로 인해서 어떤 아이들은 다른 아이들에 비해서 행동 평정치에서 더 좋은 수행을 보였을 수도 있다. 또는 바르게 행동을 하는 아이들의 부모들은 그냥 자연스럽게 권위적인 훈육 방식을 선택하게 되었고 반면에 까다로운 아이들의 부모들은 아이들의 까다로운 행동 방식에 대처하는 방법의 하나로 독재적이거나 허용적인 훈육 방식을 택했을 수도 있다. 아니면 두 변인 사이의 인과 관계가 부모의 훈육 방식이 아이들의 행동에 영향을 미치고 아이들의 행동이 또 부모의 훈육 방식에 영향을 미치는 식으로 양방향적인 것일 수도 있다. 또 고려해 볼 수 있는 가능성은 다른 변인이 독립적으로 부모의 훈육 방식과 아이들의 행동 모두에 영향을 미쳤을 수도 있다는 것이다. 예를 들어

가정에 대해서 만족을 느끼게 하는 다른 요인(예를 들어 좋은 이웃과 함께 지내는 것, 가족들이 모두 건강한 것, 적절한 수입원이 있는 것)이 어떤 부모는 권위적인 훈육 방식을 취하게 하고, 이와는 별개로 아이들이 바르게 행동하도록 유도했을 수도 있다. 많은 상관 관계 연구에서 하나의 인과적 가설이 다른 가설들보다 더 그럴 듯 하게 보일 수 있지만 이러한 판단은 상관 연구 자체에서 얻어진 결과에 바탕을 둔 것이 아니라 가능한 인과 관계에 대한 추론, 혹은 다른 정보원에서 얻어진 증거에 기초한 것이다.

Baumrind의 연구에서 한 변인(부모의 훈육 방식)은 참여자들을 서로 다른 집단에 할당하기 위해서 사용되었고 다른 변인(아이들의 행동)이 집단 간으로 비교되었다. 많은 상관 연구가 이러한 방식으로 분석되기는 하지만 이러한 분석 방법이 모든 상관 연구에 사용되는 것은 아니다. 상당수의 상관 연구에서는 두 변인이 모두 수치로 측정되며 두 변인 중 어느 변인도 참여자를 서로 다른 집단에 할당하기 위해서 사용되지 않는 경우도 많이 있다. 후자의 경우에 자료는 상관 계수라는 통계 수치로 평가되는데 상관 계수에 대해서는 통계적 방법에 대한 부분에서 소개될 것이다.

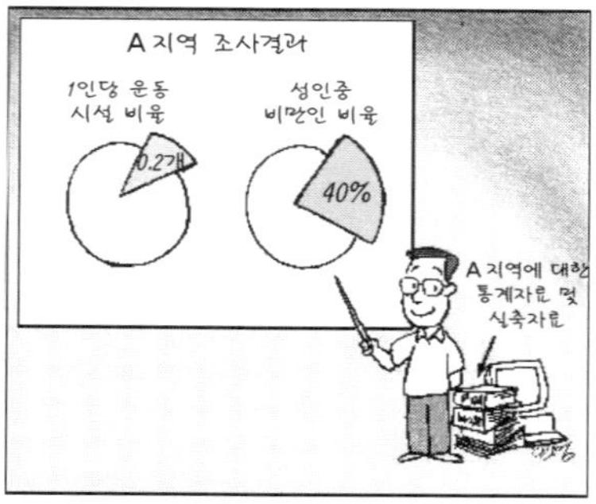

운동과 체중의 관계에 대한 기술연구법의 예

기술적 연구(Descriptive Studies) : 때때로 연구의 목적이 특정 변인들 사이의 관계를 체계적으로 조사하는 것이 아니라 단순히 한 개인이나 혹은 한 집단의 행동을 기술하는 것일 수 있다. 이러한 종류의 연구를 기술 연구(descriptive study)라고 한다. 기술 연구는 수치를 사용할 수도 있고 사용하지 않을 수도 있다. 수치를 포함하는 기술 연구의 예로 연구자는 여러 종류의 정신 질환을 앓고 있는 사람들의 비율을 알아보기 위해서 어느 특정 지역 사회의 구성원들을 조사할 수 있다.

한 연구의 목적이 지역 사회 구성원의 특성과 정신 질환 사이의 상관 관계를 찾는 것이 아니라 단순히 각 정신 질환이 얼마나 만연하고 있는가를 기술하는 것이라면 이 예는 기술 연구의 예가 될 수 있다. 수치를 포함하지 않는 기술 연구의 예로는 생태 학자가 오리의 구애 행동에 포함되는 일련의 행동들의 순서를 기술하기 위해서 오리의 구애 행동을 관찰하는 것을 들 수 있다. 몇몇 기술 연구들은 행동의 어느 특정한 측면에 집중해 그 관심의 초점이 좁은 반면 다른 기술 연구들은 한 동물 종족이나 특정 인간 집단의 습관에 대해서 가능한 한 많은 것을 알아내는 것을 목적으로 그 관심의 초점이 상당히 넓은 것도 있다. 역사상 가장 방대하고 영웅적인 기술 연구 중 하나는 지금까지 30년간 지속되어 오고 있으며 야생 침팬지의 삶의 모든 측면에 대해 엄청난 양의 정보를 제공해 준 아프리카의 야행 침팬지의 행동에 대한 Jane Goodall(1986)의 연구라고 할 수 있다.

2. 자료 수집 방법

지금까지 연구 설계에 대해서 알아보았다. 이제 [그림 2-1]에 제시된 두번째 차원인 자료 수집 방법에 대해서 살펴보자. 연구 설계에 관계없이 자료 수집 방법에는 크게 자기 보고식 방법과 관찰 방법의 두 가지가 있다.

자기 보고식 방법은 연구되고 있는 사람에게 직접 자기 자신의 행동이나 정신적인 상태를 기술하게 하거나 평정하게 하는 방법이다. 자기 보고식 방법은 인쇄된 목록에서 해당 사항에 표시를 하거나 사지 선다형 문제를 푸는 것 또는 자기 묘사를 유도하는 서술형 질문에 답을 쓰도록 하는 것들로 구성되는 **질문지법**을 사용한다. 또는 **면접법**을 사용하기도 하는데 면접의 경우 사람들은 면접자와 대화로, 즉 말로 그들 자신을 묘사하도록 한다. 면접은 면접자가 사전에 주의깊게 준비된 순서에 따라서 질문을 하는 경우와 같이 엄격하게 구조화 된 것일 수도 있고 면접자가 피면접자가 답한 대답에 따라서 추가적인 질문을 하는 경우와 같이 다소 융통성 있게 구조화된 것일 수도 있다. 연구자들은 몇몇 구조화된 면접에 대해서 면접자료를 수치로 채점해서 면접의 내용을 양화하는 방법을 개발하기도 했다.

관찰 방법은 참여자의 자기 보고에 의존하기보다는 연구자가 관심의 대상이 되는 행동을 직접 관찰하는 데 사용될 수 있는 모든 절차를 포함한다. 이러한 방법의 하위 범주인 **자연적 관찰**에서는 연구자가 현재 진행되고 있는 피관찰자의 자연스러운 행동을 방해하지 않는 것이 중요하다. 자연적 관찰의 예로 자신의 존재를 드러내지 않으면서 오리의 구애 행동을 관찰하는 생태학자 혹은 실험실 놀이방에서 놀고 있는 아이들을 일방향 거울(one-way mirror)을 통해서 관찰하는 발달 심리학자를 들 수 있다. 관찰 방법의 다른 하위 범주인 **검사**에서 연구자는 의도적으로 참여자가 답을 해야 하는 자극이나 문제를 제시한다. 검사의 예에는 특정 자극이 제시되었을 때 가능한 한 빠르게 참여자

관찰법이 필요한 이유

가 정해진 방법으로 반응할 것을 요구하는 반응 시간 과제와 인간 참여자의 경우에는 필기 형식으로, 동물에 대해서는 미로 문제 혹은 다른 형태의 유사한 형식으로 제시되는 문제 해결 과제 등이 있다.

이 두 자료 수집 방법 중 한 방법이 절대적으로 다른 방법보다 우수하다고 할 수는 없다. 두 가지 자료 수집 방법에는 나름대로의 목적과 장점, 그리고 단점이 있다. 자기 보고식 방법의 경우 참여자의 정직성과 참여자가 자기 자신의 행동이나 기분을 기억하고 관찰할 수 있는 능력에 따라서 제한을 받게 된다. 자연적 관찰의 경우에는 소요되는 시간, 진행중인 행동을 방해하지 않으면서 그 행동을 관찰해야 하는 연구자의 능력, 그리고 결과를 통계적 분석에 사용될 수 있는 형태로 코딩하는 것의 어려움 등에 의해서 제한을 받게 된다. 검사는 편리하고 객관적이지만 본질적으로 인위적인 것이어서 검사 결과와 일상 생활에서 행동 사이의 관계가 항상 명확한 것은 아니라는 제한점이 있다. 쥐가 미로를 달릴 수 있는 능력과 쥐가 일상적으로 행하는 행동 사이의 관계가 과연 무엇인가? 한 개인의 IQ 검사 점수와 일상 생활에서 문제를 해결하는 능력 사이의 관계는 무엇인가? 이러한 질문들이 심리학자가 검사(test) 결과를 검사 환경을 넘어선 상황에서의 행동으로 일반화하는 경우에 반드시 고려해야 하는 것들이다.

3. 연구 장소

[그림 2-1]에 제시된 세번째 차원은 연구 장소인데 연구 장소는 실험실이거나 현장(field)일 수 있다. **실험실 연구**(laboratory study)는 연구자가 자료를 수집하거나 독립 변인을 조작하기에 용이하게 하기 위해서 마련된 특별히 지정된 장소에 참여자를 불러서 실시하는 모든 연구를 의미한다. **현장 연구**(field study)는 실험실 외의 장소에서 실시되는 모든 연구를 의미한다. 실험실 연구와 현장 연구는 서로 상반되는 장점과 단점을 가지고 있다. 실험실의 경우 연구자가 실험실 외의 다른 현장에서 가능한 것보다 더 일관성 있고 통제된 조건하에서 자료를 수집할 수 있다. 반면에 실험실 상황의 인위성이나 특이성 때문에 실험실 상황에서 참여자가 보이는 행동이 연구자가 진정으로 관심을 갖는 행동의 관찰을 방해하는 결과를 낳을 수도 있다. 그러므로 실험실 상황에서 부모와 아동의 상호 작용을 연구한

다면 얻어진 결과는 부모와 아동의 일상생활에서의 상호 작용 방식에 의해서 나타난 것이라기보다는 자신들이 관찰된다는 것을 알고 있는 특이한 실험실 상황에 대한 반응일 가능성이 크다. 이러한 문제를 해결하기 위해서 몇몇 연구자들은 실험실과 현장 연구를 함께 사용하기도 한다. 만약 같은 결론이 엄격하게 통제된 실험실 연구와 덜 통제된, 하지만 더 자연스러운 현장 연구 모두에서 얻어진다면 얻어진 결론이 의미있는 것이라는 것을 더욱 확신할 수 있다.

실험 연구는 대부분 실험실에서 행해지며 상관 연구나 기술 연구의 경우에는 현장에서 행해지는 경우가 대부분이다. 하지만 세 가지 연구 설계 방법은 실험실과 현장 모두에서 실시 될 수 있으며 실제로도 그러하다. 예를 들어 현장 연구는 자연 상황의 특정 측면을 통제하는 방향으로 조작해서 실시될 수 있다. 한 현장 연구에서 학교 선생님들은 무선적으로 자신의 학급의 학생 중 일부를 선택해 그들의 수학 능력을 칭찬하고 나머지 학생들은 칭찬하지 말 것을 요구받았다. 그리고 수학 시험 점수에 이러한 조작의 효과가 나타나는가를 관찰했다(Miller 등, 1975). 이 연구는 아이들의 교실에서 실시되었기 때문에 현장 연구이지만 동시에 연구자가 조작한 독립 변인(칭찬, 혹은 칭찬 안 함)과 이 독립 변인에 의해서 영향을 받을 것으로 가정된 종속 변인(수학 시험에서의 점수)이 있는 실험 연구이다.

Ⅱ. 심리학에서 통계적인 방법

어떤 연구에서 자료가 수집되고 나면, 자료는 어떠한 형태로든 요약되고 해석된다. 통계적인 절차는 자료를 요약하고 해석하기 위한 수학적인 방법이다. 통계는 **기술통계**(descriptive statistics)와 **추리통계**(inferential statistics)라는 두 가지 범주로 크게 나누어 질 수 있다. 기술통계는 자료를 요약 기술하는 데 사용되며, 추리통계는 연구자들이 자료에 근거하여 구체적인 결론들을 도출하는 것이 어느 정도 믿을 만한지를 결정하는 데 이용된다. 우선 일반적으로 이용되는 기술통계치로서 집중경향치와 변산도 그리고 상관을 이해하고, 추리통계의 기본적 논리인 가설검증을 살펴보자. 이러한 절차의 수학적인 분석을 더 자세하게 알고자 하면 다른 통계학 책을 참고하여야 한다.

1. 자료의 집중경향치와 변산도

일단의 자료를 요약하는 모든 방법은 기술통계의 범주에 들어간다. 어떤 연구에서 특정한 행위를 하는지 하지 않는지에 따라 사람들을 분류할 필요가 있다면 그러한 행동을 하는 사람들의 백분율을 계산함으로써 요약될 수 있다. 또는 100명으로 구성된 두 개의 학급에서 심리학시험을 실시하였다고 하자. 한 학급에서 얻어진 각 개인의 점수 100개와 다른 학급에서 얻어진 100개의 점수들 모두 200개의 점수들을 각각 살펴보고 나서 어떤 학급이 더 우수한 점수를 얻었는지 알 수 있는가? 두 학급의 학업 성취도를 비교하기 위해서는 각 개인의 점수들(이것들을 원자료라고 한다)보다는 한 학급을 대표하는 요약된 값이 필요하다. 통계학에서는 어떤 기준에 의하여 어떤 집단을 대표하는 하나의 값을 계산하는데 이를 **집중경향치**(central tendency)라고 한다. 대표적인 집중경향치는 **평균**(mean), **중앙값**(median), **최빈값**(mode)이다. 자료가 어떤 과목의 성적이나 우울증 검사 점수처럼 숫자의 형태로 되어 있으면 평균이나 중앙값을 계산하여 요약될 수 있다. 평균은 모든 값을 더하고 나서 전체 값의 개수로 나눔으로써 계산되는 산술평균이다. 중앙값은 가장 큰 값부터 가장 작은 값까지 순서대로 늘어놓았을 때 정확히 가운데 떨어지는 값이다. 어떤 책에서 가장 많이 사용되는 단어를 결정하는 상황처럼 집단에서 가장 많이 나타나는 값을 대표값으로 결정할 때 이를 최빈값이라고 한다. 최빈값은 자료가 숫자가 아닌 경우에도 계산될 수 있다. 평균이나 중앙값은 어떤 자료의 집중경향은 알려주지만 자료가 얼마나 흩어져 있는지는 알려주지 않는다. 자료를 좀더 잘 이해하기 위해서는 각 개인의 점수가 어떻게 분포되어 있는지를 알아야 한다. 예를 들어 두 학급의 심리학 시험 점수의 평균이 모두 80점이라면 두 학급은 비슷한 수준의 학업성취도를 보였다고 할 수 있다. 그러나 한 학급은 70점 이하의 학생과 90점 이상의 학생이 없는 반면 다른 학급은 60점에서 100점까지 받은 학생이 있다면 두 학급은 집중경향치는 같지만 **변산도**(variability)에서는 차이가 있다고 할 수 있다. 변산도는 한 집단을 구성하는 일련의 숫자들이 얼마나 다른지를 나타내는 것이라 할 수 있다. 변산도는 한 집단의 대표값이 그 집단을 얼마나 잘 대표하는지를 알려주는 기준이 된다. 일반적으로 많이 이용되는 변산도는 **표준편차**

(standard deviation)이다. 표준편차는 각 점수와 평균의 차이에 근거하여 계산된다. 각각의 값과 평균의 차이가 커지면 커질수록 표준편차는 커진다.

2. 상관(correlation)

상관 연구에서 이용되는 통계치는 **상관계수**(correlation coefficient)이다. 상관계수는 수로 측정된 두 개의 변인간의 상관강도와 방향을 측정하는 것이다. 상관계수는 +1.00에서 -1.00의 범위를 갖는 값으로 계산된다. 그 부호(+ 혹은 -)는 상관 값의 방향을 나타낸다. 정적상관은 한 변인의 값이 증가할 때 다른 변인의 값도 증가하는 경우이며, 부적상관은 한 변인의 값이 증가할 때 다른 변인의 값이 감소하는 경우이다. 상관계수의 절대값은 상관의 강도를 나타낸다. 상관의 강도가 강할 때 하나의 변인 값을 앎으로써 다른 변인의 값을 꽤 신뢰롭게 예측할 수 있으며, 상관이 약할 때는 그렇지 못하다.

예를 들어, 고등학교 학생들의 지능지수와 학업점수를 연관시켜서 살펴보자. 자료를 시각화하기 위해서 각 학생들의 지능지수와 학업점수의 쌍을 하나의 점으로 그래프에 표현할 수 있다. 자료를 이와 같이 표현한 것을 **산포도**(scatter plot)라고 한다. 네 개의 다른 가설적인 자료의 산포도가 [그림 2-3]에 제시되어 있다. 한 명의 지능지수와 학업점수 각각의 값을 살펴 볼 수 있다. [그림 2-3]의 (가)에는 지능지수는 112이고 학업점수는 3.60인 학생을 표현하는 점이 화살표로 지적되어 있다. 점수 전체를 보면 일반적으로 높은 지능지수는 높은 학업점수와 대응되고 있음을 알 수 있다. 이것은 정적인 상관임을 나타낸다. [그림2-3]의 (나)는 강한 정적상관을 보여준다. 점수들은 오른쪽 위로 비스듬히 올라가는 선과 매우 가깝다는 것을 알 수 있다. 점수들이 직선을 만드는 것과 가까워지면 가까워질수록 상관은 강해진다. 상관이 강해지면 강해질수록 학생들의 지능지수로부터 학업점수를 예상하는 것이 좀더 정확해질 것이다. [그림 2-3]의 (다)는 부적상관을 보여준다. 이러한 경우 학업성적은 지능지수가 증가함에 따라서 낮아지는 경향이 있다. 마지막으로 [그림 2-3]의 (라)는 두 변인간의 상관 관계가 거의 없음을 보여준다. 이러한 경우에 상관계수는 0이거나 0과 매우 유사하다. 이것은 두 변인 사이에 상관이 없다는 것을 보여준다. 지능지수가 학업성적을 예상하는 것과는 관계가 없다는 것을

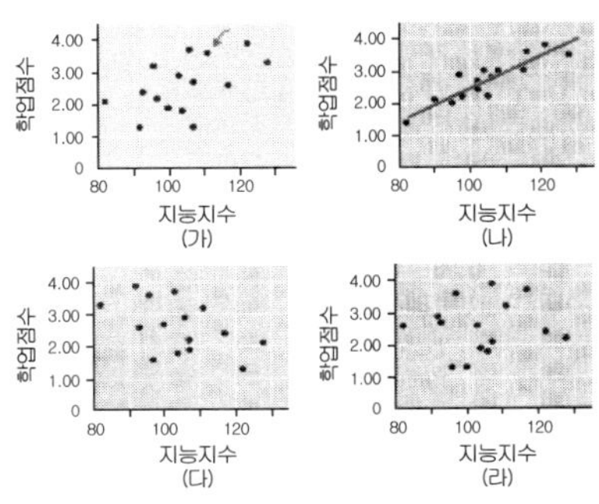

[그림 2-3] 지능과 학업점수의 관계를 나타낸 산포도(가상적인 자료)

알 수 있다.[이러한 경우 당신은 이상해 할 것이다. 실제로 지능지수와 학업성적 사이의 상관에 관한 연구들을 보면 연구에 따라서 다르지만 보통 +0.30에서 +0.70의 계수를 갖는 정적 상관을 보인다고 한다(Jensen, 1980).

3. 가설검증(hypothesis testing)

어떤 연구에서 얻어진 자료든지 얻어진 자료에는 우연에 의한 변산이 포함되어 있다. 그러므로 비만 치료 비교 실험에서([그림 2-2]) 각 집단에서 얻어진 체중감소량의 정도는 처치 효과뿐만 아니라 통제되지 않은 변인으로 인한 무선효과도 반영되어 있다. 예를 들어 무선적 배치를 하더라도 비만의 정도가 심한 사람이 우연히 특정 처치 집단에 배치될 수 있다. 또는 측정 과정에서의 잘못으로 인한 무선 측정 오차가 집단간 평균 차이를 유발할 수도 있다. 실험이 여러 번 반복된다면 이와 같이 통제되지 않은 무선변인들 때문에 결과는 개별시행마다 조금씩 다르게 나타날 것이다. 얻어진 결과가 우연에 의해 달라질 수 있다면 연구자는 자료에 근거하여 일반적 법칙을 추론하는 데 얼마나 확신할 수 있을까? 추리 통계는 이러한 질문에 답하기 위해서 확률을 이용하는 절차이다.

특정한 연구에서 얻어질 결과에 대한 예측을 **가설**(hypothesis)이라고 한다. 실험연구에서 가설은 일반적으로 독립변인이 종속변인에 어떤 일관된 영향을 줄 것이라는 것이다. 상관연구에서 가설은 보통 측정된 두 변인간에 어떤 형태로든 상관되어 있을 것이라는 것이다. 이러한 가설이 믿을 만한지 그렇지 못한지를 결정하는 과정을 **가설검증**(hypothesis testing)이라고 한다. 실험연구든 상관연구든 간에 추리통계는 만약에 가설이 잘못되었다면 연구자가 얻은 자료가 얻어질 확률이 얼마나 되는지를 결정하는 절차이다. 확률이 낮을수록 연구자는 자신의 가설이 옳다는 확신을 할 수 있을 것이다. 심리학에서는 전통적으로 가설이 잘못되었을 때 그러한 자료가 얻어질 확률이 5%보다 적으면 **통계적으로 유의한**(statistically significant) 결과라고 한다.

예를 들어 앞의 [그림 2-2]의 자료에 대한 추리 통계결과 의하면 운동 집단과 비처치 집단의 차이가 운동의 효과가 없을 때 우연에 의해 나타날 확률은 5% 미만이었다. 또한 다이어트 집단과 비처치집단간의 차이가 우연에 의해 나타날 확율 역시 5% 미만이었다. 그러므로 다이어트와 운동의 효과는 모두 통계적으로 유의미하다고 할 수 있다.

이러한 통계적 유의도에 영향을 주는 요인들은 여러 가지가 있다. 하나는 기술통계치에 의해 결정되는 관찰된 **효과의 크기**이다. 실험에서 집단간 종속변인의 차이가 클수록, 또는 상관연구에서 상관계수가 클수록 통계적으로 유의미할 가능성은 커진다. 두번째 요인으로는 **관찰치의 수**이다. 다른 조건들이 동일하다면 참여자나 관찰치의 사례수가 클수록 결과는 유의미할 가능성이 크다. 만약 사례수가 매우 크다면 매우 작은 효과도 통계적으로 유의미하게 나타날 것이다. 세번째는 **집단내 자료의 변산성**을 들 수 있다. 집단내 변산은 종속 변인에 작용하는 무선화의 정도로 이해될 수 있다. 예를 들어 비만 치료 효과에 관한 실험에서 각 처지 집단내 비만의 변산이 크다면 무선적인 정도가 크다는 것을 나타낸다. 다른 조건들이 동일하다면 집단내 변산이 작을수록 결과는 유의미하게 나타날 가능성이 커진다. 그러므로 집단 평균간 차이의 통계적 유의미성을 측정하는 방식은 평균간 차이의 크기, 각 집단의 피험자의 수, 그리고 각 집단내 변산에 의해 영향을 받는다.

상관계수의 통계적 유의도는 상관계수의 절대적 크기와 상관 관찰치 쌍의 수라는 두 가지 요인에 의해 영향을 받는다. 관찰치의 수가 늘어나면 상관계수의 크기가 작아도 통계적으로 유의미할 수 있다. 그러므로 성적과 지능간의 상관연구에서 표집된 참여자의 수가 많으면 .03이라는 상관계수는 통계적으로 유의미할 수 있지만, 사례수가 작으면 통계적으로 유의미하지 않은 결과를 낼 수도 있는 것이다.

Ⅲ. 심리학 연구에서의 오차와 편향(bias)의 원천

추리 통계 기법을 이용하여 우연히 특정 결과가 나왔을 가능성을 평가해 볼 수는 있지만 추리 통계 기법이 연구 자체의 문제점을 고쳐줄 수 있는 것은 아니다. 연구자들은 연구를 할 때 가능한 오차와 편향을 최소화하려는 노력을 해야 한다. **오차**(error)는 결과에 나타나는 무선성(randomness)을 의미한다. 오차가 클수록 결과에 있어서 오차 변산이 차지하는 부분이 커질 것이며 따라서 결과가 통계적으로 유의미할 가능성은 작아질 것이다. **편향**(bias)은 연구자의 가설과 무관한 외적인 요인들에 의해서 야기되는 무선적이지 않은 (체계적인 혹은 특정방향으로 작용하는) 효과를 의미한다. 편향은 오차보다 더 심각한 문제인데 왜냐하면 실제 다른 이유로 나타난 결과를 연구자가 마치 자신의 가설이 지지된 것으로 해석하고 잘못된 결론을 내릴 수 있기 때문이다. 추리 통계 기법을 통해서 통계적으로 유의미하다고 나타난 결과가 편향에 의한 것인지 아니면 연구자의 가설이 진정으로 옳았기 때문인지는 추리 통계 기법만으로는 알 수 없다.

그러므로 오차는 연구자로 하여금 실제로는 옳은 연구 가설을 옳지 않다고 결론 내리게 하는 반면에 편향은 연구자로 하여금 틀린 연구 가설이 옳다고 결론을 내리게 할 수 있다. 그러면 심리학 연구에서 오차와 편향이 생기는 경우와 이러한 오차와 편향을 피할 수 있는 방법을 살펴보자.

1. 측정 절차상의 문제들

심리학 연구에서 한 가지 중요한 한계는 연구자가 관심을 가지는 행동이나 특성을 얼마나 정확하게 측정해 낼 수 있는가의 문제이다. 좋은 측정 절차는 **신뢰도**(reliability), **민감도**(sensitivity), 그리고 **타당도**(validity)의 세 가지 특성을 가지고 있다.

특정 조건 하에서 특정 참여자를 대상으로 측정을 한 결과가 측정을 한 시기에 관계없이 유사하게 나타난다면 그 측정 절차는 신뢰롭다고 할 수 있다. 고무줄 자를 사용해 키를 측정하는 것은 딱딱한 자를 사용해서 키를 측정하는 것만큼 신뢰롭다고 할 수 없는데 이는 고무줄 자의 탄력성 때문에 측정하는 시기에 따라서 서로 다른 결과가 나올 것이기 때문이다. 또 필기 형식의 지능 검사의 결과가 만일 한 개인의 안정적인 특성에 영향을 받기보다는 개인의 일시적인 변덕에 따라서 더 좌우된다면 이 지능 검사를 신뢰롭다고 할 수 없을 것이다. 보통 측정의 신뢰도는 같은 측정 도구 (혹은 그 측정 도구의 다른 버전)를 같은 사람을 대상으로 적어도 두 번 이상 실시해서 검사-재검사 사이의 상관을 계산하는 방법을 사용해서 측정한다. 만일 상관이 높다면, 즉 측정 시기에 관계없이 각 개인이 비슷한 결과를 보인다면 이 검사는 신뢰로운 것으로 볼 수 있다.

한 측정 결과가 개인간 혹은 조건간의 작은 차이를 측정해 낼 수 있다면 이 측정 절차는 민감하다고 할 수 있다. 만일 어떤 측정 절차가 개인간, 혹은 조건간의 어떠한 차이도 찾아내지 못한다면 그 측정 절차는 전혀 민감하지 못한 것이다. 예를 들어 만일 어떤 심리학 교수가 중간 시험을 출제했는데 학생들의 지식 수준에 관계없이 모든 학생들의 점수가 비슷했다면 이 시험은 민감하지 못한 것이다. 이러한 경우는 시험 문제가 너무 쉬워서 모든 학생이 높은 점수를 받아서 생겼을 수 있고 아니면 반대로 시험 문제가 너무 어려워서 모든 학생이 낮은 점수를 받아서 생겼을 수도 있다. 낮은 신뢰도와 낮은 민감도는 모두 측정 오차의 원인이 되며 낮은 신뢰도와 낮은 민감도로 인해서 연구의 결과가 통계적으로 유의미하게 나타날 가능성이 낮아지게 된다.

어떤 측정 절차가 그것이 측정해야 할 것을 적절하게 측정하고 있다면 그 측정 절차는 타당하다고 할 수 있다. 어떤 측정 절차는 신뢰롭기는 하지만 타당하지는 않을 수 있다. 예를 들어서 지능을 연구하기 위하여 엄지 손가락의 길이를 측정하는 경우에 측정하는 시기에 관계없이 거의 같은 점수를 얻게 될 것이므로 이는 지능을 검사하는 매우 신뢰로운 방법이 될 수 있을 뿐만 아니라 사람들의 엄지 손가락 길이는 서로 다르기 때문에 어느 정도 민감한 측정 절차라고 할 수는 있다. 하지만 엄지 손가락의 길이와 지능 사이에는 어떠한 관계도 없기 때문에 이 측정 절차는 지능을 측정하기 위한 타당한 절차는 될 수 없다. 만약 상식적으로 생각해 봤을 때 한 절차가 그것이 측정하고자 하는 것을 측정할 것으로 예상되는 경우에 우리는 이 측정 절차가 **안면 타당도**를 가졌다고 말한다. 논리적인 문제를 해결하는 능력을 평가하는 지필검사는 지능의 측정 절차로 높은 안면 타당도를 갖는 반면에 엄지 손가락의 길이는 그렇지 않다. 타당도를 나타내 주는 더 확실한 지표로 **준거 타당도**라는 것이 있는데 준거 타당도는 한 측정 절차를 사용해서 얻은 측정치와 우리가 측정하고자 하는 특성의 다른 측정치 사이의 상관 정도를 구해서 알아볼 수 있다. 우리가 지능을 적절한 환경에서 한 사람이 사업, 외교, 과학, 문학, 예술 등을 포함하는 여러 분야 중 어느 한 분야에서 위대한 것을 성취할 수 있는 능력으로 정의한다고 가정해 보자. 그리고 나서 실제로 그러한 위대한 업적을 이룬 사람들과 비슷한 기회가 주어졌음에도 불구하고 위대한 업적을 달성하지 못한 사람들을 찾아서 과연 이들이 지능 측정 결과에서 차이가 있는지를 알아보았다고 하자. 측정 결과에서 나타난 사람들 간의 차이가 준거 측정치에서도 나타난다면 그 측정 절차가 준거 타당도를 갖는다고 할 수 있다. 만일 엄지 손가락 길이는 논리 검사보다 지능이 높은 집단과 낮은 집단을 더 잘 구분한다면 엄지 손가락 길이는 낮은 안면 타당도를 가지고 있음에도 불구하고 높은 준거 타당도를 가지고 있다고 할 수 있다.

심리 측정에서 타당도는 상당히 중요한 문제이다. 타당도의 평가를 위해서 연구자는 자신이 측정하려고 하는 심리적 특성을 명확하게 조작적으로 정의해야 하며 그 측정치가 진실로 그 심리적 특성과 관련 있는 행동을 예측해 낸다는 것을 보여야만 한다. 타당도의 결여는 곧 편향의 원인이 된다. 타당하지 않은 절차는 연구 가설에서 가정된 특성과는 다른 어떤 것을 측정하기 때문에 연구의 실제 가설과는 전혀 무관한 원인으로 인해 통계적으로 유의미한 집단 간 차이가 나타날 수도 있다.

2. 관찰자 기대 효과

사람이기 때문에 연구자들은 어쩔 수 없이 희망과 기대를 가지게 되는데 이러한 희망과 기대에 의해서 연구자가 어떻게 행동하고 자료를 기록하면서 무엇을 관찰하게 되는가가 영향을 받는다. 이러한 결과로 나타나는 편향을 **관찰자-기대 효과**라고 부른다. 실험참여자가 특정한 방식으로 반응할 것을 기대하고 바라는 연구자는 자신도 모르는 사이에 그러한 기대를 표출할 수 있고 결국 참여자의 행동에 영향을 미칠 수 있다. 피험자 간 실험에서 연구자가 한 집단의 참여자는 한 가지 방식으로 또 다른 집단의 참여자는 다른 방식으로 반응할 것을 기대하고 있는 경우에 연구자는 두 집단에 서로 다른 신호를 보낼 가능성이 있고 결과적으로 기대된 차이를 유발해 낼지도 모른다. 참여자의 행동에 영향을 미치는 것에 덧붙여 관찰자의 기대가 관찰자의 지각이나 행동에 대한 판단에 영향을 미칠 수 있다. 예를 들어 한 조건의 참여자들이 다른 조건의 참여자들보다 더 많이 웃을 것을 기대한 관찰자는 참여자의 애매한 표정을 한 조건에서는 미소로, 다른 조건에서는 미소가 아닌 것으로 해석할 가능성이 있다.

관찰자-기대 효과를 방지하기 위한 최상의 방법은 관찰자를 조건에 따라서 서로 다른 기대를 가지지 않도록 실험 설계의 조건에 **은폐**(blind)시키는 것, 즉 관찰자가 실험의 의도가 무엇인지 모르게 하는 것이다. 이렇게 해서 피험자 간 실험에서 은폐된 관찰자는 특정 참여자가 어떠한 처지를 받았는지에 대해서 알지 못한다. 누가 어떤 집단에 속하는지 알 수 없기 때문에 은폐된 관찰자는 서로 다른 참여자에 대해서 다른 기대를 갖지 않게 된다.

3. 실험참여자 기대효과(위약효과: Placebo Effects)

관찰자가 가지는 기대뿐만 아니라 참여자가 갖는 특정한 기대는 행동에 영향을 미칠 수 있다. 실험에서 처치를 달리하면, 이는 다른 기대를 만들어내게 된다. 이러한 집단간의 차이는 참여자가 갖는 기대에서 비롯된다. 이러한 종류의 효과는 약물연구에서 잘 알려져 있다. 약을 먹은 집단과 실제 약을 먹었다는 믿음을 지니고 있는 집단은 결과적으로 특정방식으로 행동하게 된다. 왜냐하면 그들은 약이 특정행동을 야기시켰을 것이라고 기대하게 되기 때문이다. 약물연구에서 그러한 결과들을 통제하기 위해서 실제 약을 주지 않는 집단의 참가자들에게 약처럼 보이는 위약(placebo)이라고 불리는 유효 성분이 없는 물질을 준다. 그리고 어떤 참여자들에게도 진짜 약을 받았는지 그렇지 않으면 위약을 받았는지의 여부를 알리지 않는다. 약물뿐만 아니라 다른 종류의 처치(treatment)도 역시 참여자들의 기대에 영향을 줄 수 있다. 예를 들면, 심리 치료(psychotherapy)를 받은 참여자들은 아마도 쉽게 호전되어질 것이다. 왜냐하면 그들은 심리 요법이 그들을 도울 것이라고 믿기 때문이다. 심리학적 연구에서 위약효과(placebo effect)라는 용어는 참여자들의 기대에 의해서 발생하는 효과를 의미한다.

이상적으로 위약 효과에 의해서 발생하는 편향을 막기 위해서는 참여자들에게 그들이 받는 처치나 처치에 의해서 일어날 수 있는 가능한 효과에 대해서 알려주지 않아야 한다. 실험자와 참여자 모두가 처치 상태에 관하여 알지 못하는 실험을 **이중은폐실험**(double blind experiment)이라고 한다. 물론, 때때로 참여자에게 실험의 처치 또는 그것의 영향에 대하여 알지 못하게 하는 것이 불가능할 경우가 있다. 예를 들면, 당신은 참여자들이 자신들이 심리치료를 받았다는 것을 알지 못하게 하면서 심리 치료를 실시할 수는 없다. 어떤 심리 치료 실험(psychotherapy experiment)에서는 심리 치료를 받지 않은 집단의 참여자들이, 심리 치료를 받은 참여자들과 유사한 기대를 하도록 위조된 치료처치를 하도록 설계된 실험도 있다.

Double Blind의 정의

4. 표본에서 얻어진 결과를 모집단에 일반화하는 문제

어떤 연구에서 사람 또는 동물의 집단은 단지 전체 집단(모집단)의 일부분 즉 **표본**(sample)이다. 만일 연구자들이 모집단에 대하여 설명하기를 원한다면, 그들의 표본은 그 모집단을 대표할 수 있는 것이어야만 한다. 연구자들이 연구의 대상이라고 생각하는 모집단을 대표하지 못하는 표본은 **편향된 표본**(biased sample)이라고 한다. 편향된 표본에 의해서 실패한 연구의 예로 1936년의 미국 유권자에 대한 여론 조사를 들 수 있다. 이 조사에서는 그 해 대통령 선거에서 랜든이 루즈벨트를 약 2배의 표 차이로 누르고 승리할 것이라고 발표했다(Huff, 1954). 그러나 결과는 루즈벨트의 압도적 승리였다. 그 여론 조사는 잡지를 구독하는 사람들에게 전화로 실시되었다. 대공황 중인 1936년에 잡지 구독과 전화를 사용할 수 있었던 사람들은 실제로 랜든을 더 좋아했을지도 모른다. 그러나 선거에서 보여진 것처럼 유권자의 대부분은 그렇지 않았다. 그 당시 유권자의 모집단은 전화를 가지고 있지 않은 사람들이 더 많았고 결과적으로 전화를 이용한 표본의 구성은 모집단을 잘 대표하지 못하는 편향된 표본을 구성하도록 하였다고 할 수 있다.

많은 심리학 연구들은 참여자로서 대학생들을 이용한다. 대부분의 연구가 대학 내에서 이루어지기 때문에 참여자로서 대학생을 이용하는 것은 어떤 면에서는 편리할 지도 모른다. 어떤 연구들-기본적인 감각과정(basic sensory processes)에 대한 연구 같은-에 대해서는 아마도 대학생들을 참여자로 한 연구 결과를 다른 집단에 대하여 일반화시키더라도 거의 문제가 없을 것이다. 그러나 다른 종류의 연구-가치, 목표, 성취 동기 등에 대한 연구 같은-에서는 일반적으로 대학생들에게 진실인 것이 다른 사람에게도 진실인지는 알 수 없다. 대학생이라는 집단에서 얻어진 결과들을 다른 집단에 일반화하려는 경우에는 종종 많은 문제를 일으킨다. 심리학자들이 자신의 연구 결과를 세계의 다른 지역에 대하여 일반화하려고 할 때는 더 큰 문제가 발생될 수 있다. 북아메리카 또는 서유럽에서 자라온 사람들에게 유효한 심리학적인 법칙들이 아마도 동양에서 자란 사람에게는 적용될 수 없을지도 모른다. 심리학의 연구 분야 중에는 이러한 문화적인 차이를 연구하는 분야도 있으며, 이러한 연구를 교차문화 연구(cross-cultual research)라고 한다.

Ⅳ. 심리학 연구에서 윤리의 문제

심리학 연구들은 인간과 감각능력이 있는 다른 동물들을 대상으로 하기 때문에, 심리학자들은 연구를 계획할 때 과학적인 측면뿐만 아니라 윤리적인 측면들도 고려해야 한다. DiMascio와 그의 동료들은(1979) 과학적인 측면에서 집단 간의 기대 수준을 동일하게 하기 위하여 약물을 투여하지 않는 집단에게는 위약을 주었고, 심리치료를 받지 않는 집단에게는 위조된 심리치료를 처치하였다. 그러나 연구자들은 참여자들이 어떤 치료를 받는지에 대하여 알아야 한다고 생각했으며, 그래서 참여자의 참가여부나 처치가 진행됨에 따라 나타날 수 있는 부수적인 효과에 대한 정보를 참여자에게 제공하기로 결정했다. 연구자들은 또한 우울증이 호전되는 경향을 전혀 보이지 않는 8주 무렵의 환자에게는 처치를 달리해야 한다고 생각했다. 이러한 경우에 마지막 자료분석에서 (다른 참여자들의 16주 무렵의 자료와 결합하여) 8주 무렵의 환자들의 우울증 점수를 사용한다. 이러한 특징들은 과학적인 연구의 장점을 다소 약화시키는 경향이 있지만, 연구자들은 윤리적인 관점에서 이렇게 하여야 한다고 생각했다.

인간과 관련된 연구에서, 윤리적인 관점은 상호 관련되어진다. (1) 사생활에 대한 권리 (2) 연구로 인해 발생가능한 불편함과 심리적인 피해 (3) 몇몇 연구에서 이용되는 속임수의 사용, 이러한 이슈들 가운데 처음의 두 가지 이슈들은 참여자가 실험에 임하기 전에 (그들의 권리를 존중하여) 참여자에게 원하면 언제든지 실험을 중단할 수 있고, 참여자를 익명으로 하여 기록과 보고가 이루어져야 한다는 점에 대한 고려이다. 게다가 실험으로 인한 불편함과 피해의 가능성이 있는 경우에 연구자들은 동일한 질문이 덜 위협적으로 이루어질 수 있는지를 검토해야 하며, 만약 그렇게 될 수 없다면 연구에서 얻을 수 있는 인간의 이익이 발생 가능한 비용보다 크다는 것을 증명할 수 있어야 한다. 실제 대다수의 심리학 연구들은 빠르게 나타났다 사라지는 글자들을 빨리 읽는 것, 일련의 목록들을 암기하는 것, 다른 참여자와 논의를 하는 방법들처럼 전혀 위험하지 않은 절차들을 사용한다.

인간의 심리학 연구에서 가장 쟁점이 되는 윤리적인 이슈는 속임수(deception)의 문제이다. 어떤 실험에서는 독립변인들이 거짓말을 포함하게 된다. 참여자들이 가진 신념에 대한 반응을 연구하기 위하여 그들은 무언가가 일어났다고 또는 일어날 것이라고 잘못된 지시를 받게 되거나 믿도록 유도된다. 몇몇 연구자들은 어떤 연구에 속임수가 이용되면 이는 무조건 비윤리적인 것이라고 생각하는 반면(Carroll 등, 1985) 다른 심리학자들은 속임을 정당화하기도 한다. 하지만 무엇보다도 참여자의 인권을 존중하는 자세가 가장 중요하다.

심리학 연구에서 인간 이외의 동물을 사용하는 것은 또 다른 윤리적인 문제를 일으킨다. 일부 심리학자들이 동물을 연구하는 데에는 많은 정당한 이유가 있다. 동물 실험은 인간을 대상으로 할 수 없는 절차에 이용될 수 있다. 어떤 연구에서는 동물을 통제된 환경에서 사육할 수 있고, 동물의 생리기능에 외과적 수술을 할 수도 있다. 동물의 행동에 내재된 기본적인 생물학적 기제는 인간 행동에 내재된 기본 기제와 유사하며, 따라서 그러한 연구는 그 동물에 대한 이해뿐만 아니라 인간을 이해하는 데도 기여한다. 다른 한편, 동물 연구는 때때로 동물들을 괴롭힐 수도 있으므로 동물을 대상으로 하는 연구자들은 그 연구에서 얻어지는 잠재적인 이득과 동물의 고통에 균형을 잡아야 하는 윤리적인 책임이 있음은 의심의 여지가 없다. 동물들은 잘 다뤄져야 하고 불필요한 손상이나 고통을 받지 않아야 한다. 어떤 사람들은 동물들이 결코 우리 안에서 사육되고 실험실에서 연구되어서는 안 된다고 주장한다. 그러나 그러한 실험을 옹호하는 연구자들은 이런 연구들로부터 얻어지는 지식에서의 막대한 이득과 이런 지식을 이용한 인간과 동물의 고통 절감을 지적한다.

미국 심리학회(1981, 1982)는 심리학적 연구에 대한 윤리적 지침을 제정했다. 그리고 그것은 여기서 제기된 모든 논점을 더욱 정교하게 다룬다. 게다가 많은 나라에서 공적 기금을 받는 연구기관들은 윤리적 논쟁의 여지가 있는 연구들은 윤리 위원회의 검토를 받는 것이 법제화되어 있다. 이런 위원회에서는 아주 빈번히 연구 제안들을 기각하며 그 결과로 이전에는 가능할 것 같았던 어떤 연구들이 최근에는 수행되지 않는다. 그중에는 고전으로 여겨지고, 이 책을 포함한 대부분의 일반 심리학 교재에 소개된 몇몇 연구들도 있다. 뒤따르는 장들에서 제시된 연구들을 읽어감에 따라 윤리적 문제들이 자주 떠오를 것이다. 이런 질문들은 연구의 설계에 대한 과학적 장점과 그 결과의 타당성 혹은 보편성에 관한 질문들처럼 항상 정당한 것이다.

V. 심리학의 연구방법의 함의

1. 일상적인 판단과 과학의 관련성

과학과 우리를 둘러싼 세계에 관해 경험했던 관찰과 사고의 사이에는 뚜렷한 구별이 없다. 일상의 학습에서, 우리는 감각에 대한 정보로부터 시작해서 세계의 특정한 측면에 관한 (추론을 통한) 잠정적인 결론을 얻기 위해 감각 정보를 사용한다. 예를 들면, 어떤 도시 출신의 예의바른 사람과 다른 도시 출신의 무례한 사람을 보았을 때, 우리는 그 두 가지 관찰을 비교함으로써 다른 도시 출신보다 어떤 도시 출신의 사람들이 더욱 공손하다고 추론할 수 있다. 대다수 사람들은 언제나 그렇게 추측하고, 그것보다 더한 증거는 없다고 생각한다. 과학은 정보 수집 절차의 형식화, 변인과 효과의 관계를 명확히 하는 조건 통제, 편향의 원인을 제거하는 노력, 대안적인 설명에 대한 신중한 고려, 그리고 잠정적인 결론에 대한 확신의 정도를 평가하는 통계적 절차의 사용 등에 의해 자연스러운 학습 방법을 더 개선하려고 노력한다. 이 장에서 연구전략, 통계적 방법, 오차와 편향의 원인 등에 대한 주요 개념들을 검토한 것처럼, 우리는 일상생활에서 관찰과 사고의 좋고 나쁨을 구별하는데 이러한 개념들이 어떻게 적용될 수 있는지 생각해 볼 수 있다. 너무 부족한 증거로 결론에 도달하거나, 대안적 설명을 생각하는 데 실패하거나, 편향된 기대 때문에 사실이 무엇인지 파악하는 데 실패할 때, 우리는 잘못 관찰하며 잘못 생각하고 있는 것이다.

2. 심리학은 무엇을 위한 것인가?

내가 학창시절에 미적분 시험에서 만점을 받은 것을 집에 가서 조금 거만하게 자랑했던 것이 기억난다. 내가 자랑하는 것을 듣고서 어머니께서는 간단한 질문을 하였다. "미적분이 대체 무엇을 하기 위한 것이냐?" 나는 한 대 얻어맞은 듯 했다. 나는 미적분에 관한 용어나 방정식을 줄줄 외우고, 수업에서 다루었던 문제들과 과제들도 풀 수 있었다. 그러나 난 미적분이 무엇을 위한 것인지 이해하지 못하고 있었다. 입시가 끝난 지 몇 달

후에 나는 미적분 문제를 어떻게 푸는지는 물론이고 방정식과 용어까지도 완전히 잊어 버렸다. 아마도 내가 이러한 것들을 모두 잊어버린 이유 중 중요한 것이 미적분을 어디에 이용하는지를 몰라서였던 것 같다. 이러한 관점에서 보면 심리학이 무엇을 위한 것인지 생각해보는 것은 심리학 공부를 시작하는 사람들에게 도움이 될 것이다.

몇몇 사람들은 심리학을 순전히 응용 학문으로 생각한다. 그들은 심리학의 목적을 인간의 여러 가지 문제들을 직접 해결하려는 시도로 본다. 예를 들어 비만이나 우울증 치료에 관한 연구는 그들의 학문적 관점에 잘 들어맞는다. 그러나 이들은 자극에 대한 인간의 판단속도를 측정하고자 하는 실험심리학자나 오리의 구애행동을 설명하려는 Lorenz의 시도 등은 가치를 두지 않을 것이다. 오리가 해결해야 할 무슨 문제를 가지고 있는가? 이러한 논의는 다른 학문분야에서도 마찬가지로 적용된다. 우리가 달의 다른 면이 무엇처럼 보이는지 아는 것이 어떤 잇점이 있는가?

주로 사람들은 그들의 호기심이나 크든 작든 어떤 자연의 신비를 밝혀내는 데 선구자가 되려는 기대 때문에 심리학적 연구나 어떤 다른 연구분야에 종사한다. 그래서 심리학은 다른 학문과 마찬가지로 두 가지 목적이 있다: 그것은 실용적인 문제를 해결하는 것과 인간의 지적 호기심을 만족시키는 것이다. 그러나 이렇게 두 가지로 분리하는 것은 매우 어렵다. 왜냐하면 단지 호기심을 만족시키기 위해 실시된 많은 연구들이 때때로 처음에는 그 연구와 아무런 관계가 없는 것처럼 보이는 문제들을 해결하는 경우가 많기 때문이다. 이 책의 나머지 장들을 읽어감에 따라 그 연구들이 실제로 응용 가치가 있는지와는 상관없이 문제 자체를 해결하기 위해 몰두하기를 바란다. 각 장에는 인간과 관련된 여러 가지 주제들이 제시되는데 그 중에는 풀린 것도 있고, 그렇지 않은 것도 있다.

제3장 마음과 행동의 생물학적 기초

마음 / 마음은 과연 뇌 속에 있는가? /
뇌 부위에 따른 기능의 분화 /
뇌와 마음간의 관계를 연구하는 법 /
신경정보처리의 기본원리 / 신경계통 / 간뇌 /
대뇌의 변연계 / 대뇌의 신피질 /
신경계통의 진화와 발달 / 유전과 환경 /
생리학적 및 생물학적 심리이해의 현황과 전망

사람을 이해하는 것은 매우 복잡하고 어려운 일임에 틀림없다. 심리학의 목적, 즉, 인간의 행동이나 마음을 과학적으로 이해하기 위해서는 한두 가지 방법으로는 아마 어려울지 모른다. 여러 각도에서 여러 가지 방법으로, 여러 수준에서, 여러 사람들이 모여서 함께 연구하고 고민해야 조금씩 인간을 이해하게 될 것이기 때문이다. 가령, 여러분이 '자동차'를 이해하려고 하는 상황을 생각해 보자. 자동차를 가장 잘 이해하는 방법은 무엇인가? 생전 자동차를 본 적이 없는 누군가가 당신에게 '자동차가 뭐죠?' 라고 물어보면 어떻게 그에게 자동차를 이해시키겠는가? 우선, '자동차의 목적' 이라는 면에서 자동차를 설명할 수 있다. 타고서 한 장소에서 다른 장소로 이동할 수 있는 것 쯤이면 어떨까… 자동차를 이해하는 두번째 수준은 자동차가 그 목적을 위해 '어떻게' 작동하는지를 설명할 수 있다. 즉 자동차가 움직이는 원리나 과정을 설명하는 것이다. 마지막으로 자동차의 물리적 속성들을 설명할 수 있다. 즉 무엇으로 만들어졌고, 어떤 부품들이 어떻게 연결되어 있고, 어떻게 생겼는지 등등… 자동차를 이해하는 이러한 수준들은 어쩌면 하나의 수준이 다른 수준과 서로 밀접하게 관련이 있고, 자동차를 전체적으로 이해하는 데 모두 중요한 것들이다.

인간을 이해하는 것은 자동차를 이해하는 것과는 비교가 안 될 정도로 매우 복잡하다. 하지만, 인간을 이해하기 위해서도 자동차를 이해하는 것과 마찬가지로 여러 가지 수준에서 이해해야 한다는 점을 우리는 생각해 볼 수 있다. 인간 자체뿐 아니라 우리의 특정한 행동 하나 하나에 대해서도 우리는 여러 가지 수준에서 그 행동을 이해할 수 있을 것이다. 가령, 우리가 보는 행동 혹은 말을 하는 행동을 놓고, 그 행동의 목적이 무엇인지, 그리고 그 행동이 어떤 과정을 통하여 나타나는 것인지, 그리고 그 행동을 맡고 있는 우리의 생물학적 구조나 기제는 무엇인지를 이해하려고 할 수 있다. 자동차를 이해하기 위해서 자동차의 물리적인 구조나 부품들의 연결방식 등을 이해하는 것이 중요하듯, 인간의 마음과 행동을 이해하기 위해서는 그것을 통제하는 뇌 혹은 신경계의 구조와 작용과정을 이해하는 것이 중요하다고 할 수 있다. 물론 자동차의 물리적인 수준을 이해하는 것처럼 뇌의 구조나 물리적 수준에서의 이해는 쉽지 않다. 더욱이 뇌의 물리적 작용이 인간의 정신작용과 어떻게 관련이 있는지를 알아보는 것은, 인간의 '정신작용' 에 대한 이해가 되어있지 않은 상태에서는 거의 불가능한 일이라고 할 수 있다. 예를 들면 기억에 대한 이해 없이 기억을 담당하는 뇌 구조나 기제를 연구하는 것은 매우 힘들 일인 것이다.

우리가 일상생활 속에서 늘 하는 행동들, 가령 보고, 듣고, 말하고, 느끼는 행동들, 혹은 생각하고, 기억하고, 결정하는 행동들은 우리가 뇌를 갖고 있기 때문에 가능하다. 눈에는 아무 이상이 없어도, 시각을 담당하는 뇌 부위가 손상이 되면 우리는 아무 것도 볼 수 없게 된다. 마찬가지로, 소리를 듣거나 소리를 내는 데에는 아무 이상이 없더라도, 말을 하는 것과 관계된 뇌 부위나 혹은 말을 듣고 이해하는 것과 관계된 뇌 부위를 손상당하게 되면 우리는 언어를 이해하거나 산출하지 못하게 된다. 평소에 마음씨 좋고 도덕적이며 사교적이었던 사람이라도 특정한 뇌 부위의 손상 후 난폭하고 비도덕적인 행동특성을 보일 수 있다. 이처럼 우리의 일상적인 행동들과 정신작용, 심지어 성격적인 특성들까지도 뇌라는 기관에 의해 통제되는 것이다. 오늘날 뇌연구의 중요성과 뇌연구 기법의 급속한 발달로, 많은 심리학자들, 특히 생물심리학자나 신경심리학자, 혹은 인지신경과학자들은 뇌와 마음간의 관계에 관하여 연구를 하고 있다. 이들은 뇌를 구성하는 하나의 신경세포로부터 전체적인 뇌의 활동에 이르기까지 신경계의 여러 수준에서 연구를 진행하고 있다. 이들 중 많은 사람들은 특정한 정신작용이나 행동을 담당하는 뇌 영역을 알아보고, 어떤 생물학적 과정과 기제에 의하여 특정한 정신작용이 일어나는지를 밝히려고 한다. 또한 특정한 행동이나 정신작용이 나타나는 과정을 이해하기 위하여 생물학적 증거들을 수집하기도 한다. 이 장에서는 마음의 배후 기제가 왜 뇌인가를 설명하기 위해 마음에 관한 고대인의 영혼관과 현대 과학의 기본 가정을 살펴본 다음, 뇌를 사령부로 삼고 있는 신경계통의 해부학적 구조와 기능을 살펴보고, 마지막으로 뇌의 진화와 발달 및 유전과 환경의 영향을 고찰해 볼 것이다.

I. 마음 : 고대인의 영혼관과 현대 생물학의 기본가정

우리의 마음과 행동을 주관하는 곳이 뇌라는 생각에 이의를 제기할 현대인은 아마도 없을 것이다. 그러나 사람의 마음이 영

'미이라 위의 Ba정형' (기원전 1250년경)
고대 이집트에서 수면과 죽음은 모두 영혼이 몸을 일시적으로 떠나서 돌아다니는 시간으로 간주되었다.

혼의 발현이라고 믿었던 고대인들의 생각은 이와 달랐다. 기원전 13세기의 고대 이집트인들은 사람의 영혼이 내장과 심장에 깃들어 있다고 믿었다. 그들은 사람이 죽게 되면 내장과 심장에 깃들어 있는 'Ba' 라는 영혼이 일단 몸 밖으로 나와 사자(使者)의 인도로 Osiris라는 곳을 여행한 후에 다시 원래의 몸을 찾아와 환생한다고 생각했다. 이와 같은 내세관의 영향으로 왕이나 귀족이 죽게 되면 환생에 대비해서 몸이 썩지 않도록 정성을 다해 방부처리를 하여 미이라로 만들었다. 그들은 두부처럼 무른 뇌가 코와 같이 부패하기 쉬운 불필요한 물질이라고 믿었기 때문에 미이라를 만들 때 가느다란 수저를 코로 집어넣어 뇌를 모두 제거하였다. 현대인의 관점에서 본다면 만일 환생이 되어 영혼이 복귀한다 하여도 이들 미이라의 주인들은 모두 머리가 빈 또는 '마음을 완전히 비운' 사람들이 될 것이다.

마음을 주관하는 곳이 뇌가 아니라 내장이나 심장이라는 것은 고대 이집트인들뿐만 아니라 고대인들 대부분에게 공통된 생각이었던 것 같다. 고대인들은 우리의 영혼이 몸속에서 순환한다고 믿었으며 이러한 믿음 때문에 온몸을 돌고 있는 피와 영혼은 불가분의 관계에 있다고 믿었다. 이러한 생각은 피를 많이 흘리게 되면 죽게 된다는 사실에 의해 강화되었으며 자연히 혈액 순환의 중추인 심장이나 혈관이 매우 잘 발달되어 있는 간이 영혼의 주거지로서 그들의 마음을 주관할 것이라는 빗나간 생각을 갖도록 만들었다. 한자 문화권에 있는 동양인들이 혈액 순환의 중추를 심장(心臟), 즉 '마음의 장기(臟器)' 라고 부르는 것도 이러한 고대인들의 공통된 영혼관의 흔적들이 아닌가 한다.

마음의 생물학적 토대를 내장에서 뇌로 옮기도록 하는데 결정적인 공헌을 한 사람들은 의학자들이었다. 외과의사들을 중심으로 구성된 히포크라테스학파의 사람들은 기원전 4세기에 이미 뇌가 모든 정신현상을 지배하는 중추기관이라는 굳은 신념을 갖고 있었다. 그들은 "쾌락, 기쁨, 웃음은 물론 슬픔, 고통, 비애, 눈물도 다른 곳이 아닌 뇌에서 발생된다"고 주장하면서 "우리는 뇌를 통하여 보고, 들으며 추한 것과 아름다운 것, 유쾌한 것과 불쾌한 것, 선한 것과 악한 것을 구별하게" 된다는 기록을 남기고 있다(Blakemore, 1978, p.9).

뇌가 정신현상의 지배 중추라는 인식이 굳어 감에 따라 구체적으로 뇌의 어느 부위가 정신작용에 관여하는가를 밝히려는 시도가 뒤따르게 되었다. 우리의 뇌 속에는 여러 개의 뇌실(腦室: ventricles)이 있는데 [그림 3-1]에 나타나 있는 것처럼 중세 유럽의 학자들은 정신작용이 이 뇌실에 의하여 주관된다는 믿음을 갖고 있었다. 뇌실은 뇌 속의 빈 공간으로서 그 안에 뇌세포의 신진대사에 관여하는 뇌수액만이 들어있을 뿐인데 이렇게 하필이면 뇌 속의 빈 공간을 정신의 중추로 지목하게 된 이면에는 고대로부터 이어져 내려온 정령관(精靈觀)이 뒷받침되어 있다. 중세의 학자들은 우리의 내장에서 흡수된 양분은 간에서 자연령(natural sprit)으로 바뀌게 되며 이것이 다시 심장에서 생령(生靈: vital spirit)으로 바뀐 다음 뇌에서 공기와 섞여 순화되어 최종적으로 혼령(魂靈: animal spirit, 라틴어로 'anima'는 영어로 'soul,' 즉 혼령을 뜻함)이 되어 뇌실을 통해 온몸으로 퍼져나간다는 생각을 갖고 있었다. 이러한 생각은 17세기까지 이어져 프랑스의 철학자 데카르트는 아직 그 기능이 잘 밝혀져 있지 않은 뇌 속의 콩알처럼 생긴 송과선체(pineal body)가 혼령의 집산지라고 주장하였다.

(a)

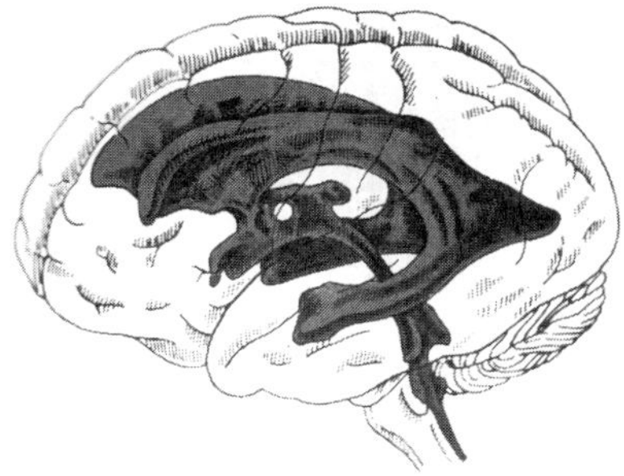

(b)

[그림 3-1] 중세의 그림에 나타난 뇌실체계 (a)와 실제 뇌의 뇌실체계(b)

뇌가 정신작용을 주관하여 그것을 맡고 있는 부위가 뇌실이 아니라 신경세포로 구성된 뇌조직 자체라는 것이 정설로 등장하게 된 것은 현미경이 발달하여 신경조직을 직접 관찰 연구할 수 있게 된 현대 생물학의 등장 이후이다. 현대 생물학이 발달함에 따라, 우리의 몸은 수없이 많은 세포들의 집합체이며 이들 각 세포체들은 신경과 내분비선을 통하여 다른 세포체들과 유기적인 관계를 맺음으로써 통합된 질서를 유지한다는 개념이 싹트게 되었다.

수없이 많은 다양한 종류의 세포들로 구성된 하나의 유기체에 통합된 질서를 부여하는 신경의 총사령부는 물론 뇌이다. 뇌는 온몸 각 곳에 그물처럼 퍼져나가 있는 신경을 통하여 우리 몸에서 일어난 신체적 변화에 관련된 정보를 수집하여 그것을 분석한 다음 우리 몸의 각 부분들이 수행해야 될 일에 관한 명령을 내려 보낸다. 뇌에 대한 이와 같은 현대 생물학적 관점은 곧 정신작용의 본질을 규명하려는 심리학자들에게 지대한 영향을 주게 되었다. 뇌가 신경을 통하여 주위환경에 관한 정보를 수집하여 그것을 분석한 다음 신체기관이 그것에 적절한 반응을 수행하도록 하는 것이야 말로 정신작용의 핵심적인 요소 중의 하나이기 때문이다.

생물학적인 관점에서 정신현상을 설명하려는 시도가 보편화

르네 데카르트(1596~1650)

됨에 따라 마음과 신체의 관계를 보는 학자들의 시각에도 큰 변화가 일게 되었다. 고대 이집트인의 내세관과 영혼관에서 보듯 옛 사람들은 마음과 신체가 분리 가능한 별개의 존재라는 심신 이원론(心身 二元論)을 일반적으로 믿고 있었다. 심신 이원론은 근세까지 지배적인 견해로 이어져 내려왔다. 예를 들어 신경계통의 기능을 인지하고 있던 17세기의 철학자 데카르트 마저도 마음은 확신할 수 있는 것이 못된다고 주장하면서 몸을 다스리는 신경계통이 하나의 기계에 불과하다는 지론을 펴고 있다. 그러나 19세기에 들어오면서 현대 의학과 생물학의 발달에 자극을 받아 의식, 즉 마음의 문제를 영혼의 문제로부터 구별하여 마음과 신체(뇌)가 하나라는 심신 일원론적(心身 一元論的) 전통이 서서히 뿌리를 내리게 되었다. 이 전통은 19세가 말 갓 태어난 심리학에 이어져 20세기 초반 심리학 사조의 주류를 이룬 행동주의(行動主義: behaviorism)에 의해서 크게 강화되었으며 정신 현상을 신경활동으로 환원시켜 설명하려는 '생리심리학(physiological psychology)' 이라는 새로운 학문 영역을 탄생하도록 만들었다.

Ⅱ. 마음은 과연 뇌 속에 있는가?: 뇌 손상과 마음의 변화

정신현상을 물질현상으로 환원하여 설명하려는 생리심리학적 접근법이 설득력을 지니기 위해서는 심신 일원론의 타당성을 막연히 앞세워서는 안되며 그러한 접근법의 타당성을 지지해주는 구체적인 증거를 제시할 수 있어야만 한다. 심신이원론이 옳다면 마음은 몸에 거주하는 몸과 독립된 존재로서 몸의 상태 변화에 관계없이 독자적인 통합성을 유지할 수 있어야 한다. 술의 주정(酒精: spirit)이 술이 담긴 병에 관계가 없듯이 마음은 그것을 담고 있는 몸, 즉 뇌에 의해 결정적인 영향을 받지 말아야 한다는 것이다. 이런 관점에서 볼 때 아마도 심신 이원론의 타당성에 대한 가장 설득력이 있는 검증 방법은 뇌 조직의 변화에 관계 없이 일관된 마음이 유지될 수 있다는 것을 보여 주는 것이 아닐까 한다.

개인적으로는 매우 불행한 일이지만 심신 이원론의 타당성을 검증할 수 있는 계기가 1848년 미국 뉴 잉글랜드 지방의 한 철도공사 현장에서 일하던 Phineas P. Gage라는 인부에게 발생되었다. 사건의 주인공인 Gage는 25살의 건장한 청년으로서 성품이 좋고 생각이 깊어 동료와 상사로부터 신뢰를 받고 있는 공사 현장의 십장(什長)이었다. 사건은 발파작업을 하기 위해 바위에 뚫린 구멍에 직경 3cm, 길이 1m 가량의 쇠막대기로 화약을 다져 넣는 과정에서 일어났다. 바위와 쇠막대기가 마찰할 때 일어난 불똥으로 화약이 폭발하여 쇠막대기가 45m나 날아가면서 Gage의 오른쪽 눈 아래를 통해 머리 정수리를 뚫고 지나간 것이다. 기록에 의하면 사고 직후 Gage는 곧 의식을 잃고 전신 발작을 일으켰으나 놀랍게도 수 분이 경과 한 뒤 의식을 회복하게 되었으며 말까지 할 수 있게 되었다. 동료들이 보기에는 상처 부위에서 피를 많이 흘리고 있다는 것을 제외하면 그의 감각, 말하는 것, 기억이 모두 정상인 것 같았다. 그는 부상 후 3주가 지나서 병상에서 일어나게 되었다. 그러나 사람들이 그에게 정말 큰 문제가 생겼다는 것을 알게 된 것은 정작 그가 병상에서 일어난 다음부터였다.

부상 때 입은 상처는 아물었지만 Gage는 부상 전과는 전혀 다른 사람이 되어 있었다. 그는 여전히 몸집이 크고 힘이 세었지만 예전의 친절하고 사려깊은 모습은 흔적도 없이 사라져 버리고 마치 고집불통의 어린애 같이 옛 동료와 상사에게 생떼를 쓰며 싸움을 걸거나 상스러운 말과 행동을 아무데서나 해대는 고약한 사람으로 변신을 해버린 것이다. 결국 그는 일자리를 구할 수가 없게 되자 미주 전역을 떠돌며 각종 놀이 행사에서 자신을 다른 사람으로 만들어 버린 문제의 쇠막대기와 상처를 관중들에게 보여 주는 것으로 생계를 유지했다고 한다. 이 사건은 마음과 뇌의 관계를 밝히려던 당시의 의학자들로부터 많은 관심을 끌게 되었으며 뇌의 여러 부위가 각기 다른 마음의 기능을 담당한다는 뇌기능 국재(局在: localization)이론의 지지 근거로 해석되었다. 사고에 의해 손상된 Gage의 두뇌부분은 전두엽이라고 불리우는 곳으로 도덕적인 판단과 같은 고등정신작용을 맡고 있는 부위로 알려져 있다. 이 일화는 뇌가 단순히 마음을 담고 있는 그릇이 아니라 마음을 만들어내고 통제하는 기관이라는 것을 암시하며, 결국 심신 이원론보다는 심신 일원론이 더 타당하다는 것을 지지한다.

Gage의 사후 그의 두개골과 문제의 쇠막대기는 하버드대학에 기증되어 지금까지 보관되어오고 있다(Blakemore, 1978).

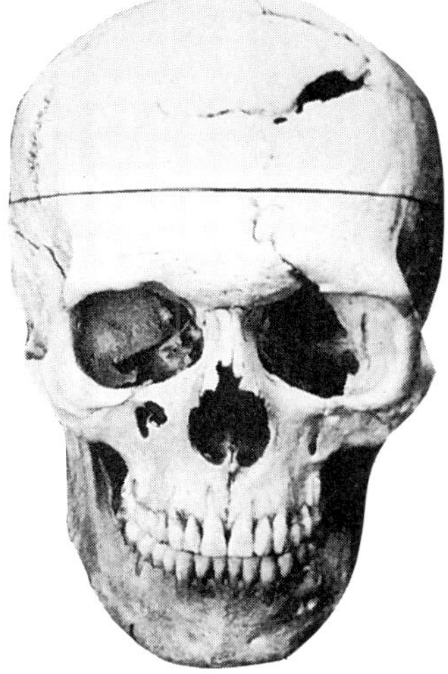

Gage의 두개골

쇠막대가 오른쪽 눈 아래뼈를 뚫고 들어가 왼쪽 위 두개골로 빠져나간 흔적이 보인다.(Blakemore, 1978).

Gage의 두개골을 관통한 쇠막대기 (Blakemore, 1978)

우리 주변에는 불의의 사고나 질병으로 인해 Gage와 같은 심리장애의 불운을 겪고 있는 사람들이 많다. 예전에는 이러한 각종 심리장애의 원인을 악령에 씌운 탓으로 돌려 굿을 하여 악귀를 쫓는 일종의 혼령치료를 하는 경우가 많았지만 이제는 그 원인을 뇌의 생리 또는 기질적 이상에서 찾아내어 수술과 약물로 치료를 하는 시대가 되었다. 현대의학에서는 뇌사로 사망을 정의하는 전통이 늘고 있는데 이것 또한 정신현상을 신경작용으로 환원시켜 이해하려는 심신 일원론적 입장의 한 단면으로 볼 수 있다. 심장이나 간 등 모든 주요 신체조직이 정상적이라 해도 뇌세포가 모두 죽게 되면 아무리 기다려 보았자 더 이상 돌아올 몸의 주인이 없다는 것이다.

Ⅲ. 뇌 부위에 따른 기능의 분화: 뇌의 국지화(localization)

뇌를 겉에서 보면 대부분의 영역들이 비슷한 모양을 하고 있지만 각 영역들이 하는 일들은 실제로 매우 다르다. 뇌가 마음을 주관하는 부위라는 것을 좀더 직접적으로 확인하고 한 걸음 나아가서 뇌의 부위에 따라 뇌가 맡고 있는 마음의 기능이 다를 수 있다는 것을 확인하기 위하여 현대의학에서 비교적 최근에 연구되기 시작한 '분리된 뇌'로 이야기의 주제를 옮겨 보기로 하자. 우리의 뇌는, 나중에 자세히 설명하겠지만, 두개골을 열고 보면 마치 호두 속과 같이 주름이 많은 두 개의 반구가 머리 앞 쪽에서 뒷 쪽으로 깊게 파인 골을 따라 나란히 마주 놓여 있는 형상을 하고 있다. 이 두개골의 반구를 대뇌 반구(cerebral hemisphere)라고 부르며 왼쪽 반구와 오른쪽 반구를 각각 좌반구와 우반구라 부른다. 좌우반구는 대뇌의 밑부분에 있는 뇌량(腦梁: corpus callosum)이라는 조직에 의해 연결되어 있어 두 대뇌반구 사이에 신경정보의 소통이 가능하도록 되어 있다. 그런데 근 30여년 전부터 악성 간질을 치료하기 위한 목적으로 이 뇌량을 절단하는 수술이 실시되어 오고 있다. 간질은 대뇌의 한쪽 반구에서 시작된 비정상적인 신경흥분이 폭발적으로 다른 쪽 반구로 확산되면서 발작을 일으키는 병이다.

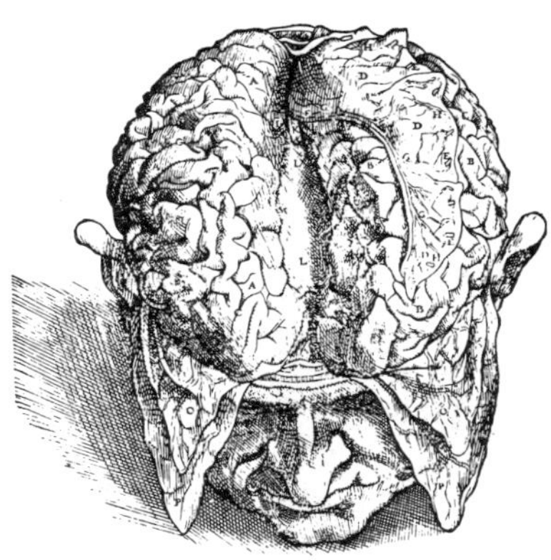

가운데 보이는 것이 수술에 의해 절단된 뇌량이다.

뇌량을 잘라서 수술에 의해 두 대뇌반구를 분리하면 거의 모든 간질 증세가 없어지게 된다. 뇌량은 두 대뇌 반구가 정보소통을 하는 중요한 조직으로서 그것을 절단하면 뇌 기능의 장애가 있을 법 한데 시술을 받은 간질환자는 놀랍게도 얼핏 보아서는 지적 능력이나 성격면에서 특기할 만한 변화가 없어 지극히 정상적인 것처럼 보인다. 초기의 의학자들은 이와 같은 시술 효과를 충격적인 것으로 받아들였지만 뒤에 정교하게 고안된 심리검사를 통해서 뇌량 절제수술을 받은 환자들이 묘한 형태의 결함을 지닌다는 것이 발견되었다(Gazzaniga, 1967). 예를 들어, 한 실험에서 시술을 받은 환자의 오른손에 연필을 쥐어주고 촉감을 통해 그것이 무엇인가를 알아 맞추도록 하면 쉽게 '연필'이라고 답을 하지만 왼손에 들려주면 그것이 무엇인지를 답할 수 없다는 것이 발견되었다. 그런데 더욱 이상한 것은 여러 물건의 이름이 적혀 있는 카드들을 나열해 놓고 왼손으로 만졌던 것이 무엇인지를 왼손으로 가리켜 보라 하면 '연필'이 적혀 있는 카드를 정확히 가리킬 수 있으며 왼손을 사용하여 가림판 뒤에 숨겨져 있는 여러 물건들 중에서 손으로 더듬어 연필을 고르라 하면 그것을 정확하게 골라낼 수 있다는 것이다.

좌우 반구에 서로 다른 단어나 그림을 각각 보여주었을 때에도 비슷한 결과가 발견되었다. 응시점을 중심으로 시야의 왼쪽에 대한 정보는 오른쪽 반구로 진행되고 오른쪽에 대한 정보는 왼쪽 반구로 진행된다(제5장 감각과 지각 편을 참조 할 것). 만일 정상인에게 스크린 위의 한 점을 응시하라고 한 뒤 눈이 움직일 수 없을 만큼 아주 짧은 시간 동안 스크린 위에 그림을 비추게 되면 응시점의 오른쪽에 있는 자극정보는 왼쪽 반구로 가고 왼쪽에 있는 정보는 오른쪽 반구로 가게 된다. 바로 이같은 원리를 이용하여 뇌가 분리된 환자에게 응시점의 왼쪽은 'he'가 되고 오른쪽은 'art'가 되도록 'heart'라는 단어를 스크린 위에 순간적으로 제시하였다. 자극 제시 후 환자들에게 무엇을 보았느냐고 물었더니 응시점의 오른쪽에 제시된(왼쪽 뇌로 진행된) 'art'를 보았다고 대답하였다. 그러나 만일 왼손을 이용하여 그들이 본 단어를 가리키라고 지시하면 응시점의 왼쪽에

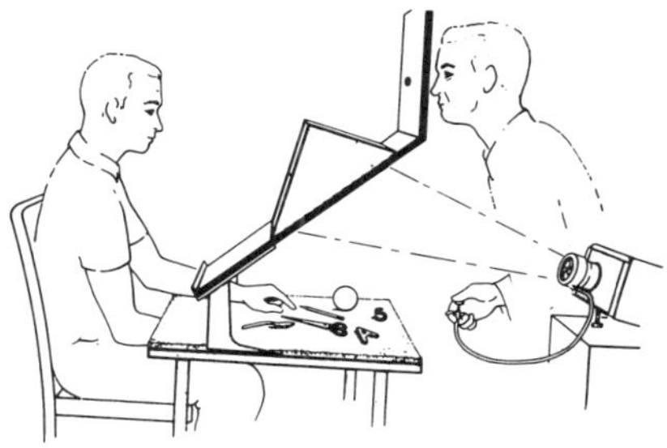

뇌량 절단 환자들에게 사용된 실험장치
환자가 자극판의 중앙을 응시하고 있는가를 확인한 뒤 순간적으로 단어를 제시한다. 환자는 환등기의 스크린에 제시된 단어에 해당되는 사물을 손가락으로 가리킨다(Gazzaniga, 1975에서 발췌).

제시된(오른쪽 뇌로 진행된) 'he' 라고 적힌 카드를 가리키는 것이 발견되었다. 흥미있는 것은 어느 쪽 반구도 제시된 단어를 'heart' 로 보지 않는다는 것이다. 그런데 여기서 특기할 만한 것은 오른쪽 반구가 말로 답을 하도록은 못하지만 본 단어가 무엇인지 읽을 수 있으며 말로 주어진 명령을 이해할 수 있다는 것이다.

다른 한 실험(Levy, Trevarthian, & Sperry, 1972)에서는 뇌가 분리된 환자에게 한 얼굴이 왼쪽과 다른 얼굴의 오른쪽을 조합한 사진을 자극으로 제시하였다. [그림 3-2]에 나와있는 것과 같은 이러한 자극을 신화 속에서 수시로 변모하는 키메라(Chimera)의 이름을 따 '키메라 자극' 이라 부른다. 실험에서 환자의 왼쪽 뇌가 오른쪽 얼굴 그림만을, 오른쪽 뇌는 왼쪽 얼굴 그림만을 보도록 키메라 자극을 순간적으로 제시하였다. 그뒤 환자에게 자극으로 사용된 두 개의 얼굴과 그 외의 다른 두 얼굴을 포함하는 네 개의 정상적인 얼굴들을 보여주고 그 중 어떤 것을 보았느냐고 물었다. 흥미롭게도 환자들은 제시된 얼굴이 키메라 자극이었다는 것을 전혀 모르는 것 같았으며 답의 내용이 요구된 응답 방법에 따라 달라진다는 것이 발견되었다. 즉, 소리를 내어 답하라고 하면 왼쪽 뇌가 본 얼굴(시야의 오른쪽에 있었던 얼굴)을 보고하였다. 그러나 왼손으로 본 얼굴을 지적하라 하면 오른쪽 뇌가 본 얼굴(시야의 왼쪽에 있었던 얼굴)을 선택하는 것이 발견되었다.

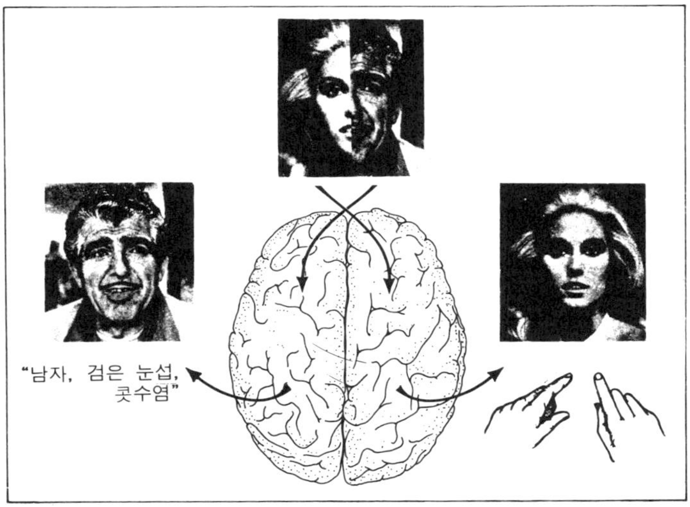

[그림 3-2] 시각자극에 대한 양반구 분리환자의 반응

양쪽 뇌가 분리된 사람에게 키메라 얼굴을 보여주고 무엇을 보았는지 말하라 하면 오른쪽 시야에 있는 얼굴만 본 것처럼 말하지만 어떤 얼굴을 보았는지 손가락으로 가리켜 보라 하면 왼쪽 시야에 있는 얼굴을 가리킨다(Blakemore, 1978).

이와 같은 여러 실험 연구 결과들을 종합하면 뇌가 분리된 환자는 단일한 신체에 두 개의 분리된 마음을 가지고 있는 야릇한 입장에 놓이게 되는 것 같다. 나중에 다시 자세히 소개하겠지만 우리 대뇌의 좌반구는 언어를 관장하고 우반구는 공간이해를 관장하는 것으로 알려져 있다. 정상적인 사람의 뇌는 뇌량을 통해 좌우 반구 사이에 정보가 소통될 수 있어 어떤 정보가 어느 쪽 뇌에서 처리되든 문제될 게 없다. 그러나 뇌량이 절단된 환자의 대뇌는 좌우반구 간에 정보교환이 불가능하여 한 쪽 반구가 다른 쪽 반구에서 일어난 일을 전혀 알 수 없게 된다.

즉, 이들 환자의 왼쪽 마음인 좌반구는 언어적 도구를 가지고 있어 그것이 경험하는 바를 말로 보고할 수 있도록 해주지만 오른쪽 마음인 우반구는 언어처리능력이 결여되어 있어 언어적 반응의 구사가 불가능하다는 것이다. 그 대신 오른쪽 마음은 일정한 형태로 나무토막을 쌓거나 그림을 정확하게 그릴 수 있는 공간 수행 능력 면에서는 왼쪽 마음보다 월등하게 낫다. 뇌가 분리된 환자에게 그림을 그리라고 하면 왼손으로는 서툴기는 하지만 매우 정확하게 그림을 그릴 수 있는데 비해 오른손으로는 솜씨가 매끈하지만 틀린 그림을 그리게 된다([그림 3-3] 참조).

뇌가 분리되어 있는 사람들이 두 개의 독립적인 마음을 갖게 된다는 사실을 정상인에게까지 확대 적용시켜서는 안 된다. 온전한 뇌의 두 대뇌반구는 완벽하고 신속하며 꾸준한 정보 교환을 통해 한쪽 반구에서 다른 반구의 특별한 재능이나 능력을 백분 이용할 수 있기 때문에 뇌량이 온전한 사람은 두 개의 마음이 아니라 하나의 통일된 마음을 지니게 된다.

지금까지 마음을 뇌의 작용으로 환원하여 설명하려는 현대 심리학, 특히 생리심리학의 기본적인 입장이 과연 타당한 것인가를 검토해 보기 위해 마음에 대한 고대인의 믿음과 현대 과학의 관점을 살펴 보았으며, 아울러 뇌와 마음의 관계를 추론할 수 있도록 해주는 임상사례들을 살펴 보았다. 영혼이란 과연 존재하는 것인지 또 존재한다면 그것의 본질은 무엇이며 어디에서 유래되었는지에 대해 현대 과학은 아직 명확한 해답을 제공할 수 있는 단계에 와 있지 못하며 앞으로도 그러한 단계에 결코 도달할 수 없을지도 모른다. 그러나 질문의 방향을 조금 바꿔 베일에 가려있는 영혼이 아니라 우리의 현재 의식 또는 마음에 대하여 묻는다면 그간 현대 과학에 의해 축적된 지식은 마음이 뇌와 불가분의 관계에 있다는 심신 일원론적인 결론으로 우리

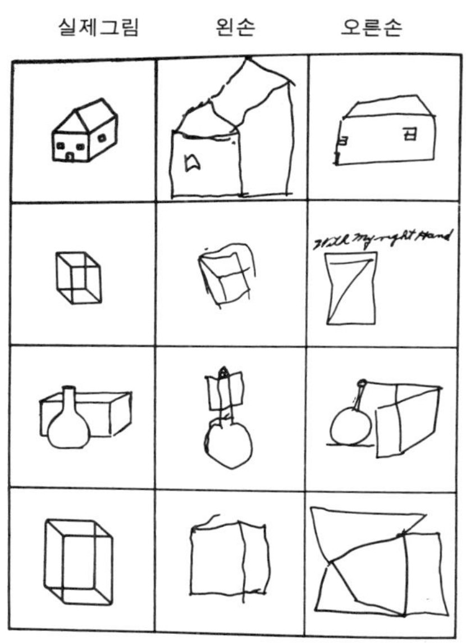

[그림 3-3] 뇌량 절단 환자의 그림
오른손으로는 그림을 매끄럽지만 틀리게 그리는 반면 왼손으로는 서툴지만 비교적 정확하게 그릴 수 있다(Blakemore, 1978).

를 유도한다.

이와 같은 관점에서 볼 때 이제 우리에게 남은 것은 마음의 본질을 이해하기 위해서 뇌의 구조뿐 아니라 뇌와 마음간의 관계, 이들간의 상호작용을 이해하는 것이다. 마음과 뇌와의 관계를 연구하기 위하여 많은 인지 신경과학자들은 정교한 뇌측정 기술의 발달에 힘입어 많은 연구물들을 쏟아 놓고 있다. 뇌와 마음간의 관계는 어떤 방식으로 연구할 수 있을까? 몇가지 대표적인 신경 및 생리심리학적 연구 방법을 살펴보기로 하자.

Ⅳ. 뇌와 마음간의 관계를 연구하는 법

우리의 뇌는 겉으로 보기에 전체적으로 비슷하게 보이지만, 실제로 우리의 뇌는 다양한 영역들이 각기 독특한 기능을 담당하며 세분화되어 있다. 많은 인지 신경과학자들은 뇌의 각 영역들이 맡고 있는 다양한 마음의 기능들이 무엇이고, 뇌의 어떤 구조와 과정을 통하여 이러한 마음의 기능이 작용하는지를 밝히려고 한다.

하지만 뇌 각 영역들이 맡고 있는 마음과 관련된 다양한 기능들이 무엇인지 발견하는 일은 그리 쉬운 일만은 아니다. 왜냐하면 일상적인 상황에서 우리 뇌는 다양한 구조들이 하나의 통합된 전체로서 함께 일하고 있기 때문이다. 오늘날 뇌와 마음간의 관계를 연구하는 심리학자나 인지신경과학들은 뇌 손상위치를 정확하게 포착할 수 있고 뇌가 활동하고 있는 그대로의 상태에서 뇌를 연구할 수 있는 다양하고 매우 정교한 기법들을 사용하고 있다. 오늘날 사용되는 대표적인 방법들로는, i) 뇌가 손상된 환자를 대상으로 손상된 부위와 행동의 변화를 관찰하는 뇌손상(Brain Lesion) 연구, ii) 특정한 정신활동을 하는 동안 뇌의 활동을 관찰할 수 있는 fMRI 나 PET과 같은 뇌-영상 기법, iii) 뇌의 전기 활동을 기록하는 EEG(뇌파)나 ERP(사상관련전위) 기법, 혹은 단일세포기록 기법 등이 있다.

뇌손상(Brain Lesion) 연구 뇌손상이란 주로 뇌졸중이나 종양, 사고 등에 의해 뇌 조직이 파괴되는 것을 말한다. 뇌질환이나 특정 영역에 손상을 입은 환자를 대상으로 한 사례연구들은 정상적인 신경계를 이해하는 데 도움을 줄 수 있다. 즉, 심리학자들은 뇌의 특정 영역이 작용하지 못하는 상황에서 어떤 일이 벌어지는지를 관찰함으로써 그 영역이 하는 일을 역으로 추론할 수 있다. 19세기 중반에 몇몇 의사들은 좌뇌가 손상된 환자들이 언어 장애를 보이는 것을 발견하고 이러한 뇌손상 연구(lesion study)의 필요성을 확인하였다. 20세기 중반 즈음에는 몇몇 신경외과의사들이 수술 중에 뇌의 여러 부위들을 미세한 전류를 사용하여 자극함으로써 이들 각각의 기능에 대해 알아보기 시작했다. 이러한 절차는 수술시 뇌에서 매우 중요한 부위를 잘못 손상시키는 것을 피할 수 있는 필요한 조치였다. 동물 실험을 하는 연구자들은 뇌의 여러 구조와 이들과 통하는 부위를 절개하고 그 효과를 측정함으로써 각 구조의 기능들을 연구한다.

뇌영상 기법 컴퓨터를 이용하여 뇌의 해부학적 구조를 영상화하는 최초의 방법으로 컴퓨터 단층촬영법이 있다. 흔히 CT 스캔이라고 알려진 컴퓨터 단층 촬영법(computerized axial tomography: CT 혹은 CAT)은, CT 스캐너가 머리 주변의 X-선 관을 180도 회전하면서 방사선을 사출하고 반대편의 X-선 감지기가 이를 탐지하여 그 신호를 컴퓨터로 보내면 컴퓨터에서는 복잡한 수리적 절차를 통하여 이들 신호를 분석하고 재조합하여 뇌 수평면의 여러 단층 이미지들을 만들어 낸다. 이러한 CT스캔은 신경이 위축 혹은 퇴화되는 곳이나 또는 종양과 같이 조직이 비정상적으로 커진 부위의 위치를 정확하게 보여줄 수 있다. CT는 뇌의 구조에 대한 영상을 제공해 주기는 하지만, 살아있는 뇌의 활동을 보여주지는 못한다.

CT와 관련된 기술로서, 흔히 MRI라고 불리는 자기공명영상법(magnetic resonance imaging, 혹은 핵자기공명법-NMR)은 X-선을 사용하지 않으면서 CT보다 더욱 선명한 뇌의 이미지를 제공해 준다. MRI는 강력한 자기장을 사용하여 뇌의 수소분자로부터 나오는 전자파 에너지를 감지하여 뇌의 이미지를 만드는데, 그 원리는 뇌의 여러 조직들의 수소농도가 서로 다르다는 사실에 기초하고 있다. 즉, 뇌의 각 조직들은 서로 다른 수소농도를 갖고 있으며 따라서 이들 조직들로부터 방출되는 전자파 에너지도 달라지게 되는데, 이러한 에너지 신호의 차이에 근거하여 뇌의 단층 이미지를 컴퓨터를 이용하여 만들어내는 것이다. MRI는 뇌의 수평면뿐 아니라, 정면이나 측면의 단층 영상도 만들어낼 수 있다.

뇌의 해부학적 구조뿐 아니라, 특정한 정신활동이나 행동을 하고 있을 때 뇌의 활동을 측정할 수 있는 영상기법으로 최근에 자주 사용되는 기법은 양전자 방출 촬영법(PET: positron emission tomography)과 기능적 자기 공명 영상법(fMRI: functional MRI)이다. 이들 방법은 우리가 특정한 정신활동을 하고 있을 때 이를 담당하는 뇌의 특정부위를 지원하기 위해 산소가 더 많이 공급된다는 사실에 착안한 것이다. 우리의 뇌는 산소를 저장하지 않는 대신 활동하는 뇌 부위에 산소를 함유한 혈류를 더 많이 공급한다. 따라서 특정한 정신활동을 하는 동안 뇌의 어느 부위에 혈류량이 증가 혹은 감소하는지를 측정함으로써 특정한 정신활동을 담당하는 뇌의 영역을 알아낼 수 있다. 양전자 방출 촬영법은 방사성 화학물질을 혈류에 주입하고 특정한 정신활동이나 과제를 수행할 때 이것이 혈관을 따라 뇌에 도달하여 뇌의 어느 부위에 어떻게 분포되어 있는지를 측정하는 것이다. 이러한 방법은 주의나 기억, 심상, 언어처리와 같은 인지과정을 연구하는데 사용되고 있는데, PET으로 촬영한 사진의 예는 [그림 3-4]와 같다. PET은 여러 뇌영역의 혈류량을 측정하는 반면, 기능적 자기 공명 영상법(fMRI)은 여러 뇌영역에 있는 혈액 속의 산소량을 측정한다. fMRI는 1990년대에 개발된 것으로, 앞서 설명한 MRI기법을 개선하여 뇌의 활동 정도를 빠른 속도로 측정할 수 있다. 즉, 뇌활동의 지표가 혈액 속의 산소량이라는 원리에 기초하여 특정한 뇌부위가 어느 정도 활성화되어 있는지를 산소량의 변화를 통하여 측정하는 것이다. fMRI는 PET에 비하여 방사선물질을 주입하지 않아도 되

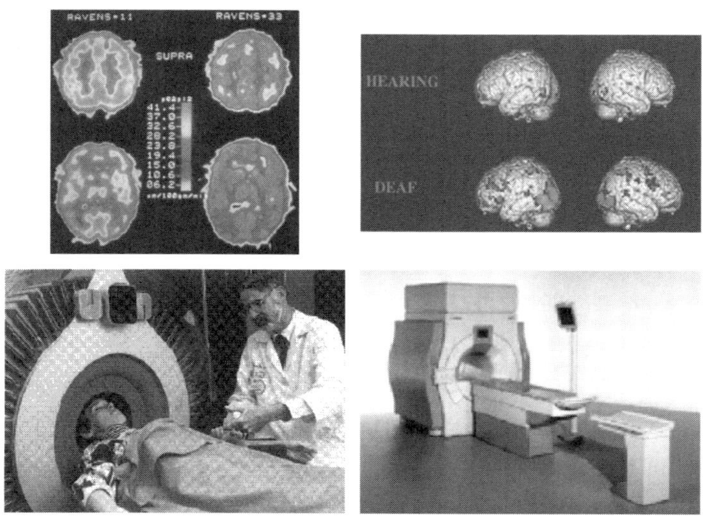

[그림 3-4] PET(위 왼쪽)과 fMRI(위 오른쪽)로 촬영한 사진, PET 촬영 모습(아래 왼쪽)과 fMRI(아래 오른쪽)

IQ에 따라 뇌의 활성화 정도를 측정하기 위해 PET으로 촬영하였다. IQ가 더 높은 오른쪽 사진들의 활성화 정도가 더 높다는 것을 확인할 수 있다. 이는 IQ가 높으면, 문제를 풀 때 덜 열심히 일한다는 해석을 할 수 있다(Western, 1996). 시각적인 움직임을 자극으로 제시하였을 때, 정상인(위)과 선천적인 청각 장애자(아래) 간의 활성화 영역을 fMRI로 찍은 사진이다(Gazzaniga, 2000). 아래의 왼쪽 사진은 PET 촬영을 하는 모습(Posner, 1994)이고, 오른쪽은 fMRI이다.

고, 1초 안에도 수십장의 뇌활성 영상을 빠르게 얻을 수 있다는 장점이 있다.

뇌전기활동기록 뇌 활동을 측정할 수 있는 방법으로 처음으로 개발된 EEG(electroencephalogram)는 1930년대부터 사용되고 있는데, 전극을 머리피부에 갖다 대고 뇌에서 나오는 전기활동을 기록하는 방법이다. 이러한 EEG는 수면기간 동안에 신경활동을 연구하는 것뿐 아니라 간질과 같은 장애를 진단하는데 종종 사용되고 있다. 두번째 방법은 ERP(Event-related potential: 사건관련전위)라고 하는 기법인데, 이 방법 역시 EEG와 마찬가지로 머리피부에 전극을 붙이고 뇌의 전기적 활동을 기록하는 방법이다. 하지만 EEG에서처럼 전반적인 뇌파를 측정하기보다는 특정한 인지적 혹은 정신적 과제를 수행할 때 즉각적으로 나타나는 뇌 전기 활동의 미세한 변화를 포착함으로써 주로 다양한 인지 및 정신활동 과정이나 기제를 연구할 때 많이 쓰이는 방법이다. 그밖의 방법으로는, 주로 동물을 사용하여 미세전극(electrode)을 뇌세포에 꽂아 뇌세포의 전기적 활동을 측정하는 '단일세포기록' 방법이 있다. 이 방법을 사용하여 특정한 세포가 어떤 상황에서 흥분하는지를 측정할 수 있는데, 가령 우리의 시각을 맡고 있는 세포 중에는 수직선에 대해서만 주로 반응하는 세포가 있는가 하면 다른 세포는 수평선에 대해서만 반응하는 세포가 있으며, 이러한 발견은 고양이를 대상으로 수행된 단일세포기록 방법으로 밝혀진 것이다.

이제까지 우리는 뇌와 마음 간의 관계를 어떻게 연구할 수 있는지를 알아보았다. 뇌는 우리 몸에 그물처럼 퍼져 나가 있는 신경을 통하여 우리 몸을 지배한다. 뇌를 사령부로 삼고 있는 우리의 신경계통은 위계적으로 잘 짜여진 하나의 매우 복합적인 조직이다. 하나의 조직이 하는 일을 이해하려면 그 조직의 구성원이 누구이며 그 조직이 어떤 부서들로 구성되어 있으며 조직표를 놓고 각 구성원과 부서의 역할과 기능이 무엇인지를 알아보아야 한다. 우리의 신경계통을 구성하고 있는 가장 기본적인 구성원은 '뉴런(neuron)'이라 불리우는 신경세포이다. 이제 이 뉴런의 구조와 기능을 알아보는 것을 시작으로 하여 신경계통을 구성하고 있는 뇌와 척수 및 말초신경의 해부학적 구조와 기능을 간단하게 살펴보기로 하자.

V. 신경정보처리의 기본원리: 뉴런과 시냅스

신경의 기본 단위는 뉴런이라 불리우는 세포인데 그 크기가 매우 작아 배율이 높은 현미경을 통해서만 관찰이 가능하다. 뉴런의 기능은 기본적으로 수상돌기나 세포체에서 신경정보를 전달받아 그 정보를 축색돌기를 거쳐서 다른 뉴런에 전달하는 것이다. 뉴런을 도식화해서 그려본 것이 [그림 3-5]이다. 이 그림에 나타나 있는 것처럼 뉴런은 크게 핵을 포함하는 세포체와 수상돌기(樹狀突起: dendrite) 및 축색돌기(軸索突起: axon)로 나눠 볼 수 있다.

1. 뉴 런

뉴런의 가장 중요한 기능은 정보를 신체의 한 부위에서 다른 부위로 전달하는 것이다. 신경 정보는 신경충격(nerve impulse)의 형태로 뉴런의 수상돌기나 세포체에서 수집되어 축색돌기의 말단까지 전달된다. 신경충격이 전도되는 과정을 액으로 채워져 있는 뉴런의 내부에 가느다란 바늘 모양의 미세전극(microelectrode)을 꽂아 넣어 기록할 수 있다. 이 미세전극은 끝의 뾰족한 부분을 제외한 나머지 부분이 절연이 되어있기 때문에 뉴런의 내부와 외부의 신경전위차를 측정하도록 해준다. 신경전위는 밀리볼트(mV)의 단위로 측정되는데 뉴런의 내부는 정상적으로 약 -70mV의 부적 전위를 유지하고 있으며 신경충격이 전도될 때는 -70mV에서 약 +45mV의 정적 전위로 전위가 바뀌는 분극현상이 일정주기를 갖고 반복된다. 정상적으로 유지하고 있는 부적 전위의 상태를 뉴런의 휴지전위(休止電位: resting potential)라고 부르며 신경충격의 전도와 함께 나타나는 잠깐 동안의 정적 전위상태 또는 분극상태를 활동전위(活動電位: acting potential)라고 부른다. 한 가지 흥미있는 현상은 [그림 3-6]에서 볼 수 있듯이 정적 전위가 일어난 직후 휴지전위로 되돌아가기 위해 전위가 약 -80mV까지 떨어진다는 사실이다.

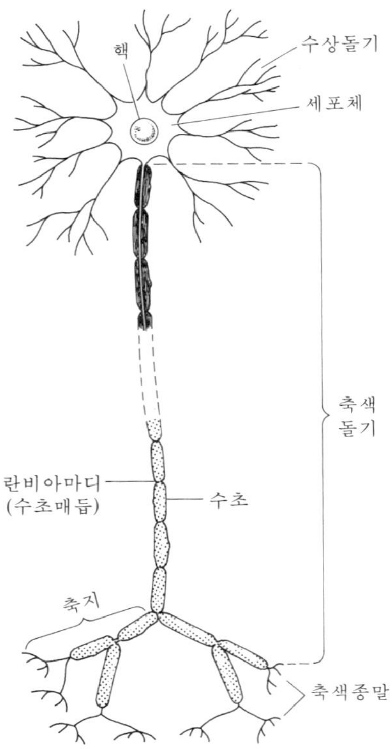

[그림 3-5] 뉴런의 구조
뉴런의 구조를 도식화하여 나타내 본 것이다. 뉴런은 그림에서 볼 수 있듯이 크게 수상돌기, 세포체와 핵, 축색돌기, 축색종말의 네 부분으로 나누어 볼 수 있다.

활동전위상태에서 일련의 전위 변화가 일어나게 되는 것은 뉴런의 피막에 있는 아주 미세한 통로들이 반복해서 열리고 닫힘으로써 전하(電荷)를 띤 이온들이 뉴런 안팎으로 들어오고 나가는 데 기인한다. 이온은 분자가 전자를 잃거나(양이온) 얻음으

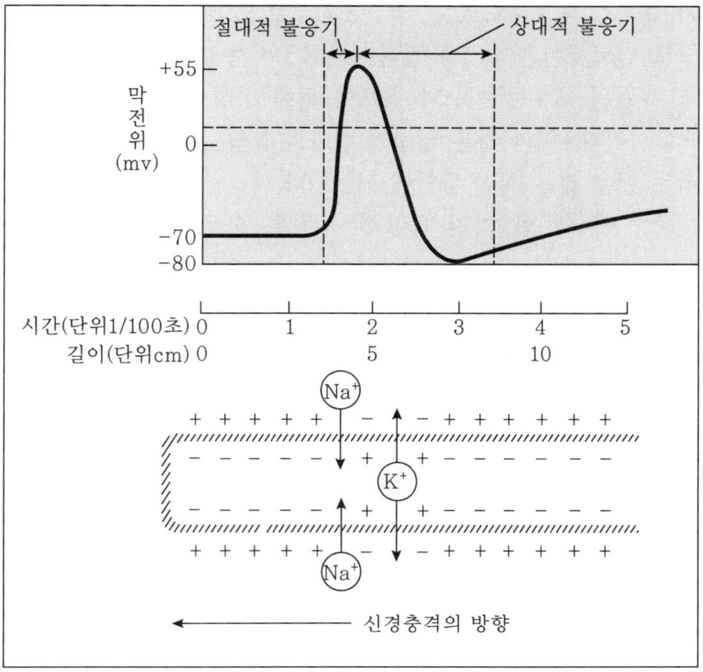

[그림 3-6] 신경충격전도원리
신경충격의 전도는 뉴런 막의 전위변화를 통해서 일어난다.

로써(음이온) 형성된다. 유기(有價)음이온(A–)이라 불리우는 부피가 큰 이온들이 뉴런 내에서 발생하는데 이들 이온은 뉴런의 피막을 통과하기에는 크기가 너무 커서 뉴런 내에 항상 머물러 있다. 그러나 이보다 작은 염소이온(Cl–), 나트륨이온(Na+), 칼륨이온(K+)은 때에 따라 피막을 통과할 수 있다. 정상 상태에서는 이오닉 펌프(ionic pump)라는 기제의 작용에 의해 뉴런의 내부에 칼륨이온(K+)이 나트륨이온(Na+)보다 약 10배가량 많으며 뉴런의 외부에는 그 정반대의 비율로 두 이온의 존재하게 된다. 뉴런의 휴지전위는 이오닉 펌프에 의한 이온의 분포와 뉴런 속에 갇혀 있는 유기음이온(A–)에 의해 결정된다.

활동전위는 뉴런의 조직막 위의 한 부위에서 직접적인 전기적 자극과 같은 것에 의해 휴지전위가 크게 감소될 때 나타난다. 활동전위는 피막의 미세한 나트륨이온 통로가 약 1/1000초 동안 갑자기 열림으로써 일어난다. 이러한 순간적인 피막의 변화로 뉴런의 외부에 있던 나트륨이온(Na^+)이 내부로 유입되어 순식간에 뉴런의 극성이 바뀌면서 뉴런 내부의 전위가 외부에 비하여 약 +45mV로 올라가게 된다. 바로 이 뒤를 이어 칼륨이온(K^+)의 통로가 약 1/1000~2/1000초 동안 열려서 칼륨이온(K^+)들이 뉴런 밖으로 빠져 나가게 됨으로써 뉴런 내부의 전위가 휴지기 때보다도 낮은 약 -80mV로 떨어지게 된다. 마지막으로 나트륨이온(Na^+)과 칼륨이온(K^+)의 통로가 모두 닫힘으로써 뉴런의 내부는 이오닉 펌프에 의해 정상상태의 휴지전위로 되돌아간다. 이와 같은 일련의 변화는 불과 4/1000~5/1000초라는 매우 짧은 시간 동안에 일어난다.

활동전위의 한 가지 중요한 특징은 전무적(全無的: all or none)인 속성을 띠고 있다는 것이다. 즉, 일단 나트륨이온 통로가 열리면 자동적으로 그 다음 과정들이 이어지게 된다. 나트륨이온(Na^+)의 통로가 닫히고 칼륨 통로가 열리면 칼륨 통로가 다시 닫힐 때까지는 활동전위가 발생되지 않는다. 이 기간을 절대불응기(absolute refractory period)라고 부른다. 나트륨과 칼륨 통로가 모두 닫히고 이오닉 펌프가 휴지전위를 되찾는 과정 중에 활동전위가 발생되기 비교적 어려운 때가 있다. [그림 3-6]에 나타는 것처럼 이 기간을 상대적 불응기(relative refractory period)라고 부른다.

활동전위가 한 곳에서 발생되면 그것이 바로 이웃한 곳의 활동전위를 일으키고 이 과정이 반복되는 동안에 신경충격이 뉴런을 따라 이동한다. 새로운 활동전위는 이동하는 신경충격의 앞부분에서만 발생되는데 이것은 신경충격의 바로 뒷부분이 아직 절대불응기에 있기 때문이다. 이와 같은 과정을 통해 신경충격이 뉴런을 따라 전도되어 신경정보가 우리 몸의 한 부분에서 다른 부분으로 전달된다.

신경충격은 축색돌기가 굵을수록 빨리 전도되며 축색돌기가 부분적으로 수초라 불리우는 지방세포로 둘러싸여 있을 때 매우 빨리 전도된다. 수초가 있는 뉴런에서는 수초매듭(node)이라 불리우는 두 세포 사이를 잇는 부위에서만 활동전위가 일어난다. 수초매듭은 축색돌기를 따라 매 1~2mm마다 있게 된다. 활동전위가 한 수초매듭에서 발생되면 수초가 없는 뉴런에서와 같이 신경충격이 피막을 따라 점진적으로 전도되는 대신 매우 빠른 속도로 다음 수초매듭의 활동전위를 촉발시킨다. 이같이 수초로 둘러싸인 축색돌기를 따라 신경 충격이 한 매듭에서 다른 매듭으로 건너뛰게 되는 것을 도약전도(saltatory conduction)라고 부른다. 신경전도 속도는 축색돌기가 얼마나 두꺼운가 또는 수초가 있느냐 없느냐에 따라 매초 약 1/5미터에서 120미터에 이를 정도로 달라지게 된다.

사람의 신체를 구성하고 있는 대부분의 세포들이 그렇듯이 이와 같이 복잡미묘한 신경정보처리를 맡고 있는 뉴런도 매우 약한 연성조직들로 구성되어 있다. 그러나 우리 몸의 뉴런은 뼈나 근육, 또는 질긴 막들로 보호받고 있어서 각종 외상(外傷), 내상(內傷), 질병에 의해 손상을 입어 죽지 않는 한 사람이 생존하는 만큼 살 수 있다. 이 때문에 뉴런의 각 부분들이 마모가 되면 계속 새 것으로 대치된다. 이때 대치되는 모든 부품들은 뉴런의 세포체에서 만들어져 축색운반(axonal transport)이라고 불리우는 비교적 느린 이행과정을 거쳐 마모나 손상을 입은 부위에 보내지게 된다. 뇌 속에 있는 세포의 크기는 그 길이가 몇 cm에 불과하지만 축색돌기의 길이가 세포체로부터 1m가 넘기도 하는 말초신경계에서는 새 부품이 목적지까지 도달하는 데 수주일이 걸리기도 한다.

뉴런의 각 부분에 마모가 생기면 새로 만들어진 부품들이 축색운반이라는 비교적 느린 이행과정을 거쳐 마모나 손상을 입은 부위에 보내진다.

2. 시냅스와 신경전도물질

뉴런의 축색을 따라 전도되는 신경충격은 시냅스(synapse)라 불리우는 교차점에서 다른 뉴런들의 활동에 영향을 준다. 시냅스는 보통 한 뉴런이 다른 뉴런의 수상돌기나 세포체와 접하는 곳에서 일어난다. 이 접점에서 한 뉴런의 축색돌기 끝부분까지 이동된 신경충격이 다른 뉴런에 신경충격을 유발시켜 신경정보가 한 뉴런에서 다른 뉴런으로 이어진다. 비록 시냅스에 의한 정보 전달 원리는 이처럼 매우 단순하지만 뉴런간의 상호작용은 지금까지의 설명보다 훨씬 복잡하다. 신경정보가 시냅스에 의해서 수정되거나 변형되고 처리되는 양상은 현재의 첨단 컴퓨터에서 정보가 처리되는 원리보다 훨씬 더 복잡한 것으로 알려져 있다.

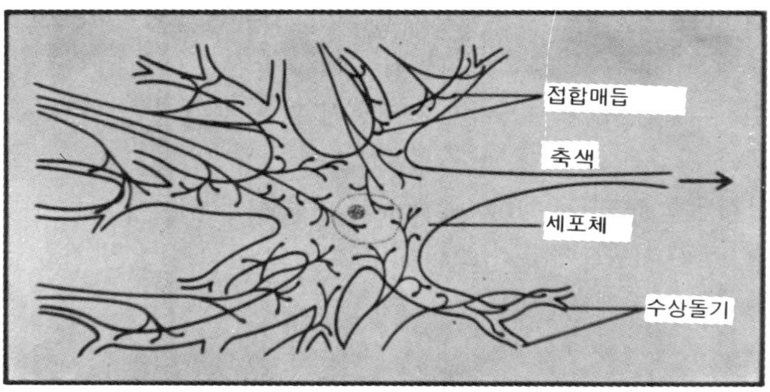

[그림 3-7] 한 세포의 수상돌기와 세포체에서 시냅스를 이루는 신경세포의 축색말단.

수많은 뉴런들이 한 뉴런의 세포체에 축색말단을 보내 시냅스를 이루고 있다.

시냅스의 복잡한 메커니즘을 논한다는 것은 심리학개론서의 범주를 넘어서지만 한 뉴런이 다른 뉴런에 영향을 주게 되는 여러 가지 방법과 뉴런 간의 상호작용을 가능하게 하는 시냅스의 생화학적 본질을 알고 나면 시냅스의 원리를 쉽게 이해할 수 있다. [그림 3-7]은 여러 뉴런들의 축색돌기가 하나의 뉴런과 시냅스를 형성하고 있는 것을 보여준다. 이 뉴런과 접촉을 이루고 있는 매듭꼴의 축색돌기 끝부분들 하나하나가 단일 시냅스를 형성한다. 각 시냅스 매듭(synaptic knob)과 다른 뉴런 사이에는 액체로 메워진 시냅스 틈(synaptic cleft)이라는 약 5억분의 1미터밖에 안되는 매우 좁은 틈이 있다. 활동전위가 전도되면 시냅스 매듭이 이 시냅스 틈에 생화학적 물질을 분비하게 된다. 이처럼 다른 뉴런에 분비되어 그 뉴런의 활동전위 발생을 직접적으로 증가시키거나 감소시키는 생화학적 물질을 신경전도물질(neurotansmitters)이라고 부른다.

초기에는 신경전도물질에 오직 아세틸콜린(acetylcholine) 한 가지만이 존재하는 것으로 알려져 있었다. 그러나 요즈음에 와서 다양한 신경전도물질이 존재한다는 것이 밝혀지게 되었다. 이중 그 정체가 분명하게 밝혀진 몇 가지만을 예로 들면 노어에피네프린(norepinephrine), 도파민(dopamin), 세로토닌(serotonin), 히스타민(histamin) 같은 것들이 있다.

대부분의 뉴런들은 신경전도물질을 만들어서 그것들을 시냅스 매듭 속의 시냅스 낭(囊: vesicle)이라는 미세한 주머니 속에 저장해둔다. [그림 3-8]은 활동전위에 의해 시냅스 낭으로부터 시냅스 틈 속에 신경전도물질이 분비되는 과정을 보여준다. 시냅스 낭에서 나온 신경전도물질은 시냅스 틈을 사이에 두고 있는 다른 뉴런의 수용기에 담기게 되어 그 뉴런의 활동에 영향을 주게 된다. 마치 열쇠가 자물쇠에 맞아야 문이 열리듯 각 신경전도물질과 특정 수용기가 정확하게 맞을 때만 신경전도의 효과가 발생될 수 있다.

시냅스 전도(synaptic transmission)라 불리우는 이 모든 과정이 어떤 시냅스에서는 불과 1/2000초도 안되는 짧은 시간 동안에 일어나게 된다.

[그림 3-8] 신경충격시 축색말단에서 일어나는 생화학적 변화

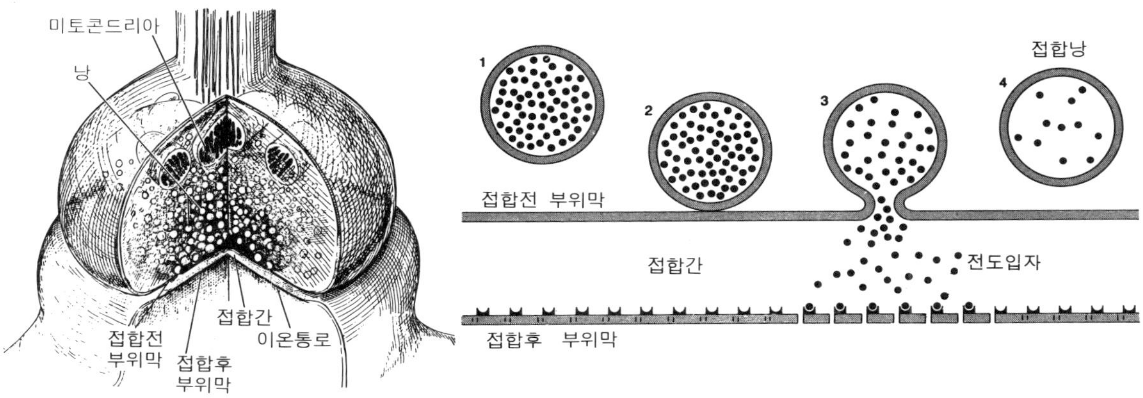

신경계통의 구조는 매우 복잡하지만 그것을 해체하면 그것의 구성 단위로서 결국 뉴런이 남게 된다. 즉 뇌를 포함한 모든 신경계통의 구조를 뉴런의 덩어리로 간주할 수 있다는 것이다. 뉴런은 그것이 어느 조직에 있든 그것이 신경정보를 전달하는 원리는 기본적으로 동일하다. 우리의 신경계통은 어느 조직이 무슨 일을 맡고 있느냐에 따라 각기 다른 원리에 의해 신경전도를 하는 뉴런이 출현하도록 진화된 것이 아니라 동일한 원리를 따르는 뉴런들의 연결관계나 위계관계를 복잡하게 변화시키는 방향으로 진화되었다. 따라서 우리의 신경계통을 이해하기 위해서는 지금까지 소개한 뉴런 수준의 이해로는 한계가 있으며 그것보다는 신경계통의 해부학적 구조와 그것들의 위계적 연결 양상을 이해해야 한다.

Ⅵ. 신경계통

신경계통은 우리 몸에 있는 모든 뉴런들로 이루어진 신경 정보처리 및 전달체계를 일컫는데 크게 중추신경계와 말초신경계의 두 부분으로 나뉘어진다. 중추신경계는 뇌와 척수 속에 있는 뉴런들로 구성되며 말초신경계는 뇌나 척수 밖에 있는 뉴런들로 구성된다. 뇌는 신경계통의 사령부로서 말초신경계의 감각 뉴런으로부터 감각정보를 입력 받으며 운동뉴런을 통해 신체근

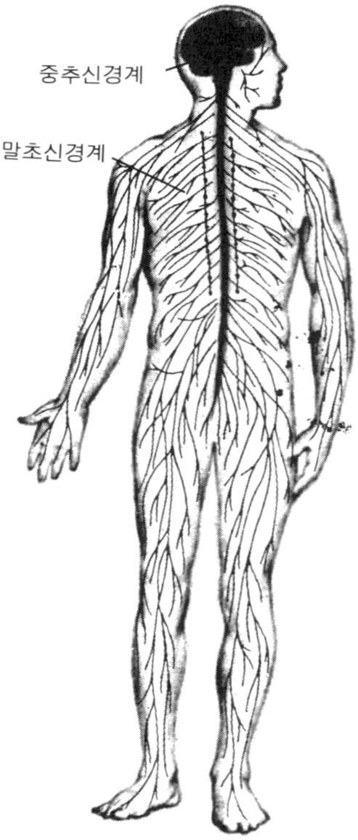

신경계통은 중추신경계와 말초신경계의 두 유목으로 구분된다. 중추신경계는 뇌와 척수 속의 뉴런들로 구성되며, 말초신경계는 뇌와 척수 밖에 있는 모든 뉴런들로 구성된다.

육에 운동명령을 하달한다. 우리의 몸이 하나의 유기체로서 기능할 수 있는 것은 바로 이와 같은 뉴런의 정보전달능력과 신경계통의 체계적인 조직 덕분이다.

1. 말초신경계

말초신경계의 뉴런들은 보통 여러 개가 함께 모여 신경을 이룬다. 신경은 한 방향으로 나란한 뉴런들의 축색섬유(axon fiber)들이 하나의 막에 싸여진 것을 일컫는다. 말초신경계를 이루고 있는 신경들은 크게 체신경(somatic nerve)과 자율신경(autonomic nerve)으로 분류된다. 체신경은 골격에 붙어 있는 수의근과 각종 감각기에 연결되어 있어 감각과 운동을 주관하며, 자율신경은 각종 장기와 내분비선에 연결되어 있어 소화계통과 내분비계통의 기능을 조절하고 혈관의 벽에 있는 평활근(smooth muscle)과 심장근의 이완과 수축을 관할한다.

1) 체신경

체신경은 감각섬유와 운동섬유라는 기능이 서로 다른 두 유형의 섬유로 구성된다. 감각섬유는 피부에 있는 감각세포들에 연결되어 있어 감각정보를 감각세포로부터 척수나 뇌에 전달하는 기능을 담당하고 운동섬유는 이와 달리 척수나 뇌로부터 근육세포에 정보를 전달하는 기능을 담당한다. 감각섬유와 운동섬유는 뇌에서 본 신경정보의 전도방향을 기준으로 각각 구심성섬유와 원심성섬유라고 부르기도 한다.

체신경은 그것이 기원(起源)하는 부위에 따라 다시 뇌신경과 척수신경으로 구분된다. 머리와 목 부분에는 눈, 코, 입, 귀, 안면, 심장과 혈관의 감각세포나 근육에 연결되어 있는 12개의 신경이 있는데 이들 신경은 직접 뇌와 연결되어 있어 뇌신경(cranial nerves)이라 부른다. 한편 뇌의 밑 부분에 있는 신경들은 척수에 연결되어 있기 때문에 척수신경(spinal nerves)이라 한다. 척수신경은 등뼈의 마디마디를 따라 31쌍이 있다.

대부분의 체신경은 감각섬유와 운동섬유를 함께 포함한다. 그러나 척수신경 내에 있는 섬유들은 척수로 연결되는 부위에서 운동섬유와 감각섬유로 나뉘어진다. 감각섬유는 척수의 뒷부분(등쪽 부분)으로 들어가면서 배근(背根: dorsal root)을 이루며 운동섬유들은 앞부분(배 부분)으로 나가면서 복근(腹根: ventral root)을 이룬다. 감각뉴런은 척수로 들어가기 직전의 한 곳에 모두 세포체를 두고 있어 배근 신경절이라는 신경이 볼록한 구조가 나타난다. 운동뉴런은 척수 내에 세포체를 두고 있기 때문에 척수 근처에 신경절 구조를 갖지 않는다. 척수신경에 속하는 뉴런은 모두 척수내에서 단 한번 시냅스를 이루기 때문에 모든 척수신경섬유는 단일 뉴런의 세포체에서 나온 축색이다. 신경섬유의 길이는 그것의 표적이 척수에서 얼마나 멀리 떨어져 있느냐에 따라 달라진다. 척수의 끝부분에서 시작되어 발끝까지 이어지는 뉴런의 축색 중에는 그 길이가 무려 1m가 넘는 것도 있다. 아마도 체신경 중에 우리에게 가장 잘 알려진 것은 척골신경(尺骨神經: ulner nerve)일 것이다. 척골신경은 팔꿈치 근처의 피부 가까운 곳을 통과하는데 그 부위를 가볍게 때리면 마치 감전된 것처럼 짜릿한 느낌이 온다.

운동섬유의 말단은 신경근 접점(neuromuscular junctions)이라는 곳에서 아세틸콜린이라는 신경전도물질을 분비하여 골격근의 세포막과 시냅스를 갖는다. 따라서 아세틸콜린의 작용을 방해하는 물질은 근육과 축색돌기 사이에 신경충격이 시냅스를 통해서 전도되는 것을 막을 수 있으며 그 결과로써 근육마비를 일으킬 수 있다. 예를 들어, 남미의 원주민은 큐라레(curare)라는 독극물을 화살촉에 발라 사용하는데 이 독극물은 골격근의 세포막에서 아세틸콜린을 받아들이지 못하도록 만든다. 따라서 이 화살에 맞게 되면 감각기능에는 이상이 없으나 몸을 전혀 움직일 수 없는 묘하고 난처한 처지에 놓이게 된다. 큐라레는 골격근에만 영향을 미치기 때문에 생명에는 지장을 초래하지 않으며 시간이 지나면 약물효과가 사라지면서 중독상태가 풀리게 된다. 그러나 만약 이와 같은 마비가 숨쉬는 데 관계된 근육에서 발생되면 치명적일 수가 있다. 보투리누스(botulinus)라는 독성물질은 숨쉬기와 관련된 운동뉴런의 축색말단에서 아세틸콜린이 분비되지 못하게 함으로써 사람의 생명을 앗아 간다. 보투리누스는 가끔 잘못 처리된 통조림 속에서 발견되는데 그 독성을 예방하려면 음식물을 약 5분간 끓이면 된다.

2) 자율신경

자율신경은 서로 간의 길항작용을 통해 대부분의 장기와 분비선을 통제하는 교감신경계와 부교감신경계로 구분된다. 교감신경은 대개 위기나 스트레스 상황에 대처하는 데 주로 관여하며 부교감신경은 소화작용과 같은 일상적인 생존기능을 유지하는 데 관여한다. 우리가 위기에 처했을 때 갑자기 강한 정서상태가 유발되면서 심장의 박동과 호흡이 빨라지고 혈압이 오르며 소화작용이 억제되는 것은 교감신경의 작용에 의한 것인데 위기가 끝난 다음 이러한 교감신경의 효과를 상쇄시켜 우리의 정서와 각종 장기의 생리적 반응들이 평상을 되찾도록 해주는 것은 부교감신경이다. 달리 표현하자면 교감계통은 에너지의 활성화와 소모에 관여하며 부교감신경은 에너지의 비축에 관여한다. 자율신경계의 통계를 받는 대부분의 장기나 내분비선에는 서로 길항관계에 있는 교감신경과 부교감신경이 함께 연결되어 있는 것이 보통이나 땀샘, 모공 및 모세혈관처럼 어떤 신체 부위들은 교감신경계로부터의 입력은 있지만 부교감신경계로부터의 입력은 없다.

자율신경은 내분비선 계통과 매우 밀접한 관계를 맺고 있다. 내분비선들은 서로 간의 긴밀한 상호작용을 통하여 우리 몸에서 매우 중요한 신진대사 및 생리적 기능들을 조절한다. 내분비선은 분비관을 갖고 있지 않으며 호르몬이나 '화학적 지시물'을 직접 피속에 흘려 보냄으로써 그것이 온몸에 퍼지도록 한다.

자율신경은 중추신경계의 여러 영역들로부터 기원된다. 일반적으로 중추신경계에서 기원된 자율신경은 체신경과 달리 신경전도의 최종 목적지인 장기나 내분비선과 단 한번의 시냅스를 통해 직접 연결되지 않고 여러 짤막한 뉴런들과 수차례의 시냅스를 거친 뒤에 연결된다. 예를 들어 교감신경계에 속하는 어떤 신경로들은 대뇌피질의 감각영역에서 시작되어 뇌의 여러 부위들을 거쳐 척수로 이어진 다음 다시 척수 밖에 있는 교감신경절에서 시냅스를 한 번 더 이룬 뒤 최종 목적지에 도달하게 된다.

교감신경계　교감신경계의 뉴런들은 척수의 중심부에서부터 빠져나온다. 이들 각 뉴런들은 [그림 3-9]에 나타나 있듯이 척수와 나란히 연쇄를 이루고 있는 교감신경절 속에서 한번의 시냅스를 이룬다. 교감신경절의 연쇄는 척수의 양쪽으로 두 개가 있다. 교감신경절을 떠난 축색 중 어떤 것들은 그것이 관여하는 장기에 직접 연결된다. 그외의 다른 축색들은 제2차 신경절로 가서 시냅스를 이룬 뒤에 장기로 이어진다. 교감신경계의 모든 뉴런들은 교감신경절 연쇄에서 합쳐져서 장기와 연결되기 때문에 일치된 작용을 하게 된다.

부교감신경계　부교감신경들은 [그림 3-9]에 나타나 있는 것처럼 척수의 맨 아래쪽이나 직접 뇌에서 연장되어 나온다. 미

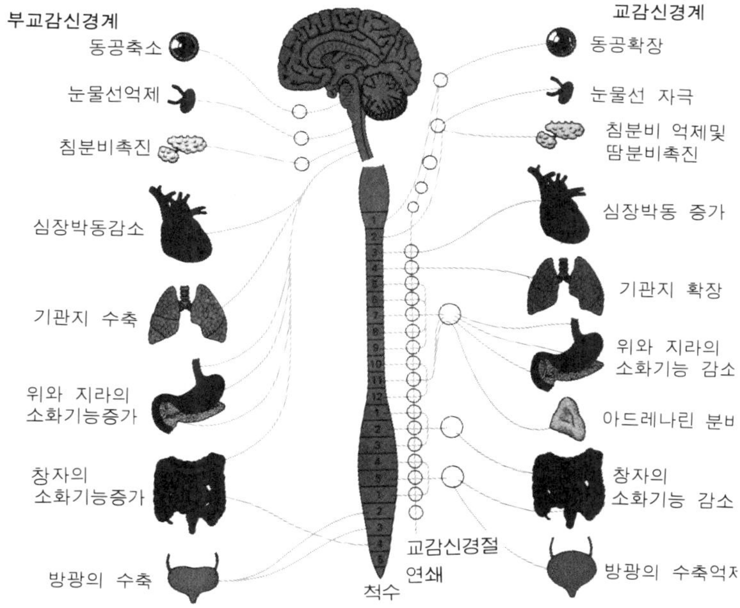

[그림 3-9] 교감신경계와 부교감신경계
교감신경계는 각 신경들이 일치된 작용을 할 수 있도록 척수와 나란한 방향으로 교감신경절 구조를 갖고 있지만 부교감신경계는 이러한 신경절구조를 갖고 있지 않다.

주신경(vagus nerve)은 뇌신경 중의 하나로서 뇌에서 직접 연장되어 나오는 부교감신경이다. 뇌신경들은 그것들이 기원하는 부근의 머리와 목 부분을 관할하지만 미주신경만은 긴 축색들을 내보내 심장, 폐 및 소화기관의 부교감 통제를 맡는다. 부교감뉴런들도 신경절을 이루지만 이들 신경절들은 그것들이 통제하는 기관들 가까이에 자리잡고 있다. 부교감신경계는 교감신경절 연쇄와 같은 통일된 구조를 갖고 있지 않기 때문에 각 부교감신경절의 작용은 교감신경절에서와 달리 꼭 일치되지 않을 수 있으며 서로 독립적일 수 있다.

2. 중추신경계

중추신경계는 뇌와 척수로 구성된다. 척수의 주된 기능은 앞에서도 언급하였듯이 신체와 뇌를 잇는 신경정보의 통로역할을 하는 것이기 때문에 그 구조가 뇌에 비하여 훨씬 간단하다. 반면에 우리의 뇌는 신경계통의 사령부로서 수없이 많은 각종 신경정보를 처리하기 위한 매우 복잡한 구조들로 이루어져 있다.

1) 척수(脊髓: spinal cord)

척수는 직경이 약 2cm이며 염주알을 꿰듯 척수뼈들의 가운데를 지나 뇌에서 엉덩이가 있는 곳까지 이어지는 신경조직이

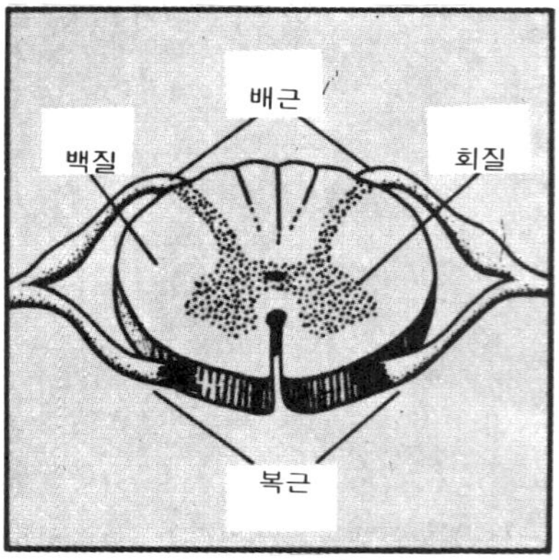

[그림 3-10] 척수의 단면도

구심성신경인 감각신경은 등쪽인 배근을 통하여, 운동신경은 앞쪽인 복근을 통하여 각기 척수로 들어가고 나온다. 그림에서 보듯이 구심성신경의 세포체는 척수 밖의 한 곳에 모여 볼록한 구조의 신경절을 이룬다.

다. 척수의 단면이 [그림 3-10]에 제시되어 있다. 이 그림에서 보듯 척수의 단면 한가운데에는 나비 모양의 '회질(gray matter)'이 '백질(white matter)'에 싸여 있다. 회질을 이루고 있는 것은 대부분 세포체이며 백질을 이루고 있는 것은 척수의 위, 아래, 또는 옆으로 횡단하는 신경세포들의 수초에 싸인 축색돌기이다.

척수는 우리 신체와 뇌 사이의 정보 교신을 위한 통로 역할 이외에 척수반사와 관계된 감각뉴런과 운동뉴런의 연결처를 제공한다. 척수반사는 완전히 척수 수준에서 일어나기 때문에 뇌와 척수가 분리되어도 가능하다. 척수반사의 이상유무를 알아보기 위하여 누구나 신체검사 때 고무망치로 무릎 바로 아래를 얻어 맞은 경험이 있을 것이다. 이때 다리에 힘을 주고 있지 않는 한 '무릎반사'에 의해 다리가 갑자기 앞쪽으로 내뻗게 된다. 이것이 바로 단일시냅스반사궁(monosynaptic are)에 의한 가장 단순한 척수반사작용의 예이다. 망치로 무릎에 있는 근육의 건(乾)을 때리면 감각신경에 흥분이 발생되고 이 흥분에 의한 신경충격이 시냅스를 통해 척수 속에서 운동뉴런에 전도되어 근육이 수축하고 다리가 뻗게 되는 일련의 과정이 [그림 3-11]에 나타나 있다.

무릎반사는 매우 쉽게 검사할 수 있기 때문에 신경계통의 이상을 대략적으로 빨리 알아보는 방법으로 사용된다. 무릎반사는 몸을 세우고 걷는 것을 가능하게 해주는 수많은 반사작용 중의 하나이다. 이러한 반사작용이 있기 때문에 누가 갑자기 어깨를 밀치거나 옆으로 밀어도 몸의 균형을 유지할 수 있는 것이다. 그러나 척수반사중 무릎반사와 같이 단순한 반사는 몇 가지 안된다. 대부분의 반사는 적어도 하나의 중간뉴런(interneuron)을 포함한다. 예를 들어 뜨거운 것을 만졌을 때 자신도 모르게 손을 움츠리게 되는데 이때 감각뉴런은 뜨겁다는 정보를 손가락으로부터 척수에 보내게 된다. 그러나 팔을 움츠리라는 지시는 감각뉴런이 들어간 부위와는 다른 척수 부위에서 나오는데 이것은 감각뉴런이 직접 운동뉴런에 연결되지 않고 중간에 한 개 또는 그 이상의 중간뉴런이 중재되어 있다는 것을 시사한다. 중간뉴런은 반사작용이 몸의 반대쪽으로 교차될 때에도 필수적으로 개입된다. 우리는 뾰족한 못을 밟게 되면 못에 찔린 발을 얼른 움추리는 것은 물론 반사적으로 다른 발에 힘을 주어 몸이 넘어가지 않도록 하는데 이때에도 중간뉴런이 개입된다는 것이다.

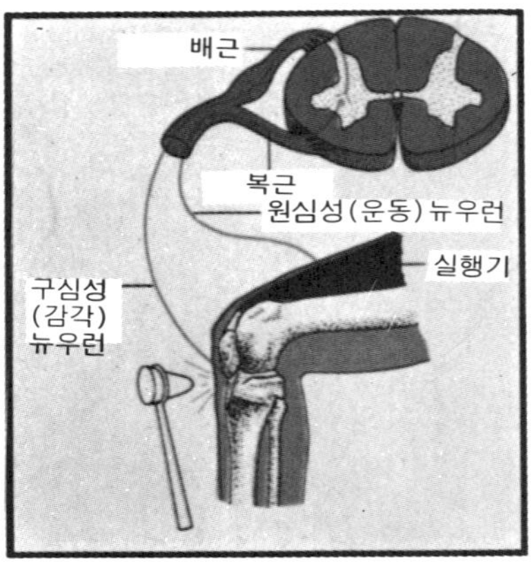

[그림 3-11] 무릎반사의 원리

망치로 무릎을 때리면 감각신경이 흥분되고 척수에서 시냅스를 통해 운동신경이 이 흥분을 이어받아 무릎반사를 일으키게 만든다.

손을 데었을 때나 발이 못에 찔렸을 때 감각신호의 진행이 척수에서 멈추게 되는 것은 아니다. 감각신호는 척수를 따라 뇌에까지 이르게 되며 뇌에 이르렀을 때에야 비로소 통증을 느끼게 된다. 그러나 이 과정에서는 다소의 시간이 소요되기 때문에 통증을 느끼기 이전에 신체 부위를 위해(危害)자극으로부터 격리시키지 않으면 상처를 크게 입게 된다.

척수반사는 통증을 경험하기 이전에 위험한 자극으로부터 반사적으로 손이나 발을 치울 수 있도록 해 줌으로써 우리의 몸을 신속하고 적절하게 보호한다. 교통사고나 전쟁 시의 부상으로 척수가 절단된 사람들도 손이나 발의 통증을 느끼지는 못하지만 척수반사 덕분에 해로운 자극으로부터 몸을 보호할 수가 있다.

2) 뇌

척수는 두개골의 아래쪽에 나 있는 구멍을 통하여 뇌와 연결된다. 척수의 윗부분과 뇌의 바닥부분은 엄격히 나뉘어지지 않으며 다른 모든 뇌 부분에서처럼 부위 변화가 점차적으로 일어난다. 척수의 윗부분은 두개골의 구멍을 지나면서 두개골을 꽉 메우고 있는 여러 뇌 조직들을 받치고 있는 외기둥과 같은 모양의 뇌간(腦幹: brain stem)으로 이어진다. 뇌간에서 몸의 왼쪽 부위를 맡고 있는 대부분의 감각 및 운동섬유는 뇌의 오른쪽으로 건너가고 몸의 오른쪽 부위를 맡고 있는 대부분의 감각 및 운동섬유는 뇌의 왼쪽으로 건너 가게 된다. 이 때문에 왼쪽 뇌

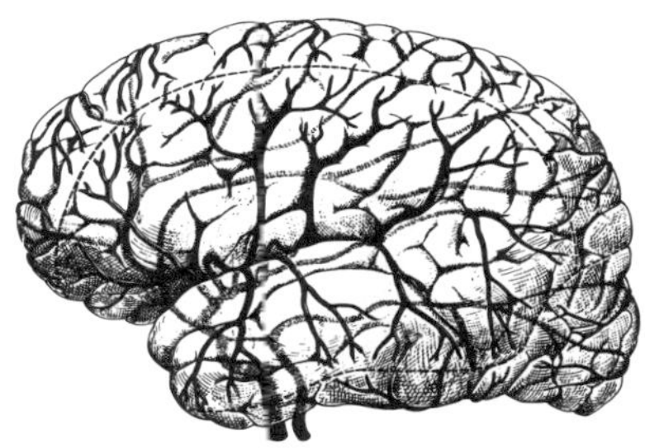

뇌는 매우 발달된 혈관조직에 의하여 양분을 공급받으며 우리 몸에서 사용되는 전 에너지의 25%를 소모한다.

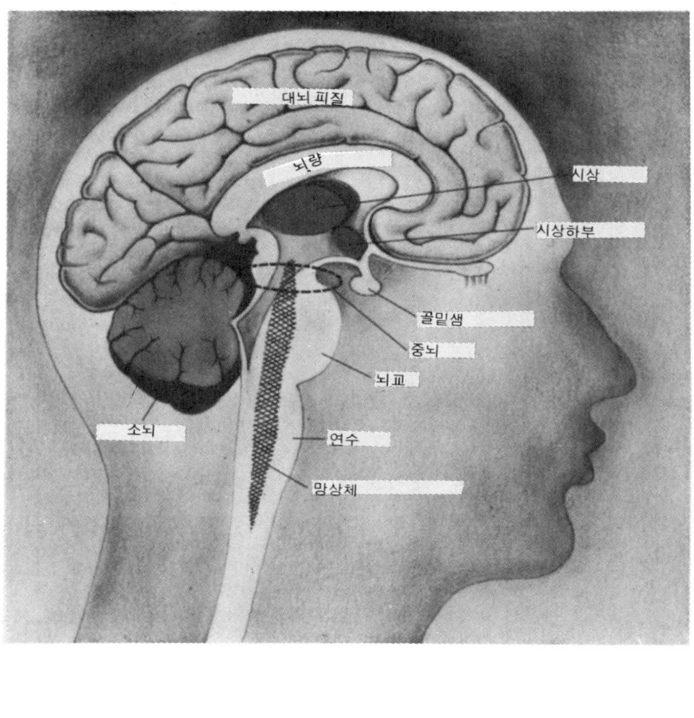

[그림 3-12] 뇌의 구조
뇌는 후뇌, 중뇌, 전뇌의 세 부분으로 구분된다. 후뇌는 소뇌, 뇌고, 연수를, 중뇌는 망상체를, 전뇌는 시상, 시상하부, 대뇌를 포함한다.

는 몸의 오른쪽을 지배하고 오른쪽 뇌는 몸의 왼쪽을 지배한다. 따라서 만일 뇌출혈로 왼쪽 손이나 왼쪽 얼굴이 마비되었다면 그것은 뇌의 오른쪽 혈관이 손상되었다는 증거가 된다. 뇌의 오른쪽이 몸의 왼쪽을 지배하고 뇌의 왼쪽이 몸의 오른쪽을 지배하는 이유는 아직껏 밝혀지지 않고 있다.

뇌는 성인 몸무게의 2~2.5%에 불과하지만 우리 몸에 있는 전체 혈액의 약 25%를 사용한다. 즉, 뇌는 뇌속에 발달된 많은 혈관을 통하여 우리 몸이 사용하는 전체 혈당과 산소의 25%를 소모한다. 뇌는 이처럼 항상 막대한 양의 에너지를 필요로 하기 때문에 7~8초만 산소 공급이 끊겨도 의식을 잃게 되며 1분 정도가 경과된 뒤부터는 뉴런들이 차츰 죽기 시작한다. 인슐린을 너무 많이 맞았을 때와 같이 혈당의 공급이 중단되어도 똑같은 결과가 나타난다. 뇌는 혈관 이외에도 뇌실이라는 부수적인 순환계통을 가지고 있다. 뇌의 안쪽에는 뇌 혈관에 직접 연결되어 있는 뇌실(ventricle)들이 많은데 이속에 뇌척수액(cerebrospinal fluid)이 채워져 있어 혈관이 닿지 않는 뇌조직에 양분을 공급하고 노폐물을 제거하는 역할을 한다.

신경해부학자들은 뇌를 보통 후뇌(後腦), 중뇌(中腦), 전뇌(前腦)의 세 부분으로 나눈다. 그러나 성인의 경우 뇌의 대부분이 전뇌이며, 그 나머지가 후뇌이기 때문에 이러한 구분이 별 의미를 갖지 못한다. 이같이 뇌를 셋으로 구분하여 보는 것은 하등 척수동물들에서 뇌 기능과 이를 맡는 뇌의 구조들을 셋으로 나누어 볼 수 있기 때문이다. 즉, 후뇌는 운동 균형과 조절을 맡으며, 중뇌는 시각을 맡고, 전뇌는 취각을 맡고 있다. 인간의 뇌는 이와는 전혀 다른 구성을 가지며 휠씬 더 복잡하지만 태아의 신경계통이 발달되는 과정에서 머리부분에 세 개의 서로 구분되는 큰 덩어리들이 나타나는 것을 보면 발생학적으로 인간도 뇌가 세 개로 구분되어 있음을 알 수 있다.

후뇌(後腦: hindbrain) 후뇌는 연수(延髓: medulla)와 뇌교(腦橋: pons) 및 소뇌(小腦: cerbellum)로 이루어진다. 연수는 뇌간의 아래쪽 기둥 부분이며 뇌교는 연수에 이웃한 볼록한 구조이다. 연수는 호흡, 심장박동, 소화와 같은 생명유지에 필요한 매우 중요한 비수의적 기능을 통제한다. 연수는 이 밖에도 몇 개의 뇌신경이 뇌로 출입하는 장소를 제공한다. 뇌교는 글자 그대로 '뇌의 다리'와 같은 역할을 하는 구조로서 신경이 뇌의 한 부분에서 다른 부분으로 통과하는 중간정거장과 같은 기능

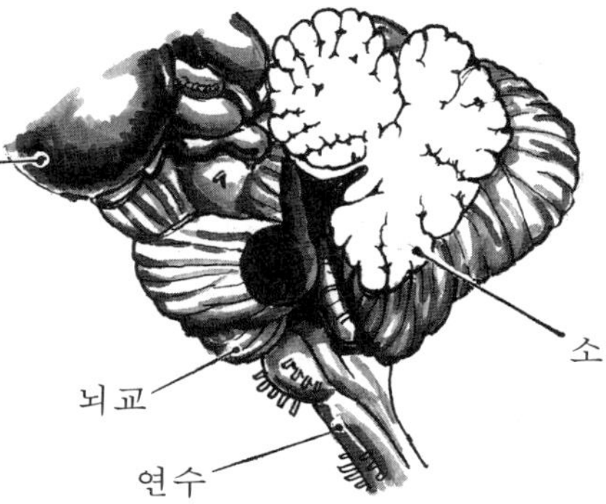

후뇌의 구조

을 주로 맡고 있다.

소뇌는 뇌교의 뒷 쪽에 얹혀 있는 듯이 자리잡고 있으며 주름이 매우 발달한 계통발생학적으로 매우 오래된 구조로서 신체의 평형과 근육의 긴장도, 특히 섬세한 감각과 운동의 협응기능을 맡고 있다. 나이가 많은 노인들의 수전증에서 볼 수 있듯이 소뇌에 이상이 있으면 운동동작에 이상 협응증세가 나타나게 된다.

중뇌(中腦: midbrain) 중뇌는 연수 위쪽으로 이어지는 뇌간 부위이다. 포유류보다 낮은 동물에서는 중뇌가 시각과 청각 정보 처리의 중추역할을 한다. 포유류에서는 이와 같은 기능의 대부분이 대뇌피질에서 행해지며 중뇌는 그 상대적 크기나 기능의 중요성 모두가 줄어들게 된다. 그러나 포유류에서도 몇몇 시각 및 청각 섬유들이 중뇌를 경유하게 된다. 인간을 포함하는 영장류에서 중뇌는 눈 운동을 통제한다. 중뇌는 세 쌍의 뇌 신경을 눈의 동안근에 보내 눈운동을 통제한다. 중뇌에는 이 밖에도 신경전도물질로서 도파민을 사용하는 복합적인 운동을 조절하는 뉴런들이 있다.

망상체(網狀體: reticular formation) 망상체는 뇌간, 즉 후뇌와 중뇌에 걸쳐 퍼져 있는 매우 복잡한 신경세포들의 연결망이다. 이곳에 있는 매우 복잡한 신경세포들의 연결망이다. 이곳에 있는 세포들은 여러 감각계통으로부터 입력을 받으며 그에 대한 처리 결과를 전뇌 부분으로 보낸다. 망상체는 수면(睡眠)과 각성(覺醒)에 매우 중요한 역할을 담당하고 있다. 자고 있는 동물의 망상체에 미세전극을 꽂고 약한 전류를 흘려 자극하면 동물이 갑자기 잠에서 깨어 주위를 경계하게 됨을 발견할 수 있다.

전뇌(前腦: forebrain) 전뇌는 간뇌(間腦: diencephalon)와 종뇌(終腦: telencephalon)의 두 부분으로 구성되어 있다. 간뇌는 시상(視床: thalamus)이라는 뇌의 중심선 상에 양쪽으로 볼록하게 나와 있는 매우 큰 구조와 시상하부(視床下部: hypothalmus)라는 구조를 포함한다. 종뇌는 보통 대뇌(大腦: cerebrum)라 부르며 대뇌피질(大腦皮質: cerebral cortex)과 기저신경절(basal ganglia) 및 변연계(邊緣系: limbicsystem) 등의 구조로 구성되어 있다. 인간의 대뇌는 마치 호두 속과 같이 주름이 매우 심한 두 개의 반구로 이루어져 있는데 외형상 이들 두 반구는 완전에 가까운 대칭형을 이룬다. 대뇌는 진화의 사다리를 타고 물고기에서 사람으로 올라가면서 가장 극적으로 변화가 일어나는 부분이다.

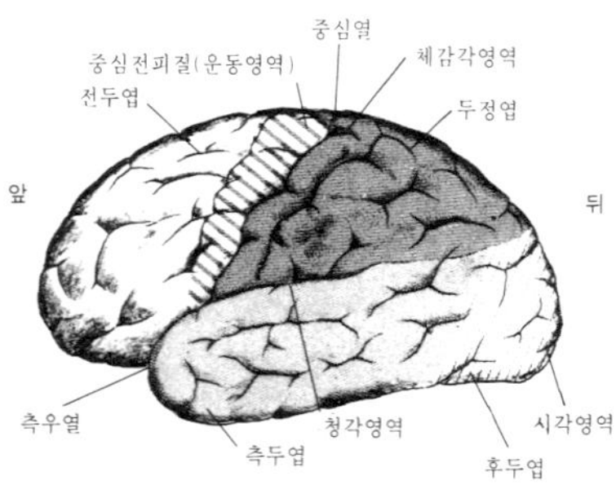

대뇌피질의 구분
(Thompson, 1975)

대뇌는 표면에서 혈액을 제거하고 나면 회색빛을 띠게 되는데 [그림 3-12]에서 보듯이 두개골을 제거한 상태에서 보이는 뇌의 대부분이 바로 대뇌피질(cerbral cortex)이다. 피질(皮質: cortex)은 뇌나 콩팥(부신)과 같은 장기(臟器)의 겉껍질을 이루고 있는 조직부위를 말한다. 대뇌피질은 약 2mm 두께의 세포층으로 두 반구를 가르는 틈을 따라 뇌의 아래 쪽까지 연장되어 뇌량(腦梁: corpus callosum)이라는 곳에서 끝난다. 뇌량은 두 대뇌 반구를 이어주는 백질의 띠처럼 생긴 조직이다. 대뇌피질 밑 쪽에서는 주로 운동조절에 관여하는 기저 신경절(basal ganglia)과 정서반응을 조절하는 변연계(limbicsystem)가 있다.

Ⅶ. 간뇌(間腦:diencephalon): 시상과 시상하부

감각 정보가 주로 대뇌피질에서 처리되는 포유류에서는 시상이 여러 감각기관으로부터 감각 정보를 전달받아 그것을 질서 정연하게 대뇌로 전달하는 일종의 중간 정거장과 같은 역할을 맡고 있다. 예를 들어 시신경섬유의 약 80%는 시상의 측면슬상핵(LGN: Lateral Geniculate Nucleus)이라는 곳으로 가서 대뇌의 시각영역으로 축색을 내보내는 뉴런들과 시냅스를 이룬다. 핵(nucleus)은 뇌 속에 위치하는 신경절을 일컫는다.

시상에 있는 그밖의 다른 핵들은 척수를 따라 올라 오는 체성감각 섬유나 내이의 청각 섬유로부터 감각 정보를 전달받는다. 시상은 또한 망상체로부터 올라오는 구심성 신경섬유와 대뇌피질로부터 내려가는 원심성 피드백 섬유로부터 입력을 받는다. 이러한 신경배선에서 미루어 알 수 있듯이 시상은 감각 정보를 수집하고 통합하는 중추이다.

시상하부(hypothalamus)는 시상의 바로 밑에 위치하고 있는 간뇌의 일부분이다. 시상하부는 신체의 여러 계통에 균형을 유지하여 주는 대단히 중요한 역할을 맡고 있다. 예를 들어 시상하부에 손상을 입으면 체온 조절이 교란되고 열이 올라 생명을 잃을 수가 있다. 그외에도 시상하부는 동기화된 행동(먹고, 마시고, 성행위를 하는 것 등)과 정서 반응을 조절하는 기능을 맡고 있다. 즉, 시상하부는 개체 및 종(種)의 생존과 직결된 위협으로부터 도망하는 것, 싸움하는 것, 먹는 것, 교미하는 것의 네 가지 행동을 주관한다.

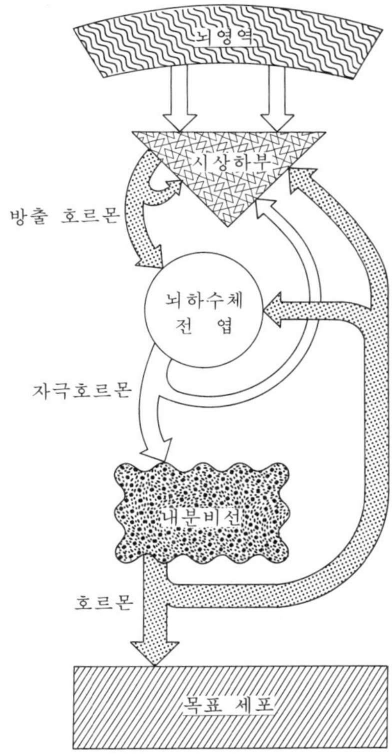

시상하부와 뇌하수체 전엽을 포함하고 있는 내분비선의 분비에 대한 복잡한 통제

시상하부는 골밑샘을 통해 내분비선의 작용을 통제하는 매우 중요한 기능을 수행한다. 골밑샘은 나뭇 가지에 사과가 매달려 있듯이 시상하부에 매달려 있는 조직으로서 여러 다른 내분비선에 폭 넓게 영향력을 행사하기 때문에 우두머리 분비선(master gland)이라고 불리운다. 골밑샘은 내분비선의 하나로서 신경계통의 일부가 아니지만 시상하부로부터 신경 입력을 받음으로써 뇌의 신경계통이 내분비계통을 통제할 수 있는 가능성을 제공한다.

골밑샘은 전위부와 후위부의 두 부위로 나뉜다. 전위부에서는 시상하부의 통제를 받아 다른 내분비선의 기능을 조절하는 몇 가지 자극성 호르몬이 분비된다. 자극성 호르몬(tropic hormon)은 다른 호르몬의 분비를 통제하는 호르몬을 말한다. 예를 들어, 만일 혈액 내에 갑상선 호르몬 수준이 너무 저하되면 시상하부는 골밑샘의 전위부를 자극하여 갑상선 자극 호르몬을 분비하도록 한다. 갑상선 자극 호르몬은 혈액 속에 방출되어 목 부분에 있는 목밑샘에 당도하여 더 많은 갑상선 호르몬을 분비하도록 한다. 갑상선 호르몬은 신체의 신진대사율을 유지하도록 하는 중요한 기능을 한다. 갑상선 호르몬이 너무 적게 분비되면 우울증과 피로 증세가 유발된다. 갑상선 호르몬 결핍증은 심각한 성장 장애와 지적 발달 장애를 초래하기 때문에 아동기에 특히 위험하다. 한편, 갑상선 호르몬이 너무 많이 분비되면 불안, 안전부절, 체중 감소 등의 증세가 나타나게 된다. 골밑샘의 전위부는 그밖에도 성장 호르몬, 생식기 자극성 호르몬 등과 같은 몇 가지 중요한 호르몬을 내보낸다. 성장 호르몬은 너무 많이 분비되면 거인증이 나타나며 너무 적게 되면 난쟁이 증세가 나타난다. 생식기 자극성 호르몬은 난소를 자극하여 여성 호르몬을 분비하도록 하며 고환을 자극하여 남성 호르몬을 분비하도록 한다.

시상하부와 골밑샘은 자율신경계와 같이 작용하여 스트레스에 대한 대처 반응을 주관한다. 스트레스에 대한 반응은 시상하부가 골밑샘을 자극하여 부신피질 자극성 호르몬(ACTH)을 분비하도록 하는 데서부터 시작된다. 이 호르몬의 목표 기관은 콩팥 위에 있는 부신선의 피질 부위이다. 부신피질 자극성 호르몬의 자극에 반응하여 부신피질은 스테로이드(steroids)라는 호르몬을 분비하는데 이 호르몬은 스트레스 대응에 필요한 혈당 수준과 나트륨, 칼륨, 염소같은 특정 미네랄의 수준을 유지하도록 해준다. 이에 덧붙여 시상하부는 교감신경계를 유지하도록 해준다. 이에 덧붙여 시상하부는 교감신경계를 경유하여 부신선의 내부(부신수질)를 자극하여 에피네프린(아드레날린이라고도 불리움)과 노어에피네프린을 분비하도록 작용한다. 이 호르몬들은 교감신경계의 작용을 보완하여 혈당수준을 증가시키고 혈압을 상승시키는 기능을 갖고 있다.

Ⅷ. 대뇌의 변연계

변연계는 해부학적인 면에서보다 기능면에서 묶어볼 수 있는 여러 신경 구조들의 집합체로서 해마(海馬: hippocampus), 편도체(扁桃體: amygdala) 및 중격(septum) 등을 포함한다. 이 구조들은 정서 반응을 일으키고 조정하는 역할을 맡고 있다.

변연계의 정서 조정 역할은 최근 동물들을 대상으로 한 실험 연구들에서 많이 밝혀졌다. 이 실험들에 의하면 편도체나 시상하부의 특정 부위에 전극을 꽂고 전기적으로 자극을 하면 실험동물들이 격노하며 날뛰는 행동을 보이게 된다. 예를 들어 고양이는 쉿소리를 내며 이빨과 발톱을 드러낸다. 편도핵을 파괴하면 거의 모든 동물들이 양순해져 전혀 공격 성향을 보이지 않게 된다. 반면에 중격 부위를 수술에 의해 절제하면 공포와 불안 반응이 증가하게 된다. 성욕과민이나 감퇴와 같은 성적 이상도 변연계의 여러 부위의 손상과 밀접히 관계된다. 아마도 가장 흥미있는 연구 발견 중의 하나는 변연계 및 그와 관계된 시상하부에 쾌락중추가 있다는 것이다(Olds & Milner, 1954).

Olds와 Milner는 쥐의 뇌에 전극을 꽂고 망상체에 전류를 흘렸을 때 쥐가 보이게 되는 행동을 연구하였다. 그러나 어쩌다 실험을 위한 시술이 잘못되어 전극이 망상체에서 벗어나 시상하부 근처의 신경연결로 부위에 꽂히게 되었다. 이 쥐는 이후의 실험에서 뇌에 전기자극을 줄 때 특이한 행동을 보였다. 실험에서 쥐가 커다란 쥐장 안을 마음대로 돌아다니도록 해줬는데 전기자극이 주어졌을 때 이 쥐가 우연히 쥐장의 한 구석에 있었으며 그 뒤 그 구석으로 되돌아가는 경향을 보였다. Olds와 Milner는 곧 이와 같은 발견을 토대로 그들이 원하는 쥐장의 특정 위치에 쥐들이 머물러 있도록 할 수 있었다. 나중에 쥐장 속에서 지렛대를 설치하고 쥐가 그 지렛대를 누를 때마다 뇌에 전기자극이 발생되도록 하였다. 뇌에 꽂힌 전극이 변연계와 시상하부 및 중뇌의 부근에 있을 때 쥐가 먹는 것이나 잠자는 것보다 지렛대를 눌러 뇌에 전기자극을 주는 것을 더 좋아한다는 것을 발견하였다. 어떤 쥐는 지쳐서 쓰러질 때까지 26시간 동안 계속 지렛대를 눌렀다. Olds는 이처럼 전기자극에 대하여 긍정적 반응을 일으키는 뇌 부위를 '쾌락중추'라고 명명하였다. 이 실험 결과는 변연계가 정서 조절의 중추라는 것과 함께 시상하부가 변연계와 밀접한 관계에 있다는 것을 보여준다. 사실 그 기능을 엄격히 따지자면 시상하부도 변연계의 일부라고 할 수 있다.

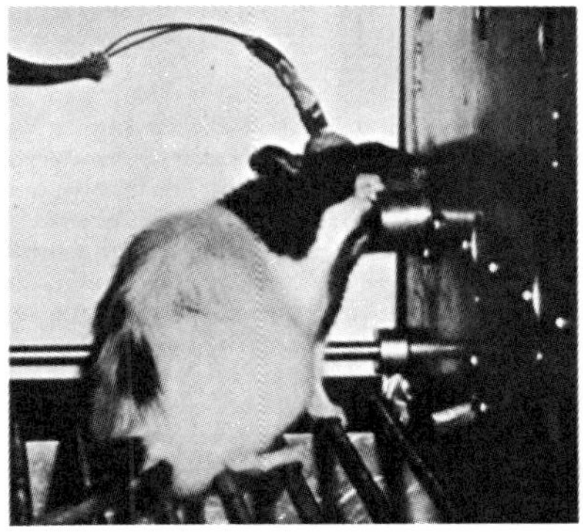

미세전극을 통해서 스스로 뇌에 전기자극을 가하고 있는 쥐

변연계가 정서 조절의 중추라는 증거 중의 하나가 정신병 가운데 가장 심각한 정신분열증 환자에게서 발견된다. 변연계는 중뇌부터 신경전도물질로서 도파민을 포함하고 있는 신경섬유를 받는데, 숨진 정신분열증 환자의 변연계에서 비정상적으로 과다한 도파민이 발견되었다(Iverson, 1979). 이것은 변연계의 도파민이 정신분열증과 관련된다는 것을 암시한다.

변연계는 정서 조절의 기능 이외에도 기억과정과 밀접하게 관련된 것으로 알려져 있다. 인간의 변연계와 기억이 관계가 있다는 것을 시사하는 최초의 임상 관찰은 극약을 먹고 자살을 기도한 'H.M.'이라는 간질 환자에게서 얻어졌다(Milner, 1966). 이 H.M.이라는 환자는 오랜 동안 자신의 인생을 비관하도록 해온 간질병을 치유하기 위해 양 측두엽과 해마를 대량 잘라 내는 수술을 받았다. 그런데 수술 후 간질증세는 사라졌으나 H.M.은 임상 검사에서 심각한 기억 손상을 입은 것으로 나타났다. 수술 전에 있었던 일에 대한 그의 기억은 정상적인 것처럼 보였으며 일반 지능도 수술로 인해 아무런 지장을 받고 있지 않은 것처럼 보였다. 또 즉각적인 기억의 폭(현재의 의식 속에 파지할 수 있는 기억 정보의 양으로서 대개 7±2개의 항목이다; memory span-제6장 인지심리학 참조)도 정상적이어서 전화의 다이얼을 돌릴 때까지 전화번호를 외울 수 있었다. 그러나 그는 전혀 새로운 것을 학습하거나 기억할 수가 없었다. 예를 들어 그는 수술 후 처음 만난 사람들을 기억하지 못하기 때문에 그 사람들을 알아보기 위해서는 매번 다시 소개받지 않으면 안되었다. 이를테면, 만일 신문의 기사 내용을 그대로 두고 발행 날짜만을 바꾼다면, 그는 신문을 읽을 때마다 매번 그 기사를 새로운 것으로 안다는 것이다. 수술 후 H.M.은 간질의 고통을 면제 받았지만 그대신 불행하게도 철저하게 과거에 갇혀 사는 신세가 된 것이다.

수술 후 H.M.에게 나타난 여러 가지 증세로 미루어 H.M.은 현재의 의식내용을 담고 있는 수명(壽命)이 짧은 단기기억(短期記憶: short-term memory)과 현재 의식 내용에 반영되어 있지 않지만 머리 속 어딘가에 영구히 저장되어 있는 장기기억(長期記憶: long-memory)에는 이상이 없지만 단기기억을 장기기억으로 전환하는 기제에 이상이 발생된 것으로 보인다(기억 유형에 관해서는 제6장 인지심리학 참조). 따라서 수술로 제거된 H.M.의 해마와 측두엽 부분은 아마도 단기기억을 장기기억으로 전환하는 대뇌회로의 일부분일 가능성이 크다. 후속 임상 사례의 관찰과 원숭이를 대상으로 한 시술연구에서 측두엽과 변연계의 해마, 전두엽을 잇는 회로가 그러한 기억 형태의 전환 기능을 맡고 있을 가능성이 거듭 확인되었다(Baddley, 1990).

Ⅸ. 대뇌의 신피질

대뇌 신피질(新皮質: neocortex)은 다른 동물들로부터 인간을 가장 뚜렷하게 구분되도록 해주는 뇌의 부분이다. 신피질은 대뇌의 가장 바깥쪽에 위치한다. 신피질은 설치류에서는 매우 얇은 세포층으로 되어 있지만 고양이 수준에서는 주름이 꽤 나타

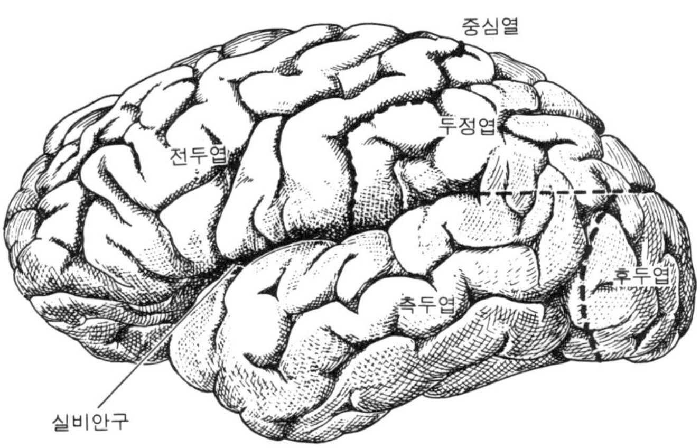

[그림 3-13] 네 개의 대뇌엽
대뇌는 전두엽, 두정엽, 측두엽, 후두엽의 네 부분으로 나뉘어 구분된다.

나게 되며 인간에 이르러서는 갑자기 부풀어 매우 커다란 부피를 차지하게 된다. 인간의 신피질은 중추신경계에 있는 모든 뉴런의 70% 이상을 포함하고 있는 것으로 추정된다(Nauta & Feirtag, 1979).

신경해부학자들은 각 대뇌반구의 신피질을 네 개의 영역 또는 엽(葉: lobes)으로 나눈다. 이들 네 개의 대뇌엽들은 머리 앞쪽의 전두엽(前頭葉: fronatal lobe), 정수리의 두정엽(頭頂葉: parietal lobe), 뒤쪽의 후두엽(後頭葉: occipital lobe), 옆쪽의 측두엽(側頭葉: temporl lobe)으로서 중심구(中心溝: central sulcus)나 측열(側裂: lateral fissure)과 같은 경계선들에 의하여 서로 구분된다. 구(溝)는 대뇌피질 표면의 굴곡 가운데 얕게 패인 골을 말하며 열(裂)은 깊게 패인 골을 말한다. [그림 3-13]에 나타나 있듯이 중심구는 머리의 정수리 부분에서 측두엽 쪽으로 이어지며 대뇌 반구를 전후로 가르는 얕은 골이며 측열은 측두엽을 회돌아 뒤로 이어지는 깊은 신피질의 기능에 대한 지식은 현대의 뇌수술기법에 의해 크게 확장되었다. 캐나다의 신경외과의사인 Wilder Penfield는 뇌수술 동안 환자가 의식을 유지할 수 있는 기법을 완성했다. 이 방법에 따라 신경외과의사들은 뇌에 전극을 꽂고 낮은 전류를 흘린 뒤 환자가 무엇을 보고 하며 어떻게 움직이게 되는가를 관찰함으로써 대뇌피질의 지도를 작성할 수 있게 되었다.

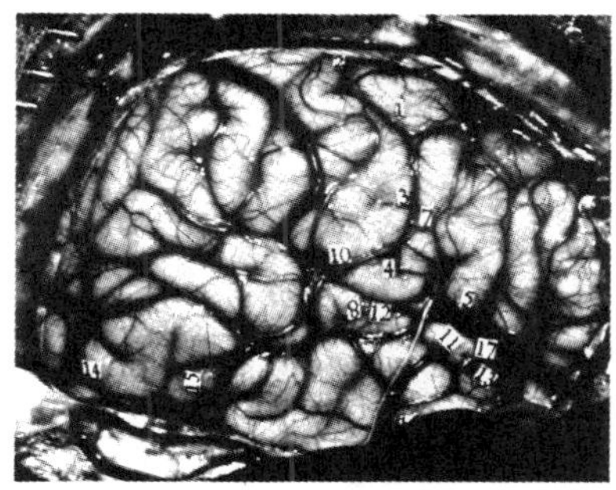

Penfield가 미세전극을 사용해서 자극효과를 확인한 뇌의 부위들

(1) 체성감각령과 운동령: 다른 포유동물에서와 마찬가지로 인간의 신피질은 부분적으로 운동과 감각 기능을 맡고 있다. 지금까지 가장 널리 연구되어 경계가 확장된 두 부위는 체성감각령(somatosensory area)과 운동령(moter area)이다. 이 두 영역

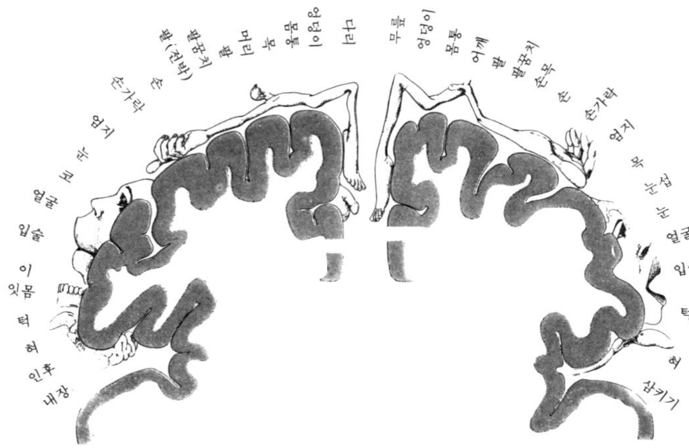

[그림 3-14] 운동피질 및 체성감각피질
운동피질과 체성감각피질에서 신체의 각 부위를 맡고 있는 세포들의 거주영역을 그림으로 나타낸 것.

은 뇌의 정수리에서 중심구를 따라 뇌의 측면으로 이어지는 한 쌍의 마주보고 있는 띠 모양을 이룬다.

운동피질 영역은 중심구의 앞 쪽에 있는 띠에 해당되는 영역으로서 이곳의 특정한 부분을 약한 전류로 자극하면 자극 부위와 반대편에 있는 신체의 특정 부위가 움직이게 된다. 즉, 오른쪽 대뇌반구의 한 점을 자극하게 되면 몸의 왼쪽 부분에서 반응이 나타나게 되고 왼쪽 대뇌반구의 한 점을 자극하면 몸의 오른쪽에서 반응이 나타나게 된다. 전극을 옮겨 다른 곳을 자극하면 신체의 다른 부분이 움직이게 된다. Penfield는 손가락이나 얼굴과 같은 몸의 특정 부위들은 운동피질의 비교적 넓은 영역에서 표상되지만 다리나 몸통같은 부위들은 반대로 운동피질의 비교적 좁은 영역에 걸쳐 표상된다는 것을 발견하였다. 다음의 [그림 3-14]은 운동피질의 지도를 표상영역의 크기에 비례하여 그려 본 것이다. 운동 호먼큘러스(motor homunculus)라고 불리우는 이 그림은 특정 신체 부위에 관계되는 운동뉴런의 수가 어느 정도인가를 대략 알 수 있게 해주며 그 신체 부위가 얼마나 정확하게 통제될 수 있는가를 보여 준다. 호먼큘러스는 '난쟁이' 라는 말이다.

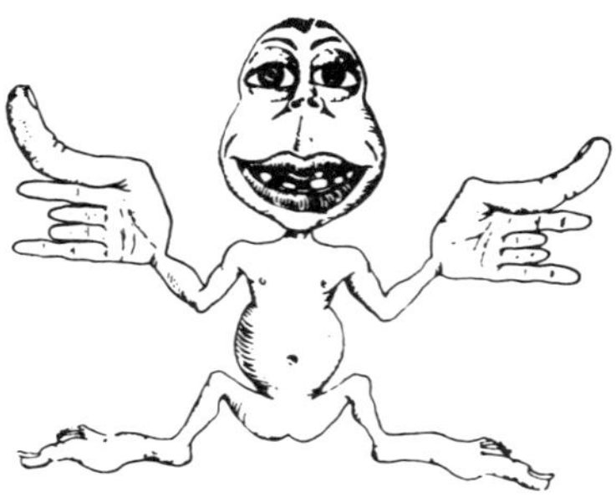

뇌속의 호먼큘러스(난쟁이)
체성감각령에 있는 각 신체부위의 감각을 맡고 있는 세포조직의 크기에 비례하여 그려본 신체도

운동피질과 유사한 지도가 중심구의 뒷 부분 쪽 띠를 이루고 있는 체성감각령에 그려질 수 있는데 이를 체성감각 호먼큘러스(somatosensory homunculus)라고 부른다. 체성감각지도는 이 영역 내에 있는 특정한 점을 전기적으로 자극했을 때 신체의 어느 부위에서 감각이 있는 것처럼 느끼게 되는가를 추적하여 그린 것이다. 운동 호먼큘러스와 체성감각 호먼큘러스는 매우

유사하게 생겼다. 이것은 운동피질에서 넓은 영역을 차지하는 부위들이 체성감각에서도 넓은 영역을 차지하기 때문이다. 체성감각영역에서 냉, 온, 압각, 통각, 위치감, 신체 부분의 운동에 대한 느낌 등 모든 감각 정보가 표상되어진다. 이들 정보들은 척수와 대뇌신경의 감각 뉴런들로부터 오며 대뇌피질에 당도하기 전에 시상에서 집결된다. 미각을 맡는 신경로도 체성감각피질에서 끝나게 된다.

(2) **청각피질**: 두 귀에서부터 오는 청각 정보는 측열 바로 아래에 있는 청각피질로 투입된다. 좌우 대뇌반구는 양쪽 귀로부터 모두 청각정보를 받지만 각 반구는 그 반구와 반대편에 있는 귀로부터 더 많은 정보를 입력받는다. 청각피질에 있는 대부분의 뉴런들은 특정 주파수 또는 음조의 소리에 '조율(調律: tuned)' 되어 있다. 즉, 청각피질 내의 한 뉴런은 특정주파수의 소리가 들릴 때는 매우 빠르게 흥분되지만 다른 주파수를 가진 소리들에 대해서는 그보다 느린 속도로 흥분하게 되어 있어 각기 조율되어 있는 소리의 주파수가 다르다.

(3) **시각피질**: 두 눈으로부터 뇌로 들어오는 시각 정보는 한 쌍의 시신경에 의해 전달되며 시상의 측면슬상핵을 거쳐 머리의 제일 뒷부분에 있는 후두엽(occipital lobe)의 시각피질에 이르게 된다. 두 눈의 시각 정보는 양쪽 대뇌반구에 좀 특이한 방식으로 전달된다. 응시점을 중심으로 각 눈의 오른쪽 망막(왼쪽 시야를 맡고 있음)에서 들어오는 신경 정보는 뇌의 오른쪽에 전달되며 왼쪽 망막(오른쪽 시야를 맡고 있음)에서 들어오는 신경 정보는 왼쪽 뇌로 전달된다. 즉, 우리의 시야(visual field)는 둘로 양분되어 처리된다. 만일 우리가 펼쳐 보고 있는 이 책의 이음새 부분을 응시한다면 이 책의 왼쪽 페이지에 있는 내용은 왼쪽 눈이나 오른쪽 눈의 망막 모두에서 오른쪽 상을 맺게 되며 이 망막상에 대한 신경정보는 오른쪽 반구의 시각피질에 전달되며 마찬가지 방식으로 오른쪽 페이지의 내용은 왼쪽 반구의 시각피질에 전달된다. 이와 같이 시야가 나뉘어져 처리되어지게 되는 것은 제4장 지각심리학 편에서 소개되겠지만 각 눈에서부터 뇌로 이어지는 시신경이 시신경교차(視神經交叉: optic chiasma)라는 곳에서 둘로 나뉘어져 망막의 코를 향한 안쪽 부위에서 비롯된 신경섬유들은 반대편에 있는 시각피질로 이어지며 망막의 바깥 부위에서 비롯된 신경섬유들은 같은 편에 있는 시각피질로 이어지게 되기 때문이다.

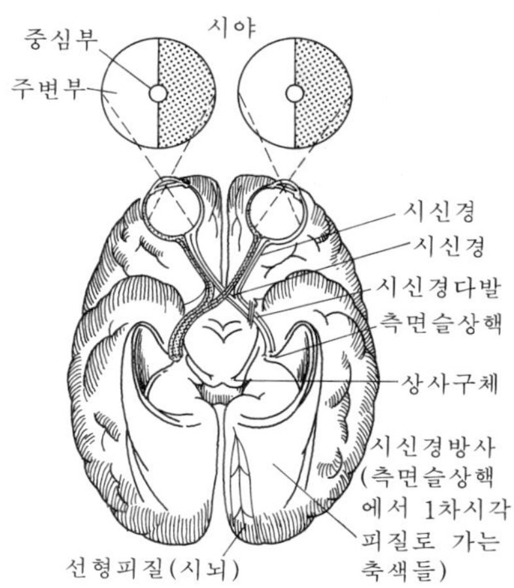

시각경로

망막과 시상을 거쳐 왼쪽 시야의 시각정보는 오른쪽 시각피질로, 오른쪽 시야의 시각정보는 왼쪽 시각피질로 각기 전도된다.

(4) 연합령: 신피질에서 운동과 감각영역을 뺀 대부분의 영역을 연합령(association area)이라고 부른다. 우리가 말하고, 읽고, 사고하고, 웃을 수 있는 것이 바로 이 연합영역이 있기 때문이다. 연합령은 학습과 경험을 통하여 습득한 각종 지식을 저장하고 있으며 그 지식을 토대로 사물과 사건의 인식은 물론 추상적이며 복합적인 사고와 판단을 수행함으로써 사람이 만물의 영장으로서 고도의 지적 능력을 발휘할 수 있도록 해준다. 연합령은 감각기관으로부터 직접적인 입력을 갖고 있지 않을 뿐 아니라 운동 반응을 일으키는 직접적인 출력도 갖고 있지 않다. 연합영역에 있는 뉴런들은 오직 다른 피질 뉴런들과 정보를 나눈다(Rose, 1975).

Paul Broca(1824-1880)

(5) 언어영역: 연합령에 일부로서 입과 턱의 움직임을 통제하는 왼쪽 반구의 운동영역 부근에 있는 'Broca의 영역'은 언어능력을 관장한다. 이 부위가 언어를 구사하는 데 중요한 역할을 맡는다는 것을 처음 발견한 것은 1861년 프랑스의 신경해부학자인 Paul Broca였다. Broca의 환자 중에 'Tan'이라는 사람이 있었는데 이 사람은 몸짓으로 의사를 소통할 수 있지만 의미 있는 말을 전혀 할 수 없었다. 이 환자의 이름을 Tan이라고 부르게 된 것도 그가 하는 말이 모두 'Tan'처럼 들렸기 때문이다. Broca는 Tan이 죽은 뒤 그의 뇌를 해부하여 조사했는데 이 조사에서 왼쪽 대뇌반구의 측열 바로 윗쪽 측두엽이 심하게 손상되어 있다는 것이 발견되었다. Tan이 고생했던 증세를 Broca의 실어증(失語症: aphasia)이라 부른다. Broca의 실어증에 걸린 사람들은 남이 하는 말을 이해할 수 있으며 손으로 단어를 정확하게 쓸 수 있다. 그러나 말을 하려 할 때는 대단히 곤란함을 경험하게 되며 단어들을 간신히 하나씩 발음할 수 있는 경우도 있으나 그것들로 완전한 문장을 이루게 하지 못한다. Broca의 영역이 입이나 턱 등 발성부위를 맡고 있는 운동령에 가까이 있는 것으로 미루어 Broca의 실어증 환자들은 언어를 이해할 수는 있지만 구사하는데 어려움을 겪는 것으로 보인다.

Broca의 실어증과는 구분되는 제2의 실어증 형태가 1874년 Carl Wernicke에 의해서 확인되었다. Wernicke 영역이라고 불리우는 이 영역은 청각피질이 있는 측열의 아래쪽 측두엽에 위치한다([그림 3-15] 참조). Wernicke 영역에 손상을 입게 되면 말을 하는 것 뿐 아니라 말을 이해하는 데에도 지장을 받게 된다. Wernicke 실어증으로 고생하는 사람들은 알아 들을 수 있

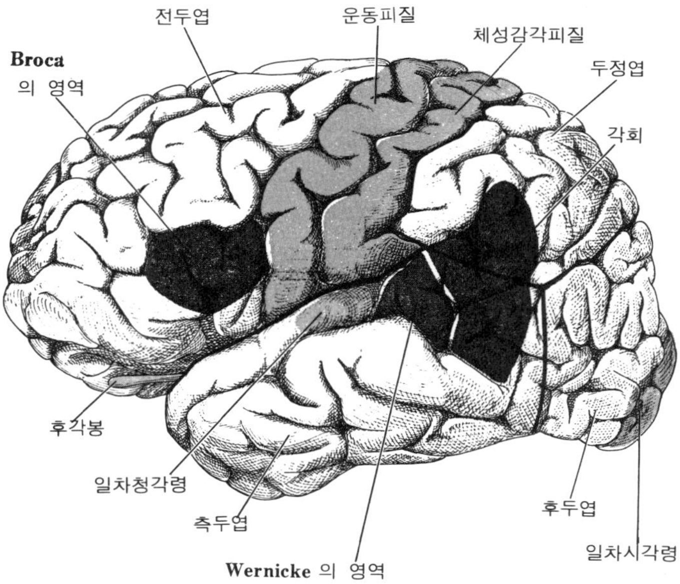

[그림 3-15] Broca의 영역과 Wernicke의 영역

이 두 부위에 이상이 있을 때 실어증이 나타난다.

는 형태로 유창하게 말을 하지만 그 내용이 괴상하거나 아무 뜻도 갖지 못할 때가 많다.

Broca나 Wernicke 실어증을 일으키는 뇌의 손상은 대부분 왼쪽 대뇌반구에 국한된다. 오른쪽 반구의 같은 영역에 손상이 있는 경우 대개 언어 능력에 아무런 이상이 없다. Broca 자신에 의해 확인된 이같은 사실은 두 대뇌반구가 기능면에서 동일하지 않다는 최초의 증거를 제시하고 있다.

(6) 좌반구와 우반구의 기능 분화: 언어와 우세한 손 사이에 밀접한 관계가 있다는 것이 알려진지 100년이 넘는다. 뇌출혈 등에 의해서 좌반구에 대량의 손상을 입게 되면 보통 신체 오른쪽 부분의 전면 또는 부분적 마비가 오게 되고 동시에 언어 사용 능력에 이상이 오게 된다. 대부분의 사람들은 왼쪽 뇌를 언어 처리에 사용하며 왼쪽 뇌에 의해 통제되는 오른손을 기술을 요하는 과제의 수행에 사용한다. 전인류의 90%가 오른손잡이인데 이처럼 오른손잡이가 많은 것은 적어도 5,000년이 더 된 것 같으며(Coren & Porac, 1977) 아마도 가장 최초의 인류까지 거슬러 올라가는 것 같다(Dart, 1949). 그러나 영장류 이하의 척추동물들처럼 원숭이들은 오른손 우세의 경향이 없다. 대부분의 동물들에게 있어 한 발이 다른 발보다 선호되어 사용될 수 있지만 왼쪽이 선호될 확률이 오른쪽이 선호될 확률과 같다(Corballis & Beale, 1976).

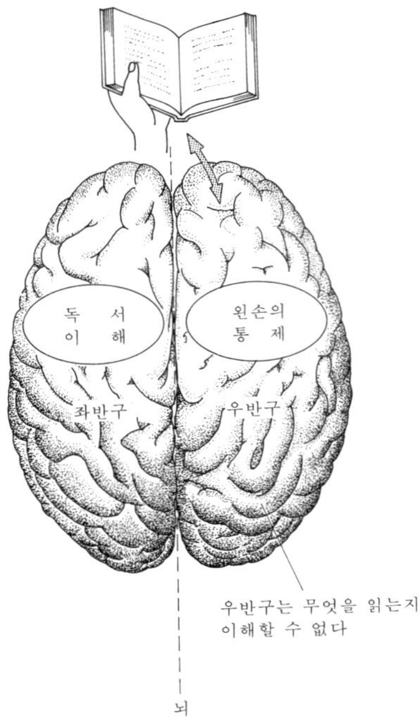

좌우반구의 기능분화

왼쪽 뇌가 우세한 손과 말하는 능력을 모두 통제한다는 것 때문에 어떤 사람들은 왼쪽 뇌를 '우세한 뇌'로 명명하고 오른쪽 뇌를 인류의 조상이었던 동물들로부터 물려받은 쓸데없는 뇌가 아닐까하는 생각을 갖게 되었다. 그러나 이러한 생각은 두 가지 이유 때문에 틀린 것으로 판명되었다. 첫째 왼손잡이가 있다는 사실과, 둘째 최근에 와서 밝혀진 사실들에 의하면 오른쪽 뇌도 공간 이해 능력과 같은 왼쪽 뇌의 언어 능력 못지 않은 중요한 기능을 맡고 있다는 것이다.

오른손잡이에게는 왼쪽 뇌가 우세하다면 왼손잡이의 경우는 어떨까? 왼손잡이들은 오른손잡이와 정반대의 대뇌 기능 분포를 가질 것인가? 실제 조사된 바에 의하면 그렇지가 않다. 〈표 3-1〉이 보여 주듯 대부분의 왼손잡이들은 오른손을 맡고 있는 대뇌반구에서 언어를 처리한다. 이 표는 또한 상당수의 왼손잡이가 양쪽 반구 모두에서 언어를 처리하는 것을 보여주고 있다.

대뇌의 특정한 부위가 특수한 정신작용을 맡고 있다는 현대의 신경 해부학적 및 생리학적 연구발견은 이 장의 첫머리에서 제기했던 심신 문제의 이해에 새로운 가능성을 기약한다. 두뇌의 각 부위가 특정한 행동이나 마음의 작용을 주관한다는 것은 곧 그 부위의 해부적 구조와 신경회로, 신경생리작용의 특성을 이해함으로써 그 행동이나 마음의 발생 원리를 이해할 수 있다는 것을 암시한다. 그러나, 하나의 뉴런이 매우 복잡한 정보처리 수행 능력을 소유하고 있으며(예를 들자면 Anderson(1988)은 하나의 뉴런이 개인용 컴퓨터 한 대 분의 연산 용량을 지난다고 주장함), 뇌는 천억개 가량의 이러한 뉴런들로 구성되어 있다는 것을 고려하면 정신작용의 설명을 신경작용의 설명으로 환원하여 접근하려는 시도의 성공에 회의를 제기하지 않을 수 없다. 아마도 이러한 어려움을 극복할 수 있는 한 가지 방편은 뇌 속에서 일어나는 신경정보 처리의 일반원리를 이해하는 것이다. 즉, 우리 대뇌 속 여러 부위들 간의 구조적 공통점이나 신경 정보처리의 반복적 특징을 발견할 수 있으면 대뇌의 한 부위

〈표 3-1〉 언어와 연관되는 뇌 부위의 위치와 우세한 손과의 관계

	오른손잡이	왼손잡이
왼쪽 반구에 언어중추 있음	92%	69%
오른쪽 반구에 언어중추 있음	7%	18%
양쪽 뇌에 고루 언어중추 있음	1%	13%

에 대한 집중적인 세부 관찰 결과를 다른 부위에 일반화시킬 수 있는 가능성이 열리게 된다. 진화론에 의하면 사람의 뇌 구조와 기능은 매우 복잡하지만 그것이 단순한 것에서부터 진화되어 나왔다고 가정하는데 이러한 가정을 받아들여 신경계통의 진화와 발달과정을 추적하여 알아보는 것도 뇌가 수행하는 정보처리의 일반원리를 이해하는 데 큰 도움이 될 수 있다.

X. 신경계통의 진화와 발달

1. 신경계통의 진화

뉴런은 진화의 초기단계에서 나타난다. 많은 학자들은 진화과정이 진화에 의해 출현한 조직의 기초 단위 자체를 변화시키기보다는 그것의 수를 늘리고 조직과 배열을 더욱 복잡하게 만드는 방향으로 전개됐다는 견해를 갖고 있다(Thompson, 1980). 뉴런도 예외가 아니어서 뉴런 자체는 진화를 통해 큰 변화를 겪지 않았다. 오징어나 거머리도 기본적으로 사람의 뉴런과 똑같은 형태의 뉴런을 갖고 있다. 이런 까닭에 실제로 지금까지 알려진 신경의 기능에 대한 지식의 대부분은 오징어의 신경계통에 대한 연구에 근거를 두고 있다.

진화의 사다리 저변에 자리 잡고 있는 해파리와 같은 원시적인 동물도 감각뉴런과 운동뉴런을 갖고 있어 감각뉴런이 신호를 직접 운동뉴런에 전달한다. 그러나 진화단계에서 해파리보다 조금 높은 곳에 위치하는 동물들(예를 들어, 회충)은 감각뉴런과 운동뉴런 사이에 세번째 유형의 뉴런이 끼어들게 된다. 중간뉴런(interneuron)이라 불리우는 이들 뉴런들은 감각뉴런이나 다른 중간뉴런으로부터 입력된 신경정보를 처리한다. 중간뉴런은 입력된 모든 정보를 토대로 근육을 움직이기 위해 운동뉴런에 신호를 보낼 수도 있고 안 보낼 수도 있다. 이와 같은 세 단계 체계는 분명히 두 단계 체계보다 복잡한 형태의 정보를 처리할 수 있도록 해 준다. 회충이나 그밖의 무척추동물들에 있는 중간뉴런들은 여러 개가 뭉쳐서 신경절(ganglia)이라는 매듭을 형성한다. 일반적으로 진화가 많이 된 종(種)일수록 많은 수의 뉴런을 가지고 있으며 중간뉴런이 전체 뉴런에서 차지하는 비율이 높다.

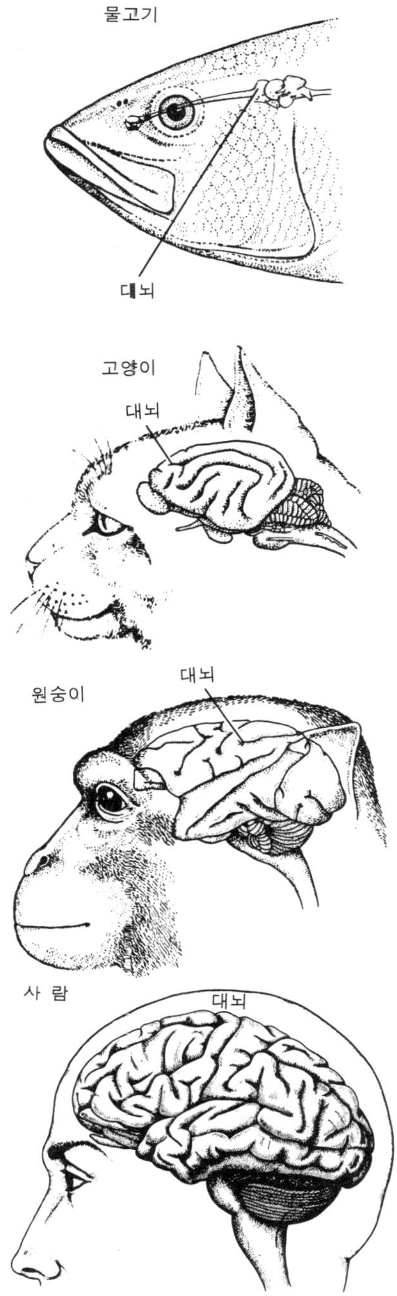

진화에 따른 대뇌크기의 변화
진화의 정도에 따라 뇌의 크기 및 주름의 정도가 급격히 증가됨을 알 수 있다.

진화가 척추동물에 이르게 되면 신경절이 완전한 형태의 뇌로 바뀐다. 그중 진화의 정상을 차지하고 있는 것이 인간이다. 인간의 뇌는 약 천억개의 뉴런을 포함하고 있는 것으로 추정되는데 이 숫자는 은하계에 있는 별의 숫자보다도 훨씬 많은 것이다.

2. 뇌의 발달

한 가지 놀라운 사실은 뇌 속에 있는 많은 뉴런들이 태어날 때 이미 모두 갖춰져 있다는 것이다. 자궁 속에서 수정된 단일 세포가 엄청난 속도로 성장하여 우주의 경이라고 일컫는 인간의 두뇌를 불과 아홉 달만에 완성하는 것이다. 이와 같은 발달의 놀라운 속도에 열쇠를 쥐고 있는 것은 세포의 배수분열이다. 난자가 수정된 뒤 초기 얼마 간은 하나의 세포가 둘로, 둘이 넷으로, 넷이 여덟으로, 비교적 세포의 증식이 완만하지만 임신 말기에 가까워지면 세포가 폭발적으로 증식하게 된다. 인간의 두뇌에 있는 모든 뉴런들이 완성되기 위해 36번의 배수 분열이 일어나는 것으로 추정되고 있다.

임신 약 9개월이 되면 인간의 신경계통에 속해 있는 뉴런들은 분열증식의 능력을 잃게 되어 출생 후부터는 새로운 뉴런이 형성되지 않게 된다. 그럼에도 불구하고 뇌는 생후 계속 성장을 거듭하여 뇌 무게가 갓 태어났을 때에는 약 350그램이었던 것이 사춘기에 이르면 약 1,400그램에 달하게 된다. 뇌의 무게가 이처럼 네 배로 증가하게 되는 것은 부분적으로 개개 세포의 크기가 증가하고 일부 세포들의 축색돌기 주위에 수초(myelin sheath)라고 불리우는 지방(脂肪)세포가 점점 자라나 여러 겹으로 된 절연층이 생겨나게 되기 때문이다. 수초가 없는 것보다 수초가 있는 세포의 신경전도 속도가 20배가량 빠르기 때문에 수초가 자라나는 과정은 신경계통의 성숙에 필수적인 조건이 된다. 모든 뉴런 중 약 절반이 수초를 갖게 된다.

아마도 아동기 동안 뇌의 크기가 증가하는 데 가장 크게 기여하는 것은 지주세포(glial cell)라고 하는 뇌세포의 급격한 증식일 것이다. 지주세포는 뉴런과 달리 분열을 계속하여 성인기에 이르면 뉴런보다 약 10배나 많게 된다. 뉴런이 죽게 되면 지주세포가 자라나서 그 자리를 메우게 된다. 지주세포는 한때 뉴런들을 결속시켜 주기 위해 존재하는 것으로 생각되었다. 그러나 요즈음에 와서 지주세포는 뇌 속에 있는 뉴런들의 수초 형성에 관여하며 뉴런의 연결망을 결정하고, 신경계통의 신진대사를 맡는 것으로 알려졌다.

XI. 유전과 환경

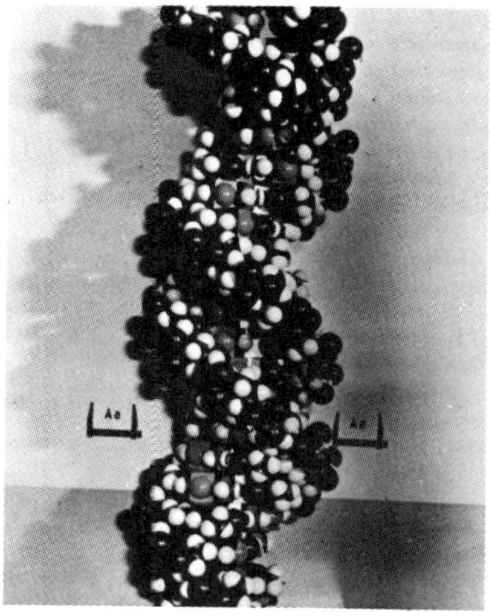

DNA 모형

나선계단꼴의 구조 위에서 4가지 유기조직기가 정연하게 배열되어 있다(Blakemore, 1978).

하나의 수정란에서 우주의 경이라고 불리우는 인간의 뇌가 출현할 수 있게 되는 배후의 열쇠는 유전인자가 쥐고 있다. 유전인자는 마치 자동차를 만들 때 각 부품들이 미리 정해진 설계도에 의해서 조립되듯이 모든 신체조직의 구성을 결정하는 일종의 설계도로서 사람의 키, 피부색, 눈의 색깔과 같은 외형적인 특징 뿐만 아니라 뇌를 포함한 신경계통, 감각기관, 내장, 및 근육같은 신체조직의 구성특징을 결정한다.

유전인자는 DNA(deoxyribonucleic acid)라는 분자로 구성되어 있으며 우리 몸을 이루고 있는 모든 세포의 핵 속에 포함되어 있다. DNA는 계단과 같은 나선형의 구조를 가지고 있는데 나선축을 중심으로 둘로 나뉘어져 원래 것과 똑같은 한 쌍의 새로운 분자를 복제할 수 있다. DNA에 기록된 유전부호는 세포가 단백질을 합성할 때 20여가지의 아미노산 중 어떤 것을 어떤 순서로 사용해야 되는가를 결정함으로써 한 개체가 속한 종(種)의 특질이 나타나게 된다.

수많은 유전인자들이 일정한 배열에 따라 조합을 이룬 것을 염색체라 한다. 염색체의 수는 종에 따라 다른데 초파리는 8개, 침팬지는 48개, 병아리는 78개, 사람은 46개이다. 염색체는 성능이 좋은 현미경으로 관찰할 수 있을 만큼 크지만 유전인자는 매우 작아 그렇지 못하다. 인간의 세포에 포함된 유전인자의 숫자는 약 1만 2천에서 2만개일 경우로 추정될 뿐 정확히 알려져 있지 않으며 염색체 내에 유전인자들이 어떻게 배열되어 있는지도 정확히 알려져 있지 않다. 이런 이유 때문에, 최근 분자 유전학(molecular genetics)에 괄목할 만한 발전이 있어 상황이 급변하고 있긴 하지만, 지금까지의 유전작용에 대한 지식은 대부분 유전인자를 직접 관찰하기보다는 대부분 교배 실험을 통하여 얻어졌다.

뇌가 유전인자에 의해 형성되며 마음의 작용이 뇌에 의해 주관된다는 두 명제를 연결하면 유전에 의해 인간의 마음이 지배될 수 있다는 결론에 이를 수도 있다. 실제로 심리학에서는 유전이 사람의 지능, 성격, 행동 특성, 사고방식 등에 미치는 효과가 오래 전부터 연구되어 왔으며 아직도 주요 연구 문제로서 지속적인 관심의 대상이 되고 있다. 유전이 마음이나 행동특성의 지배요인이 될 수 있다는 것을 가장 확실히 검증할 수 있는 방법은 교배 실험을 하는 것이다. 그러나 윤리적인 이유로 이러한 실험이 사람을 대상으로 하여 실시될 수 없기 때문에 교배실험에 의한 유전효과 검증은 동물을 대상으로 하여 수행되어 왔다. 유전효과를 검증하기 위한 교배실험에서는 특정한 행동특성을 가진 동물을 몇 세대에 걸쳐 선별적으로 교배한 뒤 자손대에서 유전에 의해 그 특성이 발현될 수 있는지를 관찰하여 평가한다. 예를 들어 Tyron(1942)은 미로학습을 잘하는 쥐와 못하는 쥐를 여덟 세대에 걸쳐 선별적으로 교배한 결과 두 혈통의 자손 간에 미로학습 능력에 현격한 차이가 있다는 것을 발견하였다. 이 밖에도 지금까지 쥐를 대상으로 수행된 연구들은 활동적인 쥐와 비활동적인 쥐, 정서성이 높은 쥐와 낮은 쥐, 알콜중독에 걸리는 체질의 쥐와 그렇지 않는 쥐의 혈통을 선별적으로 교배해서 얻는 데 성공했다는 것을 보고하고 있다. 그러나 쥐의 교배 실험 결과는 현실의 한 면만을 보여준다는 것을 잊어서는 안된다. 컴퓨터에 비유하여 말한다면 유전은 하드웨어인 뇌의 구조를 결정하지만 소프트웨어라 할 수 있는 한 개체가 지닌 마음이나 행동 특성의 결정에는 극히 제한된 영향력 밖에 행사할 수 없기 때문이다. 즉, 환경과 경험이 유전을 능가하는 결정력을 소유할 수 있다는 것이다. 환경과 경험의 효과를 검증하는 연구에서는 몇 세대에 걸쳐 쥐를 근친 교배시켜서 개체 간의 유전적 변이가 극소화되도록 한 뒤 환경이 개체에 미치는 효과를 연구한다. 당연한 결과처럼 들리겠지만 이들 연구는 환경 또는 경험이 개체의 행동특성을 결정하는데 지대한 영향력을 행사한다는 것을 보고하고 있다.

인간을 대상으로 하여 환경을 일정하게 한 뒤 유전적 요인을 변화하도록 한다든지 또는 유전요인을 일정하게 한 뒤 환경요인을 변화하도록 할 수 없기 때문에 인간에 관한 유전연구의 자료는 주로 쌍둥이 연구에서 얻어진다. 우리나라의 경우 신생아 중 쌍둥이는 약 90명 중 한 명 꼴로 태어나는데 이들 중 3/4은 이란성 쌍둥이다. 이란성 쌍둥이는 여자의 난소에서 하나 대신 두 개의 난자가 나와 각 난자들이 서로 다른 정자에 의해 수정됨으로써 생겨난다. 따라서 이란성 쌍둥이는 같은 시기에 같은 자궁에서 발육되었다는 사실 이외에는 보통 형제 간보다 더 밀접하게 관련될 특별한 이유가 없다. 이란성 쌍둥이는 극단적인 경우 아버지가 같지 않을 수도 있다(실제로 두 쌍둥이의 아버지가 같은지를 가리기 위한 법정 소송에서 아버지가 다르다는 판결이 내려진 경우도 있다). 전체 쌍둥이 중 1/4을 차지하는 일란성 쌍둥이는 수정된 난자가 둘로 갈라져서 하나 대신 두 개의 태아가 수태됨으로써 태어난다.

일란성 쌍둥이의 유전인자는 구조적으로 동일하기 때문에 일란성 쌍둥이와 이란성 쌍둥이를 비교하거나 일란성 쌍둥이와 보통 형제를 비교함으로써 유전의 효과를 연구할 수 있다. 반면에 일란성 쌍둥이이지만 전쟁과 같은 여러 가지 이유로 서로 다른 환경에서 양육된 쌍둥이들을 비교하여 환경이 독자적으로 행동에 미치는 영향을 평가해 볼 수도 있다. 그러나 쌍둥이 연구를 통하여 유전과 환경의 효과를 대비시키는 데에는 몇 가지 주의할 점이 있다. 우선 연구 방법이 선별적 교배법만큼 직접적인 것이 아니기 때문에 연구 결과가 종종 모호할 수 있다. 예를 들어 일란성 쌍둥이와 이란성 쌍둥이를 비교할 때 두 경우 모두에서 환경이 일정하다는 것을 전제로 하지만 사실 일란성 쌍둥이가 여러 면에서 이란성 쌍둥이보다 유사한 환경을 경험할 수 있다는 것을 고려해야 한다. 서로 다른 가정에 입양된 일란성 쌍둥이의 연구에서도 근본적으로 무선적인 과정을 통하여 입양이 되었다는 것이 보장되어야 한다. 만일 우세한 부모의 생물학적 특성을 물려받은 아이가 같은 정도의 우세한 입양 가족을 만나도록 되어 있다면 문제가 복잡해지기 때문이다.

태어나자마자 헤어졌던 일란성 쌍생아가 30년후에 재회했다.

지금까지 연구된 것을 종합해 보면 유전인자가 정신병이나 그 밖의 심리적 특질들을 직접적으로 전이시키지 않는다는 것이 거의 확실시 되고 있다. 유전인자는 신체를 어떻게 구성하느냐에만 관여한다고 볼 수 있다. 따라서 어떤 심리적 특질이 유전된 것으로 보일 때 그 특질이 유전에 의해서 결정된 해부학적인, 생리적인, 또는 신경계통이나 내분비 계통의 화학적 변화와 같은 신체적 특징에서부터 비롯되었다고 해석하게 된다.

XII. 생리학적 및 생물학적 심리이해의 현황과 전망

사람은 고대로부터 물질, 생명, 정신 현상에 대해 호기심을 갖고 그 본질을 규명하기 위해 부단히 노력해 왔다. 그 결과로서 우리는 물질과 생명 현상을 이해하는 데 있어서는 괄목할 만한 발전을 이룩해냈다. 지구라는 작은 행성의 한 구석에 앉아서도 먼 우주에서 일어나는 일들을 예측할 수 있게 되었으며, 미립자 세계의 물성 모형을 통하여 물질의 기본 단위와 구성 원리를 이해할 수 있게 되었고, 새로운 형태의 생명체를 합성 가공할 수 있는 단계에 도달하게 되었다. 그러나 정작 이러한 현대과학의 발전을 주도해 온 사람의 지능과 그러한 지능의 배후에 자리잡고 있는 정신현상의 본질에 관해서는 이렇다 할 만한 큰 발전이 없었다. 정신현상의 본질 이해가 이렇게 뒤쳐지게 된 데에는 여러 가지 이유가 있었겠지만 아마도 그것들은 모두 과학적인 연구 접근의 역사가 짧았다는 한 마디의 말로 요약될 수 있을 것이다. 심리학이 과학의 기치 아래 철학에서 독립하여 나온 것이 불과 100년 남짓 밖에 안된다는 것이 그것을 잘 대변해 준다.

과학의 발전을 진척의 정도로 재지 않고 진척의 속도로 잰다면 심리학을 중심으로 하는 정신과학의 앞날은 매우 고무적이다. 지난 100여년 동안 심리학은 이미 선두 주자로 나선 물질과학과 생명과학으로부터 정신현상을 과학적으로 규명(糾明)하는데 필요한 기초 개념과 방법론을 흡수하여 미래의 주류(主流) 학문으로서의 면모를 세우고 토대를 닦았다. 그러한 정지(整地) 작업이 이루어진 분야 가운데 가장 주목할 만한 분야 중의 하나가 우리가 이 장에서 공부한 생리심리학 분야이다.

우리가 이 장에서 배웠듯이 생리심리학에서는 모든 정신현상이 신경작용으로 환원되어 설명될 수 있다는 명제 아래 신경계통, 특히 뇌의 위계적인 조직망을 따라 신체현상에 대응되는 행동변화나 정신현상을 확인하여 체계화하는 작업을 진행하고 있다. 과거 시신경 정보처리와 같은 제한된 분야에서만 눈에 띄는 연구성과가 나왔던 것에서 최근에는 앞서 설명한 다양한 신경영상화 기술의 발달에 힘입어 뇌의 구조와 그 기능들이 하루가 다르게 밝혀지고 있다. 특히 인지 신경과학이나 신경심리학 분야의 괄목한 만한 성장은 심리학 전반에 있어서 생물 및 신경심리학적 기초가 인간의 행동과 마음을 이해하는 데 중요한 열쇠임을 보여주는 것이다.

인간의 두뇌는 아직도 신비로운 소우주로 남겨져 있다.

제4장 학　　습

학습의 정의
조건형성: 연합학습의 기본과정
인지학습

성공적으로 생존하기 위하여 인간은 학습을 한다.

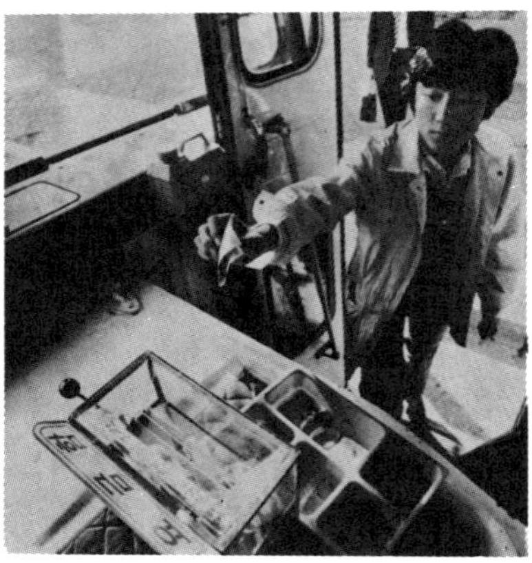

앞문으로 승차하여 자기가 스스로 요금을 넣고 버스를 타는 복잡한 행위도 학습의 결과이다.

호랑이는 죽어서 가죽을 남기고, 사람은 죽어서 이름을 남긴다는 말이 있다. 물론 이 말과는 직접 관련이 없지만, 어쩌면 모든 살아있는 유기체는 무엇인가를 남기기 위해 존재하는지도 모른다. 저명한 행동주의 심리학자 Skinner는 모든 유기체의 공통된 존재 목적을 생존(survival)이라고 보았다. 즉, 살아있는 생명체는 살아남기 위해, 자신의 종족을 보존하기 위해 존재하며, 이를 위해 변화한다는 것이다. 끊임없이 변화하는 환경에 적응하고 살아남기 위해서는 우리도 변화할 수 밖에 없다. 진화를 통하여 유기체는 변화하는 환경에 적응하고 생존해 왔다. 하지만 진화는 세대와 세대를 거치면서 이루어지는 오랜 시간이 필요한 변화이며, 단기간에 변화하는 환경에 적응하기에는 적합하지 않다. 변화하는 환경에 빠르게 적응할 수 있는 방법이 바로 학습을 통하는 것인데, 특히 인간은 높은 학습 능력을 통하여 어떤 다른 생명체보다도 다양한 환경에서 놀라운 적응과 생존 능력을 보여왔다고 할 수 있다.

학습을 통하여 우리는 환경 내의 어떤 것들이 서로 연관되어 있으며, 환경적 변화나 사건에 의해서 자신의 행동이 어떻게 영향을 받고, 또한 반대로 자신의 행동을 통하여 환경이 어떻게 영향을 받을 수 있는지를 알게 된다. 학습을 함으로써 유기체는 미래의 사건들에 대해 예측을 하게 되고 상황에 따라 자신의 행동을 수정하여 환경에 보다 융통성 있게 대처할 수 있게 된다.

다른 모든 동물들도 배워야 하겠지만 학습의 필요성은 인간에게 있어서 가장 절실한 것 같다. 특히 인간에게는 다른 동물들에 비교할 때 생존에 필요한 선천적 기제가 소수에 불과하다. 그리고 그들이 가진 몇 안 되는 반사 능력 등의 선천적 기제 또한 고도로 발달된 오늘날의 사회 속에서 살아가는 데는 별 도움을 주지 못한다. 현대화된 복잡한 도시 속에서 생존하기 위해서 인간은 선천적인 행동을 수정해 가며 새로운 반응들을 획득해야 한다. 그래서 마침내는 건널목을 건너고 차표를 끊어 낯선 거리를 찾아가고, 새로 나온 복잡한 가전제품들을 작동하며 컴퓨터 프로그램을 만들 수 있게 된다. 학습의 영향은 이에 국한되지 않는다. 사물에 대한 태도로부터 타인에 대한 편견, 미신에 이르는 많은 사회적 행동들에 있어서도 학습은 결정적 역할을 한다.

본 장에서는 인간의 다양한 행동들의 기저를 이루는 학습에 대한 여러 가지 이론들을 살펴보려고 한다. 우선 학습에 대한 정의를 살펴보고 지금까지의 학습이론들 중 주류를 이루어온 연합학습의 기본과정인 조건형성의 원리를 고찰하겠다. 이 장의 후반부에서는 인간의 내적 과정을 보다 중시하는 인지학습 이론에 관해 논의할 것이다.

I. 학습의 정의

학습에 대한 일반적인 정의는 학습이 **'과거경험의 결과로 생긴 비교적 영속적인 행동변화를 이끄는 과정'** 이라는 것이다. 이 정의에 따르면 학습은 우선 경험의 결과로 생긴 것이라야 한다. 따라서 신체적 성장(growth)이나 성숙(maturation), 또는 질병이나 부상에 의해 나타난 행동변화는 학습으로 간주되지 않는다. 예를 들어 소년·소녀들은 사춘기가 되면 눈에 띄게 큰 생물학적 변화를 겪는다. 이 시기에 이들은 성적 활동에 대해 커다란 관심을 보이는데 이러한 현상은 학습에 의한 것이라기보다는 주로 생물학적 성숙에 의한 것이다.

학습은 또한 수행(performance)과도 구분되어야 한다. 수행은 상황에 따라 변화하는 반면 학습은 비교적 영속적이다. 예를 들어 한 경기에서 강한 상대팀을 꺾었던 축구팀이 그 다음 주에는 승리감에 도취되어 아주 부진한 경기를 보일 수 있는데 이 예는 학습과 수행의 차이를 구분해준다. 피로, 지각적 적응, 그리고 동기는 수행에 영향을 미칠 수 있다. 그러나 그것들은 학습과는 무관하다. 그러므로 학습에 의한 지속적인 변화와 수행에 있어서의 비영속적인 변화를 구분하기 위해서 우리는 동기, 유인(incentive), 유기체의 생리적 상태와 같은 요인들이 일시적인 행동변화를 일으킨 것이 아닌가를 검토할 필요가 있다.

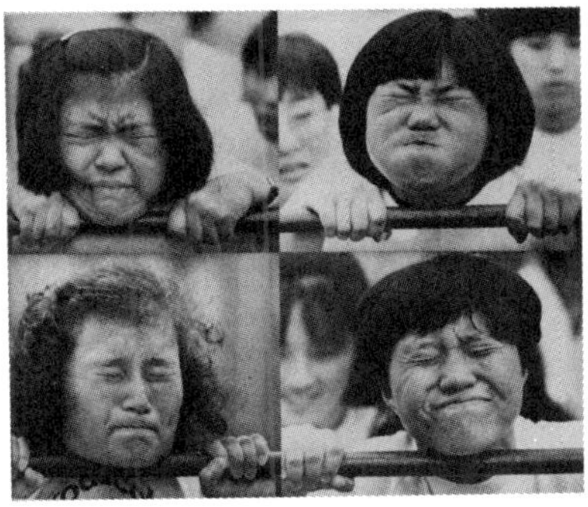

동기는 수행에 영향을 준다.

II. 조건형성: 연합학습의 기본과정

학습을 하는 방법에는 여러 가지가 있다. 그리고 그 방법이 과제에 따라, 혹은 개인에 따라 다양하리라는 것은 쉽게 예측할 수 있다. 심리학자들은 여러 형태의 학습에 기본이 되는 원리를 규명하는 데 노력을 기울여 왔다. 그들은 학습이 근접해서 일어나는 사건들간의 연합(assosiation)에 의해서 이루어진다는 데에 의견을 같이해 왔다. 비오는 날 **번개**가 치고 난 후 **천둥**이 뒤따르는 것처럼 잇따라 제시되는 두 개의 자극은 서로 연합이 된다. **전화벨**(자극)이 울릴 때 **수화기를 들어**(반응) 벨소리를 멈출 수 있듯이 하나의 자극과 이에 대한 반응은 서로 연합된다. 또한, **동생을 때리면** 어머니께 **꾸중을 듣는 것**과 같이 하나의 반응과 그에 따르는 결과(consequences)도 연합된다.

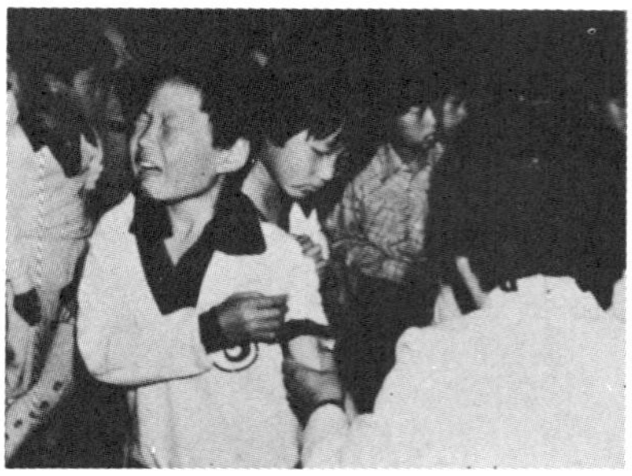

주사를 맞는 경험은 주사바늘과 고통의 연합을 형성한다.

연합에 의한 학습의 기본과정으로서 고전적 조건형성(classical conditioning)과 작동적(혹은 조작적) 조건형성(operant conditioning)이 연구되어 왔다. 조건형성(conditioning)이란 자극에 대해 새로운 반응을 획득하는 것으로서 그 중 고전적 조건형성은 주로 자극과 자극, 자극과 반응의 관계를, 작동적 조건형성은 반응과 그 결과간의 관계를 다룬다.

1. 고전적 조건형성(classical conditioning)

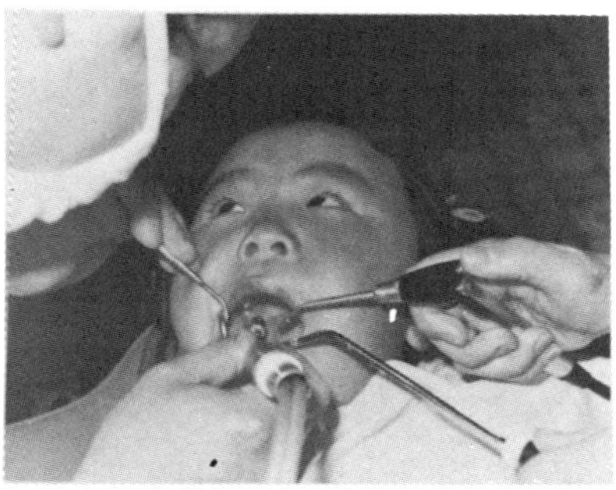

약품 냄새만으로도 두려움이 유발된다.

우리들은 대부분 어떤 자극에 대해서 강하게 반응한다. 우리가 치과 병원 복도를 걸어갈 때 맡게 되는 약품 냄새는 종종 두려움이라는 익숙한 반응을 일으킨다. 사실 약품 냄새 자체는 두려움을 일으키는 자극이 아니지만 과거 이를 치료받던 때의 고통스러운 사건과 연합이 되었기 때문에 약품 냄새는 두려움에 조건형성이 되어진 것이다. 이와 같이 고전적 조건형성에서는, 그것 자체는 반응을 유발시키지 않는 중성적 자극(neutral stimulus, 여기서는 약 냄새)이 다른 자극(이를 뽑을 때의 고통)과 체계적으로 연합된다. 자극의 연합은 중성적 자극이 고통스런 자극에 의해 유발되는 것과 비슷한 반응을 유발하게 될 때까지 반복된다. 그 중성적 자극은 새로운 기능을 획득하게 되는 것이다.

1) Pavlov의 연구

러시아의 심리학자이며 노벨상 수상자인 Ivan Pavlov(1849~1936)는 조건화된 반응을 체계적으로 연구한 최초의 학자이다. 그는 동물의 소화 및 침 분비기능에 관한 실험을 하는 도중 우연히 조건반사(conditioned reflex)를 발견하였다. 원래 그는 개의 입안에 있는 음식물의 존재와 침분비 간의 관계를 규명하고자 하였다. 그러나 실험을 거듭하면서, 같은 개를 그 실험에 계속 사용하게 되면 음식물이 입 안에 들어오기 전부터 침분비 반응이 나타난다는 것이 발견되었다. 즉, 개는 음식을 보는 것 뿐

[그림 4-1] 실험실의 Pavlov

만 아니라 음식을 주는 실험자의 얼굴을 보기만 해도 침을 흘렸다. Pavlov[그림 4-1]는 이 현상을 하나의 단순학습의 결과로 간주하고 조건형성을 체계적으로 연구하기 시작했다.

전형적인 Pavlov의 실험 절차는 다음과 같다. 실험자는[그림 4-2]와 같은 장치에 개를 넣어두고 불빛이나 소리와 같은 중성적 자극을 제시하고 난 뒤 약간의 시간간격을 두고 음식(고깃가루)을 입안에 넣어준다.

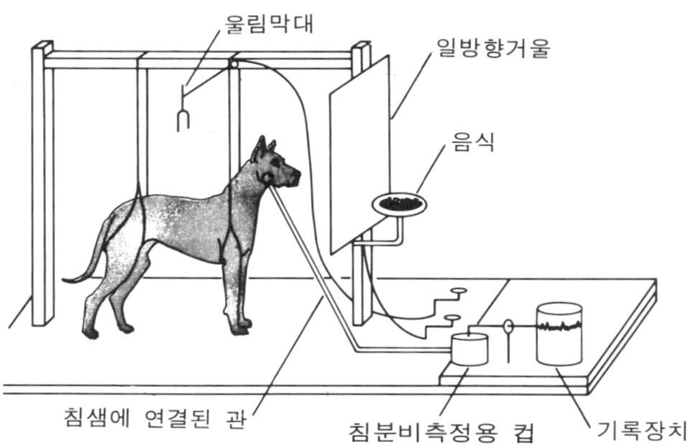

[그림 4-2] Pavlov의 고전적 조건형성 실험에서 사용되었던 장치

침샘에 연결된 관을 통해서 침이 컵 속에 떨어진다. 컵 안의 액체는 움직이는 원통에 기록됨으로써 측정된다. 실험자는 음식의 출현과 소리굽쇠의 울림을 원격조정할 수 있다. 개와 이 장치는 방음장치가 된 방에 위치하며, 실험자는 일방향거울의 반대편에 위치한다.

개는 [그림 4-3]에 나타난 것과 같은 과정을 통해 음식에 반응하여 곧 침을 분비하고 음식물을 씹고 삼키게 된다. 이러한 과정은 자동적이며 무조건적이다. 그러나 이처럼 음식과 소리가 함께 제시되는 것이 여러 번 반복되는 동안 개는 소리를 음식과 연합하게 된다. 즉, 개는 소리가 날 때 마치 음식을 기대하는 듯이 행동(침분비)하게 된다. 이제 소리는 이전에 음식에 의해 유발되었던 반응을 유발시킬 수 있는 힘을 갖게 된 것이다.

이 과정에서 Pavlov는, 음식과 같이 무조건반사를 일으키는

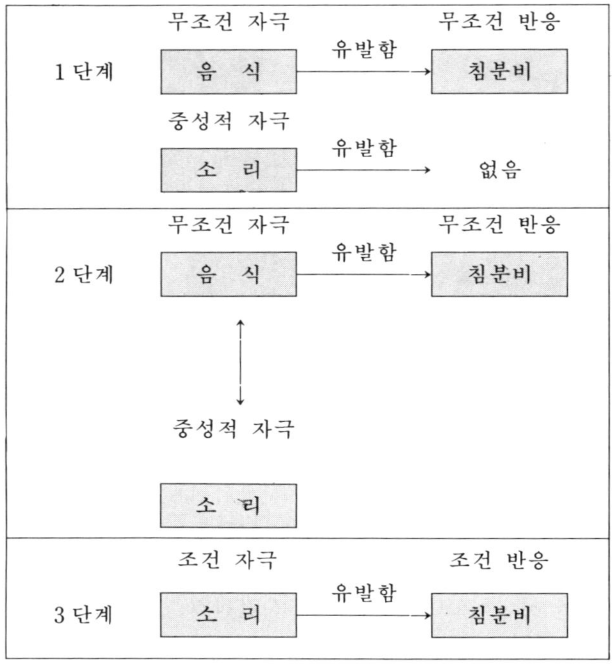

[그림 4-3] 고전적 조건형성 과정
중성적 자극이었던 종소리는 다음과 같은 3 단계의 과정을 거쳐서 침분비반응을 일으키게 된다.

자극을 무조건자극(UCS: unconditioned stimulus)이라 하고, 침분비 반응과 같이 무조건자극에 대해 선천적이고 생리적으로 나타나는 반응을 무조건반응(UCR: unconditioned response)이라고 불렀다. 또한 종소리처럼 처음에는 무조건반응을 일으키지 않으나 무조건반응과 짝지어 제시됨으로써 무조건 반응을 일으킬 수 있게 되는 자극을 조건자극(CS: conditioned stimulus)이라 하고, 조건자극에 의해 유발된 반응을 조건반응(CR: conditioned response)이라 하였다.

2) 조건자극과 무조건자극의 시간적 배열

고전적 조건형성에서 조건자극(CS)과 조건반응(CR)의 연합은 조건자극과 무조건자극을 짝지워 제시함에 의해서 강화될 수 있다. Pavlov는 이 과정을 강화(reinforcement)라고 하였다. 일반적으로 조건형성의 강도(strength)는 조건자극과 무조건자극의 연합이 많으면 많을수록 높아진다[그림 4-4].

고전적 조건형성의 확립에는 조건자극과 무조건자극의 시간적 관계도 중요하다. 고전적 조건형성은 조건자극과 무조건자극이 시간적으로 근접할수록 잘 일어난다. 만일 무조건자극과 조건자극의 제시 시기가 시간적으로 근접하지 않는다면 조건형

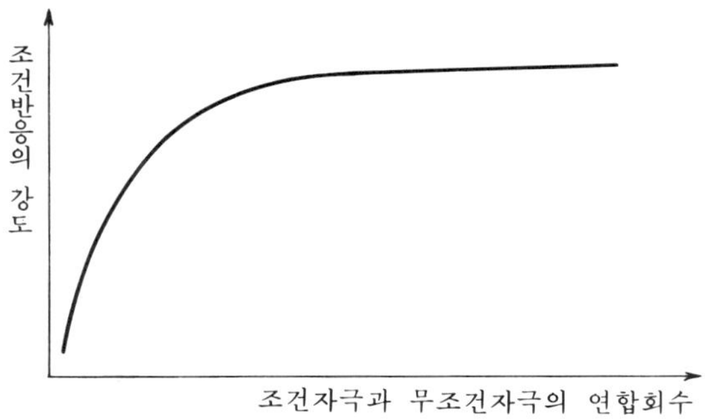

[그림 4-4] 고전적 조건형성 실험의 전형적인 그래프
조건반응의 강도는 처음에는 급상승하나 연합이 계속됨에 따라 그 증가율이 감소된다.

성의 효율성이 떨어지게 된다. 이외에도 무조건자극이 조건자극을 선행하느냐 뒤따르냐의 문제 역시 조건형성의 획득에 영향을 미치게 된다. [그림 4-5]는 고전적 조건형성을 실험할 때 이용될 수 있는 조건자극과 무조건자극의 여러 가지 시간적 배열을 나타낸 것이다.

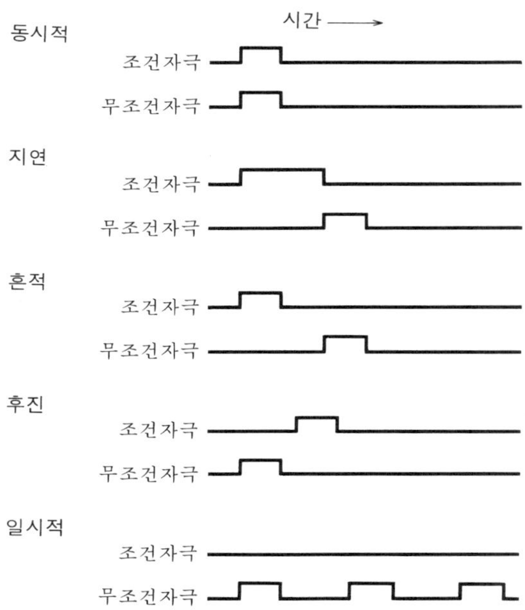

[그림 4-5] 고전적 조건형성에서의 조건자극과 무조건자극의 시간적 관계
위로 올라간 부분은 각 자극의 지속 시간을 나타낸다.

위 그림들 중 조건자극과 무조건자극이 동시에 제시되는 절차를 동시 조건형성(simultaneous conditioning)이라 한다. 지연 조건형성(delayed conditioning)절차에서는 조건자극이 먼저 제시되고 그 조건자극은 무조건자극이 제시될 때까지 지속된다. 일반적으로 지연 조건형성이, 그 중에서도 특히 0.5초~1초 정도의 지연이 조건형성에서 가장 효과적이라고 알려져 있다. 여러 학자들은 이 절차에서 조건자극은 무조건자극의 출현을 예고하는 신호(signal)가 된다고 생각한다. 흔적 조건형성(trace conditioning)에서는 먼저 조건자극이 제시되는데, 그 조건자극은 무조건자극이 제시되기 전에 사라진다. 무조건자극이 제시될 때 조건자극이 더 이상 제시되지 않기 때문에, 이 경우 조건형성은 조건자극의 내적 흔적(internal trace)에 의해 가능한 것으로 보인다. 후진 조건형성(backward conditioning)에서는 무조건자극이 조건자극보다 먼저 제시된다. 후진 조건형성은 학습하기가 어렵고 그것이 존재할 수 있는지에 관한 논쟁이 있다. 마지막으로 시차적 조건형성(temporal conditioning) 절차가 있다. 이 조건형성 과정에서는 조건자극이 같은 간격으로 반복하여 제시된다. 시차적 조건형성에서는 이전에 제시되었던 무조건자극의 흔적이 반응에 조건형성되는 것이다.

3) 고전적 조건형성의 현상들

(1) 자극 일반화: 만일 조건반응(CR)이 애초에 연관되었던 특정한 자극에 대해서만 일어난다면 우리는 아마도 조건형성을 학습의 기본과정으로 삼을 수 없을 것이다. 그러나 실제로 하나의 조건반응이 하나의 조건자극에 잘 연합된 경우에는 원래의 조건자극과 어느 정도 유사한 다른 자극들에 대해서도 동일한 반응이 나타나게 된다. 이러한 현상을 자극일반화(stimulus generalization)라고 한다. 어떤 음을 내는 벨소리에 조건형성된 개는 그보다 조금 높거나 낮은 음을 내는 벨소리에도 약하지만 비슷한 조건반응을 보이게 된다.

조건형성된 자극은 일반화된다.

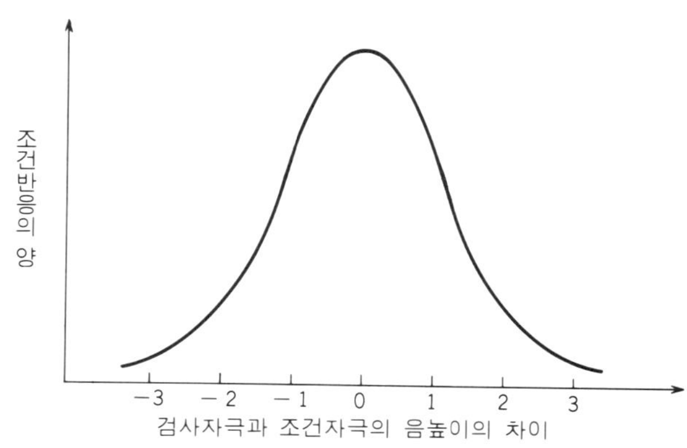

[그림 4-6] 자극일반화 기울기
조건자극과 유사한 자극은 조건반응이 일어날 수 있는 유사한 환경을 제공한다. 그림에서 0은 검사자극의 음높이가 원래의 조건자극과 동일한 경우를 가리키며 왼쪽은 음높이가 더 낮은 경우를, 오른쪽은 더 높은 경우를 각각 나타낸다.

이 때에 개가 나타내는 조건반응의 양은 [그림 4-6]에서와 같이 반응의 유사성 정도에 따라 체계적으로 변화하는데 이를 자극일반화 기울기(gradient of stimulus generalization)라고 한다.

(2) 변별조건형성: 자극일반화를 막기 위해서 동물들로 하여금 두 개의 자극을 변별하도록 조건형성할 수 있다. 예를 들어 종소리를 들려준 뒤에 언제나 음식이 뒤따라 제공된다고 하자. 그러면 종소리는 곧 조건자극이 될 것이다. 다음 단계에서 실험자는 종소리와는 다른 부저소리를 검사자극으로 들려준다. 고전적 조건형성에서 강화물(reinforcer)이라 함은 조건자극에 무조건자극이 뒤따르는 것을 말한다. 변별 조건형성에서 조건자극에는 음식이란 강화물이 주어지는 반면 변별해야 할 자극에는 강화물이 수반되지 않는다. 이 때 종소리처럼 반응해야 할 올바른 자극을 S라 하고 부저소리처럼 틀린 자극을 S^D라고 부른다. 위의 예에서 부저소리가 들리면 그 동물은 처음에는 침을 흘릴 것이다. 그러나 부저소리가 난 뒤에는 음식이 주어지지 않는다면 이 소리에 대한 침분비반응은 곧 사라지게 될 것이다. 이렇게 해서 그 동물은 두 자극을 변별하는 것을 학습하게 된다.

(3) 소 거 : 일단 획득된 조건반응도 조건자극(소리)이 무조건자극(음식)에 의해 강화되지 않은 채 계속 단독으로 제시된다면 점차로 약화되어 결국은 사라져 버리게 된다. Pavlov는 이러한 과정을 소거(extinction)라고 정의했다. 일반적으로 조건자극과 조건반응이 연합된 정도가 강할수록 소거에 저항하는 힘(조건자극에 대해 계속 반응하려는 경향)이 크기 때문에 소거절차는 조건형성의 강도를 알아보기 위한 지표로 종종 사용된다[그림 4-7].

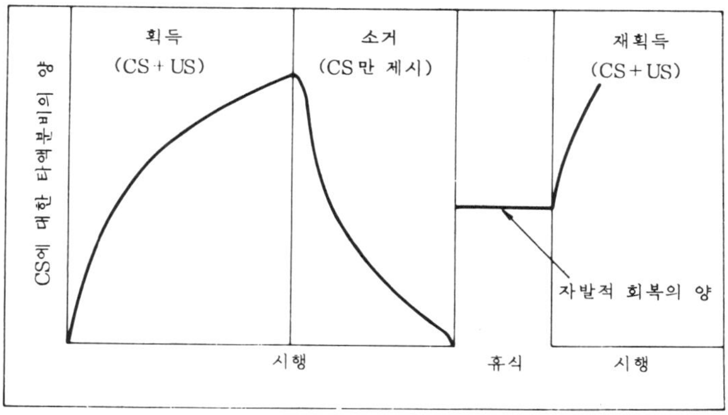

[그림 4-7] 소거와 자발적 회복
무조건자극과 조건자극이 연합됨에 따라 조건반응의 강도는 점점 강해지다가 무조건자극이 제시되지 않게 됨에 따라 저하된다. 그러나 조건자극이나 무조건자극 중 아무 것도 제시되지 않는 휴식기가 지난 후엔 조건반응이 어느 정도 회복되는 현상이 일어난다.

(4) 자발적 회복: 앞과 같은 소거절차를 거친 조건반응이 영구적으로 사라진 것은 아니라는 증거가 있다. 개에게 아무런 음식도 주지 않은 채 종소리만 자꾸 제시하면 개가 종소리를 듣고도 아무런 반응을 나타내지 않게 되나(소거), 하룻밤 정도 휴식을 취한 후 다시 종소리를 들려 주면 다시 침분비 반응이 나타난다. 이처럼 얼마간의 휴식기를 가진 후에 소거된 반응이 다시 나타나는 현상을 자발적 회복(spontaneous recovery)이라고 한다. 그러나 물론 이 때에 회복된 반응의 양은 소거 이전의 수준까지 미치지는 못하며 무조건자극(혹은 강화)없이 종소리만 계속되면 다시 사라진다[그림 4-7].

(5) 고차 조건형성: 잘 확립된 조건반응은 제3의 자극에 대해 무조건자극으로 사용될 수 있는데 이 과정을 고차 조건형성(higher-order conditioning)이라 한다. 한 동물이 종소리만 듣고도 침을 흘리도록 조건형성되었다고 하자. 일단 종소리(CS)가 침분비 반응을 일으키는 힘을 갖게 되면 이 종소리는 불빛 등의 새로운 중성자극에 대해 조건형성을 시킬 수 있다. 만일 그 동물이 2차로 조건형성된 자극(불빛)에 의해서도 반응(침분비)을 나타낸다면 이 동물은 2차적으로 조건형성된 것이다. 더 나아가 그 개는 3차적으로도 조건형성될 수 있다. 만일 우리가 침분비 반응을 일으키는 힘을 갖는 그 불빛을 삼각형과 연합시키면 그 개는 나중에 삼각형만 제시되었을 때에도 침분비 반응을 보일 수 있다.

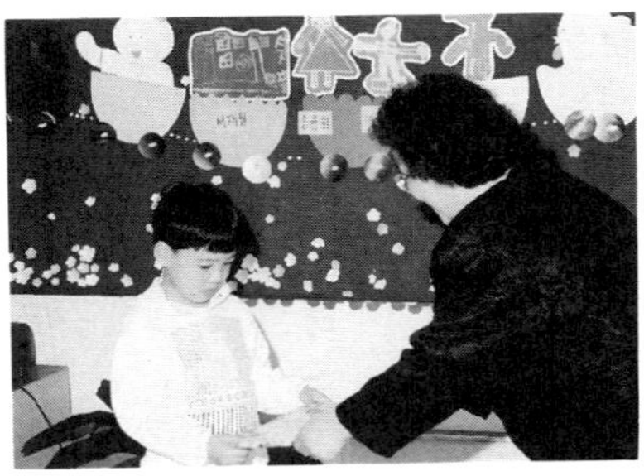

우리는 상장을 받는 것 자체에서 커다란 기쁨을 얻는다.

인간에게 있어서는 그 이상의 고차적 조건형성도 가능하다. 어떤 행동에 대해 일차적 · 생물학적 강화와는 무관한 언어적 지지를 주는 것, 상장을 주는 것이 그 행동을 강화하며, 신체적 처벌 없이 주어지는 위협만으로도 행동을 멈추게 할 수 있다. 그러나 조건형성의 단계가 하나씩 높아지게 됨에 따라 고차적 조건형성은 확립시키기가 어려우며, 그 때에 유발되는 조건반응 또한 점점 미약해지게 된다.

고차적 조건형성 절차는 무조건자극이 주어지지 않는다는 점에서 볼 때 소거절차와 같다. 따라서 이 시기에는 고차 조건형성과 소거 간에 경쟁이 일어나게 되는데 이것이 바로 고차 조건형성의 확립이 어려워지는 이유이다. 그러기 때문에 고차적 조건형성이 잘 일어나게 하기 위해서는 원래의 무조건자극이 조건자극과 가끔씩 짝지워져야 한다.

4) 정서에 미치는 고전적 조건형성의 영향

우리들이 나타내는 대부분의 정서적 반응이나 태도는 고전적 조건형성의 결과이다. 어린 시절에 음식과 같은 정적 무조건자극에 연합된 중성자극은 정적인 태도를, 전기충격같은 부적 무조건자극과 연합된 중성자극은 부적태도를 형성한다.

Watson과 Rayner(1920)는 정서가 학습되는지를 알아보기 위해 조건형성절차를 사용, 생후 11개월된 Albert란 유아를 대상으로 공포라는 정서의 학습 및 소거를 연구하였다[그림 4-8].

[그림 4-8] Watson과 Rayner(1920)의 실험

(a) Albert는 쥐를 무서워하지 않고 쥐에 다가가려 한다.

(b) Albert가 쥐에게 손을 뻗치는 순간 큰 소리가 울려 Albert를 놀라게 한다.

(c) 이후에 Albert는 쥐만 봐도 놀란다.

(d) Albert는 쥐뿐만 아니라 다른 털에도 공포반응을 나타낸다.

이들은 Albert 앞에 그가 원래 두려움을 느끼지 않았던 흰 쥐를 놓아두고 그 아이가 흰 쥐를 붙잡으려고 손을 뻗칠 때마다 망치로 쇠를 두드려 깜짝 놀랄 만큼 큰 소리를 내었다.

아이는 큰 소리가 날 때마다 놀라서 활동을 멈추고 울기 시작했다. 여기에서 흰 쥐는 부적자극이었던 것이다. 이러한 절차가 몇 번 반복되자 Albert는 이제는 그 쥐만 보아도 울음을 터뜨리며 몸을 움츠리거나 도망가는 등 공포반응을 나타냈다. 이러한 현상은 곧 흰 쥐뿐 아니라 털코트, 털실, 심지어는 수염에까지도 일반화되었다.

이전에 돼지고기 요리를 먹고 체한 일이 있는 사람은 돼지고기가 든 음식을 보기만 해도 구역질이 난다. 어렸을 때 물에 빠졌던 경험이 있는 사람이 물을 무서워하는 것 또한 흔히 찾아볼 수 있는 예이다. 긍정적 정서 또한 이런 방법으로 얻어질 수 있다. 어릴 때 뛰어놀던 동네의 흙 냄새 등은 흔히 즐거웠던 추억과 연합되어 즐거운 감정을 불러일으키게 된다.

2. 작동적 조건형성

부모들은 아동들이 바람직한 행동을 했을 때 기뻐하고 안아주어 그 행동이 계속 나타나도록 한다.

우리는 자신의 행동이 보상(reward)받는 행동일 경우 그것을 더 계속하려 하고 처벌(punishment)받는 행동은 피하려한다. 이러한 원리는 일상적 학습장면, 특히 부모들이 아이를 가르치는데 널리 사용되고 있는 것 같다. 아이들은 자발적으로 여러 가지 행동을 한다. 눈동자를 굴리고 미소를 지으며 방바닥을 기어다니고, 떼를 쓰고 밥상에 올라간다. 이 때 부모들은 어떤 행동에는 기뻐하며 안아주고 과자를 주는 등 보상을 제공하고 어떤 행동에 대해서는 매를 들거나 야단을 쳐서 그 행동을 멈추고 다른 행동을 하게 한다. 이처럼, 어떤 반응에 대해 체계적이고 선택적으로 강화를 줌으로써(보상함으로써) 그 반응이 다시 일어날 확률을 증가시키는 것을 작동적(또는 조작적) 조건형성(operant conditioning)이라고 한다.

작동적 조건형성은 이처럼 학습자가 조절하는 반응행동과 관련을 갖는다. 고전적 조건형성에서는 특정반응을 유발하는 자극의 변화를 관찰하는 반면에, 작동적 조건형성에서는 자극이 있는 환경에서 습관적으로 나타나는 여러 가지 반응들 중에서 특정한 반응만이 선택되고 유지되는 현상을 관찰하고자 한다. 작동적 조건형성은 도구적 조건형성이라고 불리우는 Thorndike의 고전적인 실험에 기초하고 있다.

1) Thorndike의 실험

20세기 초 E. L. Thorndike라는 미국의 심리학자는 문제상자(puzzle box)라고 하는 특별히 고안된 장치 안에 배고픈 고양이 한 마리를 넣고 상자 바깥쪽에 먹이를 놓아 두었다. 여기서 배고픈 고양이가 해결해야 할 과제는 어떻게 상자로부터 빠져나가느냐 하는 것이었다. 문제상자는 빗장을 벗김으로써 문이 열리도록 되어 있었다. 상자 안에 갇힌 고양이는 상자 안을 돌아다니고 소리를 지르고 뒹굴고 뛰어오르다가 마침내는 우연히 빗장을 벗기는 올바른 반응을 하여 문을 열어 먹이를 얻게 된다.

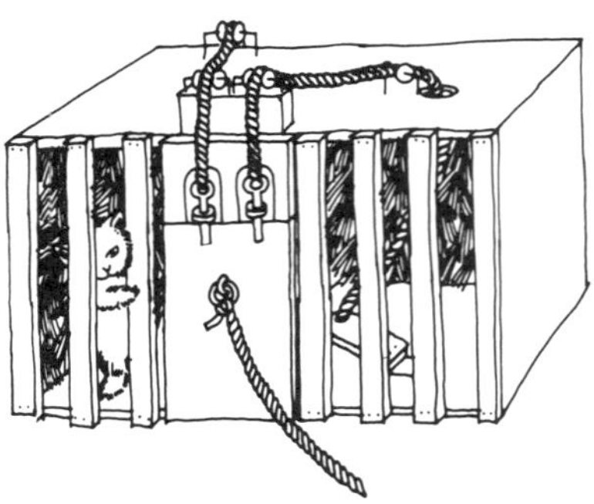

Thorndike의 문제상자

이어지는 시행들에서는 이전 시행에서 탈출해 나온 고양이가 상자 안에 다시 넣어졌다. 이 과정이 반복됨에 따라 고양이가 점점 더 빠른 시간 안에 빗장을 내리는 것이 관찰되었다. 즉, 고양이는 탈출에 바로 선행하는 반응과 탈출을 연합시킴으로써

[그림 4-9] SKinner와 그의 실험실
Skinner는 행동에 대한 실험과 분석을 통하여 학습원리의 연구와 그 실생활에의 적용에 많은 공헌을 하였다.

불필요한 행동을 점차 줄이고 올바른 반응에 접근해 갈 수 있게 된 것이다.

2) Skinner의 실험

도구적 학습의 특별한 형태인 작동적 조건형성실험이 B.F. Skinner에 의해 이루어졌다. 전형적인 실험절차에서 Skinner는 지렛대를 누를 때 먹이알이 떨어져 나올 수 있게 되어 있는 스키너 상자[그림 4-10]를 사용하였다.

이 상자에는 동물이 조작할 수 있는 지렛대와 먹이나 물을 공급할 수 있는 장치가 달려 있다. 배고픈 쥐가 상자 안에서 우연

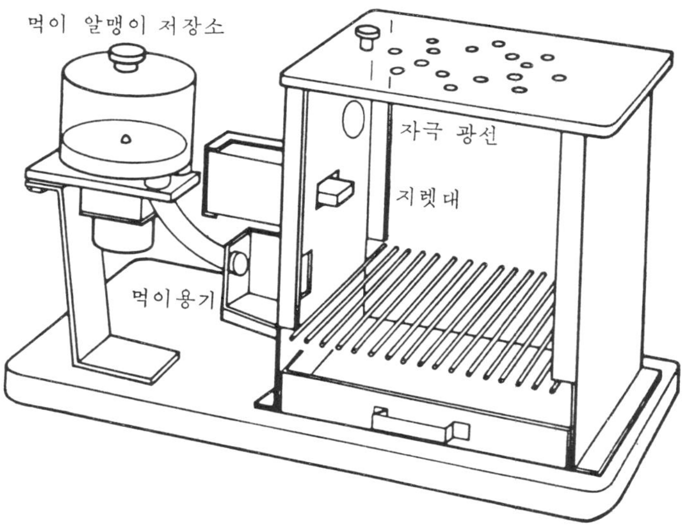

[그림 4-10] 스키너상자
쥐를 작동적으로 조건형성하는 데 사용되는 실험용 상자이다.

[그림 4-11] 반응누가 기록장치
(A) X축에 말린 종이는 Y축으로 이동되어 거기에 감긴다. 종이가 이동됨에 따라 고정된 펜은 직선을 긋는다. (B) 동물이 반응을 할 때마다 펜은 위로 올라간다. (C) 연속적으로 3회의 반응이 일어났음을 나타낸다. (D) 연속 7회의 반응. 처음보다 나중의 반응 속도가 더 빠르다는 것이 나타나 있다.

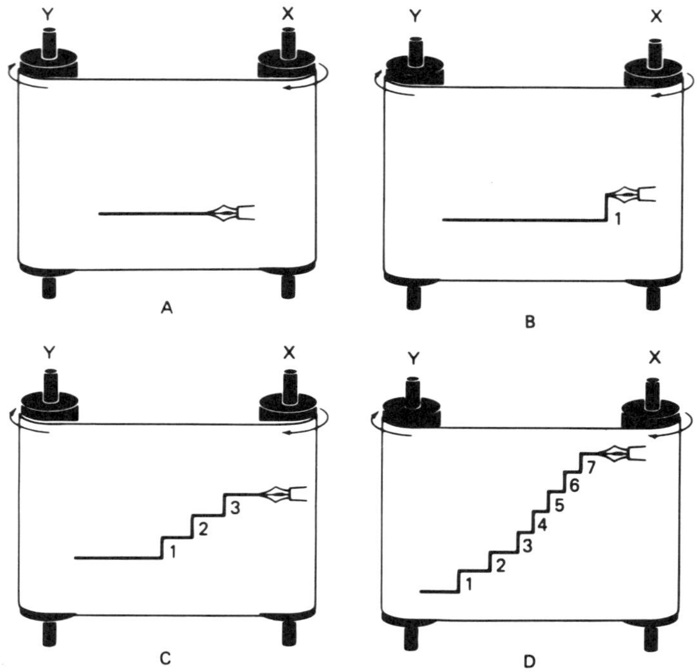

정적 강화: 비둘기가 전광판을 쪼거나, 쥐가 지렛대를 누르는 반응을 하면 먹이가 나오는 것은 정적강화의 예이다.

히 지렛대를 누르면 먹이알이 먹이컵 속에 떨어지게 되는데 일단 이러한 일이 일어나면 쥐는 지렛대를 누르는 것이 먹이를 제공한다는 것을 재빨리 학습하게 된다. 음식은 지렛대를 누르기와 우연히 연합된다. 지렛대를 누르지 않으면 음식도 나오지 않는다. 만일 쥐가 배고픈 상태에 있다면 그 쥐는 먹이를 얻기 위하여 곧 지렛대를 빈번히 누르게 될 것이다.

이 장치는 자동적이다. 먹이공급기에 지렛대가 연결되어 지렛대를 누르면 먹이알이 먹이공급기로부터 나오게 된다. 또한 지렛대가 눌려질 때마다 그에 연결된 펜이 움직여 연속적으로 돌아가는 종이 위에 기록된다[그림 4-11]. 이 종이는 일정한 속도로 움직인다. 동물이 반응을 할 때마다 펜은 위로 움직이고 따라서 반응에 대한 누가기록이 나오게 된다. 이것이 바로 도구적 조건형성의 기본측정치인 반응률의 기록방식이다.

3) 강화(reinforcement)

강화는 고전적 조건형성뿐 아니라 작동적 조건형성에도 매우 중요한 개념이다. 조건형성에서 강화되는 행동은 유지되고 강화되지 않는 행동은 사라지게 된다. 따라서 Skinner는 미래에 반응이 일어날 확률을 증가시키는 것이면 무엇이나 강화물이 될 수 있다고 하였다. 강화는 그 성질로 보아 정적(positive) 강화 및 부적(negative) 강화로 구분되며 강화의 힘을 획득하게 된 경로에 따라 일차 및 이차적 강화로 나뉜다.

(1) 강화의 유형

정적 강화, 부적 강화 및 처벌: 반응 후에 유쾌하거나 바람직한 긍정적인 자극을 주는 것을 정적 강화(positive reinforce-ment)라고 한다. 지렛대를 누른 쥐에게 먹이가 제공되는 것, 우는 아이가 우유병을 받게 되는 것, 열심히 공부한 학생이 좋은 성적을 받는 것 등은 모두 정적 강화가 일어난 것이므로 그 행동은 다시 일어나게 될 확률이 높다. 한편, 반응 후 고통스러운 부적 자극이 종료되는 것을 부적강화(negative reinforcement)라고 한다. 전기충격을 받은 쥐가 지렛대를 누르면 전기 충격이 종료되고, 밖이 시끄러울 때 창문을 닫는 행동은 소음이 더 이상 들리지 않게 해준다. 여기서 지렛대를 누른 행위와 창문을 닫는 행위는 전기충격, 소음과 같은 괴로운 자극을 멈추게 하는 역할을 한 것으로 특정한 행동들을 했을 때 괴로운 자극이 종료된다는 경험은 앞으로 이와 비슷한 상황에서 그와 같은 행위가 일어날 확률을 증가시킨다.

부적 강화는 어떤 반응에 대해 혐오자극을 제공하는 처벌(punishment)과는 구별된다. 부적 강화는 반응을 했을 때 혐오자극이 제거됨으로써 그 반응이 다시 발생할 확률을 높이는 역할을 하는 반면 처벌은 반응을 함으로써 혐오자극이 출현하여 그 반응이 다시 발생하게 될 확률을 낮추는 것을 의미한다.

정적 및 부적 강화와 처벌은 적절히 조합되면 교육효과를 높여준다. 부모들은 바람직한 행동에는 정적인 강화를 제공하여 그 행동을 격려해주며 바람직하지 못한 행동에는 처벌을 한다. 그렇지만 칭찬과 처벌은 교육효과에 있어서 약간 다른 가치를 갖는 것 같다. 대체로 칭찬은 칭찬받은 행동을 계속 유지하게 해줄 뿐 아니라 칭찬받은 사람에게 좋은 감정을 가져다 주는 이점을 갖는다. 반면에 처벌을 교육의 주된 수단으로 사용하는 경우 바람직하지 못한 행동이 처벌과 연합될 뿐 아니라 처벌한 사람과도 연합되어 상호간에 부정적 감정을 유발시킬 수 있다. 또한, 행동을 처벌하는 것은 그 행동의 출현을 방지하는 한정된 효과만을 갖는다. 그러므로 행동을 처벌하고자 할 때는 처벌의 대상이 행동한 사람이 아니라 행동 자체라는 것을 항상 분명히 하여야 하며, 처벌된 바람직하지 못한 행동 대신에 어떤 행동을 하여야 할 것인지에 대한 정보를 함께 제시하도록 노력해야 한다.

일차강화와 이차강화: 강화물에는 일차강화물(primary reinforcer)과 이차강화물(secondary reinforcer)이 있다. 일차강화물이란 음식, 갈증, 공기, 성욕과 같은 선천적 욕구를 만족시키는 자극이나 사건이다. 이와 더불어 통증이나 극단적인 소음, 추위 등도 선천적인 원인에 의한 부적 일차강화물이 된다. 이차강화물은 개인이 경험을 통해 그 자극이 정적 또는 부적 결과와 연합된다는 것을 학습한 자극이다. 이것들은 사회나 세상에서 우리의 욕구를 만족시키기 위해서 중요하다고 생각하도록 가르쳐진 것들이다. 일차적 강화와 정기적으로 연합된 자극은 어느 것이든 그 자체가 강화력을 가질 수 있다.

이차적 강화: 침팬지가 토큰을 사용해서 땅콩이나 바나나를 사는 장면. 작동적 조건형성을 통해서 이 침팬지는 먹을 수 없는 것에 가치를 부여하게 되었다.

고전적 조건형성절차에서 음식과 빈번히 연합되는 종소리는 그 자체가 침분비를 유발할 수 있게 된다. 따라서 불빛 등의 다른 자극에 대해 고차 조건형성을 하고자 할 때 음식 같은 일차강화물 대신 이전에 학습한 종소리를 제공하는 것이 침분비반응을 유발시키면 그 동물은 이차적으로 강화된 것이다. 작동적 조건형성에서 일차강화물과 연합되어 강화의 힘을 얻은 자극은 동물에게 특정한 행동을 하도록 가르치는 데 사용될 수 있다. 소리가 날 때마다 지렛대를 눌러 음식을 얻도록 학습한 쥐는 소리가 나기만 하면 음식이 나오지 않더라도 지렛대 누르기를 계속한다.

이차강화는 인간의 행동에서 중요한 역할을 한다. 유아들은 어머니가 나타날 때마다 배고픔, 추위, 불쾌함이 사라지게 되는 것을 경험함에 따라 어머니 얼굴을 음식, 따뜻함, 편안함과 같은 욕구의 만족과 연합시키는 것을 학습한다. 그 결과, 유아에게 있어서 어머니 얼굴 자체가 강화물이 되는데 그들은 곧잘 울다가도 어머니만 나타나면 울음을 그치고 만족스러워 하며, 어머니 곁에 있기 위해 온 집안을 기어 돌아다닌다. 아이들은 또한 칭찬이 일차적 강화물과 빈번히 연관된다는 것을 학습하고 칭찬을 듣기 위한 행동을 하는데 이 또한 일차적 보상이 주어지지 않아도 계속된다. 이러한 것은 성인들에게 있어서도 마찬가지인 것 같다. 자본주의 사회에서 가장 중요시되는 것들 중의 하나인 금전은 이차적 강화물의 일종이다.

(2) 강화계획

원하는 행동을 적절히 유지하기 위해서 강화는 얼마나 자주

주어져야 하는가? 월급과 주급 중 어느것이 직무를 효율적으로 강화할까? 언제 강화받는지를 아는 것과 언제 강화받을지를 모르는 것 중 어느것이 더 효과적일까?

강화는 어떤 계획에 따라 주어지게 된다. 기본적 강화계획은 강화가 주어지는 시간간격에 따라, 그리고 주어지는 강화의 양에 따라 고정간격계획, 변화간격계획, 고정비율계획 및 변화비율계획의 네 가지로 나뉘어진다[그림 4-12, 13, 14, 15].

고정간격계획(fixed interval schedule): 고정간격강화계획에서 강화는 일정한 시간간격이 지난 후마다 주어진다. 월급은 고정간격강화계획의 대표적인 예이다. 이 계획하에서 강화가 주어지려면 피험자가 열심히 일을 하든 조금밖에 하지 않든간에 일정한 시간이 흘러야만 한다. 이런 상황하에서 피험자들은 일정한 시간이 지나갔을 때 반응하는 것을 배운다. 따라서 그들의 반응률은 강화받을 시기가 가까워질수록 증가하기 시작하고 반응 직후에는 최저가 된다. 이를 고정간격(scallop)현상이라 한다. 학생들은 종종 이런 식으로 행동한다. 그들의 공부량은 시험이 끝난 직후엔 급격히 감소하다가 다음 시험이 다가옴에 따라 증가하게 된다.

월급은 고정간격 강화의 대표적인 예이다.

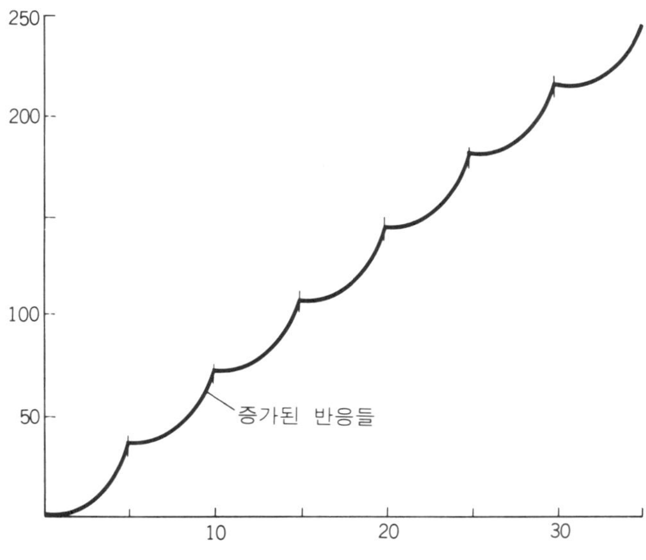

[그림 4-12] 고정간격 강화계획의 그래프
5분마다 한 번씩 강화가 주어진다. 강화 후 휴식현상이 현저하다. 또한 반응율은 각 간격이 끝나감에 따라 증가한다.

변화간격계획(variable interval schedule): 변화간격계획하에서 동물들은 일정치 않은 시간간격을 두고 강화를 받게 된다. 그러나, 이 계획 전체를 통해서 볼 때 강화가 주어지는 시간간격의 평균은 항상 일정하게 정해진다. 피험자들은 비교적 일정하게 높은 비율로 반응하며 고정간격계획에서 나타나는 scallop현상은 보이지 않는다. 그러나 강화의 제시가 반응 행동보다 시간에 따라 변화하므로 반응속도는 비교적 느리다.

고정비율계획(fixed ratio schedule): 간격계획이 시간과 관련이 있었던데 비해 비율계획은 반응결과와 관련을 갖는다. 고정비율계획에서는 동물이 일정반응수에 도달하게 되면 강화가 주어진다. 예를 들면, 스키너상자 안의 쥐는 다섯 번 지렛대

[그림 4-13] 변화간격계획의 그래프
강화는 평균 3분에 한 번씩 주어진다.

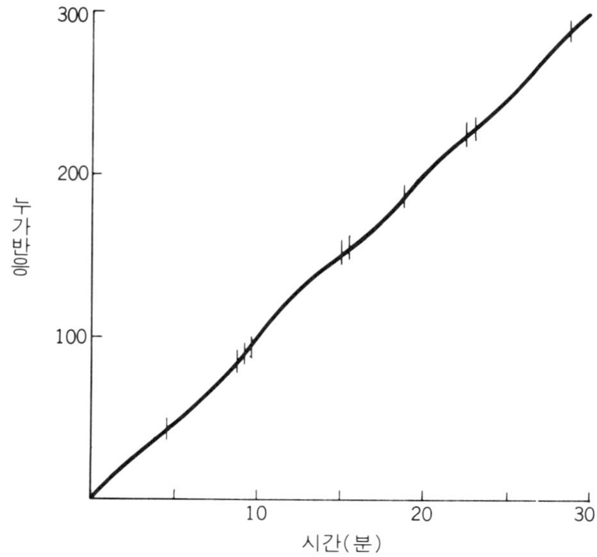

[그림 4-14] 고정비율계획의 그래프
100번씩의 반응 후에 강화가 한 번 주어진다. 따라서 이 기록에서는 30분간 600회의 반응이 이루어졌다.

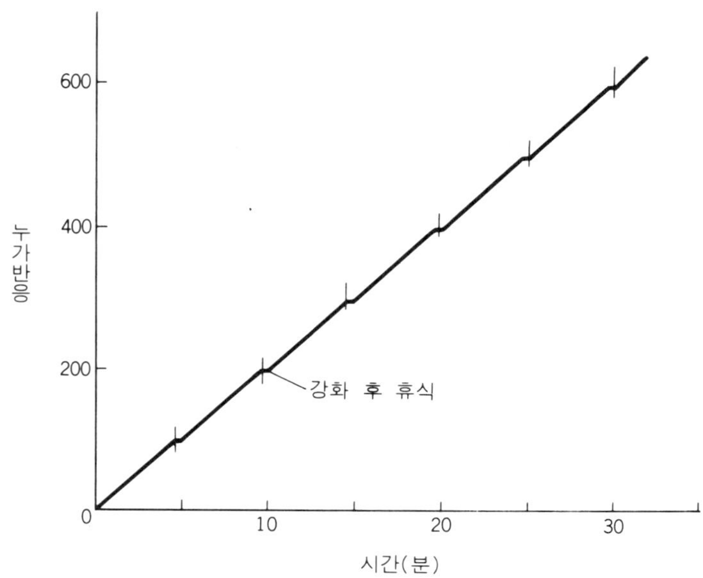

를 누른 뒤에는 어김없이 한번씩 강화를 받게 된다. 그 쥐는 열심히 일하면 정규적으로 보상이 뒤따른다는 것을 학습하기 때문에 빠르고 일정한 속도로 반응한다.

복권당첨은 변화비율간격 강화이다.

변화비율계획(variable ratio schedule): 변화비율계획에서 동물은 한번의 보상을 받기 위해서 특정 수의 반응을 해야 하나 그 수는 강화제시 때마다 달라진다. 그러나 여기서 보상을 받기 위해 요구되는 평균반응수는 항상 일정하다. 예를 들어 3이 나올 때마다 강화를 받는다고 하자. 3은 주사위를 한 번 던진 후에, 또는 네 번 던진 후에, 또는 30번 던진 후에도 나올 수 있으나 전체적으로 볼 때 3이 나올 확률은 6번 중의 1번(6분의 1)이다. 이렇게 언제 강화받을지를 모르는 상황에서 효과적으로 보상을 받기 위해서 피험자는 반응을 많이 해야 한다. 변화비율계획에서 훈련받은 행동은 빨리 습득되고 높은 비율로 오래 유지되는 경향이 있다.

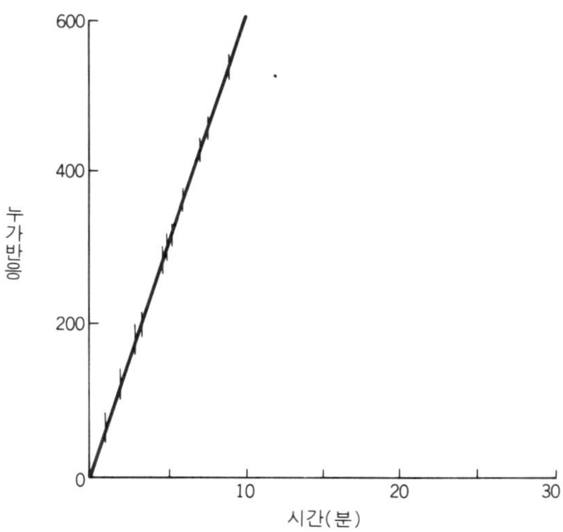

[그림 4-15] 변화비율계획의 그래프
강화는 간헐적이지만 평균 60회마다 한 번꼴로 주어진다. 반응율은 10분에 600회로써 매우 높게 나타나고 있다. 이 계획하에서 피험자는 쉼없이 반응을 계속하는 것을 볼 수 있으므로 이 계획은 반응을 강하게 지속적으로 유지시키는 데 가장 효과적이다.

(3) 강화이론들

작동적 조건형성에서 강화가 매우 중요한 위치를 차지하고 있다는 것은 놀랄 만한 일이 못된다. 다양한 유형의 강화들은 학습에 꽤 직접적인 효과를 지니고 있는 것 같다. 하지만, 무엇이 사건들을 정적 또는 부적으로 강화하게 되는지에 대해서는 아직 결정적인 해답이 없다. 가장 단순한 견해의 하나는 추동감소이론(Hull, 1943; Miller, 1959)이다. 이 입장은 생리적 욕구는 대체로 추동(drive)이라 불리우는 내적 흥분상태를 산출한다는 생각에 기초하고 있는데 이 견해에 의하면 유기체의 추동(생리적 욕구)을 감소시키는 것은 어느 것이나 정적 강화물이 된다.

실제로 많은 강화물들은 욕구를 감소시켜 주며 많은 경우에 있어 욕구감소는 반응을 강화시키는 것 같다. 그러나 때때로 우리는 욕구가 고양될 때도 강화를 받는다. 쥐들은 배고픔을 줄이는데 아무런 기여도 할 수 없는 사카린 용액을 마시기 위해 지렛대를 누르는 학습을 한다. 비둘기들은 단순히 불을 끄거나 켜기 위해 판을 쫄 것이다. 사람들은 도색영화가 성욕을 감소시키기보다는 증가시키는데도 돈을 내고 영화관을 찾아간다. 이러한 증거들은 강화를 생리적 또는 유전적으로 결정된 것으로 보려는 초기의 강화이론들의 입장을 약화시켜 놓았다. 그 이후에 강화가 어느 정도 상황에 따라 달라질 수도 있다는 입장이 대두하였다.

Premack(1965)은 강화되는 반응보다 더 선호되는 행동이면 어느 것이든 강화물이 될 수 있다는 것을 시사하였다. 두 반응들 중 일어날 확률이 더 높은 반응(따라서 더 선호되는 행동)은 일어날 확률이 더 낮은 반응을 강화할 것이다. 목마른 개는 물을 얻기 위하여 미로를 달릴 것이다(이 때는 물이 강화물이다). 그러나 수일간 갇혀 있었던 개를 물 마신 뒤에만 잠깐씩 풀어놓아 준다면, 이 개는 우리에서 풀려나기 위해 물 마시는 행동이 증가될 것이다. 산수공부보다 피아노 치기를 좋아하는 어린이에게는 산수공부 후에 피아노를 칠 수 있게 해 줌으로써 산수공부하기를 강화해 줄 수 있는가 하면, 산수공부를 좋아하는 아이에게는 산수공부를 강화물로 이용하여 피아노 연습을 강화시킬 수 있다.

4) 작동적 조건형성의 현상들

(1) 소거(extinction)

고전적 조건형성에서와 같이 작동적 조건형성에서 조건형성된 반응은 강화물을 제거함으로써 소거된다. 그리고 이러한 강화 중지가 유지됨에 따라 피험자는 점점 더 낮은 빈도로 반응해 가다가 마침내는 반응을 중지하게 된다.

스키너 상자에서 지렛대를 누르는 쥐에 대한 먹이공급을 중단하면 쥐의 지렛대 누르기 반응은 소거되고 조건형성의 강도도 감소될 것이다. 소거의 속도는 강화시행수, 반응유형, 특정상황, 그리고 동물의 종류 등의 여러 요인에 따라 변화한다. 일반적으로 매 시행마다 강화(연속적 강화)를 받아온 반응은 강화가 주어지지 않으면 곧 사라진다. 그러나 여러 시행에서 한 번씩만 강화(부분적 강화)를 받아온 반응은 강화가 주어지지 않아도 꽤 오랫동안 유지된다. 이것을 부분강화효과(partial reinforcement effect)라 하며 이 현상은 실생활에서 사람들이 왜 복권을 사고 노름에 빠지는지를 그럴 듯하게 설명해준다.

(2) 조형(shaping)

조형이란 실험자가 반응의 계열을 조건형성하여 최종적으로 동물이 하기를 바라는 반응에 점차적으로 근접해 가도록 하는 것이다. 실험자는 쥐로 하여금 지렛대를 누르는 반응을 하도록 하기 위해서 조형의 기술을 사용할 수 있다. 첫 단계에서 실험자는 쥐가 지렛대 근처에 오기만 해도 먹이를 준다. 둘째 단계에서는 쥐가 지렛대 근처에 와서 지렛대를 건드리는 행동까지 했을 때에 먹이를 준다. 셋째 단계에서는 쥐가 지렛대를 누르는 올바른 반응을 했을 때만 먹이를 준다.

이러한 기술을 사용하면 동물이 정상적으로 하지 않는 행동까지 학습시키는 것이 가능하다. 우리는 서커스 등에서 이런 방법으로 훈련시킨 비둘기가 춤을 추고, 돌고래가 공을 던지고, 곰이 자전거를 타는 재주를 볼 수 있다. 조형기술을 인간에게 적용해 보려는 시도들도 있다. 농아에게 말하기를 가르칠 때 처음에는 정상적 발음과 약간만 닮아도 강화를 주고, 그것이 학습된 후에는 정상에 좀더 가까운 반응에 강화를 주는 식으로 하여 그가 완벽한 발음을 구사하도록 학습시킬 수 있다. 이 방법은 정신병원에서 우울증 환자들의 행동치료에도 이용되고 있다.

조형을 통한 돌고래 훈련

(3) 자극 일반화와 변별

자극 일반화는 고전적 조건형성뿐 아니라 작동적 조건형성에서도 나타난다. 붉은 등을 켰을 때 판을 쪼면 강화를 주고, 붉은 등이 꺼졌을 때 판을 쪼면 강화를 받지 않는 비둘기는 붉은 등이 들어올 때만 반응하는 것을 학습하게 된다. 이것이 잘 훈련된 후에 붉은 등과 유사한 다른 등을 켜 줄 때에도 비둘기가 판을 쪼는 행동이 관찰된다(자극 일반화).

변별 조건형성 절차에서는 붉은 등이 있느냐 없느냐와 같은 자극의 존재유무에 대한 구별이 아니라 붉은 등이냐 푸른 등이냐와 같은 자극의 종류에 대한 구별을 요구한다. 예를 들면 비둘기는 붉은 등(S)이 켜 있을 때 판을 쪼면 강화를 받고 푸른 등(S^D)이 켜 있을 때 판을 쪼면 강화되지 않는다.

자극변별
원하는 반응에만 강화를 줌으로서 비둘기로 하여금 색을 변별하게 할 수 있다.

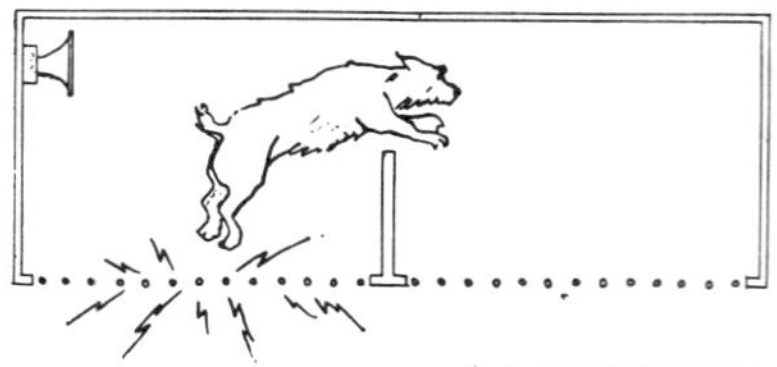

(a) 도피조건형성

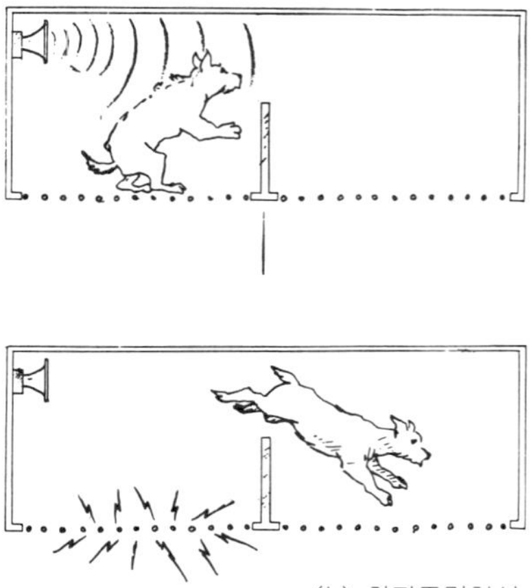

(b) 회피조건형성

왕복 상자

미신행동

(4) 도피 및 회피조건형성

작동적 조건형성의 한 형태로서 피험자는 고통스럽고 불쾌한 자극을 종식시키는 도피반응을 학습할 수 있다. 스키너상자의 바닥에 깔린 금속 막대가 주는 전기적 충격은 쥐가 반응해야 할 혐오자극이 된다. 전기충격이 일어났을 때 그 쥐는 소리를 지르고 달리고 뛰어오르거나 몸을 움츠리는 등 몇 가지 방식으로 반응할 것이다. 전기충격은 그 쥐가 상자벽에 있는 지렛대를 누를 때까지 계속된다. 지렛대가 눌려지면 전기 충격은 중지된다. 이러한 상황에서 쥐는 전기충격이라는 부적 자극이 주어질 때 지렛대를 누름으로써 도피할 수 있다는 것을 학습하게 된다.

회피조건형성 상황에서는 두 유형의 자극이 있다. 불빛이나 부저(buzzer)소리 같은 경고자극이 미리 제시된 뒤 전기충격같은 혐오 자극이 나타난다. 쥐는 도피조건형성에서와 마찬가지로 전기충격을 종료시키기 위해 지렛대를 누르는 것을 학습한다. 몇 번의 시행이 지난 후 피험자는 경고신호가 나타났을 때 지렛대를 눌러 전기충격을 없애는 것을 학습한다.

도피 및 회피 조건형성을 연구하는 전형적인 장치는 왕복상자(shuttle box)라고 불리우는 것이다. 이 장치 역시 스키너 상자와 마찬가지로 전기충격 같은 부적강화를 사용할 수 있도록 전기도선이 바닥에 깔려 있으며 상자는 뛰어넘을 수 있는 장애물을 사이에 두고 두 칸으로 나뉘어져 있다. 동물이 있는 칸에 전기충격이 주어지면 그 동물은 중간 장애물을 뛰어 넘어 다른 쪽 칸으로 감으로써 전기충격으로부터 피할 수 있다. 상자벽에는 불빛이나 경고음을 내는 장치가 설치되어 있어서 회피조건형성시에 경고신호로 미리 제시되게 한다.

(5) 미신행동(superstitious behavior)

앞에서 살펴보았듯이 강화가 뒤따르는 행동은 학습될 확률이 높다. 앞발을 들 때마다 강화받은 쥐는 앞발을 드는 행동을 학습할 것이다. 그러나 어떤 경우에서든 강화가 주어지기전에는 수많은 행동들이 있게 마련이다. 실제로 실험자는 쥐가 앞발을 드는 행동에만 강화를 주고 있었다고 하더라도 처음에 쥐는 그 행동이 강화받는다는 것을 알 수 없다. 따라서 보상은 이 쥐가 강화 이전에 한 일련의 행동계열 전체를 똑같이 강화할 수 있다. 만일 쥐가 우연히 한 번 구르고 난 후 앞발을 들었을 때 먹이를 제공받았고 그런 일이 몇 번 계속되었다면 쥐는 지렛대 누르기 뿐 아니라 구르는 반응까지를 보상과 연합할 것이다. 그래서 먹이를 얻고 싶을 때마다 쥐는 구르는 반응을 계속하게 될 것이다.

이처럼 보상과 아무런 관련이 없으면서 완전히 우연히 한 어떤 행동이 강화에 선행한 경우 그 행동은 고정적으로 계속되려는 경향을 나타내는데 그와 같은 행동을 미신행동이라고 한다. 실생활에서 우리는 이러한 예를 많이 찾아볼 수 있다. 우연히 부적을 지니고 시험장에 가서 시험에 붙은 사람은 다음에 시험이 있을 때면 다시 부적을 사용하려는 경향을 보인다.

5) 작동적 조건형성의 적용

지금까지 살펴본 바와 같이 작동적 조건형성의 여러 현상들은 실로 다양한 범위의 행동들과 관련을 맺고 있다. 그런데 이 같은 원리는 실생활에서는 어떻게 적용될 수 있을까? Skinner는 실험실에서 얻어진 학습원리를 실제장면에 적극적으로 도입하려던 학자들 중의 하나이다. 그는 프로그램 교수법이라 불리우는 학습방법을 학생들의 수업장면에 적용하였다. 프로그램 교수법에서는 학생들이 배워야 할 항목들이 사전에 주의깊게 계획되어 순서대로 제시된다. 학생이 학습한 교과서 내용에 대해 어떤 반응을 하고 나면 방금 한 각 반응에 대해서 즉각적인 강화가 주어지게 된다. 다음 단계에서 학생은 자신이 한 반응정도에 기초하여 선정된 항목을 학습하여 학습자 자신의 속도에 맞추어 학습을 진행해간다. 이 방법하에서 학생들이 제시받는 자극들은 쉬운 것에서부터 점차적으로 복잡하고 어려운 것으로 접근해간다. Skinner(1958)는 이러한 학습기계를 보급하여 학교장면에 도입하려 애썼으나 이러한 프로그램 교수법은 전통적 교수방법보다 더 나은 것으로 평가받지는 못했다.

하지만 임상장면에 있어서 행동조형의 원리는 심리장애, 부적응, 신경증 치료 등에 널리 이용되고 있다. 대표적인 행동 치료방법으로 간주되는 체계적 둔감화(systematic desensitization) 기법은 불안이나 공포증을 치료하는 데 효과적인 방법이다. 이 방법에서는 Albert의 예에서 언급된 것처럼 공포를 과거경험에 의해 조건형성된 정서의 하나로 간주한다. 그러므로 공포증은 두려움을 일으키는 대상과의 역조건형성(counter conditioning)을 통해 제거될 수 있다고 본다. 역조건형성이란 공포반응 등 우리가 제거하려는 반응을 그것과 양립할 수 없는 반응에 조건형성시키는 것을 말하며 공포증의 경우에는 이미 공포증과 연합되어 있는 대상을 정적 자극과 체계적으로 연합시킴으로써

학습기계

공포증을 둔화시키는 방법이 사용된다.

3. 고전적 및 작동적 조건형성의 비교

고전적 및 작동적 조건형성은 그 절차에 의해 구별될 수 있다. 고전적 조건형성에서는 피험자가 반응을 하느냐와는 상관없이 조건자극의 출현과 관련지어 강화가 주어지지만 작동적 조건형성에서는 유기체가 올바른 반응을 했을 때만 강화가 주어진다. 그러나 이 두 가지 조건형성은 기본과정이나 현상에 있어서 유사점을 공유한다. 즉, 두 조건형성은 결정적 사건의 출현 여부와 그 사건들이 어떤 계열을 이루는가에 의존하고 있다.

고전적 조건형성에서 조건자극은 무조건자극에 선행하거나 그와 동시에 제시되며 무조건자극에 의해 조건형성이 일어나게 된다. 작동적 조건형성에서는 행동에 강화가 수반되어 계열을 이룬다. 두 상황 모두에서 사건의 계열을 변화시키면 조건형성이 저지되고 무조건자극(또는 강화물)을 제거하면 소거가 일어난다. 두 종류의 학습 모두에서 고차 조건형성이 일어나 이전에 중립적이었던 자극이 새로운 학습을 일으킬 수 있다. 이외에도 고전적 조건형성 및 작동적 조건형성은 앞에서 살펴본 바와 같은 자극일반화와 변별이라는 기본현상을 나타낸다.

그러나 많은 연구자들은 고전적 조건형성과 작동적 조건형성의 차이점을 부가시키려고 시도했는데 그 시도들 중의 하나가 반응적인 측면에서의 구분이다. 그들에 따르면 고전적 조건형성에서는 반응이 자극에 의해 반사적으로 유발되는 형태인 반면 작동적 조건형성에서는 유기체가 외부에 대해 스스로 동작(작동)하는 반응이 관련된다. 특히 Skinner 등은 고전적 조건형성에서 나타나는 반사들이 침 분비, 눈 깜박임, 땀 분비 등과 같이 생리적 수준에서 나타나는 비자발적 반사인데 비해 작동적 조건형성에서는 지렛대 누르기, 쪼기, 줄 당기기, 바퀴 돌리기 등의 자발적 · 수의적 반응행동이라고 하였다.

그러나 Fowler와 Kimmel(1962)은 피험자가 손바닥에 땀 분비량을 증가시켰을 때마다 불빛을 비추는 강화를 줌으로써 땀 분비량의 증감을 작동적으로 조건형성시켰는데 이같은 현상은 침 분비, 심장 박동률, 혈압조절과 같은 자율신경계통에 대한 훈련에서도 발견되었다. 실생활에서는 어린이의 소변 가리기 훈련 및 애완동물 길들이기 등에 작동적 조건형성이 적용되는데 이러한 증거들은 두 가지 조건형성을 반응으로 구분하는 것이 적합치 않음을 보여준다.

Ⅲ. 인지학습(cognitive learning)

이상에서 살펴본 연합학습은 행동주의자들이라 불리우는 일단의 학파에 의해서 주로 연구되어 왔다. 이들은 자극과 반응 사이를 매개하는 유기체의 내적 상태를 무시하지는 않았지만 인간에 대한 연구가 과학적인 것이 되기 위해서는 엄격하게 관찰 가능한 외적 행동만을 그 연구대상으로 삼아야 한다고 보았다. 반면에 인지 심리학자들은 유기체 내부에서 일어나는 사건에 관심을 두고 자극과 반응 사이를 매개하는 과정을 연구하고자 한다. 이러한 입장은 형태주의 학파의 견해를 계승한 것으로 인간을 외부자극에 대한 수동적인 반응자로 간주하는 행동주의에 반대하는 것이다.

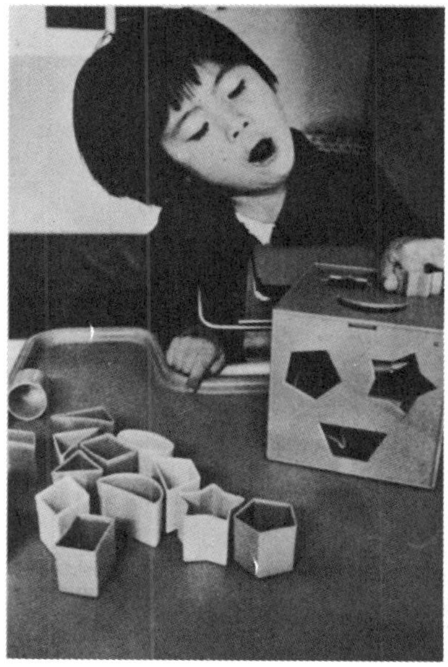

인지학습

아동들은 시행착오과정을 거치지 않고 비교·분석의 인지능력을 사용하여 문제를 해결한다.

1. 잠재학습(latent learning)

오랫동안 사람들은 동물이 새로운 행동을 습득하는 것 이상의 것을 학습할 수 없다고 믿어왔다. Hull, Skinner 등을 비롯한 행동주의 심리학자들은 불이 켜질 때마다 판을 쪼는 비둘기는 단지 판 쪼는 행동만을 학습할 뿐이지 판 쪼기를 함으로써 음식이 나오리라는 기대를 하는 것은 아니라고 생각하였다.

그러나 Tolman과 Honzik(1930)가 실행한 실험은 이러한 생각에 수정을 가하도록 만들었다. 그들은 세 집단의 쥐들에게 복잡한 미로를 달려 올바른 목표상자에 도달하는 것을 학습시켰다. 한 집단의 쥐에게는 목표상자에 도달할 때마다 음식(강화)을 주었다. 두번째 집단에게는 처음 10일의 훈련기간 동안은 아무런 보상도 주지 않았으나 11번째 시행부터는 목표상자에 도달하면 음식으로 보상을 하였다. [그림 4-16]에 나타난 바와 마찬가지로 처음에는 높았던 두번째 쥐집단의 오류가 11번째 시행부터 갑작스레 떨어지는 현상이 나타났다.

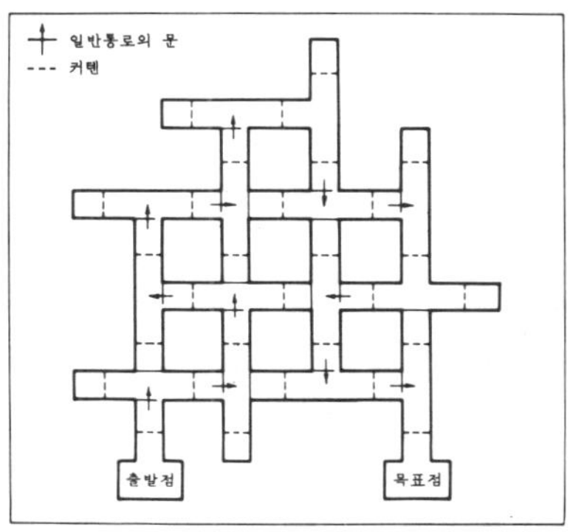

Tolman의 미로
(Tolman & Honzik, 1930)

이 현상은 쥐가 보상없던 처음 10일 동안에도 그 미로의 공간적 배열을 학습했음을 의미한다. 이들은 이 쥐들이 잠재학습(latent learning)을 하였다고 주장하였다. 즉, 쥐들은 미로에 대한 인지도(cognitive map)를 가지고 있었으나 보상이 없으므로 이를 활용하지 않다가 강화가 주어질 때 비로소 행동을 바꾼 것

[그림 4-16] 잠재학습의 효과
(Tolman & Honzik, 1930)

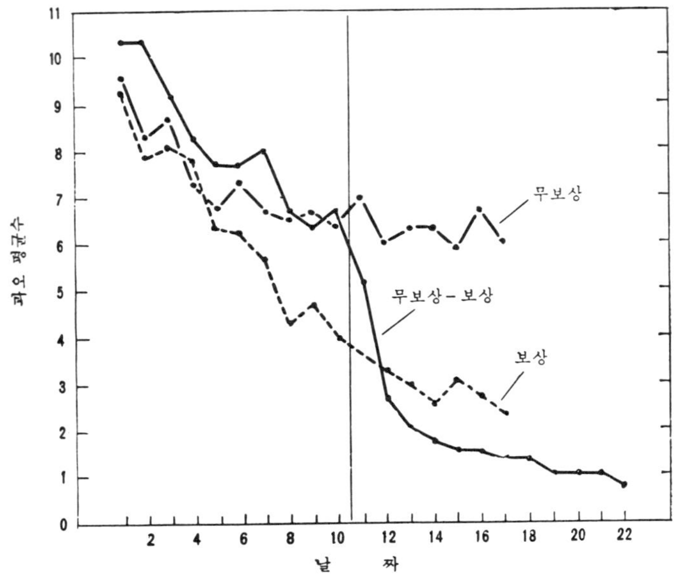

"이봐 자네 신참인가 본데, 아무리 헤매봐도 빵부스러기 몇 조각뿐이라구. 할 일 없으면 잠이나 자둬."

으로 볼 수 있다.

2. 대체실험(substitution experiment)

앞에서 설명된 잠재학습실험의 결과는 동물이 사건과 사건들의 단순한 연합에 의해 새로운 행동을 학습하는 것은 아니라는 것, 즉 동물은 자신의 행동이 가져올 결과에 대한 기대(expectation)를 학습하는 것임을 시사해준다. 비록 모든 학자들이 동의하고 있는 것은 아니지만, 어떤 상황에서 동물들은 요구되는 행동 이상의 것을 학습하는 것 같다.

Tinklepaugh(1928)는 배고픈 원숭이들에게 두 개의 바구니 중 한 바구니 밑에 먹이를 넣는 것을 보여주고 그 원숭이들로 하여금 먹이가 든 바구니를 찾게 하는 실험을 하였다. 이 실험에서 원숭이들은 그들이 좋아하는 바나나를 보상으로 줄 때 뿐 아니라 덜 좋아하는 상치를 주는 경우에도 이 과제를 잘 수행하였다.

그런데 첫 단계에서 바구니 속에 바나나를 넣는 것을 보여 주고 난 뒤 원숭이 몰래 바나나를 상추로 바꾸면 어떻게 될까? 만일 원숭이가 단지 그 행동이 강화되었기 때문에 옳은 바구니를 들어 올리는 것이었다면 먹이의 대치는 원숭이에게 별 영향을 미치지 않을 것이다. 그러나 실험을 실시한 결과 재미있는 현상이 나타났다. 올바른 바구니를 집어 올렸을 때 바나나 대신 상추가 있는 것을 발견한 원숭이는 배가 고팠지만 그것을 잡으려 하지 않고 바나나를 찾아내려는 행동을 보였으며 심한 분노를 표현했다.

3. 통찰학습(insightful learning)

자극에 대한 유기체의 능동적인 재구성 과정을 강조하는 인지심리학자들은 문제에 대한 지각이 갑자기 바뀌게 되는 통찰(insight)의 중요성을 강조하였다. 우리는 누구나 해결할 수 없을 것 같아 보이는 문제에 당면할 때가 있다. 그럴 때에 그 문제에 대해 골똘히 생각해보는 것은 문제해결에 아무런 진전도 가져다주지 않는 것 같다. 문제의 해결은 한참 동안 이리저리 궁리하는 중 갑작스럽게 일어난다. 그런데, 이러한 진전없는 기간 동안에는 과연 무슨 일이 있었을까? 행동이 일어나지 않았다는 것은 학습도 일어나지 않았다는 것일까?

Kohler(1925)의 고전적 실험에서는 우리 안에 침팬지를 넣고 팔이 닿지 못하는 거리에 음식을 놓아두었다. 우리 근처 바깥쪽

[그림 4-17] 원숭이의 통찰학습

과 우리 안쪽에는 막대들이 흩어져 있었다. 침팬지는 우리 밖에 음식이 놓여지자마자 음식에 접근하려고 애를 썼다. 그러나 음식에 가까이 갈 수 없다는 것을 알게 되자 좌절하고 화를 내다가 체념을 하였다. 그러나 침팬지가 주위의 상황을 지각적으로 재조직하는 어떤 순간, 그 음식에 어떻게 도달할 것인가에 대한 통찰이 일어났다. 즉, 침팬지는 갑자기 손이 닿는 곳에 있는 막대들부터 끌어당기고 그 다음엔 그것을 이용해 음식을 끌어당기는 행동을 하였다. 이와 마찬가지로 침팬지는 시행착오(trial and error)에 의하기보다는 통찰학습에 의해 주변에 있는 몇 개의 통들을 쌓아올려 그 위에 올라감으로써 천장에 매달린 바나나를 따먹는다.

인간학습에 있어서 통찰은 종종 개인이 가지고 있는 기존정보를 조합하고 조직화하는 데서 비롯된다. 학생들은 어려운 수학 문제를 풀 때 이미 가지고 있는 수학공식을 복잡한 문제의 계산에 적용한다. 새로운 것을 발명해내는 발명가들은 이러한 통찰력을 특히 많이 이용한다.

Albert Bandura

4. 관찰학습(observational learning)

지금까지 우리가 살펴본 바와 같이 유기체의 내적·능동적 인지과정(cognitive process)을 중시하는 인지학습의 또다른 형태로서 관찰학습을 들 수 있다. 우리는 종종 조건자극을 무조건자극과 연합시키지 않고서도, 다시 말해서 특정행동에 대해 강화를 받지 않은 채로 다른 사람의 행동을 단순히 관찰함으로써 학습할 수 있다. 이러한 학습형태를 관찰학습(observational learning) 또는 대리적 학습(vicarious learning)이라고 한다.

Bandura 등(1963)은 학습에서 모방의 역할을 알아보기 위해 실험하였다. 이 실험에서는 어린이들에게 어른들이 공격적 또는 비공격적으로 행동하는 영화를 보여주었다. 영화 속에서 어른은 소리를 지르면서 인형을 발로 찼다. 후에, 어린이들이 같은 방에서 놀이를 하도록 허용되었을 때 공격적인 모델을 본 아이들은 다른 아이들보다 훨씬 더 공격적인 행동을 하였다. 일상생활에서 모방에 의한 학습은 매우 일반화되어 있다. 어린이는 자신이 비록 아무런 강화도 받지 못할 때라도, 다른 사람이 어떤 그릇 속에 숨겨진 과자를 꺼내는 것을 보고 그 그릇을 찾아가는 것을 배운다. 또한 그들은 자기 형이 던진 공이 남의 집 유리창을 깨 어머니께 혼나는 것을 보고 집 마당에서는 야구놀

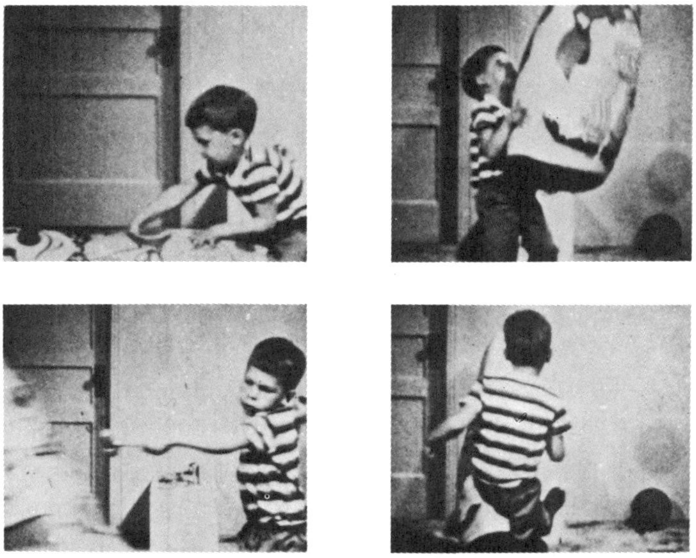

[그림 4-18] 공격적 행동의 모방
어른이 공격적으로 행동하는 것을 본 어린이는 그들과 똑같이 행동하려 하였다(Bandura, Ross & Ross, 1961에서 인용).

이를 하지 않는 것을 학습한다. 이처럼 어린이들은 다양한 습관과 가치를 부모나 동료들의 행동으로부터 습득하고 그것을 그대로 반복한다.

관찰학습은 정보적 기능을 가지는 학습형태로서 그것이 우리에게 주는 이점은 지대하다. 작동적 조건형성은 강력한 효과를 가지고 있기는 하지만 그 학습을 위해서 몇 번 이상의 시행이 항상 선행되어야 한다. 그러나 관찰학습에서 학습은 빠르고 쉽다. 세상의 부모들이 자식들에게 말하기를 가르칠 때 작동적 조건형성을 사용한다면 그 과정은 얼마나 길고 고될 것인가? 다행히 유아들은 모방을 통해서 부모들이 말하는 수많은 단어들을 정확하게 습득해 간다. 또한 관찰학습은 모든 행동을 자신이 직접 해보지 않고서도 학습할 수 있게 해줌으로써 불필요한 노력과 수고와 위험부담으로부터 우리를 구해준다.

낙서하는 것을 배우는 데 아무런 강화를 받지 못하는데도 어린이는 벽에 낙서하는 것을 배운다.

전통적인 학습원리로 설명할 수 없는 특수 학습의 예

전통적인 학습이론에 따르면 학습은 자극들간에 또는 자극과 반응간에 단순한 연합을 수반하며, 복잡한 행동은 단순 요소들간의 결합으로 이해될 수 있다. 학습은 또한 외부적 환경에 의해 결정되며, 학습원리는 종(種)과 상황의 한계를 뛰어 넘어 적용될 수 있다. 하지만 어떤 연구들에 따르면 종 특유하거나 상황 특유한 학습원리들이 많이 보고되고 있다.

이와 같이 전통적인 학습원리로 설명할 수 없는 특수 학습의 예를 들면 다음과 같다.

다양한 새들이 자기 종의 특징적인 지저귐을 발달시키는 방법을 생각해 보자. 북미산 흰관 참새(white-crowned sparrow)를 관찰한 연구를 살펴보면, 정상적인 과정을 통해 숫 흰관 참새는 길고 정교한 소리를 내게 되는데, 지저귐의 특성이 지방에 따라 달라 특정 환경에만 국한된 별난 특성이 있다. 성장중에 있는 흰관 참새는 이런 지방특성에 따른 특정 사투리를 학습하게 되는데 흰관 참새가 이를 학습하려면 생후 10일부터 50일 사이에 지저귐에 노출되어야 한다. 이 시기에 지저귐에 노출되면 성장 후에 정상적으로 지저귈 수가 있다. 그러나 생후 50일 지난 후에 지저귐을 듣게 되거나 전혀 듣지 못하게 되면, 세세한 부분이 모두 탈락된 엉성한 지저귐을 하게 된다. 따라서 흰관 참새가 지저귐을 학습하긴 하지만 엄격히 제한된 발달 시기에만 가능하게 된다. 또한 흰관 참새가 생후 10일과 50일 사이에 다른 종의 지저귐에 노출되면 지저귐 발달에 아무런 영향을 받지 않는다. 이는 흰관 참새에게는 다 자란 흰관 참새의 지저귐과 같은 형판이 있어 이 형판에 맞는 지저귐을 들었을 때에만 영향을 받게 됨을 의미하게 된다. 따라서 흰관 참새는 특정지역에 한정된 사투리만 학습하도록 제한되어 있으며, 그것도 생후 10일에서 50일 사이에 학습할 수 있을 때에만 가능하다.

위의 예에서 처럼, 학습은 특정 종에만 한정된 특수한 학습방법과 아무리 많은 조건 형성이 되어도 특정 시기가 지나면 학습이 불가능하여 전통적인 학습이론에서 주장하는 학습원리와는 다른 상반된 주장이 있을 수 있다.

제5장 감각과 지각

자극과 감각 / 감각의 측정 /
시각의 생물학적 기초 / 청각의 생물학적 기초 /
지각의 문제 / 깊이지각과 운동지각 /
지각항등성과 착시 /
지각에 영향을 미치는 심리적 요인들

감각기관은 세상에 대한 정보가 수집되는 관문에 비유될 수 있다. 맑은 새소리, 아침 햇살에 반짝이는 개울물, 짙은 녹음, 청초한 풀꽃 내음은 우리가 휴식을 취하기 위하여 숲 속에 있음을 알린다. 거리의 운전사들은 붉은 신호등, 차선, 횡단보도의 행인들을 끊임없이 살피며 운전에 안전을 꾀한다. 우리가 알고 있는 모든 것은 보고, 듣고, 냄새맡고, 피부로 느끼는 감각에 그 근원을 두며 만일 이같은 감각능력이 없다면 우리는 길가에 버려진 돌멩이처럼 외부세계와 단절된 채 지적인 활동은 물론 신체적인 활동도 할 수 없을 것이다.

외부세계에 대한 정보가 과연 어떤 과정을 거쳐 감지되는 것일까? 어떤 물체는 가까이 있고 어떤 물체는 멀리 있다는 것을 어떻게 알게 되는가? 어머니의 다정한 음성을 고막의 진동으로부터 어떻게 구분해내는가? 우리는 놀라운 성능의 감각기관과 지각체계를 지니고 있기 때문에 평소에 이와 같은 의문을 느끼지 못하며 감각과 지각과정을 거쳐 세상을 아는 것에 대해 지극히 당연한 것으로 받아들인다. 그러나 일단 왜, 어떻게, 무엇을 알게 되는가 하는 물음에 체계적으로 답하려 할 때 우리는 우리가 세상을 보는 원리에 대하여 너무나 무지하다는 것을 느끼지 않을 수 없다.

감각과 지각은 연구하는 학자마다 약간씩 정의를 다르게 하지만, 일반적으로 감각은 감각기관에서 비롯되는 원초적인 감각자료에 대응하는 주관적 느낌을 지칭하며 지각은 이 원초적인 자료들은 조직하고 해석하여 외부대상을 인식하는 것을 일컫는다. 예를 들어, 향수의 냄새를 맡는다고 할 때 "냄새가 향긋하다"라고 할 때는 감각자료를 토대로 외부대상과 관계된 해석이 내려졌기 때문에 지각의 범주에 넣는다(Goldstein, 1988). 그러나 지각심리학자들 간에는 무엇이 감각이고 무엇이 지각인지에 대한 복잡한 구분이나 논쟁을 벌이지 않는 것이 보통이다.

이 장에서는 우리가 세계를 인식하는 원리를 알아보기 위하여 자극과 감각의 본질, 자극을 수용하는 감각기관의 구조와 기능, 지각의 주요 문제들을 시각과 청각을 중심으로 살펴보기로 하겠다. 자극과 감각의 본질에서는 자극정보의 물리적 본질이 무엇이며, 그것을 감각한다는 것은 무엇을 뜻하며 자극과 감각과의 관계는 어떻게 측정하는가를 고찰해 볼 것이다. 감각기관의 구조와 기능에 대해서는 시각기관과 청각기관의 해부적 구조와 생리적 기능을 중심으로 감각기관에 수용된 자극이 어떤 경로를 거쳐 어떻게 분석되는가를 살펴볼 것이다. 지각의 주요 문제에 대해서는 우리의 두뇌가 감각자료를 토대로 대상을 지각한다는 것이 무엇을 뜻하며 그때 어떤 문제를 해결하지 않으면 안되는가를 형태와 모양의 지각, 깊이지각과 운동지각, 지각항등성과 착시 등 주로 시각을 중심으로 논의할 것이다.

I. 자극과 감각

1. 감각의 본질

우리의 신체 내부에 대한 일부감각을 제외한 모든 감각은 외부세계의 사물들로부터 반사되거나 발산되어 나오는 여러 형태의 에너지들이 우리의 감각기관을 자극함으로써 발생된다. 예를 들어 시각에서는 물체의 표면에서부터 반사되어 나오는 광선이 망막 위에 상을 맺으면서 망막에 있는 시감각 세포를 자극한다. 청각의 경우에는 공기의 밀도 변화를 통해 확산되어 나가는 에너지가 고막을 진동시키고 이 진동이 내이(內耳)에 있는 청각세포들을 자극한다.

청각세포나 시각세포뿐 아니라 모든 감각세포는 외부로부터 수용되는 물리적 에너지를 전기 생화학적 부호로 변환시킨다. 이 과정을 신경변환(神經變換: transduction) 또는 신경부호화(neural coding)라고 부른다. 감각기관에서 발생된 신경부호는 뇌를 향해 전도되면서 여러 처리과정을 거친 뒤 대뇌 중추에 이를 무렵에는 자극의 정체를 지각하는 데 필요한 정확한 신경정보의 형태를 취하게 된다. 감각기관에서 일어나는 전기 생화학적 변화 못지않게 감각기관과 뇌 사이에 중재되는 과정이 감각 및 지각에서 중요한 역할을 담당하기 때문에 엄격한 의미에서 사물에 대해 보고 듣는 것은 눈과 귀가 아니라 뇌라고 할 수 있다.

감각의 중추가 뇌에 있으며 뇌는 감각기관에서부터 그것에 이르는 뉴런들에 의해서만 외부세계에 대한 정보를 수집할 수 있다는 것이 인식된 것은 19세기 이후부터이다. 그 이전에는 우리의 영혼이 감각기관을 통해 외부세계로 나아가 사물들을 접촉함으로써 감각이 발생된다는 생각, 또는 외부사물에 내재해 있는 정령(精靈: spirit)이 우리의 감각기관에 들어와 자신들에 대한 희미한 상 또는 복제물을 형성함으로써 감각이 발생된다는 생각이 지배적이었다. 예를 들어 항성의 운동법칙을 발견한

시선의 충돌(?)

Kepler는 두 눈으로부터 우리의 영혼을 담은 시선이 외부로 나아가 사물과 닿음으로써 공간 및 물체의 형태가 지각된다는 생각을 가지고 있었다. "시선이 마주친다"라든지 "시선을 쏟는다"라는 흔히 사용되는 말의 표현 속에서도 이와 같은 옛사람들의 그릇된 감각이론의 흔적을 읽을 수 있다. 먼 우주에 대한 체계적인 지식과 물질의 속성에 대해 상당수준의 물리학적 지식이 누적된 뒤에도, 정작 시각(視覺)은 시선이 밖으로 나감으로써 가능해지는 것이 아니라 사물로부터 빛이 눈으로 들어옴으로써 가능해진다는 매우 간단한 사실을 이토록 오랫동안 제대로 인식하지 못했다는 것은 하나의 아이러니이다.

고대의 그릇된 감각이론을 폐기하고 현대 감각이론의 기초를 마련한 사람은 Johannes Müller였다. 그는 1826년 세상을 보는 것은 우리의 마음이라는 것과 우리의 마음은 몸 속에 거주하기 때문에 세상의 사물들을 직접 체험하는 것이 불가능하며 오직 그것에 연결되어 있는 신경을 통해서만이 외부세계를 감각할 수 있다는 당시로서는 획기적인 이론을 내놓았다. 그의 이론에 의하면 우리의 마음은 오직 그것에 딸린 신경들만을 지각하며 이 신경들이 외부세계의 현실을 전달한다는 것이다.

Müller의 이와 같은 생각을 '특수신경에너지이론(the doctrine of specific nerve energy)' 이라고 부른다. 이 이론은 우리가 알게 되는 것이 감각자극 자체가 아니라 감각자극에 의해 영향을 받는 신경들의 상태라고 규정한다. 따라서 어떤 신경이 흥분을 하게 되면 흥분을 일으킨 자극이 무엇이냐에 의해 감각이 결정되는 것이 아니라 흥분중인 그 신경이 어떤 신경이냐에 의해 감각이 결정된다는 것이다. 즉, 빛에 대한 감각은 망막을 자극하는 광선에 의해 비롯될 수도 있지만, 눈을 얻어 맞았을 때 느끼는 것처럼 눈에 압박을 가할 때도 일어난다. 시각에서 중요한 것은 시신경이 흥분했느냐 흥분하지 않았느냐의 문제이지 무엇이 시신경을 흥분시켰느냐가 아니라는 것이다.

이와 같은 관점에서 볼 때 감각경험은 뇌에 의해서 만들어지는 일종의 착각 같은 것이라 할 수 있다. 몸 속에 자리를 잡고 있는 우리의 뇌는 그것과 연결된 수백만 개의 신경들을 통하여 외부사물에 대한 정보를 수집한다는 것이다. 만일, 시신경이 흥분을 하면 '보는 것' 과 연관된 지각경험이 생기고 청신경이 흥분을 하면 '듣는 것' 과 연관된 지각경험이 생긴다.

감각신경이 흥분을 하기 위해서는 자극이 있어야 한다. 그러나 감각기관에 물리적 자극 에너지가 작용했다 해서 반드시 감각이 발생되는 것은 아니다. 감각이 발생되기 위해서는 자극의 물리적 에너지 강도가 일정수준을 넘어야만 한다.

Ⅱ. 감각의 측정: 정신물리학

자극의 강도가 어느 정도 이상이어야 감각이 가능하다고 하였는데, 감각이 발생되려면 자극의 강도가 어느 정도 이상이 되어야 하는가? 이 질문에 대답을 하기 위해서는 각 감각별로 그 감각과 관련된 자극강도를 체계적으로 변화시키면서 감각의 유무 또는 감각의 변화를 관찰해야 한다. 이처럼 자극강도와 감각강도 사이의 관계성을 체계적으로 밝히려는 심리학의 연구분야를 정신물리학(精神物理學: psychophysics)이라고 부른다.

정신물리학자들은 각 감각양식에 따른 감각의 절대역(絕代閾: absolute threshold)을 측정하는 데에 관심을 갖는다. 절대역은 감각경험을 일으키는데 필요한 최소한의 물리적 에너지 강도를 말한다. 한 자극의 강도가 절대역 밑에 있다고 함은, 물리적 에너지가 있어도 그것을 감각하지 못한다는 것을 의미한다. 예를 들어, 청각의 절대역을 결정하기 위해서 조용한 방음실에서 손목시계의 소리가 들리는지 확인한다고 하자. 손목시계가 우리의 귀에서 멀리 떨어져 있을 때는 분명히 그곳에서부터 소리와 관계된 에너지(공기의 소함과 밀함)가 전파되어 나와도 우리는 시계소리를 들을 수 없다. 이 때 우리는 자극의 강도가 역하(閾下)에 있다고 한다. 손목시계를 귀에 점점 가까이 하면 우리 귀에 와닿는 자극의 강도가 점점 높아지게 되며, 어느 거리에서부터는 손목시계의 소리를 50% 이상 듣게 되는 지점이 있다. 이 때의 자극강도를 절대역이라고 부른다. [그림 5-1]은 피험자의 반응에 의존해서 절대역을 구하는 전형적인 정신물리학적 방법을 보여주고 있다.

정신물리학에서는 절대역뿐 아니라 차이역(差異閾: difference threshold)을 측정하는 것도 주요관심의 대상이 된다. 앞에서 제시된 예에서 일정한 거리에 있는 손목시계의 째깍거리는 소리를 들었다 하자. 이 때 손목시계를 귀를 향해 조금 더 움직이면 고막을 진동시키는 소리에너지의 강도가 약간 증가하게 된다. 그러나 우리의 감각기관은 미소한 자극강도의 변화를

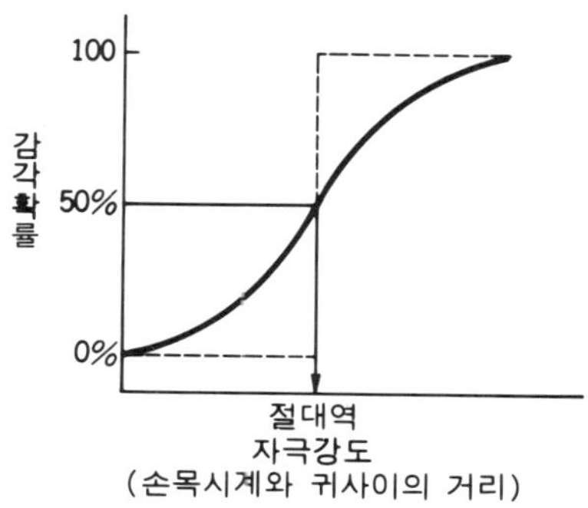

[그림 5-1] 절대역의 본질
절대역은 감각경험을 일으키는 최소한의 물리적 에너지 강도이다. 정신물리학에서는 그림의 점선이 나타내고 있는 바와 같이 자극강도가 증가함에 따라 감각확률이 0%에서 100%로 급전되는 곳을 절대역이라고 규정한다. 그러나 실제의 정신물리 실험에서는 감각확률이 이와 같이 단계적으로 급변하지 않고 그림의 실선이 보여주는 것처럼 완만하게 점증된다. 따라서 실제의 절대역은 이론적인 그래프(점선)와 실제그래프(실선)가 교차되는 곳(즉 감각확률이 50%인 곳)에 해당되는 자극강도로서 측정된다.

탐지하지 못할 수 있다. 즉, 이전에 들었던 시계소리보다 현재 들리는 시계소리가 더 크다는 것을 느끼기 위해서는 손목시계를 일정거리 이상 귀쪽으로 움직여야만 한다. 이렇게 하나의 자극강도와 비로소 차이가 있다고 감각되는 자극강도의 변화량을 차이역 또는 최소식별차이(just noticeable difference, 또는 줄여서 j. n. d.)라 부른다. 절대역과 마찬가지로 차이역은 시간에 따라, 사람에 따라 변하게 된다. 정신물리학에서는 이와 같이 시간과 사람에 따라 차이역이 변하는 문제를 해결하기 위하여 확률적인 방법으로 차이역을 결정하게 된다.

세계 제2차대전중 통신이론에서부터 발전되어 나온 신호탐지이론(signal detection theory)은 정신물리학에서 거론하는 역(threshold)의 개념에 의문을 제기한다. 이 이론에 의하면 어떤 신호(자극)도 그것 자체만이 제시될 수 없으며 항상 그것에 잡음이 섞이게 된다. 따라서 신호(자극)의 유무나 변화여부를 판단하는 것은 신호 자체의 강도에만 좌우되는 것이 아니라 신호와 잡음을 구분하는 개인의 결정기준에 의해서도 크게 좌우된다는 것이다. 예를 들어, 데이트 전화를 기다리는 사람이 샤워를 하고 있을 때는 시끄러운 물소리에 섞여 희미하게 들리는 골목길을 지나치는 자전거의 벨소리가 전화벨소리로 들릴 가능성이 높은 반면, 몸이 피곤하여 샤워를 하고 한잠 자야겠다고 생각하는 사람은 전화벨 소리가 꽤 크게 들려도 그것을 샤워 물소리나 골목길에서 들리는 자전거의 벨소리로 들을 가능성이 높다는 것이다.

[그림 5-2]는 신호탐지 이론에서 가정하고 있는 잡음과 신호에 대한 두 개의 이론적인 분포를 보여주고 있으며 그 위에 결정기준이 놓여지게 되는 양상에 따라 탐지반응이 어떻게 달라

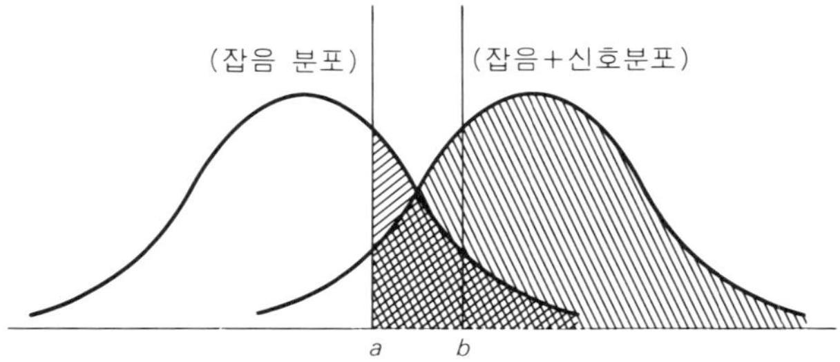

[그림 5-2] 신호탐지이론에서 가정하고 있는 잡음 및 신호분포

그림 하단에 있는 a와 b는 가상적인 결정기준이다. 결정기준이 a에 있다고 할 때 자극강도가 a보다 크면 신호가 출현했다는 반응을 하게 되고 작으면 신호가 출현하지 않았다는 반응을 하게 된다. 빗금친 부분은 결정기준이 a에 있을 때 오보율(false alarm)과 적중률의 크기를 각각 나타낸다. 그림에서 보듯이 결정기준이 a에서 b로 옮겨짐에 따라 적중률과 오보율이 변하게 된다.

질 수 있나를 보여주고 있다. 신호탐지 이론은 단순한 감각자료의 처리에 있어서도 심리적 결정과정이 개입된다는 독특한 이론적 입장 때문에 인지심리학의 발전에 큰 기여를 하였다.

지금까지 자극에너지의 강도 차원에 따라 감각강도가 변화되는 양상을 정신물리학과 신호탐지 이론에서 어떻게 다루는가를 살펴보았다. 자연상태 하에서 우리는 수없이 많은 자극차원에 걸쳐서 중요한 감각자료들을 수집하고 그것에 기초하여 사물을 지각한다. 이제 이와 같은 지각과정의 배후를 이루는 생물학적 기초를 시각과 청각을 중심으로 고찰해 보기로 한다.

Ⅲ. 시각의 생물학적 기초

동물들은 삶의 기반을 둔 환경의 특성에 따라 자신들이 주로 의지하는 감각양식에서 차이를 보인다. 개는 후각이, 박쥐는 청각이, 지렁이는 촉각이 다른 감각에 비해 잘 발달되어 있다. 사람의 경우에는 가장 중요한 감각이 아마도 시각일 것이다. 이 때문에 지금까지 시각이 심리학자들이나 생리학자들에 의해서 다른 감각에 비해 가장 철저하게 연구되어졌다.

1. 시각자극: 빛의 본질

시각을 일으키는 물리적인 자극속성은 가시광선(可視光線)이다. [그림 5-3]과 같이 가시광선은 전자장파의 극히 적은 일부분이다. 이 적은 범위에 속하는 광선은, 그림에 나와 있듯이, 파장의 크기에 따라 다른 색감을 일으키며 모든 파장이 혼합되어 있을 때는 백색광의 색감을 일으킨다. 백색광에 혼합되어 있는 여러 파장들은 프리즘에 의해 분리될 수 있다. 프리즘은 백색광

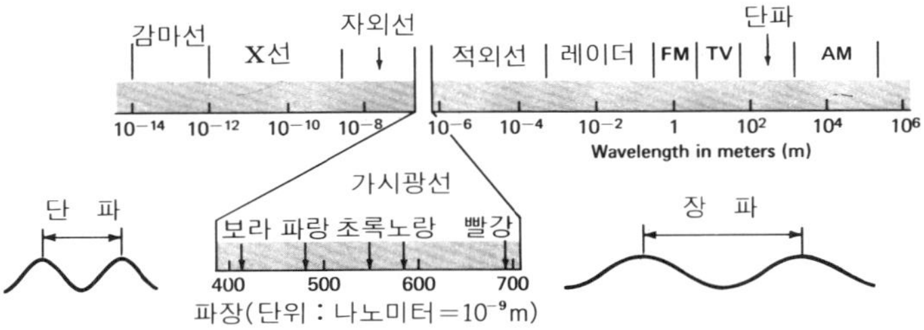

[그림5-3] 전자장에너지 스펙트럼과 가시광선

가시광선은 그림에서 보듯 전자장파의 극히 적은 일부분으로서 파장의 크기에 따라 다른 색감을 일으킨다.

에 혼합되어 있는 여러 파장의 빛을 각기 다른 비율로 굴절시키기 때문에 백색광을 프리즘에 통과시키면 일곱 가지의 색띠가 반대편에 나타나게 된다. 비가 온 뒤 일곱색의 무지개가 서는 것도 대기중에 있는 작은 물방울들이 햇빛을 파장에 따라 달리 굴절 및 반사시키기 때문이다. 빛에 대한 감각, 또는 색에 대한 감각은 이들 광파장들이 우리 눈의 망막에 있는 감각세포에 닿음으로써 시작된다.

2. 시각신경정보의 처리

우리는 별다른 노력을 들이지 않고서도 주위의 사물을 눈을 통해 쉽게 알아볼 수 있다. 그러나 눈을 통해서 입력된 하나의 자극상이 지각되기 위해서는 눈에서부터 시작하여 시상의 측면슬상핵, 대뇌의 시각피질, 대뇌의 시각연합령에 이르는 매우 길고 복잡한 여러 단계의 신경정보처리과정을 거쳐야 한다.

1) 눈

[그림 5-4]는 사람 눈의 구조를 보여주고 있다. 시각현상을 이해하려고 시도하는 사람들은 대개 우리 눈처럼 오묘한 것이 없다는 생각을 갖게 된다. 우리의 눈은 뛰어난 광학기구일뿐만 아니라 뇌의 연장으로 상을 처리할 수 있는 능력까지 겸비하고 있다. 실제 망막에서 발견되는 여러 종류의 신경세포들은 대뇌에 있는 신경세포들과 크게 구분이 안 된다. 이 때문에 Gregory (1970)는 '생각하는 눈(the intelligent eye)' 이라는 말을 주저하지 않고 사용하고 있다.

시각을 일으키는 물리적 에너지인 빛은 각막을 통하여 우리 눈에 들어오게 된다. 각막은 투명하고 얄팍한 막으로서 눈알의 전면부 형태를 유지시켜 내부를 보호할 뿐 아니라 그곳을 통과하는 빛을 굴절시켜 눈의 안쪽 뒷편에 상이 맺히도록 하는 역할을 담당한다. 각막을 통과한 빛이 전부 눈의 내부에 들어오는 것은 아니다. 각막과 눈의 수정체 사이에 홍채(虹彩: iris)가 있어 동공이라는 제한된 부분(눈동자)을 통과하는 빛만이 렌즈의 역할을 하는 수정체를 거쳐 눈의 내부로 들어가게 되어 있다. 서양 사람들의 파란눈, 동양사람들의 갈색눈을 결정하는 것이 바로 이 홍채이다. 홍채는 눈의 색깔을 결정할 뿐 아니라 주위가 어두울 때는 동공을 크게 확장시켜 빛이 눈으로 많이 들어가도록 하며 주위가 밝을 때는 동공을 축소시켜 과다한 빛이 눈

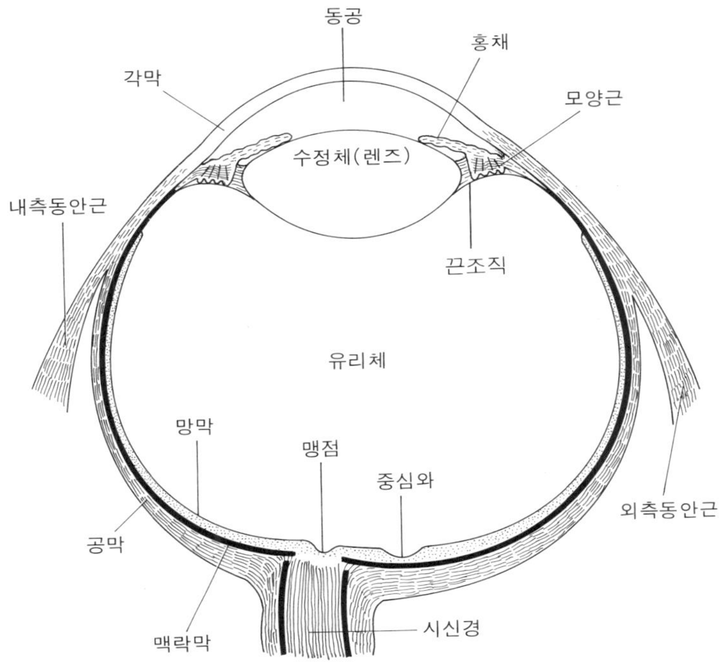

[그림 5-4] 사람 눈의 단면구조

안에 들어가는 것을 통제한다. 홍채의 이와 같은 작용은 주위의 조명조건에 따라서 우리 눈이 최적조건에서 사물의 상을 처리하도록 해준다.

동공을 통과한 빛은 수정체에서 굴절된 뒤 망막 위에 상을 맺게 된다. 지금까지 설명한 눈의 구조는 사진기의 구조에 비유될 수 있다. 홍채는 사진기의 조리개에, 수정체는 사진기의 렌즈에, 망막은 사진기 속의 필름에 해당된다. 사진기에서는 여러 개로 조합되어 있는 렌즈간의 거리를 변화시킴으로써 초점이 조절되지만 우리 눈의 수정체는 모양근의 두께를 조절함으로써 초점거리를 바꾸도록 되어 있다. 모양근은 괄약근의 일종으로써 그것에 달려 있는 끈과 같은 조직이 수정체의 가장자리에 연결되어 있다. 수정체는 외부에서 아무런 힘이 가해지지 않을 때는 두툼한 구형꼴을 유지하는 탄성 있는 투명조직이다. 따라서 괄약근인 모양근이 수축하면 그것에 달린 끈조직이 느슨해져 수정체의 두께가 두툼해지고 모양근이 이완하면 끈조직이 팽팽해져 수정체의 두께가 얇아진다. 이같은 원리에 의해 우리가 가까운 곳에 있는 물체를 볼 때는 자동적으로 괄약근이 수축하여 수정체의 초점거리가 짧아지고 먼곳을 볼 때에는 괄약근이 이완하여 수정체가 얇아져 초점거리가 길어진다. 우리가 응시점을 수시로 바꾸어도 그때그때 응시하고 있는 물체에 대해 뚜렷한 상을 망막 위에 맺을 수 있는 것은 바로 이와 같은 수정체 초점의 자동적인 조절(accomodation) 때문이다.

망막은 사진기 속의 필름에 비유될 수 있다고 했다. 필름표면에는 빛에 예민하게 반응하는 감광물질이 도장되어 있어 그 위에 닿는 빛의 파장과 강도에 의해 감광물질에 화학적 변화가 일어나게 된다. 망막 위에는 추상체(cone)와 간상체(rod)라는 감광세포가 있는데 이들 세포들의 외측분절(outer segment) 속에는 필름의 감광물질과 같이 빛에 예민하게 반응하는 감광색소가 들어있어 빛의 파장과 강도에 대해 선별적인 반응을 한다. 한 가지 흥미있는 것은 [그림 5-5]에 있는 것처럼 이 감광세포들은 빛이 진행해 들어오는 안구의 안쪽을 향하고 있는 것이 아니라 안구의 바깥쪽에 있는 맥락막의 색소상피라는 검은 막조직을 향해 있다. 감광세포의 이와 같은 해부학적 배열은 안구 속의 이물질에 의해 분산되어 돌아다니는 빛의 영향을 배제하고 일단 감광세포에 닿은 뒤 반사된 빛은 색소상피에 흡수되도록 되어 있어 우리 눈에 깨끗한 망막상이 맺힐 수 있게 해준다.

눈은 자극을 수용하는 곳이며, 사물을 보고 이해하는 곳은 뇌라고 했다. 따라서 시각이 발생되기 위해서는 감광세포에 의해 수집된 사물의 상에 대한 원 감각정보가 뇌에 전달되어야만 한다. 그러나 감광세포에 의해서 망막상에 담겨있는 광학적 정보가 신경정보로 바뀐 뒤 이것이 직접 대뇌로 전달되는 것은 아니다. 감광세포에 의해서 수집된 정보는 망막을 떠나 뇌로 전달되

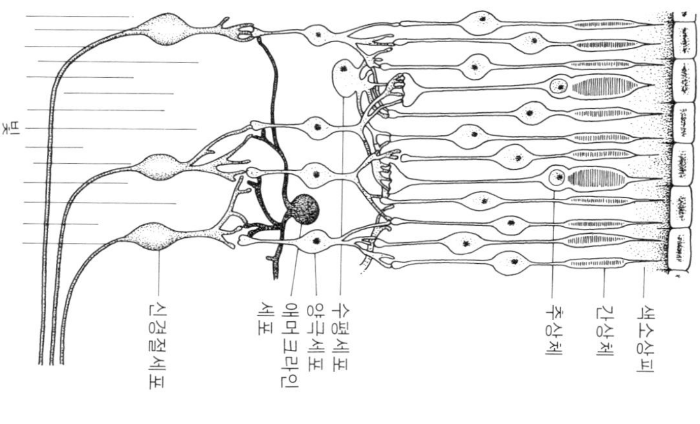

[그림 5-5] 망막의 신경세포 배열
빛이 감광세포(간상체와 추상체)에 닿기 위해서는 신경절세포(ganglion cell)와 양극 세포를 뚫고 들어가야 한다. 감각정보는 감광세포에서 양극세포를 거쳐 신경절 세포쪽으로 전도되어 시신경을 이루면서 안구를 떠나 뇌의 시각 피질로 전달된다.

기 전에 일련의 처리과정을 겪게 된다.

(1) 간상체와 추상체: 망막위의 감광세포는 간상체(杆狀體: rod)와 추상체(錐狀體: cone)의 2종류가 있다. [그림 5-5]에서 보듯이 간상체는 막대꼴을 하고 있고 추상체는 추모양을 하고 있다. 간상체와 추상체는 생김새가 다른 것 이외에도 기능, 망막 위의 분포양상에서 차이를 보인다. 망막 위에는 약 1억 3천만개의 간상체와 추상체가 있는데 추상체는 [그림 5-4]에 나와 있는 중심와(中心窩: fovea) 위에 집중적으로 분포하고 있다. 중심와는 눈이 응시하고 있는 부분에서 나온 광선들이 상을 맺는 곳으로 우리들의 망막 가운데 물체의 형태를 가장 정확하게 분석할 수 있는 부위인데 그림에서 보듯이 다른 망막표면보다 약간 움푹 들어가 있다. 중심와 내에는 추상체만이 있으며 간상체는 없다. 추상체는 중심와에서 벗어나게 됨에 따라 그 수가 급격히 감소되며 그대신 간상체의 수가 급격히 증가하여 시각(視角: visual angle)이 20° 정도 되는 곳에서 간상체는 가장 밀집된 분포를 보인다.

[그림 5-5]에서 보듯이 신경정보가 대뇌로 전달되는 과정중에 간상체는 한개의 시신경에 여러 개의 간상체 반응이 수합되는 반면에, 추상체는 한개의 시신경에 비교적 적은 수의 추상체 반응이 수합된다. 이와 같은 감광세포의 시신경 연결비율은 간상체에 의한 해상력이 추상체에 의한 해상력보다 훨씬 못하다는 것을 시사한다.

추상체와 간상체는 각기 다른 시각기능을 맡는다. 추상체에는 가시광선의 긴파장, 중간파장, 짧은 파장에 선별적으로 예민하게 반응하는 세 가지 유형의 세포가 있어 색정보를 처리할 수 있지만 간상체에는 명암을 처리하는 한 가지 유형의 세포만이 있다. 간상체는 추상체보다 빛에 더 민감하게 반응하기 때문에 광량이 풍부한 대낮에는 추상체가 시각을 맡으며 광량이 적은 밤에는 간상체가 시각을 맡는다. 대낮에 극장에 들어가게 되면 처음엔 한치 앞도 볼 수 없으나 차츰 시간이 지나면 옆사람의 얼굴모습까지 식별할 수 있게 되는 것을 경험한다. 이것은 극장 밖에 있었을 때는 추상체에 의한 낮눈 기능(photopic function)이 유지되다가 컴컴한 극장 안에 들어가면 일정시간을 경과하면서 간상체에 의한 밤눈 기능(scotopic function)으로 시각기제가 바뀌기 때문이다. 처음에 한치앞도 못봐서 쩔쩔매게 되는 것은 이 두 기제가 전환되는 사이에는 어느 기제도 완전히 제 기능을 못하기 때문이다. 극장에 처음 들어 갔을 때처럼 10여분을 두고 추상체 기제에서 간상체 기제로 천천히 이행되는 과정을 암순응(暗順應: dark adaptation)이라고 한다. 반면에 대낮에 극장에서 나오게 되면 갑자기 눈이 잠시 부시다가 곧 시각이 정상을 되찾게 된다. 이처럼 간상체 기제에서 시간을 두고 추상체 기제로 바뀌는 과정을 명순응(明順應: light adaptation)이라고 한다. 위에서 예를 든 일상경험은 독립된 두 시각기제가 존재하며, 그중 하나는 낮에, 다른 하나는 주로 밤에 기능한다는 것을 말해 준다. 하루 중 운전수들이 시각에 가장 곤란을 많이 겪는 때가 해 떨어질 무렵 약 30여분 동안이라고 하는데, 이것도 역시 극장 예에서 본 것처럼 두 개의 시각기제 중 어느 것도 제대로 기능하지 못하는 데서 비롯되는 것이다.

독립적인 두 개의 시각기제가 존재한다는 것이 밝혀진 것은 비교적 최근이지만 옛날에도 경험적으로 두 기제에서 생기는 문제점들을 제대로 인식한 것 같다. 밤에 별을 관찰했던 고대 천문학자들은 관찰할 별을 직접 보지 말고 약간 비껴 볼 것을 권장하고 있다. 즉, 응시점의 상이 맺게 되는 중심와에는 밤눈의 주요기제인 간상체가 없고 낮눈의 기제인 추상체만이 있기 때문에 목표가 되는 별의 상이 간상체가 있는 중심와의 주변에 맺히도록 비껴보는 쪽이 단연 효과적이다.

간상체와 추상체는 그것들을 포함하고 있는 화학적 색소(pigment)에서 차이가 난다. 간상체는 로돕신(rodopsin)이라는 색소를 포함하고 있고, 추상체는 요돕신(iodopsin)이라는 색소를 포함하고 있다. 로돕신은 빛에 닿으면 레티닌(retinene)과 그 외의 몇 가지 물질들로 분해되는데 이 과정에서 일어나는 화학변화가 그것에 연결되어 있는 신경들을 자극하여 흥분하도록 한다. 일단 로돕신이 분해되면 그것이 재생성될 때까지는 빛에 대해 반응을 못하게 된다. 레티닌과 그외 분해물로부터 로돕신이 재생성되기 위해서는 비타민 A가 촉매로서 작용을 해야 한다. 비타민 A가 결핍되면 밤눈이 어두워지는 것은 로돕신의 재생성에 지장이 있기 때문이다.

(2) 망막에서의 신경처리: 간상체와 추상체는 [그림 5-5]에서 보듯이 양극 신경세포(bipolar neurons)에 시냅스를 갖는다. 양극세포 중 어떤 것들은 추상체와 간상체 모두에 연결된다. 간상체와 추상체가 양극세포와 연결되는 단계에서부터는 신경세포들간의 상호작용이 매우 복잡해진다. 즉 간상체와 추상체의

반응이 양극세포를 거쳐 신경절세포로 연결되는 과정에서 수평세포(horizontal cells)와 애머크라인세포(amacrine cells)로 이루어진 두 층의 신경군들이 복잡하게 측면 상호작용(lateral interaction)을 한다. 수평 신경세포는 양극세포가 감각세포(추상체와 간상체)와 연결되는 곳에서, 애머크라인세포는 양극세포가 신경절(ganglion)세포와 연결되는 곳에서 측면상호작용을 일으킨다. 이와 같은 상호작용중에 망막 자체에서 매우 복잡한 처리가 이루어진다. 신경절세포는 측면상호작용의 결과로써 그것에 직결된 망막부위의 절대적인 광량에 비례하여 반응하지 않으며, 주변부위에 떨어진 광량이 어느 정도이냐에 따라 상대적인 반응을 하게 된다(Berbaum & Chung, 1981). [그림 5-6]에서 검은 칸들이 교차되는 곳에 회색 반점이 있는 것처럼 보이는 것은 이와 같은 측면 상호작용의 하나인 측면 억제작용(lateral inhibition) 때문인 것으로 풀이된다.

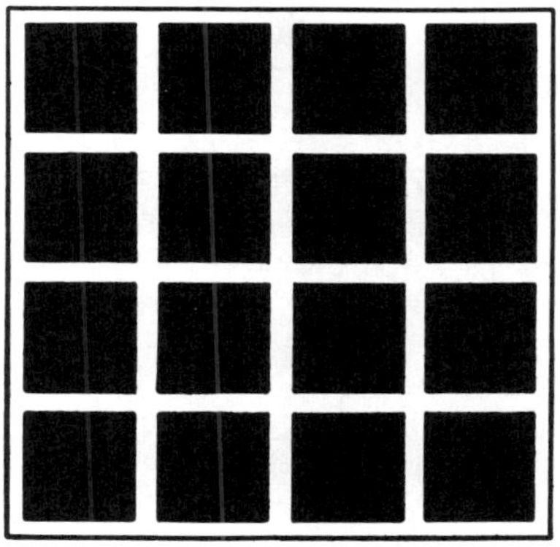

[그림 5-6] 측면상호작용(lateral interaction)에 의한 착시효과

그림에서 흰줄이 교차하는 곳에 회색빛 착시점들이 나타난다. 이것은 흰줄이 교차되는 부분에서는 사방으로부터 측면억제를 받고, 교차되지 않는 곳에서는 두 방향으로부터만 측면억제를 받으므로 교차부분이 상대적으로 어두워 보이기 때문이다.

추상체와 간상체에 의해서 신경정보로 전환된 시각정보가 망막에서 일단 복잡한 정보처리를 거친 뒤 대뇌로 전도된다는 사실은 감각세포와 눈과 시각피질(visual cortex)을 잇는 시신경의 비율에서도 잘 나타난다. 우리의 한쪽 눈에 약 7백만개의 추상체와 1억 2천만개의 간상체가 있는데 비해 안구를 떠나는 시신경의 수는 약 백만개에 지나지 않는다.

망막에서 처리된 시신경정보는 신경절세포의 축색(axons)을 거쳐 맹점(blind spot)이라는 곳에 모인 뒤 이곳에서부터 시신경(optic nerve)을 이루며 시상의 측면슬상핵을 향해 전도된다. 맹점에는 간상체나 추상체가 없다. 따라서 [그림 5-7]에서 보듯이 맹점부위에 작은 점이 상을 맺을 때 우리는 그 점의 존재를 지각할 수 없다. 그렇다면 보통 때 우리 시야에 맹점이 있다는 것을 알지 못하는 것은 무엇 때문일까? 우리의 눈은 알게 모르게 쉴 사이 없이 움직이며 이러한 눈운동의 결과로서 맹점과 관계없이 전 시야에 관한 시각정보가 빠짐없이 수집되어 메워질 수 있기 때문에 맹점의 존재를 알아차리지 못하게 된다.

양 눈에서 출발된 시신경은 눈을 떠나서 시상의 측면슬상핵(Lateral Geniculate Nucleus: LGN)으로 진행하는 중간에 시신경교차(optic chiasma)라는 곳에서 만나게 된다([그림 5-8] 참조). 각 눈에서 온 시신경은 시신경 교차에서 두 갈래로 나뉘어 한 갈래는 뇌의 반대쪽으로 진행하고 나머지 한 갈래는 같은 쪽으로 진행한다. 이때 서로 반대쪽으로 교차되는 시신경들은 중

[그림 5-7] 맹점을 확인하는 방법
이 책을 눈에서 약 35㎝ 정도 떨어진 곳에 고정시켜 놓은 뒤 왼손으로 왼쪽 눈을 가린 뒤 오른쪽 눈으로 "×"표를 계속 응시하면서 머리를 천천히 조금씩 앞으로 움직이거나 뒤로 움직여 보라. 어느 곳에선가 갑자기 둥근점이 보이지 않게 될 것이다. 둥근점이 안 보이게 되는 것은 바로 이때 맹점 위에 상을 맺기 때문이다.

심와를 기점으로 코가 있는 안쪽방향의 망막에서 출발한 것들이다. 이와 같은 해부학적 구조 때문에 오른쪽 시야에 있는 물체들에 대한 시신경정보는 왼쪽 뇌로 진행하고 왼쪽 시야에 있는 물체들에 대한 시신경 정보는 오른쪽 뇌로 진행하게 된다. 따라서 오른쪽 시야에 있는 하나의 물체는 왼쪽 눈의 외측(관자놀이쪽) 망막과, 오른쪽 눈의 내측(코쪽)에 각각 두개의 상을 맺게 되며 이 상에 대한 신경정보는 왼쪽 뇌를 향해 전도된다. 공간지각편에서 다시 논의하겠지만 우리의 두 눈은 약 6.5㎝가량 떨어져 있어서 동일한 물체라도 두 눈에 맺는 상이 약간 다른데, 이처럼 한쪽 시야에서 오는 시신경들이 그 시야와 반대편에 있는 시각피질에서 합쳐져 비교됨으로써 입체지각이 가능하게 된다([그림 5-8] 참조). 다시 말해서 시신경교차에서 단순히 한

[그림 5-8] 시각계통의 신경연결로
왼쪽 시야에 대한 신경정보는 오른쪽 대뇌로 오른쪽 시야에 대한 정보는 왼쪽 대뇌로 전도된다.

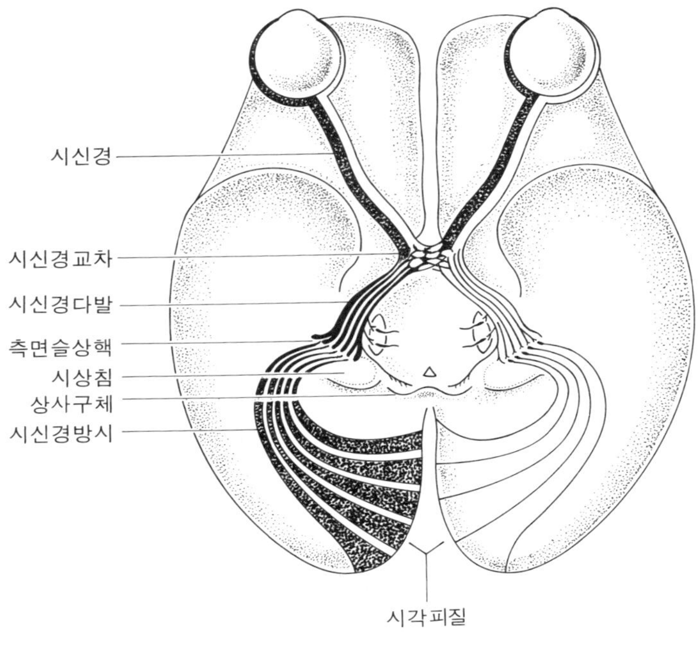

쌍의 시신경 갈래들이 교차하는 것이 입체지각의 선행조건이 된다는 것이다.

(3) 측면슬상핵과 상사구체: 시신경교차에서부터 대뇌로 진행되는 신경통로를 시신경 다발(optic tract)이라고 부른다. 시신경 다발의 대부분은 후두엽의 시각피질에 이르기 전에 시상(thalamus)의 측면슬상핵(Lateral Geniculate Nucleus: LGN)이라는 곳에서 접합을 이루며 나머지 극히 적은 일부는 상사구체(superior colliculus)라는 곳에서 접합을 이룬다. 상사 구체는 하등동물에서는 명암감각, 이동중인 표적물의 탐지 같은 제한된 기능을 담당한다. LGN의 기능에 대해서는 아직 잘 알려져 있지 않으며 대개 시신경다발이 시뇌에 이르기 전에 거치게 되는 중간 정거장과 같은 역할을 하는 곳으로 이해되고 있다(Coren, Porac & Ward, 1978).

한 가지 특기할 만한 사실은 영장류의 LGN에 있는 세포들은 망막의 감각세포들과 다른 원리에 입각하여 색을 부호화하는 것으로 밝혀졌다(De Valois & De Valois, 1975). 즉, 망막에는 짧은 파장, 중간 파장, 긴 파장을 맡은 3종류의 감광색소가 있지만 LGN의 세포들은 빨강-초록, 노랑-파랑, 흑-백의 세 쌍으로 색을 부호화한다.

(4) 시각피질과 그 뒷수준의 신경정보처리 과정: LGN에서 접합을 이룬 신경세포의 축색들은 후두엽의 시각피질 속으로 진행하여 그곳에 있는 세포들과 접합을 이룬다. LGN에서 시각피질로 이어지는 신경섬유들은 넓은 시각피질영역 속으로 퍼져서 진행되기 때문에 시신경방사(optic radiation)라고 부른다.

시각피질 속에 있는 세포들은 LGN이나 신경절 세포에 있는 세포들과 달리 망막 위에 비쳐진 상의 형태를 여러 특징 요소들로 분석처리하는 기능을 갖고 있는 것으로 밝혀졌다(Hubel & Wiesel, 1968).

Hubel과 Wiesel은 [그림 5-9]에 있는 것과 같이 고양이나 원숭이의 시각피질에 있는 뉴런에 미세전극을 꽂고 그 뉴런이 시각자극에 대하여 어떻게 반응하는지를 연구하였다. 그들은 그 결과 후두엽의 시각피질에는 특정방위(方位: orientation)의 막대 또는 선분모양의 자극성분 또는 특징(feature)들을 분석하는 세포들이 거주하고 있다는 것을 발견하였다. 예를 들어, 어떤 세포는 45° 의 방위를 지닌 막대꼴 자극에 선별적으로 민감한 반응을 보이는가 하면 다른 세포는 80° 방위의 막대꼴 자극에

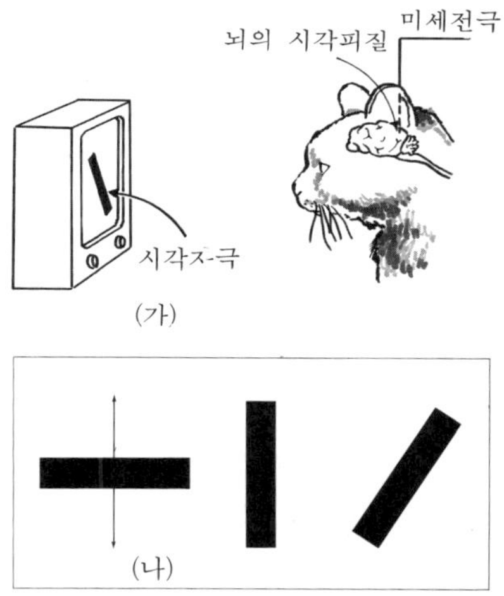

[그림 5-9] 고양이의 시각피질에 있는 세포들의 반응특성

가) Hubel과 Wiesel은 그림에 있는 것과 같은 장치를 통하여 여러 방위의 선분자극을 제시한 후, 고양이 뇌의 시각피질에서 일어나는 반응을 관찰했다.

나) 고양이의 시각피질에 있는 세포들은 특정방위의 선분에는 선별적으로 예민하게 반응하지만, 다른 방위의 선분에는 잘 반응하지 않는 것으로 나타났다. 즉 한 세포가 그림 왼쪽의 수평선분에 예민하게 반응한다면, 그 세포는 오른쪽의 수직 또는 대각방위의 선분에는 잘 반응하지 않는다는 것이 발견되었다. 이것은 고양이의 시각피질에 있는 세포 각각이 선분의 방위를 탐지 또는 분석하는 역할을 한다는 것을 의미한다.

선별적으로 반응을 보이는 등 세포마다 각기 다른 방위의 막대꼴 모양에 조율(調律: tuning)되어 있는 것처럼 반응을 하였다. Hubel과 Wiesel은 이와 같은 반응특성을 보이는 시각피질 내의 세포들을 단순세포(單純細胞: simple cell)라고 명명하였다. 단순세포는 그것의 반응특성으로 미루어 망막에 맺힌 자극상의 짧은 선분형태로 나누어 분석하는 기능을 맡고 있는 것으로 추정된다.

Hubel과 Wiesel은 또한 시각피질에는 단순세포 이외에도 복합세포(複合細胞: complex cell)와 초복합세포(超複合細胞: hyper-complex cell)가 있다는 것을 발견하였다. 이들의 발견에 의하면 복합세포는 단순세포와 달리 특정 방위의 막대꼴 자극이 특정한 방향으로 움직일 때만 선별적으로 반응하여 자극의 모양과 운동을 동시에 분석하는 기능을 맡고 있는 것으로 보이며 초복합세포는 선분의 방위는 물론 크기를 함께 분석하는 기능을 갖고 있어 사물의 모서리를 정밀하게 분석하는 기능을 갖고 있는 것으로 보인다. Hubel과 Wiesel은 이와 같은 시각피질 내에서의 신경정보처리 과정에 대한 연구 공로를 인정받아 1981년에 노벨상을 수상하였다.

시각의 신경정보처리는 시각피질에서 끝나는 것이 아니라 측두엽과 전두엽, 두정엽을 포함하는 전 대뇌피질로 확산되어 나간다. 시각정보처리에 이처럼 광범위한 뇌 부위가 관여하는 것은 사물을 인식하기 위해서는 사물의 자극상을 분석하는 것은 물론, 그 분석결과가 뇌 속에 저장된 그 사물의 모양에 대한 기억과 대조되어야 하기 때문이다. 우리가 이 책에 적혀 있는 글을 읽고 그 뜻을 알게 되는 과정의 배후에는 망막에 상을 맺고 있는 글자들의 모양을 분석한 다음 우리가 이전에 배워서 알고 있는 기억 속의 글자나 단어와 대조하여 그것들의 정체를 확인하는 작업이 있어야 한다. 처음 보는 아랍인의 글자처럼 우리의 뇌 속에 그것의 정체를 확인할 수 있는 기억정보가 없으면 아무리 심오한 뜻이 담겨있는 글귀라 하더라도 구불구불한 획들의 모임으로밖에 지각할 수 없게 된다. 우리 뇌에 있는 모든 뉴런의 40%가 시각정보처리에 관여하고 있다는 것(Goldstein, 1988)은 바로 시각정보처리의 이러한 측면을 잘 반영하고 있으며, 이를 통해 왜 광범위한 대뇌부위가 시각정보처리에 동원되고 있는지도 이해할 수 있게 된다.

우리말과 아랍어

3. 색채지각

시각중에 색채지각은 자극의 물리적인 속성은 물론 망막에서부터 뇌까지의 신경정보처리과정이 비교적 자세하게 밝혀져 있다. 시각정보처리는 분석을 요하는 자극의 속성에 따라 다르다. 그러나 자극정보가 신경정보로 바뀌어 여러 단계를 거쳐 인식되는 과정은 모든 자극속성에 걸쳐 유사하기 때문에 여기서는 색채지각과정을 이해하는 것으로 시각정보처리 과정의 일반원리의 이해를 시도해 보고자 한다.

우리 주변의 사물들은 그 사물을 구성하는 물질의 속성에 따라 백색광을 받게 되면 특정 파장의 빛만을 반사하고 나머지 파장의 빛은 흡수하는데 이 때 반사되는 특정 파장의 빛이 그 사물의 색깔의 결정한다. 그러나 광파는 전자장파의 일부로서 색을 결정하는 하나의 요인일 뿐 그 자체가 색이 지니는 감각질을 포함하고 있지는 않다. 색은 빛의 파장에 대응되는 주관적인 감각질일 뿐이다. 적록 색맹인 사람은 정상인과 다름없이 〈색도 5-1〉에서 똑같은 파장을 지닌 빛을 보지만 그림에 있는 '3' 자를 볼 수 없다. 색은 앞에서 언급했듯이 추상체의 유형과 추상체간의 상호작용에 의해 결정되며 따라서 추상체나 추상체간의 상호작용 기제에 결함이 있게 되면 색지각에 이상이 온다.

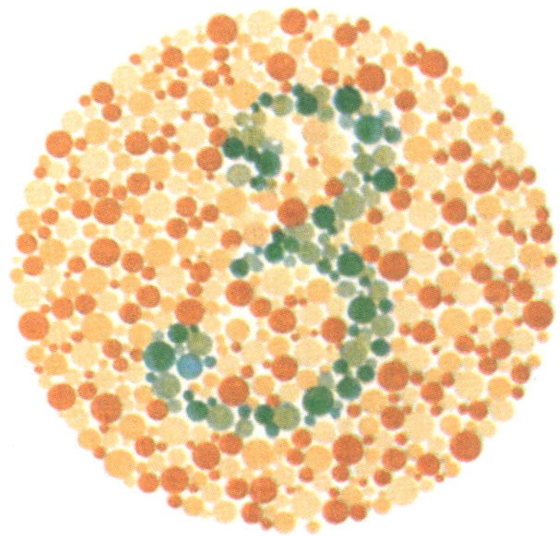

〈색도 5-1〉 적록색맹 검사판
적록색맹인 사람은 "3"자를 볼 수 없다.

(1) 색의 분류: 여러 빛깔의 색종이 한 무더기를 주고 색이 비슷한 정도에 따라 분류하라고 하면 정상적인 색채감각 능력이 있는 사람이면 누구나 주황색은 노랑과 빨강, 초록은 노랑과 파랑, 자주는 파랑과 빨강 사이에 분류해 놓을 것이다. 다시 말해서, 빨강색부터 색을 비슷한 정도에 따라 분류하라고 하면 주황, 노랑, 초록, 파랑, 보라, 자주를 거쳐 다시 빨강의 순으로 모든 색종이들을 배열할 것이다. 이와 같은 이유 때문에 색채현상을 설명할 때 〈색도 5-2〉와 같은 색원(color circle)이 사용된다. 색원은 색의 유사성뿐 아니라, 보색 현상과 색의 순도를 효과적으로 이해하도록 해준다. 색원을 사용해서 한 색의 보색을 알려면 그 색이 표기된 점과 중심을 연결하는 직선을 긋고 그 직선의 연장된 부분이 맞은편 원둘레와 교차되는 지점의 색을 찾아내면 된다. 예를 들어, 이와 같은 방법에 의해 색원에서 노랑색의 보색을 찾으면 파랑색이 나오게 된다.

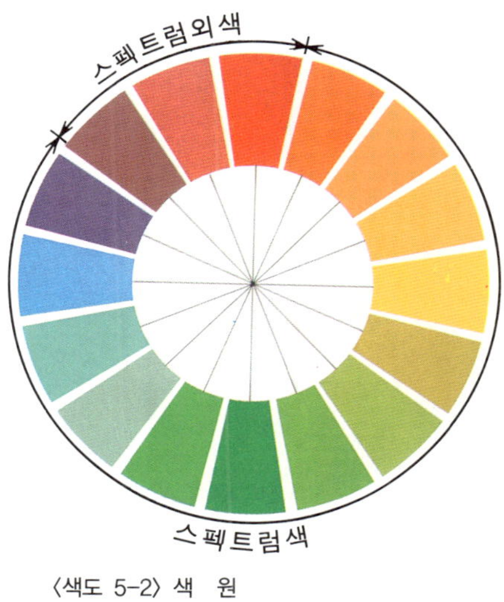

〈색도 5-2〉 색 원
중심을 마주보고 있는 색들은 보색관계에 있다.

색원은 이밖에도 파장이 다른 빛을 섞는 경우 색의 순도(purity)에 의해 어떤 변화가 올 것인가를 설명해 준다. 예를 들어 빨강빛에 보색인 푸른 초록색 계통의 빛을 섞게 되면 색의 순도가 떨어지게 된다. 푸른 초록을 조금 섞을 때는 분홍색으로 되며, 푸른 초록의 비율이 늘어남에 따라 분홍색이 옅어지다가 비율이 반반일 때, 즉 색원의 중심에 해당되는 곳에서 백색이 된다. 색의 순도를 채도(saturation)라고 하는데 단일 파장색은 순도가 1이 되며 백색광은 순도가 0이 된다.

〈색도 5-3〉 연립색채대비

푸른바탕의 회색띠는 노랑빛이 돌고 초록 바탕의 회색띠는 붉은 빛이 돈다.

연립색채대비(simultaneous color contrast) 현상은 보색을 이루는 두 색은 처리하는 신경기제들은 서로 억제관계에 있음을 암시한다. 〈색도 5-3〉에서 초록 바탕의 회색띠는 붉은 기운이 돌고 푸른 바탕의 회색띠는 노란 기운이 도는 것을 볼 수 있다. 이것은 바탕에 있는 색의 처리를 맡는 기제가 이웃한 부분에 중성색의 띠가 있는 경우 그 중성색의 처리를 맡는 기제들 중 같은 색을 맡는 기제의 기능을 억제함으로써 상대적으로 보색을 맡은 기제를 활성화시키기 때문인 것으로 풀이되고 있다. 따라서 회색(중성색) 띠가 초록색 바탕에서는 붉게, 파랑색 바탕에서는 노랗게 보인다는 것이다. 이와 같이 보색에 대립되는 억제기제가 각기 개입된다는 가정을 뒷받침해 주는 다른 하나의 현상으로 색채잔상(color after image)효과를 들 수 있다. 색채잔상효과로 인하여 빨강색 원을 오래 응시하다가 중성적인 색의 원을 바라보면 보색인 초록색이 경험된다〈색도 5-4〉.

〈색도 5-2〉에 있는 것처럼 색원의 둘레에 있는 색 가운데 어떤 것은 스펙트럼에서 발견할 수 없는 것들이 있다. 예를 들어 사람들이 진홍(pure red)으로 지각하는 색은 스펙트럼색에서 발견되지 않으며 스펙트럼의 빨강(주황빛이 남)에 해당되는 파장에다 스펙트럼의 파랑에 해당되는 파장을 적당한 비율로 섞을 때 나타난다.

감각적으로 색을 구분하는 것과 색의 명칭에 사용되는 어휘와 어떤 상관이 있을까? 어떤 문화권에서는 색을 나타내는 어휘가 몇 안되는 데 비하여 다른 문화권에서는 매우 많은 어휘가 있다. 그러나 어휘를 사용하지 않고 감각적으로 색을 구분하는 양상을 면밀히 분석한 결과 색에 대한 어휘의 많고 적음이 색채감각에 영향을 주지 않는 것으로 밝혀졌다. 따라서 색은 어휘와 같은 인지적인 요인보다는 감각기제와 관련된 보다 원초적인 요인들에 의해 결정된다. 이만영(1983)은 최근 색채명명법에 의해 한국사람들의 색채구분경향을 연구했는데 모든 색을 기술할 수 있는 최소한의 색이 빨강, 노랑, 초록, 파랑, 보라의 다섯

색임을 밝혀냈다. 그는 이 다섯 가지 색을 한국인의 심리적 요소색(psychological primary colors)으로 규정하고 있다.

(2) 색채감각이론: 색에 대한 감각은 망막의 감각세포가 파장이라는 빛에 선별적으로 반응하는 것에서부터 시작되지만 색이 어떤 과정을 거쳐 경험되는가에 대해서는 여러 이론간에 논란이 많다(Kaufman, 1976). 그 중 대표적인 두 이론이 19세기 초 Thomas Young에 의해 주창되고 뒤에 Hermann Von Helmholtz가 체계화한 삼원색설과 19세기 말 Ewald Hering에 의해서 주창된 대립색설이다.

삼원색설은 망막에 있는 빨강, 초록, 파랑을 맡은 세 종류의 감각세포의 반응조합에 의해 모든 색이 부호화된다는 이론이다. 최근에 고안된 첨단광학적 특수기법에 의해서 망막에 있는 감광색소의 종류를 알아본 결과 삼원색설에서 주장하는 것과 같이 세 종류의 감광색소가 존재한다는 것이 밝혀졌다.

한편 Hering은 사람들이 빨강, 초록, 파랑과 함께 노랑색을 순색(pure color)으로 보며, 노랑색 비슷한 파랑이나 초록색 비슷한 빨강색을 경험하지 못한다는 것에 착안하여 빨강-초록, 노랑-파랑의 두 대립된 색부호기제에 의해 모든 색이 부호화된다는 대립색설을 내놓았다. 만일 삼원색설에서 말하는 세 가지 세포들의 반응조합에 의해 색이 부호화된다면 마땅히 노랑을 빨강과 초록의 혼합색으로 느껴야 하며 노랑색 비슷한 파랑, 빨강색 비슷한 초록이 경험되어야 한다. 나아가서 LGN에 있는 세포들이 바로 Hering이 주장하는 대립색설과 일치된 반응을 보임으로써 삼원색설에 대한 의문이 제기되었다. 결과적으로 최근에 수행된 광학 및 신경생리학적 연구들의 망막수준에서는 삼원색설이 옳고, LGN수준에서는 대립색설이 옳다는 모순된

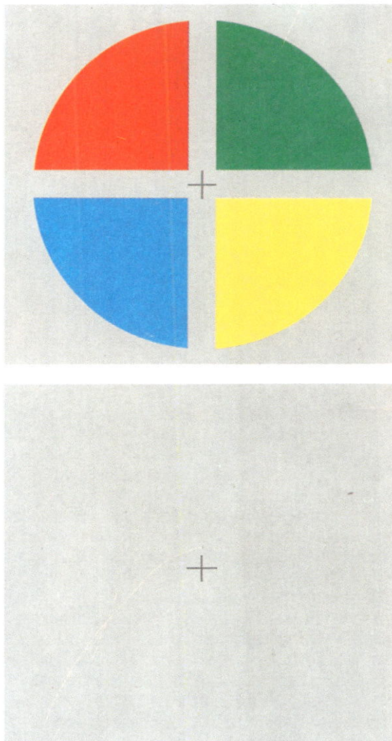

〈색도 5-4〉 색채잔상효과
윗 그림의 십자표시가 있는 곳을 약 5분 정도 눈을 고정하여 응시하다가 재빨리 아랫칸의 십자표시가 있는 곳으로 응시점을 옮겨 보라. 각 4분 색면의 대응되는 곳에 회색바탕을 배경으로 흐릿한 보색이 나타날 것이다.

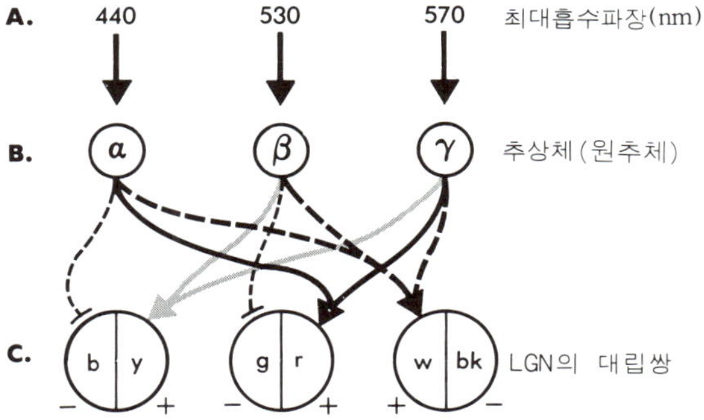

[그림 5-10] 색채처리신경배선도
색채감각을 설명하기 위해 Hurvich와 Jameson이 제안한 신경배선도

증거들을 제시하고 있다. 이 모순을 해결하기 위하여 Hurvich와 Jameson(1974)은 망막 위에 있는 세 종류의 추상체로부터 LGN의 빨강-초록, 파랑-노랑, 흑-백의 세 대립색 기제로 이어지는 [그림 5-10]의 신경배선모형을 제시하였다.

이 신경배선도에 의하면 LGN에 있는 빨강-초록 대립세포(R^+G^-세포로 불리움)는 망막 위의 장파장광과 단파장광을 받는 추상체로부터 흥분성 입력을 받으며 중간파장광을 맡는 추상체로부터 억제성 입력을 받는다(진빨강은 장파장과 단파장이 혼합된 것임을 상기할 것). 따라서, 만일 이 R^+G^-세포에 연결되어 있는 망막 부위에 장파장인 빨강계통의 빛이 증가하면 반응출력이 증가하게 되며 중간파장인 초록계통의 빛이 증가하면 반응출력이 감소하게 된다. 이와 같은 R^+G^-세포의 신경배선 구조는 이 세포가 빨강빛을 탐지하는 세포라는 것을 암시한다. 마찬가지 원리로 파랑-노랑 대립세포(B^+Y^-세포)는 망막의 단파장광을 맡는 세포로부터 흥분성 입력을, 장파장광과 중간파장광을 맡는 세포로부터 억제성 입력을 받아 파랑빛을 탐지하는 기능을 갖게 된다. LGN에는 이 두 가지 세포유형과 극성만이 다른 G^+R^-세포와 Y^+B^-세포가 있어 각기 초록색과 노랑색 빛의 탐지를 맡고 있다.

빨강색을 오래 바라보고 있다가 흰 종이를 바라보면 초록색 잔상이 보이고 노랑색을 오래 바라보고 있다가 흰 종이를 바라보면 파랑색 잔상이 보이는 색채잔여효과는 이와 같은 색대립세포로 입력되는 추상체 중 일부가 피로해져 생기는 현상으로 설명될 수 있다. 즉, 빨강색을 오래 보고 있으면 G^+R^-로 입력되는 추상체 중 빨강빛을 맡는 것들이 피로해져 억제 기능이 약화되며 이 때문에 흰 종이를 볼 때 상대적으로 초록빛을 맡는 추상체로부터의 입력이 강해져 초록색 잔상이 보인다는 것이다.

측면슬상핵에는 단일색을 부호화하는 세포들이 있지만 시각피질에 이르면 색의 경계를 탐지하는 세포들이 있다. 색채정보는 시각피질 이후에도 계속 분석되어 측두엽에서 최종분석결과가 표상되는 것으로 여겨진다(Zeki, 1977). 측두엽의 V4라는 부위에는 같은 계통의 색을 탐지하는 세포들이 가지런히 모여 있는 것으로 알려져 있다.

Ⅳ. 청각의 생물학적 기초

소리를 들을 수 있는 능력이 없다면 어떻게 될까? 다정한 사람들의 음성, 아름다운 음악, 한 밤중의 개짖는 소리, 위험을 알리는 자동차의 경적, 적기의 공습경보를 들을 수 없다고 가정해보라. 청각을 통해서 들어오는 정보는 우리의 감정과 정신을 풍요롭게 해주고 우리의 안전과 생존을 도모해주는 결정적인 가치를 지닌다. 그 내용이 무엇이든, 모든 청각정보는 공기의 압력변화에 의한 소리에너지가 우리의 고막을 진동함으로써 시작된다.

1. 청각자극: 소리의 본질

소리의 본질을 이해하기 위해서 기타소리가 어떻게 만들어지는가를 살펴보기로 한다. 기타의 줄을 튕기면 줄이 좌우로 진동하게 된다. 줄의 진동은 곧 주위의 공기 중에 있는 입자들을 밀치거나 당기게 된다. 줄이 공기 중의 입자를 밀칠 때는 입자들이 밀(密)해지고 당길 때는 입자들이 소(疎)해진다([그림 5-11] 참조). 줄을 튕김에 따라 이렇게 공기의 밀함과 소함이 반복되면서 소리가 발생하게 된다.

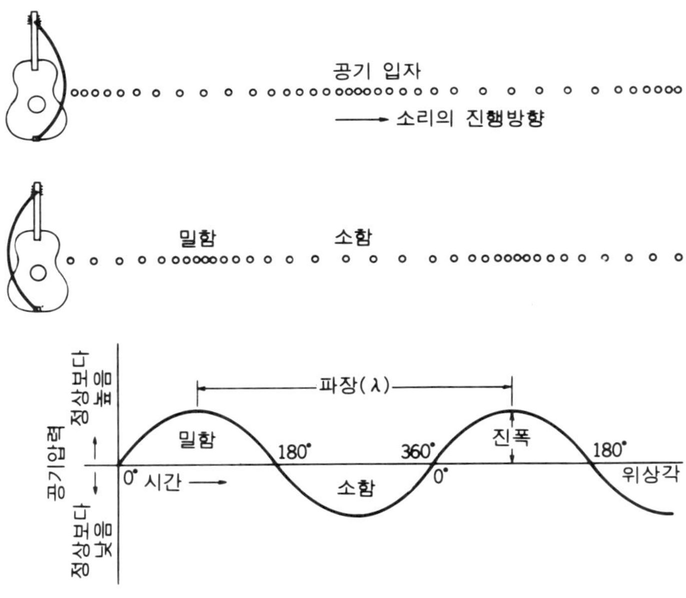

[그림 5-11] 공기 중에서 음파가 형성되는 원리

기타의 줄이 공기를 때릴 때는 공기입자들이 밀해지고 당길 때는 소해진다. 이와 같이 공기입자의 소밀이 반복되어 전도돼 나아가는 현상을 사인곡선에 의하여 표시할 수 있다.

공기의 소함과 밀함의 반복을 파장으로 나타낼 수 있다. 공기가 가장 밀한 곳을 고랑으로 놓고 소한 곳을 이랑으로 놓으면 진동이 시작된 때를 기점으로 하여 파장의 진폭변화는 사인곡선(sine curve)과 같은 형태의 곡선으로 표시된다. 우리는 이 파장의 특징을 살핌으로써 소리의 높낮이와 소리의 크기를 알아낼 수 있다. 파장의 진동수(frequency)는 진폭(amplitude)에 초당 몇 주기(cycle)의 반복이 있었는가로 표시되며 그 단위로서 헤르쯔(herz 또는 Hz)가 사용된다. 한 주기는 파장의 한 진폭부위에서 고랑과 이랑을 거친 뒤 같은 진폭부위에 이를 때까지의 범위를 가리킨다. 진동수는 주로 음조(音調) 또는 소리의 높낮이(pitch)를 결정한다.

진동수에 대한 사람의 가청한계는 20Hz에서부터 20,000Hz 사이이다. 참고로 이야기한다면 현악기인 베이스 비올라(bass violar)는 최저 50Hz까지 내려 갈 수 있으며, 피아노는 최고 5,000Hz까지 올라 갈 수 있다. 가청한계는 사람에 따라 종에 따라 약간씩 다르다. 어린이와 여자는 남자보다 고음쪽에 예민하며 나이가 많을수록 고음을 잘 듣지 못하게 된다. 돌고래나 박쥐는 사람이 들을 수 없는 초음파를 들을 수 있다.

파장의 상하 폭은 소리의 진폭을 나타낸다. 진폭은 음높이(pitch)와 함께 소리의 크기(loudness)를 결정한다. 소리의 크기는 데시벨(decibel) 또는 dB로 표기한다. 사람이 두어걸음 사이를 두고 속삭이는 소리는 약 20dB이며, 일상 대화는 약 60dB, 거리의 자동차 소음은 약 80dB, 6m앞을 지하철차량이 지나가는 소리는 약 100dB이다. 무거운 해머로 가까이서 강철판을 두드릴 때 느끼는 것처럼 소리의 크기가 어느 정도 이상이 되면 통증을 경험하게 된다. 통증은 약 120dB에서부터 경험하게 된다.

앞에서 소개한 파장형태는 소리굽쇠와 같이 순음(pure tone)을 내는 기구 이외에서는 거의 발견되지 않는다. 우리가 일상 듣는 대부분의 소리는 순음이 아니다. 대부분의 기본음정(fundamental tone)들은 그 기본음정의 배수의 진동수를 갖는 중복음들(over tones)을 수반한다. 예를 들어, 바이올린에 있는 하나의 현이 진동할 때 현 전체가 하나가 되어 진동할 뿐 아니라 그 전체적인 진동수의 1/2, 1/3, 1/4 등과 같은 진동이 동시에 발생된다. 이와 같은 과정을 통하여 각주된 진동들은 하나의 음정(tone)을 발생시키며, 그것에 복잡한 형태의 중복음조들이 추가됨으로써 음색(timber) 또는 소리의 결이 결정된다.

2. 청각신경정보의 처리

청각정보는 귀에서 물리적 자극에너지가 신경에너지로 바뀌어 측두엽에 있는 청각령을 향해 전도되면서 여러 단계를 거쳐 처리된다.

(1) 귀

청각은 음파가 우리의 고막에 부딪혀 그것을 진동시키는 데서부터 비롯된다. 고막의 진동은 중이에 있는 세 개의 청소골을 움직이게 하고 이 움직임은 내이의 기점인 난원창을 진동하게 만든다. 고막의 안쪽에서부터 난원창까지를 중이라 하는데 세 개의 청소골은 이 속에 들어 있다([그림 5-12] 참조). 이 세 뼈 중 고막에 붙어 있는 것을 추골(槌骨: hammer), 추골과 연결된 가운데 부분을 침골(砧骨: anvil), 난원창에 연결된 나중 부분을 등골(鐙骨: stirrup)이라 부른다.

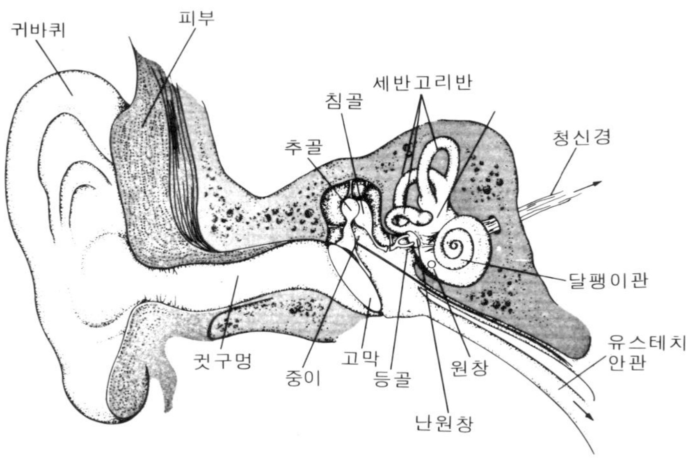

[그림 5-12] 사람의 귀
소리에너지는 고막을 진동시키고 이 진동이 청소골, 난원창, 달팽이관, 원창의 순으로 전달된다.

난원창(oval window)은 내이를 이루는 달팽이관(cochlea)의 입구에 해당된다. 달팽이관 속에는 체액이 들어 있어 난원창의 진동에 따라 움직인다. 체액의 움직임에 의한 달팽이관 내의 압력변화는 난원창의 맞은 편에 있는 원창(round window)의 진동에 의해 흡수되어진다. 달팽이관 속에는 기저막이라는 것이 있는데 이 막은 체액의 움직임에 따라 진동을 하게 되어 있다. 기저막은 난원창 부분에서는 좁고 딱딱하며 달팽이관의 안쪽으로 갈수록 넓고 유연하다. 낚시대를 휘두를 때 딱딱한 손잡이 부분은 작은 진동에 예민하고 유연한 끝 부분은 큰 진동에 예민하듯이 기저막의 이와 같은 구조는 고주파에는 초입 부분에서, 저주파에는 끝 부분에서 선별적으로 예민한 움직임을 보이도록 되어 있다.

기저막 위에는 콜티기관(organ of corti)이라는 것이 있어 기저막과 같이 움직인다. 음의 파장도 바로 이 콜티기관에 있는 감각세포에 의해서 신경정보로 바뀌게 된다. 청감각세포는 매우 작은 섬모세포인데 달팽이관 내의 체액이 움직일 때마다 휘게 됨으로써 신경충격(nerve impulse)을 발생하게 된다. 기저막은 앞에서 언급했듯이 음의 고저에 따라 예민하게 움직이는 부위가 다르다. 따라서 진동수가 높은 음은 기저막의 초입 가까이에 있는 섬모세포를, 낮은 음은 끝부분에 있는 섬모세포를 선별적으로 집중 자극하게 된다. 소리의 파장이 이와 같은 원리에 의해 신경부호화된다는 이론을 장소이론(place theory)이라고 부른다.

시각에서와 마찬가지로 감각신경에 의해서 발생된 신경충격은 양극세포를 거쳐 청신경을 이룬 뒤 뇌로 진행하게 된다.

(2) 대뇌까지의 신경연결

한 귀에서 비롯된 청각신경은 연수(medulla)에서 두 갈래로 나뉘어 양측 뇌로 신경정보를 전도한다. 연수에서 신경정보의 일부는 눈, 머리, 귀의 움직임을 조정하는 대뇌중추로 진행한다. 신경정보의 다른 일부는 망상체(reticular formation)로 전도되어 소리자극에 대하여 각성을 주도하는 기능을 행사하는 것 같다. 그러나 청각정보의 대부분은 측뇌에 있는 청각피질영역으로 확산 전도되어진다. 청각정보는 최종부위까지 전도되는데 약 4단계 이상의 시냅스를 이루나 시각보다는 신경정보가 직접적으로 전도된다. 시각에서 논의한 바와 같이 각 단계를 거칠 때마다 청신경정보를 점점 더 정확한 내용으로 부호화한다.

3. 청각이론

기저막의 위치에 따라 소리의 높낮이가 부호화된다는 청각의 장소이론을 앞에서 소개하였다. 이 이론을 처음 주장한 사람은 Helmholtz이지만 이론의 타당성을 본격적으로 체제화한 사람은 청각연구로 노벨상을 수상한 Georg von Bêkêsy이다. Bêkêsy는 소리파장이 달팽이관의 체액을 따라 진행하면서 음높이(pitch)에 비례하여 기저막의 상이한 장소들을 움직이게 만든다는 이론을 내놓았다.

장소이론과 대립되는 이론으로서 빈도이론(frequency theory)이 있다. 이 이론에 의하면 기저막의 진동빈도와 같은 신경충격의 빈도가 발생됨으로써 소리의 높낮이가 보호화된다는 것이다. 즉, 청각섬모세포들이 빠른 속도로 휘게 되면 대뇌로 고주파 신경충격이 전도되고, 느린 속도로 휘게 되면 저주파 신경충격이 전도된다는 것이다. 그러나 청각섬모는 우리가 들을 수 있는 최고 소리 빈도만큼 빨리 움직일 수 없다. 빈도이론은 이 문제를 해결하기 위하여 연발원리(volley principle)를 내놓고 있다. 이 원리에 의하면 신경세포들은 하나가 흥분한 다음, 그 다음 것이 흥분하고, 다시 그 다음 것이 흥분하는 방식으로 여러 개의 신경세포들이 조를 이루어 연발함으로써 고주파 음을 부호화한다는 것이다.

장소이론이나 빈도이론 둘 중 하나의 이론만으로는 음조의 변별을 완전히 설명할 수 없다. 즉, 두 이론을 적당히 조합할 때 음조의 변별과정이 보다 잘 설명될 수 있다. 예를 들어, 연발원리는 약 4,000Hz까지의 빈도에 대한 청각반응을 잘 설명해 주지만 그 이상에서부터는 장소이론이 음조변별에 더 나은 설명을 제공하는 것으로 알려져 있다.

V. 지각의 문제: 형태와 모양지각

감각자료의 집합으로부터 의미있는 형태를 이끌어 내는 원리를 밝히는 것이 지각의 문제영역이다. 우리가 보고 듣는 원리는 시각계통이나 청각계통에서 감각자료가 처리되는 원리로써 설명되지 않는다. 예를 들어, [그림 5-13]을 볼 때 우리의 망막에 비춰지는 것, 즉 우리에게 주어진 감각자료는 단지 빛의 얼룩에 불과할 뿐이다. 그러나 일단 이 그림 속에서 보도가 교차하는 곳에 머리를 숙이고 있는 개를 볼 수 있게 된 뒤부터는, 더 이상 이 그림을 단순한 빛의 얼룩으로 지각하지 않게 되며 의미있는 형태, 즉 보도 위의 개를 뚜렷이 지각하게 된다.

[그림 5-13] 보도에서 냄새를 맡는 개
이 그림의 중심부분에 개의 머리가 있다. 그림을 처음 볼 때는 개를 알아보기 힘들지만 일단 개가 보인 뒤부터는 어김없이 쉽게 보이게 된다.

처음에는 보기가 힘들던 그림 속의 개를 일단 한번 볼 수 있게 된 다음부터는 언제나 즉각적으로 볼 수 있는 까닭은 무엇일까? 이 그림은 지각이 입력자극을 분석하는 작업에서 완결되는 것이 아니라 그 분석결과가 이전의 경험을 통해 머리 속에 저장해 놓은 기억과 대조되어야 완결된다는 것을 암시한다. 사물이나 사건의 인식과정은 지각자가 외부에서 입력되는 자극정보에 의미를 부여하는 과정을 포함한다. 그런데, 입력자극정보에 의미를 부여하기 위해서는 의미의 근거가 되는 그 사물이나 사건에 대한 정보가 기억 속에 있어야 한다. 기억 속에 있는 정보는 지각자가 이미 알고 있는 것이기 때문에 입력자극정보가 그것에 해당되는 기억정보와 대조되면 그것에 대한 인식이 가능하게 된다.

지각과정의 이해에서 가장 어려운 것은 자극 속에 담겨진 정보들이 어떻게 분석 정리되어 기억 속의 정보와 대조되는가를 밝히는 것이다. 예를 들어 현재 이 글을 쓰고 있는 나의 전면 시야에는 작업대 위에 컴퓨터 단말기와 휴대용 녹음기가 나란히 놓여 있고 그너머 서가에는 수십권의 전공 서적과 강의록 등이 꽂혀 있다. 이 모든 나의 소유물들은 하나의 2차원 평면 위에 서로 엉겨 붙어서 내 눈의 망막에 상을 맺고 있다. 내가 이 사물들을 보고 안다는 것은 모든 것이 엉겨 붙어있는 이 망막상으로부터 컴퓨터, 녹음기, 전공서적, 강의록에 해당되는 상들을 분리하여 그것들에 해당되는 기억정보와 대조하는 모종의 작업을 나의 두뇌가 시시각각 수행하고 있는 덕분이다. 그런데 내 눈속에 맺힌 망막상은 그 자체로는 [그림 5-13]과 다를 바 없는 빛의 얼룩들로 짜여진 하나의 자극판일 따름이다. 하나의 대상을 인식하기 위해서는 이 빛의 얼룩들로부터 그 대상에 속하는 부분들만을 따로 분리해 내어 그 속에 담겨져 있는 자극의 구조가 파악되어져야만 한다. 지각 이해의 가장 어려운 부분 중의 하나가 바로 이 대상 분리의 문제이다.

대상 분리의 문제가 얼마나 어려운가를 알아보기 위하여 [그림 5-14]를 보면서 몇 가지 물음에 답을 시도해 보기 바란다. 이 그림은 족야구(足野球)를 하는 광경을 사진으로 찍은 것인데 사진 속에 모자를 쓴 사람이 공을 힘껏 차고 있는 모습을 볼 수 있다. 우리가 만일 사람, 모자, 건물이 어떻게 생겼는지를 모르는 상태에서 이 사진을 본다고 하자. 그런 상태에서 우리가 사람, 모자, 건물을 알아볼 수 있으며 사람이 모자를 쓰고 있다는 것을 알아볼 수 있을까? 예를 들어 컴퓨터에 영상을 입력받을 수 있는 카메라를 달아놓고 이 사진을 입력시킨 다음 컴퓨터가 그림 속에 있는 사물들을 인식할 수 있게 한다고 하자. 컴퓨터가 건물배경에서 모자와 사람을 분리해내어 모자를 쓴 사람으로 인식하도록 하려면 프로그램을 어떻게 짜야만 할까? 무엇이 이 사람을 배경의 일부로 지각되지 않게 할 수 있으며 모자부분

[그림 5-14] 족야구광경
우리는 대상분리과정을 거쳐 사물을 인식한다.

의 영상을 건물의 일부가 아니라 사람의 일부로 지각할 수 있게 만드는가?

이 그림을 자세히 보면 두 개의 공이 있다는 것을 알 수 있다. 공 하나는 땅 위에 놓여 있으며 다른 하나는 공을 차고 있는 발의 연장선 위에 있는데 공을 찰 때 받은 힘으로 빠른 속도로 회전하며 날고 있어 윤곽이 희미하게 보인다. 땅위에 있는 공은 분명하고 뚜렷하게 보이는데 날아가고 있는 공은 잘 보기 힘든 까닭은 무엇일까?

만일, 사진의 땅위에 있는 공이나 주전자와 같이, 영상의 한 부위에 주위 배경과 밝기나 색에서 뚜렷하게 차이가 나는 부분이 있으면 그 부분에 배경과 다른 사물이 있을 가능성이 커진다. 따라서 사물인식을 위해 예의 컴퓨터가 수행해야 하는 일은 이렇게 밝기나 색이 급격하게 변화되는 영상의 부위를 찾아내는 것이다. 그러나 이러한 작업은 시작에 불과할 뿐 대상 분리 과정을 거쳐 영상 내의 사물들이 인식될 수 있는 단계와는 거리가 멀다. 밝기나 색으로 서로 구분 가능한 부분들이 확인된다 하여도 어느 부분들이 어떻게 서로 묶이어 하나의 사물을 구성하는지를 알 수 없으면 하나의 대상을 다른 사물들의 영상으로부터 분리할 수 없으며 결국 그 대상을 인식할 수 없게 된다. 형태심리학(形態心理學: Gestalt Psychology)은 영상 내의 시각 요소들이 서로 묶이어 형태를 구성하는 원리를 밝힘으로써 대상 분리의 기초가 되는 지각 작용의 본질이 무엇인가에 대해 설명을 제공하고 있다.

1. 형태심리학과 형태구성의 원리

형태심리학은 20세기초 독일에서 발전된 심리학적 사조로서 'Gestalt Psychology'의 'Gestalt'라는 독일어는 '형태' 또는 '전체적 모양(configuration)'을 뜻한다. 형태심리학자들이 말하는 'Gestalt'라는 개념을 이해하기 위해서는 당시 심리학의 주류를 이루던 구조주의(structuralism)에 대한 이해가 선행되어야 한다.

구조주의는 심리학의 시조인 Wundt를 비롯하여 초기 심리학자들이 고수했던 사조로서 우리의 지각내용이 감각질(感覺質: sensations)이라는 단순 요소들로 분해되어 이해될 수 있다는 이론적 입장을 담고 있다. 마치 집이 나무와 벽돌로 된 구조물이듯 지각체(percept)도 단순 감각질로 이루어진 하나의 구조물이

[그림 5-15] Rubin의 컵
어느 것이 전경으로 보이느냐에 따라 컵 또는 마주보는 두 사람의 얼굴 실루엣이 보인다.

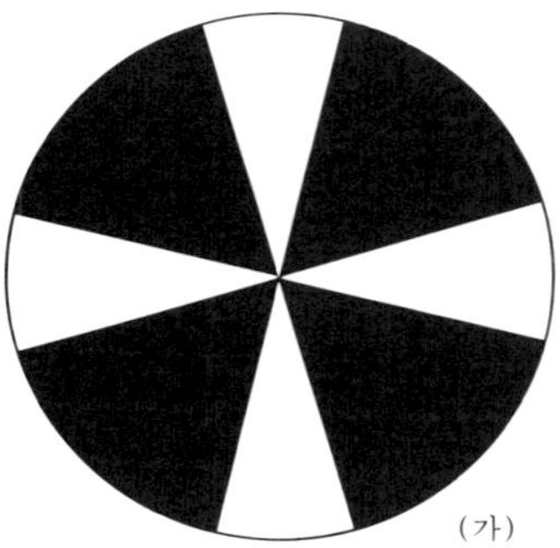

(가)

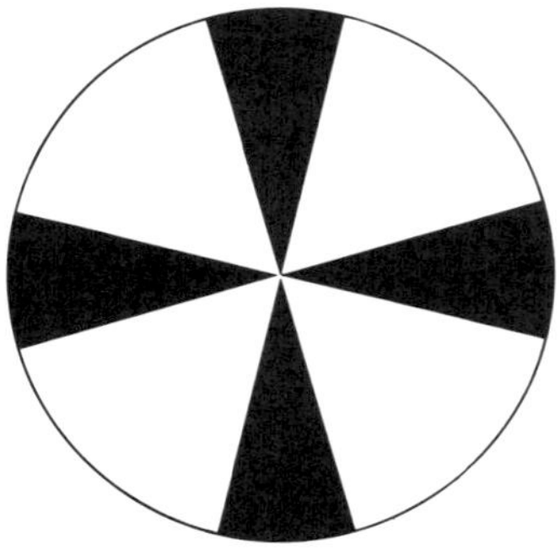

[그림 5-16] 반전도형
그림을 처음 볼 때 대부분 작은 띠가 전경으로 보인다. 그러나 도형의 중심을 한참 응시하고 있으면 전경과 배경의 계속된 반전이 일어나게 된다.

라는 것이다. 구조주의자들에 의하면 감각질은 스스로 자기 자신의 의식을 들여다 보는 내성(內省: introspection)을 통하여 지각내용을 더 이상 쪼갤 수 없는 단계까지 분석함으로써 확인될 수 있다. 예를 들어 하나의 사과에 대한 지각내용은 내성을 통하여 '빨갛다', '둥글다'와 같은 더 이상 분석이 가능하지 않은 감각질로 나뉠 수 있으며 이들 감각질들을 단순 조합함으로써 '사과'라는 지각체가 발생된다는 것이다. 철학자와 달리 의식을 과학적으로 연구해야 한다고 생각했던 초기의 심리학자들은, 화학자들이 원자라고 불리우는 소수 원소의 결합으로 모든 물질을 설명하듯, 감각질이라는 원소의 결합으로 모든 의식현상을 설명할 수 있다는 생각에 매료되지 않을 수 없었을 것이다.

형태주의 심리학자들은 구조주의 심리학자들의 이러한 생각에 정면으로 도전을 제기하였다. 그들을 구조주의자들의 생각이 옳다면 지각내용이 그것을 이루고 있는 부분들의 단순한 합으로 설명 가능해야 하지만 실제로는 그렇지가 않다는 것을 여러 가지 지각현상을 통하여 보여 주었다. 예를 들어 영화에서처럼 정지된 장면들을 연속적으로 제시하면 정지된 화면들의 단순 조합으로는 설명할 수 없는 움직임이 나타나게 되는데 형태심리학의 창시자인 Wertheimer는 이러한 일련의 지각현상들을 토대로 '전체(Gestalt)는 부분의 단순한 합이 아니다'라는 유명한 명제를 내놓았다.

형태심리학자들은 전체가 부분의 합이 아니라는 것을 보여준 것 뿐만 아니라 그것에서 한 걸음 더 나아가 지각구성의 원리들을 밝히는 데에도 커다란 공헌을 하였다.

형태심리학자들이 주장하는 지각 구성원리 중에서 아마도 가장 중요한 것은 전경(figure)과 배경(ground)의 구분일 것이다. 전경은 윤곽에 잘 규정된 딱딱한 표면으로서 배경을 뒤로 하여 앞에 나와있는 것으로 지각되는 시야의 부분들이다. 배경은 전경의 뒤로 확산된, 표면으로 규정될 수 없는 무정형의 공간처럼 지각되는 부분을 일컫는다. [그림5-15]는 'Rubin의 컵'이라고 부르는 도형인데 전경과 배경을 설명할 때 가장 자주 사용되는 도형이다. 우리는 이 도형에서 중앙에 있는 흰 컵을 보든지 아니면 서로 마주보고 있는 두 얼굴의 실루엣을 본다. 그러나 어떤 경우에도 컵과 얼굴을 동시에 보기는 어렵다. 이것은 컵이 전면으로 보일 때는 컵과 얼굴을 나누는 윤곽이 컵의 윤곽으로 취해지며 얼굴 부분은 컵 뒤로 연장된 무정형의 공간처럼 지각

[그림 5-17] 전경과 배경이 결정되는 원리가 얼마나 강력한가를 보여주는 그림
그림에 써 있는 단어가 무엇인가를 알아맞춰 본다. 작고 폐쇄된 것이 전경으로 보이는 경향 때문에 단어를 찾아 내기 힘들다.(답 WORD)

되기 때문이다.

형태심리학자들의 주장에 의하면 전경과 배경이 나눠어지는 원리는 우리의 지각체계가 지니고 있는 내재적인 지각구성의 법칙을 따른다. [그림 5-16]은 이와 같은 내재적인 법칙의 한 단면을 잘 보여준다. 이 그림은 '반전도형(reversible figure)' 이라고 불리우는 도형으로서, 도형의 중심을 응시할 때 '+' 또는 '×' 형의 도형 중 하나가 전경으로 보이며 다른 하나는 배경으로 보이게 되지만, 도형을 계속 응시하는 동안 우리의 의도와는 관계 없이 전경과 배경이 번갈아 반전되는 현상이 나타난다. 그림의 (가)와 (나)에서 볼 수 있는 것처럼 어느 도형이 더 전경으로 보일 가능성이 높은가 또는 전경에서 배경으로 반전되기 힘든가의 여부는 도형의 크기와 관계된다는 것을 알 수 있다. 일반적으로 큰 도형은 배경으로, 작은 도형은 전경으로 지각되는 경향이 있다. 전경과 배경을 구분하는 지각원리가 얼마나 중요하며 강력한가를 [그림 5-17], [그림 5-18]을 보면서 음미해 보도록 한다.

[그림 5-18] 물고기와 새
덴마크이 그래픽화가 Maurits C. Escher가 그린 이 그림은 아래 쪽에서 위로 또는 위쪽에서 아래로 보는 위치를 바꿈에 따라 전경과 배경이 뒤바뀌게 된다.

전경과 배경을 구분하려는 지각경향에 의해 모호한 물체의 윤곽이 뚜렷해지기도 한다. 예를 들어, [그림 5-19]에서 바로 선 흰 삼각형이 거꾸로 선 흰 삼각형보다 훨씬 희게 보이며 윤곽이 뚜렷한데 이것은 전경에 있는 삼각형이 배경의 검은 원과 대조(contrast)를 이루기 때문이다.

[그림 5-19] 주관적 윤곽
전경-배경의 구분에 의해 실제는 없는 윤곽이 뚜렷하게 나타난다.

형태심리학자들은 지각구성이 경험과 무관하며 유전에 의해서 결정되는 모종의 내재적인 법칙에 따른다고 생각했다. 그들에 의하면 망막상에 포함된 자극요소들은 몇 가지 원칙에 따라 함께 묶이어 지각단위를 이루게 되며 이러한 지각 구성의 결과물로서 사물의 형태(figure)와 그것의 배경(ground)이 출현하게 된다. 즉, 유전적으로 결정되어 있는 모종의 지각기제와 그것에 내재되어 있는 지각 구성의 원칙에 따라 대상의 분리가 자연스럽게 완결된다는 것이다. 형태심리학자들은 지각구성을 좌우하는 법칙으로서 근접성의 원리, 유사성의 원리, 연속성의 원리, 공통행선(共通行先: common fate)의 원리, 충만성(pragnanz)의 원리 등을 들고 있다.

근접성의 원리 시간과 공간 차원에서 근접해 있는 자극 요소들은 함께 묶어 지각된다는 원리이다. [그림 5-20] ㉮의 왼쪽 그림에 있는 점들은 다른 점들과의 상하 거리와 좌우거리가 같기 때문에 어느 쪽으로도 묶여 지각되지 않지만 오른쪽 그림에 있는 점들은 상하 거리보다 좌우 거리가 가깝기 때문에 좌우로 묶여 점들의 행(行)구조가 출현한다. 이와 같은 근접성에 의한 행구조는 의식적인 노력 없이 저절로 나타나 보이게 되는데 형태심리학자들은 바로 이러한 지각 경향성을 내재적인 지각구성의 개입 증거로서 해석한다

유사성의 원리 유사한 자극요소들이 함께 묶이어 지각된다는 원리이다. [그림 5-20]의 ㉯에는 둥근 점과 사각점이 상하 좌우 등거리를 유지하고 있어 근접성에 의해서는 지각구성이 일어날 가능성이 없으나 점들간 모양의 유사성에 의해 상하 방향으로 열(列)구조가 나타난다.

연속성의 원리 자극요소들이 부드러운 연속선을 따라 함께 묶이어 지각된다는 원리이다. [그림 5-20]의 ㉰에 있는 점들은 근접성에 의해 줄모양의 구조가 나타난다. 우리는 이 그림에서 두 개의 부드러운 선(ㄱ-ㄴ-ㄷ)과 (ㄹ-ㄴ-ㅁ)이 (ㄴ)에서 교차하는 것으로 본다. 그러나 교차점 (ㄴ)에서 근접성만을 고려한다면 어느 방향으로나 점들간의 거리가 같기 때문에 (ㄱ-ㄴ-ㅁ)과 (ㄹ-ㄴ-ㄷ)의 허리가 꺾인 두선이 꼭지를 맞대고 있는 것처럼 보지 말아야 될 아무런 이유가 없다. 형태심리학자들에 의하면 우리가 이 그림에서 (ㄱ-ㄴ-ㄷ)과 (ㄹ-ㄴ-ㅁ)의 두 선을 보는 것은 (ㄷ)과 (ㅁ)이 각기 (ㄱ-ㄴ)과 (ㄹ-ㄴ)의 연장선 위에 있기 때문이라는 것이다.

공통행선의 원리 움직이는 자극요소들이 움직임의 행선지(行先地) 즉, 방향이 같은 것끼리 묶이어 지각되는 원리이다. 무용을 관람할 때 여러 명의 무용수들이 무대에 나와 일시에 춤을 추며 움직일 때 우리는 같은 방향으로 움직이는 무용수들끼리 묶어서 지각하는 경향이 있다.

충만성의 원리 자극 도형들은 주어진 자극 조건하에서 가능한 한 가장 좋은 형태를 갖는 방향으로 지각된다는 원리이다. [그림 5-20]의 ㉱에 있는 그림은 하나의 복잡한 도형으로 보거나 하나의 사각형과 하나의 기역자 도형이 맞물려 있는 것으로 볼 수도 있지만 우리는 그대신 두 개의 정사각형이 포개져 있는

㉮ 근접성의 원리
오른쪽 그림에 있는 점들은 상하거리보다 좌우거리가 가깝기 때문에 좌우로 묶여 행구조가 나타난다.

㉯ 유사성의 원리
사각형과 원끼리 묶여 열구조가 나타난다.

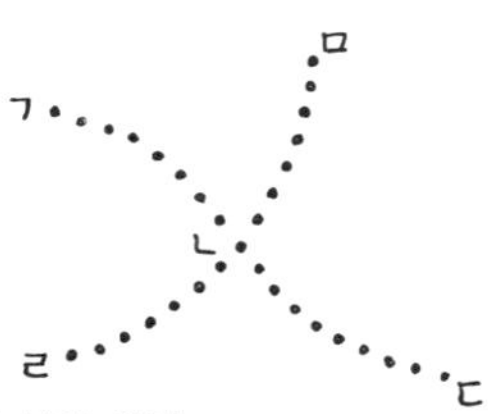

㉰ 연속성의 원리
두개의 선(ㄱ-ㄴ-ㄷ)과 (ㄹ-ㄴ-ㅁ)이 교차하는 것으로 지각된다.

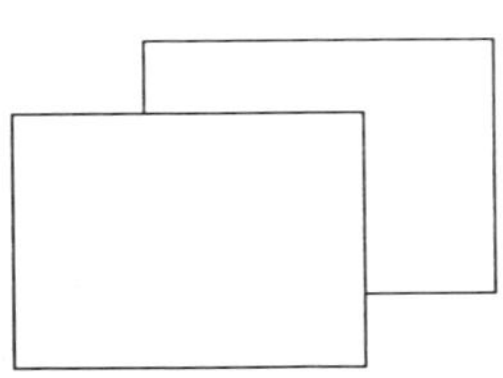

㉱ 충만성의 원리
두개의 사각형이 포개져 있는 것으로 지각된다.

[그림 5-20] 형태구성의 원리

것으로 지각한다. 형태심리학자들의 주장에 의하면 우리가 이와 같이 지각을 하게 되는 것은 하나의 복잡한 다각 도형보다는 정사각형이 훨씬 단순하고 좋은 형태를 갖고 있기 때문이다.

2. 구성주의(構成主義: constructivism)

구성주의 심리학자들은 형태심리학자들의 주장하는 것처럼 유전적으로 내장(內藏)되어 있는 기제에 의해 지각이 즉각적으로 완결되는 것이 아니라 경험이나 추론과 같은 지각자의 지식이나 능동적인 역할이 지각과정에 개입된다고 가정한다. 지각과정의 산물을 하나의 건축물에 비유한다면 구성주의자들은 건축물의 구조를 이루고 있는 재료보다는 건축물을 만드는 사람의 입장에서 지각현상을 설명하고자 한다. 이러한 점에서 구성주의는 형태주의뿐만 아니라 구조주의와도 대별된다. 구성주의에 의하면 지각자는, 마치 형사나 탐정이 단서의 수집과 추리를 토대로 범인을 알아내듯, 자극 속에 포함되어 있는 단서들과 일련의 의식 및 무의식적인 추론을 통해 지각대상이 무엇인지를 인식할 수 있게 된다. 구성주의자들의 이러한 입장에서 보면 [그림 5-20]의 ㉣에서 우리의 두 개의 정사각형을 보게 되는 것은 형태심리학자들이 말하는 충만성의 원리 때문이 아니라 사물이 중첩되면 어떻게 보일 수 있다는 것을 우리가 알고 있기 때문이다. 즉, 우리는 이 그림에서 하나의 정사각형이 다른 정사각형보다 앞쪽에 나와 있는 것으로 지각하는데, 이것은 중첩의 가능성을 알리는 단서들이 그림 속에 있기 때문이다.

지각을 설명하는 데 있어서 형태심리학자들은 지각구성의 원리에 부합되는 자극의 특성에 초점을 맞추고 구성주의 심리학자들은 지각자의 능동적 역할에 초점을 맞추기 때문에 자신들의 관점이 타당하다는 것을 설득하기 위해 자주 사용하는 자극유형이나 지각문제가 서로 다르다. 형태심리학자들은 [그림 5-20]에서 보았듯이 주로 자극 도형의 시공간적인 물리적 특성을 토대로 형태나 모양지각의 원리를 논한다. 그러나 구성주의자들은, 뒤에 자세히 소개되겠지만, 깊이지각과 관계된 착시나 지각항등성과 같이 형태나 모양 자체보다는 그 속에 포함되어 있는 단서들로부터 추론 가능한 지각현상을 설명하는 데 주된 관심을 갖는다.

[그림 5-21]에는 구성주의자들의 입장을 설명하기 위하여 자주 사용되는 도형들이 제시되어 있다. 이 그림의 위쪽에 있는

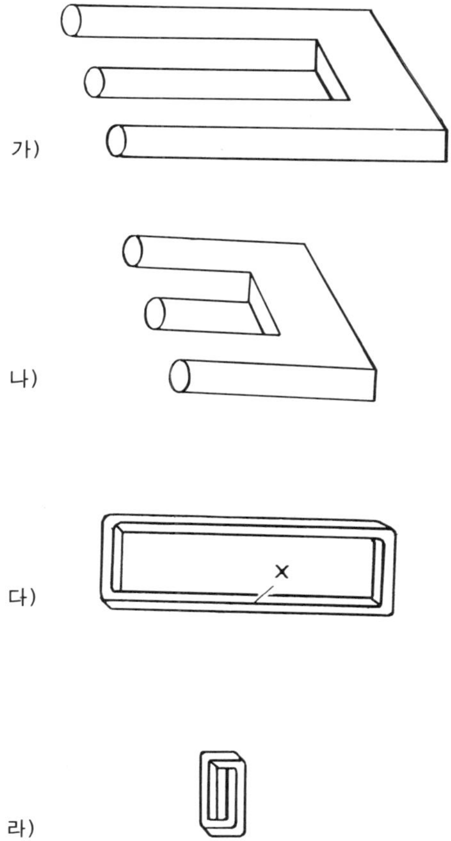

[그림 5-21] 불가능한 도형들

도형 가, 다에 비하여 도형 나, 라는 한번에 전체모양을 파악할 수 있기 때문에 얼핏 보아도 불가능하다는 것을 알 수 있다.

긴 삼지창과 사각틀은 자세히 보면 불가능한 형태를 하고 있지만 언뜻보면 자연스럽고 이상이 없는 것처럼 보인다. 그러나 그것들 아래에 있는 짧은 삼지창과 사각틀은 얼핏 보아도 불가능한 형태를 하고 있다는 것을 금방 알 수 있다. 구성주의자들의 설명(예: Hochberg, 1968)에 의하면 위쪽 도형들은 한번 응시하여 전체 모양을 인식할 수 있기에는 너무 길기 때문에 여러번의 응시가 필요한데 매 응시마다 수집되는 그림조각 내에는 불가능한 형태요소들을 포함하고 있지 않기 때문에 얼핏 볼 때 이상이 없는 것처럼 보인다는 것이다. 그러나 아래쪽 도형들은 한번 응시에 전체모양을 파악할 수 있기 때문에 그것들이 불가능한 형태요소들을 포함하고 있다는 것을 금방 알 수 있다. 지각자는 자극이 클 때에는, 마치 퍼즐(puzzle) 조각들을 맞추듯, 눈운동을 통하여 여러 시야 장면의 조각들을 능동적으로 수집하여 구성하기 때문에 긴 삼지창이나 사각틀이 불가능한 모양을 하고 있다는 것을 금방 알아 차릴 수 없다는 것이다.

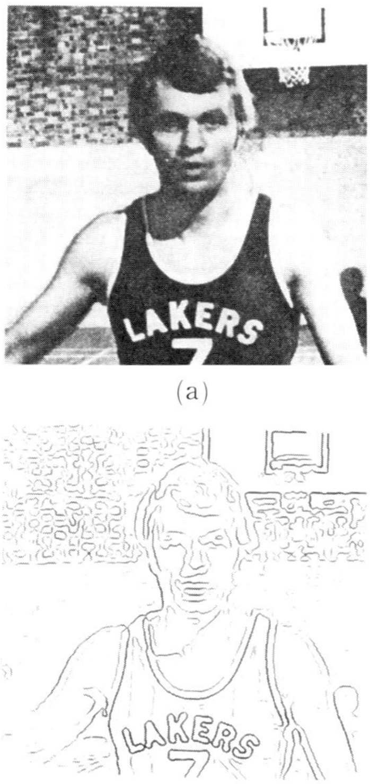

(a)
(b)

[그림 5-22] 자극강도의 변화로서 윤곽찾기
그림 (b)는 (a)에 나타난 농구선수의 사진에서 자극강도가 급격히 변한 점들만을 연결한 것이다.

3. 정보처리적 접근(情報處理的 接近: Information Processing Approaches)

시각을 정보처리의 관점에서 설명하려는 사람들은 단편적인 지각현상이나 실험들을 통하여 시각이론의 타당성을 검증하려 시도하는 대신 자극의 수용단계에서부터 인식단계까지 중재되어 있는 여러 자극 정보의 분석 단계들을 모형화하는 데에 더 큰 관심을 갖는다. 매사스츄세스 공대(MIT)의 David Marr가 제시하고 있는 시각모형이 그러한 접근의 대표적인 예이다. 그는 겉보기에는 간단한 시각문제가 사실은 매우 복잡하고 어려운 문제라는 것을 깨닫고 지각심리학, 정신물리학, 신경과학, 전산과학적 이론과 연구발견들을 종합하여 시각과정을 이해하려 시도하였다(Marr, 1982). 그는 우선 시각이, 망막의 영상에서부터 출발하여 대상 인식에 이르기까지 여러 수준의 자극분석과 표상단계를 거쳐야 하는, 기존의 지각이론자들이 생각했던 것보다 훨씬 더 복잡하고 긴 정보처리의 결과물이라고 생각하였다. 예를 들어, 형태심리학의 지각구성 원리들은 단지 어떤 자극을 어떻게 본다는 것을 충실히 기술해 놓은 것에 불과하기 때문에 무엇이 어떤 과정을 통하여 왜 그렇게 보이는가에 대해서 설명해주는 것이 거의 없다는 것이다.

Marr는 시각문제가 어렵고 복잡하기 때문에 그것을 이해하기 위해서는 시각의 목적을 먼저 이해해야 된다고 생각했다. 그는 우리의 시각의 목적이 "무엇이 어디에 있는가"를 아는 것이라고 생각했다. 망막의 영상으로부터 무엇이 어디에 있는가를 알려면 '무엇'에 해당되는 자극의 특징들을 먼저 찾아내지 않으면 안된다. 이러한 특징이 있는 곳은 망막영상에서 자극강도가 급격하게 변화되는 부위로서 망막의 감각세포와 신경세포들에 의해 탐지된다. [그림 5-22]는 망막의 부위세포들이 하고 있는 것과 비슷한 과정을 통해 자극의 강도가 급변하는 부위들을 찾아낸 것이다. 그는 이러한 특징들이 탐지되면 그것들 각각은 물론 이웃한 특징들과의 국소적인 관계성을 파악할 수 있는 상징물들을 담고 있는 하나의 표상구조가 발생된다고 가정하고 이것을 '일차스케치(primary sketch)'라고 불렀다. [그림 5-23]은 글래스의 문양(glass pattern)이라고 불리우는 도형으로서 이러한 일차스케치가 표상되는 과정에 각 점들간을 잇는 가상선(假想線: virtual lines)들이 출현된다는 것을 보여 준다.

일차스케치는 2차원적인 망막에서 직접 도출되는 표상이기 때문에 이것에 깊이와 물체의 표면구조를 추가하는 과정을 거쳐 '$2\frac{1}{2}$-D 스케치'라는 표상구조가 출현한다. 이 단계의 표상을 $2\frac{1}{2}$-D 스케치라고 부르는 이유는 대상을 인식하기 위해서는 3차원적인 표상이 필요한데 아직 그 단계에 이르지 못했기 때문이다. 일차스케치와 $2\frac{1}{2}$-D 스케치는 망막상의 자극정보를 그대로 반영하고 있는 표상구조물이다. 그런데 망막상은 지각대상이 움직이거나 지각자가 움직임에 따라 시시각각 변화되므로 그것에 의존하여 대상을 인식하기는 매우 어렵다. Marr는 이 문제가 표상의 좌표를 망막중심에서 대상중심으로 바꿈에 따라 해결될 수 있다고 보았다. [그림 5-24]는 우리가 실제 망막중심의 좌표체계를 사용하지 않고 대상 중심의 좌표체계를 사용할 가능성이 높다는 것을 보여 준다. 그림에서 두개의 줄을 이루고 있는 도형이 동일한데도 우리는 왼쪽줄의 도형은 정사각형으로 오른쪽 줄의 도형은 마름모꼴로 지각한다. 우리가 이처럼 지각하게 되는 이유는, Marr의 설명에 의하면, 각 도형들로 이루어진 줄의 중심축을 좌표로 해서 보면 왼쪽은 정사각형이 되고 오른쪽은 마름모꼴이 되기 때문이다.

만일 이러한 대상 중심의 좌표체계를 사용한다면 우리가 사람을 인식할 때 그가 어떤 모양을 하고 있던 또 우리가 어떤 각도에서 그를 바라보건 그를 쉽게 알아 볼 수 있다. [그림 5-25]

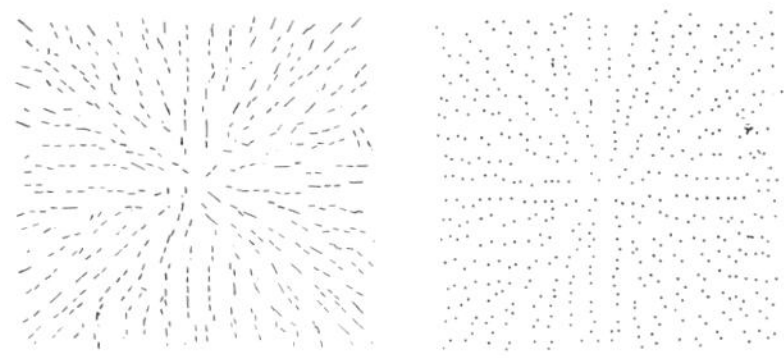

[그림 5-23] 글래스의 모양
일차스케치가 표상되는 과정에서 각 점들을 잇는 가상선이 나타난다.

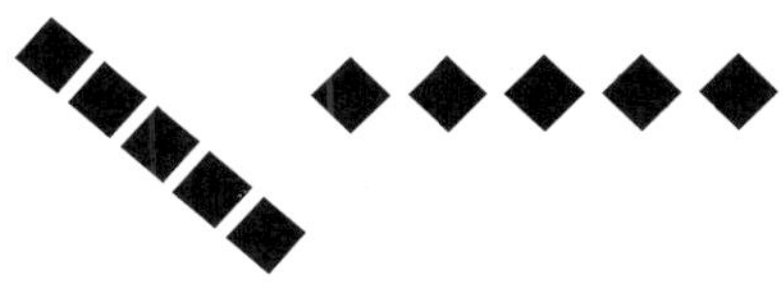

[그림 5-24] 대상중심좌표체계에 따른 모양지각
두줄의 도형모양이 같지만, 도형의 축이 다르기 때문에, 왼쪽은 정사각형으로 오른쪽은 마름모로 지각된다.

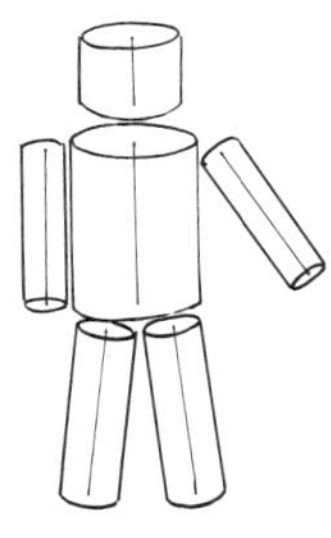

[그림 5-25] Marr의 3-D형 좌표축
Marr가 제안한 사람인식을 위한 몸 전체와 각 신체부위의 객체 중심적인 좌표축

는 Marr가 제시하고 있는 몸전체와 각 신체부위의 표상 좌표축을 위계적으로 나타내 본 것이다. 이렇게 대상 중심의 좌표축을 중심으로 대상을 표상한 것을 그는 '3-D모형'이라고 불렀다. Marr가 첫 2개의 표상을 '스케치'라고 부르고 마지막 표상을 '모형'이라고 부르는 것은 지각자 중심의 표상과 대상 중심의 표상을 구분하기 위한 것이다. 지금까지 설명한 시각정보처리 모형이 [그림 5-26]에 제시되어 있다. 그림에서 보듯 정보처리 관점에서 시각을 이해하려는 입장에서는 특정한 지각현상을 설명할 수 있는 이론의 제시보다는 여러 표상구조와 처리과정을 거쳐 시각정보가 분석 및 변형되어 인식되는 절차의 이해에 비중을 둔다.

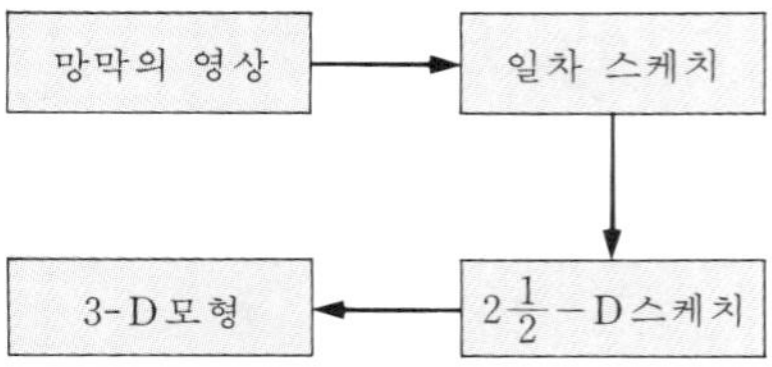

[그림 5-26] Marr의 시각정보처리 모형
Marr에 의하면, 한 대상과 관련된 시각정보는 여러 표상구조와 처리과정을 거치게 되며 그 결과 대상의 인식이 이루어진다.

형태와 모양지각을 중심으로 지각의 문제가 무엇인지를 살펴보았다. 대상의 분리 문제를 출발점으로 하여 시각의 문제가 만만치 않게 어렵다는 것과 그 때문에 다양한 이론과 연구 접근들이 각기 다른 관점에서 시각의 이해를 추구한다는 것도 살펴보았다. 그러나 지각의 문제, 또는 문제의 영역을 줄여서, 시각의 문제는 지금까지 논의된 형태와 모양의 지각에서 끝나는 것이 아니다. 이 장의 앞부분에서 이미 색채지각을 살펴 보았으며 그것 이외에도 깊이와 운동의 지각, 착시현상과 지각항등성 등과 같은 흥미있는 주제들이 아직 남아 있다. 이제 이 남아있는 지각문제의 주요 주제들을 차례로 공부해 보기로 한다.

Ⅵ. 깊이지각과 운동지각

1. 깊이지각

한 사물이 관찰자로부터 어느 정도의 거리 또는 깊이(depth)에 있느냐를 정확히 지각하는 능력은 그 관찰자가 공간 속에서 활동하는 능력에 지대한 영향을 받는다. 별 생각없이 행하는 일상적인 활동, 예컨대 방 문의 손잡이를 잡아 돌려 문을 열고 가구의 모퉁이나 책상 모서리를 돌아 의자에 앉은 후 손을 뻗쳐 펜를 잡고 그것으로 원고지 위에 글을 쓰는 지극히 간단한 행위도 사실은 우리 머리 속에서 끊임없이 여러 물체들의 거리와 깊이를 정확히 가늠하는 복잡한 지각 작용의 중재에 의해 일어난다. 사물에 대한 멀고 가까움, 크고 작음, 두텁고 얇음, 공간 속에서의 상대적인 위치 등 우리 주변의 입체적인 세계에 대한 지

"뭐든 하나 집어들었으니까 됐어! 이젠 연필을 집게 할 차례야!"

식은 모두 깊이지각에 근거한 판단에서 나온다.

사물의 크기, 거리, 또는 깊이를 결정하는 지각과정에서 여러 가지 단서(cue)들이 사용된다. 이들 단서들은 크게 단안단서(單眼端緖: monocular cue)와 양안단서(兩眼端緖: binocular cue)의 두 종류로 나눠 볼 수 있다. 단안단서란 한 눈에 의해 수집된 자극정보가 단서로서 사용되는 경우를 말하며, 양안단서는 양눈에 의해 수집된 정보가 조합되어 하나의 단서로서 사용되는 경우를 말한다.

1) 단안단서

두 눈이 거리를 두고 떨어져서 약간 다른 각도에서 한 사물을 본다는 것, 즉 한사물이 두눈에 서로 약간 다른 한쌍의 망막상을 맺는다는 것이 그 사물의 공간 속에서의 깊이를 정확히 결정하도록 하는 중요한 단서가 된다. 그러나 이와 같은 양안단서만이 깊이를 결정하는 유일한 단서는 아니다. 예를 들어, 우리는 그림을 볼 때 한 눈으로도 그림 속의 사물들에 대한 거리 또는 깊이판단을 할 수 있다. 이것은 그림 속에 있는 여러 단서들이 거리나 깊이 또는 입체감을 나타내는 효과를 지니고 있기 때문이다. 대부분의 단안단서들이 그림 속에 있는 단서들과 같은 원리에 의해 깊이나 거리감을 발생시키기 때문에 단안단서를 그림단서(pictorial cues)라고 부르기도 한다. 깊이지각에 영향을 미치는 단안단서들에는 중첩, 선형조망, 대기조망, 상높이, 결의 밀도변화, 그림자 등이 있다.

(1) 중첩(重疊: superposition): [그림 5-27]의 ㉮에서 보는 것처럼 한 사물이 다른 사물의 일부를 가리게 되면 그 사물이 다른 사물보다 앞쪽에 나와 있는 것으로 지각된다. 앞부분에 나와 있는 주관적 윤곽도 중첩의 원리에 입각해서 설명할 수 있다.

(2) 선형조망(線型眺望: linear perpective): 곧바로 뻗어있는 평행한 두 철길은 지평선 부근의 한 점에서 만나는 것처럼 보인다. [그림 5-27]의 ㉯에서 볼 수 있는 것과 같이 평행한 도로, 철길, 복도의 모서리들이 한 점을 향해 수렴하면서 체계적으로 깊이에 비례하여 좁아지는 것과 관련된 깊이단서를 선형조망이라 한다.

(3) 대기조망(大氣眺望: aerial perspective): 공기 중에 있는 먼지 등과 같은 입자들에 의해 빛이 산란되기 때문에 멀리 있는 물체 일수록 윤곽이 흐리고 푸르스름한 빛을 띠며 뿌옇게 보인

"미안합니다. 당신차가 꽤 멀리 있는 줄 알았어요."

우리는 작은 물체가 큰 물체보다 더 멀리 있다고 지각하는 경향이 있다.

다. 이와 같이 거리에 따라 점진적으로 상이 더 흐려지는 것에 의해 깊이 판단을 하도록 하는 단서를 대기조망이라고 부른다. 쾌청한 날 해변가에서 멀리 떨어져 있는 섬이 가까이 있는 것처럼 보여 수영하는 사람들이 사고를 당하는 경우가 있다. 대기조망단서의 효과가 약해짐에 따라 거리를 과소평가하는 데서 오는 실수가 이러한 사고의 원인이 될 수 있다.

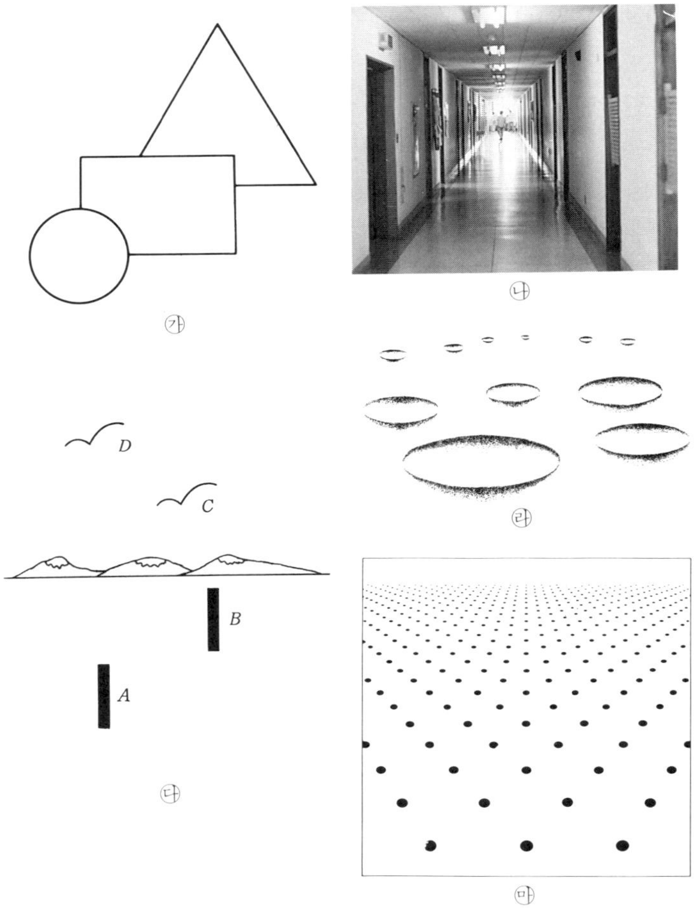

[그림 5-27] 거리지각의 여러 가지 단안 단서들

㉮ 중첩, ㉯ 선형조망, ㉰ 대상의 높이, ㉱ 그림자(바로 보는 것과 책을 거꾸로 놓고 볼 때의 차이점을 비교하기 바란다), ㉲ 결의 밀도

(4) 상의 높이: 시야의 위쪽에 있는 물체가 아래쪽에 있는 물체보다 더 멀리 있는 것으로 보인다. [그림 5-27]의 ㉰에서 볼 수 있듯이 지평선을 경계로 하늘에 떠 있는 물체는 시야의 아래쪽에 있을수록 더 멀리 있는 것으로 지각된다.

(5) 결의 밀도변환(texture gradient): 한물체의 망막상의 크기는 눈에서부터 그 물체까지의 거리에 반비례한다. 따라서 자갈이 깔려있는 해변가에서 경험할 수 있는 것처럼 일정크기의

사물들이 널려 있을 때 거리가 멀수록 사물들이 상이 작아지면서 촘촘해진다. 즉, [그림 5-27]의 ㉯에서 볼 수 있는 것처럼 사물의 상들이 지니는 결의 밀도가 거리와 비례하여 높아진다. 엄밀한 의미에서 선형조망도 결의 밀도변화의 한 특수한 경우라고 볼 수 있다.

(6) 그림자: 그림자는 물체들이 삼차원적인 입체감을 갖게 하는 효과가 있다. 누구나 이런 사실을 알기 때문에 미술시간에 공들여 그림자를 그려넣던 기억이 날 것이다. 최근의 연구(Berbaum, Bever, & Chung, 1983; 1984)는 관찰자가 가정하고 있는 광원의 위치에 따라 그림자로부터 결정되는 물체의 3차원적인 모양이 바뀌게 됨을 보고하고 있다. 우리는 보통 빛이 머리 위로부터 내려 온다고 가정하기 때문에 [그림 5-27]의 ㉱와 같은 깊이전도가 경험된다.

단안단서들은 오래 전부터 서양 화가들이 깊이감을 나타내는 데 사용되어져 왔다. 사진기가 발명되기 이전의 화가들은 어떻게 하면 사물의 생생하고 사실적인 모습을 화폭에 담을 수 있을까에 많은 관심을 가졌었다. 이와 같은 관심의 결과로서, 그림단서의 효과에 대한 체계적인 지식이 집적되어 15세기 말에는 16세기 초부터 공간 표현 기법에 눈부신 발전이 있었다. 대표

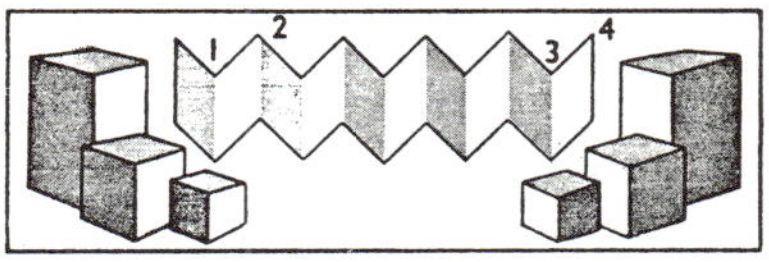

[그림 5-28]
가운데 병풍처럼 보이는 그림을 한 번은 왼쪽에 있는 상자들을 가린 뒤 보고 다음번은 오른쪽 상자를 가린 뒤에 보라. 각각의 경우에 있어서 어느 쪽이 앞으로 나오게 보이는가? 상자의 그늘 방향에 따라 가운데 그림이 병풍처럼 보이기도 하고 지붕처럼 보이기도 할 것이다.

〈색도 5-5〉 미켈란젤로의 성가족
한 눈으로 이 그림을 보면 여러 가지 그림단서의 효과로 인해서 생생한 깊이감을 느끼게 된다.

[그림 5-29] 상의 운동차
관찰자가 움직이고 있을 때 응시점보다 가까운 물체는 빠르게 반대방향으로, 응시점보다 먼 물체는 천천히 같은 방향으로 움직이는 것으로 지각된다.

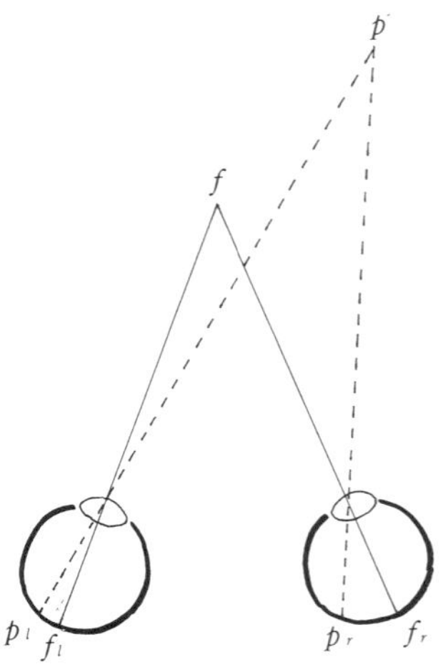

[그림 5-30] 양안부등
한 점(f)를 응시하고 있을 때, 응시점과 다른 깊이에 있는 P점의 왼쪽 망막상(P_l)오른쪽 망막상(P_r)은 응시점에 해당되는 좌우 망막부위인 (f_l, f_r)로부터 다른 거리에 맺히게 된다.

적인 한 예로서 15세시 말에 미켈란젤로가 그린' 성가족' 이라는 그림이〈색도 5-5〉에 제시되어 있다. 이 그림을 한 눈만으로 보면 성모의 손이 그림의 틀 밖으로 쑥 튀어 나온 것처럼 보인다. 이 그림의 전경에 속하는 사물들의 색과 윤곽들은 매우 짙고 뚜렷하다. 반면에 배경의 인물과 사물들은 윤곽이 흐리며 아주 먼 곳에 있는 것들은 푸르스름한 색조를 띠고 있다. 이 그림은 중첩, 선형조망, 대기조망 등 여러 그림단서들을 효과적으로 이용하고 있어 매우 생생하고 사실적인 느낌을 준다.

지금까지 그림단서와 같은 효과를 지니는 단안단서들을 소개하였다. 깊이지각에서는 이들 그림단서들 이외에도 몇 가지 다른 단안단서들이 이용된다. 그 중의 하나는 관찰자가 움직일 때 수반되는 망막상의 변화이다. 기차를 타고 여행할 때 [그림 5-29]에 나타나 있는 것처럼 관찰자가 응시하고 있는 곳보다 가까운 철로변의 전신주나 나무들은 매우 빠른 속도로 기차가 가는 방향과 반대편을 향하여 움직이고 응시점보다 먼 곳에 있는 물체들은 기차가 가는 방향과 같은 쪽으로 움직이는 것처럼 보인다. 이때 상의 이동속도는 관찰자로부터의 거리에 반비례하여 천천히 움직이는 것처럼 지각된다. 이와 같은 거리 또는 길이에 따른 상의 운동차(motion parallex)가 강력한 깊이단서가 된다.

눈의 렌즈를 조정하는 모양근의 상태에 대한 정보도 깊이 단서로서 사용될 수 있다. 눈의 구조에 대하여 설명할 때 망막 위에 깨끗한 상을 맺기 위하여 물체가 가까이 있을 때는 모양근이 수축하여 렌즈가 두터워지고 멀리 있을 때는 모양근이 이완되어 렌즈가 얇아진다는 것을 언급했다. 바로 이 렌즈 조절상태(accomodation)에 대한 정보가 깊이 단서로서 사용될 수 있다. 그러나 지금까지의 연구에 의하면 렌즈조절 상태에 의한 깊이 단서 효과는 미미하고 불확실하여 효과가 있다해도 사물이 눈으로부터 2~3m이내에 있을 때에 국한된다. 렌즈조절은 그 자체보다 오히려 렌즈조절에 따른 색상수차(chromatic abberation)나 구면수차(spherical abberation)의 체계적인 변화 때문에 깊이 단서로써 효과가 있다는 설명도 있다(Kaufman, 1974).

2) 양안단서(bincular cues)

입체지각에서 단안단서의 역할도 중요하지만 장확하고 생생한 깊이감은 양안단서의 효과에서 비롯된다. 앞에서 언급했듯이 양안단서는 한 물체에 의한 두 눈에서의 시각상의 차이를 반영한다. 양안단서를 깊이지각에 활용하는 능력은 계통발생학적으로 진화단계가 높은 종(種)들에서부터 본격적으로 나타난다. 사람을 비롯한 영장류들은 두 눈이 전면을 향하고 있지만 하등척추동물인 물고기나 토끼, 닭 등은 머리의 양 측면을 향해 눈이 나 있어 양안단서의 활용능력이 전혀 없거나 매우 제한되어 있다.

양안단서가 존재하기 위해서는 두 눈이 어느 정도 떨어져 있어야 하고 모두 전면을 향하고 있어야 한다. 두 눈이 전면을 향함으로써 왼쪽 눈의 시야와 오른쪽 눈의 시야에 중복되는 부분이 나타나며 두 눈이 약간 떨어져 있기 때문에 그 중복된 시야에 있는 한 물체는 두 눈에 서로 약간 다른 상을 맺게 된다. [그림 5-30]에 있는 것처럼 동일한 물체의 윤곽이 두 눈의 대응되는 부위에 상을 맺지 않고 서로 차이가 날 때 이것을 양안부등(binocular disparity)이라고 한다. 양안부등은 두 눈이 응시하고 있는 점에서 하나의 사물이 앞뒤로 멀리 떨어져 있을수록 커진다. 양안부등이 작을 때는 물체가 단일상을 갖고 응시점과 다른 깊이에 놓여있는 것처럼 지각되지만 어느 정도 이상 클 때는 이중상(二重像)이 경험된다. 이것을 직접 체험하기 위해서는 [그림 5-31]에 있는 것처럼 왼손의 검지를 응시하면서 오른쪽 손의 검지가 어떻게 보이는가를 시험해보기 바란다.

[그림 5-31] 이중상의 경험
왼손의 검지를 응시할 때 뒷쪽에 보이는 오른손검지는 약간 흐릿하게 2개로 보인다.

양안에 의한 입체지각을 입체경시각(stereoscopic vision)이라고 하는데 이것은 1833년 Wheatstone이 발명한 입체경(stereoscope)에 의해서 양안에 의한 입체지각의 원리가 대부분 밝혀졌기 때문이다. 양안에 의한 입체지각의 생리적인 기초는 시각의 생물학적 기초에서 언급했듯이 왼쪽 시뇌와 오른쪽시뇌가 오른쪽 시야와 왼쪽 시야에 있는 물체들의 상에 대한 한쌍의 정보를 왼쪽 눈과 오른쪽 눈으로부터 받아 비교분석하는 것이다. 이와 같은 왼쪽 눈과 오른쪽 눈의 망막상이 비교 분석되기 위해서 눈에서 전도되는 시신경의 절반이 시신경교차(optic chiasma)에서 교차된다.

양안부등 외에 시선수렴(convergence)도 깊이지각의 양안단서로서 사용될 수 있다. [그림 5-32]에 나타나 있는 것처럼 시야에 있는 물체들을 응시할 때 그 물체가 가까이 있으면 두 눈의 시선이 안쪽으로 모아지고 멀리 있으면 바깥쪽으로 벌어진다. 따라서 눈의 수렴정도를 결정하는 동안근의 긴강상태에 대

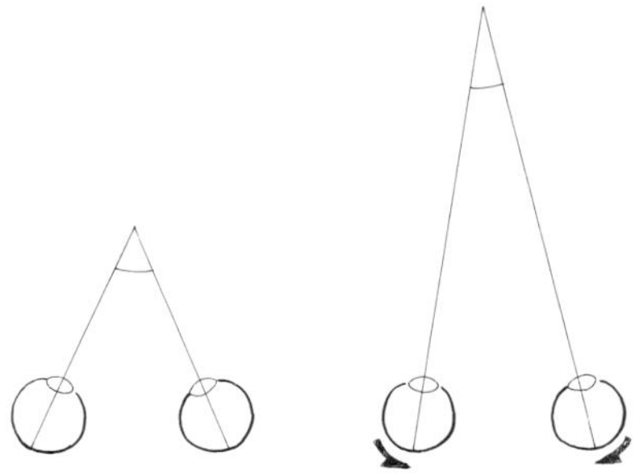

[그림 5-32] 시선수렴(convergence)
바로 보는 대상이 가까이 있을 때가 멀리 있을 때 보다 양눈의 시선과 응시하는 대상이 이루는 각이 더 크다.

한 정보가 응시하고 있는 물체의 깊이에 대한 단서를 제공한다. 물체가 약 20m보다 멀리 있을 때는 두 눈의 시선이 거의 평행선을 이루게 되어 물체의 깊이에 따라 시선수렴의 변화가 일어나지 않게 된다. 즉, 시선수렴의 단서는 제한된 범위 내에서만 효과를 갖는다.

2. 운동지각

겉으로는 간단해 보이는 운동지각도 매우 복잡한 지각과정을 거쳐 이루어진다. 사물이 시야에서 움직인다는 정보는 두 가지 경로를 통해 수집된다. 첫째, 우리의 머리가 고정된 위치에 정지해 있을 때 사물이 움직이면 그 사물의 상이 망막 위를 움직이게 되는데 이것이 운동지각의 단서가 된다. 둘째, 우리가 눈이나 몸을 움직일 때 이 움직임에 대한 망막상의 상대적인 운동속도가 운동지각의 단서가 될 수 있다.

달이 뜬 밤길을 걸을 때 달이 우리를 좇아오는 것처럼 지각되는데 이것은 우리가 움직여도 달이 망막 위의 고정된 위치에 상을 맺기 때문에 생기는 착각이다. 똑같은 이유로 트랙을 달리는 운동선수들을 눈으로 쫓을 때 그 운동선수의 상이 망막의 중심과 부근에 고정되지만 그 선수가 달리는 것으로 지각된다. 운동시각은 상-망막체계와 눈-머리체계라고 불리우는 이 두 정보수집 경로의 긴밀한 상호작용에 의해 결정된다.

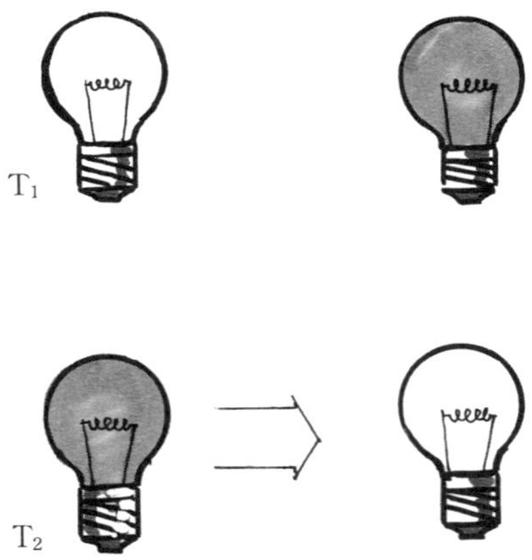

[그림 5-33] 가현운동의 원리
일정한 거리를 두고 떨어져 위치한 두 불빛을 시간차이를 두어 켰다 끄면 불빛이 왼쪽에서 오른쪽으로 움직이는 것으로 지각된다.

우리의 운동지각체계는 때때로 우리를 속여 실제 움직이지 않는 물체가 움직이는 것처럼 보이게 한다. 이 때 지각되는 운동을 가현운동(假現運動: apparent motion)이라 한다. 밤거리에 나서면 네온사인이 요란한데 그중 화살표나 점들이 계속 한 방향 또는 방향을 바꾸면서 움직이는 것을 볼 수 있다. 그러나 가까이 가서 자세히 보면 그것들이 실제 움직이는 것이 아니라 일정한 모양으로 늘어선 네온관들이 차례차례 순서에 따라 명멸한다는 것을 알 수 있다. 가현운동은 [그림 5-33]에 있는 것처럼 두개의 자극요소가 일정한 시차와 간격을 두고 번갈아 켜지고 꺼질 때 경험되는 운동착시이다. 가현운동의 한 형태로서 자동운동착시(自動運動錯視: autokinetic illusion)라는 것이 있다. 아무 것도 보이지 않는 깜깜한 방에 담뱃불과 같은 하나의 광점(光點)을 고정시켜 놓으면 그 광점이 이리저리 움직이는 것으로 보인다. 이것은 우리의 눈이 고정된 곳을 응시하려 해도 자동적으로 움직이게 되어 그 광점의 망막상 위치가 변화됨으로써 얻게 되는 착시이다. 이 때 광점의 둘레에 보일 수 있는 테두리를 놓는다든지 이웃한 다른 사물들을 보이게 하면 가현운동이 금방 사라지게 된다. 이 현상은 운동 지각에서 배경맥락이 매우 중요한 단서로서 작용 한다는 것을 보여준다.

가현운동의 다른 한 형태로서 스트로보스코픽운동(stroboscopic motion)이라는 것이 있다. 스트로보스코픽운동은 정지된 물체의 상이 연속해서 빠른 속도로 제시될 때 나타나는 가현운동이다. 예를 들어 영화를 볼 때처럼 일련의 정지된 장면을 담은 필름들을 연속적으로 화면에 빨리 비추게 되면 영화 속의 인물이나 물체들이 움직이는 것으로 지각된다. 그러나 필름을 한 장씩 화면에 천천히 비추게 되면 서로 약간씩 다른 정지된 장면들로 밖에 지각되지 않는다.

박목월의 시 중 "구름에 달가듯이 가는 나그네"라는 시귀가 있다. 구름에 달이 가는 것처럼 보이는 이유는 무엇일까? 형태심리학에 대해 설명하는 자리에서 작은 표면은 전경으로, 큰 표면은 배경으로 지각되는 경향이 있다고 했다. 배경과 전경이 있을 때 배경은 비교적 고정된 것으로 지각되는 경향이 있어서 배경과 전경의 상대적인 위치가 변화되면 전경이 움직이는 것으로 지각된다. 따라서 작은 달은 고정되어 있고 배경인 큰 구름이 움직이면 구름이 움직이는 것이 아니라 달이 움직이는 것처럼 지각된다. 똑같은 원리에 의해서 컴컴한 방에 광점 하나와 그 둘레에 큰 테두리를 보이게 한 뒤 테두리를 한쪽으로 움직이면 테두리는 고정되어 있는데 광점이 테두리와 반대 방향으로 움직이는 것으로 지각된다. 이처럼 배경의 움직임에 의해 전경이 움직이는 것처럼 보이는 것을 유도운동(誘道運動: induced motion)이라고 부른다.

Ⅶ. 지각항등성과 착시

1. 지각항등성(知覺恒等性: perceptual constancy)

우리는 감각자료를 보는 것이 아니라 감각자료가 나타내는 대상물을 본다. 즉 자극조건의 변화에 따라 감각기관에서 발생되는 감각자료들이 변화되어도, 우리는 지각대상들을 비교적 일정하게 보는 경향이 있다. 이와 같이 감각정보가 변화함에도 불구하고 사물들을 비교적 안정되고 불변하는 것으로 지각하는 경향성을 지각 항등성이라고 한다.

흰 종이 위에 놓인 석탄을 하나는 커튼이 드리워진 방안에 다른 하나는 햇빛이 쨍쨍 내리쬐는 옥외 양지에 갖다 놓는다고 하자. 이 때 방안에 있는 흰 종이에서 반사되는 빛의 절대량이 양지에 놓인 석탄에서 반사되는 빛의 절대량보다 적을 수 있는데, 여전히 방안에서나 양지에서나 석탄은 검고 종이는 흰 것으로 지각된다. 이처럼 주위의 조명상태 또는 한 물체가 반사하는 빛의 절대량에 관계 없이 흰 것은 희게 검은 것은 검게 지각하는 경향성을 밝기항등성(brightness constancy)이라고 부른다. 하루 중 해가 지구에 대해 상대적으로 어느 위치에 있느냐에 따라 또 하늘이 구름에 얼마나 가려있느냐 따라 우리의 주변사물들에서 반사되는 빛의 양은 변한다. 만일 밝기항등성이 없다면 사물의 명암이 시시각각 변하게 되어 지각적으로 큰 혼란이 초래될 것이다.

지각항등성은 밝기지각뿐 아니라 크기, 모양, 위치, 색채 등 지각일반에서 비교적 널리 확인되는 현상이다. 우리 눈의 각막과 렌즈에 의해 망막 위에 외부물체가 상을 맺게 되는 원리를 보면, 한 물체가 눈에 가까이 있을수록 망막상이 크다 [그림 5-34]

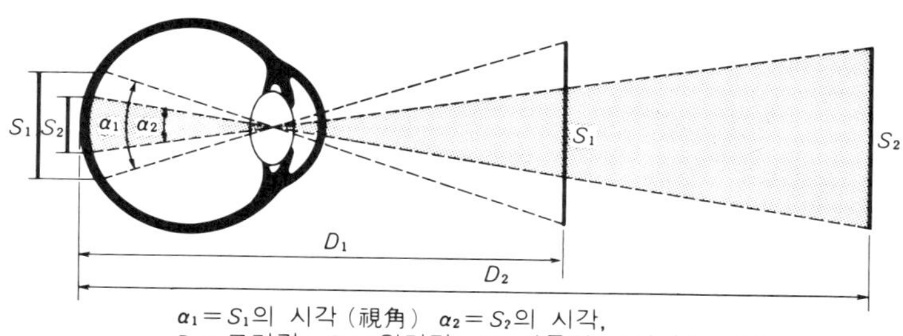

[그림 5-34] 눈으로부터의 거리와 망막상의 크기
똑같은 크기선뿐이지만 눈에서 멀리 있는 것의 망막상이 작다.

크기항등성(size constancy)은 망막상의 크기와 관계없이 고정된 크기의 대상을 지각하는 경향성을 말한다. 예를 들어 [그림 5-35]에서와 같이, 1m 앞에 있는 초등학교 1학년생의 망막상 크기는 10m 앞에 있는 남자 어른의 망막상 크기보다 훨씬 크지만, 우리는 초등학생이 남자 어른보다 크다고 지각하지 않는다.

[그림 5-35] 크기항등성
망막상의 크기에 관계없이 항상 어른이 초등학생보다 크다고 지각한다.

방앞의 일정한 장소에서 방문을 정면으로 바라보게 되는 경우 문이 어느 정도 열려있느냐에 따라 망막에 비춰진 문의 모양이 달라지게 된다. 즉, 문이 닫혀 있을 때는 문은 측면이 긴 직사각형으로 보이지만 문이 열리면서 망막상의 직사각형은 사다리꼴로 변하게 된다. 그러나 이와 같이 망막상이 변해도 우리는 여전히 문이 직사각형인 것으로 지각한다. 이처럼 사물을 보는 각도와 관계 없이 사물의 모양을 일정하게 지각하는 경향성을 모양항등성(shape constancy)이라고 부른다.

위치항등성과 색채항등성에서도 항등성이 성립되는 원리는 마찬가지이다. 위치항등성은 관찰자의 위치에 관계 없이 사물들이 일정한 위치에 있는 것으로 지각하는 경향을 말하며, 색채항등성은 조명의 파장(색)이 변화되어도 비교적 그 사물이 평소의 조명 상태에서 지니는 색을 지각하는 경향성을 일컫는다.

항등성이 발생되도록 하는 메카니즘은 무엇일까? 지금까지 이 물음에 답하려는 시도는 많았지만 아직까지 정확한 해답을 얻지 못하고 잇다. 중요한 것은 지각항등성이 급변하는 환경조건에서도 사물의 불변하는 속성을 지각하도록 함으로써 환경에 대한 적응력을 높이는 기능을 지닌다는 것이다.

2. 착시(錯視: visual illusion)

우리의 눈과 지각체계는 항상 사물에 대한 정확한 정보를 제공하는가? 반드시 그렇지는 않다. 눈에 의해 제공된 감각자료가 처리되는 과정 중에 여러 가지 지각오류가 발생될 수 있다. 예를 들어, 동산에 떠오르는 달은 중천에 떠있는 달보다 훨씬 크게 지각된다. 달은 지구로부터 일정한 거리에 있기 때문에 동산에 걸려있는 달이나 중천의 달이나 망막에 똑같은 크기의 상을 맺는다. 그렇다면 왜 동산에 떠오르는 달이 크게 보이는 것일까?

달의 크기판단에서 경험할 수 있는 것처럼 감각자료가 처리되고 지각되는 과정중에 발생되는 지각오류를 착각(illusion)이라고 한다. 착각은 전감각 양식에 걸쳐 발견되며 그 원인이 다양하다. 시각에서의 착각, 즉 착시(visual illusion)는 그릇된 거리판단과 관계된 것이 가장 많이 알려져 있다. 아직 확실히 규명된 것은 아니지만 달 크기의 착시(moon illusion)도 [그림 5-36]에 있는 것처럼 지평선이 하늘 정 가운데(천정: 天頂)보다 멀리 있다는 거리오판과 관계된다는 학설이 있다(Kaufman, 1974).

[그림 5-36] 달 크기의 착시
동산에 떠오르는 달은 중천에 떠 있는 달보다 훨씬 크게 지각된다.

그릇된 거리 또는 깊이 판단과 관계지어 설명될 수 있는 착시도형들이 [그림 5-37]에 제시되어 있다. 이 두 도형 중 일반에

[그림 5-37] 잘못된 원근감과 관계된 착시

㉮ Müller-Lyer착시, ㉯ Ponzo 착시, ㉰ Müller-Lyer착시의 실제 예, ㉱ Ponzo 착시의 실제 예

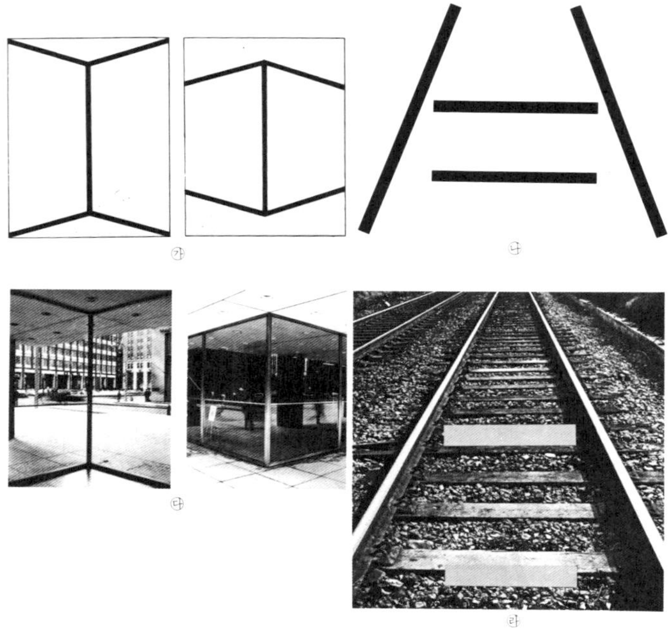

[그림 5-38] 그밖의 착시 도형

㉮ Ebbinghaus의 도형(가운데 원이 실제는 같은데 주변 원과의 대비에 의해 다르게 보인다.)

㉯ Zollner의 도형(나란한 선들이 나란하지 않은 것처럼 보인다.)

㉰ Sanders의 도형(점선의 길이가 같은데 달라 보인다.)

㉱ 정사각형이 찌그러져 보인다.

㉲ Hering의 도형(평행선이 휘어 보인다.)

㉳ Poggendorff의 도형(직사각형을 꿰뚫은 선이 일직선상에 있는 것처럼 보이지 않는다.)

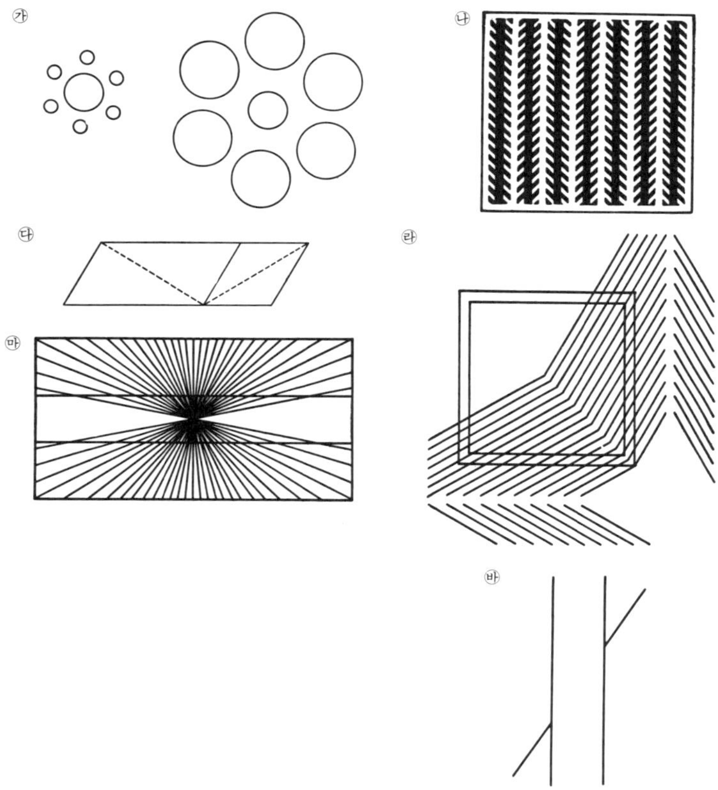

게 가장 잘 알려진 것은 아마도 ㉮의 Müller-Lyer착시도형일 것이다. Müller-Lyer의 착시에 대해서 여러 가지 설명이 제시되고 있지만 가장 보편적으로 받아 들여지는 것은 선분 끝의 두 깃의 생김새가 그릇된 원근감을 준다는 것이다. 나머지 도형에서도 평면 속에 담겨 있는 원근감에 의해, 즉 똑같은 크기의 두 비교도형 중 멀리 있는 것처럼 보이는 것이 더 크게 보인다. 일종의 크기항등성에서 빚어지는 착시효과라 할 수 있다.

크기뿐 아니라 모양자체도 자극조건에 따라 착시를 일으킨다. [그림 5-38]의 ㉮, ㉯, ㉰, ㉱, ㉲, ㉳를 보고 착시의 원인이 무엇일까 생각해 보자. 이 도형들은 대부분 거리나 깊이오판과 관계된 것으로 설명되고 있지만 아직 어떤 지각 과정에 의해 착시가 일어나는지에 대해서는 확실하지가 않다.

Ⅷ. 지각에 영향을 미치는 심리적 요인들

우리의 지각경험은 감각기관에서 얻어지는 즉각적인 정보에만 의존하지 않는다는 것이 분명해졌을 줄 안다. 항등성과 깊이지각에서 보았듯이 우리의 지각적 판단은 과거의 경험이나 학습에 크게 의존한다. 또 착시와 운동지각에서 언급했듯이 세상에 대한 우리의 지식이나 지각가설이 우리의 지각에 영향을 미치게 된다. 지각은 이밖에도 지각자가 어떤 동기를 가지고 있는가, 어떤 기대를 하고 있는가, 성격이 어떠한가, 심지어 어떤 문화적 환경 속에서 성장했는가에 따라 달라질 수 있다.

동 기 우리의 욕구나 욕망은 지각에 커다란 영향을 끼친다. 사람들에게 결핍된 것이 있을 때 모호한 자극을 주면 그 자극은 결핍된 욕구를 충족시켜 주는 사물로 지각하는 방향이 있다. 예를 들어 배가 몹시 고픈 사람들에게 모호한 그림을 보여주면 그것을 음식과 관계된 그림으로 지각하게 된다(McClelland & Atkinson, 1948).

한 개인이 사물에 부여하는 가치에 따라서도 지각이 변화 된다는 실험연구들이 있다. 가난한 아동들이 동전의 크기를 과대평가하며, 토큰과 먹고 싶은 과자를 바꿀 수 있다는 것을 학습한 아동들이 학습 전보다 토큰을 더 크게 지각한다는 연구결과들이 보고된 바 있다(Lambert, Solomon & Watson, 1949).

기대(expectations) 우리가 무엇을 볼 것인가를 미리 알고

[그림 5-39] 여자의 그림
생각하기에 따라 그림 속에서 젊은 여자를 볼 수도 있고 마녀처럼 생긴 턱이 긴 늙은 여자를 볼 수도 있다.

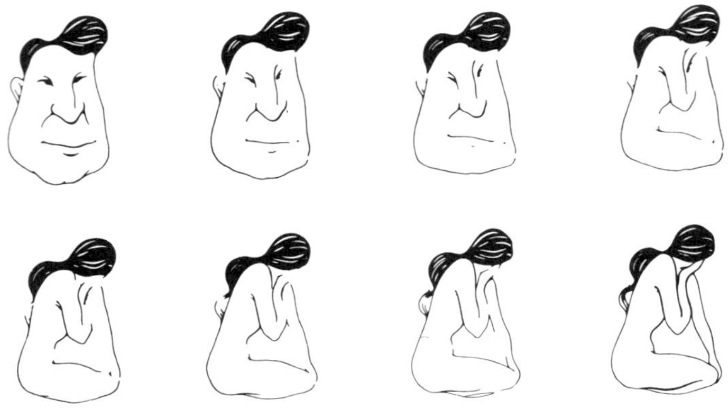

[그림 5-40] 여자-남자그림
어느쪽으로부터 보느냐에 따라 중간에 있는 그림이 여자와 남자로 보일 가능성이 달라진다.

있는 것이 그 뒤의 지각을 결정할 수 있다. 특히 자극이 두가지 이상으로 해석될 수 있어 모호할 때 지각자의 기대가 결정적 역할을 하게 된다. 예를 들어 "젊은 여자를 보라"한 뒤 [그림 5-39]를 주면 '늙은 여자'를 좀처럼 보기 힘들게 된다. 반대로 '늙은 여자'를 언급한 뒤 그림을 보여주면 이번에는 젊은 여자를 보기 힘들어진다. [그림 5-40]은 보다 더 직접적으로 기대의 효과를 보여준다. 이 그림을 좌 상단의 남자 얼굴로 부터 차례로 보아가면 하단의 2~3번째까지 남자의 얼굴로 보이고, 우하단의 벌거벗고 흐느끼는 여자의 모습부터 보게 되면 상단의 2~3번째까지 여자의 그림으로 보이게 된다.

성 격 사람의 성격 중에서도 사고방식(cognitive style)과 지각방식 사이에 밀접한 관계가 있다는 연구보고들이 있다.

예를들어, 어떤 심리학자들(Witkin et. al., 1962)은 사고방식에 따라 장-의존적(場依存的: field-dependent)인 사람과 장-독립적(場獨立的: field-independent)인 사람의 두 유형을 구분한다. 이들의 분류에 의하면 장-의존적인 사람은 환경을 하나의 전체로 보며 개별 사물들의 모양이나 색, 크기 같은 지각질들을 분명하게 구분해내지 못한다. 한편 장-독립적인 사람은 환경 내의 여러 요소들을 뚜렷히 구분하여 지각하며 그림을 그리라 하면 그 요소들이 배경을 뒤로 하여 뚜렷하게 앞으로 나와 있는 것으로 그리는 경향이 있다.

문화배경 한 개인이 성장한 문화배경도 그 개인의 지각에 영향을 미칠 수 있다. 예를 들어, 아프리카의 어떤 원주민들은 출입문, 창, 집 전체의 모습까지 둥근 오두막에서 주거하므로 현대도시에 사는 사람들과 달리 주위 건물로부터 각이나 직선

형태의 모서리를 경험할 기회가 아주 드물다. 이들을 대상으로 한 일련의 연구(Segall, Campbell & Herskovits, 1966)에서 Müller-Lyer착시와 같은 선형조망과 관계된 기하도형의 착시가 현대 도시에 사는 사람들보다 현저히 적다는 것이 밝혀졌다.

인류학자인 Turnbull(1961)은 아프리카의 밤부티 피그미(Bambuti Pygmy)족에 대하여 매우 흥미있는 관찰을 보고하고 있다. 이들 피그미족은 나무가 빽빽한 험한 산림지대에 살고 있어 평소 경험할 수 있는 시야의 길이가 30여 미터 안팎에 불과하다. Turnbull은 어느날 그들 중 Kenge라는 자를 데리고 아프리카의 넓은 평원지대로 나오게 되었는데, 그때 평원의 건너편 멀리서 풀을 뜯고 있는 물소떼를 보게 되었다. 이 때 Kenge는 놀랍게도 Turnbull에게 저게 무슨 곤충들이냐는 질문을 했다. 저것들이 물소라는 대답을 해주었으나 그는 그것을 믿으려 하지 않았다. 나중에 차를 타고 물소를 향해 달리자 작은 곤충이라고 생각했던 것이 점점 크게 불어나 물소가 되는 것을 보고 Kenge는 깜짝 놀라 어리둥절하였다고 한다. 제한된 깊이의 시야를 지닌 환경 속에서 자랐기 때문에 선형 조망에 의한 크기항등성이 결여되어 있었던 것이다.

이상의 예들은 지각이 단순하고 수동적인 감각자료의 처리 과정만으로는 설명될 수 없다는 것을 단적으로 보여준다. 사물을 지각한다는 것은 감각기가 외부의 물리적 에너지정보를 수용하는 것뿐 아니라 그것에서 발생되는 감각자료의 구성과 해석과정이 포함되며 그 과정 중에 지각자가 지닌 태도, 가치, 과거의 학습경험 등이 중요한 요인으로서 영향을 미칠 수 있다. 이 장을 통하여 우리가 보고 듣는 것은 쉽지만 그것의 원리나 과정을 정확하게 이해하는 것이 매우 어렵다는 것을 배웠다. 지금까지 지각현상을 이해하기 위한 많은 연구들이 있어 왔지만 아직 색채, 명암, 공간지각 같은 기본적인 지각현상에 대해서도 정확한 원리나 과정이 밝혀지지 않은 것이 많다.

제 6 장　마음의 구조와 과정: 인지심리학

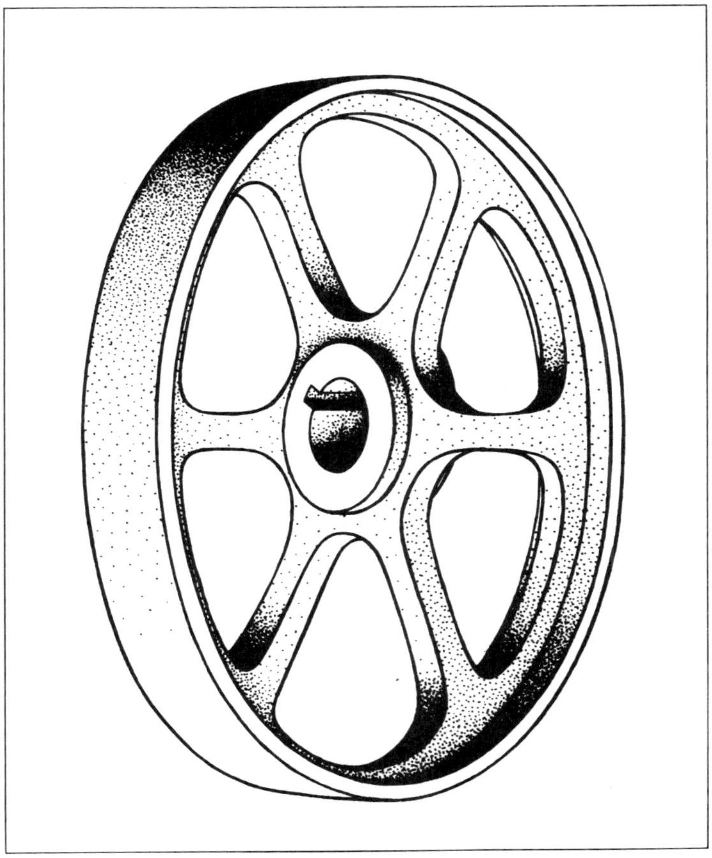

정보처리의 기본 개념 / 감각등록기와 감각기억 /
정보의 선택: 주의 / 형태 재인 /
지식의 표상 / 기억: 단기기억과 장기기억 /
문제해결 / 추　리 /
언어와 사고 / 의　식 /
인지과학과 인지심리학

드디어 완벽한 인공지능 컴퓨터 체제를 개발했어!
이 녀석은 까먹거나 실수하는 기능도 완벽하게 해낸다구!

우리는 눈이나 코, 혹은 귀와 같은 우리의 감각기관을 통하여 끊임없이 외부세계로부터 정보를 받아들인다. 외부 세계로부터 아무런 정보도 받아들일 수 없는 상황을 생각해 본 적이 있는가? 아마도 상상도 할수 없는 끔직한 상황임에 틀림없을 것이다. 어쨌거나, 살아있는 우리는 끊임없이 외부로부터 감각 정보를 받아들이고, 이들 정보들은 단순히 수동적으로 우리의 신경시스템을 통해 들어와 처리되는 것이 아니라, 행동의 목적이나 필요에 의해 적극적으로 재구성되고 선택되고 저장되고 사용되어진다. 감각정보를 받아들여 선택, 변형, 저장, 활용하는 일련의 과정을 인지(認知)라고 할 수 있다. 즉 인지란 감각정보의 입력단계에서부터 그것이 처리되어 행동으로 나타나는 출력단계에 이르기까지 우리의 머리에서 일어나는 정보처리과정을 일컫는다고 할 수 있다. 인지심리학은 인간을 하나의 정보처리자로 간주하며, 정보처리의 단계들과 그 과정, 정보처리 기제 등에 대해 연구하는 분야라고 할 수 있다. 인지심리학(認知心理學: cognitive psychology)에서는 정보의 선택기제인 주의로부터, 정보의 저장과 관계된 기억, 그리고 저장된 기억이나 지식을 사용하는 문제해결이나 추론, 더 나아가 언어에 이르기까지 다양한 인간의 지식과 정보처리 과정을 다룬다. 좁은 의미에서 인지심리학은 앞서 설명한대로 주로 인간의 정보나 지식의 습득과 저장, 사용과 같은 주제들을 다루는 분야로 정의되지만, 넓은 의미의 인지심리학은 인간의 발달이나, 사회, 산업 혹은 이상행동 등 다양한 주제에 대하여 정보처리적 접근을 시도하는 모든 심리학적 분야를 통칭하여 일컬을 수 있다.

이장에서는 주로 주의와 기억, 문제해결의 원리, 추리, 언어 및 사고와 관련된 문제들을 인지심리학에서 어떻게 다루고 있으며, 이들 각 주제와 관련된 인지심리학적 연구 결과에는 어떠한 것들이 있는지에 대해서 소개할 것이다. 먼저, 이들 각 주제들을 소개하기 전에 그것들을 좀 더 체계적으로 이해할 수 있도록 하기 위해, 인지과정 전반을 다루는 하나의 커다란 개념적 틀로서 정보처리라는 개념을 살펴보기로 한다.

Ⅰ. 정보처리의 기본 개념

인지심리학에서 인간의 정보처리 과정을 설명하기 위해 보편적으로 사용하는 모형의 한 예가 [그림 6-1]에 제시되어 있다. 그림에서 화살표가 있는 연결로들은 정보처리 과정의 흐름과 방향을 나타내며 네모난 상자들은 가상적인 정보처리 구조들을 나타내고 있다. 그림의 모형에 의하면 외부에서 들어온 자극정보는 감각저장소라는 곳에 일단 등록된다. 이 감각저장소에 있는 자극정보내용들은 자극의 특성에 따라 혹은 우리의 기대나 필요에 따라서 일부가 선택되어지는데, 이러한 선택과정을 우리는 주의라고 부른다. 선택된 정보들은 곧 단기기억(短期記憶: short-term memory 또는 줄여서 STM)을 맡고 있는 곳으로 넘겨진다. 이들 단기기억 내의 정보내용들은 비교적 짧은 시간 동안밖에 지속될 수 없기 때문에 암송(暗誦) 등의 능동적인 과정을 거치지 않게 되면 망각되어 버린다. 단기기억 내에 있던 정보내용 중에 어떤 것들은 능동적인 구성과 부호화 과정을 거쳐 영구기억으로 전환되어 저장용량에 거의 제한이 없는 장기기억 구조(長期記憶構造: long-term storage) 내에 저장된다.

감각저장단계를 거쳐 단기기억 내에 수용된 정보가 의미를 갖기 위해서는 장기기억 내의 정보와 모종의 비교가 이루어져야 한다. 뒤에 다시 언급되겠지만 바로 이처럼 감각정보가 장기기억 내의 정보와 비교되어 해석될 때 비로소 의미를 갖게 되는 과정을 형태재인(pattern recognition)이라고 부른다. 그림의 모형에도 나와 있듯이 형태재인을 위해서는 장기기억으로부터 자극과 관련된 정보가 단기기억 내로 인출(引出: retrieval)되어야 한다.

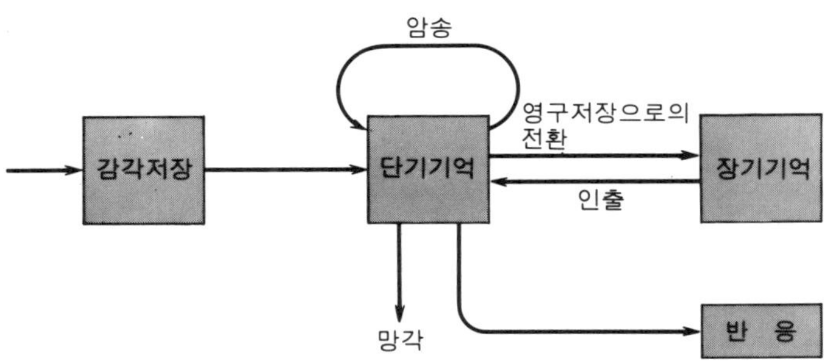

[그림 6-1] 정보의 흐름을 나타내는 인지 모형도(Waugh & Norman, 1965)

자극정보는 감각저장단계를 거쳐 단기기억에 저장된다. 단기기억 저장소내에 있는 정보는 암송을 하지 않으면 망각될 확률이 높으며, 암송횟수가 많아짐에 따라 장기기억으로 전환될 확률이 높아진다.

우리의 머리 속에서 일어나는 정보처리과정은 직접 관찰될 수 없기 때문에 자극의 투입과 반응의 출현 사이에 중재된 내적과정을 추론하여 설명하는 것이 불가피하다. 이 추론과정에서 어떤 가설적 개념이나 경험적 자료를 다른 것보다 상대적으로 중요시하느냐에 따라 이론이 달라지고 모형이 달라질 수 있다. 이론적 모형을 통해서 주어진 문제현상을 이해하려할 때 한 가지 주의해야 할 점은 모형 속의 가설적 구조들이 설명의 편의를 위해 고안된 임의적인 것으로 실제적(實際的)이 아닐 수 있다는 것이다. 즉 [그림 6-1]의 모형에 있는 두번째 상자인 단기기억은 실제 우리 머리속에 존재하는 구조를 지칭하는 것이 아님을 분명히 해두어야 한다. 그것은 단지 그와 같은 구조가 있다고 가상할 때 기억현상이 좀더 적절하고 쉽게 설명될 수 있다는 점에서 의미를 가질 뿐이다.

[그림 6-1]의 모형에 있는 단기기억은 실제 우리 머리속에 존재하는 구조를 지칭하는 것이 아님을 알아야 한다.

Ⅱ. 감각등록기와 감각기억

우리의 주변은 보통 엄청난 양의 자극정보를 포함하고 있다. 이것을 직접 확인하려면 현재 자신의 눈 앞에 펼쳐져 있는 자극정보의 양을 추정해 보기 바란다. 책상과 그 위에 널려진 책과 필기도구, 커피잔, 벽에 걸린 그림과 달력, 출입문 등…… 아마도 헤아릴 수 없이 많고 다양한 자극들이 시야를 가득 메우고 있다는 것을 깨닫게 될 것이다.

[그림 6-1]의 모형에 의하면 자극 정보는 감각등록기(sensory registers)라는 곳에 일단 모두 저장된다. 감각등록기는 일종의 대기실과 비슷한 곳으로서 정보가 그곳에 들어오게 되면 매우 짧은 시간 동안 머무르다가 곧 없어지거나 다음 단계로 처리된다. 감각등록기에는 시각, 청각을 비롯하여 모든 감각양식에 상응되는 것이 있지만 여기서는 시각과 청각등록기를 중심으로 인지심리학에서 가정하고 있는 감각등록기의 구조와 기능에 대하여 논의하겠다.

한 순간에 우리 감각기관을 통해 들어오는 시각정보의 양이 얼마이며 그중 얼마가 처리되는가를 알아보기 위하여, 어두운 방에 들어가 즉석사진기(polaroid camera)로 플래시를 터뜨려 사진을 찍는다고 해 보자. 그 뒤 방을 나와, 방에서 봤다고 기억되는 것들과 사진에 나와 있는 그림내용을 비교해본다면, 실제 우리 눈에 비춰진, 즉 한 때 감각등록기에 저장되어 있었던 시각자극정보에 비해 우리가 기억할 수 있는 것은 정말 얼마 되지 않는다는 것을 곧 알게 될 것이다. 감각등록기에 저장된 자극정보가 얼마나 오래 지속되는가에 대해서는 정확히 알려진 바가 없지만 아주 짧은 순간에 재빨리 소멸된다는 것은 틀림없는 사실이다.

감각등록기에 저장될 수 있는 정보의 양에는 제한이 없지만 즉각적으로 우리가 회상해낼 수 있는 정보량은 제한되어 있다. 위의 예에서, 우리는 방안에서 본 것 중 얼마나 많은 것을 나중에 회상해낼 수 있을까? 숫자, 단어, 그림 등 기억할 재료를 다양하게 변화시켜봐도, 신기한 것은 우리가 즉각적으로 기억할 수 있는 정보량은 7±2개에 불과하다는 것이다. 이러한 방금 경험한 것을 즉각적으로 기억할 수 있는 이러한 기억한계를 즉각 또는 단기기억의 폭(span of memory)이라고 한다. George A. Miller (1956)는 이와 같이 즉각기억의 용량이 대개 7개로 고정된 숫자 범위내에 제한된다는 사실을 주지하고 '신비의 숫자 7 (magic number 7)' 이라는 말로써 즉각기억의 용량을 표현하고 있다.

단기기억에 이와 같은 기억용량의 한계가 있는 것과 달리, 앞에서 언급한 바가 있듯이, 감각등록기 내에 임시저장되는 감각기억에는 거의 기억용량의 제한이 없는 것으로 알려져 있다. 감각기억의 존재를 최초로 거론하게 만든 사람은 George Sperling(1960)이었다. Sperling은 즉각기억의 용량이 매우 제한되어 있지만, 이러한 제한이 기억검사의 방법에 따라 제거될 수 있다는 것을 발견하였다. 한 실험에서 그는 사람들에게 [그림 6-2]에 있는 것과 같은 3×4 철자행렬을 순간노출기(tachistoscope)로 잠깐 보여준 뒤 행렬 내의 철자들을 곧 회상하도록 하였다. 실험의 한 조건에서는 보통의 기억검사에서처럼 12개의 철자를 생각나는대로 모두 회상하라고 하였고, 다른 한 조건에서는 글자 행렬이 명멸한 직후에 상, 중, 하로 음높이가 다른 소리를 제시해 주고 음높이가 '상' 일 때는 첫줄, '중' 일 때는 가운데 줄, '하' 일 때는 맨 아랫줄의 네 글자만을 보고하도록 하였다. 즉, 첫째 조건에서는 행렬 내의 전체항목을 보고해야 하는 전체보고법(full report)이 사용되었고, 두 번째 조건에서는 소리 단서에 따라 행렬 중 일부만을 보고해야 하는 부분보고법(Partial report)이 사용되었다.

[그림 6-2] 전체보고법(위 삽화) 및 부분보고법(아래 삽화)

부분보고법에서는 소리단서가 제시되기 전가지 어떤 행의 철자들이 검사될지 알 수가 없다.

실험결과, 전체보고법 조건에서는 다른 기억실험에서 보편적으로 발견되는 것처럼 4~6개의 글자만이 회상되었다. 이것은 12개 중 약 절반이 회상된다는 것인데 만일 이와 같은 비율이 부분보고법에서도 적용된다면 4개의 글자 중 평균 1.5(12개로 환산할 때 4~6개)의 글자만이 회상되어야 한다. 그러나 부분보고법 조건에서 소리단서가 제시되는 경우 거의 4개 전부(12개로 환산하면 9~10개)가 회상된다는 결과가 나왔다.

부분보고법 조건에서는 글자행렬이 명멸한 뒤에 소리단서가 제시되기 때문에 글자행렬이 제시될 때는 어떤 줄이 검사될 것인가를 미리 알 수 없도록 되어 있다. 따라서, 이와 같은 두 보고법간의 차이는 자극이 제시된 바로 직후에는 비교적 자극의 전모(全貌)를 모두 간직하고 있는 감각기억이 존재한다는 것을 암시한다. Ulric Neisser(1967)는 Sperling의 실험에서 유추되는 감각기억의 형태를 영상기억(影像記憶: iconic memory)으로 명명하였다. 영상기억은 재빨리 퇴조되어 없어지거나 새로 수용되는 자극내용에 의해 대체되어 지워지기 때문에 그 수명이 대개 1초 미만인 것으로 알려져 있다. [그림 6-3]은 자극이 명멸된 뒤 소리단서가 제시되는 시간을 지연시키면, 부분보고법에서의 기억수행이 전체보고법 수준으로 떨어진다는 것을 보여주고 있어 영상기억의 수명이 매우 짧다는 것을 확인해 준다.

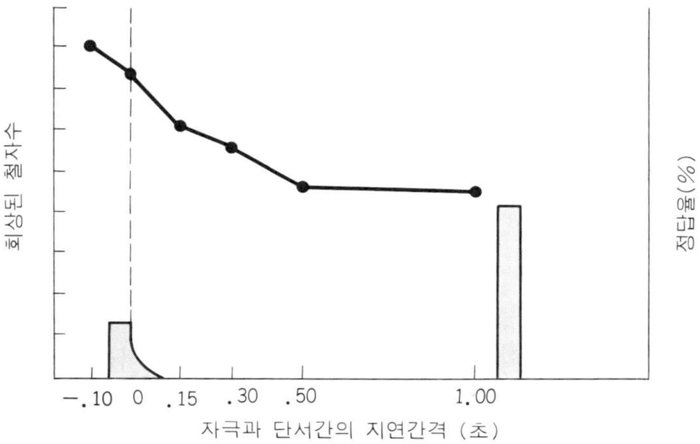

[그림 6-3] 소리단서의 제시지연에 따른 회상률의 변화

왼쪽 막대는 자극이 잠깐동안 제시된 시간간격, 오른쪽 막대는 전체 보고법을 썼을 때의 회상정도, 굵은선 그래프는 단서지연에 따른 회상량의 변화를 보여준다.

청각정보는 시각정보보다 천천히 없어진다. 영상기억과 구분하여 청각등록기 내의 감각적 기억을 잔향기억(殘響記憶: echoic memory)이라고 부른다. 잔향기억은 대개 몇초 동안 지속되는 것으로 알려져 있으며 말의 전후맥락을 이해하는 과정에서 매우 중요한 기능을 갖는 것으로 알려져 있다.

Ⅲ. 정보의 선택: 주의

감각등록기에는 감각기관을 통해 입력된 자극 정보가 모두 그대로 저장된다고 하였다. 그렇다면 이 모든 정보가 처리되어 우리의 의식 내에 반영될까? 이 물음에 답을 하기 위한 하나의 가상적 실험상황으로써 라디오를 틀어 놓고 신문을 읽는다 하자. 신문을 읽으면서 라디오에서 나오는 뉴스를 동시에 알아 들을 수 있을까? 일상 경험을 통하여 우리는 그것이 불가능하다는 것을 안다. 그렇다면 제5장 감각과 지각에서 배웠듯이 라디오 소리가 분명 우리의 청각기관을 자극하여 뉴스의 내용을 담고 있는 청각정보가 뇌로 전달되었을 텐데 그것을 알아들을 수 없는 까닭은 무엇일까?

인지심리학에서는 우리의 현재 의식을 주관하고 있는 중추의 용량이 매우 작기 때문에 감각기관을 통하여 입력되는 모든 정보 가운데 현재의식과 관련된 제한된 양의 정보만이 주의(注意: attention)에 의해 선택되어 처리된다고 가정한다. 이것은 마치 컴퓨터의 기억용량은 매우 크지만 중앙처리기(CPU: Central Processing Unit)에서 한순간에 처리될 수 있는 정보의 양은 얼마 되지 않는 것과 같다. 혹시 의식중추의 용량이 작은 것을 유감스럽게 생각할 사람이 있을는지 모른다. 그러나 의식중추의 용량이 커서 모든 감각정보를 그대로 다 수용할 수 있다고 가정해 보자. 아마도 우리의 의식은 서로 관련이 없는 온갖 정보들로 뒤죽박죽이 될 것이다.

감각기관을 통하여 입력된 정보 가운데 제한된 것만이 의식 속에 반영된다 하였는데 그렇다면 의식에서 제외된 감각정보의 행방은 도대체 어떻게 된 것일까? 대부분의 정보처리 이론은 감각등록기에 담겨 있는 정보는 감각의 복제물과 유사한 것으로서 그 내용에 아직 해석이 가해지지 않은 상태라고 가정한다. 감각등록기에서 주의과정에 의해 정보가 선택되어 의식에 반영된다는 설명은 내용이 해석되지 않은 정보를 무엇을 기준으로 선별할 수 있는가에 대한 의문을 제기한다. 이러한 의문에 대해 정보의 초기 선택이론과 후기 선택이론은 서로 다른 설명을 제공한다.

초기 선택이론은 주의과정이 정보유입 초기단계에서 제한된 채널(channel)의 정보만을 선별하여 처리하도록 만든다고 가정한다. 여기서 채널이라 함은 감각정보가 처리되는 통로를 일컫는데 감각자극의 출처와 양식을 구분지을 수 있는 정보유입의 모든 가능한 갈래를 말한다. 이와 같은 정의에 의하면 시, 청, 후, 미, 촉의 다섯가지 감각양식은 모두 다른 채널을 구성할 수 있을 뿐 아니라, 같은 감각양식이라 하더라도 각기 다른 채널을 구성할 수 있다. 청각을 예로 들면, 왼쪽 귀와 오른쪽 귀, 앞에서 들리는 소리와 뒤에서 들리는 소리, 말소리와 음악소리, 여자의 목소리와 남자의 목소리 등 모두가 각기 다른 채널을 구성할 수 있다. 초기 선택이론에 의하면 감각정보는 수많은 채널을 통해 대량유입되는데 우리의 의식중추는 용량이 작아 그것을 모두 받아들일 수 없기 때문에 병목현상이 일어나며, 이러한 문제를 해결하기 위하여 주의과정이 제한된 채널의 정보만을 통과하도록 만든다. 초기선택 이론에 근거한 주의모형은 선택되지 않은 정보의 내용과 의미 처리 여부를 놓고 다시 여과기모형(filter model)과 경감모형(輕減模型: attenuation model)의 두 가지로 나뉜다.

여과기모형은 병목에 모종의 여과기가 있어 주의를 기울이고 있는 특정 채널의 정보만을 통과시켜 그 의미가 처리되도록 하지만, 그 외 채널의 정보는 의미가 전혀 처리되지 않은 상태에서 걸러지게 된다고 가정한다(Broadbent, 1958). 앞의 신문읽기와 라디오 듣기의 예를 들자면, 주의가 신문에 주어지면 청각채널의 정보가 걸러지게 되며 주의가 라디오에 주어지면 시각채널의 정보가 걸러지게 되어 주의를 기울이지 않은 채널의 정보처리가 전면 억제된다는 것이다. 여과기 이론은 일련의 양분청취(兩分聽取: dichotic listening) 과제 실험에서 지지를 받은 바 있다. 양분 청취 과제에서는 두 귀에 각기 다른 내용의 말을 들려 주면서 한쪽 귀에 들리는 말만을 따라 읽게 한 뒤 나중에 다른 쪽 귀에 들린 말에 대하여 묻는다. 양분 청취 과제를 사용한 실험의 결과에 의하면, 주의를 기울이지 않은(따라 읽지 않은) 귀에서 들은 것이 사람의 말소리인지 남녀의 목소리인지는 어렴풋이 알고 있으나, 말의 내용이 무엇인지는 물론 심지어 그것이 외국말인지 아닌지조차도 모를 뿐 아니라 같은 단어를 몇 번씩 반복하여 들려주어도 그것을 전혀 알아차리지 못한다(Moray, 1959).

경감모형은 주의를 주지 않은 채널로부터 정보가 전혀 유입될 수 없는 것이 아니라 라디오의 볼륨을 줄이듯 주의가 정보유입의 수준을 경감시킬 뿐이라는 입장을 취한다(Treisman, 1964). 이 모형에서는 주의과정이 가동되기 전에 일단 모든 채널로부터 유입되는 정보의 내용이 개략적으로 분석된 후, 그 분석 결과를 토대로 주의를 줄 채널이 결정되며 주의가 주어지지 않는 채널로부터의 정보유입 수준은 경감된다고 가정한다. 양분청취 과제를 사용하여 왼쪽 귀에 들린 말을 따라하라 지시하

고 왼쪽 귀에 '손목-하늘,' 오른쪽 귀에 '푸른-시계'를 동시에 들려주면 '손목-하늘'이라 따라하지 않고 '손목-시계'라고 의미를 좇아 두 귀에 들린 말을 오가며 따라하는 현상이 발견된다. 이러한 현상은 여과기모형보다는 경감모형이 더 그럴듯한 모형이라는 것을 암시한다.

후기 선택이론은 초기 선택이론과 달리 모든 채널로부터 유입되는 정보에 대하여 똑같이 개략적인 수준의 분석이 수행되며, 그 분석 결과에 주의가 작용하여 현재 의식에 적절한 내용의 정보만이 선별된다고 가정한다. 따라서 이 이론에 의하면 주의가 정보처리 과정의 초기가 아니라 후기에 채널을 선택하게 된다. 적절성 모형(pertinence model)은 Norman(1976)이 제안한 후기 선택이론의 입장을 대표하는 이론다.

이 모형에 의하면 입력되는 감각정보는 모두 재인(再認: recognition)이 되지만, 우리가 주의를 기울이고 있는 채널로 유입되는 정보만이 반응에 반영되기 때문에 주의를 기울이지 않은 채널로부터의 정보는 재인 이상의 단계에서 처리되지 않게 된다. 여기서 재인이라 함은, 다음 절에서 설명하겠지만, 입력자극이 기억과 대조되어 사물이나 사건의 정체와 의미가 파악되는 것을 말한다.

초기 선택이론과 후기 선택이론 가운데 어느 것이 더 타당한 이론일까? 양쪽을 지지하는 실험연구 결과나 일상 경험의 예가 엇갈려 확실한 결론을 내리기 힘든 것처럼 생각될 수 있지만, 우리의 정보선택기제가 여러 정보처리단계에서 일어날 수 있다고 생각한다면 그리 힘든 것만은 아닐 것이다. 즉, 입력되는 자극이나 과제의 난이도에 따라서 초기선택이 일어날 수도 있고 후기선택이 일어날 수도 있다. 뿐만 아니라, 여러 단계에서 선택이 동시에 일어날 수도 있다. 우리의 정보선택 기제가 뇌의 한 영역에서 하나의 시스템으로 작동하는 것이 아니라 여러 영역에서 여러 단계에 걸쳐 작용할 가능성을 최근의 연구결과들은 시사하고 있다.

Ⅳ. 형태 재인

감각등록기에 저장되어 있는 영상기억이나 잔향기억은 자극정보의 원자료와 같은 것으로서, 의미가 풀이되지 않은 상태의

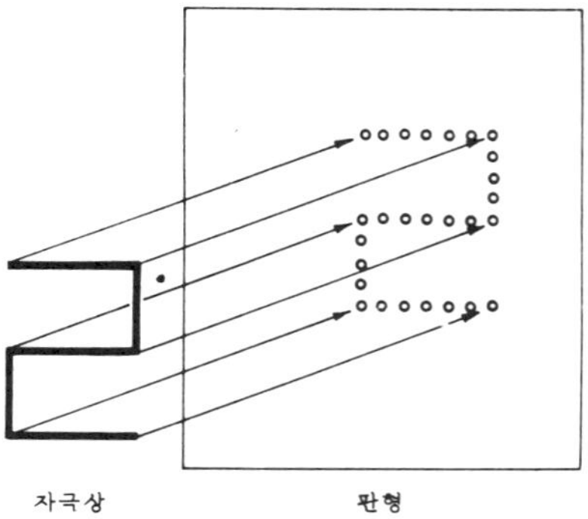

판형과 자극상이 대조될 때 판형이 정확해야만 가치가 있다.

상품을 확인하기 위한 판형

"아직 50억개를 더 처리해야 하는데요."

[그림 6-4] 판형이론의 한계

기억이다. 즉, 글을 읽는다 할 때 영상기억 단계에서는 글자나 문장이 단지 흰 바탕에 있는 검은 획들의 모음이나 조합에 불과할 뿐 그 속에 담긴 의미가 해석되어 이해된 단계가 아니다. 이와 같은 획들의 모음과 조합이 의미를 갖기 위해서는 그 속에 담긴 정보들이 더 처리되어야만 한다.

영상기억이나 잔향기억 내용들이 의미를 부여받기 위해서는 그것의 정보내용과 부합되는 장기기억과 대조가 되어야만 한다. 즉, 장기기억 속에 있는 기억정보는 그 의미를 우리가 익히 알고 있기 때문에 만일 어떤 감각기억과 일치하는 장기기억을 찾을 수 있게 되면, 그것의 의미가 결정될 수 있다는 것이다. 이와 같이 감각기억 내의 입력자극정보와 장기기억을 대조하여 현재 주어진 자극의 형태로부터 의미를 이끌어내는 과정을 형태재인(pattern recognition)이라 한다. 형태재인에서의 핵심적인 문제는 어떻게 자극정보와 기억속의 정보가 대조되는가를 설명하는 것이다.

판형이론(板型理論: template theory)에서는 입력된 자극들이 우리의 머리속에 저장되어 있는 판형들과 비교되는 과정에서 재인이 이루어진다는 견해를 편다. 이들 판형들은 과거의 경험을 통하여 형성된 기억 속의 형태들로서 장기기억 내에 저장되어 있다고 전제된다. 옆의 그림에 나타나 있듯이 'ㄹ'이라는 글자가 제시되는 경우 우리 기억 속에 있는 여러 판형들과 제시된 자극상을 대조하여 자극상에 딱 들어맞는 'ㄹ'이라는 판형이 발견될 때 비로소 그 판형에 의해 자극이 해석되어지게 된다. 판형이론은 현재 컴퓨터에 의해 상품의 이름명이나 가격을 확인하거나 수표의 액면가를 판단하는 일 등에 응용되고 있다.

그러나 판형이론은 입력되는 무한한 형태의 자극을 처리하기 위해서 무한한 개수의 판형이 필요하다는 비현실적인 가정을 바탕으로 하고 있다. 즉, 예의 'ㄹ'의 경우 '**ㄹ**', '*ㄹ*', '**ㄹ**' 등 수없이 다양한 입력자극 형태들을 우리는 'ㄹ'로서 쉽게 알아볼 수 있는데, 판형이론에 의하면 이것은 우리가 개개 'ㄹ'에 해당하는 판형들을 모두 가지고 있기 때문인 것으로 설명된다. 그러나 이와 같은 가정은 우리의 기억용량이 도저히 감당할 수 없는 무한한 개수의 판형이 기억 속에 존재해야 한다는 모순을 내포하고 있다.

판형이론 이외에도 여러 형태재인 이론들이 있다. 원형대조이론(prototype matching theory)에서는 판형보다는 형태의 필수적인 요소들을 간추린 기억목록에 의해 형태재인이 이루어진다고 가정한다. 예를 들어, 손자가 할머니를 알아 볼 때는 감각기에 등록된 할머니의 모습과 기억속에 있는 할머니에 대한 원형목록, 즉 "머리가 희다," "주름살이 깊다," "눈빛이 너그럽다," "키가 작다"와 같은 기억목록이 대조되며, 그 결과로서 재인이 이루어진다는 것이다.

또 다른 하나의 형태재인 이론인 특징분석 모형(feature analysis model)에서는 형태의 특징요소들이 정보처리의 첫 단계에서 먼저 분석된 뒤 이들 특징에 기초하여 재인이 이루어진다는 입장을 펴고 있다. 예의 'ㄹ'의 경우, 'ㅡ', 'ㅣ'와 같은 특징요소(획)들이 먼저 분석된 뒤 그 획들의 조합형태를 토대로 'ㄹ'이 재인된다는 것이다. 우리 뇌의 시각피질에는, 제5장 감각과 지각에서 이미 소개되었듯이, 사물모양의 세부특징들을 분석하는 신경세포들이 있는데 이러한 최근의 신경생리학적 연구발견은 특징분석모형을 지지하는 증거로서 간주될 수 있다.

이밖에도 여러 이론들이 있지만 정보처리과정의 첫머리에서 자극정보가 해석되는 과정을 만족스럽게 설명해 주는 것은 없다. 간단하고 기초적인 것으로 보이는 정보처리과정에도 실제로는 매우 복잡하고 미묘한 작용들이 관여하는 것으로 판단된다. 우리가 별 어려움 없이 이와 같이 복잡한 작용들을 거쳐 형태를 쉽게 재인할 수 있는 것은 그만큼 우리의 정보처리기관이 놀라운 용량과 기능을 지니고 있기 때문인 것으로 보인다.

Ⅴ. 지식의 표상

형태재인은 결국 입력된 감각자극에 대응되는 정보를 기억 속에서 찾아내는 과정과 같다. 우리의 정보처리기관이 의미나 정체가 파악되지 않은 형태재인 이전의 감각정보를 우리가 이미 익히 알고 있는 기억속의 정보와 대조함으로써 입력자극에 포함된 사물들을 지각할 수 있게 된다는 것이다. 이와 같은 가정에 의하면 현존 자극의 지각적 구조를 그대로 간직하고 있는 지각표상(知覺表象: perceptual representation) 또는 지각체(percept)와 그것에 대응되는 기억표상이 따로 존재해야 한다. 여기서 표상(表象: representation)이라 함은 정보처리의 산물로서 발생된 사물이나 사건에 대응되는 심적 구조물을 일컫는다.

현존 자극의 지각표상은 자극정보가 어떤 감각기관을 통하여 입력되었느냐에 따라 다른 양식(樣式: modality)을 취한다. 눈을 통해 입력되는 시각정보는 공간적으로 연장되어 있어 자극이 제시되어 있는 동안 존속되지만 귀를 통해 입력된 청각정보는 시간적으로 연장되어 있어 그 수명이 한 순간에 그친다. 지각표상이 이렇다면 형태재인을 위해 기억속에서 불려나오게 되는 기억정보의 표상양식은 어떨까? 만일 지각산물이 그대로 기억속에 저장되어 표상된다면 기억표상도 지각표상과 같이 정보의 유형에 따라 표상양식이 다를 것이다. 그러나 이 문제에 대한 인지심리학자들의 답은 그리 간단하지가 않다.

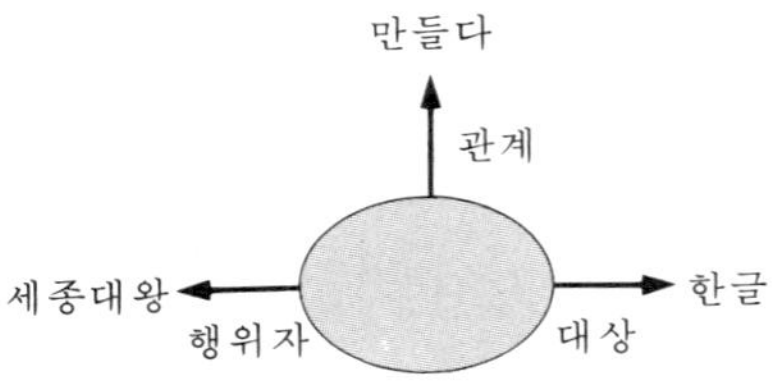

[그림 6-5]
'세종대왕은 한글을 만들었다'는 명제를 명제그물의 형식으로 나타낸 그림.

기억정보의 표상양식에 관하여 명제론자와 심상론자는 서로 다른 견해를 펴고 있다. 명제론자는 모든 정보가 추상화되어 명제양식으로 표상된다고 주장한다. 명제(命題: proposition)는 의미를 나타내는 지식의 최소단위, 즉 진위(眞僞)를 판단할 수 있는 의미의 최소단위로 정의된다. 이러한 정의에 의하면 '세종대왕은 한글을 만들었다'나, 세종대왕은 자동차를 만들었다'가 모두 하나의 명제가 된다. 명제는 의미를 나타내는 지식의 최소단위이기 때문에 반드시 문장의 형태를 취할 필요가 없다. 명제는 (만들다, 세종대왕, 한글)과 같이 관계(relation)와 변수(arguments)로 된 스트링 형태를 취할 수도 있으며 [그림 6-5]와 같이 마디(node)와 연결로(link)로 된 명제그물의 형태를 취할 수도 있다. 명제표상을 이용하는 대표적인 정보처리기관은 디지탈 컴퓨터이다. 디지탈 컴퓨터에서는 모든 정보가 '0'과 '1'의 2진 값을 갖는 비트(bit)의 형태로 표상된다. 우리나라의 KS완성형 코드를 예로 들면 '가'자는 '1011000110100001'의 16개 비트로 컴퓨터내에서 표상된다. 디지탈 컴퓨터에서 정보가 표상되는 것처럼 명제표상에서는 정보가 일정한 구조와 순서를 갖는 단위들의 배열형태나 관계에 의해 표상된다.

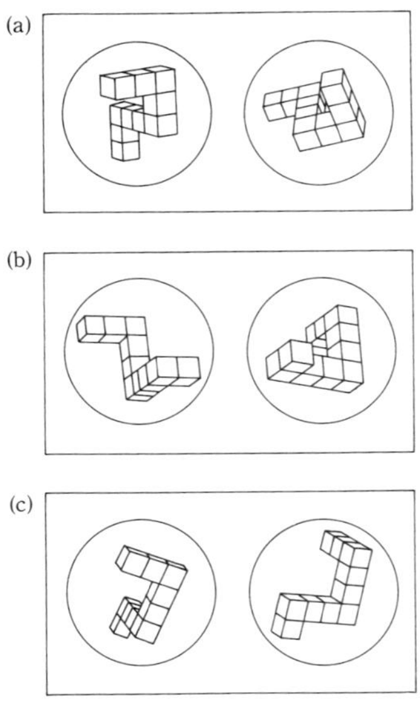

[그림 6-6] 심적 회전에 관한 셰퍼드와 메츨러 연구의 자극 예
(a) 그림평면에서 80° 회전 차이가 있는 쌍. (b) 깊이에서 80° 회전 차이가 있는 쌍. (c) 회전시켜도 일치되지 않는 쌍(Shepard & Metzler, 1971).

심상론자는 모든 기억정보가 명제로 표상된다는 주장에 대해 이의를 제기한다. 심상론자들의 표상에 대한 입장을 이해하기 위해 예를 하나 들어보기로 하자. 우선 '이모'가 무엇인가를 정의해 보라. 물론 '이모'는 '어머니'의 '여자 형제'이다. 이것을 스트링 형태의 명제로 표시하면('여자형제이다,' '이모,' '어머니')가 된다. 이제 '이모'와 '어머니'의 얼굴 생김새가 어떻게 다른가 말해보라(물론 이모가 있는 사람에게만 해당되는 말이지만). 얼굴을 비교하기 위해 무엇이 머리 속에 떠오르는가? 그것이 명제 형태로 표현될 수 있는 성질의 표상인가? 아마도 관계를 나타내는 일정한 구조와 순서를 갖는 디지탈 양식보다는 '이모' 나 '어머니' 의 지각표상과 유사한 구조를 갖는 아날로그(analogue) 양식의 표상이 사용되는 것 같다는 데에 동의를 하게 될 것이다. 심상론자들은 이와 같이 지각내용과 유사한 구조를 갖고 있는 아날로그 양식의 표상, 즉 심상(心象: mental image, 또는 imagery)이 존재한다고 믿고 있다. 심상의 존재는 심적회전 실험(Shepard & Metzler, 1971)에서 강력하게 지지를 받고 있다. Shepard와 Metzler는 [그림 6-6]과 같은 자극 쌍들을 사람들에게 보여주고 그것이 같은 모양의 것인지 아닌지를 판단하는 데 걸린 반응시간을 측정했다. 자극 쌍들은 모양이 같거나 달랐다. 실험 결과 모양이 같은 자극쌍들에 대한 반응시간은 [그림 6-7]에 나타나 있는 것처럼 두 그림의 구조물이 어긋나 있는 각도에 비례하여 증가되었다. 이러한 결과는 사람들이 하나의 자극 쌍을 비교하기 위해서 마치 실제의 입체적인 구조물을 돌리듯이 머리 속에서 그림속의 구조물을 돌렸을 가능성이 매우 높다는 것을 암시한다. 만일 이들 자극들에 대한 표상이 명제양식을 취하고 있다면 이처럼 두 구조물이 어긋난 정도에 비례하여 반응시간이 증가해야 될 아무런 까닭이 없다. 과연 심상이 실재하는 표상인가 아닌가에 대해서는 명제론자와 심상론자간의 의견대립이 팽팽하여 아직 선불리 결론을 낼 수 없지만, 실험 연구 결과들과 더불어 최근의 뇌영상 기법을 통한 인지 신경과학적 연구결과들은 명제표상과 함께 심상의 존재를 지지하는 증거들을 제시하고 있다.

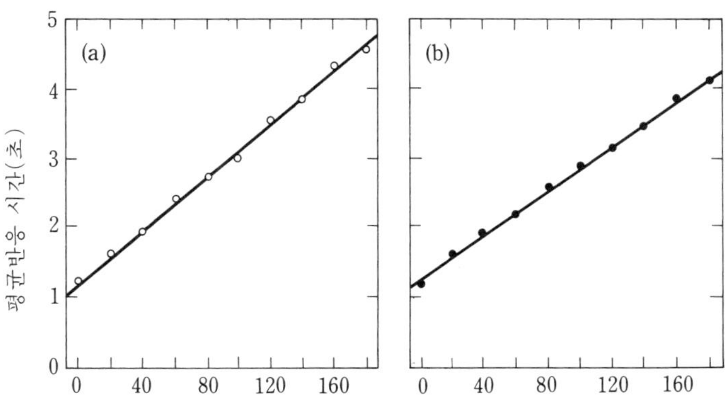

[그림 6-7] 그려진 방향상 각도 차의 함수로서 두 대상들이 동일한 3차원 형태인지를 결정하는 데 걸리는 시간

(a) 그림평면에서 회전 각도가 다른 쌍들에 대한 그래프. (b) 깊이에서 회전 각도가 다른 쌍들에 대한 그래프(Shepard & Metzler, 1971).

컴퓨터 내부에 정보를 어떤 방식으로 표상할 것인지가 초기 전산과학의 주요 연구문제였기 때문에 정보표상문제 연구는 한 때 전산과학을 중심으로 크게 발전하였다. 이런 까닭에 1960년대에 지식표상문제에 관심을 갖고 있던 인지심리학자들은 전산과학자들이 사용하던 표상에 관한 기초 개념들을 많이 빌어다 썼다(Stillings, Feinstein, Garfield, Rissland, Rosenbaum, Weisler & Baker-Ward, 1987). 그러나, 인지심리학 내에서 표상 연구에 큰 진전이 있게 됨에 따라, 이제는 인지심리학에서 표상에 관한 기본개념들을 전산과학에 역 수출하는 단계에 이르렀다. 컴퓨터가 급속도로 발달함에 따라 인간과 같은 보편적 문제해결 능력을 갖춘 인공지능을 개발하는 데 컴퓨터를 이용하려는 움직임이 일면서 전산과학내에 사람의 지식표상 원리를 이해하여 그것을 응용하려는 움직임이 일게 된 것이다. 그렇다면 사람은 정보를 어떤 방식으로 기억 속에 저장하였다가 필요할 때마다 인출하여 사용하는가?

Ⅵ. 기억: 단기기억과 장기기억

감각등록기 내에 저장되어 있는 감각정보를 감각기억(sensory memory)이라 부른다. 감각기억은 앞에서 설명하였듯이 의미가 해석되지 않은, 자극의 전모를 비교적 그대로 간직하고 있는 수명이 매우 짧은 기억이다. 이런 관점에서 볼 때 감각기억은 우리가 보통 '기억'이라고 부르는 범주에 속하지 않는다. 인지심리학자들은 우리가 보통 기억이라고 부르는 것을 단기기억과 장기기억의 두 유형으로 나누어 구분한다.

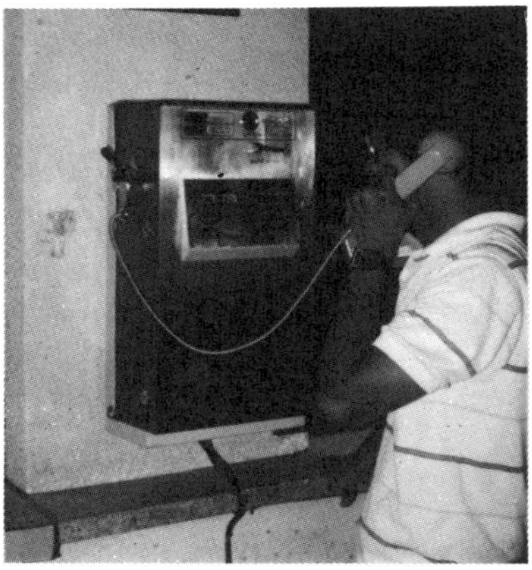

전화번호를 외울 때처럼 단기기억 내의 정보는 암송에 의해 반복시켜 주지 않으면 곧 망각되어 버린다.

1. 단기기억

친구와 통화를 하기 위해 수첩에서 전화번호를 찾아내어 다이얼을 돌린다. "384-1249, 384-1249, ……" 다이얼을 돌리면서 속으로 수첩에서 본 번호들을 외운다. 통화중이기 때문에 수화기를 놓고 잠시 기다렸다가 다시 다이얼을 돌리려 한다. 그러나 그 잠깐 동안에 수첩에서 보았던 번호가 생각나지 않는다. 할 수 없이 다시 수첩을 펴들고 친구의 번호를 찾는다.

누구나 한번쯤 이같은 경우를 경험해 보았을 것이다. 방금 보았던 전화번호가 기억 속에 분명히 있어서 그것에 따라 다이얼을 돌릴 수 있었는데 그것들이 잠깐 동안에 모두 어디로 갔을까? 단기기억(短期記憶: short-term memory)은 이와 같이 현재 우리 의식 내에서 잠정적으로 활동중인 기억을 일컫는다. 즉 단기기억은 감각기억보다 훨씬 적은 양의 자료들만을 담고 있으며 반복 또는 복습되지 않으면 곧 그 내용이 망각된다.

어떤 사람(Klatzky, 1980)은 단기기억을 목수의 작업대에 비유하기도 한다. 목수는 일을 할 때 선반에 가득한 공구들 중 필요한 것 몇 개만 작업대 위에 내어 놓고 쓰게 된다. 한 공구를 다 쓰면 그것을 다시 선반에 올려 놓고 다음에 필요한 다른 공구를 찾아 작업대 위에 내려놓는다. 일을 하다 비좁은 작업대 위에 공구가 너무 많아지면 공구들이 작업대 위에서 밀려 바닥에 떨어지기도 한다. 선반 위에 올려져 있는 공구처럼 현재의 의식 속에는 없지만 어딘가 저장이 되어 있는 기억을 장기기억(long-term memory)이라고 부르며 작업대 위에 나와 있는 공구처럼 현재의 의식 속에서 작용 중인 기억을 단기기억이라고 부른다. 단기기억을 작업기억(working memory)이라고 부르는데 그 이유가 작업대의 비유에서 분명해졌을 것이다.

단기기억은 제한된 면적을 가진 작업대처럼 기억자료를 담을 수 있는 용량에 한계가 있다. 따라서 어느 정도 이상의 정보가 투입되면 마치 작업대 위에서 공구가 밀려 떨어지듯, 정보의 일부가 단기기억에서부터 탈락되어 망각된다.

단기기억의 용량은 대개 7항목 내외인 것으로 알려져 있다(Miller, 1956). 여기서 항목이라 하는 것은 기억의 단위로서 주어진 정보가 어떻게 재부호화(recoding)되었는가에 따라 단위의 크기가 달라질 수 있다. 이와 같은 제한점을 실감하기 위해서 친구에게 몇 개의 숫자를 불러주고 그것을 외우라고 해보기 바란다. 숫자가 7개보다 적을 때는 쉽게 외우지만 그보다 많게 되면 틀리는 확률이 급증하는 것을 발견하게 될 것이다. 예를 들어 "1491625364981"이라는 숫자들의 배열을 외는 것은 힘들지만, 이것이 1에서 9까지의 숫자들을 각각 제곱하여 나열한 것임을 알고 나면 문제가 아주 간단해진다. 비슷한 예로, 초등학생들이 태양계의 행성을 외울 때 "**수금지화**야 **목토**를 매고 **천해명**을 잡아오너라"라는 식으로 각 행성의 첫 머리 글자의 조합을 이용하여 의인화해서 외는 것을 본 적이 있다. 이와 같이, 이미 우리가 알고 있는 지식을 이용하여 주어진 정보를 재부호화하여 하나의 덩어리(chunk)로 묶어 보는 능력 때문에 우리는 제한된 용량에도 불구하고 단기기억에서 막대한 양의 정보를 다룰 수 있게 된다.

단기기억은 암송(rehearsal)에 의해 그 내용이 반복되지 않으면 곧 망각되어 버린다. 아주 간단한 기억자료, 예를 들어 세 개의 철자 P, T, N을 제시해 주고 곧 이어 암송을 할 수 없도록 298이라는 숫자를 거꾸로 3씩 몇 초만 빼나가도록 하면 놀랍게도 제시된 철자를 올바르게 기억할 확률이 50%가 안 된다 (Brown, 1958; Peterson & Peterson, 1959). 숫자빼기셈을 하는 것처럼 암송을 방해하기 위한, 기억과제 이외의 다른 과제를 방해과제(distractor task)라고 부른다. 방해과제에 의한 암송방해실험은 암송이 뒤따르지 않는 경우 기억흔적(memory trace)이 빠른 속도로 소멸 또는 부식(decay)된다는 것을 암시한다.

암송이 단기기억에서 중요한 역할을 차지한다는 것은 사람들이 무엇을 기억하려 할 때 웅얼거리는 현상을 보더라도 알 수 있다. 이것은 또한 단기기억에서 시각부호보다는 청각부호를 사용한다는 것을 시사하기도 한다. 여러 연구결과들에 의하면 항목들이 시각적으로 제시되는 경우에도, 단기 기억에서 혼돈에 의해 회상에 착오가 있을 때, 원래 항목들을 그것들과 시각적으로 유사한 것보다는 청각적으로 유사한 것으로 잘못 회상하는 경우가 많다는 것이 발견되고 있다(Conrad, 1964). 즉, 'S'가 'X'로 잘못 회상될 확률이 'S'가 'B'로 잘못 회상될 확률보다 크다는 것이다. 'S'는 'X'보다 'B'와 시각적으로 유사한 특징(곡선)들로 구성되지만, 그것의 발음은 'B'보다 'X'와 유사하다. 이같은 음운의 유사성에 의해 단기기억에서 혼돈이 일어난다는 광범위한 발견들을 근거로 하여, 많은 인지심리학자들은 단기기억에서 청각부호가 주로 사용된다는 데 의견을 일치하고 있다.

그러나 단기기억에서 청각적인 부호만이 사용되는 것은 아니라

[그림 6-8] 시각부호가 사용된다는 실험 증거

두 철자간의 제시간격이 짧을 때는 시각적인 형태에 의한 동일성 판단이 명칭에 의한 동일성 판단보다 신속하지만, 제시간격이 길어지면 두 조건에서의 판단 속도가 역전되며, 이는 초기에 시각부호가 사용되지만 시간이 흐름에 따라 명칭부호로 재부호화된다는 것을 시사한다 (Posner & Keele, 1967).

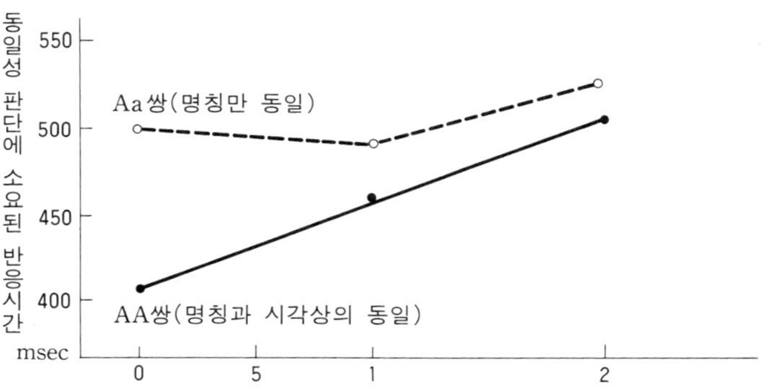

는 증거들도 있다. 대문자로 쓰여진 철자 'A'를 보여주고 곧 바로 'a' 또는 'A'를 보여 주면서 앞 뒤 철자의 명칭이 같은지 틀린지를 판단하도록 하면 'AA'에서 같다는 판단의 속도가 'Aa'에서 보다 빠른 것으로 나타난다(Posner & Keele, 1967). 만일 청각적인 명칭만이 단기기억의 부호로서 사용된다면, 'AA'와 'Aa'의 두 조건에서 판단속도의 차이가 없어야 한다. 따라서 판독속도의 차이가 있었다는 것은, 단기기억에서 시각부호가 사용될 수 있다는 가능성을 입증해 주는 것으로 해석될 수 있다[그림 6-8].

단기기억에서 정보가 망각되는 것에 대해 두 가지 설명이 있다. 첫번째 설명은 단기기억 내에서 마치 부식에 의해 쇠붙이가 삭아 없어지듯이 시간이 흐름에 따라 기억흔적이 희미하게 퇴조되어 소멸된다는 것이고, 두번째 설명은 회상해야 될 정보가 기억 속에 있지만 그밖의 다른 여러 정보의 간섭에 의해서 회상이 불가능해진다는 것이다.

기억흔적이 수동적으로 소멸된다는 것을 대표적으로 실증한 것은, 앞에서 이미 언급한 암송방해와 관련된 두 편의 연구(Brown, 1958; Peterson & Peterson, 1959)이다. 이들 연구에서 기억해야 하는 글자와 숫자는 서로 간섭을 일으킬 성질의 정보가 아닌데도 불구하고, 숫자를 거꾸로 세어가는 동안 매우 빠른 속도로 글자의 내용이 망각되는 현상이 나타났다. 따라서 이때의 망각은 간섭보다는 단순히 단기기억 저장 상태에서 정보가 소멸되는 것으로 간주할 수 있다.

간섭에 의해 기억정보가 회상 불가능해지는 경우는 두 가지의 유형으로 나눠서 생각해 볼 수 있다. 첫번째 경우는 역행간섭(逆行干涉: retroactive interference)으로, 나중에 단기기억 체제 내에 들어온 새 정보가 먼저 있던 오래된 정보를 단기기억 구조 밖으로 밀어내어 회상이 불가능하도록 하는 것이다. 두번째의 경우는 순행간섭(順行干涉: proactive interference)으로, 먼저 들어온 정보가 나중에 들어온 정보의 회상을 방해하는 것이다. 따라서 역행간섭에 의한 망각은 단기기억의 용량의 한계 때문에 일어나는 것으로 간주되며, 순행간섭에 의한 망각은 간섭에 의한 인출 불능에 의해 일어나는 것으로 설명된다.

지금까지 연구된 바에 의하면 단기기억 내에서의 망각은 부식과 간섭 모두에 기인되는 것으로 결론지을 수 있다. 단기기억이 현재의 의식 내용을 이루며 제한된 용량을 지니고 있기 때문에, 우리는 주위 환경으로부터 새로운 정보가 입수될 때 오래된 정보를 버리고 새것을 취하여 우리 의식 내에 반영시킬 필요가 있다. 따라서 단기기억에서 정보가 쉽게 소멸되거나 대치된다는 것은 정보처리과정에서 방해보다는 득이 될 수도 있다.

2. 장기기억

일반적으로 장기기억은 현재 사용되고 있지 않지만 기억 속에 저장되어 있는 인출 가능한 모든 것을 일컫는다. 자기가 살고 있는 집이나 도시에 대한 공간적인 모형, 뉴턴의 법칙과 같은 대상과 사물의 속성에 대한 지식, 여러 사회 장면에서의 행동양식에 대한 신념, 가치관과 사회적 목표, 운동기술이나 문제해결의 기술, 언어를 이해하거나 그림, 음악을 해석하는 지각능력 등 장기기억은 우리가 행동하고, 사고하는 데 필요한 모든 정보를 포함하고 있다.

장기기억의 두드러진 특징은 그 양상이 매우 다양하다는 데 있다. 방금 언급한 바와 같이 저장되어 있는 정보의 내용뿐 아니라 기억에 사용되는 부호, 정보가 재부호화 또는 추상화되는 방법, 기억의 구성, 기억의 지속성 등의 측면에서 장기기억은 다양하고 광범위한 양상을 보인다.

대부분 장기기억에 대한 심리학적 실험연구들은 단어나 개념, 그리고 그들간의 연합을 밝히려는 데에 초점을 맞추어 왔다. 그 결과, 장기기억은 의미부호(意味符號: semantic code)에 크게 의존한다는 것이 밝혀졌다. 장기기억에서 의미부호가 사용된다는 일상적인 증거들은 얼마든지 있다. 예를 들어, 누가 "국수로 점심을 때웠다"라고 했을 때 나중에 그것을 "라면으로 점심을 때웠다"로 잘못 기억할 가능성이 높다. 또는, "얼룩고양이가 검정개한테 물렸다"가 나중에 "검정개가 얼룩고양이를 물었다"로 회상될 가능성이 크다. 이것은 서로 대응되는 기억내용들의 의미가 유사하거나 같기 때문인데, 만일 장기기억에서 의미부호가 주로 사용된다면 이들 중 실제 경험했던 것이 어떤 것인가를 기억을 더듬어 구분하는 것이 힘든 과제가 될 수 밖에 없다.

장기기억에서 의미부호만이 사용되는 것이 아니다. 의미부호 이외에도 청각 및 시각부호는 물론 미각, 취각, 후각, 촉각도 역시 장기기억의 주요 부호로 쓰여질 수 있다. 우리는 '사과'를 보고, 듣고, 글에 표현된 의미를 통하여 알 수 있으며 맛이나 냄새, 감촉에 의해서도 그것을 구분해낼 수 있다. 재인편에서 언급했지만 이와 같이 다양한 재인이 가능한 것은 '사과'가 다양

장기기억의 구조는 도서관의 장서체계에 곧잘 비유된다.

한 부호로 기억되고 있기 때문이다.

1) 구성: 명제그물, 도식 및 각본

장기기억 내의 정보는 컴퓨터의 배선망처럼 각 기억요소들이 매우 복잡하게 연결되어 있는 것으로 이해되어지고 있다. 이와 같은 기억요소들 간의 연결망은 제5절 기억의 표상양식편의 명제그물에서 보았듯이, 정보의 상호 연관성과 연합에 의해 매우 체계적이며 실용적인 방식으로 구성되어 있다.

많은 심리학자들은 장기기억을 도서관의 장서 보관체계에 비유하기도 한다. 도서관에서 책을 찾을 때 우리는 저자 이름, 책의 제목, 책의 내용 등에 의해서 그 책이 어느 서가 어느 부분쯤에 꽂혀 있다는 것을 알게 된다. 장기기억에서도 마찬가지로 그 구성망의 체계에 따라 모든 정보가 분류되어 있는 것으로 설명되고 있다. 도서관에 새 책이 들어오면 일련의 분류과정을 거쳐 분류번호가 주어진 뒤 서가에 꽂히게 된다. 장기기억에서도 새로운 정보가 들어오면 그것의 의미에 따라 분류가 이루어지고 색인이 붙여지게 된다. 뒤에 우리는 이 색인에 의해서 필요한 정보를 찾아 기억해낼 수 있게 된다. 이러한 분류 및 색인체계에 의해 '제주도' 하면 '한라산' 이 생각나고, '이순신' 하면 '거북선' 이 머리에 떠오르게 되는 것이다. 일반적으로 한 기억요소가 색인 또는 연합을 많이 가질수록 쉽게 기억된다. 장기기억의 분류체계는 살아가는 도중에 발생되는 사건들이 수록되고 이해되며 추론되어지는 하나의 틀로서 생각될 수 있다.

기억 정보의 표상 양식을 논하는 이장의 제5절(지식표상)에서 이미 살펴보았듯이, 하나의 명제는 하나의 의미 단위를 표상하는 훌륭한 도구 역할을 한다. 그러나, 우리의 장기 기억속에 저장되어 있는 지식 가운데 어떤 것은 정보의 구조가 매우 복합적이며 조직적이어서 명제로 표상하기에 부적절한 것이 있을 수 있다. 예를 들어, '집' 은 '방', '벽', '창,' '지붕' 이 있는 '목재' 나 '석재' 또는 '철근' 과 '콘크리트' 로 된 건축 구조물의 하나로서 그 속에서 사람이 '거주' 하는데, 이것들을 모두 '집에는 창문이 있다' 와 같은 개별 명제들로 표상하는 경우 이들 명제들을 나열하는 것만으로는 집을 구성하고 있는 기초 개념들간의 관계성을 파악할 수 없게 된다(Anderson, 1988).

인지심리학에서는 기억 정보간의 상호 관계의 구조를 포착하는 표상양식으로서 도식(圖式: schema)이 사용된다고 가정한다. 도식은 한 사물의 속성을 나타내는 칸구조(slot)와 그 칸 속에 표시되는 속성값을 통하여 기억 정보들간의 관계구조를 표상한다. 예를 들어, '집'의 도식은 다음과 같은 구조를 갖는다:

'집'

상위 개념: 건물	재료: 목재
포함: 방	기능: 거주
형태: 직선형	면적: 25평

이러한 도식의 구조에 의하면, 집을 나타내는 도식의 상위 개념칸과 포함칸에 있는 '건물'과 '방'이라는 속성 값들은 제각기 나름의 도식을 갖고 있어 집과 관련된 개념들간의 관계성 파악이 자연스럽게 반영된다. 도식은 이처럼 개념간의 관계성을 포착해 줄 수 있는 유용한 표상도구이지만, 문제는 과연 사람이 이러한 도식을 사용하여 기억 정보를 표상하는가 하는 것이다.

도식이라는 표상양식이 실재할 가능성이 높다는 것이 여러 연구들에서 보고되고 있다. 그 한 예로, 사람들에게 어느 교수의 연구실 사진을 보여준다고 말한 다음 교수연구실에서 볼 수 있는 책이나 컴퓨터, 필기도구 대신 술병과 골프채, 축구공, 목욕탕 깔개가 있는 방의 사진을 아주 짧은 시간 동안 보여주고 나서 무엇을 보았느냐고 물으면, 사진 속에 있었던 물건들을 보고하지 못하는 대신 사진에 없었던 책, 컴퓨터, 필기구와 같은 물건들을 보았다고 보고하게 된다. 이러한 현상은 사람들이 머리 속에 있는 교수의 연구실이라는 도식으로부터 자신이 보았다고 생각하는 물건들을 인출하여 보고하기 때문인 것으로 풀이할 수 있다.

도식은 정적(靜的)인 개념의 의미뿐만 아니라 동적(動的)인 사건의 진행 순서에 대한 표상에도 사용될 수 있다. 사건을 표상하는 도식을 각본(脚本: script)이라고 하는데, 인지심리학에서는 우리의 머리 속에 일상적인 일의 수행과 관련된 다양한 각본들이 저장되어 있는 것으로 가정한다. 예를 들어, '식당가기'라는 각본에는 '식당 문 열기,' '음식값 지불하기,' '떠나기'와 같은 일련의 행동목록이 명시되어 있다.

우리가 서양식당에 가서 음식을 주문해 먹는다 할 때 서양 식사법에 익숙하지 않다면 음식 먹는 행동이나 절차 하나하나를 주의해서 통제해야 한다(아마도 서양 정식을 처음 먹는 사람이라면 그 절차가 복잡하고 혼란스러워 나중에 소화가 제대로 안 될 것이다). 마찬가지로 한국 사람의 집에 초대받은 서양사람은 현관에서부터 신발을 벗어야 할지 말아야 할지, 방에 들어와서는 어디에 어떻게 앉아야 할지를 결정하지 못하여 쩔쩔맬 수 있다. 그러나 이러한 행동의 절차에 익숙한 사람들은 별 노력 없이 머리 속에 있는 각본에 따라 주어진 상황에 즉각 즉각 적응할 수 있다. 단기 기억을 설명하는 자리에서 우리의 현재 의식을 맡고 있는 기억 체계는 제한된 용량을 가지고 있다 하였다. 도식이나 각본은 복합적인 내용의 정보를 잘 집약해 놓은 표상체로서 매우 복잡한 구조의 지식에 쉽게 접근할 수 있도록 해줌으로써 현재 의식을 맡고 있는 기억체계의 용량 한계를 극복할 수 있도록 해준다. 이러한 도식과 각본 덕분에 우리는 먹는 절차나 집에 들어가 착석하는 절차에 온 정신을 쏟는 것보다는 사회적으로 좀더 의미가 있는 다른 사람과의 대화에 비중을 두는 마음, 또는 정보처리의 여유를 가질 수 있게 된다.

2) 의미기억, 일화기억, 절차기억: 외현기억 대 암묵기억

장기기억은 저장되어 있는 정보의 성질에 따라 의미기억(혹은 일반지식 기억이라고도 함)과 일화 기억, 그리고 절차기억으로 분류할 수 있다. 우리나라의 수도는 서울이라는 것, 1 더하기 1은 2라는 것, 한라산은 휴화산이라는 것, 죽마고우(竹馬故友)는 어렸을 적 친한 친구라는 것 등과 같은 기억을 의미기억(semantic memory; 일반지식기억: generic memory)이라고 부른다. 한편 어제 눈길에 미끌어졌다는 것, 고향 친구가 얼마전 결혼을 했다는 것, 어제 저녁 10시에 배가 고파 국수를 삶아 먹었다는 것 등은 일화기억(episodic memory)이라고 부른다. 즉, 의미기억은 일반적이며 본질적인, 마치 사전에 나와 있는 뜻풀이와 같은 기억을 지칭하며 일화기억은 개인적이며 특수한, 마치 일기장에 적힌 글의 내용과 같은 기억을 지칭한다. 일반적으로 일화기억이나 일반 지식기억은 우리가 의식적으로 접근 가능하다는 면에서 외현기억(explicit)이라고 하며 주로 회상(recall)이나 재인(recognition)과제를 통하여 기억을 측정한다. 회상과제는 마치 주관식 시험문제처럼 기억검사시 아무런 단서도 주지 않고 전에 기억했던 내용을 인출하도록 하는 반면, 재인과제는 사지선다형 문제처럼 보기를 보여주고 어떤 것이 전에 기억했던 내용과 일치하는 지를 물어보는 과제이다. 이 두

기억과제 모두 의식적인 기억의 접근을 필요로 한다.

우리는 대체로 의미를 일화보다 더 잘 기억하는 경향이 있다(Tulving, 1972). 이것은 앞에서 언급했듯이 의미기억이 일화기억보다 구성이나 색인이 잘 되어 있기 때문이다. 일화기억은 그것의 시공간적 특성 때문에 의미기억보다 매우 제한된 수의 색인을 갖게 된다는 것이다. 예를 들어, 오늘 저녁에 "매운탕 라면을 끓여 먹었다"고 할 때, 이 일화를 6개월이나 1년 뒤에 기억해 낼 가능성은 희박하다. 그러나 "매운탕 라면"이 즉석 식품으로서 밀가루 음식이며 매운 스프로 국물 맛을 낸다는 사실이 잊혀질 가능성은 거의 없다. 의미기억은 매우 복잡한 구성을 갖기 때문에 수많은 색인이 있게 되며, 따라서 쉽게 기억되는 것이다.

외현기억과는 달리, 절차기억은 운동 기술의 습득이나 시각 혹은 다른 감각적 정보의 저장과 관계된 기억이다. 더 넓게는 자동화된 습관이나 혹은 학습에서 다루었던 조건형성 역시 절차기억의 한 종류라고 이야기할 수 있다. 우리가 자전거 타는 것을 배우거나 혹은 수영을 배우고 나면 이들 운동 절차에 대한 일종의 정보가 우리의 뇌에 저장된다. 이들 저장된 정보는 우리가 이를 사용하려고 할 때는 언제든지 자동적으로 사용할 수 있지만, 무엇이 저장되어 있는지, 어떻게 우리가 그것을 사용하는지는 의식적으로 잘 알지 못한다. 가령, 여러분이 수영을 전혀 못하고 이제 수영을 막 배우려고 한다고 가정하자. 수영법을 자세하게 쓴 책을 모두 읽고 기억한다고 수영을 곧바로 할 수 있겠는가? 의식적으로 알고 있는 것과 실제로 그것을 할 수 있는 것은 다르다는 것을 알 수 있을 것이다. 즉, 절차기억은 마치 운동기술을 습득하는 것과 같이 무엇을 배워 저장하고 있는지에 대한 구체적인 내용들은 의식적으로 접근하기 힘들지만 그것을 이용할 수 있는 기억을 말한다. 비단 운동기술뿐 아니라 우리가 보거나 듣거나 혹은 만진 것들에 대해서 우리는 이들 자극의 감각적 내용에 대한 자동적인 저장 능력을 갖고 있다. 예를 들면, 단어 목록이나 그림 등을 이전에 한번 보았다면 그에 대한 외현적 기억이 없더라도 그 단어나 그림을 인식하는 시간이 이후에 빨라짐이 보인다. 이러한 현상을 점화(priming)라고 하는데, 이전의 경험이 현재의 처리를 촉진하기 때문이다. 절차기억은 주로 감각적 정보에 많이 의존하며, 무의식적으로 사용 가능하다는 면에서 암묵기억(implicit memory)이라고 부르기도 한다. 암묵기억은 우리가 그것을 기억하고 있다는 것을 의식적으로 알지 못하는 상황에서도 이전에 경험한 감각적 내용이나 운동 기술 등이 자동적으로 사용되어짐을 보이는 것으로 측정 가능한데, 주로 단어완성 검사나 그림 명명과제, 어휘판단 과제 등을 사용하여 측정한다(이들 검사에 대한 보다 자세한 설명은 인지심리학 전공 서적을 참고하기 바란다).

외현기억과 암묵기억의 분리는 최근의 기억 연구에서 가장 활발히 연구되는 주제 중의 하나이다. 이 두 기억 체계가 분리되어 있음을 보여주는 대표적인 예는 뇌손상으로 인하여 외현기억에는 장애를 보이나 암묵기억은 전혀 손상을 보이지 않는 환자들에 대한 연구결과들이다. 만성 알코올 중독과 관계된 코르사코프(Korsakoff) 증후군의 결과로 기억 상실증(amnesia)을 보이는 환자들은, 대체로 기억과 관계된 뇌부위의 손상을 기점으로 그 이후에 일어난 일들을 기억하지 못하는 순행성 기억 상실증(anterograde amnesia)을 보이게 된다(참고로 뇌 손상 이전의 일을 기억하지 못하는 증상을 역행성 기억상실증-retrograde amnesia-이라 한다). 심한 순행성 기억 상실증 환자는 뇌손상을 기점으로 새로 만난 사람이나 새로 일어난 일들, 새로운 장소 등에 대하여 전혀 의식적인 기억을 하지 못하며, 심지어 자신의 나이까지도 증상이 나타난 시기에 고정되어 있어, 마치 그 환자에게는 삶의 시계가 고정되어 과거에 갇혀 사는 것과도 같다(자세한 예는 O. Sacks가 쓴 "아내를 모자로 착각한 남자"에 나오는 "표류하는 잠수함 승무원"을 읽어보기 바란다). 코르사코프 증후군으로 인하여, 혹은 뇌의 해마(hippocampus)부위의 손상으로 인하여 기억상실증을 보이는 대부분의 환자들이, 그렇다고 모든 새로운 사실을 기억하지 못하는 것은 아니다. 예를 들면, 전화를 걸기 위해 전화번호부의 번호를 보고 잠시 외우면서 다른 방으로 가서 전화를 걸 수도 있다. 즉, 단기 기억은 온전하다. 뿐만 아니라, 골프 등의 새로운 운동을 배울 수도 있다. 물론 자신이 골프를 새로 배웠다는 것은 기억하지 못하면서 '어떻게' 골프를 치는지는 아는 것이다. 운동기술뿐 아니라 이러한 환자들은 암묵기억을 측정하는 여러 과제들에서도 정상인과 같은 정도의 점화효과를 보였다. 이러한 결과들은 암묵기억이 외현기억과는 독립적인 기억 체계임을 시사하는 것이다.

3) 망 각

단기기억에서의 망각은 부분적으로 부식에 의한다는 것을 언급했다. 그러나 장기기억에서는 일단 부호화(encoding)가 이루어진 뒤에는 부식이나 소멸이 일어나지 않는 것으로 알려져 있다. 앞서 이야기했지만, 장기기억 체계는 거의 무제한의 기억저장 용량을 가지고 있으며 일단 기억흔적이 형성되면 그것은 영구적으로 보존되는 것으로 간주되고 있다.

기억이 영구적이면 왜 망각이 일어날까? 장기기억에서의 망각은 서로 경쟁관계에 있는 정보의 간섭과 억제 때문인 것으로 풀이되고 있다. 이와 같이 정보간의 억제가 망각의 원인이 된다는 이론이 수면연구에서 강력하게 뒷받침되고 있다. 한 실험(Ekastrand, 1972)에서 한 집단의 사람들은 무의미 철자로 된 단어목록을 학습한 뒤 곧 바로 수면을 취하도록 지시받았다. 반면, 다른 집단의 사람들은 같은 목록을 학습하고 나서 정상적인 일상활동을 한 뒤 수면을 취하도록 지시받았다. 두 집단 모두 일정시간 동안의 수면 뒤에 깨워 회상검사를 실시하였는데, 학습 후 바로 수면을 취한 집단의 사람들이 학습 후 다른 일상활동을 했던 사람들보다 훨씬 높은 회상률을 보였다. 이와 같은 결과는 두번째 집단에서 수면 전에 했던 일상활동 내용이 학습한 목록의 인출을 방해 또는 간섭했다는 증거로써 받아들여질 수 있다.

"기억이 부식되는 걸 막는대나 봐."

단기기억편에서도 간단히 언급했지만, 간섭에는 수면연구에서 볼 수 있는 것과 같이 새로 기억된 정보가 오래된 기억내용의 인출을 억제하는 역행간섭과, 오래된 기억내용이 새로운 기억내용의 인출 및 회상을 억제하는 순행간섭의 두 경우로 나눠 볼 수 있다. 장기기억에서도 단기기억에서와 같이 순행 및 역행간섭이 망각의 주 원인이 되지만, 망각된 정보의 행방에 대해서는 단기기억에서처럼 기억내용이 저장체제 밖으로 밀려난다는 점은 가정되지 않는다. 따라서, 장기기억에서의 망각은 간섭에 의한 인출실패 때문인 것으로 풀이되고 있다.

4) 부호화 특정성 원리와 재인 및 회상기억

시험도중 답이 생각날 듯 말 듯 할 때가 있다. 분명히 답을 알고 있다는 것을 알지만 정작 그 답이 속시원하게 생각나지 않고 혀끝에서 뱅뱅돈다. 이와 같은 현상을 설단현상(舌端現象: tip-of-the tongue phenomenon)이라고 부른다. 설단현상은 우리가 기억하고 있다는 것과 회상할 수 있다는 것의 차이를 분명하게

장기기억에서의 망각은 주원인이 간섭에 의한 인출실패로 풀이되고 있다(Solso, 1979).

보여준다.

설단현상은 왜 나타날까? 앞에서 기억정보가 회상되기 위해서는 장기기억으로부터 그 정보가 인출되어야 한다고 했다. 기억정보가 장기기억 속에 분명히 있어도 인출에 실패하면 회상될 수가 없다. 인출에 실패하게 되는 이유는 무엇일까? 장기기억 내의 정보가 인출되기 위해서는 적절한 인출단서가 필요하다. 사람을 만났을 때 처음엔 전혀 모를 것 같던 얼굴에 대한 기억이 흉터나 말씨 같은 특징들이 인출단서(retrieval cue)가 되어 갑자기 되살아나게 되는 경우가 있다. 그런 경우 눈에 띄는 단서가 없으면 대게 "내가 이 사람을 어디서 만났던가? 다방이었다," "그것이 언제였지?," "그때 누구와 같이 있었더라?" 등 그 사람과 같이 있었던 사건 자체에 대한 정보를 기억 속에서 탐색하여 그 사람의 이름을 기억해내기 위한 인출단서로 이용하려고 노력한다. 이 때 물론 적절한 단서가 나타나는 경우 그 사람의 이름을 회상할 수 있는 가능성이 커지게 된다. 같은 원리에 의해서 강의를 받던 교실에서 시험을 보면 강의를 받지 않던 교실에서 시험을 보는 것보다 시험결과가 좋아진다고 한다. 강의실의 교탁, 칠판 등 여러 특징들이 강의에서 배운 학습내용들을 인출하는 데 효과적인 단서로서 이용될 수 있기 때문이다. "그때 선생님이 칠판 저쪽에 그림을 그려가면서 설명을 하셨는데……"와 같은 생각이 확실해지면, 그 문제를 풀 확률이 훨씬 높아진다는 것이다. 이처럼 한 기억항목이 부호화될 때 그것과 함께 부호화됐던 여러 단서들이 회상시에 복원되면 회상확률이 대개 높아지는데, 이를 부호화 특정성 원리(encoding specificity principle)라고 부른다(Tulving, 1973).

특정 정보를 회상할 수 없는 것이 장기기억 내에서의 망각 때문이 아니라 인출실패 때문이라는 것은 재인기억(再認記憶: recognition memory)과 회상기억(回想記憶: recall memory)의 비교를 통해서도 알 수 있다. 재인기억은 글자 그대로 이전에 경험했던 사실을 기억을 통해 다시 확인하는 것이다. 예를 들어, 일련의 단어나 그림을 보여주고 학습을 하도록 한 뒤 나중에 이전에 본 단어나 그림과 이전에 본 적이 없는 단어나 그림을 반반씩 섞은 뒤에 어느 것이 이전에 본 것인가를 확인해내도록 할 수 있다. 한편, 회상기억은 학습한 항목들이 제시되지 않은 상황에서 그 항목들을 인출해내는 것이다. 따라서 이 두 기억의 차이, 정확히 이야기해서 기억 검사 절차의 차이는, 재인기억에서는 원래 항목들 자체가 단서로서 제시되는 데 비해, 회상기억에서는 아무런 단서가 제시되지 않는다는 것이다. 이와 같은 단서효과 때문에 일반적으로 재인기억수행이 회상기억수행을 앞지르게 된다. 재인기억의 우위현상은 회상할 수 없다는 것이 반드시 망각되었다는 것을 의미하지는 않는다는 것을 보여준다.

3. 단일 기억구조이론과 처리수준모형

지금까지 다중기억체계의 관점에서 기억을 단기기억, 장기기억으로 구분하여 설명하였다. 이중기억론자들 즉, 단기기억과 장기기억을 구분하는 사람들은 두 기억체계를 독립된 구조로서 파악하기 때문에 어떤 과정을 거쳐 단기기억 내의 정보가 장기기억으로 전환되는가를 설명해야 한다. 이들은 대부분 암송이 단기기억에서 기억 정보가 장기적으로 전환되도록 하는 주요 기제라고 가정한다. 즉, 암송이 많이 되면 될수록 특정한 기억 정보가 영구적인 기억흔적으로서 장기기억 체제 내에 저장될 확률이 높다는 것이다.

한편 기억구조를 이와 같이 구분하는 데 대해 반론을 제기하는 사람들이 있다. 이들은 우리의 기억체제가 단일구조로 되어 있으며 기억흔적의 수명은 암송에 의해 좌우되는 것이 아니라 기억정보를 얼마나 심도 있게 처리했느냐에 의해 좌우된다고 주장한다. Craik과 Lockhart(1972)에 의해 제시된 처리수준모형(level of processing model)은 단일 구조이론들 중에서 가장 많이 주목을 받고 있는 이론이다. 이 모형에 의하면 우리의 정보처리 기관에 수용되는 자극들은 가장 심도가 얕은 감각적 분석에서부터 가장 심도가 복합적이며 추상적인 의미의 분석단계에 걸쳐 처리되어진다. 이 모형은 기억흔적의 수명이 처리수준에 의해 좌우된다고 규정한다. 만약 투입된 정보가 감각적 특징과 같은 얕은 수준의 처리만을 거치게 되면 기억흔적이 곧 소멸되며, 깊은 수준에서 처리되면 영구적으로 남는다는 것이다.

처리수준모형의 이론적 타당성을 입증하기 위해 우연학습(incidental learning)이라 불리어지는 실험패러다임이 자주 사용된다. 우연학습이란 학습자의 의도 없이 학습이 이루어지는 경우를 말한다. 에를 들어, 피험자에게 단어들이 적힌 목록을 준 뒤 각 단어들의 철자들이 맞는지 틀린지를 확인하도록 지시한 후, 확인이 끝나는 대로 목록 내의 단어들에 대한 예정에 없었던 기억검사를 실시한다. 만일 이 때 학습이 있었다는 증거가 발견되면, 학습이 우연히 일어났다고 간주할 수 있다.

우연학습실험의 결과는 기억하려는 의도자체가 그리 중요하지 않다는 것을 암시한다.

우연학습실험을 통하여 Craik과 Tulving(1975)은 처리수준모형의 타당성을 검증하였다. 이들은 피험자들을 세 집단으로 나누어 첫번째 집단의 피험자들은 주어진 목록 내의 단어들이 대문자이냐 소문자이냐를, 두번째 집단의 피험자들은 그 단어들이 특정 단어와 운(韻)이 같은가 다른가를, 세번째 집단의 피험자들은 그것이 특정 문장의 한 부분으로서 적합한가의 여부를 판단하도록 하였다. 따라서, 첫 집단에게는 문자의 외형구조 주도과제가 두번째 집단에게는 음소 주도적 과제가, 세번째 의미 주도과제가 주어졌다. 즉, 처리수준모형에 의하면 첫째 조건은 처리심도가 가장 얕은 감각 분석 단계의 조건이며, 제일 나중 조건은 처리심도가 가장 깊은 의미분석 단계의 조건이 된다. 주도과제 후의 기억검사에서 처리수준모형이 예측하는 대로, 처리심도가 깊을수록 기억수행의 결과가 좋았다. 우연학습 패러다임을 사용한 다른 연구들에서는 처리심도뿐 아니라 주어진 정보의 정교화(elaboration), 독특성(distinctiveness), 공들임(effort) 등도 기억흔적의 정도를 좌우하는 주요요인임을 밝히고 있다(Horton & Mills, 1984). 이들 연구들은 기억흔적의 강도를 결정하는 요인이 무엇이냐에 대해서 각기 다른 입장을 표명하지만, 기억이 단일구조로 되어 있다는 공통된 기본가정에서 출발하고 있다.

4. 기억의 생리학적 기초

우리는 기억을 마치 들여다보고 있는 것처럼 설명해 왔다. 그

이 그림에서 볼 수 있듯이 골상학은 발생 초기부터 많은 과학자들에게 조롱거리가 되었다.

러나 실제 기억과정이 진행됨에 따라 우리 내부에서 어떤 생리적인 변화가 일어나는가에 대해 지금까지 알려진 것은 많지 않다. 도대체 우리 뇌에서 어떤 일이 진행되며 기억이 어디에 어떻게 저장되고 인출되는 것일까?

쥐를 대상으로 한 실험(Lashely, 1950)에서 기억이 특정 대뇌부위에 저장된다는 가정이 결정적으로 부정되었다. 실험에서 쥐의 여러 대뇌부위들을 제거한 뒤 수술 전의 학습을 통해 얻어진 기억이 어떻게 변화되는가를 관찰하였다. 그 결과, 대뇌부위가 제거됨에 따라 기억이 약화되지만 기억이 완전히 말소되어 없어지지는 않는다는 것이 발견되었다. 다만 잔존하는 기억량의 정보가 잔존하는 뇌의 질량과 비례할 뿐이라는 사실이 확인되었다. 즉, 기억의 회상량이나 회상 정도는 뇌의 어느 특정 부위가 제거되었느냐와 관계 없이 잔존하는 뇌의 질량 정도에 비례하는 것처럼 보였다. 이같은 발견은 하나의 기억내용이 뇌의 여러 부위에 저장되기 때문에 뇌의 한 부위를 제거하는 경우 그 기억이 약화되기는 하지만 몽땅 지워지는 것이 아님을 시사한다. 기억이 뇌의 넓은 영역에 걸쳐 저장되어 있다는 것에 대한 설명의 하나로서, 하나의 기억이 여러 감각과 관계를 맺을 수 있음을 생각할 수 있다. 즉, 하나의 경험이 뇌의 시각영역, 청각영역, 취각 및 촉각영역에 동시에 저장될 수 있는 것이다. 특히 최근의 뇌영상기법을 이용한 연구들에서 암묵기억은 다양한 감각영역에 저장됨을 보였다. 그렇다고 기억과 특히 밀접한 관련을 지닌 뇌의 부위가 없는 것만은 아니다. 앞서 잠깐 설명한 대로, 뇌의 해마와 그 주변 영역은 새로운 사건이나 지식을 기억하는 데에 결정적인 역할을 한다(Nolte, 2002; [그림 6-9]). 극심한 간질로 인하여 뇌 해마 부위의 절단 수술을 받은 'H.M.'이라는 환자의 예는, 해마 혹은 그 주변 영역이 기억에 얼마나 중요한 역할을 하는지를 보여주는 대표적인 경우이다. 'H.M.' 이라는 환자는 수술 후에도 평소의 지능을 지니며 수술 전에 일어난 일들에 대해 정상인과 같은 수준의 기억을 할 수 있지만 수술한 뒤부터 일어난 일은 전혀 기억하지 못하였다. 이 환자는 같은 주간지를 처음 보는 것처럼 되풀이해서 읽으며 옛날 집의 위치나 주소는 잘 알아도 새로 이사간 집의 주소와 위치를 기억할 수 없으며, 안경이나 연장 등을 잘 놔두고도 나중에 그것이 어디에 있는지 전혀 기억해내지 못했다. 이 환자의 경우처럼, 뇌손상이 있은 뒤 단기기억에는 지장이 없지만 장기기억의 형

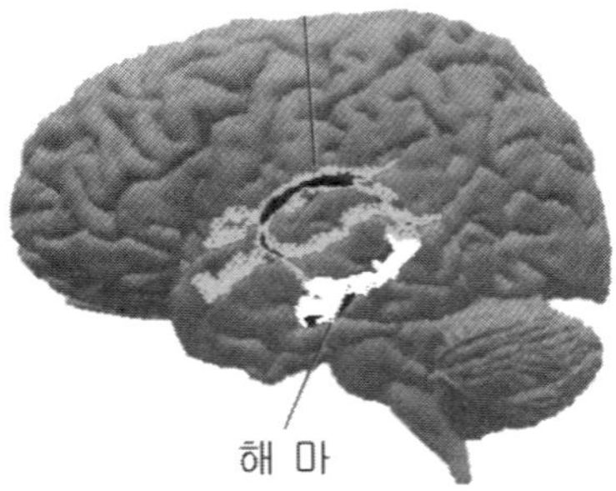

[그림 6-9] 해마
뇌의 왼쪽 측면에서 본 해마

성에 지장이 있는 증세를 Milner증후라고 부른다.

기억의 생물학적 기초에 관하여 장기기억이 뇌구조의 영구적인 변화를 포함한다는 데에는 대부분의 연구자들이 합의를 보이고 있지만, 그 변화의 본질이 무엇이냐에 대해서는 의견의 대립을 보이고 있다. 한 이론에 의하면, 뇌로 입력되는 감각정보는 하나의 뉴런을 자극하며 이것이 다시 다른 뉴런을 자극하고 이같이 한 뉴런이 다른 뉴런을 자극하는 과정이 하나의 순환고리를 이룰 때까지 반복되는 순환회로(reverberating circuit)를 이룬다는 것이다(Hebb, 1949). 이 이론에 의하면 일단 기억이 형성된 뒤에는 이 순환회로의 어느 곳을 자극해도 전체 회로가 흥분된다. 따라서, 이 이론은 기억의 연합력을 잘 설명해 준다. 즉, 만일 정보의 몇 가지 서로 다른 단위들이 동일한 회로 내에 프로그램되어지면, 그 중 어느 한 단위가 자극되어도 전체 단위들이 활성화된다. 그러나 이 이론은 생리학적인 근거가 희박하기 때문에 많은 비판을 받고 있다. 최근의 새로운 신경생리학적인 발견들을 토대로 이 이론에 대폭 수정이 이루어졌지만, 아직도 많은 기억연구자들은 기억회로의 타당성을 인정하지 않고 있다.

기억이 RNA에 의해 수록된다는 전혀 다른 이론을 내놓은 연구자들도 있다. RNA는 생리심리학편에서 소개되었듯이 신체세포의 단백질 생성에 매우 중요한 역할을 담당하고 있다. RNA는 DNA의 단백질 합성 지시내용을 기억할 수 있기 때문에 다른 종류의 기억도 이론적으로는 저장할 수 있다. 그러나 이 이론도 그것을 뒷받침하는 실증자료가 희박하다는 이유 때문에 비판을 받고 있어, 기억의 생리학적 단위는 아직 장래의 연구에 의해서 밝혀질 문제로 남아 있다.

5. 기억증진법

지금까지 기억의 본질에 대해서 많은 것을 언급하였다. 이제 현실적인 문제로서, 어떻게 하면 기억증진을 통하여 학습의 효율성을 높일 수 있는가에 대해 살펴보기로 하자. 상식적으로 생각할 때 기억하려는 동기나 의도가 높을수록 기억을 잘 할 것으로 생각할 수 있다. 물론 기억하려는 동기나 노력은 그렇지 않은 경우에 비해 기억촉진효과를 가져올 수 있다. 그러나 때로는 전혀 의도하지 않은 것이 오히려 더 잘 기억될 수도 있으며, 어떤 일들은 기억하지 않으려 해도 자꾸 머리에 떠오를 수 있다.

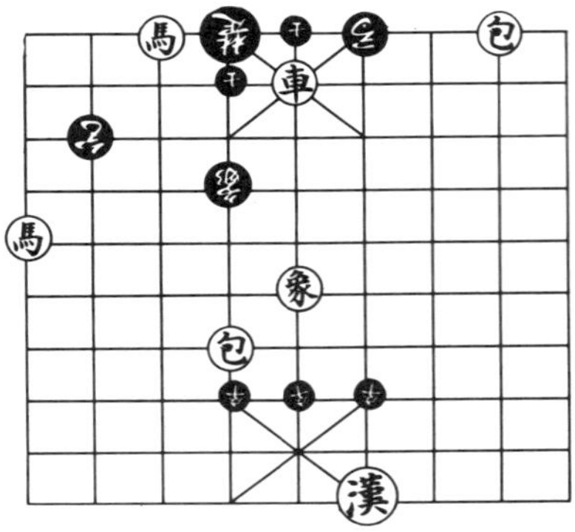

장기를 잘 두는 사람들은 기억력이 좋은 것이 아니라 장기알들을 의미있는 형태로 구성해서 보는 능력이 뛰어나다.

앞에서 언급한 기억의 처리수준 모형에서, 우연학습상황에서도 정보가 의미있게 심도처리되면 기억이 잘 된다는 사실도, 기억하려는 의도가 절대적인 중요성을 갖지 못한다는 것을 잘 보여준다. 즉, 기억을 증진시키는 방법 중의 하나는 기억 내용을 의미있게 부호화하는 것이다.

기억해야 할 내용을 의미있게 부호화하는 것과 관계된 방법으로, 우리는 주어진 기억소재를 재구성 또는 재부호화하는 방법을 들 수 있다. 현재의 의식을 좌우하는 우리의 활동기억은 앞서 언급했듯이 용량에 한계가 있다. 기억소재의 재구성 또는 재부호화는 이와 같은 용량의 한계문제를 해결해 줌으로써 기억능력을 증진시킬 수 있다. 예를 들어, "15-924-19-198-66-25"는 외우기가 힘들지만 "1592-4 · 19-1986-6 · 25"가 특정 역사적 사건과 관계된 연대 및 날짜라는 것을 알면 기억하기가 아주 쉬워진다.

'부익부빈익빈'은 어쩌면 경제 현상보다 기억 현상에 더 잘 들어맞는 말인지도 모른다. 기억될 정보와 관련이 있는 지식체제가 클수록 그만큼 그 정보를 기억할 수 있다. 그것은 기존 지식 체제가 새로 투입되는 정보를 의미있게 조직화하고 재부호화하여 정보 처리 용량의 부담을 줄이고 효과적인 방법으로 장기기억의 그물망(network) 내에 표상시킬 수 있기 때문이다.

흔히 바둑이나 장기를 잘 두는 사람은 기억력이 뛰어나 시합이 끝난 뒤 정확하게 판국을 재현 또는 복기하는 능력을 지니고 있다고 믿는다. 그러나 여러 연구들에 의하면, 바둑이나 장기의 명인(名人)들이 보통 사람과 비슷한 정도의 기억용량을 지니며, 복기를 정확히 할 수 있는 것은 장기알이나 바둑알의 배열을 의미있는 형태로 조직화해서 보기 때문에 용량의 부담을 줄이고 효과적인 기억저장을 할 수 있는 것에 기인한다고 한다. 그 증거로써 장기나 바둑의 명수도 판위에 말들을 아무렇게나 흐트려 놓으면 초심자와 똑같이 복기를 잘 못한다는 사실을 들 수 있다.

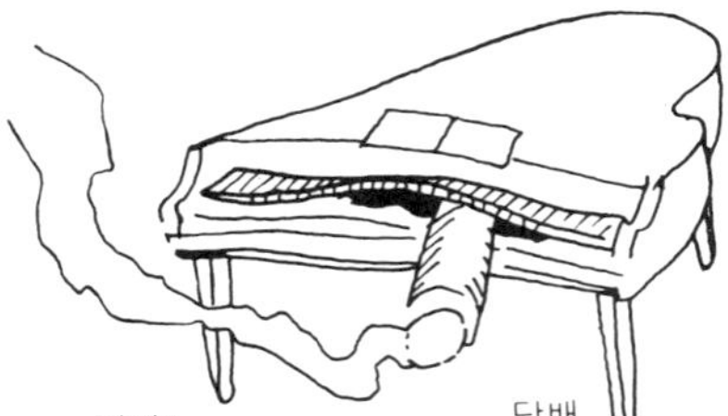

[그림 6-10] 심상을 이용한 짝짓기 학습
심상을 이용하여 기억할 두 항목의 연합을 촉진할 수 있다.

심상을 이용하면 기억력이 증진된다. 예를 들어, "담배-피아노"와 같은 짝지워진 단어목록을 학습할 때 [그림 6-10]에 있는 것처럼 피아노의 건반에 담배가 끼워 물린 광경을 마음 속에 그려봄으로써 기억력을 높일 수 있다. 이러한 기억의 효과는 심상이 기억된 항목들을 보다 효과적으로 조직화하며, 언어와 심상 이중의 기억 부호를 사용하기 때문인 것으로 풀이되고 있다(Pavio, 1978). 즉, 언어적인 부호만으로 기억되었을 때보다 언어, 심상의 이중부호로 기억되었을 때 기억정보가 이중으로 저장되기 때문에 훨씬 더 잘 기억된다는 것이다.

쇼의 무대에 나와 기억력을 자랑하는 기억술사(mnemonist)들은 대개 심상에 의한 기억증진법을 사용한다. 한 예로 이들이 사용하는 방법 중에 장소법(method of loci)이라는 것이 있는데, 이것은 평소 눈에 익은 장소의 여러 부분에 심상을 통해 기억하려는 내용을 관련시키는 방법이다. 예를 들어, 눈에 익은 장면이 자기집 응접실이라 하고 응접실내에 피아노, 소파, 그림 액자, 흔들의자, TV가 있다고 하자. 지금 외워야 하는 것이 장을 볼 품목으로 "오이, 쇠고기, 시금치, 감자, 두부"라 할 때 소파에 큰 오이가 누워 쉬고 있고, 소가 흔들의자를 타고 있고, TV의 화면이 감자에 맞아 깨져있고, 손가락 모양의 시금치가 피아노를 치고 있고, 액자에 두부를 못으로 고정해 놓은 괴이한 광경을 머리 속에 그려봄으로써 나중에 장 볼 품목을 쉽게 기억해 낼 수 있다. 기억해야 될 품목이 많아지면 거실에서 현관으로 정원으로 심상의 가짓수를 늘려나가면 된다.

장소법은 가장 오래된 기억술법 중의 하나이다.

기억증진법으로서 빈번하게 거론되는 학습전략을 요약하여 표시한다면 PQ4R이란 약어로 표현할 수 있다(Thomas & Robinson, 1972). 이것은 첫째, 학습하기 전에 전체내용이 무엇인가를 소제목 등을 통해서 미리 개관(Preview)하고, 둘째, 학습할 내용의 소제목들과 관계된 질문(Question)들을 생각해 봄으로써 그 해답이 무엇인가에 대한 기대감을 가지며, 셋째, 학습할 내용 중 미리 생각해 둔 질문에 대한 답으로서 적절한 것을 골라 집중적으로 읽으며(Read), 넷째, 글의 내용을 이해할 수 있도록 숙고(Recite), 마지막으로 학습과정 중에 만들어 놓은 노트나 질문 및 그에 대한 해답을 총괄적으로 개관(Review)하는 것이 학습효과를 높인다는 것이다.

Ⅶ. 문제해결

우리가 갖고 있는 다양한 지식과 경험, 인지 능력은 우리가 문제에 직면했을 때 이를 해결할 수 있도록 도와준다. 우리가 문제를 해결할 때 사용하는 인지과정이나 원리들에는 무엇이 있는지 생각해보자. 우선 문제해결 과정에는 시작상태와 목표상태가 있어야 할 것이다. 즉, 어떤 문제를 해결한다 함은 시작상태에서 출발하여 목표상태에 이르는 길을 탐색하여 찾아내는 것을 말한다. 예를 들어 장님이 산의 정상에 오르려 한다 하자. 시작상태는 산밑에 있는 것이고 목표상태는 정상에 있는 것이며 주어진 문제는 앞을 보지 않고 어떻게 산을 오를 수 있느냐 하는 것이다. 이 문제는 지팡이를 갖고 땅을 짚어 보아 경사가 가장 높은 쪽으로 움직이면 해결될 수 있다. 산에 굴곡이 심하지 않다면 이 과정을 되풀이하게 됨에 따라 장님도 산의 정상에 오를 수 있게 된다. 이처럼 시작상태와 목표상태의 차이를 단계적으로 줄여나감으로써 문제를 해결하는 방법을 차이감소법이라고 부른다.

시작상태와 목표상태의 차이는 두 가지 방법에 의하여 감소시킬 수 있다. 하나는 산수문제를 풀 때처럼 해결이 보장된 방법과 절차에 따라 문제를 푸는 연산법(algorithm)이고 다른 하나는 스무고개를 풀 때처럼 시행착오를 거듭하면서 그럴듯한 해결방안을 찾는 발견법(heuristics)이다. 우리가 일상생활에서 부딪치게 되는 대부분의 문제는 복잡 미묘한 것이 많아 우리는 연산법보다는 발견법에 의존하여 문제를 해결하는 경우가 많다.

우리가 일상생활에서 사용하는 발견법의 특성을 알아보기 위하여 식인종과 선교사의 강건너기 문제풀이를 예로 들어보자. 세 명의 선교사와 세 명의 식인종이 함께 여행을 하는 도중 강을 건너게 되었는데 난처한 문제가 발생되었다. 식인종은 그 수가 선교사보다 많으면 선교사를 잡아 먹게 되는데 강을 건널 배는 한 척뿐이며 두 사람밖에 탈 수가 없다. 어떻게 하면 모두 무사히 강을 건널 수 있을까? 이 문제에서 시작상태는 강의 한편에 식인종 셋과 선교사 셋이 있다는 것이고, 목표상태는 여섯이 모두 강의 반대편에 있어야 한다는 것이다.

처음 두 사람이 강을 건너야 하는데 선교사 두 사람이 가게 되면 남은 선교사가 죽게 되어 안 된다. 따라서 선교사 한 명과 식인종 한 명이 건너든지 식인종 두 명이 건너야 한다. 여기서는 제일 처음 식인종 둘이 건너는 경우를 택하여 문제를 풀어보기로 하자. 식인종 둘이 건너게 되면 그 중 하나는 반대편에 남고 다른 하나가 배를 가지고 다시 돌아와야 한다. 그 다음에는 식인종 둘이 건너는 것 외에는 다른 선택의 여지가 없다. 따라서 배가 두번째로 강을 건넜을 때는 강의 한쪽에는 선교사 셋이 다른 쪽에는 식인종 셋이 있게 된다. 식인종 하나가 다시 선교사쪽으로 건너 온 다음 둘이 강을 건너야 하는데 이 때 선교사가 무사할 수 있는 유일한 방법은 선교사 둘이 강을 건너가는 것이다. 결국 배가 세번째 강을 건넜을 때 출발점에 식인종 한 명과 선교사 한 명이 남아 있게 되고 목표점에 식인종 두 명과 선교사 두 명이 도착해 있게 된다. 이 단계에서의 올바른 선택은 선교사 한 명과 식인종 한 명이 배를 타고 시작점으로 돌아가 선교사 둘만이 건너오는 것이다. 그 다음 단계부터는 모두 다 건널 때까지 식인종끼리 강을 오가면 된다.

사람들은 식인종과 선교사의 강건너기 문제를 풀 때 세번째와 네번째 강건너기 단계에서 가장 많이 틀리게 된다. 그 이유는 사람들이 흔히 쓰는 발견법에서 찾아 볼 수 있다. 사람들은 이 문제를 푸는 데 있어 일반적으로 목표상태와 현재상태의 차이를 점진적으로 줄여 나가는 차이감소법을 쓰게 된다. 그런데 세번째와 네번째 단계에서 문제를 올바르게 해결하기 위해서는 목표상태와 유사한 선교사 두 명과 식인종 두 명의 상태에서 목표상태와 덜 유사한 선교사 한 명과 식인종 한 명의 상태로 전환해야 되기 때문에 문제 해결에 어려움을 겪는다는 것이다 (Anderson, 1987).

강건너기 문제 예에서 보듯이, 사람들이 발견법에 의해 문제를 풀 때는 여러 단계에 걸쳐 목표상태에 접근하는 방향으로 현재의 상태를 바꿔 나가게 된다. 인간의 정보처리 원리를 토대로 인공지능의 문제해결 분야에 새로운 장을 연 Newell과 Simon(1972)은 문제해결자가 도달할 수 있는 모든 문제 상태의 집합을 문제 공간(problem space)이라고 정의한 뒤 문제해결은 기본적으로 이 공간 속에서 일련의 올바른 상태변화의 순서를 찾아내는 과정이라 정의하였다. 이들은 발견법의 하나인 수단-목표 분석법(means-ends analysis)을 근간으로 보편적 문제 해결자(GPS: General Problem Solver)라는 컴퓨터 모의 프로그램을 개발하여 인간의 문제 해결 과정을 모형화하는 데 커다란 성공을 거두었다. 이 프로그램은 문제 해결과정을 수행하는 데 있어 우선 현재상태와 목표상태의 가장 중요한 차이점을 찾아내어 그것의 제거를 하위목표로 설정한 다음, 그 차이제거에 적합한 수단을 찾는다. 이것에 성공을 하면 그 다음 하위목표를 설정하고 그것에 적합한 수단을 다시 찾는 식으로 목표상태에 이를 때까지 유효 적절한 수단-목표의 탐색과정을 반복함으로써 주어진 문제를 해결하게 된다. 예를 들어, 연필이 부러져 깎으려 하는데 칼이 없다고 하자. 연필깎기 칼은 어디에 있는가? 문방구에 있다. 문방구에 있는 칼을 가지려면 무엇이 필요한가?

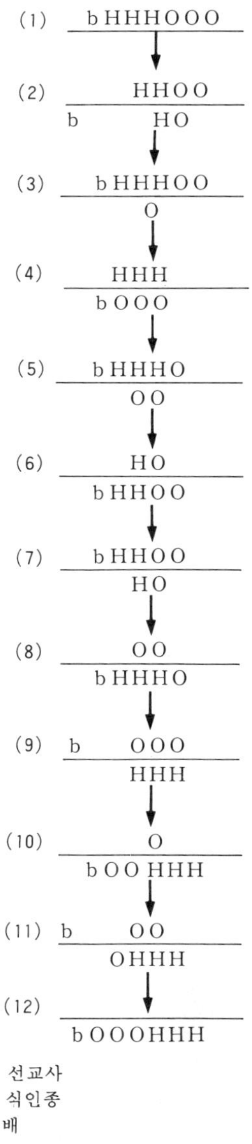

[그림 6-11] 선교사와 식인종 문제의 해결을 위한 순차적 상태들의 도해

돈이다. 그러나 나는 돈이 없다. 돈은 어디에 있는가? 어머니가 갖고 있다. 따라서 어머니에게 말하여 돈을 타 낸 다음 문방구로 가서 칼을 사 가지고 집으로 돌아와 연필을 깎는다. 만일 GPS가 이 문제를 풀게 된다면 시작상태와 목표상태를 비교하여 적절한 하위목표로서 '칼, 돈, 문방구'를 찾아내게 될 것이다. 그 다음 현상태와 목표상태와의 차이의 중요도에 따라 해결을 요하는 하위목표의 순서를 '돈, 문방구, 칼'로 정하고 이들 각 차이의 제거를 위해 '어머니에게 돈 타기, 문방구에 가기, 칼사기, 집에 돌아와 연필 깎기'의 문제해결 수단을 차례로 적용하게 될 것이다.

사람들이 일상 문제의 해결에 사용하는 발견법에는 차이감소법 이외에도 여러가지가 있다. 우리는 추리소설을 읽을 때 흔히 범인이 누구라고 가정한 뒤 그것을 뒷받침하는 단서들을 역으로 찾아내려는 경향이 있다. 이러한 방법은 지금까지 논의한 차이감소법과는 문제해결 방향이나 전략면에서 큰 차이가 있다. 사람들은 또 유추(類推: analogy)에 의한 발견법을 사용하기도 하는데, 그 한 예로 독일의 화학자 Kekule는 제 꼬리를 물고 있는 뱀 꿈을 꾼 뒤 육각고리 구조의 벤젠기를 발견하였다.

사람들은 대부분 연산법이나 발견법과 같은 방법들을 사용하여 문제 해결을 시도한다. 그러나 아주 드물기는 하지만 우리는 가끔 아무런 인지적 노력을 하고 있지 않는데도 갑자기 문제가 스스로 해결되는 것을 경험할 때가 있다. 그 한 예로, 왕으로부터 왕관에 쓰인 금의 순도를 알아내라는 분부를 받은 알키메데스는 문제풀이를 위한 온갖 노력이 무위로 끝난 뒤 피로를 풀기 위해 목욕을 하다가, 갑자기 비중으로 금의 순도를 알 수 있다는 것을 깨닫고 너무 기뻐서 벌거벗은 채로 목욕탕에서 나와 아테네 시가지를 뛰어 다녔다는 유명한 일화가 있다. 위대한 수학이나 물리학적 발견의 숨은 뒷 이야기도 이와 비슷한 일화들이 많은데, 이처럼 인지적인 문제해결 노력을 중단하고 쉬고 있거나 다른 일을 하고 있을 때 갑자기 문제가 해결되는 현상을 부화효과(incubation effect)라고 부른다. 마치 어미닭이 품고 있는 알은 겉보기에는 아무런 변화가 없는 것 같지만 그 안에서는 변화가 계속 일어나 일정 기간 후에 갑자기 병아리가 알을 깨고 나오듯이 쉬거나 딴일을 하는 사이에 자신이 알고 있지 못하는 어떤 문제해결과정이 진행되다가 어느 순간 갑자기 문제가 해결되는 것처럼 보이기 때문이다. 부화효과가 어떻게 해서 발생

"저 친구는 숨쉬는 요령에 관해 생각해보다가 그만…."

되는가에 대한 여러 설명이 있지만, 그 중 가장 유력한 설명은 틀린 문제해결 방법에 고착되어 올바른 방법을 생각해내지 못하다가 문제풀이를 중단하고 쉬고 있는 사이에 틀린 방법에 대한 고착이 완화되면서 억제되어 있던 올바른 방법에 대한 착상이 돌출한다는 것이다.

Ⅷ. 추 리

추리(推理: reasoning)는 문제해결의 한 가지 방법으로, 발견법에서와 달리 주어진 전제를 근거로 논리적 사고에 의해 올바른 결론을 유도해 나가는 과정을 말한다. 사람들이 사용하는 추리방법은 크게 연역적 추리(deductive reasoning)와 귀납적 추리(inductive reasoning)의 두 가지로 나눌 수 있다. 연역적 추리는 전제로부터 확실성을 갖고 올바른 결론을 찾아가는 방법을 말하며, 귀납적 추리는 전제로부터 확률적으로 올바른 결론을 찾아가는 방법을 말한다.

연역적 추리는 삼단논법을 중심으로 많이 연구되었다. 삼단논법은 세개의 진술문으로 구성되는데, 첫 두 개는 참을 전제로 하는 진술문이고 마지막 세번째 것은 처음 두 진술문에서 이끌어낸 진위판단이 가능한 결론이다.

삼단논법의 예제를 하나 들어 보기로 하자. 첫번째 전제는 '만일 비가 오면 집에 있을 것이다' 이고 두번째 전제는 '비가 온다' 이며 이 두 전제로부터 내린 결론은 '집에 있다' 이다. 첫 두 진술문이 참이라는 전제하에 결론을 나타내는 진술문의 진위를 판단해보라. 이 예제에서의 결론은 항상 참인데 대부분의 사람들은 이 유형의 진위판단 추리에서 거의 오류를 범하지 않는다.

사람들이 오류를 잘 범하는 다른 유형의 삼단논법 문제를 하나 더 풀어 보기로 하자. 첫 전제는 앞의 예제와 같이 '만일 비가 오면 집에 있을 것이다' 이고 두번째 전제는 '집에 있지 않다' 이다. 이 두 전제로부터 '비가 안 온다' 라는 결론을 내린다면 이 결론은 타당한 것인가? '항상 그렇다.' '어떤 때는 그렇다,' '전혀 그렇지 않다' 의 셋 가운데에서 하나의 답을 골라 보도록 하라. 이 문제에 대한 올바른 답은 결론이 '항상 그렇다' 는 것이다. 그러나 한 연구에 의하면 이 문제에서 대해 57%의 사람만이 올바른 답을 선택하였으며 39%의 사람이 '어떤 때는 그렇다,' 4%의 사람이 '전혀 그렇지 않다' 고 틀린 답을 선택하였다(Rips & Marcus, 1977).

왜 먼저번 유형의 문제와 달리 나중의 삼단논법 문제에서 사람들이 틀린 판단을 하기 쉬운 것일까? 첫번째 문제에서는 두 번째 전제를 나타내는 진술문과 결론이 모두 긍정문인데 비해 두번째 문제에서는 그것들이 모두 부정문이다. 사람들은 긍정진술문으로 된 긍정논법에서보다 부정진술문으로 된 부정논법에서 추리의 오류를 잘 범하는 경향이 있는 것 같다.

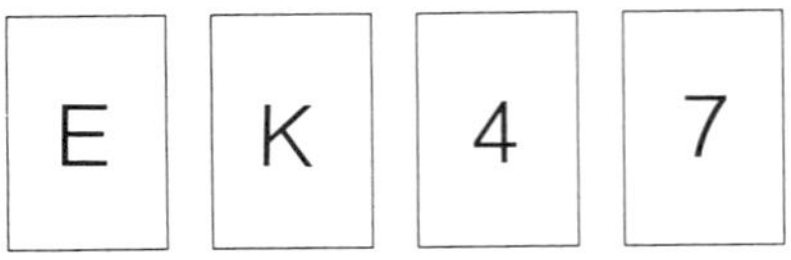

[그림 6-12] "「모음이 적혀 있는 카드의 뒷면에는 짝수가 있다」는 진술문의 진위를 판단하기 위해서는 어떤 카드를 뒤집어 봐야 할까?"

이러한 경향성을 좀더 확실하게 살펴보기 위하여 유사한 문제를 하나만 더 풀어 보기로 하자. 문제는 [그림 6-12]에 있는 것과 같이 네 장의 카드가 있는데 이 네 장의 카드를 뒤집어 보아 '모음 뒤에는 짝수가 있다' 라는 진술문의 진위를 판단하고자 한다. 이 진술문의 진위판단을 위해서 최소한 어떤 카드를 몇 장이나 뒤집어 보아야 할까? 이 문제를 조사한 한 연구(Wason & Johnson-Laird, 1972)에서 약 80%에 달하는 대부분의 사람들이 E가 있는 카드 한 장이나 E와 4가 있는 카드 두 장을 뒤집으면 된다는 답을 하였다. E의 뒤에 홀수가 있거나 7의 뒤에 모음이 있으면 진술문이 거짓이 되기 때문에 이 문제의 정답은 E와 7이 적힌 카드 2장을 뒤집어 보는 것인데, 오직 4%의 사람만이 이 올바른 답을 선택하였다. 이와 같이 많은 사람들이 7이 적힌 카드를 뒤집어 봐야 주어진 진술문의 진위를 판단할 수 있다는 것을 생각해내는 데 실패하는 것은 사람들이 부정논법에서 오류를 잘 범한다는 또 하나의 예가 된다.

귀납적 추리에서는 연역적 추리에서와 달리 확률적으로 올바른 결론을 찾기 때문에 사람들이 결론을 유도하는 원리나 오류를 범하는 양상이 연역추리에서와 다르다. 예를 들어, 한 남학생이 수업시간 도중 주위를 둘러보다가 평소 매력을 느껴오던 한 여학생과 시선이 마주쳤는데 그 여학생이 자신에게 미소를 짓고 있는 것을 보았다고 하자. 자신에게 마음이 끌린다는 표시로 그 여학생의 시선과 미소를 해석해도 좋을까? 며칠 뒤 한 모임에서 그 여학생이 자신의 옆에 와서 앉았다고 하자. 그 남학생은 그 여학생의 이러한 행동을 어떻게 평가해야만 할까? 몇 해전 서울 시내 모 대학의 여학생 회에서 학교 분위기를 명랑하게 만들자는 취지로 미소짓기 운동을 벌였다. 이 운동은 곧 취소되었는데 그 이유는 남학생들이 여학생들의 미소를 엉뚱하게 해석하여 뒤를 따라 다니는 부작용이 빈발하게 되었기 때문이다. 귀납적 추리는 주어진 사실로부터 가설을 세우고 그것을 확률적으로 평가하는 다소 모호한 작업을 포함하기 때문에, 남학생들이 여학생들의 미소를 엉뚱하게 해석하게 된 촌극이 잇달아 발생하게 된 것이다.

사람들이 가설을 형성하는 원리는 일상 경험으로부터 개념을 형성하는 과정에서 잘 나타난다. 말을 배우는 어린 아이들이 어떻게 '새'라는 개념을 형성하게 되는가를 살펴보기로 하자. 아빠와 함께 들판을 걷던 아이가 날아다니는 작은 들새를 보고 아빠에게 묻는다. "아빠 저게 뭐야?" "응, 저건 새야." 아이는 곧 풀꽃 사이를 날아다니는 커다란 호랑나비를 보고 소리를 친다. "야- 새봐라!" 아빠가 웃으면서 가르쳐 준다. "응, 저건 새가 아니야. 저건 나비라고 하는 거야!" "나비?" 아이는 나는 것이 모두 새가 아니라는 것을 배운다. 농가의 닭장 근처를 지나다 아이가 닭을 보고 아빠에게 묻는다. "아빠 저건 뭐야?" "응, 저것도 새야." "새?". 요즘은 아이들이 책의 그림과 글을 통해 '새'라는 개념을 쉽게 배울 수 있지만 불과 100년전만 하더라도 아이들은 이런 방식으로 '새'라는 개념을 배웠을 것이다. 이 가상적인 예에서 볼 수 있는 것처럼, '새'라는 개념을 배우는 아이의 머리 속에서는 일련의 가설형성과 수정 작업이 계속되어 '새'는 날 수 있는 것이나 몸집의 크기가 아니라 부리, 깃털이 달린 날개, 두 개의 다리에 의해 규정된다는 것을 배우게 된다.

사람들은 개념형성을 할 때 '부분책략'과 '전체책략'으로 불리우는 두 가지 책략 중 하나를 사용한다(Bruner, Goodnow, & Austin, 1956). 부분책략(partist strategy)은 한 개념 범주에 속하는 긍정적 사례의 특징들 가운데 제한된 부분만을 범주분류의 기준으로 취한 뒤, 다른 사례의 분류에 그것이 유효하면 그것을 그대로 고수하고 유효하지 못하면 이전에 취하지 않은 긍정적 사례의 다른 특징으로 범주의 분류기준을 바꾸는 책략을 말한다. 앞의 '새'의 예가 바로 이 부분책략의 예에 속한다. 앞의 예에서 아이는 처음에 '날 수 있다'는 기준을 세운 뒤 이것이 맞지 않자 '깃털 달린 날개'와 같은 이전에 무시했던 속성을 새로운 기준으로 택한 것으로 보인다. 한편, 전체전략(wholist strategy)은 한 개념 범주에 속하는 긍정적 사례의 특징 모두를 범주 분류의 기준으로 삼은 다음 이것에 맞지 않는 사례가 발생되면 해당되는 속성을 제외시켜 나가는 책략을 말한다. 전체책략을 사용하여 '새' 라는 개념을 형성하게 된다면, 예의 아이는 처음에 '난다, 작다, 부리, 깃털, 날개, 두 다리' 라는 분류 기준을 갖고 시작하여 나중에는 '부리, 깃털, 날개, 두 다리' 라는 속성 집합으로 분류기준을 바꾸게 될 것이다. 현 기준에 의한 분류가 틀리는 경우 이전 범주 속성들을 기억해내야 하는 부분책략과 달리, 전체책략에서는 현 기준 속성만을 기억하고 있으면 되기 때문에 전체책략이 부분책략보다 비교적 쉽다. Bruner 등에 의하면 연구대상자 가운데 75%가 전체책략을, 나머지 25%가 부분책략을 사용한 것으로 나타났다.

사람들은 가설형성뿐 아니라 가설평가에서도 종종 오류를 범한다. 귀납적 추리에서는 가설을 평가할 때 한 결과가 발생될 확률을 정확히 추정하여 반영해야 하는데 몇 가지 요인에 의해 확률 추정을 잘못하여 추리를 잘못하는 수가 있다. 예를 들어, 오피스텔에 사는 한 독신녀가 외출 후 돌아와서 현관 문이 열려 있는 것을 발견했다고 하자. 외출시 잠갔다고 생각한 문이 열려 있다는 것은 집에 도둑이 들었을 가능성을 암시한다. 좀 과장하여 도둑이 든 다음 문이 열려 있을 확률이 1이라고 하자. 이 확률만을 생각한다면 이 독신녀가 아마도 열린 문을 보는 순간 곧 '틀림없이 도둑이 들었다' 고 생각하기 쉬울 것이다. 그러나, 실제는 외출시 서두르다 문 잠그는 것을 잊었다든지, 아래 층 사람으로부터 천정에서 물이 샌다는 신고를 받고 관리사무소 직원이 문을 열고 들어갔다든지 등 다른 이유로 문이 열려 있을 가능성도 얼마든지 있다. 이 확률, 즉 도둑이 안들었을 때 문이 열려있을 확률이 .05라 하자. 또, 이 독신녀가 살고 있는 도시의 범죄율이 매우 낮아 하루중 한 시민의 집에 도둑이 들 확률이 0.0001이라고 하자. 이 모든 경우를 생각하면 이 독신녀가 문이 열린 것을 보고 '도둑이 들었다' 는 가설을 선뜻 받아 들이는 것에는 문제가 있다.

이 독신녀가 제대로 추리를 하려면 외출 후 도둑이 들었을 때 문이 열려있을 확률이 아니라 문이 열려 있을 때 도둑이 들었을 확률을 알아야 한다. 이처럼 특정 조건에서 특정 사건이 발생할 확률을 조건확률(conditional probability)이라 한다. 좀더 정확히 이야기하여, 문이 열려 있을 때 도둑이 들었을 조건확률은, 문이 열려있을 확률에 대한 도둑이 들고 문이 열려있을 확률의 비가 된다. 문이 열려있을 확률은 도둑이 들고 문이 열려있을 확률(도둑이 들었을 확률(.0001)×도둑이 들었을 때 문이 열려 있을 확률(1)=.0001)과 도둑이 안 들었는데 문이 열려있을 확률(도둑이 안 들었을 확률(.9999)×도둑이 안들었을 때 문이 열려있을 확률(.05)=.049995)의 합인 .050095이다. 따라서, 문이 열려있을 때 도둑이 들었을 확률은 이 독신녀의 생각과는 달리 .0001/.050095=.002에 불과하다. 이 독신녀는 가설평가를 할 때 사전확률(事前確率: a priori probability; 예에서 도둑이 들었을 확률)을 고려하는 데 실패하였기 때문에 귀납적 추리에서 오류를 범하게 된 것이다.

사람들은 사전확률을 고려하는 데 실패하는 것 이외에도, 객관적 사실보다 일상경험과 기억에 의존하여 확률을 추정하거나 확률사상을 잘못 인식하는 데서 추리에 오류를 범하기도 한다(Tverskyu & Kahneman, 1974). 예를 들어, 남아선호사상이 심했던 과거에 남녀 평균 출생률이 같다는 것을 아는 사람이 딸을 넷 낳은 다음 "지금까지 딸만 넷을 낳았으니 남녀 평균출생률이 맞는다면 다음은 틀림없이 아들일거야"라는 생각으로 다섯번째 아이의 출산을 시도하는 경우를 많이 볼 수 있었다. 그러나 한 사람이 자녀를 출산하는 것은 독립사상으로, 딸-딸-딸-딸-아들을 날 확률이나 딸-딸-딸-딸-딸을 날 확률이 모두 $(1/2)^5$로 똑같다. 이와 같이 독립사상의 확률 추정에 평균개념을 적용하는 오류를 '평균법칙의 오류'라고 한다. 평균법칙의 오류의 대표적인 다른 예가 '도박사의 오류(gambler's fallacy)'이다. 도박을 하는 사람들은 대개 계속 돈을 잃게 되면 평균법칙에 의하여 곧 따게 될 것이라는 그릇된 기대를 갖기 때문에 종종 가진 돈을 몽땅 날리게 되는 딱한 처지에 놓이게 된다.

Ⅸ. 언어와 사고

사람의 인지작용을 논하는 자리에서 언어를 빼 놓을 수 없다. 언어를 매개로 하여 생각하며 의사를 소통할 수 있는 능력이야말로 사람을 다른 종과 구분짓게 해주는 가장 뚜렷한 차이점이다. 한때 심리학자들은 동물들이 소리나 몸짓으로 의사소통을 할 수 있는 것을 보고 동물도 언어를 구사할 능력이 있는지에 대해 진지하게 의문을 제기한 적이 있다. 예를 들어, 개가 주인을 보고 반갑다고 짖어대며 꼬리를 흔든다 하자. 주인은 그것을 일종의 언어로 보아야 할까? 의사소통이 언어의 가장 중요한 기능 중에 하나인 것만은 틀림 없다. 그러나, 의사소통의 가능성만으로 언어의 자격을 논하는 데에는 문제가 있다.

언어에는 법칙성(regularity)과 생산성(productivity)이 있다. 우리는 모든 10진수가 '0'에서 '9'까지의 낱숫자들(digits)로 구성된다는 것과 덧셈을 어떻게 한다는 것을 알고 있기 때문에, 우리가 한번도 계산해본 적이 없는 임의의 두 수의 합을 구할 수 있다. 마찬가지로 우리는 몇 십개의 홀소리와 닿소리, 몇 만 개의 단어, 또 그것들을 결합하고 나열하는 법칙을 앎으로 해서, 우리가 전에 한번도 해보거나 들어 본적이 없는 말을 할 수 있거나 이해할 수 있다. 동물의 의사소통에 이용되는 소리나 몸짓에는 바로 이와 같은 법칙성과 생산성이 결여되어 있기 때문에 그것을 언어의 한 형태로 받아들일 수 없다는 것이 현대 인지심리학의 지배적인 견해이다.

언어가 사람만의 전유물이라 한다면, 사람은 어떻게 언어를 습득하게 되며 사람이 언어를 이해하고 생성하는 원리가 무엇인지에 대해 묻지 않을 수 없다. 이에 대하여 1950년대에 현대 언어학과 인지심리학의 발전에 결정적으로 공헌을 한 미국의 언어학자 Noam Chomsky는 언어 능력이 사람만이 소유하고 있는 특별한 능력으로서 생득적으로 결정된다고 주장한다. 그에 의하면 사람이 사용하는 자연언어(natural language)는 매우 다양한 형식으로 표출될 수 있기 때문에, 어린 아이들이 말을 배우기 위해서는 언어의 배후에 있는 심층 구조를 이해해야만 한다. 그는 이 심층 구조를 이해할 수 있기 위해서는 무엇이 자연어이고 무엇이 자연어에서 사용 가능한 문법인지를 규정하는 생득적 지식이 있어야 한다고 가정하였으며, 그러한 생득적 지식을 '언어 보편성(language universals)'이라 하였다. 우리말의 '나는 사과를 먹는다'와 영어의 'I eat an apple'에서 볼 수 있는 것처럼 모든 정상적인 형태의 자연언어에서 주어는 목적어보다 앞쪽에 놓이게 된다. 그에 의하면, 이와 같은 주어와 목적어 간의 일방적 어순은 모든 자연언어에 걸쳐 매우 보편적으로 발견되는 것이기 때문에 하나의 생득적인 지식이 될 수 있는 요건을 갖추고 있다(Anderson, 1987). 그는 언어 보편성과 같은 자연언어의 가능한 형태에 대한 생득적 지식을 토대로 실생활에서 통용되는 수없이 다양한 형태의 자연언어를 습득할 수 있게 해주는 모종의 특수한 기제가 사람에게 있다고 가정하고, 그것을 언어획득기제(LAD: Language Acquisition Device)라 불렀다.

자연언어의 형식이 얼마나 다양하며 모호한가와 함께 사람이 얼마나 자연언어 처리 능력이 뛰어난가를 엿보기 위해 경상도 방언으로 된 문장을 하나 예로 들어 보자. 경상도 방언으로 '가가 가가가?'는 '그 아이가 가씨(可氏)이냐?'라는 말이다. 다른 지방 사람들에게는 해독 불가능한 이 문장을 경상도 사람은, 적절한 억양을 섞어 들려 주면, 금방 이해할 수 있다. 경상도 방언을 알고 있고 모든 자연언어에서 하나의 문장이 주부와 술부로 이루어진다는 보편적 지식을 알고 있다면 이 괴이한 문장의 해독은 더 이상 불가능할 것도 신비할 것도 없어지게 된다. 즉, 경상도 아이들이 Chomsky가 주장하고 있는 것처럼 '언어 보편성'을 가지고 있다면 '가가 가가가?'라는 말을 배우거나 이해하는 데 어려움을 겪어야 할 이유가 별로 없다는 것이다.

언어의 이해와 생성에 관해서도 Chomsky는 현대 언어학과 인지심리학의 발전에 공헌하는 여러 가지 업적을 많이 남겼으나, 그 내용이 개론서의 수준을 넘어서기 때문에 여기서는 언어의 기능을 좀더 자세히 알아보는 것으로 화제를 바꿔 언어와 사고와의 관계를 논해 보기로 하겠다. 우리는 종종 문제해결이나 추리와 같은 사고과정 도중에 우리가 언어를 사용하고 있다는 사실을 발견한다. 이러한 일상적 경험은 '우리가 아마도 언어를 사용하여 사고를 하는 것이 아닌가'라는 생각으로 우리를 이끌 때가 있다. 그러나 이러한 생각은 틀린 생각이며 우리의 사고에 언어가 반드시 필요하지는 않다는 증거들이 많다. 사고가 일종의 언어와 관련된 수의근의 활동이라는 것을 증명하기 위해 큐라레라는 약물로 모든 수의근을 마비시킨 실험에서 피험자가 사고를 할 수 있었다는 행동주의 심리학자들의 연구보고나, 계통 및 개체 발생학적으로 사고 능력이 언어 능력보다 먼저 출현한다는 관찰보고가 바로 이러한 증거의 예들이다. 모든 사고가 언어를 매개로 하여 진행되는 것처럼 보이는 것은 아마도 사고의 증거를 얻기 위해 언어의 사용이 불가피한 데서 비롯되는 착각인 것으로 보인다(Anderson, 1987).

언어가 사고의 필수적인 요소가 아니라 하더라도 최소한 사고방식에 결정적인 영향력을 끼칠 가능성은 있다. 언어는 우리가 살고 있는 세상의 구조를 반영하고 있기 때문에 언어가 우리의 사고는 물론 세상을 지각하는 방식을 결정하게 된다는 가설을 언어 결정론(linguistic determinism)이라 부른다. 언어 결정론은 그럴듯한 가설로 보이지만, 이것도 실제와는 다르다는 증거들이 많다. 그 한 예로, Rosch(1973)는 언어결정론을 검증하기 위하여 뉴기니의 원시 농경부족인 Dani족과 영어 문화권 사람들의 색채 명명 단어수와 색채지각간의 관계를 조사하였다. Dani족에게는 색채를 나타내는 말로서 '어둡고 찬색'과 '밝고 따뜻한 색'을 나타내는 mili와 mola라는 두 개의 단어 밖에 없다. 만일 언어 결정론이 맞는다면 풍부한 색채 표현 어휘를 갖고 있는 영어 문화권 사람들의 색채지각과 Dani족의 색채지각이 달라야 하는데, 조사 결과 두 집단의 색채지각 경향이 여러 가지 측면에서 동일한 것으로 나타났다.

언어와 사고의 관계에 대한 여러 연구결과나 이론적 입장을 종합하면 모든 사고가 언어로써 이루어지는 것도 아니며, 언어가 사고나 지각의 방식을 결정하는 것도 아니다. Rosch가 수행한 Dani족의 연구는 언어가 사고방식에 영향력을 행사하는 것이 아니라, 오히려 생활양식에 근간을 둔 사고방식이 언어에 영향력을 행사한다는 것을 강력하게 암시한다.

X. 의 식

인지심리학에서 다루는 주제 중에 아마도 가장 중요하고 우리가 최종적으로 이해하려고 하는 것은 아마도 의식(Consciousness)이 아닐까 생각한다. 우리의 의식을 연구하는 것이 매우 중요함에도 불구하고, 의식에 대한 연구가 심리학에서 그동안 활발하게 진행되어오지 못했다. 그 이유는 여러 가지가 있겠지만, 그 한 이유는 의식이라는 개념을 정의하는 것 자체가 매우 힘들다는 점이다. 즉, 의식이라는 용어의 정의 자체가 매우 힘들고 다양할 수 있다는 점이 의식에 대한 접근을 힘들게 하고 여전히 논쟁의 여지로 남아있게 하고 있다. 하지만 일관된 정의가 불가능하다고 해서 연구를 할 수 없는 것은 아니다. 오히려 연구를 먼저 진행하면서 적절한 정의를 발견하거나 대부분의 사람이 수긍하는 정의를 만들어 낼 수도 있기 때문이다. 어쨌거나, 독자들은 어떻게 의식을 정의하겠는가? 일단 포괄적인 정의를 해보자. 즉, 의식이란 사람들이 외부세계에 대한, 그리고 자신의 지각이나 느낌이나 생각들에 대한 자각(awareness)을 의미한다 (Davies, 1999; Hirst, 1995; Hobson, 1997). 그렇다면, 의식하고 있는 것은 우리 주변에 대해 우리가 보고 듣고 만져서 알고 있는 것, 우리가 생각하거나 계획하는 것, 기억해서 알고 있는 우리에게 일어난 일들, 우리의 가치나 태도와 같은 것들일 것이다.

의식과 주의는 밀접하게 관련되어 있다. 보통 주의를 받은 자극들이나 기억내용 등은 우리가 의식적으로 자각하게 된다. 그러나 의식과 주의가 동일한 것은 아니다. 왜냐하면 의식적으로 자각하지 못하는 자극들에 대해서도 선택적 주의가 일어나고 이에 대한 반응이 일어날 수 있기 때문이다(Kim & Robertson, 2001).

앞서 의식을 정의하는 것 자체가 매우 힘들 수 있음을 언급하였지만, 어쩌면 어떤 상태가 의식이 없는 상태(non-consciousness)인지를 먼저 생각해 보고 이들을 연구함으로써 반대로 의식이 무엇인지를 이해하는 방법도 의식을 연구하는 하나의 방법일 수 있다(무의식이라는 용어를 사용하지 않는 이유는, 많은 심리학자들이 실험심리학적 뿌리와는 거리가 있는 정신분석에서의 무의식과 혼동되는 것을 꺼리기 때문이다). 의식과 반대되는 개념이나 상태는 무엇일까? 우리가 자고 있을 때 아마도 많은 사람들은 의식이 없다고 생각할 것이다. 그리고 많은 학자들은 그것에 동의한다. 물론 잠을 자고 있다가도 우리는 자명종 소리나 누군가가 깨우게 되면 일어나는데, 자면서도 무엇인가에 반응한다는 사실로 미루어 보아, 자는 동안에도 어쩌면 완전히 우리의 의식이 없는 상태는 아닐지도 모른다. 어쨌거나, 최근에 많은 인지심리학자들은 우리가 의식하지 못하지만 우리의 행동에 영향을 주는 현상이나 정신과정에 관심을 갖고 연구를 하고 있다. 가령, 앞서 설명한 것처럼, 우리가 의식하지 못하지만 기억에 저장되어 우리의 행동에 영향을 주는 암묵기억이 그 한 예이다. 또한, 한 쪽 두정엽이 손상되어 반대쪽 시야에 시각적 무시증(visual neglect)을 보이는 환자의 경우도 의식적 시각경험이 없는 상태라고 생각할 수 있다. 이러한 현상들을 이해하는 것은 그 자체로서도 매우 중요할 뿐 아니라, 이러한 현상들과 의식적인 기억 혹은 의식적인 시각경험을 함께 비교, 연구함으로써 우리는 의식이라는 주제를 보다 포괄적으로 이해할 수 있을 것이다.

XI. 인지과학과 인지심리학

우리의 마음은 우리가 살고 있는 세계가 반영되어 있는 하나의 소우주라 불리울 만큼 매우 복합적인 양상을 띠고 있어, 마음의 구조와 작용을 이해하려면 그것을 여러 각도에서 조명해 봐야 한다. 인지과학은 바로 이러한 필요성 때문에 새로 탄생하게 된 21세기의 정보화 사회를 주도해나갈 첨단학문으로서, 인지심리학, 과학철학, 신경과학, 인공지능학, 언어학, 인지사회학 등 여러 학문들 간의 학제적인 연결고리를 통해 마음의 본질을 과학적으로 규명하려는 신생 학문이다. 인지심리학은 이 장에서 공부한 것처럼 인간의 마음이 하나의 정보처리기관이라는 과정을 종합적으로 취급하고 있어, 인지과학을 구성하는 이들 여러 학문들을 잇는 핵심 연결고리의 역할을 하고 있다.

제7장 발달심리: 정신의 형성과 변화

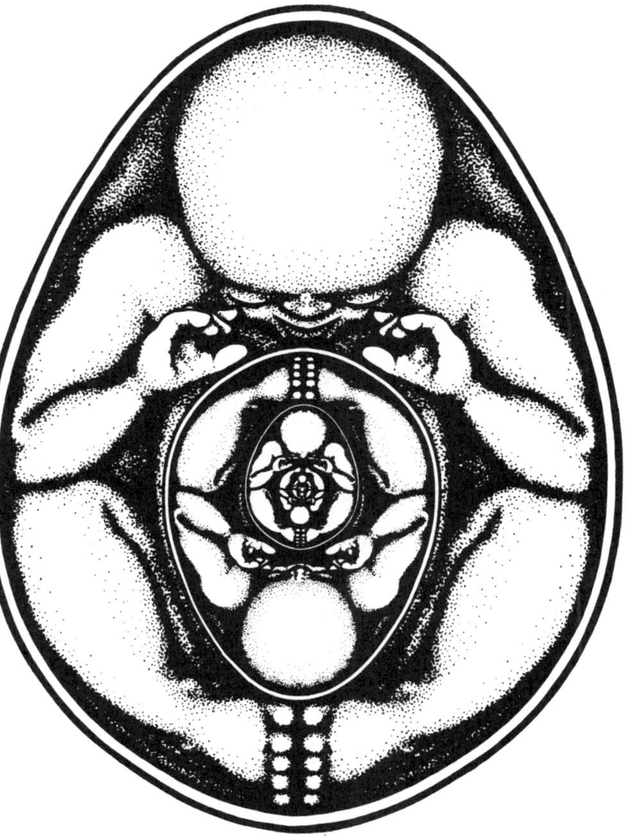

인간발달의 과학적 접근
인지 발달 및 사고
사회 및 성격 발달
청소년기: 자신에 대한 발견

일반적으로 심리학 개론에서는 발달 심리를 연령에 따라 일어나는 심리적 변화를 다루는 분야로 설명한다. 이런 이유로 학생들은 발달 심리학을 아동과 청소년에 관한 연구라고 성급하게 믿게 된다. 물론 발달 심리학을 아동과 청소년에 관한 연구 분야라고 생각하는 것이 틀린 것은 아니다. 그러나 발달 심리학이 아동과 청소년에게 일어나는 행동 또는, 연령에 따라 다르게 나타나는 심리 현상을 연구하는 학문이라고만 생각하는 것은 잘못된 일이다.

발달 심리학은 심리학자들이 관심을 가지는 학습, 기억, 지각, 성격 등과 같은 인간에 대한 모든 주제나 주요 개념들이 실제로 어떤 '변화' 과정을 겪는지에 대해 관심을 두는 분야이다. 예를 들어, 생물 심리학자가 기억의 생물적 기초에 관한 의문을 연구하고, 사회 심리학자가 기억에 미치는 사회적 영향에 흥미를 가진다고 했을 때, 발달 심리학자는 기억이 연령에 따라 왜 그리고 어떻게 변화하는지를 알고자 한다. 이런 이유로 심리학의 여러 분야에서 다루는 인지와 사회, 그리고 정서 행동들과 관련된 다양한 현상들이 어떻게 변화하는지를 알고자 한다면, 그것이 바로 발달심리학의 연구문제가 되는 것이다.

심리적 발달은 '유전의 효과'와 '환경의 효과'라는 두 변인으로 설명될 수 있다. 그러나 실제 심리학 개론 속의 발달 심리에 관한 주제는 비교적 제한적이다. 특히 대부분의 내용이 아동의 인지능력과 사회행동의 발달에 대한 단순한 기술에 초점을 둔다. 그 이유는 다음과 같다. 첫째, 전생애에 걸쳐 나타나는 인간발달의 과정을 모두 포괄하여 개론책에 모두 기술하기에는 발달의 주제와 현상들이 너무 다양하다. 둘째, 동일한 주제하에서 전 연령층에 걸친 발달적 변화를 기술하고 특징지우기에는 각 주제에 따른 내용들이 생애의 구분에 따라 너무 큰 차이를 나타내기 때문에, 같은 주제 하에서 설명하기가 힘들다. 일단 이 책에서는 주로 태아기와 아동기, 그리고 청소년기의 전이에 대한 내용을 중심으로 발달 과정을 간략하게 기술하고 설명하게 될 것이다. 청년기 이후의 성인·노인기에 관해서는 따로 준비된 교재들을 참고하기 바란다.

Ⅰ. 인간발달의 과학적 접근

대개의 발달 심리학자는 연령에 따라 변화하는 인간의 행동, 능력 그리고 심리특성에 관심을 가진다. 이 경우, 발달적 변화란 대개 유아나 아동에서 새로운 행동이나 능력이 출현하는 것으로 해석될 수 있다. 그러나, 발달 심리학의 틀에서 인간을 연구한다는 것은 단순히 각 연령에서 나타나는 행동이나 심리특성의 변화에만 국한하여 이루어지지 않는다. 발달 심리학은 각 연령시기에 일어나는 아동의 행동 변화에 관심을 가지기도 하지만, 무엇보다도 이렇게 나타나는 변화가 각 개인의 성장과 적응에 어떤 역할을 하며, 또 이미 가지고 있는 다른 행동과 심리특성에 어떤 관련이 있는가를 설명하는 데 더 초점을 둔다.

발달 심리를 설명할 때의 첫번째 기준은 이 분야가 정신과정과 행동에서 일어나는 연령과 관련된 변화라는 점이다. 여기에서 정신과정과 행동에 대해 연구한다는 점은 발달심리학을 일반적인 심리학 연구와 연결시켜주는 측면이고, 또 연령과 관련된 변화를 주된 관심사로 한다는 점은 이 분야가 어린이에만 초점을 두지 않는다는 것을 시사해준다. 이런 이유 때문에 발달심리학은 모든 연령에 있는 사람에게 관심을 가지며, 사람 뿐 아니라 동물도 그 관심의 대상이다.

이와 같이 발달 심리 분야의 중요 주제들을 연구하기 위해 사용되는 동물의 종류에는 전통적으로 심리학에서 사용되었던 쥐나 비둘기 이외에 양, 큰가시고기(stickleback fish), 오리, 원숭이 등 여러가지가 있다. 이러한 동물들을 사용한 이유는 발달심리학의 시작이 진화생물학과 관련을 가지고 있는 역사적 사실이 있기 때문이고, 현재에도 두 학문이 모두 행동의 기원과 변화에 관심을 가진다는 사실 때문이다.

두번째로 발달심리학을 정의하는데 필요한 요소는 발달심리학이 '과학'이라는 것을 지적해야 한다는 것이다. 한 학문이 과학으로 자격을 갖추고 있다는 것은 부분적으로 그 학문의 목적이 현상을 '기술(description)', '설명(explanation)'하고, 가설에 기초하여 새로운 현상을 '예언(prediction)' 한다는 의미이다. 실제로 과학자들이 일반적으로 수행하는 대부분의 활동은 연구대상을 기술하고 설명하는 데 초점을 두며, 예언은 설명을 검증하는 역할을 한다.

1. 발달 연구의 주요 주제

발달 심리학은 일반 심리학의 모든 주제를 다루며 또한 발달적 관점, 즉 연령과 더불어 변해가는 인간의 정신과정과 행동의 변화에 초점을 둔다는 점을 앞서 강조하였다. 심리학 개론이 아닌 '발달 심리학'이나 '아동 심리'라는 제목의 책을 보면, 감각발달, 인지 능력의 변화, 학습, 언어발달, 지능발달, 사회성 발달, 정서 및 성격발달 그리고 발달장애 등의 많은 주제들을 나열해 놓고 있다. 그럼, 이런 다양한 주제들에 있어 공통적인 발달이란 어떤 내용을 의미하는가? 특히, 발달적 관점이 인간의 정신과정과 행동을 연구하는 심리학의 다른 분야와 어떤 측면에서 두드러진 특성을 가지고 있는가? 이 질문에 대한 구체적인 설명을 이해할 수 있다면, 발달심리학의 연구결과들을 심리학의 다른 분야에서 항상 기초적인 의문이나 설명 자료로 활용하는 이유를 파악할 수 있을 것이다.

발달적 변화는 "여러 차원에 걸친 행동이나 심리특성들이 조직화되고 구조화되는 것"(Flavell, 1977)이다. 이 변화는 다음과 같은 두 가지 방법으로 알 수 있다. 첫째, 발달의 각 지점에서 일어나는 행동 형태들을 기술하여, 이 특성들이 출현하는 시기와 이들 이전에 출현하였거나 형성된 행동 특성들과의 관련성을 파악한다. 둘째, 좀더 이론적인 측면에서 발달이 이루어지는 각 지점의 특징적인 심리나 사고 과정에 깔려있는 심층구조를 밝힘으로써 발달적 변화가 무엇인지를 보여준다. 이런 관점에서 볼 때, 발달 과정이란 인간이 자신의 환경 속에서 적응하고 변화하는 과정으로 보는 것에서 출발한다. 그리고 이 과정 속에는 이미 형성된 행동 특성과 새롭게 나타나는 행동들이 통합되는 새로운 발달 현상이 있다.

사실 유기체가 자신의 환경에 적응하는 과정에는 단지 지적 능력의 변화만 있는 것이 아니다. 즉, 성장함에 따라 변화하는 가족·사회환경 속에서 적응하기 위한 인지 능력도 중요하지만, 인간이 살아가는 과정이 단지 문제를 해결하고, 또 지식을 획득하는 일만 있는 것도 아니기 때문이다. 이런 측면에서, 우리는 인지발달과 함께 사회적 특성이 형성되는 과정인 사회 발달에 동등한 중요성을 부여해야 한다.

무엇보다 발달적 관점의 주된 특징은 심리 과정과 행동을 결정짓는 원인과 그 내용을 탐색하려는 노력이라고 볼 수 있다.

특히 발달 심리학의 이론은 인간의 다양한 사고 과정뿐만 아니라 행동의 여러 가지 영역에서 나타나는 심리 현상들의 기원과 변화를 좀더 잘 알 수 있게 하는 일종의 설명틀이다. 따라서 발달심리학의 여러 영역에서는 각기 다양한 발달 심리 이론들이 존재하는 것이며, 여기에서는 발달 심리학의 각 이론들이 설명하려는 주요 주제들을 나열할 것이다. 그리고 이들 주제들은 발달 심리 이론이나 인간 발달의 주요 문제가 어떻게 나타나는지를 잘 보여준다.

1) 유전과 환경의 역할

우리나라 속담에 "못 되면 조상탓, 잘 되면 제 탓"이라는 말이 있다. 비록 이 속담은 자신의 편리에 따라 행동의 책임을 돌리는 얄팍한 심리를 지적하는 말이지만, 발달의 원인을 설명하는 주요 요인의 효과를 논의할 때도 적용될 수 있다. 오랜 세월 동안 사람들은 발달 과정에서 유전과 환경 중 어느 것이 더 중요한 영향을 미치는지에 대해 논의해 왔었다. "유전과 환경의 효과에 대한 논쟁(nature-nature debate)"이라고 명명된 이 논쟁은 록과 루소의 철학사상에서도 드러나듯이, 인간 발달이 유전적 소양인가 아니면 환경의 영향에 의한 결과인가라는 논의가 주된 주제였다.

어린이가 대개 9개월이 되면 기게 되고 12개월에는 걷게 되는 것이, 그렇게 하도록 배웠기 때문인가 아니면 타고난 어떤 유전적 프로그램이 수행됨으로써 그렇게 나타나는 것인가? 어린이들이 말을 그토록 쉽게 그리고 즉각적으로 배우는 것은 환경이 그렇게 하도록 요구하기 때문인가 아니면 유전적으로 그렇게 되도록 결정되어 있기 때문인가? 남자아이들이 여자아이들보다 더 공격적으로 보이는 것은 사회-문화적인 조건화의 결과인가 아니면 생물적인 요인인가? 아이의 지적 기능의 수준은 유전으로 물려받은 특성인가 아니면 환경적 자극의(또는 자극 부족의) 결과인가? 특히 지능의 발달이나 성역할의 출현과 같은 영역들은 유전과 환경의 효과에 대한 논쟁에서 가장 뜨겁게 제기되었던 이슈였다. 이런 의문들을 풀기 위해 연구자들은 단순히 이러한 영역에서 일어나는 아이들의 행동과 그들의 성취경로를 기술하는 데 그치지 않고, 이러한 변화와 성취에 영향을 미치는 요인이 무엇인가를 확인하고 발견하기를 원하게 되었다.

그러면 왜 이 논쟁이 그렇게 많이 언급되는가? 이 논쟁이 열기를 띨 정도로 논의되는 한 이유는, 이런 의문에 대한 답들이 인간의 변화와 발달의 결과에 대해 중요한 의미를 포함하고 있기 때문이다. 예를 들어, 만일 지능이 대개 유전적이라고 한다면 여러 이론이나 연구들에서 어떤 결론이 나올 수 있을까. 그렇다면 어린이에게 풍부한 학습 환경을 제공하여 주는 것이 아이들의 지적 능력의 발달에 별로 중요한 영향을 미치지 않을 것이라는 주장이 가능할 것이다. 그러나 이와 달리 지능의 발달이 환경적 경험에 의해 좌우된다는 연구와 이론들이 설득력 있게 제시한다면, 어린이들에게 지적 성장을 최대한 높일 수 있는 경험들을 제공해 주는 것이 아주 중요하게 다루어질 것이다. 이와 같은 이론들은 어떤 교육 또는 사회 프로그램을 지원할 것인가 말 것인가를 다루는 공공 정책의 결정에까지 중요한 영향을 가지게 된다.

미국의 예를 들면 '60년대와 그 이전에, 이루어진 발달 심리학의 주요 연구들은 환경적 경험이 인간의 발달에 얼마나 영향을 미치는지를 강조하였다. 그러나, '80년대 이후에는 유전적 요인이 인간의 행동과 발달 과정을 결정하는 데 중요한 영향을 끼친다는 것을 보여주는 연구들이 주류를 형성하였다. 이런 연구 경향의 변화는 '60년대 미국 사회에 적극적인 변화를 시도하였던 진보적인 사고방식이 '80년대 이후에는 보수지향적인 방향으로 변한 점을 반영하는 것으로 해석해 볼 수 있다. 그 결과 미국 사회에서 사회 계층의 문제나 이들의 해소에 대한 노력이 '80년대 이후에는 눈에 띄게 사라졌을 뿐만 아니라, 많은 사회 복지, 교육 프로그램에 대한 지원이 축소되었고, 이들 프로그램에 대한 폐지가 이루어졌다.

현재 심리학자들은 유전과 환경의 효과가 행동 변화의 모든 측면에서 중요한 역할을 한다는 것을 인정한다. 따라서 이 논쟁은 두 요인 중 어느 것이 특정한 상황에서 결정적인가를 물어보는 일방적인 위치에서, 이 요인들이 발달에 각기 어떻게 기여하는지에 관한 의문을 제시하는 것으로 변화해갔다. 연구자들의 문제는 우리가 어린이에서 그리고 나중에는 어른에게서 관찰하게 되는 행동을 기술하기 위해, 유전과 환경이 어떻게 상호작용하는지를 보는 데 있다. 무엇보다 다른 어떤 요인들보다 이 두 요인은 어린이가 발달해가는 데 중요한 역할을 차지하며, 각 발달이론들은 유전과 환경의 효과를 어떻게 보는가에 따라 각기 다른 위치를 점하고 있다.

2) 사회문화적인 맥락의 영향

발달은 진공상태에서 일어나지 않는다. 어린이는 자신의 발달을 인도하는 궁극적인 목표가 있고, 자신들이 습득해야 하는 특정 관습과 가치, 믿음을 가지고 있는, 커다란 사회집단 내에서 자라난다. 여러분이 자라날 때의 가족을 생각해 보면, 어떻게 행동해야한다는 기준과 가치가 무엇이었는지를 짐작할 수 있을 것이다. 여러분은 무조건 어른의 말에 순종해야 했는가 또는 그 말에 반대는 할 수 있었는가, 아니면 자기의 주장을 내세우고 자신의 생각을 거리낌없이 이야기 할 수 있었는가? 또 어릴 때부터 여러분은 자기 일은 항상 스스로 해야 했는가, 아니면 모든 것을 부모님이나 주위 어른들이 챙겨주고, 대학생이 되어서도 부모님이 항상 옆에서 모든 것을 다 챙겨주며 건사해주어야 하는 상태인가? 더 넓게 말해, 어릴 때의 집안이나 사회경제적인 사정에 따라 여러분의 신체, 사회 그리고 정서적인 발달이 어떻게 일어났는가?

어린이가 자라는 사회의 가치와 자원은 신체적, 사회적, 정서적 그리고 인지적 성장과 같은 다양한 발달의 영역에 중요한 결과를 초래한다. 또한 이런 가치와 자원은 부모의 양육 형태와 교육에 관한 부모의 태도 등과 같은, 여러 측면에 영향을 미친다. 여러분은 이 책의 여러 곳에서, 발달 과정이란 타고난 성향과 직접적인 환경에 의한 결과라는 것을 발견하겠지만, 사실 이러한 생각 또한 실제로 사회문화적인 맥락에 의해 영향을 받는다. 즉 발달과정의 특정 시기에 강조되는 유전 또는 환경에 대한 중요성이나 특정 발달영역, 예를 들어 지능이나 사회성의 발달 등을 받아들이고 해석하는 과정에는 그 사회에서 강조하는 가치들이 반영되어 있다.

3) 아이의 능동적인 역할

어린이는 언어를 습득할 때 자기가 사는 환경에서 들은 소리를 마치 녹음기처럼 수동적으로 기억하였다가 그대로 재생하는가? 아니면, 소리나 문법 그리고 단어의 의미 등을 획득하고 새로운 방식으로 제시하는 데 적극적으로 관여하는가? 아이들은 주위에 있는 어른들의 행동을 모방함으로써 여자나 남자의 역할을 획득하는가? 아니면 행동을 할 때, 여자의 역할 또는 남자의 역할에 대한 의식적인 이해를 형성하여 그 해석에 따르는가? 부모들은 어떤 특정한 감정을 가지고 자신의 아이들과 상호작용하는가, 아니면 이러한 상호작용을 즐겁거나 힘든 것으로 만드는 데 아이들이 적극적인 역할을 하는가? 이런 질문들을 다르게 표현하면 '유아와 어린이는 자신의 발달을 조정하고 결정하는 데 어떤 역할을 하는가' 하는 질문이 될 수 있을 것이다.

오늘날 대부분의 연구자들은, 아이들이 자신의 성장과 발달에 적극적인 역할을 한다고 믿는다. 그리고 어린이들의 능동적인 역할은 두 가지 상이한 수준에서 명백하게 나타난다.

첫째 자신을 둘러싸고 있는 물리적, 사회적 환경에 적극적으로 관여하려는 어린이의 호기심과 적극성 그리고 여러 가지 선천적인 기질과 특성들의 상호작용에 의한 수준이 있다. 예를 들면 아이가 남자 또는 여자이거나, 순하거나 까다로운 것, 여러 가지 물건이나 음악 또는 운동에 관심을 가진다든지 하는 행동들은, 오히려 아이들의 발달에 중요한 영향을 미칠 수 있는 사람들의 행동에 영향을 끼칠 수 있다. 즉 아이들의 행동은 자신들에게 영향을 미치는 사람들이 특정한 반응을 하게끔 유도할 수도 있고, 그들의 반응 형태를 변화시킬 수도 있는 것이다. 이런 점에서 아이들은 환경적 조건에 따라 마음대로 그려지는 백지의 상태가 아니며, 또한 자신을 둘러싼 주위 환경의 영향을 수동적으로 받아들이는 존재도 아니다. 이와 같이 아이의 특성과 노력은 아이들 주위의 물리적 · 사회적 환경과 섞여서 나타난다. 또한 이러한 아이들의 특성과 노력은 자신의 발달에 영향을 미치는 한편 앞으로 자신들에게 영향을 미칠 여러 가지 사건들을 수정하기도 한다.

두번째 수준은 아이들이 스스로의 발달에 기여하는 좀더 기본적인 방식에 관한 것이다. 자신이 살고 있는 세계를 이해하기 위해 아이는 내적, 정신적, 사회적, 심리적 구조를 능동적으로 형성하게 된다. 이러한 개념화는 자신의 세계를 조직화하여 능동적으로 반응하고, 자신의 경험에서 일어나는 물리적 사회적 사상을 이해하기 위해 필요하다. 여러분이 이 책에서 나오는 여러 주제들에서 보게 되겠지만, 어린이가 자신의 발달에 대해 어떤 방식으로든 직접적으로 영향을 미친다는 이러한 관점은 여전히 논란의 대상이다.

사실 많은 경우 한 영역에서 이루어지는 아이의 성취는 다른 영역에서 나타나는 능력과 밀접한 관계를 맺고 있다. 아이가 친구를 사귀는 한 예(사회성 발달)를 보면, 이것은 그 아이가 발달시키는 우정에 대한 이해(인지 발달)에 영향을 받는다. 즉 어린 아이들은 '우정'을, 서로 같이 노는 활동으로 해석한다. 그리고 친구는 같이 노는 아이이며, 대개 가까이 살거나 같이 지낼 수 있다고 생각한다. 나이가 좀 든 아이들의 경우, '친구란 같은 생각을 가지고 있는 사람'이라는 좀더 내적이고 심리적인 차원에 따른 정의를 한다. 이러한 사고에서의 진보는 우정을 형성하는 근본적인 행동에 영향을 준다. 한편 친구와의 사회적 상호작용은 인지발달을 촉진시키기도 한다. 그리고 이와 같은 상호작용을 통해 서로 간의 사회발달과 인지발달은 향상되고 촉진된다.

4) 발달의 연속성과 단계적 특성

어린이가 어떤 새로운 성숙 수준에 도달하면, 생각하는 방식이 완전히 변하는가? 어떤 연령 수준에서는 단지 구체적으로 보이거나 만져지는 것만 생각할 수 있고, 추상적이거나 가상적인 사건에 대해서는 생각할 수 없는 것인가? 예를 들어 4살짜리 아이는 12살이 되었을 때 보이게 될 성격과는 완전히 다른 특성을 나타내는가? 우리가 아이의 행동들을 과거 1살, 4살, 또는 12살 때 등의 여러 연령시기에 따라 비교해 볼 때 나타나는 많은 변화들을 설명할 가장 좋은 방법은 무엇인가?

모든 사람들은 아이의 행동과 능력이 발달하고 변형하며, 때로는 아주 극적인 변화를 보인다는 점을 인정한다. 그러나 이러한 변화를 어떻게 설명하는 것이 가장 좋은가에 관해서는 서로 그렇게 많이 동의하지 않는다.

어떤 이론들은, 발달이 여러 가지 '단계(stage)'나 시기를 거쳐가기 때문에, 각 단계마다 행동의 기저를 이루는 생각이나 능력에서 어떤 근본적인 재구조화가 일어남으로써, 독특한 발달적 성취나 특질을 나타낸다고 설명한다. 발달의 단계적 개념은 어린이가 자신의 생의 특정 시기에서 지각하고 사고하며, 느끼고 행동하는 방식에서 질적인 차이가 있다는 것을 시사한다. 특히, 각 발달 단계의 변화는 어린이의 행동과 능력이 최소한의 변화를 겪게 되는 비교적 안정된 시기를 거쳐, 한 단계에서 다음 단계를 거쳐가는 격심한 전환기를 거치게 된다고 본다.

[그림 7-1] 단계적 발달과 연속적 발달의 비교

또 다른 관점에서는, 아이가 사고와 언어 그리고 사회행동을 획득해 나가는 것을 일정하면서도 약간씩의 진보가 나타나는 이른바 '계속적인 과정(continuous process)'으로 본다. 이러한 점진적인 변화를 다른 말로 기술하자면, 발달이 '양적(quantitative)'이라는 것이다. 즉 사고 능력의 변화는 아이가 생각하는 방식의 완전한 재구조화의 결과로 생기는 것이 아니라, 점진적인 기억 능력의 증가에서 나오는 것이다. 사실 유아의 행동을 보면, 신경계가 통합되고 근육의 힘이 점차 증가함에 따라 기는 행동에서 걷게 되는 것은 누가 보아도 명백한 변화이다. 그러나 이러한 변화는 기본적인 운동 프로그램의 완전한 재구조화라기보다는, 계속적으로 진보하는 신체적 과정에 의해 일어난 것이다. 아기가 점차 말을 안 듣기 시작하거나 또는 '아냐, 싫어' 라고 하는 행동의 출현도, '미운 세 살' 이라는 어떤 발달적 단계에 들어가는 것이 아니라, 점차 자신의 독립성을 확장해 가려는 노력으로 볼 수도 있다.

발달 단계를 지지하는 또는 반박하는 증거들을 얻는 것은 쉽지 않다. 예를 들어, 인간의 성장의 어떤 측면도, 곤충이 애벌레에서 나방으로 그리고 마침내 성충이 되는 변화처럼 극적인 과정을 거치지는 않는다. 이에 비해 어린이의 사고와 다른 영역에서의 발달적인 변화는 점진적으로 일어나는 것 같다. 그러나 몇달 또는 몇 년 사이에 아이들은 아주 달라지는 것으로 보이기도 한다. 사실 이런 변화들이 양적인 또는 질적인 요인에 의해 일어나는지에 관한 논쟁은 해결하기 힘든 문제이다. [그림 7-1]은 단계적 발달과 연속적 발달의 차이를 보여주고 있다.

5) 발달의 결정적 시기 또는 민감한 시기

만일 유아가 자신의 생애 초기 동안에 돌보아 주는 사람과 안정적이고 긍정적인 정서 관계를 형성하지 못한다면, 나중의 발달 시기에서 다른 사람들과 긍정적인 관계를 맺는 능력에 장애가 올까? 어린 시기에 외국어를 학습하지 않으면, 외국어를 유창하게 발음하고 이야기하는 능력을 가지지 못하는가? 이러한 질문들은 어린이가 특정한 환경적 사건에 반응하고 영향을 받는, 어떤 중요한 시기 또는 민감한 시기가 존재하는지의 여부에 관한 의문과 연결되어 있다.

사실 발달의 어떤 특정 시기에 특정 경험을 하게 되는 것은 발달에서 문제를 야기하기도 한다. 예를 들면 어머니가 임신중에 먹은 약물은 태아의 신체적, 지적 발달에 치명적인 해를 미치기도 한다. 또 다른 경우, 결정적 시기에 어떤 경험을 하지 못하게 되는 것도 행동적 어려움을 일으킨다. 예를 들면, 어떤 전문가들은 유아기에 돌봐주는 사람과 강한 정서적인 유대감을 형성하지 못하면, 이후 아동기에 심각한 정서적 문제를 일으킬 것이라고 예언하기도 한다.

그러나, 결정적 시기의 개념이 발달의 모든 영역에서 중요하다는 점에 대해 모든 사람들이 동의하는 것은 아니다. 어린이들이 어떤 특정 시기에, 특정 경험에 민감하게 반응하여 도움을 얻기도 하고, 해를 입기도 하지만, 이 부분에 대해 상당한 정도의 신축성을 보이기 때문이다. 즉, 어린이들은 부적절한 경험의 파괴적인 효과를 극복하는 능력을 가지고 있다. 예를 들어 가난에 아주 찌들린 가족에서 성장한 아이나, 어려서 겪은 부모의 이혼이나 사망으로 인해 결손가정에서 성장한 아동의 경우에도, 똑똑하고 높은 동기 덕분에, 사회적으로 양식있고 생산적인 성인으로 성장할 수도 있는 것이다. 따라서 발달 심리학자에게 있어서 가장 큰 도전은 어린 시절의 특별한 경험이나 특정한 부분에서의 결핍과 같은 모든 부정적인 요인의 부정적인 효과를 극복할 수 있게 하는 상황이 무엇인가를 밝히는 것이다.

Ⅱ. 인지 발달 및 사고

인간 발달은 아주 복잡하다. 이런 복잡한 과정을 지각, 인지 그리고 사회 발달의 하위 영역으로 나누어 각 영역에서 일어나는 발달적 변화를 살펴보는 것은 그 자체로 한계가 있다. 따라서, 총체적인 인간에 대한 이해는 다양한 영역들에서 일어나는 심리 현상의 변화를 분석하고 이것들을 통합함으로써 가능할 수 있을 것이다.

발달적 변화가 일어나는 시기는 특정한 기간에 국한되는 것이 아니라, 생명이 잉태되는 순간부터 계속되는 과정으로 보아야 한다. 그러나, 인간의 일생에 걸쳐 생물적인 측면에서 가장 극적인 변화가 일어나는 시기는 유아가 18개월에서 24개월이 될 때까지의 시기이다. 수태 이후 이 기간 동안까지에는 인간의 형태가 갖추어질 뿐 아니라, 유기체 외부에 있는 세상에 대한 탐색과 파악을 가능하게 하는 물리적 기초인 신경과 뇌가 형성되고, 인간의 정신능력을 표현할 수 있게 하는 토대가 마련되는 시기이기 때문이다. 사실 심리학자들은 유아들이 직접 자신들의 경험에 대해 말할 수 없기 때문에, 단지 그들의 행동을 관찰하거나, 세심하게 설계된 실험을 통해 이들의 경험이나 능력에 관해 추론해 볼 수 있을 뿐이다. 그리고 유아의 행동 관찰을 통해 이들의 기본적인 정신능력이나 지적 경험에 대한 가장 기본적인 자료를 지각의 발달이라는 측면에서 찾을 수 있다.

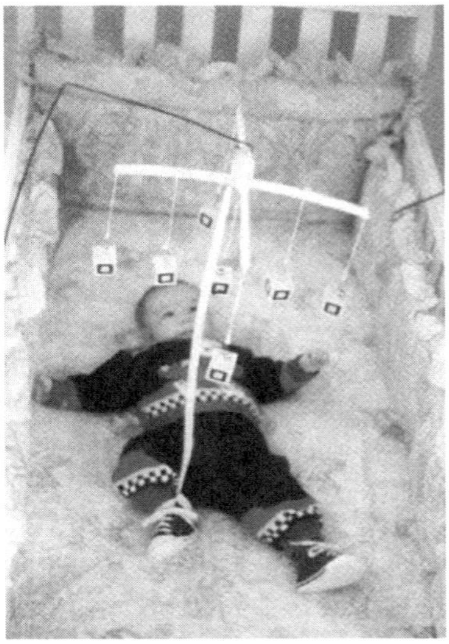

[그림 7-2] 유아가 보는 것은 무엇인가?

1. 유아의 지각과 지식의 발달

1) 지각 발달(perceptual development)

유아들은 태어났을 때, 자극에 감각적으로 반응할 수 있다. 그들은 움직이거나, 깜박거리거나, 아주 대조되는 시각적 자극을 주시한다. 또한 소리를 향해 머리를 돌리기도 하고, 얼굴에 닿는 무언가를 향해 반응하기도 하며, 불쾌한 냄새로부터 얼굴을 돌리거나 시큼한 것보다는 달콤한 용액의 젖꼭지를 더 선뜻 빤다. 이처럼 유아가 보이는 모든 감각은 태어날 때부터 어느 정도 기능적이기는 하지만, 충분히 발달하지는 않았다. 특히, 이들 감각들 중 발달의 측면에서 가장 많이 연구된 것이 시각이다.

(1) 형태재인(pattern recognition)

어린 유아들은 같은 종류의 자극형태(pattern)를 좋아할 뿐만 아니라, 이들이 이미 보았던 것 이상의 새로운 형태도 좋아한다. 코헨과 영거(L. Cohen, & B. Younger, 1984)는 전체의 큰 형태 속에서 한 형태의 분리된 특성들을 통합할 수 있는 유아의 능력과 관련된 실험을 수행하여, 새로운 것을 선호하는 유아의 특성을 보여주었다. 이 연구에서, 자극으로는 [그림 7-3]에서 보여주듯이 두 선으로 간단한 형태를 사용하였다.

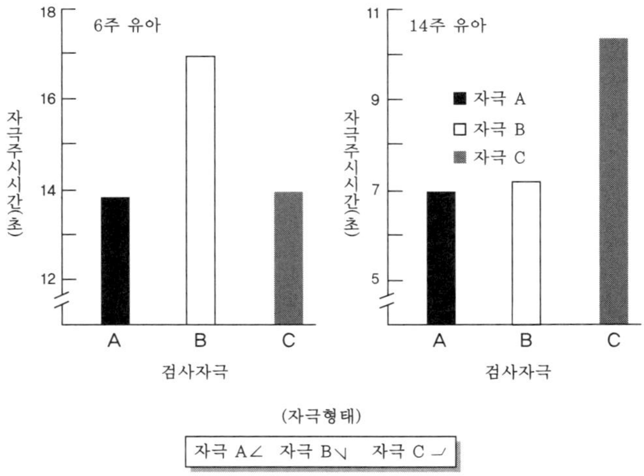

[그림 7-3] 두 선을 하나의 자극으로 보는 형태재인 능력의 발달

그림에서 두 개의 오른쪽 자극(B 또는 C) 중 어느 것이 자극 A와 비슷하게 보이는가? 전체적으로 보면, 성인들이 보는 것처

럼 B가 A와 비슷하게 보인다. B는 A와 같은 각도이나, 다른 방향으로 돌렸다. 만약 개개의 선으로 본다면, C가 A와 비슷하다. C의 분리된 선들은 형태와 방향에서 A와 동일하다.

코헨과 영거는 먼저 유아들이 그것을 지루해할 때까지 자극 A를 제시하였다. 그리고 난 후 그들은 자극 A 또는 C를 보여주고 얼마나 오랫동안 유아들이 그것을 바라보는지 기록했다. 유아들은 신기한 것을 선호하기 때문에 새로운 자극(B 또는 C)을 쳐다보는 시간의 양을 측정함으로써 그들이 새 자극을 원래의 자극(A)과 다른 것으로 보는 정도를 측정할 수 있었다. 그 결과 6주된 유아들은 B를 가장 다른 것으로 보았으나, 14주된 유아들은 (성인처럼) C를 가장 다른 것으로 보았음을 나타낸다. [그림 7-3]은 6주와 14주 유아의 주시 시간의 차이를 보여주고 있다.

이러한 발견으로부터 코헨과 영거는 두 개의 인접하는 선들을 하나의 물체(각이나 모서리)로 보려는 경향은 태어날 때부터 나타나는 것이 아니라, 6주 후 언젠가 나타난다고 주장하였다. 다른 실험에서도 유아는 점점 더 정교화된 능력들을 지속적으로 발달시켜 나간다는 것을 보여주었다(Aslin & Smith, 1988). 이런 변화는 부분적으로는 눈과 두뇌의 세포들의 지속적인 성숙에 기인하며, 부분적으로는 경험으로부터 얻어지는 어린이의 지식의 증가에 기인한다.

제롬 케이간(Jerome Kagan) 같은 연구자들은 무엇을 보는가에 대한 유아의 선택과 물체를 인식하기 위한 근육능력의 발달간의 관계에 관심을 두었다. 케이간(Kagan, 1972, 1984)은 그가 격차원리(discrepancy principle)라고 부르는 현상으로, 유아들은 익숙해진 것들과는 다른 무언가의 대상에 더 많은 흥미를 가지고 있다고 제안했다. 케이간에 따르면, 유아들은 물체의 특별한 카테고리들의 정신적인 개념들, 또는 도식들(schemas)를 활발하게 만든다. 그리고, 이들은 자신들이 가지고 있는 도식들을 확장시킬 수 있는 대상들에 가장 흥미를 느낀다.

예를 들면, 한 연구에서 8개월된 유아들은 단지 몇 달 더 된 유아들과는 반대로, 나비의 사진보다 아기의 얼굴 사진에 더 많은 관심을 보였다 (Reznick & Kagan, 1982). 8개월된 유아들은 어른들을 보는 것으로부터 대분분의 얼굴에 대한 도식이 형성되어 있으므로, 아기의 얼굴은 이미 형성되어 있는 도식(세마)을 강화시켜줄 수 있을 만큼 충분히 다르기 때문에, 유아들이 흥미를 갖게 된다고 설명하였다. 8개월된 유아들은 아직 나비

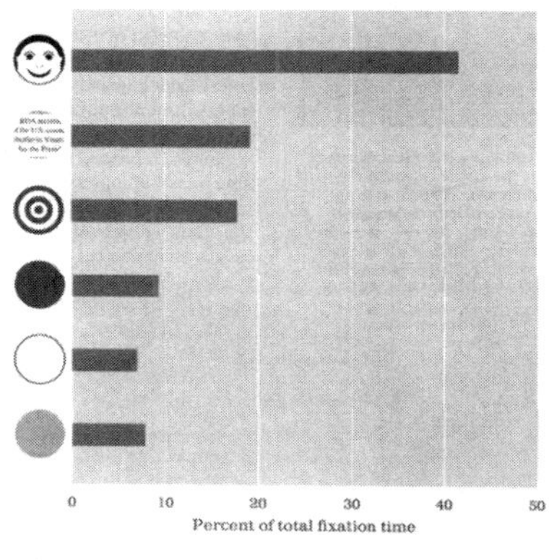

[그림 7-4] 선호자극의 주시 시간의 차이

나 다른 날아다니는 작은 동물에 대한 도식을 가지고 있지 않다. 그러나 좀더 나이든 유아들에게 있어 아기의 얼굴은 이미 너무 친숙하여 낡은 것이고, 나비는 어느 정도 새롭기에 흥미롭다. 왜냐하면, 자신들이 형성하고 있는 작고 날아다니는 곤충에 대한 도식과 어느 정도 차이가 나기 때문이다.

(2) 높이 지각과 운동 경험의 역할

생후 1년의 후반기 이후부터, 아기는 여러 가지 비사회적인 대상이나 자극에 대해서도 정서반응을 보이기 시작한다. 이런 반응의 가장 좋은 예가 높은 곳에 있는 것을 무서워하는 반응 - 즉, 고소 공포이다. 발달 심리학자들이 유아가 높은 곳에 있을 때 두려워하는 반응을 보이는 것이 유아의 지각 능력에서의 발달일 뿐 아니라 정서 반응에서의 발달을 나타낸다는 것을 발달 심리학자들이 인정한 것은 채 20년도 되지 않는다. 왜냐하면, 어떤 동물들은 태어나자마자 또는 보기 시작할 때부터 시각벼랑(visual cliff)과 같은 환경자극에 두려워하는 반응을 보였기 때문이다. 그리고 이에 따라 많은 연구자들은 이런 두려움 반응이 인간에서도 선천적으로 형성되지 않았을까라고 추측했었다(예, Walk, 1978).

예를 들면, 깁슨과 워크(E. Gibson & R. Walk, 1960)는 기어다닐 줄 아는 유아들은 시각벼랑이 보이는 유리판 위를 기어가는 것을 피한다는 사실에서 보았을 때, 유아가 이미 시각적 자극에 반응한다고 주장하였다. 이 벼랑은 유리로 된 높은 책상의 중심을 가로지르는 판으로 구성되어 있다. 판의 한 쪽(얕은 쪽)에 바둑판 무늬 모양의 물질이 유리 바로 아래에 놓여 있고, 다른 쪽(깊은 쪽)에는 같은 물질이 유리 아래쪽에 놓여져 있다. 처음에 판 중앙에 놓여진 유아는 앞 쪽으로 선뜻 기어간다. 그러나 깊은 쪽은 열심히 피한다. 그리고 깊은 쪽에 서 있는 엄마가 불러도, 그 쪽으로 기어가지 않으며 종종 울어버린다.

[그림 7-5] 시각 절벽(visual cliff)에서의 유아의 거부 행동

깁슨과 워크의 실험은 유아들이 기어다닐 수 있을 때쯤 절벽을 피한다는 것을 보여주었다. 그 후에 실시한 다른 실험들은 너무 어려서 기지 못하는 유아들도 시각절벽을 볼 수는 있으나, 기는 것에 대한 충분한 경험을 가진 유아들만이 그것을 피한다는 것을 보여주었다. 한 연구에서 2~6개월된 기지 못하는 유아들이 절벽의 얕은 쪽보다 깊은 쪽에 얼굴을 숙이도록 놓여졌을 때, 심장 박동수가 크게 감소함을 보여주었다. 이것은 두려움보

다는 오히려 흥분의 신호로 여겨졌다(Campos & others, 1970, 1978).

높은 것에 있는 것을 두려워하는 반응은 인간의 신생아나 아주 어린 유아에서는 나타나지 않았다. 단지 인간의 아기는 약 2~3개월이 되었을 때 깊고 낮은 것을 구별할 수 있다는 연구들이 보고되었다(Campos, Langer, & Krrowitz, 1970). 예를 들면, 연구자들이 2~3개월 된 아기를 시각벼랑과 같은 높은 위치를 느끼는 상황에 놓았을 때, 이 아기들의 심장 박동이 심하게 감소하였다. 그들은 이 결과를 유아가 깊이 변화에 대해 주의나 흥미를 나타내는 것이지, 높은 것에 대한 두려움을 보이는 정서 반응은 아니라고 해석하였다. 이런 연구 이후, 다른 연구자들은 아기가 깊이를 입체적으로 볼 수 있는 입체지각(stereotopic perception) 능력은 3~4개월이 되어야 나타난다는 것을 보여주었다(Fox, Aslin, Shea, & Dumais, 1980). 흥미롭게도, 이 연령의 아기들 역시 깊은 절벽에 매달아 놓아도 아무런 두려움의 표시를 보이지 않았다.

비록 개인차는 있더라도 심장박동의 증가, 불안 그리고 시각벼랑을 건너지 않으려고 하는 거부반응 등으로 추측해보면, 높은 것에 대해 두려워하는 반응은 약 8개월이 되기까지는 나타나지 않았다(Campos, Hiatt, Ramsay, Henderson, & Svejda, 1978). 이런 발견에 의하면, 깊이를 지각할 수 있는 능력을 획득하고 몇 달이 지나야만이 아기들에게서 깊이에 대한 두려움이 나타난다는 것을 알 수 있다. 캠퍼스(Campos) 등의 연구자들은 아기가 깊이 지각 능력을 획득하더라도 이 깊이에 대한 두려움을 느끼지 못하는 일종의 발달적 격차(decalage) 현상에서 초기에 경험하는 깊이지각은 아무런 두려움의 의미도 가지지 않는다는 것이 사실이라고 설명하였다. 그러나, 아기가 움직일 수 있게 되고, 또 떨어져 본 경험을 가지게 된다면, 깊이는 위험에 대한 중요한 단서가 되며, 따라서 공포를 유발할 수 있게 되는 것이다.

분명히 생득적인 운동은 떨어져 본 경험이 없는 유아들에게도 절벽에 대한 기피와 두려움을 조장한다. 이러한 연결이 어떻게 일어나는지는 분명치 않으나, 진화에 의한 것처럼 보인다. 생존의 관점에서 보았을 때, 유아가 이동할 수 있게 되고, 잠재적으로 떨어질 수 있는 시기에 주변의 절벽에 두려움을 느끼는 것은 확실히 유리하다. 그러므로, 우리는 여기에서 임시로 결론을 내릴 수 있다. 즉 본성적인 선택은 인간에게 (a) 절벽을 두려워하는 경향, 그리고 (b) 생득적인 운동경험의 결과로서 절벽-두려움의 경향을 야기시키는 시간적 기제를 제공하였다는 것이다.

2) 초기 지식의 발달

지각의 발달에서 우리는 유아가 보이는 지식의 초보적인 발달을 살펴볼 수 있었다. 물체를 지각하는 것은 물체의 감각적 경험을 물체에 대한 내적 표현인 범주(category) 또는 도식(노듬)과 조화시키는 것이다. 그래서 지각은 지식을 요구한다. 이와 유사하게, 환경 안에서 절벽을 피하거나 물체를 피하거나 하는 능력은 3차원 공간의 일반적 성질에 관한 지식을 의미한다. 적당히 친숙하지 않은 물체에 대해 유아가 선택적으로 주의를 기울인다는 연구와 공간 지각의 발달을 위해 움직임의 경험이 필요하다는 연구는 어린이의 능동적인 선택과 움직임 경험이 이들의 지적 성장에 중요하다는 것을 의미한다.

(1) 탐색 행동

탐색 행동에 대한 연구들은 유아들이 자극과 그들 자신의 생득적 움직임 간의 관계에 특히 관심을 가지고 있음을 보여준다. 2개월된 아기들은 그들이 통제하지 않은 전기로 움직이는 물체 속에서 자신들이 움직이는 것보다는, 그들 자신이 스스로 몸을 움직여 모빌을 움직이게 하는 것에 더 흥미와 기쁨을 보인다(Watson, 1972).

이와 유사한 실험에서, 퍼포섹(H. Papousek, 1969)은 정렬된 작은 불빛으로 향하게 하는 특별한 움직임을 만들기 위해 4개월된 아기들을 훈련시켰다. 유아들은 재빨리 배웠지만, 일단 그들이 익숙해지면, 흥미를 잃고 가끔씩만 반응하였다. 그러나, 퍼포섹이 불을 켜기 위해 다른 움직임이 필요하도록 조건을 변화시키자, 유아들은 다시 관심을 갖고 열성적인 다른 반응을 보였다. 이렇게 회복된 관심은 자극과 반응간의 새로운 관계에 의해 이루어져야 한다. 왜냐하면, 자극 그 자체는 변하지 않기 때문이다. 분명히 아기들은 불빛 그 자체가 아니라, 그것을 통제할 수 있는 그들 자신의 능력에 더 흥미가 있는 것처럼 보인다.

(2) 유아의 인지 발달에 관한 피아제의 관점

인지 발달(cognitive development)에 관해 가장 연구를 많이 한 사람이 누구냐라고 질문한다면, 그 답은 아마 장 피아제

(Jean Piaget)이다. 피아제 자신은 스스로를 발생 인식론자(genetic epistemologist)라고 불렀다. 발생적이란 어떤 것의 기원과 발달에 관한 것이란 뜻이며, 인식론자란 인간지식의 구조에 대한 연구를 한다는 뜻이다. 따라서, '발생 인식론자'가 뜻하는 발달 심리학자란 바로 인간의 정신을 구성하는 지식의 구조의 기원과 발달을 연구하는 사람이란 뜻이다.

Jean Piaget

그럼에도, 피아제보다 행동과 지식간의 관계를 강조한 발달심리학자는 없다. 피아제(J. Piaget, 1936)는 유아들이 행동을 통해서 지식을 얻을 뿐만 아니라, 그들에게는 행동 자체가 바로 지식이라고 주장하였다. 발달의 초기에 유아는 정신적 상징(symbol)이 없으므로, 사물에 대해 생각하는 방식이 그대로 행동으로 나타난다. 즉, 유아가 사물에 눈을 맞추거나, 빨거나, 붙잡는 행동 등등이 가장 기본적인 지적 발달이 시작되는 것으로 보았다. 이런 행동은 바로 감각운동을 통한 지식의 획득이었다. 이 단계에서 지식은 유아들의 행동으로부터 일어나는 직접적인 감각 피드백과 물체를 향한 운동 행동으로 구성된다. 가장 초기의 행동들은 순수하게 반사적이다. 하지만, 유아들은 그 결과에 민감하게 반응한다. 그리고 결과가 흥미 있을 때는 이것을 반복한다. 유아 인지에 대한 피아제 이론의 핵심은 유아가 자신의 행동 결과를 반복적인 행동으로 다시 보이려고 하는 '순환적 행동'이다.

피아제는 유아가 나이가 들어감에 따라, 성공적으로 나타내는 순환적 행동의 결과로 생긴 움직임을 즐기고, 다시 그 행동을 반복하여 점차 그런 작업에 숙달된다. 손잡이를 돌리는 행동을 배운 유아는 그들이 만질 수 있는 모든 손잡이들 – 라디오의 다이알, T.V., 난로, 당신 얼굴의 손잡이 같은 코까지 – 같은 각 물체들이 나타내는 흥미있고도 각기 다른 결과들을 관찰하며, 또 변화시키려고 달려들기도 한다.

유아들은 이런 행동들을 통해 무엇을 이룰 수 있게 되는가? 피아제에 따르면, 이들은 반복적인 행동을 통해 정신적 스키마(schemes)를 수립한다. 스키마라는 말은 또 다른 용어인 '셰마'와 유사한 의미로 사용된다. 셰마와 스키마 모두 사물의 범주로 그 사물이 나타내는 주요 특징들을 기술하는 일종의 정신적 초벌 그림이다. 그러나, 피아제가 스키마라고 하는 의미에는 이 상징적인 초벌 그림이 행동과 더 밀접하게 연관되어 있다는 의미이다. 스키마는 행동을 위한 조직된 형태를 공급하는 정신적 청사진이다. 같거나 유사한 물체에 대해 반복되는 순환적 활동을 통해, 유아는 행동의 형태를 나타내는 정신적 스키마를 세운다. 그리고 이 스키마 속에서 여러 물체들을 포함시킨다. 따라서, 아주 어린 유아들은 그들 엄마의 가슴, 자신의 엄지 손가락, 고무 젖꼭지 등등을 자신의 행동 형태에 동화시켜 하나의 빨기 쉐마를 형성하게 된다. 이런 차이가 있음에도 불구하고, 대개의 경우 정신구조의 변화라는 측면에서 스키마와 셰마는 유사한 의미로 사용된다.

피아제는 초기 행동 쉐마들은 사고의 초기 형태가 된다고 믿었다. 쉐마가 발달하기 때문에, 어린이들은 실제의 물체가 없을 때, 명백한 움직임을 만들어냄 없이도 점차로 정신적인 활동을 할 수 있게 된다. 피아제에게 이것은 완전한 내적 사고 즉 동작을 나타내지 않은 사고의 시작이다. 피아제는 어린 시절의 사고의 발달은 쉐마가 점차 추상적으로 되는, 따라서 그것이 실제적 행동과 덜 연결되면서 보다 잠재적 (가설적 또는 가능적) 행동과 연결된 단계로 나아가게 된다고 믿었다.

(3) 대상영속성의 발달과 탐색능력

피아제는 자신의 세 자녀를 피험자로 하여 유아나 아동들이 자신들이 직면한 문제나 감추어진 문제를 해결하기 위해 어떤 행동을 하는지를 잘 관찰함으로써 인간의 정신이 어떻게 발달하는지에 관한 새로운 연구 영역을 개척하였다(Piaget, 1936). 물체를 발견하는 능력은 잘 발달된 지각능력, 예를 들면 한 번 발견된 물체를 인식하는 능력, 뿐만 아니라, 물체가 보이지 않을 때 마음 속에 물체를 유지하는 능력에 달려있다. 감추어진 물체를 찾아내기 위해 동기화되려면, 어린이는 그 물체가 보이지 않을 때도 여전히 그것이 존재한다는 것을 이해해야만 한다. 피아제는 이런 이해를 대상 영속성으로 설명한다.

대상 영속성은 정신 발달의 매우 중요한 부분이다. 왜냐하면, 그것은 직접 나타나지 않은 물체에 대해 생각하는 어린이의 첫 번째 능력이기 때문이다. 다음의 문제들은 아이의 대상연속성을 알아 볼 수 있는 간단한 게임이다.

1) 간단한 감추기 문제

열쇠고리 같은 흥미있는 물체로 유아의 주의를 끌어라. 열쇠고리와 당신이 움직이는 것을 유아가 계속 보고 있는 동안 장애물 뒤나 냅킨 아래에 열쇠를 놓아라. 이 실험에서, 피아제는 약 4개월된 유아들은 어떤 물체들을 감추자마자 그 물체를 완전히 잊어버린다는 것을 발견했다. 그들은 그것을 되찾으려는 시도를 하지 않았으며, 또 그 방향을 계속 쳐다보지도 않았다. "눈에서 멀어지면, 마음에서도 멀어진다"가 바로 이 단계에서의 규칙인 것 같다. 약 5개월된 유아들은 물체가 자신의 눈 앞에서 가려져 보이지 않게 되었을 때에도 잠시동안 감추어진 물체의 방향을 바라본다. 그러나, 그들이 냅킨을 당기거나 감추어진 물체를 되찾기 위해 그 아래로 손을 뻗는 것은 6~8개월이 되어야 한다.

2) 감추는 장소를 변화시키는 문제

8개월이 되면 간단한 감추기 문제는 해결할 수 있지만, 한 장소에서 다른 장소로 물건을 감추는 일련의 시도와 같이 조금 어려워지면, 여전히 옮겨진 물체를 찾아내는 것을 어려워한다. 예를 들면, 유아의 앞에 두개의 냅킨을 놓아라. 그리고, 위에서 설명한 절차대로, 오른쪽 냅킨 아래에 적어도 두 번 정도 물건을 감추어라. 8개월 정도된 유아라면 매번 쉽게 그 물건을 찾을 것이다. 다음 시도로, 그 물건을 왼쪽 냅킨 아래에 감추고 유아가 그것에 손을 뻗을 때까지 적어도 3초 정도 기다리도록 만들어라(당신이 유아의 손을 잡고 있을 수도 있다). 유아는 왼쪽 냅킨 아래에서 물건이 사라지는 것을 보았고, 그 아래에 그 물건은 확실히 보이는 덩어리로 되어 있음에도 불구하고, 왼쪽 냅킨이 아니라 오른쪽 냅킨을 끌어당긴다. 그리고, 그 물체가 없어졌다는 것을 보고 놀라게 된다. 이런 결과에서, 피아제는 대상영속성의 개념이 나타나는 8개월은 여전히 취약한 것이라는 결론을 내렸다. 앞에서 이미 학습된 운동 습관과 점차적으로 나타나는 대상영속성에 대한 능력이 서로 경쟁하게 될 때는 운동습관이 이기기 때문이다. 즉, 유아의 대상에 대한 이해는 이 대상과 관련된 과거 행동이나 경험에 여전히 제한되어 있다.

3) 눈에 보이지 않게 바꾸는 문제

약 1년 경 쯤되면, 대부분의 유아들은 감추는 장소를 바꾸는 문제를 해결하지만, 이 세번째 문제는 여전히 성공하지 못한다. 이번에는 당신이 그 물체를 냅킨 아래에 감추기 전에, 유아가 그것을 볼 수 없도록, 그 물체 주위를 당신의 손으로 가려라. 유아는 당신의 손 안으로 그 물체가 사라지는 것을 보고, 당신이 냅킨 아래로 뻗는 것을 보며, 당신의 손에 아무 물건도 없이 나타나는 것을 본다. 이런 조건 하에서, 1살된 유아는 냅킨 아래는 보지 않고 그대신 당신 손 안의 어딘가에서 그 물체를 찾기 위해 계속 노력할 것이다. 분명히 이 단계에서 유아는 그 물체가 보이지 않을 때, 특별한 장소에 존재함을 이해하고, 그 물건이 보일 때 한 장소에서 다른 장소로 옮겨질 수 있음을 이해한다. 그러나, 그 물건이 보이지 않을 때, 한 곳에서 다른 곳으로 그 물건이 옮겨질 수 있음을 이해하지 못한다. 피아제는 없어진 물건을 상상할 수 있는 비교적 완전한 능력은 약 18개월이 되기 전까지는 발달하지 않는다고 설명하였다. 피아제의 이런 관점에서 볼 때, 유아에서 감각운동기에서 벗어나 진정한 정신적 사고가 일어날 수 있는 시기는 최소한 18개월 이후로 보여지며, 이 때부터 본격적인 정신적 발달의 단계로 들어간다고 할 수

[그림 7-6] 숨겨진 물건 찾기에서의 향상

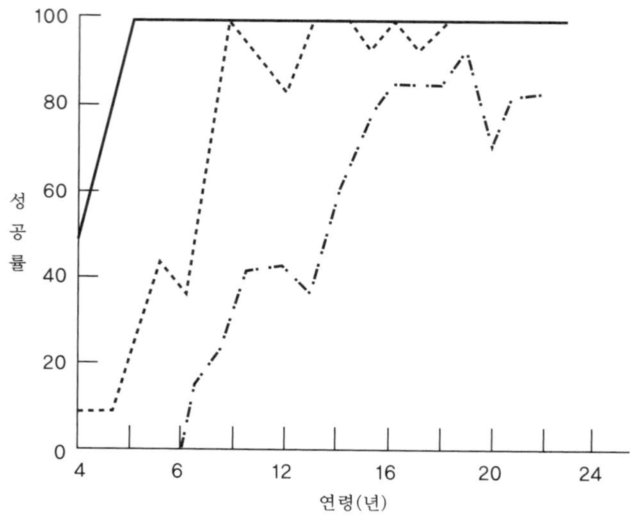

자신의 세 아이들을 대상으로 하여 이루어진 피아제의 많은 연구업적들은 수 백명의 유아와 아동을 대상으로 이루어진 수십번의 실험을 위한 근거를 제공하였다. 일반적으로 피아제의 연구 결과들은 유아나 아동이 특정 능력을 표현하는 시기가 있다는 것을 보여주었다는 점이 특징적이다.

2. 논리적 사고의 발달

아동이 자람에 따라 생각하는 것은 더욱 논리적이 될 뿐 아니라, 문제해결에서도 더욱 효율적이 된다. 이러한 변화는 어떤 과정을 거쳐 발달하는 것이며, 이런 변화를 어떻게 특징지울 수 있을까? 여기에서는 아동의 논리적 사고 능력의 발달에 관해 가장 체계적으로 연구한 Piaget의 연구결과를 살펴볼 것이다.

1) 아동의 추론능력에 관한 피아제의 연구

인지 발달을 연구한 피아제의 기본 목표는 성인의 정신 특히 세상에 대해 객관적으로 추론하는 성인의 능력이 아동기의 초보적인 능력에서 어떻게 더 발달해가는가를 이해하는 것이었다. 그의 가장 기본적인 접근 방법은 특정한 문제를 아동에게 제시하여 풀기를 요구하거나, 아이들이 제시한 해결책에 대한 이유를 설명해보도록 하는 것이었다. 이런 방법을 통해, 피아제는 아동기의 사고의 특성을 나타낼 수 있는 '자기 중심성' 을 명확하게 보여주었다. 특히, 아동의 추론 능력의 특성이 '보존개념', '인과관계', 그리고 '가설-연역적 수준'에서 성인과 다른 방식으로 나타난다는 것을 보여주었다.

(1) 자기중심성(egocentrism)

어떤 아이가 부엌에 들어와 두리번거리니, 약간 이상하게 생긴 둥근 주발을 발견했다. 그리고 거실에 있어서 이것을 보지 못하는 어머니와 다음의 대화가 시작되었다.

아이 : 엄마 이게 뭐야?
엄마 : 무엇?
아이 : 이게 뭐야?
엄마 : 뭐가 뭐야?
아이 : (그 주발을 집어들면서) '이게' 뭐야?
엄마 : 너가 무슨 소리하는지 모르겠다. 뭐가 뭐야?
아이 : (주발을 흔들면서) 됐어요.

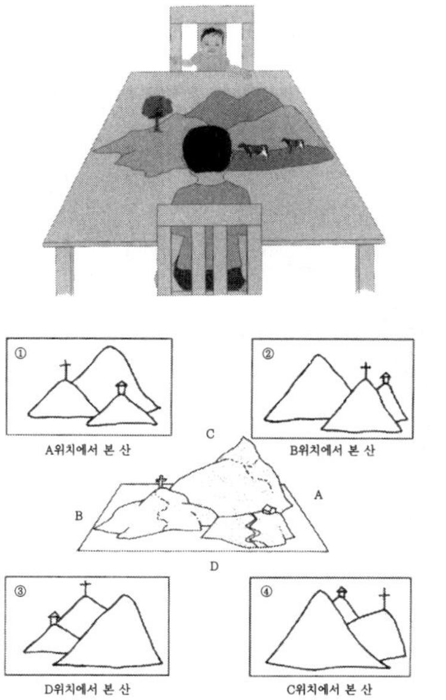

[그림 7-7] 피아제의 세 산 모형 실험
위치 1에 앉은 아이에게 어느 방향(1, 2, 3)이 맞은 편 탁자에 앉은 사람이 보는 것을 나타내는가를 물었다. 어린 아동은 전형적으로 1을 선택하였으며, 피아제는 이것이 아동의 자아중심성을 나타내는 증거라고 보았다.

이런 종류의 대화가, 피아제가 5세에서 7세경의 아동에게 명확하게 나타난다고 설명한 자기 중심성의 대표적인 예이다. 피아제에 따르면, 자기중심성이란 '이기적(selfish)'이란 의미는 아니고 어린 아동이 타인의 관심을 수용할 수 없으며 다른 사람들이 보거나 아는 것이 자신이 보거나 아는 것과 반드시 같은 것이 아니라는 것을 깨닫지 못한다는 것을 의미하였다. 피아제의 연구에서는 자기중심성은 아동의 대화에서도 발견될 수 있지만, 아동의 판단을 관찰함으로써도 나타난다. 그의 고전적인 세산 실험(three mountains experiments)은 아동들이 자기 중심성에 기초하여 어떻게 판단하는가를 잘 보여준다.

[그림 7-7]에서와 같이 아이들은 앉은 위치에 따라 크기가 서로 다른 세 산의 모습을 위에서 보도록 하였다. 그리고 나서, 다른 쪽에 앉아 있는 아이가 보는 산의 모습이 어떤 것인지를 고르게 하였다(예; 네 앞에 있는 철수가 보는 산을 나타내는 그림은 어느 것이니?). 대부분의 4, 5세 아동들은 정확한 그림을 택할 수 없었으며, 단지 자신의 위치에서 보는 그림과 같은 것이 철수가 보는 것이라고 주장하였다.

(2) 보존개념

어린 꼬마가 탁자 위에 올라가서는, '야 이제 내가 아빠보다 더 커'라고 보란 듯이 이야기 했다. 이 아이는 농담으로 그럴까,

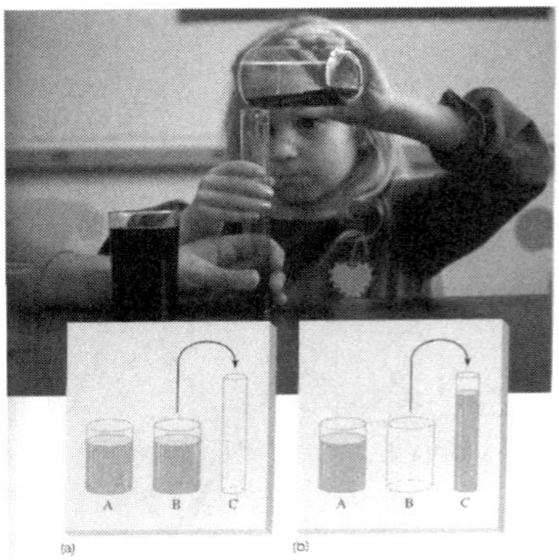

[그림 7-8] 보존 개념이 없는 아동

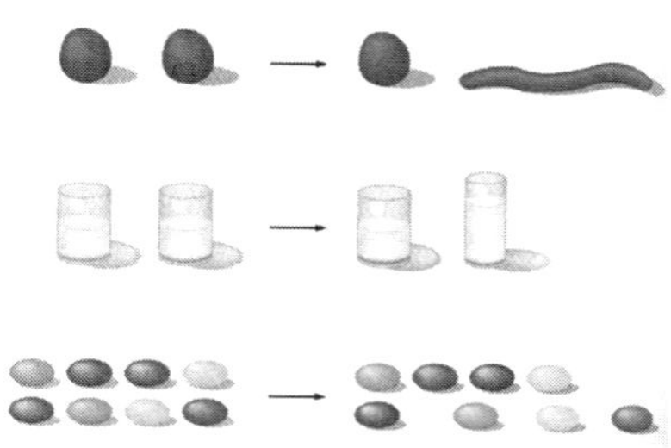

[그림 7-9] 보존개념(수, 길이, 크기)에 대한 아동의 이해를 검사하는 도구들

아니면 자신이 이야기 하는 것을 정말로 믿는 것일까? 피아제가 옳다면, 이 아이는 정말로 믿는 것이다. 피아제는 어린 아동은 수나, 길이, 넓이, 높이, 또는 부피 등과 같은 양에 대해 성숙하지 못한 개념을 가지고 있다고 주장하였다. 특히, 아동은 물질의 표면적인 모습의 변화가 그 물체의 양의 변화를 나타내는 것은 아니라는 '보존'의 원칙을 이해하지 못한다고 설명한다. 즉, 어떤 물체가 있다면, 그 물체가 눈에서 멀리 떨어져 있더라도, 여전히 같은 크기라는 원리를 이해하지 못한다는 것이다.

피아제의 가장 유명한 보존 실험은 물체의 모양이 변화하는 것이 양을 변화시키지 않는다는 내용에 관한 것이다. 고전적인 실험에서 동일한 크기의 컵에 든 물이 서로 모양이 다른 컵에 옮겨 담았을 때, 그 양은 변화하지 않는다. 그러나, 보존개념이 없는 아동은 높이가 더 높은 컵에 있는 물이 더 많다고 생각하게 된다.

[그림 7-9]는 수와 길이 그리고 크기에서의 보존개념에 대한 차이를 보여주는 전형적인 실험에서 사용되는 자극의 예를 나타내고 있다.

(3) 인과관계

어른이 추론할 때 사용하는 가장 중요한 가정은 사건은 그냥 일어나지 않는다는 것이다. 반드시 어떤 것이 무엇을 일어나게 했다는 것이다. 만일 방에 불이 나갔다면, 먼저 누군가가 스위치를 내렸다고 생각하게 된다(주위 모든 건물들이 정전이 아니다라는 가정에서). 이때, 스위치를 내리는 것과 불이 나가는 것 사이에 어떤 효과나 관계가 있으리라고 추론하는 것이다. 아주 어린 아동이라도, 스위치를 만지면서 불이 들어오고 나가는 것을 보면서, 자신의 환경의 일부를 스스로 통제할 수 있다는 것에 아주 즐거워한다. 그러나, 이것은 이 아이가 스위치를 내리는 것과 불이 나간다는 성인처럼 인과적으로 이해한다는 것을 의미할까? 피아제에 따르면, 아니라는 것이다(Piaget, 1926, 1927).

피아제가 이런 주장을 할 수 있는 증거는 다음과 같은 실험에서 나왔다. 7, 8세 경의 아동들에게 "왜냐하면"이라고 끝나는 문장을 주면서, 주어진 문장에 대한 이유를 달라고 하였다. 그러나, 그 결과 아동들이 주어진 문장의 내용과 일치하는 순서대로 대답을 못하였다. 예를 들면, "영수는 자전거를 타고 가다가 떨어졌다. 왜냐하면 .."이라는 문장에서 아동은 "영수는 팔을 부러뜨렸다."라고 답을 하는 식이었다. 즉, 아동들은 현재 일어난 현상에 대해 이야기하거나 결과를 이야기 할 수는 있지만, 왜 그 일이 일어 났는가에 대해 이유를 설명하지는 못한다는 것이다. 이 나이의 아동은 피아제에 따르면, 현실의 실용가(practitioner)이지 원인을 탐색하는 과학자(scientist)는 아니라는 것이다. 그러나 이런 피아제의 설명은 끊임없이 "엄마 이것은 왜 그래?"라고 묻는 이 나이 또래의 아동을 생활에서 경험할 때, 완전히 수용하기 힘든 측면도 있다.

(4) 가설-연역적 추론

암 세포의 성장을 연구하는 생물학자의 경우, 세포의 성장에 관련된 모든 요인을 먼저 생각하고 각각의 요인들이나 이들 요인들의 결합에 대해 체계적으로 검증할 것이다. 이것은 마치, 살인 사건을 수사하는 형사 콜롬보가 관련된 모든 요인들을 하나하나 조사하면서, 자신이 생각하는 가설들을 이 단서들이 얼마나 잘 지지해 주는지, 그리고 관련없는 단서들을 하나하나 버려가고 새로운 단서들을 파악하고자 하는 행동과 유사하다. 피아제에 따르면, 가설을 생성하고 체계적으로 검증할 수 있는 능력은 아동이 약 11세에서 13세가 될 경우에 나타난다고 한다.

한 실험에서 아동들에게 색깔이 없는 물이 담긴 4개의 비이커를 주고, 다섯번째의 비이커에는 특정 화학물질과 반응하였을 때, 색깔을 내는 액체를 담아 주었다(Inhelder & Piaget, 1958). 아동들에게는 다섯번째 비이커에 있는 액체를 다른 비이커에 있는 물과 한두 번 섞었을 때에는 노란색이 생길 것이라고 설명하면서 그 색을 만들어 보라고 하였다. 11살보다 어린 아동의 경우에는 대개 이것을 하지 못하였는데, 왜냐하면 체계적으로 액체와 비이커에 있는 물을 섞을 수 없었기 때문이다. 이보다 나이 든 아동의 경우에는 노란 색이 나올 때까지 모든 경우의 수를 생각하여 논리적으로 하나하나의 조합을 탐색하여 나갈 수 있었다.

피아제에 따르면, 9세 아동과 13세 아동 사이의 주된 차이는 어린 아동은 '현재 있는 것(which is)' 만 생각할 수 있지만, 나이든 아동의 경우에는 '가능한 것(which is possible)' 을 생각할 수 있다는 것이다. 어린 아동의 사고는 구체적인 현실의 벽에 둘러싸여 있지만, 청소년부터는 이런 벽이 사라지기 시작한다.

가능한 것이 무엇인지를 생각함으로써 나이든 아동은 그것을 시작하기 전에 논리적 가능성을 생각할 수 있으며, 이것을 체계적으로 검증할 수 있고, 관찰된 결과를 바탕으로 일반화된 결론을 끄집어 낼 수가 있게 된다.

2) 지적 능력의 발달에 관한 피아제의 이론

앞에서 언급하였듯이, 피아제는 지식의 근원은 행동에 기초하고 있다고 믿었다. 초기에 유아는 대상을 단지 이들에 대한 자신들의 반사적 반응으로만 이해하게 된다. 그들의 운동에 대해 더 많은 통제를 할 수 있게 됨에 따라, 방울을 놀리거나 공갈꼭지를 빨기와 같은 대상에 대한 자발적 행동의 스키마를 발달시킬 수 있게 된다. 유아의 행동을 통제할 수 있는 정신적 청사진으로 생각되어지는 이런 스키마는 유아가 세상을 알 수 있는 유일한 방식이다. 피아제에 따르면, 아동이 점차 나이를 먹음에 따라 물리적 움직임에 덜 관련된 새로운 종류의 스키마를 발달시켜 나갈 수 있게 되며, 자신의 환경에서 가능한 움직임에 관한 추상적인 사고를 할 수 있게 된다고 한다. 따라서, 피아제는 정신이란 구체적인 행동특성을 가진 스키마에서부터 보다 정교하고 추상적인 사고가 가능한 새로운 스키마를 형성하게 하는 여러 단계를 거쳐 발달한다고 주장하였다.

(1) 인지발달의 4 단계론

피아제는 이전의 단계에서 이루어진 스키마를 기초로 새로운 사고의 스키마가 형성되는 방식으로 정신이 발달된다고 주장하면서 인생에서 4단계의 사고발달로 나누었다. 어떤 사람도 이전 단계를 거쳐감이 없이 다음 단계로 나아가지 못하며, 비록 각 사람마다의 차이는 있지만 이 단계의 순서는 불변하다고 보았다.

감각운동기 (출생부터 2세까지) 이 단계에서 아동은 어떤 정신적 상징이 형성되었다고 보기 어렵다. 따라서, 사고란 유아가 대상에 대해 보여주는 실제 행동에 국한되어 있다. 이 단계에서의 주요 과제는 이런 행동의 스키마를 내재화 하는 것이며, 이렇게 함으로써 실재적 근육의 움직임 없이 순수하게 정신적으로 이 행동을 일으킬 수가 있다. 스키마가 점차로 내재화됨에 따라 유아는 현재 눈에 보이지 않은 대상에 대해서도 생각할 수 있으며, 어떤 목표지향적인 행동이 가능해진다. 언어의 발달도 이것과 유사한 변화를 반영한다. 즉 초기의 단어는 눈 앞에 보이는 구체적 대상에 대한 아동의 행동을 나타내는 것이 대부분이나 점차로 없는 대상에 대한 상징을 나타내는 단어를 사용할 수 있게 된다.

전조작기(2세에서 7세까지) 아동이 점차로 눈앞에 보이는 것의 통제로부터 조금씩 자유로와지기 시작할 때, 대상이나 사건의 고정적인 특성을 상징화할 수 있는 능력을 가지게 되는 전조작기로 들어가게 된다. 이 단계에서 아동은 보이지 않는 사물을 생각할 수 있게 되며, 사물들을 나타내는 새로운 상징을 만드는 것에 대해 즐거워하기도 한다. 예를 들면, 이 때부터, 아동은 숫가락을 총이나 기타라고 생각하며 가지고 놀수 있으며, 플라스틱 통이 자신의 보물상자가 되는 상징놀이를 할 수 있게 된다. 그러나, 이 단계에서도 피아제는 아동들이 사고에서의 여러 가지 제한점을 가지고 있다고 설명한다. 이것이 이 단계를 전조작기라고 조금 부정적으로 명명하는 이유이다. 전조작기의 아동은 대상의 특성에 대해 알 수는 있지만, 그 특성을 '조작적'으로 생각할 수 없다. 즉, 그 대상에 대해 자신이 가할 수 있는 어떤 행동들(조작)에 관해 논리적으로 생각할 수는 없다.

예를 들면, 공 모양으로 된 찰흙덩이를 소세지 모양으로 만들면 전조작기 아동들은 공모양과 소세지 모양은 알 수 있다. 그러나, 그 공모양이 소세지 모양으로 바뀌게 되는 조작이 이루어졌다는 것을 완전히 알지는 못한다. 즉, 동일한 양이 모양만 바뀌어지게 되는 과정에 대한 사고를 할 수는 없다. 이런 이유로 피아제의 보존과제에서 실패하게 되는 것이다. 이와 같이, 비록 전조작기 아동은 대상에 가해진 조작에 대해서는 분명히 이해할 수 없지만, 자신들은 끊임없이 주위에 있는 대상에 조작을 가하려고 하며, 이렇게 이루어진 변화에 놀라기도 하고 즐거워하기도 한다. 이런 경험을 통해, 점차 아동은 변화에 대한 이해를 할 수 있게 하는 스키마를 발달시킬 수 있으며, 다음 단계로 넘어가는 것이다.

구체적 조작기(7세에서 12세까지)

피아제에 따르면, 진정한 논리는 아동이 조작(operations)에 관해 생각하고 이해할 수 있을 때 시작한다. 조작은 '가역적인 행동(reversible action)' 즉 다른 행동에 의해 취소될 수 있는 행동이다. 진흙뭉치를 눌러서 소세지 모양으로 만들 수 있다면, 이것을 다시 진흙뭉치로 만들었을 때 이것이 가역적인 행동이다. 전 조작기에 있는 아동들도 이렇게는 할 수 있지만, 이들은 이런 행동을 정신적으로 표현할 수는 없다. 그러나, 이 단계에서부터 아동은 점차로 구체적인 행동을 정신적으로 표상할 수 있는 스키마를 가지게 되며, 이 능력은 새로운 추론 능력을 발달할 수 있게 한다.

조작적 스키마의 힘은 가역성에 있다. 구체적 조작 단계의 아동은 정신적으로 진흙뭉치가 가감이 없이 눌러지는 행동을 통해 소세지 모양으로 변했다는 것을 정신적으로 이해할 수 있기 때문에, 이것이 다시 원래의 진흙뭉치로 될 수 있다는 것도 알게 된다. 즉, 보존개념에 대한 분명한 이해가 가능하게 된다. 세 산 모형 실험에서의 결과도 동일하게 나타난다. 아동은 상대방이 보는 행동을 자신의 관점으로 돌려서 볼 수 있기 때문에 상대방이 보는 위치에 대한 정확한 이해가 가능하게 된다.

구체적 조작기까지 아동의 인지발달이 이루어지기까지에는 짧지 않은 시간이 걸렸음에도, 인지발달은 이 단계에서 그치는 것은 아니다. 피아제는 이 단계의 한계를 나타내기 위해 '구체적'이라는 단어를 사용하였다. 즉, 여전히 아동의 사고와 정신적 조작은 구체적으로 눈에 보이는 사물이나 현상에 국한되어 있다는 뜻이다. 모든 논리적 추론의 범위를 포괄하기 위해서는 아동이 경험하였든 하지 않았든 모든 사건이나 현상을 포괄할 수 있어야 한다.

형식적 조작기(12세 이상) 피아제의 인지발달 이론에서의 마지막 단계인 형식적 조작기는 거의 청소년기가 시작될 때부터 시작한다. 이 단계에서의 스키마는 세부적이거나 구체적인 경험과는 독립되어 있다. 즉, 추상적 개념이나 사상적 생각에 대해 추론할 수가 있게 된다. 실재 경험에서는 가역적이지 않더라도 이론적으로 가능한 것에 대해서는 조작적 사고를 적용할 수도 있다. 이 시기에 형성되는 형식적 조작의 스키마는 가상적 가능성을 생각할 수 있게 할 뿐 아니라, 실제로 경험하지 않았던 영역에서의 논리적 행동을 계획할 수 있게 한다. 따라서, 형식적 내용을 지닌 수학이나 이론적 과학을 이해하는 것이 이 시기부터 가능할 수 있게 된다.

3) 스키마(schemes)의 변화: 동화와 조절

피아제에 따르면 각 단계에서 아동 자신의 행동과 사고는 그 단계에서 지배적인 스키마를 계속적으로 확장하여 뻗어나갈 수 있게 하여, 다음 단계로의 급격히 변화하는 전이가 이루어지게 한다. 이같은 스키마의 성장은 두 가지 상보적인 과정들 즉 동화와 조절로 이루어진다. 동화는 새롭게 이루어지는 경험들이 기존의 스키마에 통합되어지는 과정이다. 새로운 대상을 경험하여 기존의 스키마에 맞출 수 있게 되면 그 대상을 동화시키게 된 것이다. 예를 들면, 치와와라는 개를 보게 되었다면, 한 번도 그 개를 본 적이 없다고 하더라도, 작은 개의 스키마에 어느 정도 맞추어 넣을 수가 있다. 새로운 대상을 어떻게 동화시키느냐 하는 것은 어떤 종류의 스키마를 활용할 수 있는가에 달려있다. 만일 개를 좋아하고 잘 아는 사람이라면, 치와와는 작고 귀여우면서 잘 데리고 놀 수 있는 애완견이 될 것이고, 잘 모르는 사람에게는 단지 하나의 작고 시끄러운 개에 불과할 것이다. 피아제는 생물학자로 훈련을 받았기에 정신에 의한 경험의 동화과정을 음식이 신체에 동화되는 것에 비유하였다. 두 사람이 같은 음식을 먹는더라도, 각 사람의 내부 소화와 관련된 신체기관과 구조에 따라 다르게 동화될 것이다. 마치 소화할 수 없는 음식은 신체의 성장에 아무런 영향을 미칠 수 없듯이, 기존의 스키마와 너무나 다른 새로운 경험들은 정신적 성장을 이루는 데 영향을 미칠 수 없을 것이다.

동화와 대비되는 과정이 기존의 스키마에서 일어나는 변화 또는 특정 사건이나 대상을 동화시킨 것의 결과로써 일어나는 변화로 정의되는 '조절'이다. 기존의 스키마와 완전히 일치하는 자극은 거의 없다. 따라서 기존의 정신 구조는 어느 정도 수정되어야 한다. 이런 수정이 조절이다. 정신이란 새로운 블록(지식의 단위)이 쌓여질 때마다 조금씩 더 커지는 벽이라기보다는 차라리 새로운 줄이 생길 때마다 그 전체 모양이 변화는 거미줄과 같다. 정신에 더해지는 새로운 정보는 이미 존재하고 있는 스키마의 구조를 어느 정도 변화시킨다.

3. 피아제 이론의 비판

누구의 발견이나 이론을 진리로 수용하는 것은 과학의 성질에 위해된다. 발견은 반복되어져야 하며, 이론은 도전 받아야 한다. 따라서 피아제의 이론도 심리학에서의 여타 이론들과 마찬가지로 여러 가지 측면에서 도전을 받았다. 그럼에도, 피아제의 연구들은 현재까지 많은 발달 심리학 연구의 고전이며, 아동의 사고에 관해 우리가 새롭게 바라볼 수 있도록 하는 데 선구적 역할을 했다. 즉 다른 사람들이 인간의 정신의 성장에 관한 새로운 이론을 발달시키고 새로운 연구를 수행할 수 있는 자극을 제공한 것이다. 따라서 피아제의 가장 큰 기여는 아동이 능동적으로 자신의 인지 발달을 촉진한다는 생각을 강조한 것일 것이다. 기회가 주어질 때, 아동은 자신의 환경으로부터 현재의 사고 방식에 충분히 도전하는 문제나 자극을 선택할 것이며 이것은 새로운 수준으로 사고를 진보시키는 데 도움을 준다. 이것은 자신을 교육시키려는 의식적인 노력보다는 적절한 도전이 만들어내는 흥미에 의한 자연적인 경향에 따른 것이라고 할 수 있다.

1) 단계에 따른 질적 차이: 명확한 증거의 부족

피아제 이론의 가장 놀랍고 재미있는 주장은 아동이 각 단계마다 질적으로 서로 다른 방식으로 생각하게 되며, 각각의 단계를 거쳐 발달한다는 것이다. 이 주장이 사실이라면, 인지발달은 비교적 안정적인 시기 후에 어느 정도의, 전반적으로 새로운 능력의 조합이 출현하는 급격한 변화의 시기로 특징지워져야 한다. 그러나, 많은 연구결과들은 이런 예언과는 일치하지 않는다. 예를 들면, 보존과제를 해결하는 능력은 갑자기 나타나지 않으며, 수 년의 기간에 걸쳐 점진적으로 발달한다. 대부분의 아동은 수의 보존과제는 5세 경에 해결할 수 있으나 물질의 보전개념은 8세까지도 획득하지 못한다.

이와 유사하게, 자아중심성 검사에서 다른 사람의 관점에서 보기를 성공하거나 실패하는 것은 특정 과제에 좌우된다. 피아제의 세 산 모형 문제는 사실 아주 힘들다. 다른 사람의 관점에서 보여지는 산의 모습을 그려보기가 힘들기에 아동은 포기하게 되고, 아마 다른 사람의 눈에도 똑같이 보일거라고 말하게 된다. 대부분의 아동은 8세경까지도 이 과제를 해결하지는 못한다. 그러나, 한 쪽에는 고양이를 다른 쪽에는 개를 그려 놓은 카드를 보여주는 유사한 과제를 주었을 때는 비록 3세 아동이라도 쉽게 해결한다(Masangkay & others, 1974). 자신이 개를 보고 있을 때, 다른 쪽 사람은 고양이를 보고 있다고 대답한다.

성인의 문제 해결에 관한 연구들은 질적으로 서로 다른 사고 방식이 존재한다는 피아제의 주장에 대한 도전이었다. 소위 말하는 형식적 추론이란 구체적인 추론과 질적으로 다르지 않다는 것이다. 추상적 문제를 해결하는 데에 뛰어난 사람들은 대개

보다 친숙한 문제들을 유추하거나 보다 친숙한 시각 이미지로 문제를 표현함으로써 해결한다. 즉, 형식적인 과제를 구체적인 것으로 전환하는 것과 유사한 과정이 있는 것 같다.

2) 변화 과정의 불명확성: 스키마와 행동의 불명확한 연결

피아제 이론에서의 변화 과정이 너무 불명확하고, 너무 일반적이며 행동적 자료와 너무 동떨어져 있다는 비판도 있다. 정말, 스키마란 무엇인가? 아동이 보존과제를 해결하기 위해 스키마가 가져야하는 정보는 무엇인가? 동화와 조절이 일어날 때 무엇이 과연 변하는 것일까? 정보처리의 측면에서 인지발달을 보려는 사람들은 인지발달에 대한 이론은 피아제가 설명하는 것보다 더 명확하고 구체적이어야 한다고 주장한다.

스키마와 행동과의 관계를 강조한 피아제의 이론 또한 비판을 받았다. 피아제가 인지발달의 기초로 행동을 언급했을 때 그것은 말 그대로의 의미 그 자체였다. 아동은 물리적 환경에서 사물들을 조작함으로써 새로운 지식을 획득한다. 그러나 팔다리가 없거나 날 때부터 움직일 수 없는 유아라도, 즉, 비록 물리적으로 자신의 환경에 행동을 가할 수 없다하더라도 정상적인 인지능력을 발달시킨다 (Jordan, 1972).

3) 사회 환경의 역할에 대한 과소평가

피아제는 아동을 물리적 세계에서의 실험을 통해 자연의 기본 법칙을 발견하는 외로운 과학자로 보았다. 그러나 사회 문화적 영향을 주장하는 이론들은 인지 발달은 자연과의 상호작용만으로 이루어지기보다는 다른 사람과의 상호작용을 통해서 주로 일어난다고 주장한다.

Ⅲ. 사회 및 성격 발달

사람은 자신이 적응해서 살아가야 하는 사회적 세계 속에서 태어난다. 일생에 걸쳐 우리는 다른 사람과 관계를 맺게 된다. 유아기에는 신체적으로나 정서적으로 돌보아주는 사람에 의존한다. 아동기에는 다른 아이와 어울리는 것이나 사회의 규칙과 규범을 지키는 것을 배우게 된다. 청소년기에는 낭만적인 관계를 맺을 수 있게 되며, 인생의 가치와 미래의 계획을 의식하게 된다. 성인기에는 가족과 타인을 위한 역할을 수행할 수 있게 되며 사회적 사슬 속의 한 구성원으로 직업을 가지고 일을 하게 된다. 따라서 사회 발달이란 사회적 관계를 이루는 사람의 역량이 발달하는 것을 말하며 이런 관계가 계속적으로 발달하게 되는 것을 의미한다. 이 장에서는 사람이 다른 사람과 관계를 맺는 가장 기본적인 개념인 애착에 관한 이론과 특성을 살펴보고, 아동기와 청소년기에 이루어지는 주된 사회화의 특성 및 심리 발달을 설명하고자 한다.

1. 유아기의 사회발달

1950년대에 영국의 정신의학자였던 존 벌비(John Bowlby)는 전쟁으로 인해 부모와 헤어진 것이 아동의 발달에 어떻게 영향을 미치는가에 관한 대규모 연구를 실시하였다. 2차 세계대전으로 인해 유럽에서는 수많은 아동들이 고아가 되었으며, 벌비는 이들이 물리적 고통을 넘어서는 장기적이며 심각한 정서적 손상을 입었다는 것을 발견하였다. 이런 발견을 설명하기 위해 벌비(1958, 1982)는 어린 아동이 자신들의 물리적 필요뿐 아니라 정서적 필요에 민감하게 반응해주는 한 두명의 성인과의 의존적인 관계의 형성이 자주 중요하다는 발달이론을 제시하였다. 벌비는 유아가 그들의 주 보호자와 형성하는 지속적이고 장기적인 정서적 유대를 애착(attachment)이라고 명명하였다. 그리고 그의 관점에서 유아의 애착은 일생에 걸쳐 중요한 심리적 결과를 남기게 된다고 보았다.

1) 신체적 접촉의 중요성

미국의 정신의학자인 레네 스피츠(Rene Spitz)는 1940년대에 미국과 캐나다의 고아원에 있는 유아들의 발달을 연구하였다. 그는 고아원에 수용된 아이들이 충분한 음식이 제공되고 청결 상태가 유지됨에도 불구하고 이들의 3분의 1 가량이 첫해를 넘기지 못하고 죽어가며, 이들 중 많은 아이들이 신체적으로나 정신적으로 발달이 부진하다는 것을 발견하였다. 이런 발견에 기초하여, 해리 할로우(Harry Harlow)라는 심리학자는 정상적인 어미의 보살핌이 없는 상태에서 자라는 원숭이의 발달을 연구하였다. 이 연구결과 밀접한 신체 접촉이 어미원숭이가 새끼를 돌보는 데 아주 중요한 요인 중의 하나라는 것을 발견하였다.

한 실험에서 할로우는 새끼원숭이들을 어미로부터 떼어내어 각기 다른 우리에 한 마리씩 넣고 길렀다. 각 어린 원숭이에게는 인형으로 만들어진 - 하나는 철사로 만들어져 있으나 젖꼭지가 있는 인형과 두터운 담요로 만들어져 있으나 젖꼭지가 없는 대리엄마를 주었다[그림 7-10]. 할로우의 목적은 어린 원숭이가 이들 대리엄마에게 애착이 된다면 이 중 어떤 특성 - 즉, 젖꼭지나 부드러운 담요 - 중 어느 것이 애착을 유도하는 데 더 효과적인가를 보려는 것이었다.

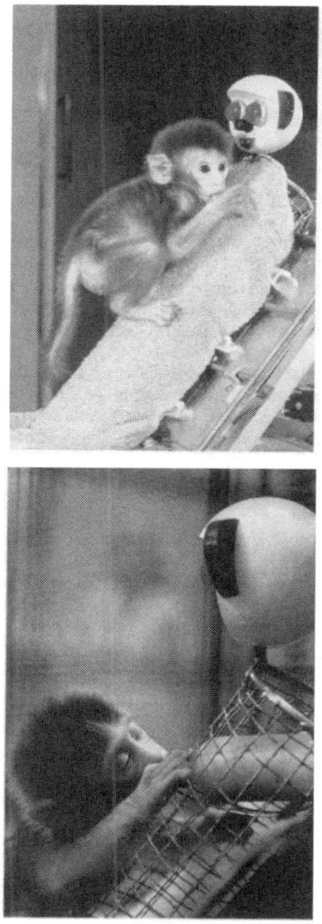

[그림 7-10] 할로우의 어린 원숭이 실험

모든 새끼원숭이들은 젖꼭지를 가지고 있는 인형에 비해 담요로 된 인형에 더 많은 시간동안 매달려 있었다. 특히 낯선 물체가 나타났을 때는 담요 인형에 더 매달렸으며, 담요 인형과 같이 있을 때는 좀더 용감하게 익숙하지 않은 장소를 더 잘 탐색하였다. 이에 따라 할로우는 먹이가 아닌 접촉위안(contact comfort)이 어린 원숭이가 어미에게 형성하는 애착에 더 중요한 변수라고 결론을 내렸다.

최근에 티파니 필드와 그의 동료(Tiffany Field & others, 1986)는 접촉이 미성숙 유아의 신체적 성장에 놀랄만한 효과를 가지고 있다는 것을 발견하였다. 그들의 실험에서 한 집단의 미숙아 유아들은 정상적인 병원치료 - 인큐베이트 속에 있으면서 정기적인 치료만을 받았다. 다른 집단은 정상치료에 부가하여 하루에 45분씩 약 10일동안 손으로 마사지를 받았다. 비록 두 집단의 유아에게 주어진 음식의 양도 동일함에도 불구하고, 마사지를 받은 유아는 거의 50% 이상의 몸무게가 증가하였으며, 더욱 활동적이었으며 더욱 성숙된 운동협응(motor co-ordination) 능력을 보였고, 다른 집단의 유아에 비해 평균 6일 먼저 퇴원을 하게 되었다.

2) 유아 애착행동의 초기 표현방식

유아가 자신의 양육자에게 분명한 애착을 보이는 것은 대략 7, 8개월경부터 나타난다. 즉 혼자 있게 되거나 낯선 사람을 접할 때, 무섭거나 기분이 나쁜 것을 나타내기 위해 두려워하거나 우는 행동을 보이게 된다. 진화론적 관점에서 보면, 이런 행동은 유아가 기기 시작하는 시기와 거의 일치한다. 인지 발달의 측면에서 보면, 애착 행동의 출현은 유아가 세상에 대한 이해를 발달시키는 것, 특히 친숙하고 안전한 곳과 그렇지 않은 곳을 구분할 수 있게 되는 것과 관련이 있다. 이러한 관점을 지지하는 실험은, 친숙하지 않은 상황에 있을 때 유아가 보여주는 불안의 수준을 살펴보는 것이다. 즉, 친숙한 곳에서보다 친숙하지 않은 곳에 있을 때, 유아가 엄마와 떨어졌을 때 더 높은 수준의 불안과 낯선 사람에 대한 두려움을 보여주었다.

3) 낯선 상황: 애착 행동 측정

[그림 7-11] 낯선 상황 검사 (Strange Situation Test)

애착 행동을 객관적으로 연구하기 위해, 우리는 이것을 측정할 수 있어야 한다. 가장 일반적으로 사용되는 측정 방법이 에인스워드(Mary Ainsworth)에 의해 개발된 '낯선 상황(strange situation)' 검사이다. 이 검사는 유아를 친숙하지 않은 상황에 두고 미리 계획된 방식으로 엄마나 다른 친숙한 보호자가 같이 있거나 없거나 하면서, 낯선 사람이 들어왔을 때와 나갔을 때, 유아가 보이는 불안 행동을 측정하는 것이다. 이런 검사를 통해, 애인스워드와 그의 동료는 '안정적으로 애착(securely attached)' 된 행동이라고 분류된 반응을 보이는 유아들을 구분하였다.

안정적으로 애착된 아동들은 낯선 상황에서도 엄마가 같이 있을 때는 활달하게 놀았으며, 적극적으로 탐색하는 행동을 보였다. 그러나, 엄마가 없거나 낯선 사람과 같이 있을 때는 약간 놀라면서 탐색하는 것이 줄었다. 그러나, 엄마가 다시 돌아왔을 때는 적극적으로 엄마에게 접근하여 접촉하려고 하였다. '안정적으로 애착되지 못한' 것으로 분류된 유아의 행동은 여러 가지 방식으로 차이가 났다. 이들은 비록 엄마가 같이 있더라도, 낯선 상황에서 더 놀랐으며, 엄마가 돌아왔을 때 적극적으로 접촉하려고 하지도 않았고, 심지어 거부하는 반응을 보이기도 하였다.

물론, 모든 사람들이 이 낯선 상황이 애착의 이상적인 척도라고 믿지는 않는다. 예를 들면, 제롬 케이간(Jerome Kagan, 1984)과 같은 발달심리학자는 이런 반응은 단지 낯선 것에 대한 유아의 반응을 나타낼 뿐이며, 이것은 엄마에 대한 애착의 강도를 나타내기보다는 아이의 기질의 차이를 나타내는 것이라고 주장하였다.

여러 가지 의문과 반박에도 불구하고, 유아와 엄마와의 상호관계에 대한 장기종단적 연구(longitudinal study)에서 애인스워드와 그의 동료는 유아가 울 때마다 즉각적으로 그리고 일관되게 잘 달래주는 엄마의 유아들은 나이가 들어감에 따라 점점 우는 것이 줄어들 뿐 아니라, 낯선 상황에서 측정된 어머니의 애착반응도 높다는 것을 발견하였다. 다른 연구들도 어린 유아에 대한 어머니의 즉각적인 반응이나 민감성과 나중의 안전한 애착의 정도와의 사이에 유의미하게 높은 상관관계가 있다는 것을 발견하였다(Sroufe & Fleeson, 1986; Isabella & others, 1989).

2. 성격 발달: 기질과 행동 특성의 변화

성격 발달이란 '각 개인이 가지고 있는 복잡한 인지, 도덕, 그리고 정서적 구조의 변화' 이다. 그리고, 각 개인의 복합적인 정서적 구조는 기질(temperament)이라는 특성에서부터 시작된다. 일반적으로 기질은 각 개인에게서 분명히 구분되며 특징적으로 나타나는 정서 반응이며, 이 기질은 선천적으로 타고난 생물적 또는 생리적 특성이다. 이러한 기질은 각 사람들의 행동 특성이나 정서 발달에 분명한 개인차를 일으키고, 인생의 초반에서부터 놀랄 만큼 안정적으로 나타난다. 그러나 기질이 어떤 아이의 독특성과 개별성에 대한 기초를 제공해 준다고 하더라도, 기질적 특징의 궁극적 중요성은 이런 특징들이 그 아이가 다른 사람들과 상호작용하는 과정에 영향을 주는 방식에 달려 있다.

특정한 기질적 특징이 사회적 상호작용에 미치는 결과는 객관적이거나 미리 결정되어 있지 않다. 왜냐하면, 어떤 한 기질적 행동이 어떤 사회적 맥락 속에서는 높은 행동 수준을 나타내는 것으로서 '생생함', '활기' 등으로 높이 평가되어질 수 있지만, 다른 사회적 맥락 속에서는 동일한 행동들이 '불안정함', '공격적' 행동으로 낮게 평가되어 진다. 이처럼 기질적 성향이 수용되어 지는 방식은 개인적 측면과 사회적 측면에서 그 기질적 성향이 해석되고 받아들여지는 의미 자체에 영향을 준다. 그러나 불행하게도 이러한 성격 특성의 유전성에 대한 연구는 그리 많지 않으며, 단지 몇 가지의 성격 특성에 제한되어 연구가 수행되어 왔다.

1) 성격특성의 유전성

성격특성의 유전성에 관한 대표적인 연구는 바로 신경증(neuroticism)과 사회성에 관한 내용이다. 아이젠크(Eysenck)의 성격검사(EPI)에서 신경증이 높은 사람은 자신과 인생에 대해 일반적으로 비관하고 즐거워하지 않는 증상을 보인다. 신경증이 낮은 사람은 일반적으로 행복하고 잘 적응하는 것으로 나타난다. 따라서 신경증의 척도는 전반적인 정서안정성의 지표로 해석된다. 또 아이젠크 성격검사(EPI)에 따르면 사회성에서 높은 점수를 가진 사람은 외향적(extroverts)이며 낮은 점수는 내향적(introverts)이라고 한다. 외향적인 사람은 외적 자극을 추구하고 사교적이다. 내향적인 사람은 일상적인 생활에서 외적 자극을 덜 추구하고 작은 집단에서 밀접한 인간관계를 형성하는 것을 선호한다. 만일 여러분이 신경증이나 사회성이 유전적 차이에 따라 다르게 나타낸다고 믿는다면, 그 증거들을 쌍둥이 연구와 입양 연구에서 찾아보자.

스웨덴에서 이루어진 12,898쌍의 쌍둥이 연구에서 일란성 쌍둥이의 신경증은 .48, 사회성은 .50의 상관을 보여주었다. 이란성 쌍둥이에서 이 특성들은 각각 .23과 .21로 나타났다(Floderus-Myrhed, Pederson & Rasmuson, 1980). 이 자료는 이런 성격 특성들의 유전성은 지능의 경우보다 훨씬 떨어지지만 그래도 약 50% 정도의 유전성이 있다는 것을 보여준다. 기질이라고 이름 붙인 정서성, 활동성, 사회성의 특성들의 복합체에 대해 유아와 어린이를 대상으로 연구한 플로민과 그의 동료(Buss & Plomin, 1984)의 연구도 이와 비슷한 결과를 보여주었다.

입양과 가족 연구는 성격 특성에 어느 정도의 유전성이 있다는 것을 보여주었으나, 쌍둥이 연구 결과에서 나타난 정도와는 일치하지 않았다(Scarr & Kidd, 1983, pp.416-17). 예를 들면 쌍둥이 연구는 신경증과 사회성의 유전 정도를 50% 정도로 추정하나, 입양과 가족 연구에서는 단지 그 반 정도의 유전성을 보여 주었다. 아동기의 기질을 연구한 플로민의 가족 연구는 단지 정서성 .40, 활동성 .20 그리고 사회성 .30의 추정치를 제시하였다(Buss & Plomin, 1984). 현재로서는 성격 특성의 측정에서 왜 쌍둥이 연구가 입양이나 가족 연구에 비해 큰 차이를 보이는가에 대해서는 아무도 모른다. 단지 몇 가지 설명이 제시되고 있는데 그 중의 하나가 성격 발달에 유전과 환경이 상호작용한다는 것이다(Loehlin, Willerman, & Horn, 1982).

여기에서 '상호작용한다'는 말은 특별한 의미를 가지고 있다. 앞서 설명하였듯이, 한 유전인자에 영향을 미치는 환경은 다른 유전인자에게는 또다른 방식으로 영향을 미치기 때문이다. 예를 들면, 낯선 사람과 이야기하는 것이 어떤 유전 성향을 가진 사람에게는 즐거운 경험이지만, 다른 유전 성향을 가진 사람에게는 괴로운 경험이 될 수도 있다. 이런 종류의 상호작용을 관찰했을 때, 우리는 성격 특성의 유전성을 추정하는 데에서 나타난 불일치를 설명할 수 있게 된다. 사실 이제까지는 이러한 상호작용의 경우를 지금까지 생각하지 않았다. 왜냐하면 지능의 경우, 한사람의 지능 발달을 촉진하는 환경 경험들은 다른 모든 사람의 경우에도 동일한 효과를 가지고 있다고 대부분의 자료들이 보여주기 때문이다. 그러나 성격의 경우, 동일한 발달 경험에 대해 아이가 다르게 반응한다고 가정하는 것은 그리 힘들지 않다. 즉, 한 아이에게 아주 재미있고 자극적인 경험이 다른 아이에게는 아주 힘들고 나쁜 경험이 될 수도 있는 것이다.

우리가 비록 신경증과 사회성의 유전성에 관해 완전히 알고 있지는 못하더라도, 이들에 미치는 환경의 영향에 대해서는 비교적 정확하게 알고 있다. 가장 놀라운 것은 아마 환경의 영향으로 인해 나타나는 모든 차이가 가족내 서로 간에 있는 차이라는 것이다. 이것은 가족 구성원들이 서로 공유하는 유전적 관련성을 제외하면, 가족 구성원들 간의 성격 차이는 타인들 간에 나타나는 차이와 거의 같다는 것이다. 입양 연구는 이 사실을 가장 잘 보여주는데, 입양된 아이의 성격은 입양된 가족구성원의 누구와도 닮지 않았다(Loehlin, Willerman, & Horn, 1982; Scarr, Webber, Weinberg, & Wittig, 1981). 비록 이들이 같은 생활 환경을 가지고 있더라도 서로간에 아무런 유전적 관계가 없기 때문에 이들의 성격에는 아무런 유사성도 없다. 이것은 아주 중요한 발견이다. 왜냐하면 어린이들은 자신의 주위에 있는 어른을 모방함으로써 그들의 성격을 학습한다는 몇몇 심리학자들의 주장을 반박할 수 있기 때문이다. 스칼은 "가족 내에서의 각 개인들은 여러 가지 성격 특성을 가지고 있으며 아직 심리학은 이런 개인성을 설명할 아무런 이론도 가지고 있지 않다"(Scarr et al., 1981, p.897)고 이 상태를 요약하였다.

2) 프로이드의 성격 발달이론

프로이드에 의하면, 생후 첫 5~6년 동안에 개인은 자신의 성격 형성에 결정적인 영향을 주는 몇 개의 심리성적 단계(psychosexual stage)를 거치게 된다. 생후 첫 1년은 주로 입술이나 구강에 자극이 주어지면 쾌락을 느끼고(구강기; oral stage), 다음 1년 남짓한 시기에는 변을 참거나 배출하는 데서 쾌락을 느끼고(항문기; anal stage), 그 다음 약 2년여의 기간 동안에는 주로 자신의 성기를 만지거나 성적인 공상을 하는 데서 만족을 느낀다(남근기; phallic stage). 이어서 자기 신체에 대한 관심보다는 환경을 다루는 기술을 익히는 데에 주의를 기울이게 되고(잠복기; latency stage), 사춘기와 더불어 신체적, 성적 발달이 급격히 이루어지면서 이성이 중요한 관심 대상으로 대두되는 것이다 (성기기; genital stage). 프로이드는 심리성적 발달의 어느 단계에서 욕구가 지나치게 충족되거나 좌절되는 경우, 이 경험은 그의 성격 발달에 지울 수 없는 영향을 끼친다고 주장했다.

이와 같은 프로이드의 정신분석 이론은 그의 동료 및 제자들에 의해 계승 · 발전되었다. 후기 프로이드주의(Post-Freudian) 정신분석이라고 불리는 이들의 이론은 프로이드 이론과 상당 부분을 공유하면서도 동시에 그것과 구별되는 특성들을 제시하고 있다. 예를 들어, 이들은 사회적 요구(social needs), 자기존중감(self-esteem), 심리적 전체성(psychological wholeness) 등의 중요성을 강조한다. 물론 이러한 점들이 프로이드 이론에서 완전히 무시된 것은 아니지만, 후기 프로이드주의자들에 의해 보다 명확하게 설명되고 있다. 여기서는 그 중에서 에릭슨(Erikson)의 이론을 살펴보고자 한다.

3) 에릭슨의 심리 사회적 발달 이론

Erik H. Erikson

에릭슨의 심리사회적 성격발달 이론은 정신분석적 모형에서 발전된 것으로, 이 이론은 전생애를 통한 발달(life-span development)이라는 점과 자아를 성격의 중심적 구조로 보고 있다는 점에서 프로이드와 확연히 구분된다.

따라서 에릭슨의 이론을 소개하는 데는 프로이드와 견주어 비교해 나가는 것이 좋은 출발점이 될 수 있을 것이다. 의사로서 환자를 치료하면서 심리 분석을 한 프로이드와는 달리, 에릭슨은 건강한 어린이들을 가르치며, 그들의 자연스러운 놀이에서 그 이유를 찾고 삶의 투쟁을 알아내려고 했다. 그는 개인과 그 가족의 일상적인 삶에 주어진 역사적, 문화적 상황을 관련시켜 임상 활동에서의 자료들을 분석해 나갔다.

또한 프로이드가 삶의 원동력을 원초아로 보는 데 비해, 에릭슨은 자아의 중요성을 강조한다. 즉 생물학적인 힘보다는 인간관계에서의 경험이 자아의 기능을 요구하며, 이 때 자아는 사회화 과정, 사회와의 관련성을 전제로 하고 있다는 것이다. 따라서 인간을 제대로 파악한다는 것은 개인과 사회와 시간성의 관계를 이해하지 않고는 불가능하다고 보는 것이다. 바로 이 점이 프로이드와 에릭슨의 가장 두드러진 차이점이다. 다시 말해서, 프로이드 이론에서 사회와 개인은 서로 부담스러운 관계이다. 사회가 개인에게 요구하는 것의 결과로 개인은 뒤로 물러서게 되고 방어 자세를 취하다가 초자아를 이루게 된다. 그러나, 에릭슨은 사회의 보다 지지적이고 종합적인 측면에 주목하여, 개인과 사회의 심리사회적 참모습으로서의 자아를 제시하고 있다.

4) 에릭슨의 성격발달 단계론

에릭슨에 따르면, 발달이란 개인의 심리적 발달(성격과 가치관)과 개인이 만든 사회적 관계들이 병행하여 성장해 나가는 이중적 과정이다. 그러한 심리사회적 발달은 8단계로 구분되는데, 각 단계마다 개인의 생리적 성숙과 더불어 개인에게 부과된 사회적 요구(즉, 발달과업)가 따르고, 이 요구는 하나의 위기

〈표 11-2〉 에릭슨의 성격발달 단계와 그 특성

단　계	심리사회적 위기	바람직한 결과 / 바람직하지 못한 결과
생후 1년	신뢰감 vs 불신감	환경과 다가올 사건들을 믿음
		다가올 사건에 대한 의혹과 두려움
생후 2년	자율감 vs 의혹감	자기통제감과 자기효능감
		수치심과 자기의혹
3～5세	창의감 vs 죄책감	자신의 활동에서의 자율감
		죄책감과 부족감
6～사춘기	근면감 vs 열등감	사물을 이해 · 조직하는 능력
		이해 · 조직하는 데 열등감
청년기	정체감 vs 혼미감	자기정체성의 확립
		자기가 누구이며 무엇인가에 대해 혼미
성인 초기	친밀감 vs 고립감	타인을 위해 봉사 · 사랑할 수 있는 능력
		애정 관계를 형성하지 못함
중년기	생산감 vs 자기몰입	가정과 사회에 대한 책임감
		자신의 복지와 번영에만 관심이 있음
노년기	통합감 vs 절망감	통합과 성취감 속에 기꺼이 죽음을 직면
		생에 대한 불만과 죽음에 대한 낙심

(crisis)로서 이것의 해결 여부가 개인에게 인생 전환점이 된다. 그들이 새로운 경험을 성공적으로 극복하면 더 성숙하게 되고 성격 또한 보다 원숙하게 된다. 반면에 그들이 문제를 해결하지 못한다면 성장은 왜곡되는 것이다.

이와 같이 에릭슨의 성격발달 이론은 개인과 사회의 역할을 동등하게 중요시했다. 즉, 성격 발달을 단순히 초기 아동기의 좌절과 갈등으로부터 계속 영향을 받는 것으로 간주하지 않고, 성인기 이후까지 계속되는 발달과업의 해결과 관련이 있는 것으로 보면서 성격의 점진적인 발달을 설명하고자 했다. 특히, 에릭슨은 프로이드가 관심을 갖지 않은 청소년기를 개인의 심리사회적 발달에서 중추적인 역할을 하는 시기로 보았다.

3. 사회화 기관(agent)의 영향

유아기를 지나면서, 아이가 다른 사람들과의 상호작용을 하게 되는 비중은 점차 증가한다. 일차적인 접촉 대상은 물론 부모이다. 사회의 규준과 규칙을 준수하는 인간으로 형성되기 위해 여러 가지 사회적 요인들이 작용하지만, 부모와 학교는 주요 사회화 기관으로 아동의 발달에 영향을 미친다. 여기에서는 이 주요 사회화 기관이 각기 다른 발달적 경로를 거치는 아동에게 어떻게 영향을 미치는지를 설명하고자 한다.

1) 부모의 양육방식

부모는 아동의 사회적 발달에 여러 가지 측면에서 영향을 미친다. 부모는 아동이 경험하게되는 환경을 결정할 뿐 아니라, 아동이 관찰하면서 배울 수 있는 모델로서 작용한다. 부모가 보이는 모든 행동은 아동의 발달에 영향을 미칠 수 있다. 이뿐 아니라, 부모는 자신의 아이에게서 기대하는 방식에 따라 의사소통을 하며, 이런 기대는 또다시 아이의 발달에 영향을 미치게 된다. 부모의 영향에 대해 가장 많이 이루어진 연구가 부모의 훈육형태(discipline styles)에 관한 것이다. 양육형태란 부모가 아이의 잠재적인 잘못된 행동이나 나쁜 행동에 대한 직접적인 반응방식을 의미한다. 부모의 양육방식은 바로 이 훈육형태의 차이로 구분할 수 있다.

마틴 호프만에 따르면, 대부분의 부모에 의해 사용되는 훈육방식이란 '힘의 행사'나 '사랑의 철회' 그리고 '타이르기'로 구분된다고 하였다. 힘의 행사는 아동의 행동을 통제하기 위해 보상이나 벌의 사용으로 위협하는 것을 의미한다. 사랑의 철회 방식이란 아이에 대해 무시를 보이는 것으로 아이에게 차갑게 대하거나 거부하는 행동을 보이는 것을 말한다. 타이르기 법은 아이가 자신의 행동과 그 결과가 타인에게 미치는 결과에 대해 생각할 수 있도록 말로써 따져보는 것이다. 예를 들면, “네가 윤정이를 때리면, 얼마나 그 아이가 아프겠니”와 같이 자신의 행동과 그것이 상대방에게 미치는 결과를 생각해 볼 수 있도록 하였다. 호프만은 타이르기의 방법을 가장 선호하면서, 이것은 아동이 공감 능력을 향상시킬 수 있다고 보았다.

2) 사회화 기관으로서의 학교

아동기에서 가장 중요한 경험 중의 하나는 학교이다. 비록 학교는 기본적인 학습능력을 가르치는 곳이지만, 아동의 사회화에 중요한 역할을 한다. 학습에 사용되는 형식적인 교과과정은 그 사회나 문화에서 지향하는 가치나 사고가 포함되어 있다. 그러나, 형식적인 교과과정 그 자체보다 더 중요한 것은 학교의 잠재적인 교과과정, 즉 교칙의 준수나 다른 사람들과 어울려 지낼 수 있게 하거나 교사나 다른 학생들의 기대에 따라 행동할 수 있게하는 것 등을 학습하는 것이다.

아동의 사회화와 관련된 오랜 논쟁 중의 하나는 교사가 얼마나 권위를 행사할 수 있으며 아동이 가질 수 있는 상대적인 자유는 어느 정도인가에 대한 논쟁이다. 이에 대해 ‘열린 교육’을 지향하는 관점에서는 아동의 자연적인 호기심과 자발성을 육성하기 위해 교사의 권위나 구조화된 교육활동은 가능한 줄어들어야 한다는 입장이지만, 사회적 가치와 규범을 유지하고 필요한 지식의 습득, 그리고 아동 자신의 훈육을 위해서는 교사의 권위에 의한 구조적인 교육이 필요하다는 관점을 제시하기도 한다.

Ⅳ. 청소년기: 자신에 대한 발견

청소년기(adolescence)라는 용어는 라틴어의 ‘성인으로 자라는’에 어원을 두고 있다. 즉, 이 시기는 아동의 상태에서 성인에로 옮겨가는 과도기이며, 사춘기의 이차 성징이 나타나는 시기에서 사람이 스스로 성인의 역할을 할 수 있을 때까지를 일컫는다. 이 시기에는 자신이 누구이며, 무엇을 할 수 있는가에 대한 구체적인 사고를 형성할 수 있을 뿐 아니라, 사회 속에서 자신의 위치를 만드는 시기이기도 하다. 즉, 가족에 의존하던 상태에서 점점 자립의 상태로 바뀔 뿐 아니나, 성장과정에 수반하는 많은 심리적 변화가 있다.

1. 과도기의 성질

청소년기의 의미는 현대사회에서 더 크게 부각된다. 농경이나 유목활동이 중심적으로 이루어졌던 전통사회에서 사람들은 일찍부터 경제활동에 참가하거나 사회적 지위를 획득하였다. 여자의 경우 10세 후반에 이미 결혼을 하였으며, 남자의 경우에도 충분히 경제활동에 참가할 수 있는 성인으로 취급받았다. 그러나, 19세기 중엽 이후 학교 교육이 시작되자 양상은 역전되었다. 경제활동에 참가하기 위해 집을 떠나거나 일찍 결혼하는 대신에 십대 후반까지 학교에 다니는 젊은이가 점점 늘어났다. 이것는 복잡한 기술사회의 구성원에게 요구되는 기술습득을 가능케 했으나, 사회적 및 경제적 독립과 성인사회에의 입문 시기를 늦추었다.

과도기가 언제 그리고 어떻게 끝나는가는 문화적 전통이 큰 구실을 한다. 많은 사회가 성인기의 입문을 의미하는 입문의식(initiation rite)을 갖고 있다. 인류학자의 주장에 따르면, 입문의식은 남녀의 역할뿐만 아니라, 아동과 성인의 역할의 구분이 극단적인 문화에서 특히 심하다고 한다. 우리 문화에서 완전한 성인기로의 전환은 훨씬 더 점증적이며 그 징표는 생물학적 변화뿐만 아니라 여러 가지 교육 및 지원과도 연관된다.

2. 개인적 정체의 발견

청소년기는 자기 스스로 한 자율적인 개인이 되기 위해서 준비해야 하는 만큼 많은 심각한 문제를 야기하는 경우가 있다. 날 수 있게 된 새가 독립하여 혼자의 삶을 영위하는 것과는 달리, 우리 사회의 청소년은 날 수 있게 된 후에도(적어도 주민등록증을 가지게 된 이후라고 할 수도 있지만) 아주 오랫동안 보금자리에 남아있다. 그리고, 부모의 세계와 다른 어떤 요소를 청소년들이 확립하려 하는 것은, 그들이 계속 보금자리에 남아 있어야 하기 때문에 더 질실한 것 같다. 이 목적을 달성하기 위한 한 방법으로 많은 청소년들은 각 시기에 유행하는 모든 종류의 외부 장식들을 받아들인다.

성인권으로부터의 분리는 청소년들이 성취하려는 한 가지 표현이다. 이 시기를 통해 청소년들이 주요 목표로 삼는 것은 자신이 진정 어떤 존재인가를 알려는, 즉 그들 나름의 정체를 찾으려는 것이다. 그래서, 이 시기를 정체감 위기(identity crisis)의 시기라도 한다. 현대의 복잡한 문화에는 많은 사회적 역할이 있고, 따라서 청소년기는 어느 역할(무슨 직업, 무슨 이념, 어떤 집단)이 자신에게 가장 적합한지를 알려고 실험해보는 시기인 것이다. 이 시기의 일차적인 물음은 "나는 누구인가?"라는 것이며, 그 답을 얻기 위하여 청소년은 여러 입장을 취한다. 때로는 남을 위하여 어떤 입장을 취하기도 하는데, 그 타인들은 자신을 볼 수 있도록 거울의 구실을 한다. 청소년의 경우 타인의 모습이 자신에게 어울린다고 생각하면, 그것을 모방하면서 자신의 모습으로 취하기도 한다. 그리고, 이를 통해 어느 정도의 스스로에 대한 모습을 형성하면서 정체감을 성취한다. 그러나, 이 과정은 결코 쉽지 않다. 성격의 발달의 장에서 에릭슨의 성격발달 이론으로 더 자세하게 설명 할 것이다.

> 이 단계에 있는 위험은 역할혼미이다. 친구들과 잘 어울리기 위해서 그들은 자기 패거리 혹은 대중의 영웅과 일시적으로 과잉동일시를 하여 마치 정체감이 상실된 것처럼 보이기도 한다. 이 단계는 사랑에 빠지는 단계이기도 하다. 그러나 이 단계의 사랑에서는 성적인 것만이 전적으로 문제되는 일은 결코 없으며, 성적인 것이 가장 중요시되는 경우조차도 없다. 대개의 청소년기의 사랑은 애매한 자아상을 다른 한 사람에게 투사하고 그 상이 반영되어 점차 분명해지는 것을 봄으로써, 자신의 정체감의 정의에 달하려는 시도이다. 그렇게 많은 젊은 연인들의 연애행위가 주로 대화인 이유가 바로 이 때문이다.(Erikson, 1963, p.262).

3. 도덕적 추론

사회행동에 대한 아동의 첫 배움은 가족이라는 제한된 관계 속에서 일어난다. 이때 배우는 것은 네 장난감을 치워라, 네 동생을 밀지 말아라 등등처럼 매우 좁은 사회에 적용되는 어떤 행동을 제한하는 명령과 금지들인 것이다. 그러나 아동의 사회적 영역은 이내 집과 유치원 그리고 조금 후엔 학교의 친구들을 포함하게 된다. 아동이 어린 시절의 단순한 명령과 금지보다 엄청나게 광범위한 사회적 사고와 행위의 규칙들을 획득하면서 아동의 사회적 세계는 훨씬 더 확장된다. 이 규칙들은 아동이 직접 대면하는 사람들에게만 해당되는 것이 아니라, 만난 적이 없는 그리고 앞으로도 만나지 않을 무수한 사람들에게 해당되는 것이다. 도덕적 행위에 관한 규칙은 이 규칙들 중 가장 중요한 것이다.

모든 사회는 그 구성원들에게 금지하는 사항을 갖고 있다. 그리고 그 구성원들은 그것을 어기고 싶은 여러 가지 유혹에도 불구하고 그것에 복종하는 것을 배워야 한다. 문제는 누가 보고 있지 않을 때 유혹을 이겨내는 것이다. 체포되리라는 생각 때문에 절도나 사기행위를 하지 않는 사람을 도덕적인 사람이라 하지는 않는다. 그런 사람은 단지 조심성 있는 사람이다. 처벌받는 것이 두려워서가 아니라 옳지 않은 일이라고 생각해서 범법행위를 하지 않게 되는 것, 이것은 도덕적 가치를 개인에게 주입시켜 그 도덕적 가치가 그 개인에게 내재화되어야만 가능한데 이것이 사회화의 주요 목적 중 하나인 것이다.

1) 콜버거의 도덕 추론과 단계설

도덕적 행동의 발달, 그 중에서도 도덕적 행동에 대한 사고의 발달에 관한 영향력 있는 설명이 로렌스 콜버거(Lawrence Kohlberg)에 의해 제시되었다. 콜버거 연구의 기본 방법은 도덕적 딜레마를 담은 여러 이야기를 피험자들에게 제시하는 것이다. 그 중 한 이야기는 불치의 병에 걸린 부인의 남편에 관한 이야기이다. 어떤 한 약사가 그 병을 치료할 수 있는 약을 개발했는데, 그 약사는 약값으로 2000달러를 요구했다. 남편은 끝

〈표 11-1〉 콜버거의 도덕 추론 단계

단 계		명 칭	어떤 것이 도덕적 행동인가?
前인습적 도덕성	1 단계	복종과 처벌 지향적 단계	처벌을 받지 않을 행동
		* 이 단계에 속하는 추론 방식은 자신에게 돌아오는 직접적인 결과에 초점을 둔다. 만일 행동이 벌을 받으면 나쁘지만, 받지 않는다면 나쁘지 않다는 생각이다. 약을 훔친 것에 대한 찬, 반 태도에서도 다음과 같이 차이가 난다. 찬(약을 훔친 이유) : 만일 그의 아내가 죽도록 내버려 두었다면, 그는 곤란을 당할 것이다. 반(약을 훔치지 말아야 한다는 이유): 그는 잡혀 감옥에 가기 때문에 훔치지 말아야 한다.	

前인습적 도덕성	2 단 계	결과적으로 나에게 이익이 되는 행동 * 이 단계의 추론은 각 사람들은 각기 다른 자기 이익을 가지고 있으며, 이것은 간혹 갈등을 일으킨다는 것을 안다. 자신이 얻는 것을 얻기 위해 협상을 해야 하며, 때로는 이것의 대가로 포기도 해야 한다. 찬(약을 훔친 이유) : 만일 그가 자신의 아내를 살릴 수단 있다면, 감옥에 가는 것은 그리 중요하지 않을 것이다. 반(약을 훔치지 말아야 한다는 이유): 그가 감옥에 가게 되면, 결국 그의 아내는 죽고 말 것이다. 그래서 약을 훔친 것은 결국 그에게 도움이 되지 않을 것이다.
인습적 도덕성		타인의 인정을 받고 비난을 받지 않을 행동 * 이 단계의 추론은 자신에게 중요한 사람들의 기대에 부응하고자 한다. 즉, 중요한 타인과의 관계를 향상시킨다면 그 행동은 좋고, 그렇지 않다면 나쁘다고 추론한다. 찬(약을 훔친 이유) : 만일 그가 훔치지 않았다면, 가족들은 인정도 없는 비인간적인 남편이라고 생각할 것이다. 반(약을 훔치지 말아야 한다는 이유): 주위에 있는 모든 사람들이 그를 도둑놈이라고 생각할 것이고, 얼굴을 들고 살기가 힘들 것이다.
인습적 도덕성	4 단 계	'법과 질서'에 의해 엄격히 규정된 행동 * 이 단계의 추론에서는 사회적 질서를 유지하기 위해 각 사람들은 개인적 쾌락을 억제하고 더 큰 사회의 법과 규범을 따를 의무를 지킬 필요가 있다고 주장한다. 찬(약을 훔친 이유) : 자신의 아내의 생명을 지키는 것은 남편의 의무이다. 반(약을 훔치지 말아야 한다는 이유): 남의 것을 훔치는 것은 항상 나쁘다. 모든 사람들이 훔친다면 어떻게 될 것인가? 그렇다면 아무런 법도 없을 것이다.
後인습적 도덕성	5 단 계	인간적 권리와 사회 복지를 위한 도덕성 / 윤리적 원리에 의한 판단 * 이 단계에서의 추론은 여전히 법에 대한 존중을 강조하지만, 특정한 법을 넘어서는 윤리적 원칙과의 균형을 유지하려고 한다. 일반적 복지를 이루지 못하는 법이나 기본적 윤리 원칙을 위협하는 것은 변화되거나 재해석되어야 한다고 생각하며, 어느 정도의 저항도 하려고 한다. 그럼에도, 목표는 법 속에서의 정의이다. 찬(약을 훔친 이유) : 법이란 이런 상황에 대해 잘 마련된 것은 아니다. 이런 상황에서 약을 훔치는 것은 정말 옳지는 않다. 그러나, 정당화될 수는 있다. 반(약을 훔치지 말아야 한다는 이유): 이 경우 남편이 약을 훔친 것에 대해 완전히 비난할 수는 없다. 그러나 이것을 감정적으로 처리할 수는 없는 것이며, 장기적인 관점은 무시해야 한다. 그는 그래도 법의 존중이라는 것과 이것과 관련된 생명의 가치 모두 어느정도 고려해야 한다.

어모을 수 있는 모든 돈을 모았으나, 2000달러에는 미치지 않았다. 남편은 약사에게 나머지는 외상으로 하고 약을 팔도록 부탁했으나 약사는 거절하였다. 자포자기가 된 남편은 그 약국에 침입해 들어가 약을 훔쳤다. 이상의 이야기에 대해 피험자들은 그 남편의 행위가 옳은지 그른지, 그리고 그 이유는 무엇인지

답하도록 요구하였다(Kohlberg, 1969).

피험자의 답을 분석한 결과, 콜버거는 도덕적 추리가 일련의 연속적 단계를 거침을 반견했다. 대략적으로 설명하면, 그 발달 과정은 처벌에 대한 공포와 이득을 얻으려는 욕구가 좌우하는 기본적 도덕성("아내를 죽게 내버려 두면, 난처한 지경에 빠질 것이다")을 출발점으로 하여, 타인들이 뭐라고 할 것인지에 따라 즉 인습에 따라 선악을 정의하는 단계("만약 그 약을 훔치지 않으면 가족들이 인정 없는 남편이라고 생각할 것이다")를 거쳐 자신의 것으로 내재화된 도덕적 원리가 존재하는 가장 높은 단계("약을 훔치지 않는다면 그 사람은 비난받지도 않을 것이고 다른 사람들이 정해 놓은 법률에 따라 사는 셈일 것이다. 그러나 그 사람은 자기 자신의 양심의 기준에 맞게 사는 것은 아닐 것이다")에 이른다. 예측할 수 있는 바와 같이 콜버거의 수준과 연령 사이에는 대략적인 상관관계가 존재한다. 그러나 성인들에서도 콜버거의 최고 수준에 해당되는 답을 하는 사람은 소수에 불과하다. 콜버거의 최고 수준은 마하트마 간디나 마틴 루터 킹과 같은 도덕적 위인의 특성이라 생각하므로 그의 피험자들의 대부분(아마 우리의 대부분)이 그 수준에 달하지 못하는 것은 놀라운 일이 아닐 것이다.

콜버거의 도덕 발달단계가 실제의 윤리적 행위와 얼마나 관계가 있는가는 계속적인 논쟁거리였다. 일련의 연구에서 연령과 지능지수가 동일한 비행청소년과 보통 청소년을 비교할 때 비행청소년들의 도덕적 추론 단계가 더 낮음을 발견하였다. 또 다른 연구들은 도덕적 추론에서 높은, 원리적 수준인 사람은 남에게 발각되지 않는 상황에서 남을 속이는 경향이 적고, 다른 사람들의 관점이 압력으로 작용하는 경우에 자기 입장을 지키는 경향이 더 강함을 보여준다. 그러나 연구들을 종합해볼 때 도덕적 추론과 도덕적 행위와의 관계를 보여주는 증거는 아주 약하다(Kurtines & Grief, 1974; Blasi, 1980). 문제는 콜버거의 단계는 행위를 구체적으로 다루고 있지 않다는 것이다. 그 단계들은 어떤 도덕적 원리를 기술하는 개인의 능력에 관한 것일 뿐, 개인의 실제 행위에 관해서는 별로 말해주는 것이 없다. 개인의 실제 행위는 그 개인이 기술한 원리에 따를 수도 있고 따르지 않을 수도 있다.

2) 길리건의 도덕 추론설: "두 가지 다른 목소리"라는 주장

콜버거의 이론이 도덕적 문제에 대한 논리적 추론 능력의 차이를 의미하는 것이지 실제의 도덕행동과 관계가 없다는 반론과 남,여 성별에 따른 추론 행동의 차이에 대한 설명을 하기 위해 제시된 것이 길리건(1987)의 도덕 추론에 대한 두 가지 다른 목소리가 있다는 주장이다. 길리건은 청소년이나 성인들에게 그들의 일상생활에서 경험하고 있는 도덕적 딜레마에 대한 자세한 인터뷰를 통해 도덕적 추론을 연구하였다. 그녀는 이들 자료에서 사람들이 '정의'와 '타인에 대한 애정'이라고 할 수 있는 두 가지 다른 방식을 통해 도덕적 딜레마를 추론한다는 것을 발견하였다. 그리고 정의는 옳고 그름의 원칙을 이야기 하는 것이며, '타인에 대한 애정'은 타인을 위한 행동이 가져올 구체적인 사람들의 감정과 결과에 대한 것이라고 설명하였다.

예를 들면, 학교 교사의 부당한 규칙의 준수에 대해 반항하는 한 소년의 경우 정의의 목소리는 왜 그 규칙이 정당하지 못한가를 설명하려 하지만, '타인에 대한 애정'이라는 목소리는 그 규칙이 그 소년을 얼마나 화나게 하였으며, 또 교사는 그 규칙에 대한 반항을 느꼈을 때 어떻게 느끼게 되었을까에 관해 기술한다. 이들 연구에서 길리건은 각각의 목소리는 성별에 따라 차이가 있다고 보았다. 정의의 목소리는 남자아이에게서 강하게 나타났으며, '타인에 대한 애정'의 목소리는 여자아이들에게서 강하게 표현되었다.

그러나, 다른 연구에서는 이런 성별에 따른 차이를 일관성 있게 발견하지는 못하였다. 즉, 도덕성 발달에 대한 연구에서는 이런 서로 다른 목소리가 성별에 따른 차이로 명확하게 나타나지는 않는다고 본다. 다만, 딜레마가 가상적이기보다는 개인적이고, 실제의 문제일 때는 정의의 목소리가 비교적 약하게 된다는 것을 보고하였다.

제8장 성　　격

성격이란 무엇인가?
성격의 생물학적 기초
성격의 주요 이론들
성격의 평가

우리는 일상생활에서 '성격'이라는 말을 자주 사용한다. 예를 들어 "나는 왜 성격이 활달하지 못하고 이렇게 소심할까?" "저 사람은 꼼꼼하고 빈틈이 없지만 우유부단해서 답답하다"는 등 자신이나 남을 평할 때 성격을 들어 이야기한다. 이와 같이 성격이라는 말이 일상생활에서 사용될 때는 대체로 그 사람의 두드러진 특징, 특히 일을 처리할 때나 대인관계에서 나타나는 행동양식을 의미한다.

우리가 자신의 그리고 남들의 성격에 대해서 특별한 관심과 흥미를 갖게 되는 것은 인간이 본질적으로 자기자신이나 주변의 중요한 인물들을 좀더 깊이 이해하고자 하는 욕구를 지니고 있기 때문이다. 자신과 남의 성격을 좀더 잘 이해하게 되면 여러 가지 상황에서 어떻게 행동할 것인가를 알 수 있게 되고, 따라서 좀더 자신이 원하는 방향으로 행동할 수 있도록 미리 준비할 수도 있게 된다. 그리고 한 걸음 더 나아가서 성격이 어떻게 형성되는가를 이해하게 되면, 이를 통하여 성격이 바뀌도록 노력하는 길이 열리게 된다. 스스로 소극적인 성격임을 불만스럽게 생각하는 사람은 이를 극복할 수 있는 경험을 갖도록 하여 이를 바꿀 수도 있을 것이다.

심리학의 학문영역에서도 성격은 주요 연구주제의 하나로 이에 대한 여러 가지 이론과 연구들이 나와 있다. Freud의 정신분석이론을 비롯하여 Rogers 등의 인본주의 심리학, Skinner를 위시한 행동주의 심리학 등 심리학의 주요이론들은 성격의 본질 및 그 발달과정에 대하여 각기 다른 견해를 제시하고 있다. 또한 성격을 평가하는 심리검사 또한 여러 가지가 개발되어 적응의 문제가 있는 사람의 진단 및 치료, 그리고 인사선발 등 여러 방면으로 널리 활용되고 있다.

이 장에서는 성격에 대해서 폭넓게 다루어 보려고 한다. 구체적으로 성격의 정의, 성격에 있어서의 개인차의 근원, 그리고 성격을 평가하는 방법 등을 살펴 볼 것이다.

성격(personality)이라는 단어는 가면을 뜻하는 그리스어인 페르소나(persona)에 근원을 두고 있다.

I. 성격이란 무엇인가?

대부분의 사람들은 성격이라는 것이 실제로 존재하는가에 대해 의문조차 품지 않는다. 꼭 같은 상황에서도 사람마다 다르게 행동한다는 것은 곧 성격이라는 것이 있다는 증거가 아닌가? 또 사람들은 자세히 관찰하면 그 행동이나 생각에서 어느 정도 일관성이 있다는 것을 느끼게 된다. 수줍어하는 사람은 수업시간에 발표하는 것도 꺼리고, 다른 사람 앞에 자신을 드러내는 일을 피하려고 한다. 이와 같이 행동에 일관성이 있다는 것 또한 '성격'이라는 것이 실제로 존재하며, 우리가 사람들을 이해하는 데 유용한 정보를 줄 수 있다고 느끼게 되는 중요한 이유가 된다.

그렇다면 성격이라는 것은 구체적으로 무엇인가? 성격의 정의에 관해서는 심리학자들 간에도 그 이론적 입장에 따라 약간씩 견해의 차이가 있다. 그러나 일반적으로 말해서 성격이란 한 개인이 환경에 적응해 나아가는 과정에서 비교적 일관성 있게 나타나는 개인 특유의 행동 및 사고의 양식이라고 정의할 수 있다. 이를 다시 풀어서 말한다면 다음 몇 가지 측면을 지적할 수 있다.

첫째, 성격은 개인의 독특한 측면, 즉 사람들을 서로 구별해 주는 개인간의 차이가 그 핵심이다. 모든 사람이 꼭 같은 방식으로 사고하고 행동한다면, 성격이라는 개념은 그 의미를 잃을 것이다. 인지심리학, 사회심리학 등의 다른 분야에서는 모든 사람들에게 적용될 수 있는 보편적 원리를 탐구하는 것을 목적으로 하고 있는데 반하여 성격을 연구하는 성격심리학에서는 개인간의 차이를 설명하는 데 큰 관심을 갖게 된다.

성격이란 여러 상황에서 일관성있게 나타나는 행동 및 사고양식을 말한다.

둘째, 성격이란 여러 상황에서 일관성 있게 나타나는 행동 및 사고양식을 말하는 것이다. 우리는 사람들이 행동하는 데 있어서 비교적 일관성 있으리라고 가정한다. 예를 들어 학교에서 친구들간에 활달하고 사교적인 사람은 다른 상황에서도 비슷한 성향을 보이리라고 생각한다. 또한 오늘 활달한 성격을 보이는 사람은 내일 혹은 일주일 후에도 역시 활달한 것이라고 가정한다.

셋째, 성격은 개인이 환경에 적응하여가는 과정에서 나타나는 행동양식을 말하므로, 개인의 성격적 특징을 말할 때는 그 적응성이 중요한 관심사가 된다. 우리가 특히 성격에 대해서 관심을 갖게 되는 이유는 우리가 생활해 나가는 데 어려움을 주는 문제성격의 원인을 이해하고, 이를 바꾸는 방법을 알아내고자 하기 때문이라고도 볼 수 있다. 따라서 주요한 성격의 이론들에서는 심리적 적응문제의 원인, 그리고 이의 치료방법들을 중요한 부분으로 다루고 있다.

행동의 일관성은 허구인가?

근래 성격심리학 분야에서 큰 논란의 대상이 되었던 것은 과연 사람들의 행동에 일관성이 있는가 하는 문제이다. 사람들은 일반적으로 행동에 일관성이 있다고 믿고 이를 찾아내려고 하여왔으나, 실제로 사람들의 행동을 다양한 상황, 장소에서 관찰한 결과를 살펴보면 상관관계가 상당히 낮음이 알려지고 있다.

예컨대 학업과 관련된 상황에서는 꼼꼼하고 철저하게 행동하는 사람도, 그 밖의 다른 일에는 의외로 대범한 경우가 꽤 있다는 것이다. 마찬가지로 한 상황에서 양심적인 사람이 다른 상황에서도 그러지는 않을 수 없다. Stanford大의 심리학자인 Walter Mischel은 다양한 상황에서의 행동간에는 상관관계가 0.3을 넘지 못함을 지적하면서 지능을 제외하고는 여러 상황에서 일관적으로 나타나는 행동양식을 찾는 것은 무모한 일이라고 주장하였다. Mischel의 관점에서 보면 행동을 예측하기 위해서는 성격특징, 즉 일관성 있게 드러나는 행동특징이나 성향보다는 그 상황의 특질을 연구하는 것이 더 효과적이라는 결론이 나온다.

여러 상황에서의 행동의 일관성 여부는 아직도 논란의 대상이 되지만, 점차 상황적 요인과 개인의 성향이 모두 중요하고, 우리의 행동은 결국 그 둘간의 상호작용에 의해서 결정된다는 입장이 보편적으로 받아들여지고 있다.

Ⅱ. 성격의 생물학적 기초

키나 체격, 그리고 생김새 등의 신체적 특징들이 어느 정도 유전에 의해서 결정된다는 것을 의심하는 사람들은 거의 없다. 그렇다면 성격적 특징에서도 이와 비슷한 유전적 영향을 생각할 수 있을까? 만약 성격이 타고나는 부분이 있다면 구체적으로 어떠한 부분이 타고나는 것일까?

성격이 전적으로 유전에 의해서 결정된다고 믿는 사람은 없을 것이다. 반면에, 성격은 전적으로 출생후의 경험에 의해서만

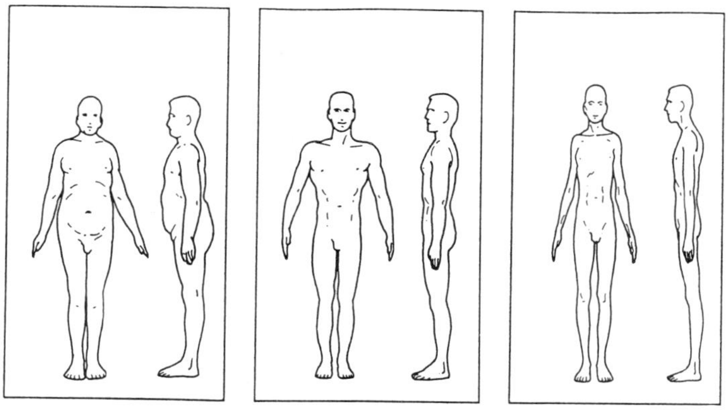

[그림 8-1] 세 가지 체형
초기 성격이론가들은 체형과 성격특성을 연관시켜 설명하였으나 실제로 조사한 자료에 의하면 체형과 성격특성간의 상관관계는 매우 낮아, 체형에 따른 분류는 성격을 이해하는 데 유용하지 않은 것으로 나타났다.

결정된다고 볼 수는 없다는 증거도 많이 제시되고 있다. 대부분의 심리학자들은 성격은 타고난 바탕과 자라나는 과정에서의 경험이 복합적으로 작용하여 형성되는 것이라는 데 의견이 일치하고 있다. 다만 이 두 요인, 즉 선천적인 바탕과 성장과정에서의 경험의 둘 중 어느 것이 더 중요한가에 대해서는 경우에 따라, 그리고 이론적 견해에 따라 다른 대답이 나올 수 있다.

성격의 생물학적인 바탕에 대한 관심은 여러 심리학자들의 연구에서 찾아 볼 수 있다. 일찍이 Kretschmer(1925)는 사람들의 체형을 가냘프고 마른 쇠약형, 강하고 근육이 발달한 투사형, 둥글고 땅딸한 비만형, 신체발달이 불균형적인 이상발육형으로 나누고, 각 체형마다 독특한 성격이나 기질이 있음을 주장하였다. 비슷한 관점에서 Sheldon(1940) 또한, 내장구조들이 고도로 발달한 내배엽형, 근육이 우세한 중배엽형, 그리고 근육이 섬세하고 약한 외배엽형으로 나누어 외배엽형은 수줍어하고 내성적이며, 중배엽은 활동적이고 모험을 즐기며 정력적이고, 내배엽형은 편안하고 낙천적이고 사교적이라고 하였다. 이와 같이 체형과 성격을 연결지어 생각하는 것은 우리가 일상생활에서 흔히 이야기하는 것으로 직관적으로 그럴싸하게 느껴진다. 그러나 실제로 체형과 성격특징들과의 관계를 체계적으로 조사한 결과, Sheldon이 가정한 바와 같은 상관관계가 두드러지게 나타나지 않았다. 또한 설사 그러한 상관관계가 얻어진다 하더라도, 그것이 곧 성격이 생물학적인 바탕 즉 체형에 의해서 결정되었다는 증거가 되기는 어렵다. 예를 들어 우람한 근육질 체격을 자진 사람의 경우, 운동 등 몸을 써서 활동하는 일에 좀더 능하고, 남들과의 상호작용에서 자기주장이 좀더 수월하기 때문에 활동적이

〈표 8-1〉 일란성 쌍생아와 이란성 쌍생아의 기질평정치의 상관관계

	남 아		여 아	
	일란성 쌍생아	이란성 쌍생아	일란성 쌍생아	이란성 쌍생아
정서성	.68	.00	.60	.05
활동성	.73	.18	.50	.00
사회성	.65	.20	.58	.06

쌍생아 139명을 그 어머니들로 하여금 정서성, 활동성, 그리고 사회성의 세 기질차원에서 평가하도록 한 결과, 일란성 쌍생아들간의 상관관계가 이란성 쌍생아들간의 상관관계보다 훨씬 높은 것으로 나타났다(Buss & Plomin, 1975). 이러한 결과는 성격을 결정하는 데 유전적 소인이 중요한 요인으로 작용함을 시사한다고 해석될 수 있다.

고, 모험을 즐기는 성격이 형성될 가능성이 있으므로 체형이 성격의 직접적인 원인이라고 결론내리기는 어렵다.

신생아들을 대상으로 한 근래의 한 연구를 보면, 환경과의 접촉이 거의 없었다고 볼 수 있는 어린 아기들도 각자 독특한 행동적 특징을 보이고 있다. 즉 태어난지 얼마 안되는 어린아기들도 활동수준, 전반적인 기분, 규칙성, 참을성, 반응의 강도 등 여러 차원에서 개인차가 뚜렷이 나타나고 있으며, 이러한 기질에서의 개인차이가 성장과정에서 비교적 안정되게 유지되는 것으로 보고되고 있다.(Rhomas, Chess & Birch, 1970). 그리고 동일한 유전자를 지닌 일란성 쌍생아(한 개의 수정란에서 두 개의 개체로 분리된 쌍생아)들은 두 개의 수정란에서 발달한 이란성 쌍생아나 형제들보다 기질에서 더욱더 비슷한 양상을 보이고 있어서 기질에서의 개인차는 유전적인 요인에 의해서 영향을 받음을 말해주고 있다.

영국의 성격심리학자 Eysenck(1967) 또한 사람들의 성격적 특징의 생물학적 바탕을 강조하였다. 예를 들어 Eysenck는 내향성-외향성을 성격의 중요한 기본차원으로 꼽으면서, 이 차원에서의 개인차이는 신경계통의 차이에 바탕을 두고 있다고 주장하였다. 구체적을 그는 외향적 사람은 내향적인 사람보다 대뇌의 각성수준이 낮으며, 이에 따라 외부의 자극에 조건화되는 것 또한 더 늦다는 것을 발견하고 이러한 차이가 곧 내향성-외향성의 행동특징으로 표현되는 것이라고 주장하고 있다.

이와 비슷한 맥락에서 수줍음, 모험과 자극을 추구하는 성향 등 종전에는 단순히 개인의 성장경험과 연결지어 설명해왔던 행동성향 역시 대뇌 신경계통의 기능적 특징, 혹은 생화학적인 측면에 관련시켜 연구한 결과, 아직 불완전하나마, 성격적 특징

일란성 쌍생아의 예

의 신경학적 혹은 생화학적 바탕을 뒷받침 해주는 자료들이 점차 누적되고 있다.

생물학적 요인들은 그 사람이 가지는 경험의 범위나 내용을 제한함으로써 성격의 형성에 간접적인 영향을 끼칠 가능성이 크다. 예를 들어 태어날 때부터 남달리 활동적인 기질의 아이는 비활동적인 아이와 상당히 다른 성장경험을 할 것이고 부모를 비롯한 주변의 사람들과의 관계 역시 다른 방향으로 발전하게 될 것이다. 마찬가지로 새로운 경험이나 낯선 환경이 흥미있게 느껴져 이를 즐겁게 받아들이고 나아가서는 스스로 찾아나서는 사람과, 익숙하지 않은 상황이 아주 불편하게 느껴져 가능하면 이를 피하고자 하는 성향이 강한 사람은 성장과정에서 전혀 다른 경험을 하게 될 것이다. 이와 같이 생물학적 요인에 바탕을 둔 개인의 특징은 그 자체가 성격을 직접적으로 결정하지는 않는다 하더라도, 그 사람의 경험의 종류나 내용을 다르게 함으로써 성격의 형성에 큰 영향을 끼칠 수 있다.

심리학자들은 성격의 생물학적 바탕을 인정하는 데 상당히 주저하는 경향이 있었다. 성격의 생물학적 결정요인을 인정한다는 것은 곧 성격의 변화가능성을 부정하는 것으로 해석됨으로 하여 환경이나 후천적 경험을 통하여 바람직한 성격을 형성해 나갈 수 있다고 믿는 입장에서는 이를 받아들이기 어려웠기 때문이다. 그러나 성격의 유전적 기초나 생물학적 바탕은 단지 우리의 성격의 유전적 기초나 생물학적 바탕은 단지 우리의 성격이 발달되어 나갈 방향이나 틀을 결정해 줄 뿐으로, 구체적으로 어떤 성격이 되는가는 성장과정에서의 경험에 의해서 결정된다고 볼 수 있다.

성격심리학의 주요이론들은 대체로 이러한 측면, 즉 성장경험이 성격형성에 어떠한 영향을 미치는가에 초점을 두고 있다. 아래에서는 성격연구에 큰 영향력을 미쳤다고 보는 정신분석이론, 인본주의 성격이론, 특질이론 그리고 학습이론을 차례로 살펴보기로 한다.

Ⅲ. 성격의 주요 이론들

1. 정신분석이론

Freud는 심리장애 환자들을 치료한 임상경험을 토대로 성격의 구조와 형성과정, 그리고 심리적 부적응의 원인과 그 치료방법에 대하여 종합적인 이론을 제시하여 심리학 및 정신의학에 큰 영향을 끼쳤다. 그의 정신분석이론은 인간의 행동을 바라보는 데 있어서 기존의 사고방식과는 다른 독창적이고 새로운 시각을 담고 있어, 이에 대한 비판도 있었으나, 그 영향력은 심리학과 정신의학을 넘어 문학, 미술 등의 예술분야나 인문사회과학 전반에 걸쳐 깊이 자리잡고 있으며, 초자아, 자아, 리비도 등 그 이론의 주요개념들은 거의 일상용어화 되었다.

1) 기본가정

Freud의 정신분석이론의 핵심이 되는 두 가지 기본개념은 무의식적 동기와 정신결정론이다.

Freud는 우리가 의식하고 있는 것은 우리의 정신생활의 극히 일부에 불과하며, 의식의 밑에 깔려있는 거대한 무의식의 세계가 우리의 생각과 행동에 영향을 미치고 있다고 생각하였다.

무의식의 영역은 우리의 욕구나 충동들이 담겨있는 깊은 저장고로, 본인은 그 존재를 전혀 의식하지 못하지만, 이 본능의 충돌들은 끊임없이 밖으로 표출하려는 성향이 있다. 우리가 의식하지 못하는 정신세계가 있으리라는 가정은 Freud가 처음 제시한 것은 아니지만, 무의식의 개념을 발전시켜 인간의 행동을 이해하는 데 적용시킨 것은 Freud의 독특한 공헌이다.

Freud는 또한 우리의 모든 행동, 느낌, 생각들에는 의미와 목적이 있으며, 일견 우연처럼 보이는 것도 실상은 우리 내면의 생각, 소망, 갈등의 표현이라고 보았다. 예를 들어 실언을 한다든지 약속을 잊는다든지 하는 사소한 일까지도 그 의미를 분석해보면 무의식의 소망과 연결되어 있다는 것이다. 이와 같은 견해를 정신결정론이라고 하며, 무의식의 존재와 함께 정신분석이론의 기본가정이 된다.

Freud는 인간행동의 근원이 무의식적 본능에 있다고 보았다. 그는 본능을 삶의 본능(life instinct)과 죽음의 본능(death instinct)으로 나누고, 배고픔, 목마름, 자기보존, 성본능 등 개인 및 종(種)의 생존에 관련되는 본능들은 모두 삶의 본능 중 특히 性본능이 성격의 발달에 중요한 요인으로 꼽히고 있다. 또한 Freud는 자살, 전쟁과 같은 인간의 파괴적인 성향을 설명하는 개념으로 죽음의 본능을 상정하였으나, 현대 정신분석학자들은 이에 대하여서는 큰 비중을 두고 있지 않다.

이제는 우리의 Freud에게 '정신분석이론'이라는 걸 생각하게 만들어 보자구. 재미있지 않겠어?

Freud의 이론에 의하면 우리의 사고와 행동은 모두 무의식적 정신과정의 산물이다.

2) 성격의 구조

Freud는 성격을 서로 기능이 다른 세 가지 요소로 구성되어 있다고 보고 그 세 가지 구성요소를 각각 원초아(Id), 자아(Ego), 초자아(Superego)로 명명하였다.

원초아는 성격의 가장 기본이 되는 바탕으로 성욕, 공격적 충동 등 인간의 가장 기본적인 본능적 충동들로 구성되어 있다. 이러한 본능적 충동들이 자극되면, 원초아는 이를 즉각적으로 충족시키려고 한다. 현실적인 제한이나 미래의 결과에 관계하지 않고 즉각적인 본능충족을 추구한다는 점에서 원초아는 '쾌락의 원칙'을 따른다고 할 수 있다.

원초아가 본능의 욕구를 충족시키는 방법은 반사작용과 같이 본능의 충동이 일으킨 긴장상태를 즉각적으로 해소시키는 것과, 1차과정사고에 의한 소원충족의 두 가지가 있다. 예컨대 배가 고플 때, 음식을 취하여 즉각적으로 이를 충족시키거나, 혹은 이것이 여의치 않을 때는 음식의 심상을 불러일으킴으로써 긴장을 감소시키려 한다는 것이다. 꿈은 1차과정사고의 좋은 예라고 할 수 있다.

원초아가 지닌 가장 큰 한계점은 이같은 1차과정적 적응양식이 유기체의 욕구를 충족시켜 주지 못한다는 점이다. 따라서 성격의 두번째 요소인 자아(ego)가 이로부터 분화되어 생긴다.

자아(ego)는 성격의 조직적, 합리적, 현실지향적인 체계로 '집행자'의 역할을 한다. 원초아와 같이 본능의 충족을 목표로 하되, 자아는 현실의 요구와 맥락을 고려하여 적당한 대상과 방법이 발견될 때까지 욕구충족을 지연하기도 하고 경우에 따라서는 억제하도록 하기도 한다. 따라서 자아는 현실원리에 따라서 기능한다고 할 수 있다. 또한 이러한 욕구억제 및 만족지연을 결정하는 데 자아는 현실적, 논리적인 사고와 계획을 하게 된다. 이를 원초아의 1차과정과 대비하여 2차과정이라고 부른다.

성격의 세번째 구조인 초자아(superego)는 사회의 가치가 내면화된 것으로 사회적인 가치에 위배되는 행동을 했을 때 외부로부터의 처벌에 앞서 소위 '양심의 가책'을 느끼는 것, 바람직한 행동을 했을 때 자긍심과 만족을 느끼는 것은 바로 초자아의 기능에 의한 것이다.

초자아는 우리로 하여금 본능의 충동을 누르고, 자아로 하여금 효율성보다는 도덕성과 완벽함을 추구하도록 압력을 가한다 ([그림 8-2]).

[그림 8-2] 원초아와 자아, 그리고 초자아
자아는 초자아의 처벌을 피하기 위해 원초아의 욕구충족을 지연하거나 억제하는 역할을 한다.

Freud가 설정하는 성격의 3요소는 이와 같이 기능하는 양식이 서로 다르고 서로 상반되는 목표를 추구하도록 되어 있어 사람은 끊임없는 갈등을 경험할 수밖에 없도록 되어 있다. 원초아가 상징하는 본능의 욕구, 자아가 대표하는 현실적 여건 그리고 초자아가 상징하는 이상 및 가치는 어느 한 가지도 버릴 수 없는 중요한 것으로 Freud에게 있어서 잘 적응된 성격이란 성격의 세 요소간의 갈등을 잘 조정하여 환경에 효과적으로 적응하는 것이 그 핵심이 된다.

3) 성격의 발달

Freud는 성장과정에서 삶의 에너지인 리비도(libido)가 집중되는 부위가 변화한다고 주장하고, 리비도가 집중되는 신체부위에 따라 성격의 발달단계를 구강기, 항문기, 남근기, 잠복기, 성기기로 나누고 있다.

신생아에게 있어서 생존에 가장 밀접한 부위는 입, 입술, 혀 등 구강이 된다. 이때 리비도는 구강영역에 주로 몰려 있으며 긴장감소와 쾌락을 경험하는 것 또한 구강영역이 중심이 되므로, Freud는 생후 첫 단계를 구강기로 보았다.

구강기에는 주로 다른 사람에게 의존하여 자신의 욕구를 충족시켰으나 아동이 성장함에 따라, 현실의 요구들에 부딪치게 되어, 점차 자아가 원초아로부터 분화되게 된다. 이 때 부닥치게 되는 중요한 과업은 배변훈련으로, 대소변을 적절한 시기에 적절한 방법으로 배설하는 것을 학습하는 과정에서, 자신의 욕구를 조절할 수 있는 능력을 얻고 이에 대한 만족감을 느낄 수 있게 된다. 또한 배설과정을 일종의 수단으로 즉 부모의 환심을 사기 위해서는 적절한 때와 장소에서 배설을 하고, 반대로 부적절한 때와 장소에서 배변을 함으로써 부모를 화나게 하거나 괴롭히는 등 부모를 자기 뜻대로 조종하는 방법도 배우게 된다. 이 두번째 단계를 항문기라고 부른다.

4세경에 이르면 성기영역이 성적쾌감과 흥미의 대상이 된다. 자신의 신체에 관심을 갖고, 남자와 여자의 신체적 구조에서의 차이를 깨닫게 되면서 자신과 가장 친밀한 관계에 있는 부모가 강한 사랑과 애착의 대상이 된다. 남아의 경우 어머니에 대한 성적 관심과 함께 아버지를 경쟁자로 인식하게 되고, 이로 인하여 아버지의 보복에 대한 두려움과 내적인 갈등을 경험하게 된다. Freud가 oedipus complex라고 명명한 이 복합적 갈등은,

아동이 아버지와 동일시 함으로써 어머니를 '대리소유' 하는 것으로 해결이 된다. 남근기에 일어나는 동일시 과정은 oedipus complex를 해결할 뿐만 아니라, 아버지의 가치관, 목표, 습관 등까지 모두 함께 받아들임으로써 초자아가 더욱더 발달하고, 성역할의 학습을 촉진시켜 성격의 발달과정에서 아주 중요한 계기가 된다.

남근기를 지나면 12~13세의 청소년기까지 잠시 성적인 에너지가 억제되거나 의식밑에 가라앉는 잠재기(latency period)를 갖게 된다. 그러나 청소년기에 이르러 2차성징의 출현 등 신체적 변화가 생기면서 성적인 본능이 다시 활발히 나타나고, 성숙한 성인의 모습으로 이성을 사랑하게 된다. 이와 같이 구강기의 빨기, 삼키기 등으로 시작되는 성본능은 성인기의 성숙함으로 절정에 이르고, 아동기의 지기도취, 자기성애, 즉각적 쾌락의 추구가 타인에 대한 사랑, 일, 책임감 등으로 바뀌어지게 된다.

Freud는 이상의 심리성적 발달단계를 거쳐서 성격의 기본 골격이 형성되는 것으로 보았다.

특히 5~6세 이전의 초기단계 즉 구강기, 항문기, 남근기는 성격의 형성에 결정적인 영향을 미치는 것으로, 이 때의 경험은 지속적으로 그 흔적이 남는 것으로 보았다. 즉 각 단계의 특징적인 욕구들이 지나치게 많이 좌절되었다든지, 혹은 지나친 정도로 충족되었을 경우 그 단계에 고착되어, 그 단계 특유의 성격적 특징을 보이게 된다는 것이다. 예컨대 구강기에 고착된 사람의 경우는 의존적이고 흡연 음주 등의 구강을 통한 만족을 추구하게 되고, 항문기에 고착된 사람은 인색하고, 꼼꼼하고 철저한 성격을 갖기 쉽다고 하였다.

4) 불 안

정신분석이론에서 불안의 개념은 핵심적 역할을 한다. 불안이란 근본적으로 위험이 가까이 있다는 신호를 자아가 느끼는 것이라고 정의할 수 있다. Freud는 불안을 그 위협의 근원에 따라 현실불안, 신경증적 불안, 그리고 도덕적 불안으로 나누고 있다.

현실불안은 문자그대로 현실세계에서의 위협에 대한 반응이다. 신경즉적 불안은 본능의 충동이 의식 속으로 뚫고 들어옴으로 하여 느껴지는 불안이다. 우리가 성적 혹은 공격적 충동을 그대로 표현하였을 때, 현실에서 어떤 처벌이나 제재를 받은 경험으로 인하여, 이러한 충동이 지각되기만 하여도 불안감을 느끼게 되는 것이다. 도덕적 불안은 원초아의 충동이 부도덕한 방식으로 충족을 얻으려고 할 때, 죄책감이나 수치심을 통한 초자아의 처벌위험을 느껴 불안해지는 것이다.

현실불안은 현실문제에 적절히 대처함으로써 다룰 수 있으나, 신경증적 불안이나 도덕적 불안은 성격내부의 구조로부터의 불안이므로, 쉽게 사라지지 않는다. 자아는 이러한 불안을 다스리기 위한 목적으로, 자신의 경험을 왜곡하거나 위장하는 여러 가지 방어기제를 사용한다. 고통스럽거나 불쾌한 경험을 의식 밖으로 밀어내는 억압(repression), 자신의 용납할 수 없는 생각이나 행동들을 다른 사람에 귀속시키는 투사(projection), 본능적 충동의 대상을 덜 위협적인 대상으로 바꾸는 전위(displacement), 자존심을 보호하기 위하여 실패에 대한 합리적인 설명을 찾는 합리화(rationalization) 등은 방어기제의 예이다. 승화 역시 본능의 충동을 사회적으로 인정받는 정당한 방법을 통하여 표현한다는 점에서 방어기제와 유사한 맥락에서 볼 수 있었다. 그러나 방어기제가 건전한 활동에 사용될 수 있는 에너지를 현실을 왜곡하거나 도피하는 비생산적인 심리과정에 돌리는 데 반하여 승화에서는 건설적인 활동으로 전환된다는 점에서 훨씬 바람직하다고 볼 수 있다.

5) Freud이론의 계승 및 발전

Freud의 정신분석이론은 성격연구에 중요한 공헌을 하였다. 즉 우리가 의식하지 못하는 내면의 갈등이나 소망이 우리의 행동에 영향을 끼칠 수 있음을 지적함으로써 성격연구에 새로운 차원을 더하였고, 성격을 서로 이질적인 세 요인이 역동적으로 상호작용하는 구조로 파악한 점도 새로운 면모라고 하겠다. 또한 성격의 발달단계에 대한 고찰, 그리고 불안과 방어기제에 대한 통찰 또한 인간에 대한 우리의 이해를 넓혀 주었다.

그러나 Freud이론은 성격의 발달과정을 설명하는 데 있어서 성본능 등 본능적인 측면에 지나치게 비중을 두어, 상대적으로 사회환경적 요인에 대한 인식이 부족하다는 점이 지적되고 있다. 이에 따라 Freud의 뒤를 이은 다른 정신분석가들은 우월성의 추구, 기본적 불안의 해소 등 성(性) 이외의 다른 요인이 성격의 역동에 기본적인 energy를 제공한다고 주장하는 등 본능적인 동기보다는 사회문화적인 동기를 더욱 강조하게 되었다.

"프로이드는 가고 에릭슨의 시대가 왔는데도 왜 내 자아는 이렇게 약하기만 하지?"

또한 원초아와 초자아의 알력을 중재하는 자아의 기능을 점차 더욱 강조하게 되어 자아심리학의 탄생을 보게 되었다.

근래 많은 관심을 끌고 있는 대상관계이론(object relations theory)에서도 과거에 경험한 중요한 사람들과의 인간관계가 자기, 타인, 그리고 자기-타인의 관계의 측면으로서 표상화되는 과정을 중요한 문제로 다루고 있으며 이러한 자기 표상(self-representation)이 현재의 대인관계에 미치는 영향에 특별한 관심을 가진다.

정신분석이론의 약점으로 흔히 거론되는 것은 그 이론적 구성개념들이 대부분 구체적으로 기술되어 있지 않아 조작적 정의를 하기가 어렵고, 따라서 체계적으로 그 이론적 타당성을 검증하는 것이 거의 불가능하다는 점이다.

2. 현상학적 접근: Rogers의 자기이론

1) 기본개념

현상학적 접근의 가장 두드러진 특징은 주관적 경험을 강조한다는 점이다. 모든 행동은 주어진 순간에 개인이 체험하는 모든 것, 즉 현상적 장에 의해서 결정되므로, 개인의 행동을 이해하고 예측하려면 무엇보다도 그 사람의 눈으로 세상을 바라볼 필요가 있다는 것이다.

Carl Rogers의 자기이론은 현상학적 관점에서 성격을 이해하려고 한 대표적인 예이다.

Rogers는 우리가 주관적으로 경험하고 있는 현실은 각기 모두 다르므로, 개인의 주관적 해석을 떠나서 객관적 현실을 이야기하는 것은 무의미한 것으로 보았다.

Rogers는 상담경험을 토하여 자기(self)가 심리적 적응에 아주 중요한 역할을 함을 발견하게 되었다. Rogers의 자기이론에서의 '자기'란 사람들이 자신에게 속한다고 보는 모든 것—신체적 특징, 능력, 불안감, 포부 등으로 사람들은 살아가면서 겪는 여러 가지 경험을 통하여 서서히 '자기'라는 것을 인식하게 된다는 것이다. 이와 같이 형성된 자기는 개인의 주관적인 경험에 영향을 미치고 우리의 체험과 기억들을 걸러내는 기능을 한다.

Rogers이론의 또 다른 중요한 특징은 인간은 자신을 유지하고 향상시켜 주는 방향으로 자기자신이 지닌 모든 능력을 개발하려는 강한 성향이 있음을 가정하는 것이다. 이와 같이 인간을

〈표 8-2〉 Maslow가 제시한 자아실현자의 특징

자아실현자의 특징
· 현실을 효율적으로 지각하며 불확실성을 참아낼 수 있다. · 자신과 타인을 있는 그대로 수용한다. · 사고와 행동이 꾸밈이 없고 자연스럽다. · 자기자신 위주가 아니라 문제중심경향이 있다. · 유모어 감각이 있다. · 창의적이다. · 의도적으로 관습의 틀을 깨려고 하는 것은 아니나 주변문화의 영향에 쉽게 휩쓸리지 않는다. · 인류의 복지에 대해 관심을 갖는다. · 삶의 기본체험을 깊이 음미할 줄 안다. · 여러 사람보다는 소수의 사람들과 깊이 있고 만족스러운 인간관계를 갖는다. · 삶을 객관적 시각에서 바라볼 수 있다.
자아실현으로 이끄는 행동
· 어린이와 같이 깊이 몰입하는 자세로 삶을 체험한다. · 안전하고 확실한 길만을 고집하지 않고 새로운 길을 시도한다. · 자신의 경험을 평가하는 데 있어서 관습이나 권위자, 타인보다는 자기자신의 느낌에 귀를 기울인다. · 핑계를 대거나 가식이 없이 솔직하게 대한다. · 대다수의 사람들과 자기 생각이 맞지 않는다면 남들에게 인기가 없어도 좋다는 자세를 갖는다. · 책임감을 갖는다. · 무슨 일을 하든지 열심히 한다. · 자신의 방어기제를 알아내고, 이를 포기할 용기를 갖는다.

Abraham Maslow는 인본심리학자로 자아실현을 이룬 사람들의 특징과 자아실현으로 이끄는 행동에 많은 관심을 보였다(Maslow, 1967에서 발췌).

자기실현과 성장을 추구하는 낙관적인 존재로 보는 Rogers의 견해는 본능의 욕구를 다스리기 위하여 끊임없이 갈등을 겪는 것으로 묘사된 Freud의 인간상과 좋은 대조를 이룬다.

2) 성격의 발달

Rogers는 사람은 누구나 부모를 비롯한 중요한 타인들로부터 사랑받고 인정받고 싶은 긍정적 존중에의 강한 욕구를 지니고 있다고 보았다. 어린이들은 성장하면서 긍정적 존중은 그냥 얻어지는 것이 아니라 특정한 조건을 충족시켰을 때 주어진다는 것을 깨닫게 된다. 예컨대, 공부를 잘했을 때 칭찬과 인정을 받게 되면, 이러한 경험을 통하여 긍정적 존중의 조건이 공부를 잘하는 것임을 알게 된다.

긍정적 존중의 조건을 깨닫고, 이에 따라 행동하려고 하는 것은 우리 모두를 사회화하는 데 아주 중요한 역할을 하는 것이 사실이지만, 때에 따라 역기능도 생각할 수 있다. 즉 긍정적 존중을 얻고자 하는 욕구로 인하여, 그 조건들에 지나치게 집착하게 되면, 우리의 성장과 자아실현의 잠재력은 그만큼 감소될 것이다.

Rogers는 기본적으로 누구나 다 무조건적으로 사랑받고 존중되는 경험이 필요하다고 주장한다. 만약 이러이러한 사람이 되어야만, 이러이러한 행동을 해야만 사랑받고 존중받을 수 있다는 생각을 하게 된다면, 자신의 욕구나 경험을 왜곡하고 제한하는 결과를 가져와 자기 안에 내재되어 있는 가능성을 실현하는 데에서 멀어질 수 있다는 것이다. 여기서 무조건적 긍정적 존중이란 어떤 행동이라도 그대로 수용한다는 의미가 아니라 인간으로서의 가치와 존중이 다른 어떤 것보다 우선적으로 인정되어야 한다는 것을 뜻한다.

[그림 8-3]
어린아이들은 자라나면서 다른 사람들의 긍정적 존중을 받기 위해서는 공부를 잘한다든지, 어른의 말을 잘 따른다든지 하는 등의 조건을 충족시켜야 함을 배우게 되고, 이러한 가치의 조건에 신경을 쓰게 된다. 이 가치의 조건은 사회화에 중요한 역할을 하지만, 이에 너무 집착하게 되면 잠재력을 실현하는 데 지장이 있게 된다.

3) 적응의 본질

Rogers는 사람은 자기가 느끼고 있는 현상적 자기와 경험사이에 일관성을 유지하려는 성향이 있다고 주장한다. 따라서 자기구조와 일관되는 경험은 쉽게 받아들이게 되나, 자기구조 혹은 자신이 지니고 있는 가치의 조건들과 어긋나는 경험은 심리적으로 위협을 주게 되므로 이를 자기체험의 일부로 받아들이지 않거나 혹은 그 의미를 왜곡하게 된다. 이와 같이 자기구조가 경험을 억압하거나 왜곡하는 것은 단기적으로 심리적 안정감을 유지시키는 긍정적 기능을 할 수 있으나, 장기적으로는 자신에게 일어나는 여러 가지 일들을 있는 그대로 경험하지 못하게 되어, 체험의 폭과 깊이를 제한하여 현실에 적극적으로 대처하는 데 도리어 방해가 된다.

Rogers는 자신의 잠재력을 모두 발휘하고, 자기가 부닥치는 여러 가지의 체험에 대하여 마음을 열려있으며, 순간순간을 충실히 살 수 있는 사람, 남들보다는 자기자신에 의지할 수 있으며, 자신이 있는 그대로 살 수 있다는 자유로움을 느끼는 사람을 "완전하게 기능하는" 적응적인 사람의 이상형으로 보았다. 이러한 상태는 자기와 체험 사이의 불일치를 최소화하고, 자신의 경험을 있는 그대로 받아들일 수 있는 능력에 달려 있고, 궁극적으로는 타인에 의해서 부과된 가치의 조건으로부터 얼마나 자유로와 질 수 있는가에 달려 있다는 것이다. Rogers는 무조

[그림 8-4] Martin Luther King의 사진
Martin Luther King은 Maslow가 제시한 자아실현자의 기준에 부합되는 인물 중 하나이다.

건적 긍정적 존중(unconditional positive regard)이 이러한 능력을 발달시키는 데 핵심적인 역할을 하는 것으로 보고 심리적 적응의 문제로 괴로움을 겪는 사람을 치료하는 데 치료자와 내담자와의 관계에서 무조건적 긍정적 존중이 매우 중요한 역할을 한다고 하였다.

즉 자기구조에 대한 위협이 전혀 없는 무조건적 긍정적 존중이 보장되는 상황에서 자기구조와 일치하지 않는 체험들을 지각, 검토하여 이런 체험들을 모두 수용할 수 있도록 자기구조를 수정하는 것이 곧 심리치료의 핵심이라고 보았다.

Rogers의 자기이론은 내담자중심 심리치료의 기초가 되었다는 점에서 상담 및 심리치료 분야에 공헌한 바가 크다.

3. 특질이론

1) 기본개념

성격에 대한 특질이론적 접근에서는 사람들의 행동이나 사고에서의 개인차이를 기본 특성에서의 차이로 기술하고 있다. 특질(trait)이란 사람들로 하여금 각각의 서로 다르게 행동하고 사고하도록 하는 각 개인 내의 지속적 성향을 말한다.

우리가 일상대화에서 어떤 사람은 "내성적이다" "사교적이다" "꼼꼼하다"라고 말할 때, 이는 그 사람의 행동특징을 나타내는 말로, 곧 그의 특질을 말하는 것으로 해석될 수 있다.

특질이론에서 가장 중요한 연구과제는 인간행동의 다양성을 설명할 수 있는 기본적인 성격의 단위, 즉 특질들의 내용과 종류를 알아내는 것이다.

2) Allport의 특질이론

대표적인 특질이론가인 Allport는 특성을 "여러 가지 자극에 대해 동일한 의미를 부여하고, 또한 일관된 형태로 반응하게끔 하는 개인 내의 신경심리적 구조"라고 정의하고 있다. 즉 사교적이라는 특질을 지니고 있는 사람은 낯선 사람에게 소개 받거나, 같은 직장동료와의 회식에서, 친구의 집을 방문하였을 때 등 여러 상황에서 일관성 있고 붙임성 있게 말을 건네고 같이 나눌 수 있는 화제를 찾아 대화를 이끌고, 상대편의 생활에 대해서 관심을 보이는 등의 행동을 보이게 된다.

Allport는 특질이 개인의 행동과 사고에 미치는 영향력의 범위에 따라 몇 가지로 나누었다. 주특질(cardinal traits)은 우리

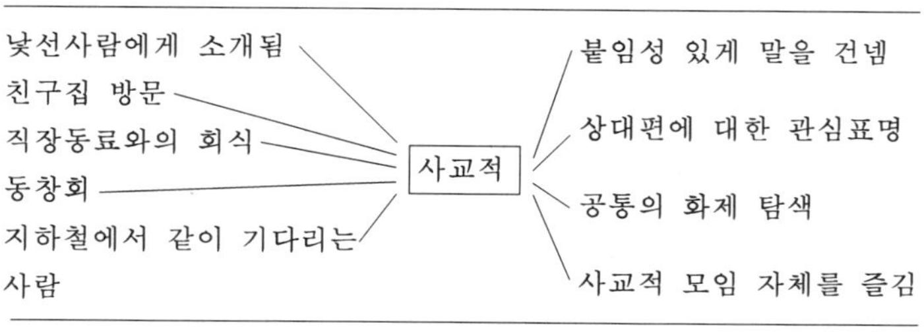

[그림 8-5]
Allport에 의하면 특질은 여러가지 자극으로 하여금 여러 상황에서 일관된 형태로 반응하도록 한다.

의 생활에 광범위한 영향을 미치는 대단히 강렬한 동기나 열정으로 권력추구성향이 주특질인 경우, 밤낮으로 오로지 그에 매달리게 된다. 이 주특질은 모든 사람이 지니고 있는 것은 아니라고 본다. 중심특질(central traits)은 주특질보다는 그 영향의 범위가 제한되나, 그 사람의 행동과 사고에 꽤 넓은 영향력을 갖는 특징으로, 우리가 사람을 추천하거나, 평할 때 쓰는 "책임감 있는" "성실한" "정직한" 등의 말들은 중심특질에 해당된다. 중심특질은 비교적 두드러지는 행동의 특징으로 주위 사람들 눈에 쉽게 띈다. 중심특질보다 한 단계 아래에는 이차특질이 있어 중심특질보다는 훨씬 국한된 상황에 대한 행동성향으로 특정대상이나 상황에서 적용되는 성향이 이에 해당된다. 예컨대 어떤 사람은 밖에서는 아주 부지런한 것으로 알려져 있으나, 가정에서는 아무일도 안하려는 게으른 사람일 수도 있다. 이차특질은 그 사람을 아주 잘 아는 사람이 아니면 알 수 없게 된다.

3) Cattell의 특질이론

Cattell은 자기평가식 질문지, 건강, 학교성적 등의 기록 생활기록 자료, 그리고 객관적 성격검사자료 등 여러 가지 자료를 통계적으로 요인분석하여 성격을 구성하는 기본특질을 연구하였다. Cattell은 특질은 표면적을 보았을 때 함께 속하는 것으로 보이는 표면특질(surface traits)과, 성격의 핵심을 구성하는 저변의 구조라고 볼 수 있는 근원특질(source traits)로 나누고, 여러 자료를 통계분석한 결과를 토대로 모든 사람들에게 공통적을 나타나는 근원특질 16개를 제시하였다.

Cattell은 또한 특질에는 목표추구의 효율성과 관계되는 능력특질(ability traits), 환경의 자극에 반응하는 속도, energy 그리고 정서 등에 영향을 주는 기질특질(temperament traits), 그리고 우리의 행동에 동기를 부여하는 역동적 특질(dynamic traits) 등의 여러 가지 유형들이 있다고 하였다.

[그림 8-6] Cattel의 특질이론에 바탕을 둔 16PF 성격요인검사 결과의 한 예

대기업에 근무하는 최종품질관리검사관인 이 사람은 정서적으로 상당히 불안정한 상태(C_1), 극심한 죄책감에 시달리고 있으며(OIC), 매우 긴장되고 불안한 상태에 있는 것으로(Q_4) 나타나 있다.

이 사람은 Q_3(통제력) 척도가 낮은 것으로 미루어 보아, 자신의 불안이나 충동에 대한 자기통제능력이 약하며, L_8(불신감)이 높은 것으로 보아 강한 투사경향이나 전위(displacement)를 보일 수 있다(염태호, 김정규, 1990, 성격요인검사 실시요강과 해석방법에서 발췌).

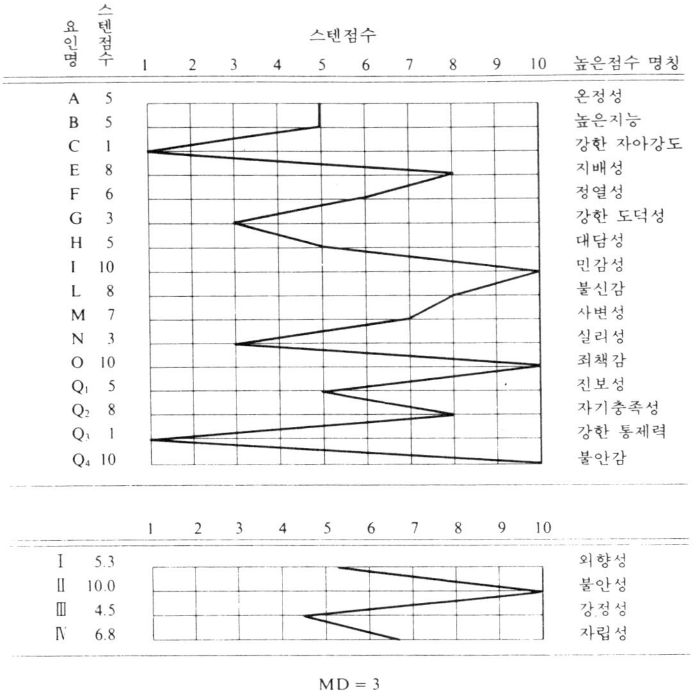

4) 성격의 5-요인 모델

근래 성격 연구자들 간에는 신경증(Neuroticism), 외향성(Extraversion), 경험에 대한 개방성(Openness to Experience), 상냥함(Agreeablness), 그리고 양심적(Consciencìousness)의 5요인으로 구성된 5-요인 모델(five factor model)이 관심을 끌고 있다. 이 다섯 요인에 대해서는 다양한 문화권에서 성격특질을 기술하는 단어들의 요인분석한 결과가 일치하고 있고(Goldberg, 1990), 다섯 개의 요인 중 외향성은 긍정적 정서경험과, 그리고 신경증 척도는 부정적 정서경험과 정적 관계를 보이는 등 실제 생활에서의 정서경험 및 대인관계기능과 밀접한 관련이 있는 것으로 보고되어 있다. 또한 이 다섯 요인에서의 개인차이에는 유전적 요인이 중요하게 작용하는 것으로 알려져 있어, 생물학적 요인과 관련이 있음을 시사하고 있다. 최근에는 위의 다섯 개 요인을 측정하는 성격검사로 NEO-PI Five Factor Inventory가 개발되어(Costa & McCrae, 1992), 널리 사용되고 있다.

특질이론은 본질적으로 성격의 개인적 특징을 분류하고 기술하는 데 비중을 두고 있어, 상대적으로 성격의 발달과정이나 역

〈표 8-3〉 키, 몸무게, 외향성, 신경증에 대한 가족간의 상관관계

상관계수 중앙치	키	몸무게	외향성	신경증
일란성 쌍생아(함께 양육)	.95	.90	.54	.46
이란성 쌍생아(함께 양육)	.52	.50	.19	.22
평균 상관계수				
일란성 쌍생아(함께 양육)	.90	.80	.48	.41
이란성 쌍생아(함께 양육)	.56	.46	.12	.25
일란성 쌍생아(격리 양육)	.92	.69	.41	.41
이란성 쌍생아(격리 양육)	.67	.46	.03	.23
친형제자매(함께 양육)	.52	.50	.20	.28
양형제자매(함께 양육)	−.07	.24	−.06	.05

외향성과 신경증의 경우, 일란성 쌍생아와 이란성 쌍생아간의 상관관계에서 상당한 차이가 있고, 일란성 쌍생아의 경우 격리하여 기르거나 함께 기르거나 관계없이 유사한 수준의 상관관계를 보이고 있어 유전적 요인이 중요하게 작용함을 시사하고 있다.
출처: Pervin, L.A. (1996). *The Science of Personality*. New York: John Wiley & Sons.

동적 측면에 대하여서는 빈약한 것은 사실이다. 그러나 특질이론의 관점에서 개인의 성격적 특징을 객관적인 방법으로 평가하려는 다양한 성격검사가 개발되어 널리 사용되고 있다.

4. 행동주의적 견해

1) 기본개념

앞서 살펴본 정신분석이론이나 Rogers의 자기이론, 그리고 특질이론의 관점에서는 사람의 행동이나 생각이 내면의 요인에 의해서 결정된다고 가정하였다. 물론 이들 이론에서도 상황에 따라서 사람의 행동이 달라질 수 있음을 인정하고 있으나, 역시 주요한 관심사는 상황보다는 내면의 성격이라고 할 수 있다.

행동주의적 입장에서는 이와는 달리 겉으로 나타나고 객관적으로 관찰될 수 있는 행동과 행동의 학습에 영향을 주는 조건들에 더 큰 관심을 기울인다. 이러한 관점에서 볼 때 행동주의적 관점에서는 여러 상황에서 행동에 일관성을 부여하는 개인의 내적 특성이라는 성격개념의 중요성을 받아들이지 않는다고 할 수 있다.

행동주의적 전통의 핵심인 학습이론에서는 사람의 행동은 모두 같은 원리를 통해서 설명할 수 있다고 가정한다. 고전적 조건화와 조작적 조건화 같은 실험실에서 발견된 학습의 과정들은 우리가 성격의 표현이라고 생각하는 좀더 복잡한 여러 가지 행동들을 설명하는 데도 꼭 같이 적용될 수 있다고 본다. 예를 들어 자신의 목표를 성취하기 위하여는 남의 권리를 침해하는

것도 주저하지 않는 이기적 행동성향은 과거에 그러한 행동을 했을 때 자신이 원하는 바를 얻을 수 있었던 경험이 반복된 결과라고 볼 수 있다. 반대로 남의 사정을 먼저 생각하는 사려깊은 성격은 그러한 행동이 칭찬받고 높이 평가되는 환경에서 형성된 것으로 해석된다.

행동주의적 입장에서는 성격은 과거 경험에 의해서 학습된 행동성향으로 파악하고 있다는 점에서 과거경험의 중요성을 부인하지 않는다. 그러나 정신분석이론에서는 어린 시절의 경험에 의해 형성된 성격은 지속적인 영향을 갖는 것으로 보는 것과는 달리, 행동주의 입장에서는 상황이 바뀌어 다른 행동이 강화를 받게 된다면, 과거와는 전혀 다른 새로운 행동성향이 나타날 수도 있다고 본다. 얌전하고 착실한 행동이 늘 칭찬받는 환경에서는 그러한 행동을 많이 보이던 사람도, 그 환경을 떠나 대범하고 활발한 행동이 높이 평가되는 환경에 처하게 되면, 새로운 행동성향을 많이 나타낼 수 있다는 것이다.

행동주의 입장에서 주장하는 대로 환경의 변화에 따라 행동이 바뀐다면 사람들에게서 일관성 있는 행동성향을 보기 어려울 것이다. 실제로 사람들의 행동이 얼마나 일관성 있는가 하는 것에 관해서는 심리학자들간에 큰 논쟁이 있어 왔다. 그 결과, 종전에 성격심리학자들이 가정했던 것 같이 사람들의 행동에 높은 일관성이 있는 것은 아니라는 것이 밝혀졌다. 그러나 대개의 경우 가정 등 우리에게 중요한 환경이 크게 변화하지 않고 유지되는 경우가 많고, 또한 설혹 환경이 갑자기 다른 행동을 강화하기 시작하여도, 오랫동안 행동성향이 오랫동안 지속되는 듯한 인상을 줄 수 있다.

행동이 환경적 요인에 의하여 결정된다고 보는 것은 곧 환경적 조건을 통하여 행동을 통제할 수 있다는 것과 통한다.

이는 곧 부적응적인 행동을 바람지간 방향으로 바꾸고자 하는 경우 큰 힘이 될 수 있는 중요한 점이 된다.

2) 행동주의적 견해의 평가

행동주의적 접근에서는 학습의 원리를 통하여 성격이라는 현상을 설명하는 데 새로운 시각을 제공해 주었고, 특히 이전에 간과되었던 상황적 변인에 대한 관심을 새롭게 했으며, 아울러 환경의 조건을 바꿈으로써 행동을 바꿀 수 있는 길을 제시했다는 점에서 큰 공헌을 하였다. 학습이론에 근거를 둔 행동치료의

성격은 성장하면서 변하는가?

어린 시절부터 지금까지의 자신의 성격을 더듬어보면, 어렸을 때나 지금이나 큰 변화가 없다고 느끼는 사람들이 있을 것이다. 어렸을 때부터 남앞에 나서기를 싫어하고, 소극적이라는 말을 들었었는데, 지금도 역시 그런 면이 강하게 남아 있다든지, 즉흥적이고 참을성이 없는 성격이 예나 지금이나 마찬가지라고 생각되는 경우들이 있을 것이다. 반면에, 활발하고 밝았던 성격이 어떤 계기를 맞아 정반대의 내성적이고 어두운 성격으로 바뀌었다고 느끼는 사람들도 있을 수 있다. 성격이 살아나가면서 어떻게 변화해 나가는가는 많은 심리학자들이 관심을 갖고 연구해 온 문제이다.

전생애에 걸친 성격의 변화를 알아보는 가장 좋은 길은 동일한 사람들을 장기간에 걸쳐서 관찰하고 평가하는 장기종단 연구방법이다. 이러한 장기종단연구의 한 예로 미국 Berkeley대학의 연구팀은 248명의 신생아들을 청소년기에 이르기까지 추적연구한 뒤, 다시 이들이 30세, 40세, 그리고 50세에 면담하였다. 그 결과 전반적으로 여러 가지 성격적 특성에서 시간적 안정성 즉 시간이 지나도 크게 변하지 않는 경향이 발견되었다. 가장 안정적인 특성은 지적인 능력으로 청소년기에서 성인기사이의 상관관계가 약 r=.6정도이였다. 정서적 안정성이나 충동통제능력, 사교성 등 또한 비교적 상당히 높은 안정성을 보인 반면, 정치적 태도나 의견은 5~10년 사이에도 크게 변하여 비교적 낮은 상관관계를 보였다.

흥미롭게도 심리적으로 잘 적응되어 있던 청소년들의 경우, 성인이 되어서도 성격이 크게 변하지 않았던 반면 적응상의 문제가 있었던 경우에 성격이 달라지는 경향이 더 두드러졌다. 또한 남자와 여자를 나누어 살펴보면, 공격성은 남자에게서는 상당히 안정적으로 유지되는 반면, 여자에게는 변화하는 경향이 있었고, 수동적 성향이나 의존성은 여자에게서는 안정적이었던 반면, 남자에게서는 그렇지 않았다. 이는 성역할 고정관념과 일치하는 성격특징은 유지되는 반면, 일치하지 않는 성격 특성은 좀 더 성역할 고정관념과 일치되는 방향으로 변형되어 가는 것으로 해석될 수 있다.

기법들은 여러 가지 부적응적 행동을 수정하는 데 효과적으로 활용되고 있다. 그러나 학습의 단순한 개념을 통해서 사람의 복잡한 심리과정을 설명하는 데에는 역시 무리한 점이 있음을 지적하는 사람들이 있었다. 인간은 생각하고, 계획하고, 상상하는 존재로, 이러한 인지적 측면을 빼어놓고서는 행동을 이해하는 데 한계가 있다고 볼 수 있다. 또한 인간 행동의 학습은 주로 사회적 상황에서 이루어지므로 학습의 사회적 맥락 또는 중요하다고 하겠다. 미국의 심리학자 Rotter, Bandura, Mishel 등은 이러한 사회학습이론의 관점에서 주변의 상황을 해석하고, 자기자신의 능력을 평가하며, 그 수행결과를 평가하는 자기통제체계 등의 인지적 변인들을 행동을 결정하는 중요한 개인내적 변인들로 제시하고 있다.

Ⅳ. 성격의 평가

일상생활에서 우리는 주변 사람들의 행동에 대하여 그 동기나 원인을 이해하려 하고, 이러한 과정에서 그 사람의 성격에 대하여 나름대로 판단을 하게 된다. 그리고 일단 어떤 사람의 성격에 대하여 판단을 내리게 되면, 이러한 판단은 곧 우리가 그 사람의 행동을 해석하는데나 혹은 그 사람을 대하는 태도에 영향을 미치게 된다. 우리가 다른 사람의 성격에 대하여 알고자 하는 것은, 궁극적으로는 이를 통하여 그 사람의 행동을 예측하고자 하는 것이다.

일상생활에서 접하는 사람들의 성격을 알고자 하는 것과는 별도로, 개인의 성격을 좀더 객관적인 방법을 통하여 평가할 필요가 있는 경우를 생각할 수 있다. 예를 들어 학교나 직장, 또는 가정에서 적응하는 데 어려움이 있거나 대인관계에서 문제가 있을 때, 문제의 원인을 좀더 깊이 있게 이해하기 위하여, 혹은 특정한 직업에 적합한 사람을 선발하기 위하여 성격의 평가가 필요할 수 있다. 이러한 경우를 위하여 여러 가지 심리검사가 개발되어 사용되고 있다.

1) 자기보고형식 성격검사

성격의 평가를 목적으로 하는 심리검사 중 가장 흔히 접하게 되는 것이 자기보고형식의 검사들이다. 이는 자신의 행동이나 마음의 상태에 관해서 검사를 받는 사람이 스스로 진술하도록 하여 그 사람의 성격을 평가하는 방법이다. 예컨대 "나는 다른 사람과 어울리는 모임에 가는 것보다는 혼자 있는 것이 편하게 느껴진다," "작은일에도 쉽게 마음이 상하는 편이다"와 같은 문형들에 대하여 "예", "아니오"로 반응하게 하거나 혹은 자신에게 적용되는 정도를 수치로 평가하도록 한다.

자신에 대하여 가장 잘 아는 것이 곧 자기자신이라고 가정 할 수 있고, 검사대상이 되는 사람이 솔직하고 성의 있게 진술해 주기만 한다면, 이러한 자기보고 방법은 가장 효과적인 성격평가의 방법이 될 수 있을 것이다. 그러나 우리가 우리 자신의 행동이나 마음의 상태를 과연 얼마나 정확히 알고 있는가에 대해서는 의문의 여지가 있다. 예컨대 주위의 사람들이 판단하기에는 무척 자기중심적인 사람도 스스로는 전혀 그런 점을 느끼지 못하는 경우에는 자기보고식 성격검사에서는 그러한 특성이 나타날 수 없을 것이다.

자신의 특성을 스스로 정확히 알고 있다 하더라도, 이를 솔직히 보고하지 않고 좀더 좋은 방향으로, 혹은 경우에 따라서는 나쁜 영향으로 왜곡해서 보고할 가능성도 있다. 근래 취직시험의 일부로 자기보고식 성격검사를 시행하는 것을 자주보게 되는데, 이 경우 가장 문제가 되는 것은 많은 지원자들이 좋은 인

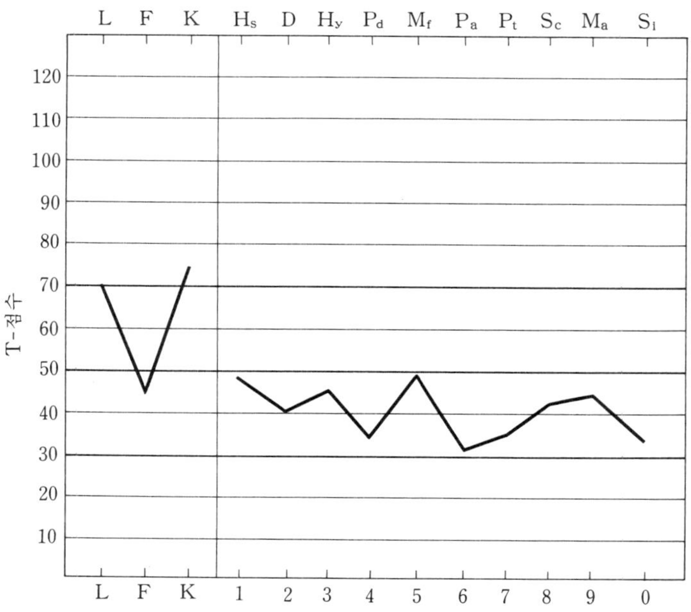

[그림 8-7]
MMPI에는 세개의 타당도 척도가 포함되어 있어서 피검사자가 검사문항들에 솔직하고 성실하게 답하였는지를 판단하는 데 참고할 수 있다. 옆의 MMPI profile은 고의적으로 좋게 보이려는 사람들에게서 나타나는 전형적인 profile이다(김중술, 1988).
〈타당도 척도〉
L: 인간적 약함 부인
F: 무효 profile *K*: 방어성향
〈임상 척도〉
Hs: 검강염려증 *D*: 우울증
Hy: 히스테리 *Pd*: 반사회성
Mf: 남성성-여성성 *Pa*: 편집증
Pt: 강박증 *Sc*: 정신분열증
Ma: 경조증 *Si*: 내향성

상을 주기 위해 솔직한 반응을 하지 않을 가능성이 있어 자료의 타당성에 의문이 제기될 수 있다. 이와 같이 자기보고를 토대로 성격을 평가하는 것은 단시간에 많은 자료를 얻을 수 있다는 장점은 있으나 나름대로의 제한점도 있다.

자기보고형식의 성격검사 중 가장 잘 알려진 것은 Minnesota 다면적 인성검사(MMPI)이다. 이 검사는 원래 심리장애의 진단을 목적으로 제작된 것으로, 정상인과 심리장애환자를 구별해 주는 문항들로 구성되어 있다. 이들 문항들에 대한 반응은 응답자의 반응양식 및 타당성에 관한 3가지 척도와 10개의 임상척도로 채점되어, 각 척도를 일반정상집단의 표준화자료와 비교하여 해석하게 된다.

MMPI가 심리장애환자들을 진단할 목적으로 제작된 성격검사의 예라면 정상인들을 대상으로 하여 개발된 자기보고식 성격검사의 예로는 16PF성격요인검사를 들 수 있다. Cattell의 특질이론을 기초로 광범위한 요인분석을 통하여 구성된 16PF는 냉정성—온정성, 복종성—지배성, 강인성—민감성 등 16개의 기본특질성향과 6개의 2차요인에 대한 성향을 표준화집단에 비교하여 해석할 수 있도록 되어 있다([그림 8-7]참조).

2) 투사법 성격검사(projective methods)

자기보고식의 성격검사와는 전혀 다른 방법으로 성격을 평가하고자 하는 것이 투사법 성격검사이다. 즉 투사법 성격검사에서는 우리가 의식하고 있는 행동이나 생각보다는 스스로 인식하지 못하고 있는 내면의 욕구나 갈등이 개인의 성격을 이해하는 데 중요하다고 본다. 따라서 이들 검사에서는 무의식적 욕구나 갈등을 알아내기 위한 수단으로, 피검사자가 자신의 상상력을 동원하여 반응할 수 있도록 개인에 따라 전혀 다른 해석의 여지가 있는 애매모호한 자극을 검사자료로 쓴다.

투사법 성격검사의 대표적인 예는 1920년의 스위스의 정신과 의사 Herman Rorschach가 개발한 Rorschach 잉크반점검사가 있다. 이 검사는 복잡한 잉크얼룩으로 만들어진 카드 10개로 이루어져 있으며, 피검사는 각 카드를 차례로 보면서, 잉크반점이 무엇같이 보이는가를 보고하게 된다. 카드 10개를 모두 본 후에는, 다시 한 장씩 보면서, 자신의 반응에 대하여 자세한 설명을 하게 된다.

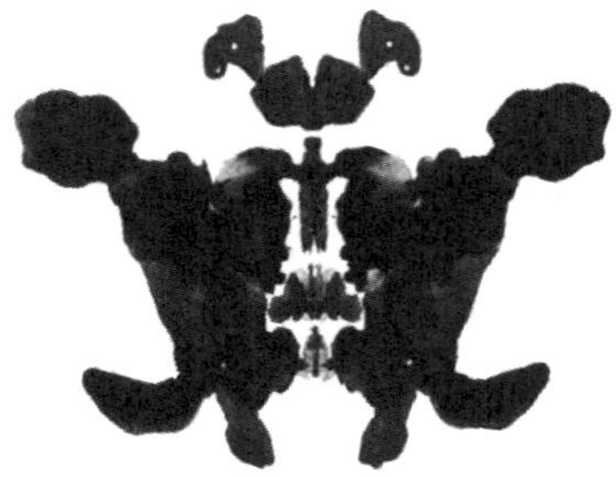

[그림 8-8] Rorschach card 2개 사진조합
Rorschach 잉크반점검사에서는 위와 유사한 잉크반점을 제시하고, 이에 대한 반응을 토대로 성격을 평가한다.

Rorschach검사에 대한 반응은 1) 위치(반응이 잉크반점의 전체에 대한 것인지, 부분에 대한 것인지), 2) 결정요인(반응이 잉크반점의 형태, 색깔, 명암, 질감 중 무엇에 의해서 결정되었는가), 3) 내용(반응의 내용이 무엇인가) 등의 기준에 따라 채점하게 되고, 그 결과를 토대로 현실검증력, 정서적 자극에 대한 반응 등 성격의 종합적인 측면에 대하여 추론을 하게 된다.

투사법검사의 또 다른 예로는 1950년대 미국의 성격심리학자 Henry Murray가 개발한 주제통각검사(Thematic Apperception Test)가 있다. 이 검사는 전후 맥락 없이 다양한 생활장면을 묘사한 그림을 제시하고, 피검사자로 하여금 이야기를 구성하도록 하여, 이를 분석하여 그의 욕구, 환경으로부터의 압력, 그리고, 이에 대응하는 방식들을 알아내게 된다.

그 밖에도 집, 사람 등을 그리게 한다든지, "내가 두려워하는 것은……"과 같은 문장의 서두만 주고, 이를 완성하도록 하는 문장완성검사 등도 내면의 성격이나 갈등을 알아내기 위하여 흔히 사용되는 투사법 검사들이다.

투사법 성격검사는 자기보고식 목록지법 성격검사와 달리 검사의 의도가 뚜렷하지 않아, 피검사자가 의도적으로 반응을 왜곡할 가능성이 적다는 장점이 있다. 또한 목록지법으로는 알기 어려운 내면의 갈등, 욕구, 대인관계 등을 알아낼 수 있으므로, 임상현장에서는 널리 쓰이고 있다. 그러나 이를 실시하고 적절히 해석하기 위해서는 경험이 풍부한 전문가가 필요하므로, 다수를 대상으로 간편히 시행하기에는 어려움이 있다. 또한 해석에서 해석자의 주관적 요인이 개입될 가능성이 크므로 그 신뢰성이나 타당성에 의문이 제기되고 있다.

[그림 8-9] TAT card와 유사한 그림
주제통각검사(TAT)는 Roschach잉크 반점검사와 함께 대표적인 투사검사로, 위와 유사한 그림을 제시하고, 각 그림에 제시된 상황에 대하여 이야기를 만들도록 한다.

제9장 사 회 행 동

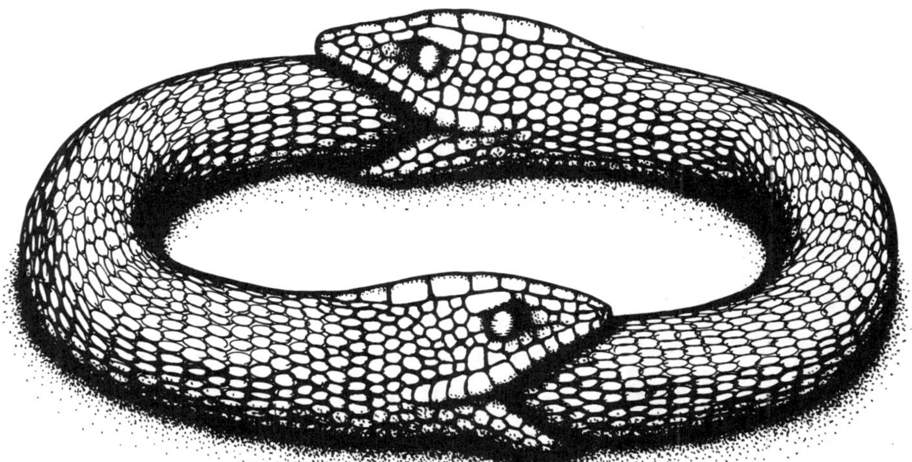

사회적 행동과 개별적 행동의 차이 /
동조 및 사회규범 / 집단의 압력 /
인간의 복종행위 / 태 도 /
태도의 정의와 발달 / 태도변화 /
인지부조화이론과 자기지각이론 /
귀인이론 / 이타성

사회심리학이란 우리가 사회라는 환경 속에서 어떻게 생각하고, 느끼며 행동하는가에 대한 문제와 반대로 사회적 환경이 우리의 사고, 감정, 행동에 어떠한 영향을 미치는가에 관한 것을 다루는 학문이다. 이 밖에도 사회심리학에서는 '우리는 다른 사람의 행동이나 동기를 어떻게 지각하고 해석하는가?' '우리의 신념과 태도는 어떻게 형성되는가?' '사람을 좋아하고 싫어하는 것을 결정하는 것은 무엇인가' 등에 대한 것을 체계적으로 연구한다.

이와 같은 문제를 연구하는 사회심리학적 방법은 인간행동에 대한 두 가지 기본적인 견해를 토대로 한다. 첫번째 견해는 행동이 사람과 상황간의 함수라는 것이며 두번째 견해는 사람들이 단순히 상황의 객관적인 현상에 반응하는 것이 아니라 상황에 대한 스스로의 주관적인 해석에 반응한다는 것이다.

Ⅰ. 사회적 행동과 개별적 행동의 차이

타인으로 인해 경쟁의식을 느끼고 이에 따라 수행에의 사회적 촉진이 유발된다.

우리의 행동은 혼자 있을 때, 옆에 누군가가 있을 때, 군중 속에 있을 때 각기 다르다. 예를 들어 혼자서 공부를 할 때면 이내 싫증이 나고 따분해져 벌렁 누워 버리거나 TV로 눈을 돌린다. 그러나 누군가가 살며시 들어와서 공부하는 것을 물끄러미 쳐다만 보아도 학습행동이 달라진다. 일반적으로 누군가가 옆에 있으면 경쟁의식을 느끼고 긴장하며 행동의 속도가 빨라진다. 이러한 효과를 사회적 촉진(social facilitation)이라 부르는데, 이 때문에 우리는 쾌적한 자기의 공부방을 마다 하고 몇 시간이나 줄을 서 가며 도서관을 찾는 것이다.

1989년에 Triplett라는 심리학자가 자전거 선수의 속도기록을 관찰하면서 선수가 혼자서 달릴 때보다 다른 사람과 함께 경쟁하면서 달릴 때 더 좋은 기록을 낸 것을 발견하였다. 이 발견을 토대로 하여 처음으로 사회심리학에서 통제된 실험실 연구를 수행한 결과 같은 일을 하는 다른 사람이 옆에 있으면 혼자 일할 때보다 훨씬 더 수행속도가 빠르다는 것이 발견되었다. 또한 Triplett는 단순히 수동적인 관찰자가 옆에 있기만 하여도 성과가 충분히 촉진된다는 것을 발견하였다. 이렇게 공동작업과 관중의 효과로 인해 사회적 촉진이 일어나는 것은, 다른 사람들의 존재가 동기수준을 상승시키거나 경쟁이나 평가에 대한 관심을 유발시키기 때문이다.

군중 속에서의 우리의 행동도 평상시와는 아주 달라서 평소에 얌전하던 사람이 군중 속에 휘말리면 자기도 모르는 사이에 흥분하고 대담해진다. 때때로 나타나는 억제되지 않은 공격적 행위는 몰개성화(deindividualization)상태의 결과인데 이러한 상태하에서 사람들은 그들의 개인적 정체감을 상실하고 집단에 몰입하는 감정을 경험한다. 군중 속에서 사람들이 이렇게 무책임해질 수 있는 것은 그들이 혼자 행동할 때보다 처벌받을 가능성이 적기 때문이다.

물개성화

사람들은 익명성이 더 많을수록, 그들이 개인으로서 확인될 가능성이 더 적을수록 더욱 무책임하게 행동할 것이다.

이와 같이 개인의 행동은 혼자 있을 때와 함께 있을 때 각기 달리 나타나므로 인간을 연구하기 위해서는 이 두 가지 행동이 모두 다루어져야 한다. 대부분의 심리학, 예컨대 지각, 학습, 발달, 성격심리학은 인간 개개인의 행동을 연구하는 데 비해, 사회심리학은 집단 속의 개인의 행동, 즉 사회적 행동을 다룬다. 아리스토텔레스가 '인간은 사회적 동물이다' 라고 말했듯이 우리는 혼자 고립해서 살지 않고 집단 속에서 생활한다. 따라서 사회심리학은 인간 개인의 문제를 다룬 지각, 학습, 발달, 성격심리학에 비해서 보다 현실적인 문제를 다루며 우리와 관계있는 문제를 다루는 분야이다. 사회심리학자가 다른 분야의 심리학자 못지 않게 높은 긍지를 가지는 것은 지각, 학습, 발달, 성격 등의 각 심리이론이 일단 사회라는 현장에서 다시 한번 걸러져야 쓸모가 있기 때문이다. 즉 우리는 혼자 보고, 혼자 공부하고, 혼자 성장하지 않기 때문에 '혼자 속의 이론' 은 '다수 속의 이론' 으로 바뀌어져야 한다.

이렇게 말하면 어떤 사람은 사회심리학이란 개별심리학의 이론을 사회장면 속에서 한번 응용해 보는 응용심리학에 불과한 것이 아닌가라고 생각할 수 있다. 그러나, 사회심리학은 응용학문이 아니다. 왜냐하면, 사회심리학은 개별심리학에서는 생각해 볼 수 없고 관찰할 수 없는 독특한 사회적 행동과 태도 및 지각을 다루기 때문이다. 우리가 인간 사회에서 관찰할 수 있는 여러 가지 현상 및 행동이 모두 사회심리학의 연구대상이 되므로 사회심리학의 연구내용과 범위는 그 만큼 많고 또한 넓다.

Ⅱ. 동조(conformity) 및 사회규범

사회심리학의 창시자는 William McDougall로서 그는 1908년에 최초로 「사회심리학」이란 교과서를 집필했다. 그러나 오늘날 그의 영향력은 대부분 사라져 버렸는데 이는 McDougall이 사회적 행동은 여러 가지 본능, 즉 도피, 거부, 복종, 자기과시와 같은 본능에 의해 나타난다고 주장했기 때문이다. 오늘날 심리학자들은 사회적 행동의 원인을 본능이라고 보는 견해를 부정하고 오직 생리적 욕구, 예컨대 성욕과 공격성과 같은 것만 본능으로 간주한다. 1924년에는 사회심리학사에 영원히 남을 유명한 책이 출판되었는데 G.Allport의 「사회심리학(Social Psychology)」이 바로 그것이다. 그는 이 책에서 상대방의 얼굴 표정을 해독하는 능력, 대중이 개인의 과업수행에 미치는 영향, 그리고 남의 행동을 그대로 따라서 하는 동조성에 관한 연구결과를 보고하고 있다.

Allport의 연구가 기폭제가 되어서 1930년대에 이르러 본격적인 사회심리학 실험연구가 활발하게 착수되었고, 특히 Muzafer Sherif는 기념비가 될 만한 중요한 연구를 하여 사회심리학 내에서 독특한 한 영역을 확립하기에 이르렀다. Sherif는 터키 태생으로 미국으로 이민간 사람이었다. 그가 사회규범을 연구한 최초의 심리학자 중의 한 사람이 된 것은 그의 이민과 전혀 무관한 일이 아니다. 그는 미국 사회에는 터키와는 전혀 다른 사회적 관습과 규범이 있는 것에 깊은 인상을 받고, 이러한 관습과 규범이 존재하는 것은 우리가 다른 사람에게 동조하는 습성이 있기 때문이라고 생각했다.

Sherif(1936)는 규범의 형성과정에 관심을 가지고서 다음과 같은 실험을 실시하였다. 피험자를 깜깜한 암실 속에 앉게 하고 4~5m 앞에 거울을 설치했다. 거울 바로 30㎝ 앞에서는 손전등에서 새어 나오는 바늘 구멍만한 가느다란 불빛이 거울에 반사된다. 피험자들은 거울에 반사된 작은 불빛을 볼 수 있는데, 사실 이것은 정지된 불빛이지만 암실에서 보면 불이 여러 방향으로 움직이는 것처럼 보인다. 불빛이 움직이는 것처럼 착각을 하게 되는 이유는 첫째, 어둡기 때문에 그 불빛이 정지해 있는 것을 알려주는 어떤 단서가 없기 때문이다. 이것은 우리가 기차를 타고 있을 때 우리 옆의 기차가 움직이면 우리가 타고 있는 기차가 움직이는 것으로 착각하게 되는 원리와 같다. 둘째는, 우리의 눈이 정지해 있지 않고 계속 움직이기 때문에 어둠 속에서는 불빛이 움직이는 것으로 보이기 때문이다. 이것을 자동운동효과(autokinetic movement effect)라 한다.

Sherif는 실험의 첫 단계에서는 피험자를 한 사람씩 조사했다. 피험자에게 자동운동, 즉 불빛이 움직이는 방향과 거리를 판단하게 되었는데 그들의 반응은 서로 달랐다. 어떤 사람은 상하로 5~6㎝ 움직였다고 보고한 반면에 어떤 사람은 불빛이 좌우로 20~30㎝ 움직였다고 말했다. Sherif는 다음에 4~5명의 피험자를 한 집단으로 하여 같은 실험을 했다. 그 결과 재미있는 현상이 나타났다. 피험자들의 자동운동판단은 서로가 서로에게 영향을 주어 그들의 판단이 서로 엇비슷하게 되었다. Sherif는 피험자들이 이제 규범을 만들었다고 해석하였다. 마지막으로 이들 피험자에게 다시 첫째번 실험과 같이 각자가 불빛의 움직임을 판단하게 했더니 혼자 판단하는 데에도 불구하고 집단의 규범대로 판단을 하였다. 1년 후에 재실험을 해 본 결과, 집단규범은 계속 유지되어 있었고, 또한 피험자들이 다른 집단으로 들어가면 그들은 자기가 처음에 소속해 있던 집단의 규범을 새로 만난 집단의 구성원에게 심으려 했다는 사실이 발견되었다. Sherif의 이러한 동조실험은 사회심리학에서 확고히 한 영역을 마련하게 했다([그림 9-1]).

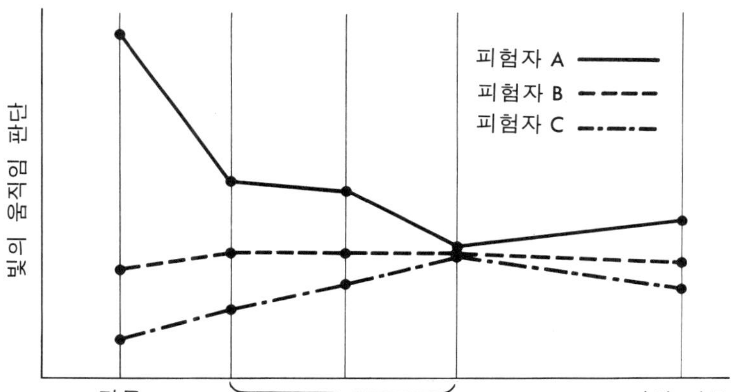

[그림 9-1] 자동운동효과를 이용한 집단규범의 발달

피험자를 한명씩 실험할 때 빛의 움직인 거리에 대한 그들의 대답은 매우 달랐다. 집단으로 실험했을 때에는 이 피험자들의 판단은 점차 비슷해졌고 이 집단규범은 피험자가 다시 혼자서 실험받을 때 그대로 유지되었다(Sherif, 1936).

제2차 세계대전과 히틀러의 집권에 따라 1940년대는 암울한 시기였다. 히틀러는 전쟁에 지친 독인 국민의 욕구불만을 다른 방향으로 해소하기 위해 유태인 학살정책과 게르만민족의 우수성을 강조하는 맹목적 국수주의(쇼비니즘)를 창출해냈고, 국민을 설득하고 단합하기 위한 여러 가지 선전과 설득방법을 고안했다. 이러한 여러 가지 정치적 사건은 사회심리학의 흐름을 크게 바꾸어 놓는 계기가 되었다. 즉, 많은 사회 심리학자들이 인종편견과 인종차별이 어떻게 형성되는가를 연구하기 시작했으며, 선전과 설득의 사회심리학적 특징을 파헤치기 시작했다.

인종차별이 형성되는 과정을 살펴보면 재미있는 사실이 많이 나타난다. 19세기 중반에 미국에서는 대륙간 횡단철도를 건설하느라고 많은 노동력이 필요했다. 이 때 미국에 이민온 중국인들이 이 철도공사에 많이 동원되었는데, 이들은 월급을 조금 받고도 아주 열심히 일을 해서 미국 사람들은 이들을 미워하지 않았다. 그러나 대륙간 횡단철도 공사가 끝나고, 또 설상가상으로 남북전쟁이 끝나 출전했던 병사들이 귀향하자 미국 내에 갑자기 취직난이 가중되기 시작했다. 그러자 이와 때를 맞추어 미국인 사이에 중국인에 대한 편견이 생기게 되어, 중국인들을 '범죄자,' 뻔뻔스러운 놈,' '교활한 놈,' '멍청이'라고 놀리고 박대하기 시작했다. 즉, 미국인의 중국인에 대한 편견은 경제적인 이유로 생겨난 것으로써 당시 미국 노동자들은 중국인들이 자기들의 일자리를 빼앗아갔다고 생각하여 이들을 증오하는 편견을 갖게 된 것이다.

나치에 의한 유태인학살은 인종적 편견과 경제적 · 정치적 상황이 맞물려 만들어낸, 인류역사상 가장 비극적인 사건 중의 하나였다.

일반적으로 백인은 흑인에 대해 편견을 갖고 있다. 그런데 서부 버지니아주의 석탄 광산에서 흑백인들의 상호작용을 조사한 것을 살펴보면 재미있는 사실이 나타난다. 광부들은 땅 속의 갱내에서는 흑인과 백인이 서로 동료로서 도와가며 일을 한다. 즉, 갱내에서는 백인 광부가 흑인 광부를 멸시하지 않는다. 그러나 일단 땅 위로 올라오면 서로 갈라져서 분리된 생활을 하고 욕을 하며 업신여겼다. 왜 이런 우스꽝스러운 현상이 일어날까? 그것은 우리가 사회에 존재하는 규범을 따르기 때문이다. 즉, 땅 속에서는 백인이 인종차별을 무시해도 좋지만 일단 땅 위에 올라오면 도처에 존재하는 인종차별이라는 사회적 규범을 무시하기가 어렵게 된다. 이는 앞에서 Sherif가 우리의 행동이 자신의 의도와 판단보다는 사회의 규범에 의해 보다 더 영향을 받는다고 지적한 바와 같은 내용이다.

Ⅲ. 집단의 압력

1950년대에 들어서서 사회심리학의 연구내용은 보다 확장되었다. 이 때 사회심리학의 영역에 두 가지 중요한 연구과제가 첨가되었는데, 첫째는 1950년대 초에 활발했던 것으로 집단과 집단의 소속감(membership)이 개인의 행동에 미치는 영향에 관한 것이다. 또 하나는 이 시기에 가장 각광을 받았던 L. Festinger(1957)의 「인지부조화이론(cognitive dissonance-theory)」이다. 먼저 집단이 개인에게 미치는 영향력에 관한 연구를 살펴보기로 하자.

앞에서 언급했듯이 Sherif는 인간이 불분명한 판단을 해야하는 상황에서 남에게 동조한다는 사실을 밝혔는데, 이에 대해 Solomon Asch는 다음과 같이 언급하고 있다; Sherif의 연구에서 나타난 강한 동조경향은 올바른 반응을 하기에는 너무나 모호한 상황이기 때문에 당연하다. 그러한 상황에서는 다른 사람을 준거의 틀로 삼는 것만이 합리적일 것이다. 이러한 비판을 한 후 Asch는 모호하지 않은 지각적 판단이 요청되는 일련의 연구를 통해서 인간이 어느 정도까지 집단의 압력에 굴복하게 되는가를 연구했다. 어느 집단에 소속해 있거나 우리의 의견은 대다수의 사람들이 갖고 있는 의견과 다를 수가 있다. 만일 우리가 대다수의 사람들이 우리 보다 더 타당한 정보를 갖고 있다고 결정한다면 우리는 생각을 바꿔서 다수의 의견에 동조할 것이다. 그러나 우리 자신의 의견이 옳고 다른 사람들이 틀렸다고 확인하는 상황에 처해 있다고 상상해 보라. 이 경우에 당신은 사회적 압력에 굴복할 것인가? Asch가 연구하려 했던 것은 이러한 종류의 동조에 관한 것이었다.

①

②

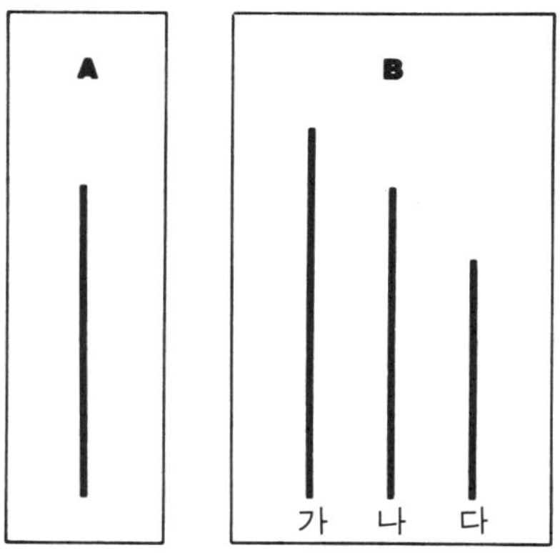

③

[그림 9-2] Asch의 실험장면과 실험자극

①번 사진의 오른쪽에서 세번째 안경 쓴이가 실제 피험자이고 나머지는 가짜 피험자들이다. ③번 그림과 같은 실험자극에 대해 다른(가짜) 피험자들이 〈가〉가 정답이라고 대답하자 피험자는 당황해서 실험자극을 다시 자세히 들여다 보고 있다(사진②).

Asch는 한 명의 피험자를 다섯 명의 다른 가짜 피험자(이들은 피험자라고 소개했으나 사실은 실험자의 조수로서 실험자의 사전지시에 따라 행동하는 사람들이었다)와 함께 원형테이블에 앉게 했다. 그리고 나서 그들에게 표준자극인 수직선 A를 먼저 보여주고, 다음에 길이가 다른 세 개의 수직선 B를 보여주었다. 그리고, 이 수직선 가운데 어떤 선이 먼저 보여준 A의 수직선과 똑같은 것인가를 판단하게 하였다. 모두 차례대로 대답하게 하였는데, 실제 피험자는 마지막에서 두번째 자리에 앉아 있었다. 이 판단은 아주 분명해서 〈나〉가 정답이었다([그림 9-2]). 첫번째 차례가 된 가짜 피험자가 수직선을 자세히 보더니 〈가〉가 정답이라고 대답한다. 진짜 피험자는 속으로 깜짝 놀라서 머리를 갸우뚱한다. 다음 차례가 된 가짜 피험자도 역시 〈가〉가 정답이라고 말하고, 셋째 그리고 넷째 피험자도 이들과 같은 대답을 한다. 진짜 피험자는 자기 차례가 돌아왔을 때 갈등을 느끼게 된다. 그는 한참 생각하다가 드디어 자기도 〈가〉가 정답이라고 마지못해 대답한다. Asch가 많은 피험자를 같은 상황에서 실험해 본 결과 피험자의 32%가 다수의 의견에 동조했음이 밝혀졌다.

Asch의 실험은 실상생활 속에서 우리가 경험하는 동조에의 압력이 얼마나 강력한 것인지를 잘 보여주었다.

정확한 답이 분명한데도 왜 개인은 틀린 다수로부터 독립적으로 행동하지 못하는 것일까? Asch의 실험결과에 대한 한 가지 해석에 따르면 Asch의 실험에서 피험자들이 동조하도록 강력하게 힘을 발휘시키는 것은 오히려 답이 분명하다는 사실이라고 한다(Ross, Bierbrauer, and Hoffman, 1976). 실제 생활에서 우리가 접할 수 있는 만장일치를 얻기 어려운 경우는 주로 어떤 경제정책이 인플레를 가장 잘 축소시키는가? 혹은, 두 그림 중 어느 것이 미적으로 우수한 것인가와 같이 어렵고 주관적인 판단을 포함하는 문제이다. 이같은 경우에 우리는 가끔 다른 사람들과 불일치할 수 있음을 아는데, 우리는 만장일치의 집단 속에서 단 하나의 소수가 되는 것이 난처하기는 하지만 가능하고 있을 수 있는 일이라는 것을 알고 있다. Asch의 상황은 더욱 극단적인 것이다. 여기서 각 개인은 간단한 물리적 사실에 대한 완전 불찬성에 부딪치는데 이것은 기묘하고 전례가 없던 것으로서 논리적으로 설명할 수가 없는 것이다. 피험자들은 분명히 어리둥절하고 긴장을 한다. 그들은 의심을 하여 눈을 꾸물거리고, 중얼거리며, 당황하여 킥킥 웃고, 이 미스테리에 대한 단서를 찾으려고 집단 속에 있는 다른 사람들을 유심히 쳐다본다. 조사를 한 후에 그들은 시각적 착시에 대한 자신이 없는 가설을 내놓거나(Asch, 1952), 또는 첫번째 사람이 어쩌다 한 번 실수를 했는데 그 다음 사람은 동조 압력 때문에 이를 따랐다고 생각한다.

이와 같은 상황 속에서 대다수와 달리 불찬성을 한다는 것은 무엇을 의미하는가를 생각해 보자. 집단의 판단을 피험자가 이해하지 못하는 것처럼, 피험자들은 자신들의 반대를 집단도 이해하지 못할 것이라고 믿는다. 집단은 그를 능력이 없고 판단력이 없다고 평가할 것이다. 이와 비슷하게 만일 피험자가 계속해서 반대한다면 이것은 그 집단의 능력에 대한 직접적인 도전이 될 것이다. 이 피험자는 정답이 〈나〉라고 말하려 하다가 다음과 같은 생각을 할 것이다. "내가 정답을 말하면 그들이 나를 어떻게 생각할까? 그들은 내가 자기들을 무시했다고 생각할 것이다." 진짜 피험자는 집단에서 자기가 거부되는 것에 대한 두려움 때문에 집단에게 반대를 못하고 자기주장을 굽히는 것이다. Solomon Asch의 실험은 집단의 압력이 얼마나 큰 힘으로 작용하는가를 여실히 증명해 준 충격적인 연구였다. 동조에 관한 이 실험은 1960년대에 이르러 더 직접적인 연구, 즉 권위에 대한 복종 실험으로 연결되었다.

Ⅳ. 인간의 복종행위

2000년대라는 초현대사회에 이르러서도 독재국가가 엄연히 존재하는데 이러한 사회는 상사의 명령과 부하의 복종이라는 전근대적 종속관계에 의해 유지되는 것이다. 따라서, 사회심리학자들은 인간이 어느 정도까지 자기의 자율성과 이타성을 말살할 수 있는가에 자연히 관심이 쏠릴 수밖에 없었다.

Stanley Milgram

복종에 대한 가장 유명한 연구는 1963년 사회심리학자인 Milgram이 실시한 것으로서 다음과 같이 진행되었다. 먼저 '기억연구'에 한 시간 동안 참여하는 조건으로 4달러를 준다는 신문광고를 내서 실험에 참가할 피험자를 모집했다. 지원자가 연구실에 오면 항상 먼저 와서 대기하고 있는 또 다른 지원자를 보게 되는데 이 사람은 사실은 지원자가 아니고 실험자의 조수로서 지원자처럼 가장한 것이다. 실험자는 두 사람 가운데 한 사람은 교사 역할을 하고 다른 사람은 학생이 되어야 한다고 말한다. 그러나 실제로는 상황을 조작하여 진짜 지원자 또는 피험자는 항상 교사가 되고 가짜 지원자는 항상 학생이 되도록 하였다. 교사가 할 일은 학생에게 단어를 읽어 주고 나중에 이것을 정확하게 기억하는가를 검사하는 것이다. 실험자는 교사에게 만일 학생이 기억을 못하면 전기충격을 주라고 말한다. 이 실험의 목적은 교사의 역할을 수행하는 실제 피험자가 실험자의 명령에 어느 정도까지 복종하는가를 관찰하기 위한 것이었다.

실험자는 학생을 전기장치가 된 의자에 묶고 손목에 전선줄을 연결하였다. 교사는 학생이 의자에 묶이고 전선이 연결되는 것을 보았으며 학생이 묶여 있는 옆방에서 마이크로 학생에게 단어를 불러주게 되어 있었다. 교사가 있는 방에는 학생에게 전기충격을 주는 기계가 있었는데, 그 기계에는 '가벼운 충격'이라고 써 붙인 15볼트로부터 '위험, 극심한 충격'이라고 써 있는 450볼트까지 여러 종류의 전압을 나타내는 다이얼과 그에 따른 스위치가 있었다. 학생이 과오를 범할 때마다 교사는 실험자의 지시에 따라 점점 더 높은 전압의 전기를 학생에게 주어야 한다. 그러나 실제로는 교사의 역할을 맡은 피험자가 학생에게 전기충격을 주기 위해 스위치를 눌러도 전기충격은 전달되지 않게 되어 있었다. 그러나 교사는 이 사실을 모르고 실제로 전기가 전달되는 것으로 알고 있었고 한편 교사를 속이기 위해 전기충격이 전달되면 학생은 신음하는 소리를 내기 시작했다[그림 9-3].

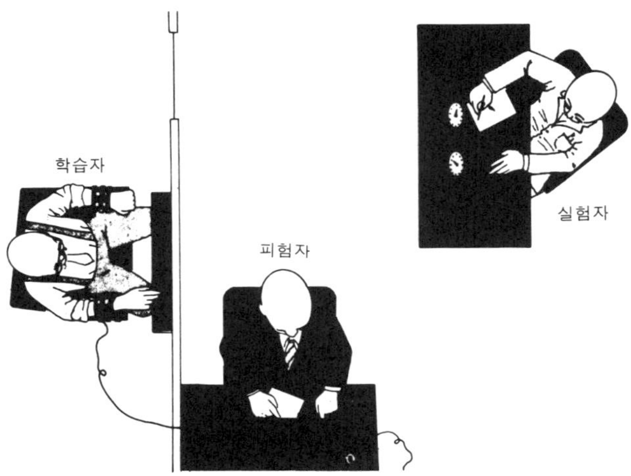

[그림 9-3] Milgram의 복종실험
피험자는 실험자로부터 학습자가 계속 과오를 범할 때마다 더 강한 전기충격을 주라고 지시받았다. 피험자가 거부하면 실험자는 계속해야 한다고 압력을 주었다(Milgram, 1974).

실험이 진행됨에 따라 학생은 점점 더 많은 실수를 했고, 교사는 점점 더 심한 전기충격을 주지 않으면 안되었다. 전기 충격수준이 증가함에 따라 교사는 벽을 통해 학생이 저항하는 소리를 들을 수 있었다. 충격이 좀더 강해짐에 따라 학생은 소리를 지르고 욕설을 퍼붓기 시작했다. 300볼트시에는 벽을 차기 시작했고, 극도로 강한 충격이라고 표시된 단계에서는 더이상 질문에 대답하지 않았고 아무런 소리도 내지 않았다. 상상할 수 있는 바와 같이 많은 피험자들이 실험을 거부하기 시작했고 그러한 절차를 중지해 달라고 실험자에게 호소했다. 그러나 실험자는 피험자가 계속하도록 여러 가지 명령을 내려 "계속 충격을 주시오"라고 대답했다. 피험자는 정말 자기가 못하겠다고 생각하면 중단할 수도 있었다. 얼마나 많은 피험자가 이러한 비인도적인 행위를 계속할 것인가? 놀랍게도 피험자의 35%만이 중단했을 뿐이고, 65%는 450볼트까지 계속 전기충격을 주었다([그림 9-4]).

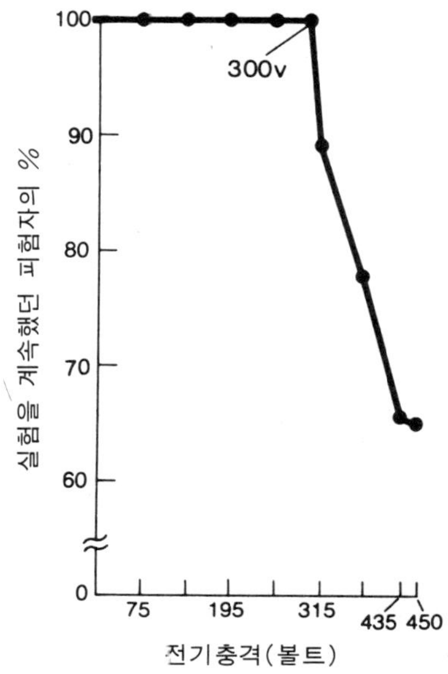

[그림 9-4] 권위에의 복종
전기충격의 강도에 따라 전기충격을 벌로 주려고 했던 피험자의 백분율, 300볼트 이하인 경우에는 모든 피험자가 전기충격을 시행했다(Milgram, 1963).

심리학자들은 Milgram의 연구가 학문을 위해 대학교의 실험실에서 이루어진 실험이며 이로 인해 피험자가 실험자를 믿었기 때문에 높은 복종률을 나타냈다고 비판했다. 즉, 이들은 대학교가 아닌 다른 상황에서는 복종률이 그렇게 높지 않을 것이라고 주장했다. Milgram연구의 또 다른 단점은 그것이 실제적인 상황이 아닌 실험실에서 진행되었다는 점이다. 실제 상황에서의 복종률을 알아보기 위해 다른 심리학자가 병원에서 간호사를 대상으로 연구하였다.

2명의 정신과 의사와 3명의 간호사로 구성된 5명의 조사자가 공·사립병원, 22개 병동의 간호원을 대상으로 이들에게 병원규칙과 전문가의 의료행위수칙에 위반되는 지시를 내렸을 경우 과연 이를 따를 것인가에 대해 조사했다(Hofling 등 1966). 근무 중에 있는 피험자(간호사)는 자기병원 의사라고 자처하지만 한번도 만난적이 없는 한 의사(연구자가 가장함)로부터 다음과 같은 전화를 받았다. "나는 정신과 의사 김갑수인데 박갑돌씨의 담당의사요. 조금후에 갈테니 그에게 미리 주사를 놓아주시오. 먼저 의약금고를 열고 애스트로텐이라는 약이 얼마나 있는지 확인해 주시겠소? 애스트로텐이오." 그 간호사는 의약 금고를 열어 이 약을 확인하고 의약상자에 다음과 같은 주의가 붙어 있는 것을 보았다.

에스트로텐
5mg 캡슐

일상복용량: 5mg
일일 최고복용량: 10mg

간호사가 확인했다고 말하자 의사는 "그러면 박갑돌씨에게 20mg의 에스트로텐을 주사하시오. 내가 10분 내에 가서 처방전에 서명을 할 것이니 그 전에 주사를 놓으시오"라고 말했다. 만일 간호사가 이 약을 주사하려 하면 실험자 가운데 하나인 의사가 주사를 놓지 못하게 말렸다. 이 병원에서는 전화로 약물치료의 지시를 내리는 것은 금지되어 있었고, 또 20mg의 에스트로텐은 너무 지나친 분량이었다. 이렇게 여러가지로 병원규칙에 위배됨에도 불구하고 22명의 간호사 중에서 21명이 주사를 놓으려고 준비했다. 어떤 간호사도 의문을 제기하지 않았고, 전화로 명령을 한 의사에게 처방전을 써 달라고 요구한 사람도 없었다.

왜 우리들은 무조건 복종을 하는가? 그것은 어느 나라에서든지 복종을 미덕으로 간주하기 때문이다. 즉, 어느 나라건 학생은 선생에게, 부하는 상사에게, 간호사는 의사에게 무조건 복정하라는 교육을 받았고, 또 그래야만 옳은 것으로 간주해 왔기 때문이다. 1983년 우리는 KAL기 피격사건이란 엄청난 시련을 겪었다. 그때 많은 사람들이 공산주의자를 저주하고 미그기 조종사가 상관의 명령에 따랐다는 사실에 아쉬움을 표시했다. 그러나, 참으로 불행한 사실이지만 전투기 조종사가 상관의 명령을 거역한다는 것은 거의 기대할 수 없는 일이다. 우리는 Migram의 연구와 간호사에 대한 연구를 통해 이를 잘 알 수 있다. KAL기 사건과 위의 두 심리학적 연구를 통해서 과연 인간에게 자율성이 있는가, 그리고 의지력이 있는가를 다시 한 번 의심하지 않을 수 없다. 그리하여 인간의 맹목적인 추종에 대해 놀라움도 금할 수가 없는 것이다.

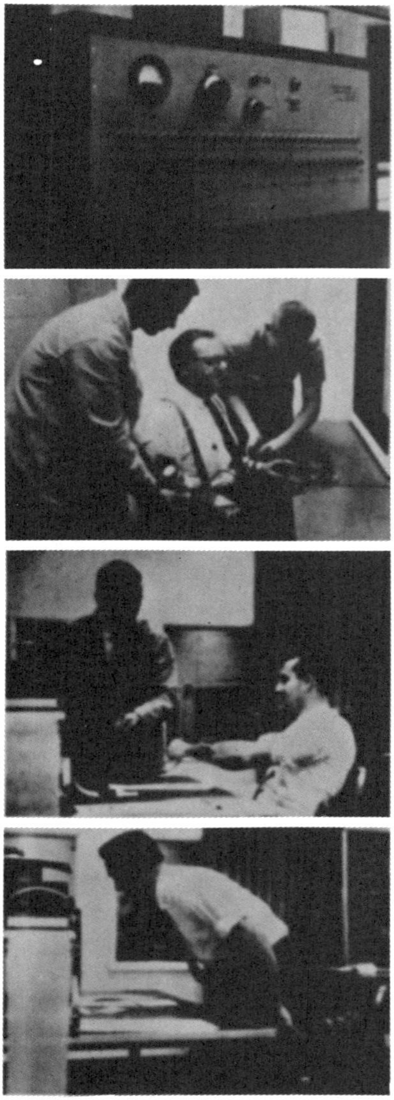

Milgram의 전기충격상자와 전기충격을 주는 장면

V. 태 도

태도(attitude)는 사회심리학에서 가장 중요한 개념의 하나로 좋아함과 싫어함을 나타낸다. 즉, 태도란 상황, 대상물, 인간, 집단에 대한 우리의 친근감과 혐오감을 말한다. 태도는 또한 추상적 사고와 사회적 정책 등을 포함하는 환경의 어떤 측면과 관련해 언급될 수도 있는 바 이 때는 찬성과 불찬성으로 나타내게 된다. 우리는 종종 의견을 진술하는 식으로 우리의 태도를 표현한다. 예를 들면 "나는 오렌지를 좋아한다," "나는 ○○당 사람들을 참을 수 없어" 등이다. 그러나 비록 그들이 감정을 표현한다 할지라도 태도는 인지, 특히 사물에 대한 신념(belief)과 관련이 있다(오렌지는 많은 비타민을 함유하고 있고, ○○당 사람들은 경제를 악화시킨다). 그리고 태도는 우리가 사물에 대해 취하는 행동과도 관련이 있다(나는 아침마다 오렌지를 먹고, 항상 ××당에 표를 찍는다). 따라서 사회 심리학자들은 전형적으로 태도가 인지적 요소, 정의적 요소, 그리고 행동적 요소의 세 가지 요소로 구성되어 있는 것으로 간주해 왔다. 이때, 인지적 요소는 신념을 나타내고, 정의적 요소란 찬성 혹은 불찬성을 나타내며 그리고 행동적 요소란 행위 혹은 행동의 경향성을 나타낸다.

시위장면

모든 사회문제를 개인적 태도의 문제로 해석하는 것은 두리일 것이다. 그러나 태도의 규칙을 이해하던 이들 문제와 관련된 개인의 행동을 더 잘 예해할 수 있다.

태도에 관한 연구는 주로 두 가지 중요한 문제를 다루었는데 첫번째는 한 개인의 신념과 태도 그리고 행동간의 일치성에 대한 문제이고, 두번째는 태도가 발달하고 변화하는 방법에 관한 것이다. 첫번째의 신념과 태도 그리고 행동간의 일치성 문제란 우리들이 가지고 있는 의견들은 서로 논리적으로 연결되며 일관성을 가지고 있다는 것이다. 예를 들어, 보수적인 태도를 가진 사람은 인종차별금지법 또는 무기소지법을 반대하며, 자기 의견의 토대로서 개인의 자유의 중요성을 강조한다. 표면적으로 이 다양한 태도가 논리적으로 연관되지는 않더라도, 어떤 사람의 태도 한 가지를 알면 다른 태도도 추측할 수가 있다. 즉, 태도가 엄격한 형식논리에 따라 조직화되지는 않지만 우리는 일종 '심리적 논리'를 가지고 있으며 이에 따른다. 사회심리학자들이 인지적 일관성이라는 이름 하에서 연구했던 바로 심리적 논리이다.

인지적 일관성이론의 기본적 전제는 우리 모두가 우리의 신념, 태도 그리고 행동이 일관되도록 노력한다는 것과, 비일관성은 일관성이 이루어질 때까지 그것을 수정하고 변화시키도록 하는 자극제 또는 흥분제로 작용한다는 것이다. 이 분야의 연구자들은 신념들 사이의 일관성, 태도들 사이의 일관성, 신념과 태도 사이의 일관성을 조사해 왔다. 인지적 일관성에 대한 초기의 연구 중 하나는 McGuire에 의해서 수행된 신념의 일관성에 관한 것으로 실제로 신념의 세트가 형식논리의 법칙을 어느 정도 따르는가를 평가했다. 피험자들에게 두 가지 전제와 그 전제로부터 유도된 결론인 세 가지 명제로 되어 있는 여러 문항의 설문지를 주고, 각 명제에 관한 진실성에 대한 그들의 신념을 설문지에 숫자로 표시하게 하였는데, 그 명제들은 논리적 삼단논법을 따르는 것이었다. 일주일 후에 각 삼단논법 중에서 첫번째 전제의 진실성을 찬성하는 내용의 설득적인 메시지를 주었는데, 이 메시지는 두번째 전제나 결론에 대해서는 언급하지 않았다. 그럼에도 불구하고 다시 질문지에 답하게 해 본 결과, 설득적 메시지에 의해 전제에 대한 신념이 변화한 것에 따라 결론에 대한 신념도 상당한 정도로 일관성 있게 변화한다는 것을 발견하였다(McGuire, 1960).

인지적 일관성 문제외에 태도간의 일관성문제는 Rokeach연구에서 잘 나타나고 있다. Rokeach(1968, 1973)는 태도는 중심되는 일련의 가치들로부터 파생하기 때문에 태도와 가치는 일관성이 있다는 것을 규명하려 하였다. 그는 학생들에게 12가지 가치를 중요한 순서대로 정하라고 부탁했다. 그 결과 중에서 그는 개인의 자유와 평등의 두 가지에 중요성을 부여한 것에 특히 관심을 가졌다. 미국에서 1960년대에 있었던 인권시위에 참가한 사람, 참가는 하지 않았으나 그 시위에 찬성하는 사람, 그리고 시위에 반대하는 사람에 대해서 따로따로 12가지 가치의 중요도에 대한 그 순서를 비교했다. 모든 사람들이 자유의 가치를 높게 평가했으나, 인권시위에 가담한 사람만이 평등의 가치를 높게 평가하였다. 그리고 나서 Rokeach는 McGuire의 신념의 일관성에 관한 연구와 유사한 연구를 했다. 학생들의 가치에 관한 평가순서와 인권시위에 대한 태도를 얻은 다음에, 그들과 함께 인권시위에 찬성하지 않은 사람이 평등에 대해 낮은 평가를 한 것에 대해 토론하면서 그들을 비판했다. 학생들에게 이런 견지에서 자신의 가치와 태도를 신중히 숙고하도록 요청했다. 그리고 3주일 후에 그리고 또 다시 3~5개월 후에 그들의 태도와 가치에 대해 한번 더 서열을 정해보도록 부탁했다. 앞의 삼단논법 연구처럼 이 연구는 비일관성이 태도변화를 가져온다는 것을 밝혔다. 특히 평등은 높게 평가했지만 인권시위에 반대했던 학생들은 그들의 가치평가에 평등의 중요성을 계속 높게 평가하면서 점차 인권을 옹호하게 되었다. 또한 처음에 평등을 낮게 평가했으나 인권을 찬성한 학생들은 가치평가에서 평등의 중요성을 상승시켰으며 인권찬성의 태도는 그대로 보유하게 되었다. 이러한 결과들은 사람들이 그들의 태도와 가치 사이에 일관성을 추구하려 노력한다는 전제를 지지해 준다.

우리의 신념과 태도 사이의 일관성은 일상 생활장면에서 흔히 찾아볼 수 있다. 만약 우리가 어떤 자동차가 매우 튼튼하고, 안락하고, 주행거리도 좋다고 믿게 되면 그 차에 대해 좋은 태도를 갖게 되기 쉽다. 그런 경우에 우리의 태도는 이를 지지하는 신념에서부터 자연 발생적으로 불가피하게 생기는 것 같다. 수년에 걸쳐 많은 연구자들이 다음과 같은 사실을 밝혔다 (Rosenberg, 1956; Fishbein, 1963). 태도가 신념을 변화시킬 수 있음이 종족에 대한 태도연구에서 현저하게 나타났다. 백인 피험자들을 대상으로 흑인과 주택통합에 대한 신념 및 태도를 측정한 후에, 그들에게 최면을 걸고 흑인이 자기의 거주지역으로 이사해 오는데 대한 자신의 태도가 이전에 그가 가졌던 태도와는 정반대라는 암시를 주었다. 이 암시는 효과가 있었다. 즉, 주택통합에 대해서 전에 상당히 반대했던 피험자들은 최면상태에서 암시를 받은 후에는 그것을 찬성하기에 이르렀다. 최면상태에서 깨어난 후 피험자들은 흑인과 주택통합문제에 대한 현재 그들의 태도와 신념에 관해서 질문받았다. 놀라운 사실이 발견되었는데, 그들의 신념은 새롭게 바뀐 태도와 일치하는 것이었다. 따라서 주택통합에 관해서 태도가 우호적으로 바뀌게 된 피험자들은 이제는 주택통합이야말로 인종간의 화합에 꼭 필요한 일이며, 해볼만한 정당한 일이라는 신념을 나타내었다 (Rosenberg, 1960).

태도를 연구하는 중요한 이유 중의 하나는 태도가 행동을 예측해 준다는 기대 때문이다. 개인의 태도가 그의 행동을 결정해 준다는 생각은 서구사상에 깊이 뿌리박고 있으며 그 생각이 옳은 경우가 많다. 예를 들면 1952년부터 1964년까지의 대통령 선거 조사에서 투표자의 85%가 선거 두 달 전의 그들의 태도와 선거시의 그들의 실제 투표행동이 일치했음을 나타내었다 (Kelly & Mirer, 1974).

Ⅵ. 태도의 정의와 발달

지금까지 태도에 관해서 심리학자들이 여러 가지로 정의해 왔지만 가장 많이 언급되어 온 것은 태도는 세 가지 요소, 즉 인지, 감정, 그리고 행동으로 구성되어 있다는 설이다. 어떤 사람이 민주주의는 대의 정치이고 국민의 자유가 존중되며 자유재산권이 보장된다는 것을 아는 것은 그가 민주주의에 대해 인지적인 내용을 파악하고 있는 것이다. 즉 어떤 사람이 태도를 지니려면 그는 먼저 태도대상(이 경우는 민주주의)에 대한 지식, 즉 인지적 요소를 이해해야한다. 민주주의를 신봉하는 사람은 "나는 민주주의를 지지한다"라고 말하는데, 이것은 그가 민주주의에 대해 호감을 갖고 있음을 암시하며 이 호감은 태도와 두번째 요소인 감정을 말한다. 또 민주주의를 선호하는 사람은 독재와 맞서서 민주주의를 옹호하는 데모를 벌인다. 민주주의를 찾기 위한 4.19의거는 민주주의 신봉이 행동으로 표현된 것을 말하며 이것이 태도의 세번째 구성요소이다.

그러나 많은 심리학자들이 태도의 정의는 이렇게 세 요소로 하면서도 실제로 연구를 할 때는 이 세가지를 모두 연구하지 않고 그 태도 대상에 대한 평가(즉 태도의 감정요소)만을 조사해 왔다(나은영, 1994). 우리 자신이나 타인 그리고 사물 또는 대상에 대한 평가라 함은 우리가 사회의 이슈에 대해 '좋다', 또는 '나쁘다'라고 평가하는 것을 말한다. 그러나 최근에 태도에 관한 정의는 보다 더 넓게 정의되어야 한다고 주장하는 사람이 늘고 있다.

Pratkanis, Brecker, 그리고 Greenwald(1989)는 태도의 정의 속에는 단순한 긍정적 또는 부정적 감정 이상의 것이 반영되어야 한다고 주장하는데 그 이유는 태도 대상에 관한 과거경험, 그 경험의 정신적 이미지, 그리고 이와 관련된 기타의 기억요소가 태도에서 중요한 역할을 하기 때문이다.

태도를 보다 종합적으로 정의하기 위해서는 태도가 갖는 기능이 정의 상에 반영되어야 한다. 태도는 우리로 하여금 가치있는 목표로 행동을 인도하고 혐오적인 사건을 회피하게 만든다. 마찬가지로 태도는 개인이 세상에 관한 복잡한 정보를 처리하는 데에도 도움을 준다. 따라서 일단 태도가 형성되면, 그 태도는 우리가 새로운 정보를 해석하고 결론에 쉽게 도달하도록 도와준다.

이러한 점을 감안하여 우리는 태도를 다음과 같이 정의할 수 있다. 태도란 우리가 사회적 또는 물리적 세계의 여러 사물에 대해 갖고 있는 정신적 표상(representation)이며, 태도는 경험을 통해 습득되고 이후의 행동에 영향을 준다. 구체적인 예를 들면 이 정의를 이해하는 데 도움이 될 것이다. 어떤 사람이 공산주의에 대해 부정적인 태도를 가지고 있다면 이를 어떻게 설명할 것인가? 그 사람은 6.25전쟁 때 공산주의를 경험했기 때문에 공산주의에 관한 정신적 표상을 형성했다. 이 표상에는 그가 공산주의 밑에서 경험했던 독재정치와 사유재산의 포기 등의 내용이 포함되어 있다. 또한 이 표상에는 감정적인 요소가 담겨 있어서 그는 공산주의 사상을 접할 때마다 몸서리를 치고 주사파학생을 증오한다. 마지막으로 이 표상은 행동에 영향을 주어서 그는 청년들에게 공산주의와 주체사상을 배격하도록 요구한다.

결국 태도란 사회 또는 물리적 세계의 여러 대상에 관한 우리의 내부적 정신표상이다. 이 표상 속에는 태도대상에 대한 감정적 반응과 인지(생각, 신념, 판단)가 포함되어 있다. 태도는 과거의 경험을 반영하고 이 후의 행동을 조형하고 그 태도를 지닌 사람에게 중요한 기능을 한다.

어린 아이가 태어날 때부터 환경보호론자, 낙태반대론자, 민주주의 옹호론자가 아니다. 그는 다른 사람과 상호작용하면서 사회적 이슈에 대한 견해를 듣고 보면서 자기의 태도를 형성해 나간다.

아동의 태도 발달에 가장 큰 영향을 주는 인물은 부모이다. 아동이 부모의 영향을 받는 이유는 그가 부모와 동일시하고 좋어하기 때문이다. 아울러 부모는 칭찬과 벌을 통해서 아동을 바람직한 방향으로 훈육시키기 때문에 부모의 태도가 아동에게 전수되는 것은 지극히 당연한 일이다. 태도는 행동이 학습되는 것과 같은 방법으로 학습된다. 학습이론에서는 인간의 학습이 도구적 조건형성이나 모방에 의해서 이루어진다고 주장하는데 태도 역시 이러한 원리에 의해 학습된다. 즉 아동은 부모로부터 칭찬을 받고 벌을 피하기 위해 부모가 가진 또는 부모가 바라는 태도를 학습하고 모방한다.

그러나 우리의 태도형성에 영향을 주는 것은 부모뿐만이 아니다. 아동이 점차 성장하면 부모의 영향력은 상대적으로 줄어들고 친구, 교사, 그리고 그들이 좋아하는 연예인, 정치가들의 입김이 커진다. 청소년들은 부모보다 그들의 친구를 더 좋아하고, 부모가 강요하는 태도는 고루하다고 판단하여 친구의 태도와 가치관을 수용한다. 이러한 현상은 청소년이 대학에 들어가면서 더욱 심해진다.

1935년 Newcomb(1943)은 중류층 이상의 자녀들이 주로 다니는 Bennington대학의 학생들을 조사했다. 이 대학의 부모들은 중상류층이기 때문에 대부분이 공화당을 지지하는 계층이다. 이 대학 신입생을 조사한 결과 이들은 부모와 같이 공화당 지지자였다. 그러나 신입생들과는 달리 학년이 높아갈수록 상급생들은 민주당을 지지하는 쪽으로 변신해 갔다. 그렇게 된 원인은 무엇일까? 그들의 친구 그리고 그들이 존경하는 교수들의 대부분이 혁신을 지향하는 민주당 지지자였기 때문이다.

Ⅶ. 태도변화

히틀러 통치하의 나치 독일인들의 행동이 사회심리학자로 하여금 권위에 대한 복종에 관심을 갖도록 자극한 것처럼, 2차 세계대전 중 양 진영의 선전활동은 심리학자들로 하여금 설득과 태도변화에 관심을 갖게 했다. 가장 집중적인 연구가 예일대학에서 1950년대에 시작되었는데, 이 연구는 의사전달자, 의사소통, 목표대상이라는 세 가지 설득요소에 초점을 두었다. 이 연구에서는 성공적인 의사전달자의 특성, 효율적인 의사소통의 특성, 더 쉽게 설득될 수 있는 성격유형 등을 알아보고자 하였다(Hovland, Janis, and Kelley. 1953). 이 연구의 결과는 아주 복잡해서 간단히 요약하기가 어렵고 여기서는 효율적인 전달자의 성격에 대해서만 살펴보려한다. 왜냐하면 이 주제는 늘 광범위한 일상적 · 사회적 시사점을 함축하고 있기 때문이다.

새로운 제도가 실시되기 위해서는 일정기간 동안의 설득기간이 필요하다. 이에 따라 서서히 태도가 변화된다.

태도변화에 관한 연구에서 가장 분명한 발견 중 하나는, 개인이 전달자를 높이 평가할수록 쉽게 의사소통을 통해 설득당한다는 것이다. 설득 대상자가 전달자를 평가하는데 작용하는 두 가지 주요 요소는 전달자의 신뢰성과 설득 대상자가 전달자에 대해 느끼는 매력이다.

전달자의 신뢰성은 그가 얼마나 신뢰를 받는가의 정도를 나타내는데 이것은 전달자가 현재 토론되고 있는 주제에 관해 얼마나 전문가인가와 얼마나 신뢰 있고 공평한 사람인가에 달려 있다. 정치가나 광고주들은 전달내용 그 자체에 투자하는 시간만큼 많은 시간을 그것이 믿을 만한 것이라는 확신을 심어주는 데에 투자한다. 신뢰롭게 보이는 한 가지 방법은 자기 자신의 최선의 이익과 정반대의 입장을 지지하는 것이다. 예를 들어 한 연구에서는 기결수와 검사의 논쟁을 피험자에게 제시하였다.

기결수가 법원이 보다 강한 권한을 가져야 한다고 주장할 때 피험자는 더 많은 태도변화를 일으켰다. 그런데 똑같은 주장이 검사에 의하여 제시될 때는 전혀 반대현상이 나타났다(Walster, Aronson and Abrahams, 1966). 그리고, 의사전달자가 우리를 설득시키려 하고 있음을 알게 되면, 우리는 의사소통이 왜곡되거나 부정직하다고까지 의심하게 되어 의사전달자의 신뢰성은 크게 타격을 받게 된다. 또한 설득이 분명하게 우리들에게 향해진 경우보다는 우리가 우연히 설득내용을 들었을 경우에 훨씬 태도변화가 많이 일어나게 된다(Walster & Festinger, 1962).

의사전달자에 대한 설득대상자의 평가에서 두번째로 중요한 요소는 의사전달자의 매력, 즉 의사전달자에 대하여 설득대상자가 갖는 호감의 정도이다. 개개인의 설득력을 강화시켜 주는 데에 신체적인 매력을 포함한 대인 매력을 높여주는 모든 요소들이 기여한다. 그러나 신뢰감과 매력은 약간 다르게 작용한다. 신뢰감이 태도변화를 유발시키는 이유는, 사람들이 신뢰할 만한 정보원의 주장을 신뢰할 수 없는 정보원의 주장보다도 훨씬 더 진지하게 받아들이기 때문이다. 그러나 매력은 동일시의 기제를 통하여 작용하는 것으로 보인다(Kelman, 1961). 흔히 사람들은 좋아하고 존경하는 사람들과 자신을 동일시하거나 또는 스스로 그렇게 되려고 하며, 이를 통하여 자기가 좋아하는 사람의 신념과 태도들까지도 택하게 된다. 그렇게 때문에 매력있는 의사전달자의 경우에는 확실하고 설득력 있는 주장을 하는 것이 별로 중요하지 않지만, 매력이 없는 의사전달자의 경우에는 이것이 매우 필요하다. 한 연구결과에 의하면 전문가가 전달하는 요령있는 주장은 설득력을 재고시켜 주기는 하지만, 매력적인 비전문가가 달성한 태도변화만큼의 효과는 거둘 수 없음이 증명되었다(Norman, 1976).

Ⅷ. 인지부조화이론과 자기지각이론

1950년대에는 사회심리학에 새로운 연구영역이 탄생되었는데, 이 영역은 Leon Festinger라는 미국의 사회심리학자가 태도의 형성과 변화에 관한 일련의 연구를 통해 「인지부조이론」(congnitive Dissonance theory; 1957)이라는 책을 발간함에 따라 생겼다. 그는 실로 우연한 기회를 통해 인지부조화이론을 세

우게 되었다. 그가 어느 재단의 도움을 받아 인도의 역사와 사건을 정리하는 연구를 하던 중 한 가지 재미있는 사건을 알게 되었다. 지질학자들이 어느 해 인도의 어느 지방에 커다란 화산폭발이 있을 것이라는 예보를 했다. 편의상 그 지방을 A도시라고 하자. 그래서 A도시 사람들은 이 화산폭발에 대비해서 많은 준비를 하고 대피작업을 완료했다. 그런 며칠 후 화산이 폭발했는데 지질학자의 예보는 빗나가서 화산폭발이 일어난 것은 A도시가 아니라 그 도시에 인접한 B라는 도시였다. B도시는 아닌 밤에 날벼락을 맞아서 모든 주민이 한때 당황하고 큰 소란이 일어났으나, 곧 주민들은 냉정을 되찾고 피해복구에 전력하게 되었다. 한편, 화산폭발을 경고받았지만 실제로 피해를 보지 않은 A도시 주민들은 안도의 한숨을 내쉬었으나, 그 후로는 이상하게도 B도시 주민들보다 더 술렁이고 있었다. 즉 A도시에서는 여러 가지 헛소문이 나돌기 시작했는데, 그것은 곧 제2차 화산폭발이 있을 것인데 이번에는 A도시에 집중적으로 있게 될 것이라는 것과 곧 해일이 밀어닥쳐 도시가 물 속에 잠길 것이라는 내용이었다. 헛소문 때문에 사람들은 다시 보따리를 꾸리고 피신하는 소동이 벌어졌다.

Festinger는 대략 이러한 내용의 사건을 읽고 왜 A도시의 주민들이 그러한 우스꽝스러운 행동을 했는가를 추리하고자 애를 썼다. 그 결과, 그는 다음과 같은 가정을 세우게 되었다. A도시의 주민들은 그들이 기대했던 화산폭발(하나의 인지적 내용)과 그들이 가진 현실(또다른 인지적 내용), 즉 기대와 현실간에 부조화가 생기게 되었다. 두 인지적 내용상에 부조화가 생기면 기분이 나빠져서 이를 조화로 바꾸려고 노력하게 된다. A도시의 주민들이 곧 제2차 화산폭발이 생기고 해일이 밀어닥칠 것이라는 헛소문을 만들어낸 것은 그들이 지닌 인지적 부조화를 조화로 바꾸려는 동기에서이다.

Festinger는 이러한 인지부조화이론을 세운 뒤에 여러 가지 실험을 통해서 이 이론을 증명했다. 그 중의 한 가지는 흡연자 실험인데, 흡연자는 자기가 흡연자라는 인지적 사실과 담배는 폐암을 초래한다는 또 다른 인지적 사실 사이에서 부조화를 갖게 된다. 흡연자가 이러한 부조화를 조화로 바꾸는 한 가지 방법은 담배는 폐암과 관련이 있다는 정보를 신빙성이 없는 것으로 깎아내리거나, 이러한 의학적 보고서를 회피하거나, 아니면 담배를 끊는 것이다. Festinger는 실험을 통해서 흡연자가 비흡자에 비해서 이러한 의학적 정보의 가치를 깎아내리거나 이를 회피하는 행동을 더 많이 함을 밝혀냈다.

인지부조화이론은 일반적으로 여러 종류의 부조화를 언급하고 있으나, 특히 한 가지 종류의 부조화, 즉 태도와 행동간의 부조화를 예측하는 데 가장 적극적이었다. 개인의 태도와 반대되는 행동을 하는 것은 그의 태도를 변화시켜 부조화를 감소시키며 따라서 태도와 행동이 일치하도록 압력을 가한다. 이 이론은 태도와 상반되는 행동을 하는 것은 부조화를 가장 많이 일으키며, 이 행동을 하는 다른 조화적 이유가 없으면 가장 큰 태도변화를 초래한다고 가정한다. 이것은 Festinger와 Carlsmith(1959)의 실험을 통해 검증되었다.

그들은 피험자를 작은 방에 데려가 한 시간 동안이나 지루하고 반복적인 일을 시켰다. 일이 끝난 후 어떤 피험자에게는 1,000원을 주고 실험에 가담할 다른 피험자에게 그 일이 재미있고 흥미있다고 말해달라고 요청했고, 다른 피험자에게는 같은 조건으로 20,000원을 주었다. 실험이 끝난 후 피험자들에게 그들 자신은 그 일이 얼마나 재미있었는가를 물었다. [그림 9-5]에 제시된 바와 같이 1,000원을 받은 학생들은 그 일이 실제로 재미있었다고 진술했으나, 20,000원을 받은 학생들은 다른 사람에게 말해 달라는 부탁을 받지 않은 통제집단보다도 더 그 일이 지루했다고 말했다. 인지부조화이론에 따르면 20,000원을 받은 것은 높은 금액을 받았으므로 그러한 행위를 한 것을 정당화시켜 주는 이유를 제공하기 때문에 거의 부조화를 초래하지 않는다. 따라서 20,000원을 받았던 피험자들은 그들의 태도를 바꾸지 않았다. 그러나 1,000원을 받았던 피험자들은 자신의 행위를 정당화시키기에는 너무 적은 돈을 받았다. 따라서 그들은 부조화를 경험했고 이러한 부조화는 자신이 실제로 그 일을 즐겼다고 태도를 변화시킴으로써 감소하였다. Festinger의 인지부조화이론은 1960년대까지 활발히 계속되다가 1970년대에는 귀인이론으로 발전하게 되었는 바, 귀인이론에 대해서는 뒤에 다시 자세히 살펴보기로 하겠다.

행동에 대한 원인을 규명하는 데 있어 D. Bem은 인지부조화이론과는 다른 각도에서 설명하고 있다. Bem은 우리가 어떤 행동에 대한 원인을 규명할 때 자기의 행동을 지각해서 판단을 내린다고 주장한다. 예컨대, 우리는 흔히 자기의 욕구, 의도를 의식하지 못하고 자기가 한 행동을 기초로 이를 해석하는 경향이

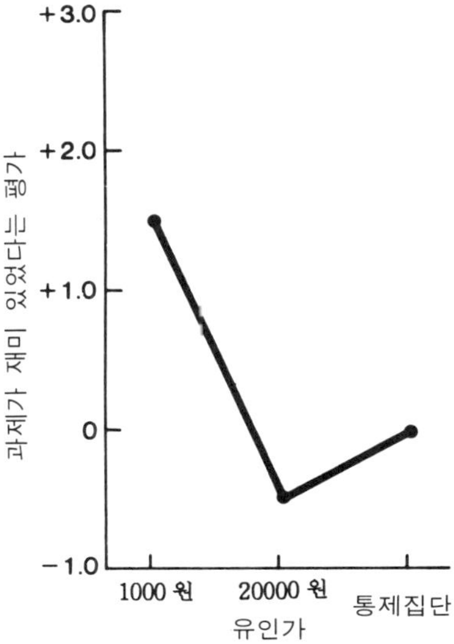

[그림 9-5] 태도변화와 유인가
실험자의 부탁에 응할 때 주는 유인가가 적을수록 태도변화가 더 잘 된다(Festinger와 Carlsmith, 1959).

Daryl Bem

있다. 배가 고픈줄 모르고 일에 몰두하다가 불고기를 3인분이나 먹은 사람이 자기 행동을 관찰하고 나서 '아, 내가 배가 몹시 고팠구나' 하고 자기 행동을 판단한다.

Festinger의 인지부조화이론과 Bem의 자기지각이론(self perception theory)은 원칙적으로 비슷하나, 그 해석방법에는 약간의 차이가 있다. 인지부조화이론은 어떤 사람의 행위와 최초의 태도 사이의 부조화가 그의 태도를 바꾸는 동기가 된다고 생각하는 점에서 동기유발이론이다. 반면에 자기지각이론은 그 사람이 최초의 태도와는 무관하며 행위에 의해 야기되는 어떠한 부조화도 없다고 설명한다. 사람들이 자기의 태도를 바꾸는 것이 아니라, 그가 자기의 행동을 관찰한 후 자기의 태도가 어떤 것임에 틀림없다고 추론한다고 이 이론은 가정한다. 즉, 어떠한 욕구나 동기유발과정이 없다. 어린 아이가 성냥을 가지고 놀 때 부모가 이를 호되게 야단치면, 오히려 아동은 성냥에 대한 호기심을 가중시킨다. 그러나 부모가 약간의 위협을 주면 아동은 성냥에 대한 호기심이 바뀌어지고 성냥장난을 그만두게 된다. 왜 그럴까? Festinger는 아동이 다음과 같이 생각하기 때문이라고 설명한다. 자기가 위협을 받지 않았는데도 재미있는 성냥 장난을 하지 않았다. "왜 내가 성냥 장난을 하지 않았을까?" 여기서 인지부조화를 느낀 나머지 자기의 행동을 합리화하기 위해, 즉 조화로 바꾸기 위해 아동은 애초부터 성냥 장낭이 재미없는 것이었다고 태도를 바꾸는 것이다. Bem의 해석도 이와 비슷하나 그는 아동의 인지적 부조화는 가정하지 않고, 아동이 자기의 행동을 관찰하여 성냥 장난이 원래부터 재미없었다고 판단한다는 것이다.

Ⅸ. 귀인이론(attribution theory)

사회적 상호작용에 있어서 중요한 과제 중의 하나는 타인의 행동의 원인과 의미를 이해하는 것이다. 그러한 의미와 원인은 종종 애매한 것이 될 수도 있는데, 예를 들어, 어떤 유명한 운동선수가 텔레비젼에 나와서 "나는 매일 아침 희망우유를 마십니다"라고 말했다고 가정하자. 왜 그는 그런 행동을 했을까? 그는 정말로 희망우유를 좋아하는가? 그렇지 않으면 돈을 벌기 위해서 그런 말을 했을까? 어떤 여자가 자선단체에 50,000원을 기부했다고 하자. 그녀는 이타적인가? 아니면 기부금을 내도록 압력을 받았는가? 그녀는 그 기부금으로 세금면제를 받으려 하기 때문인가? 그녀는 그 자선단체의 활동을 지지하는가?

이상의 모든 경우가 바로 귀인의 문제이다. 우리는 어떤 행동을 보고 그 행동을 일으킨 원인을 여러 가지 가능한 요인들 중에서 결정하게 되는데, 심리학자들은 이 과정을 귀인과정이라고 한다. 일상의 사회적 상호작용에서 우리 모두는 아마추어적인 또는 직관적인 심리학자의 역할을 한다. 오늘날 귀인과정의 연구는 사회심리학에서 가장 중요한 과제의 하나가 되었다. 이 과제의 목적은 우리가 어떤 행동을 이해하려 할 때, 어떤 규칙을 통해서 이를 해석하며, 또 그 해석과정에서 생길 수 있는 실수는 무엇인가를 알아내는 것이다(Heider, 1958; Kelley, 1967).

만약에 여러분이 잠에서 깨었을 때 콧물이 나왔다고 가정하자. 또한 여러분은 마당에 있는 지금 막 핀 진달래를 보았다. 그리고 그 진달래가 여러분의 코감기의 원인이 된다는 가설을 세운다. 이 가설을 어떻게 검증하는가를 살펴보자. 여러분은 진달래가 있는 곳에 들어갔다 나왔다 할 때마다 콧물이 나왔다 안 나왔다 하는가를 살펴보게 된다. 즉, 코감기증세와 진달래가 같이 변하는가를 알 수 있는 실험을 해본다. 두 변인 간에 관계가 있는가? 만일 그렇다면 진달래가 콧물의 원인이다. 그러나 콧물이 이와 무관하게 계속된다면 진달래와 코감기는 아무런 관계가 없으며 진달래는 코감기의 원인이 아니라고 결론짓는다. 이러한 검증은 공변량법칙을 이용한 것이다. 코감기 원인검증에 여러분은 항상성 기준을 사용할 수 있다. 코감기 원인검증에 여러분이 지난 3년 동안 진달래가 필 때마다 똑같은 증상이 나타났다면 그 진달래에 원인이 있다는 것은 분명하다(항상성). 그러나 만일 이번이 처음이거나 항상 그런것이 아니라면 그 때는 진달래 꽃이 코감기의 원인이 된다고 확언할 수 없다. 여러분은 독특성 기준도 사용한다. 즉, 개나리나 장미꽃이 필 때는 코감기 증상이 나타타지 않고 진달래가 필 때만 코감기 증상이 나타난다면 진달래가 코감기의 원인이라고 할 수 있다. 마지막으로, 여러분만이 유독 그런 것이 아니고 다른 사람들도 똑같은 자극에 똑같은 반응을 보인다면 그 자극이 원인이라고 확신할 수가 있다. 이것이 동의성 기준이다. 이렇게 사람들은 공변량의 법칙을 기초로 항상성, 독특성, 동의성 기준을 사용해서 다른

자기지각이론의 예

사람들의 행동을 해석한다(Kelley, 1973). 공변량식의 귀인은 우리가 한 사람의 행동을 여러번 관찰할 수 있는 경우에 가능하다. 그러나 많은 경우 우리는 한번 만나는 사람의 행동을 귀인하는 경우가 많은데 그 경우는 아래에 적은 방식으로 귀인한다.

우리가 매일 부닥치는 주된 귀인과제 중의 하나는 우리가 관찰한 행위가 그 사람이 갖고 있는 특성 때문인지 아니면 그가 처한 상황 때문인지를 결정하는 일이다. 만일 우리가 그 사람의 어떤 내적인 요인 때문에 그 행동이 나타난 것이라고 추론한다면 우리는 '내부' 또는 '기질적 귀인'을 하고 있는 것이다. 그러나 그의 행동의 원인에는 몇 가지 외부적인 원인이 있다고 결론짓는다면, 우리는 '외부' 또는 '상황 귀인'을 하는 것이다.

현대 귀인이론의 창시자인 Fritz Heider는 인간의 행동은 관찰자에게는 매우 흥미를 끄는 것이어서 관찰자들은 그 행동을 액면 그대로 받아들이고 행동이 일어나는 주위의 상황은 그다지 중요하게 생각하지 않는다고 지적했다(Heider, 1958). 최근에 연구를 통해 Heider의 생각이 옳다는 것이 증명되었다. 우리는 상황이 행동을 결정하는 것을 과소평가하고 곧바로 사람의 기질로 비약해 결정을 내린다. 한 심리학자는 기질적 귀인에 대한 이 편파를 "기본적 귀인착오"라고 명명했다(Ross, 1977).

이 귀인착오를 검증하기 위한 실험에서, 남학생들에게 그들이 교제하는 여성을 왜 좋아하는가, 그리고 그들의 전공을 택한 이유에 대해서 간단히 적으라고 요청했다. 그리고 나서 자기의 친한 친구가 그의 애인과 전공에 대한 똑같은 질문을 받았을 때 어떻게 대답할지를 추리해서 대답할 것을 요청했다. 피험자들의 답변은 내부귀인과 외부 귀인을 어느 정도로 했는가의 견지에서 분석되었는데 그 결과를 보면, 친구의 선택에서보다는 자신의 선택에 대해서 외부적인 귀인을 더 많이 했다는 것이 밝혀졌다(Nisbett et al., 1973).

관찰자와 행위자 사이의 귀인 차이에 대한 이유는 명백하다. 행위자는 관찰자가 갖지 못한 그들 자신에 대한 내적이고 역사적인 정보를 알고 있다. 즉, 행위자들은 자신의 의도, 태도, 그리고 정서들을 알기가 훨씬 유리하다. 또 행위자와 관찰자 사이의 흥미로운 차이점은 지각적 조망의 차이다. 즉, 관찰자는 자연히 행동하는 행동자에게 초점을 맞추게 되고, 관찰자의 이러한 특수한 특징은 관찰자로 하여금 행위자의 내적 기질을 강조하여 설명하게끔 한다. 그러나, 행위자는 주로 상황에 초점을 맞추게 된다. 이러한 조망의 차이 때문에 행위자 자신보다는 상황이 더 두드러지게 된다(Jones & Nisbett, 1971).

지금까지 논의한 정보처리적 편파는 인지적 또는 지각적 요인에서 유래한다. 그러나 개인이 자기의 행동을 해석할 때에는 동기적으로 초래된 왜곡, 즉 자신의 자존심과 자아상을 방어하기 위해 취하는 왜곡의 가능성이 있다. 이에 관한 예는 대학생들이 성적에 대해 어떤 설명을 했는가를 조사한 연구에서 볼 수 있다. 학생들은 A와 B학점을 받은 것은 자기들의 능력이나 노력과 같은 내적 요인에 귀인한 반면 C, D, F학점은 시험이 어려웠다거나 운이 없었다는 외적 요인으로 귀인하였다(Bernstein et al., 1979).

그러나 이러한 귀인에 대한 설명을 동기적인 편파로 결론짓기 전에 주의해야 할 것이 있다. 우리는 보통 성공하려고 애쓰며, 실패하려고 노력하지는 않기 때문에 성공은 내적 요소로, 실패는 외적 요소로 귀인하는 것은 당연하다. 우리의 능력과 노력에도 불구하고 실패하는 것이지 능력과 노력들 때문에 실패하는 경우는 드물다. 우리가 계속 성공을 해 왔다면 예상치 못한 실패를 지속적인 내적 원인에 귀인하기보다는 외부의 탓으로 돌리는 것이 확실히 합리적이다. 편파를 순수하게 인지적 측면에서 혹은 동기적인 측면에서 해석해야 하는지에 관해서는 연구자들 사이에서 아직도 논쟁이 활발히 전개되고 있다(Nisbett & Rossm, 1980).

X. 이타성

1964년 Kitty Genovese라는 젊은 여인이 뉴욕의 자기 집 근처에서 새벽 3시 30분에 강도에게 살해당했다. 그녀는 격렬하게 반항을 했기 때문에 이 살인극은 반시간 이상이나 지속되었다. 약 40가구의 주민이 살인현장 근처에서 살고 있었는 데에도 불구하고 어느 누구도 그녀를 구하려 하지 않았으며 경찰에 연락하는 사람도 없었다(Rossenthal, 1964). 미국의 온 시민이 이 사건에 대해 경악을 금치 못했고 신문에서는 도덕이 추락했다고 야단들이었다. 그 후부터 많은 심리학자들이 남을 도와주는 행위, 즉 이타성에 관한 연구를 하기 시작했다. 우리는 어떻

경찰들이 지하철역 벤취에 누워있는 남자의 상태를 알아보고 있다. 경찰이 오기 전 까지는 아무도 이 남자가 도움을 필요로 하는지 알아보려고 하지 않았다. 우리는 어떤 상황에서는 기꺼이 남을 도와주려고 하지만, 이 지하철역의 행인들처럼 어떤 경우에는 아주 무관심하게 행동하기도 한다.

게 해서 남을 도와 주거나 도와주지 않게 되는가?

대부분의 사건은 애매하게 일어난다. 비틀비틀 갈지자로 걸어가는 저 청년은 아프기 때문인가 아니면 술에 취했기 때문인가? 한밤중에 이웃집에서 들려오는 비명소리는 정말로 위태로운 상황인가 아니면 단순한 부부싸움인가? 창문에서 나오는 기체는 화재로 인한 연기인가 아니면 수증기인가? 이와 같은 애매모호한 상황에 처하게 되었을 때 우리가 흔히 하는 방법은 우리의 개입행동을 지연시켜 주위를 돌아보고 남들이 어떻게 하고 있는가를 살피는 것이다. 만일 다른 사람들도 나와 같이 행동하고 있다면 우리의 방관상태는 커지게 된다. 즉, 모든 사람들이 정말로 위기상태인데도 불구하고 그 상황이 위기상태가 아닌 것처럼 행동하면 다른 사람들도 이에 동조하게 된다. 불이 난 때와 같이 군중이 서로에게 과민한 반응을 일으키게 해서 결국 모든 군중이 야단법석을 떨어 큰 공포 속에 빠지는 경우가 많다. 그러나 그 반대의 경우도 있는데, 즉 군중이 서로의 감정을 누그러뜨려 오히려 조용하게 만드는 때도 있다. 이러한 현상을 심리학자가 교묘한 방법으로 연구했다.

한 실험에서 남자 대학생을 실험에 참가하게 하고 실험을 받기 전에 대기실에서 기다리게 하였다. 조그마한 대기실에 앉아 있는데 방안의 통풍구멍을 통해 한 줄기의 연기가 새어나왔다. 피험자는 혼자서 대기실에 있었거나 집단으로 대기해 있었다. 실험자는 실험자 쪽에서만 보이는 유리창을 통해 피험자를 관찰하며 이들이 연기를 보고 어떻게 행동하는가를 이분 동안 관찰했다. 혼자서 대기한 사람 가운데 75%가 2분 이내에 연기가 난다고 실험자에게 알려왔다. 그러나 이와는 대조적으로 집단으로 대기한 사람은 방안에 연기가 자욱했는데도 불구하고, 6분 이내에 연기가 난다고 알려온 사람은 13%에 불과했다. 연기가 났는데도 불구하고 가만히 앉아 있었던 이유는 연기를 수증기나 에어콘의 증기라고 생각했기 때문이었다. 그러나 실제로는 이들도 다른 사람의 눈치를 살피며 불안해 했지만, 다른 사람이 가만히 있는 것을 보고는 아무 일이 아닌 것이 틀림없다고 스스로를 달래고 있었던 것이다. 특히 재미있는 사실은 집단의 인원수가 늘어날수록 불이 났다고 보고하는 비율이 더 떨어진 것이다. 즉, 집단구성원의 수가 3명인 경우보다도 6명인 경우 보고율이 크게 떨어졌다. 이 실험은 사람들이 함께 있으면 서로가 어떤 사태에 대해서 무관심하게 된다는 소위 대중적 무관심을 보인다는 것을 밝힌 것이다.

이와 비슷한 다른 연구에서는, 실험실에 있던 피험자들은 바로 옆방으로부터 한 여자의 비명소리를 듣게 되었다. 그 소리는 한 여자 실험자가 의자를 딛고 책상으로 올라가다가 바닥으로 떨어진 것처럼 지르는 소리였다. "아이구, 다리야…… 움직일 수가 없네…… 아이구, 발목이야…… 이거 치울수가 없네." 그녀는 계속해서 1분 동안 신음소리를 냈다. 피험자는 혼자 혹은 둘씩 실험실에서 기다리고 있었는데, 실험실과 옆방 사이에는 커텐이 쳐져 있었다. 이 실험결과도 위의 연기실험의 결과를 지지했다. 혼자 있었던 피험자들의 70%가 그 여자를 도와주러 온 반면에 두 사람씩 짝을 지어 있던 피험자들은 나중에 말하길 자기네들은 무엇이 일어났는지 확실히 모르겠으나 심각한 일은 아닐 것이라고 생각했다는 것이다(Latané & Robin, 1969). 이 실험도 역시 다른 사람들과 함께 있으면 서로가 대중적 무관심을 나타낸다는 것을 보여준다.

대중적 무관심이 개인으로 하여금 어떤 상황을 대수롭지 않다고 규정하게 만드는 것은 사실이다. 그러나 이 과정으로 Genovese의 살인사건을 설명할 수가 없다. 그 이유는 Genovese의 이웃 사람들은 서로를 볼 수 없기 때문에 남들이 조용하게 있는지 당황하고 있는지를 알 수가 없기 때문이다. 따라서 우리는 Genovese사건의 경우는 대중적 무관심보다는 책임감의 분산이 그러한 결과를 초래했다고 생각할 수 있다. 즉 Genovese의 이웃 사람들은 주위에 이웃 사람이 많다는 것을 생각하고는 그녀를 살려야 하는 책임이 자기 혼자에게만 있지 않다고 생각했을 것이다. 사람들 모두가 "틀림없이 누군가가 지금쯤 어떤 조치를 취했을 거야, 누군가가 도와주겠지"라고 생각했을 것이다. 이러한 가정을 검토하기 위해 한 심리학자가 Genovese와 같은 상황을 만들어 책임분산이 중요한 변수인가를 살펴보았다.

한 심리학자가 대학생의 고민에 관해 집단토론을 한다는 명목으로 피험자를 모집하였다. 실험자는 피험자에게 토의의 혼란을 피하기 위해 피험자들은 공중전화 박스와 같은 장소애 각각 앉아 구내전화와 같은 통신수단을 통해 다른 피험자들과 대화를 하게 된다고 말했다. 또 피험자가 가진 마이크는 토론자들끼리만 통하게 되어 있고 실험자는 듣지 못하게 되어 있다고 말했다. 실험 도중에 토론자들 가운데 한 사람이 졸도할 것 같다

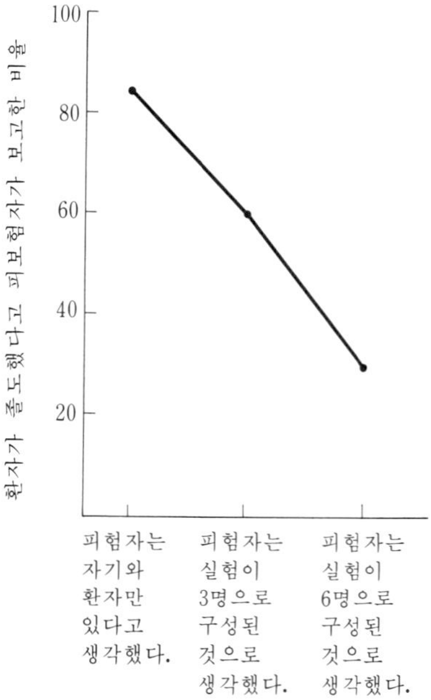

[그림 9-6] 책임분산

피험자가 실험이 몇 명으로 구성되어 있다고 생각한 것에 따라 그 환자가 졸도했다고 보고한 백분율간의 비교(Daley and Latané, 1968).

는 신음 소리를 내었는데, 이 소리는 실험자가 미리 각본을 꾸며서 녹음테이프에 녹음해 둔 것이었다. 이 실험의 목적은 피험자가 실험자에게 사고가 난 것을 알리러 오는가의 여부였다. 이 실험상황은 Genovese의 살인장면과 유사한 점이 있는데 첫째는 어떤 피험자가 위기에 처해 있다는 것을 피험자가 분명히 알고 있다는 점이다, 둘째는 피험자는 그가 옆의 다른 칸막이에 있으리라고 생각하는 다른 피험자가 어떻게 행동하는지를 알 수가 없다는 점이다. 실험자는 이들 피험자가 자기들이 졸도하는 피험자와 단 둘이서, 혹은 다은 3명의 피험자와, 혹은 6명의 피험자와 같이 실험을 받는 것으로 믿도록 실험상황을 만들었다. 실험결과를 보면 졸도할 것 같은 피험자를 제외하고는 자기 혼자 실험을 받고 있다고 생각한 피험자들은 85%가 사고가 났다고 실험자에게 알려 왔다. 실험에 가담한 사람이 3명이라고 생각한 사람은 62%가 보고를 해 온 반면에, 6명이 참가하고 있다고 생각한 피험자는 겨우 31%만이 보고해 왔다. 실험이 끝나고 피험자를 면담했더니 피험자들은 실제로 사고가 난 것으로 알고 있었다. 그리고, 그들의 대부분은 환자를 그대로 내버려둘 것인가 아니면 신고를 해야 할 것인가로 고민을 했다고 말했다. 사실 사태를 알리지 않았던 사람들은 알렸던 사람들 보다 훨씬 더 당황해 하는 것 같았다(Daley & Latané, 1968). 이 면접결과를 보면 우리는 신고를 하지 않은 사람이 대중 때문에 무관심해졌다고 해석하기는 어려울 것 같다. 오히려 이들은 남들과 같이 있었기 때문에 책임을 남한테 미루는, 즉 책임분산 때문에 신고를 하지 않았던 것이다([그림 9-6]).

이상으로 간단하게 지난 90년 간의 사회심리학의 역사를 조감해 가면서 아주 영향력 있는 연구들을 중심으로 사회심리학을 소개했다. 이 외에도 많은 중요한 연구가 있다. 예컨대 인상의 형성, 의사소통의 과정 및 효과, 호감 및 사랑의 형성과정, 집단역학, 환경 및 공해문제 등이 있다. 그러나, 지면관계상 이를 다 소개하지 못했다. 이제 끝을 맺으면서 사회심리학의 역할과 사회심리학이 인간사회에 기여한 바를 간단히 설명하고자 한다.

사회심리학자는 이론을 세우고 이를 연구하는 데 힘써야하나, 이 연구는 어디까지나 인간문제를 해결하려는 의지와 연관되어야 한다. 즉, 집단행동, 개인의 사회행동을 연구하는 이유는 그것을 통해서 인간집단의 문제, 즉 노사문제, 정부와 국민간의 문제, 남녀간의 대립, 그리고 더 나아가 인종문제, 국가간의 불화, 전쟁의 문제를 해결하자는 데 있다. 즉, 사회심리학자는 궁극적으로 국제연합에 가담하여 세계평화에 공헌하자는 원대한 목표를 갖고 있다. 태양계에 하나뿐인 지구촌이 인간이 만든 정치적 · 경제적 · 문화적 그리고 심리적 공해로 그 존재 자체가 위협을 받고 있다. 인간문제를 해결하려는 사회심리학자의 노력이 결실을 보도록 지지가 필요하며 또한 이 학문을 발전시키려는 전 세계인의 지지가 필요하다. 특히 우수한 한국의 다음 세대가 이 학문의 광장으로 뛰어들어야 할 것이다.

우리는 어떤 사람을 돕는가?

앞에서 우리는 도움행동이 나타나는 것을 방해하는 두 가지 요인인 '책임의 분산'과 '대중적 무관심'에 대하여 알아보았다. 그러면 우리는 도움행동이 증가하는 것은 어떤 경우일까? 우리의 도움행동이 유발되는 데 중요한 역할을 하는 것은 우리가 그 상황을 어떻게 지각하는가에 달려있다. Shotland와 Huston(1979)의 연구에 의하면 우리가 어떤 사건이 위급하다고 지각하게 되는 데는 다음과 같은 다섯 가지 특징이 있는 것으로 나타났다.

· 어떤 일이 갑작스럽고도 예기치 못하게 일어남.
· 피해자에 대한 상해의 위협이 분명함.
· 어떤사람의 개입이 없으면 피해자에 대한 상해가 시간이 지남에 따라 증가할 가능성이 있음.
· 피해자는 무력하고 외부의 도움을 요함.
· 어떤 종류의 효과적인 개입이 가능함.

예를 들면 대부분의 사람들은 약물의 과다복용, 심장발작, 진행중인 강간 및 땅 위에 움직임이 없는 운전자가 있는 자동차 사고를 위급이라고 간주한 반면 한 친구가 자기가 비참하고 우울하다고 말하거나, 정전, 그리고 부서진 차가 있을 경우에는 위급한 것에 대하여 덜 확실하게 느꼈다.

위와 같은 상황에 대한 지각이외에도 도움을 필요로 하는 사람의 특징에 따라서 도움행동이 영향을 받는다.

1) 성

도움을 필요로 하는 사람이 남자인 경우와 여자인 경우 중 어느 경우에 더 도움을 받기가 쉬울까? 많은 연구들에 의하면 남자보다는 여자의 경우에 더 도움을 받기가 쉬운 것으로 나타나고 있다. 만약 타인의 도움이 필요하다고 지각되는 것이 한 사람의 도움행동을 결정한다면 여성이 남성에 비해 덜 경쟁적이고 보다 의존적으로 지각되기 때문에 남성보다 더 도움을 받는 것일까? Eagly와 Crowley(1986)는 남성과 여성이 도움을 받는 정도를 비교한 35개의 연구들을 조사하였다(사실상 모든 연구들이 도움을 필요로 하는 낯선 사람과 단기간 접촉하는 상황, 즉 남성들이 기사도를 발휘하도록 기대되는 상황에서 이루어졌다). 28개의 연구에서 도움행동을 할 잠재력을 가진 사람이 남성이었을 때 여성피해자들은 남성피해자들보다 도움을 받기 쉬웠으며 도움을 줄 잠재력이 높은 경우에는 남성과 여성피해자 공히 도움을 받는 것으로 나타났다. 몇몇 연구에서는 여성의 차가 고장난 경우가 남성의 차가 고장난 경우보다 도움을 주겠다는 제안을 더 많이 받는다는 것으로 밝혀졌다(Penner 등, 1973; Pomazal과 Clore, 1973; West 등, 1975).

물론, 혼자 있는 여성에 대한 남성의 기사도는 이타성보다는 어떤 다른 요인에 의해 동기화될지 모른다. 어떤 남성들은 도움행동의 댓가가 최소이고 기대되는 보상이 최대이기 때문이라고 이유를 달지도 모른다. 그래서 남성들이 덜 매력적인 여성보다 매력적인 여성을 보다 자주 돕는 것은 그리 놀랄 만한 일이 아니다(Mims 등, 1975; West와 Brown, 1975).

2) 유사성과 호감, 그리고 도움행동

유사성 역시 도움행동에 영향을 미친다. 아마도 유사한 사람끼리는 호감도가 증가하고, 호감도가 높아지면 도움행동이 유발될 것이다. 우리는 유사한 사람들에 대한 왜곡된(혹은 편파된: Bias) 지각을 갖게 된다. 유사성에 대한 왜곡은 의복과 신념에도 적용할 수 있다. Emswiller(1971) 등은 보수적인 복장 혹은 반문화적인 복장을 한 실험협조자가 순수한 대학생(straight)과 히피대학생(hip)에게 접근하여 공중전화를 걸기 위한 동전을 구걸하도록 하였다. 그결과 반수가 되지 못하는 학생이 자신과 다른 양상의 복장을 한 사람을 좋아했으며 3분의 2가 되는 학생은 자신과 비슷한 복장을 한 사람을 좋아했다. 유사하게 1972년 선거에서 Karabenick 등(1973)은 닉슨과 맥거번 선거운동원으로 가장하여 투표구 근처에서 우연히 선거전단을 길바닥에 떨어뜨린 것처럼 하여 지나가던 행인들이 도와주는 정도를 조사하였다. 그결과 행인 중 반수가 못되는 사람들은 자신이 지지하지 않는 후보자의 운동원을 도와주었고 3분의 2 이상의 행인은 자신이 지지하는 운동원이 쏟은 전단을 줍는 것을 도와 주었다.

이상과 같은 유사성에 대한 왜곡 혹은 편파가 인종의 경우에도 적용될 수 있을까?

1970년의 많은 연구들에 의하면 그 결과가 일관되지 못하고 있다. 어떤 연구에서는(Benson 등, 1976; Sissions, 1981) 비슷한 인종적인 편파가 일어나는 것으로 나온 반면에 다른 연구들(Gaert-ner, 1975; Wilson과 Donnerstein, 1979)에서는 왜곡을 발견하지 못하였다. 그리고 또 다른 연구에서는 얼굴을 대면하는 상황(face to face)에서는 인종이 다른 경우에도 도움이 나타나는 것으로 보고하고 있다(Katz 등, 1975). 이상과 같은 서로 다른 결과를 해결할 수 있는 일반적인 법칙은 없는가?

하나의 가능성은 사람들이 그들 자신의 인종을 선호하는 경향이 있지만 이러한 편견은 긍정적인 이미지를 보이기 위해 비밀스럽게 유지된다는 것이다. 편견이 있는 것으로 보이기를 원하는 사람은 거의 없다. 만일 이러한 설명이 맞다면 인종편견은 다른 인종을 돕지 않은 것이 인종 이외에 다른 요인에 귀인될 수 있을 때만 나타날 것이다. 이것은 Gaerther와 Dovidio(1977, 1986)의 실험에서 잘 나타나고 있다. 예를 들면 Delaware대학의 백인 여성들은 그들의 책임감이 방관자들이 있어 불분명해질 수 있다면 '곤란에 처한' 흑인여성을 백인여성보다 덜 도와 주었다(도움을 줄 수 있는 다른 사람이 있었기 때문에 흑인여성을 돕지 않았다). 다른 방관자가 없을 때는 흑인과 백인여성을 똑같이 도와주었다. 적절한 행동에 대한 규준(norm)이 잘 정의되어 있을 때 백인들은 차별적이지 않지만 규준이 모호하거나 갈등적일 때 인종적 편견반응을 한다.

제10장 심리검사와 지능

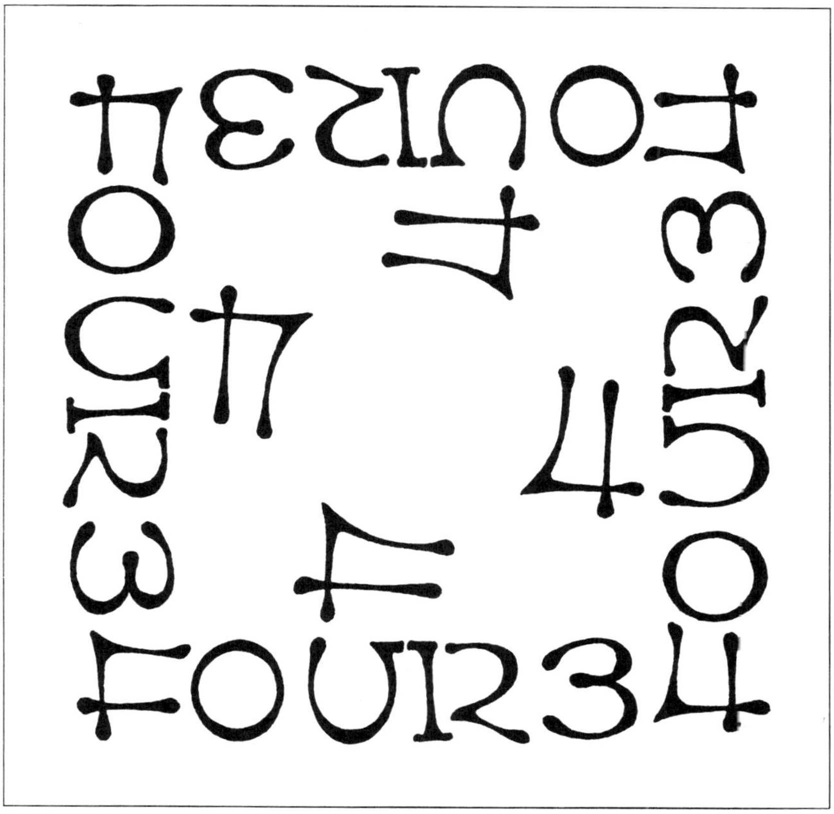

심리검사의 특징
지능의 본질
지능의 발달
지능검사의 분류

오늘날과 같은 정보사회에 효율적으로 적응하기 위해서는 우리들은 자기 자신이나 타인의 여러 가지 심리적인 행동특성에 대한 정보가 필요하다. 즉 자기 자신의 지적 능력이나, 정의적(情義的) 특성에 대한 객관적인 정확한 정보가 필요하며 또한 다른 사람들의 행동 특성에 대한 정확한 정보도 필요하다.

예를 들어 대학에서 어떤 과목을 수강할 것인지, 앞으로 자신이 어떤 분야의 직업에 종사하는 것이 더 바람직한 것인지를 결정하기 위해서는 자기 자신에 대한 보다 정확하고 객관적인 정보가 필요하며, 반대로 교수가 학생들에게 보다 나은 수업활동을 제공한다든지 혹은 회사에서 신입사원을 선발하여 분류하기 위해서는 다른 사람(학생이나 신입사원) 들의 행동 특성에 대한 정보가 필요하다.

왜냐하면 이러한 객관적이고 정확한 정보가 없으면, 우리는 올바른 의사결정을 내릴 수가 없기 때문이다. 바로 심리검사는 우리에게 이러한 정보를 제공해 주는 하나의 유용한 도구인 것이다.

I. 심리검사의 특징

1. 심리검사란 무엇인가?

심리검사의 여러 가지 기능 중에서 가장 중요한 두 가지 기능은 개인들간의 차이점(differences between individuals)과 개인내간의 차이점(intraindividual differences)을 알아 보는 데 있다. 즉 개인들간의 차이점이란 동일한 상황에서 여러 개인들이 가지고 있는 반응간의 차이를 알아보는 것이고, 개인내간의 차이점이란 상이한 상황에서 한 개인이 가지고 있는 여러 가지 반응들의 차이를 알아보는 것이다. 예를 들면 전자의 경우는 한 학생의 영어시험 점수가 그가 속한 집단 내에서 다른 학생에 비하여 어느 위치에 있는가를 알아보는 것이며, 후자의 경우는 한 학생이 얻는 영어, 국어, 수학 시험점수에서 어느 과목에서 가장 좋은 성적을 얻었는가를 알아보는 것이다.

"철이 어머님, Wechsler 지능검사점수에 의하면 아무래도 철이는 정신지체인 것 같네요."

이러한 심리검사의 발달을 역사적으로 보면, 처음에는 정신적으로 지체된 자(mentally retarded)를 규명하고자 하는 노력에서 출발하였다. 그러나 점차로 이러한 심리검사는 지적 결함을 가진 자를 규명하는 데 사용되었고 또한 임상장면에서 정서적으로 소외되었거나 결함이 있는 사람이나 혹은 행동상의 결함이 있는 사람을 규명하는 데 사용되고 있으며, 정상적인 사람에게도 널리 사용되고 있다. 현재는 대부분 학교현장에서 심리검사가 가장 널리 사용되고 있으며, 산업체에서도 점차로 그 사용의 범위가 확대되고 있다. 특히 카운셀링(counseling)의 분야에서는 심리검사의 사용이 매우 광범위하여 좁게는 교육 및 직업상담에서부터 넓게는 한 개인의 생애에 관한 전반적인 문제를 해결하는 데까지 사용되고 있다.

그러면 심리검사란 무엇인가? L.J. Cronbach(1970)에 의하면 심리검사란 개인의 행동을 관찰하여, 그것을 수량적 척도나 유목척도로 기술하기 위한 하나의 체계적인 절차라고 정의하고 있으며, F.G. Brown(1976)은 심리검사란 행동의 한 표본을 측정하기 위한 체계적인 절차라고 하였다. 이러한 정의에서 보면, 결국 심리검사란 표준화된 조건 하에서 나타나는 특정한 행동특성을 신뢰도나 타당도와 같은 바람직한 심리측정적 성질을 가진 수치로 산출하기 위하여 의도적으로 구성한 일련의 과제 혹은 질문을 의미한다고 볼 수 있다. 심리검사를 보다 명확히 이해하기 위해서는 심리검사의 몇 가지 특성을 알아야 한다.

첫째, 심리검사는 표준화된 절차에 의하여 만들어졌다는 점이다. 여기에서 표준화 절차(혹은 체계적인 절차)란 모든 사람들에게 주어진 조건이 모두 동일하여야 한다는 것을 의미한다. 즉 하나의 심리검사는 모든 사람들에게 동일한 지시문에 의하여 동일한 시간 내(비지적 검사는 제외)에 동일한 조건으로 실시되어야 하며 채점도 동일한 표준이나 준거에 따라 이루어져야 한다. 왜냐하면 이러한 표준화 절차는 검사 실시 및 채점 과정 이외에서 생길 수 있는 변이성(變異性)의 근원을 방지함으로써 동일한 조건하에서 여러 개인간의 점수를 상호 비교하거나 혹은 일정한 성취수준에 비추어 개인의 점수를 비교할 수 있기 때문이다.

둘째, 심리검사는 우리들의 행동(behavior)을 측정하고 있다는 점이다. 여기에서 행동이란 가시적 행동(혹은 외현적 행동: overt behavior)도 포함하지만 주로 불가시적 행동(혹은 내현적 행동: covert behavior), 예컨대 지능, 적성, 학력, 성격, 흥미 등을 의미한다. 엄밀한 의미에서 보면, 이러한 행동은 피험자가 답안지에 반응(그 반응이 언어적인 것일 수도 있고, 비언어적인 반응일 수도 있음)을 한 것이며, 그러한 반응은 기호나 단어 혹은 상징적인 것일 수도 있다. 우리는 이러한 피험자의 반응결과를 가지고 그 개인의 행동적 특성을 추론한다. 이와 같이 심리검사는 대부분이 간접적이며 추론적인 것이기 때문에 한 심리검사에서 나온 결과는 그 개인의 성취 수준을 단지 기술하고 이해하는 데 그칠 뿐, 그러한 행동을 완전히 설명할 수는 없다.

셋째, 심리검사는 행동의 한 표본을 측정하고 있다는 점이다. 심리검사는 우리가 측정하고자 하는 행동영역(예를 들어 지능, 적성, 성격 등)의 모든 것을 측정하고 있는 것은 아니다. 단지 심리검사에 있는 일련의 과제나 질문 내용은 넓은 행동영역에서 선택된 하나의 표본(sample)에 불과한 것이다. 따라서 심리검사에 있는 일련의 과제나 질문들이 과연 우리가 측정하고자 하는 넓은 행동영역의 특성들을 적절하게 대표할 수 있는 것인가가 하나의 문제로 제기되며 동일한 행동특성을 알아보려는 검사일지라도 그 행동특성을 대표하는 문항이 다를 수도 있다.

넷째, 심리검사는 행동특성을 측정하는 하나의 도구라는 점이다. 여기에서 측정이란 어떤 규정된 법칙을 사용함으로써 피험자의 반응을 수량적인 가치로 변환시키는 것을 말한다. 인간행동의 특성을 측정하고 평가하는 방법에는 면접법, 질문지법, 그리고 관찰방법 등 여러 가지가 있다. 심리검사는 이러한 여러 가지 방법 중의 하나이며, 따라서 심리검사에서 얻은 정보는 많은 유용한 정보 중의 하나의 정보에 불과한 것이다.

이러한 심리검사의 특성에서 볼 때, 우리는 심리검사에서 얻은 결과에 대하여 너무 과신(過信)하는 숙명론적인 태도를 가지는 일이나 반대로 불신(不信)하는 회의적인 태도를 가져서는 안 된다. 올바르게 사용되는 타당하고 신뢰로운 심리검사의 결과는 우리들이 문제를 해결하고, 어떤 의사결정을 내리는 데 가장 유용한 정보로서 활용될 수 있다.

2. 좋은 심리검사의 기준

심리검사의 결과를 가지고 어떤 문제를 결정하거나 혹은 학생들을 선발하거나 분류하는 경우가 많다. 이 경우 우리는 그 심리검사에서 얻은 결과가 매우 신뢰롭고 타당하다는 전제 하에서 의사결정을 하게 된다.

다시 말하면 그 심리검사의 신뢰도와 타당도가 좋아야만 그 결과를 믿을 수가 있게 된다. 따라서 좋은 심리검사가 갖추어야 할 요건(要件)은 신뢰도와 타당도이다. 예를 들어 어떤 지능검사를 실시하여 어느 학생의 지능지수가 120점이 나왔다고 하면, 여기에서 두 가지 문제를 생각할 수 있다. 첫째는 그 학생이 얻은 120점의 지능지수가 정말로 모두 지능이라는 요인으로 구성되어 있는지가 문제이고, 둘째는 그 학생이 얻은 120점 지능지수가 언제 다시 그 지능검사를 받더라도 똑같이 나올 것인지의 문제이다. 여기에서 우리는 전자를 타당도라고 하며, 후자를 신뢰도라고 한다. 신뢰도와 타당도를 좀더 구체적으로 보면 다음과 같다.

1) 신뢰도(reliability)

신뢰도는 한 심리검사가 어떻게(how) 측정하고 있느냐의 문제이다. 개념적 정의에서 본다면 신뢰도란 동일한 사물이나 어떤 대상을 시간적으로 달리 두 번 측정하였을 때, 두 개의 측정치 간의 일관성(consistency)의 정도를 의미한다. 즉 첫번째 측정하였을 때의 측정치와 두번째 측정하였을 때의 측정치가 같다면 그 검사도구는 높은 신뢰도를 가지고 있는 것이다. 이러한 일관성의 정도는 반드시 점수만을 가지고 알아 볼 수 있는 것이 아니라 한 집단 내의 상대적 위치의 변화로 결정되는 경우도 있다. 즉 처음 실시하였을 때의 심리검사 결과의 상대적 순위와 두번째 실시하였을 때의 그 결과의 상대적 순위가 어느 정도 일치하는가를 따지는 것이다.

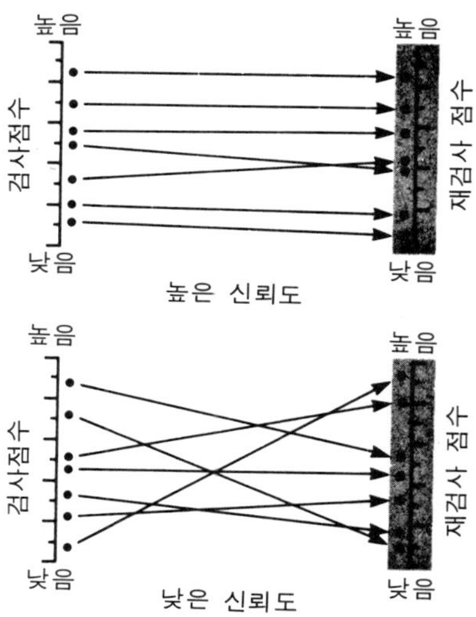

검사의 신뢰도

자연과학의 측정과는 달리 심리학에서의 인간행동에 대한 측정은 간접적이고 또한 심리검사라는 도구가 완전하지 못하며 그리고 측정하고자 하는 특성의 불안정성 때문에 많든 적든 항상 오차가 있게 마련이다. 그리고 이러한 오차의 근원을 완전히 통제한다는 것은 불가능하다. 이런 점에서 보면 결국 신뢰도란 얼마만큼 정확하게 재느냐의 정도이며, 환언하면 얼마나 오차의 범위가 적으냐의 정도를 말한다. 따라서 신뢰도를 점수의 항상성(恒常性: constancy), 일관성(一貫性: consistency), 혹은 안정성(stability)이라는 용어로 표현하기도 한다.

심리검사의 신뢰도를 알아보는 방법에는 여러 가지가 있을 수 있다. 그 중의 하나가 재검사 신뢰도(retest reliability)로서, 이 경우 동일한 검사를 같은 사람들에게 두 번 실시하여 얻은 검사점수간의 상관관계수가 곧 신뢰도계수가 된다. 그러나 이러한 재검사 신뢰도는 두 번을 실시한다는 번거로움이 있을 뿐만 아니라, 같은 검사를 재실시하게 되므로 연습의 효과 또는 기억의 효과 등이 다음 실시 때에 영향을 미치게 된다.

이러한 단점을 극복하기 위하여 단 한 번을 실시하여 얻을 수 있는 신뢰도가 있는데, 이를 반분신뢰도(split-half reliability)라고 한다. 반분신뢰도에서는 한 번 실시한 검사의 문항을 반(半)으로 나누어 2개의 검사로 만든 후 각 검사(본래 검사 문항의 반으로 구성된 검사)의 점수 간의 상관계수를 산출한다. 이 반분신뢰도는 두 검사가 얼마나 동질적인 검사인가를 나타내는 것이기 때문에 이를 내적 일치도(internal consistency)라고도 한다. 이외에도 동형검사 신뢰도(equivalent form reliability)가 있다.

일반적으로 표준화된 검사 중 지적 검사(cognitive test)일 경우에는 신뢰도가 r=.90 이상이 되지만, 성격검사, 흥미검사 및 자아개념검사와 같은 비지적 검사(non-cognitive test)일 경우에는 지적 검사보다 일반적으로 신뢰도가 낮다.

2) 타당도(validity)

신뢰도가 어떻게(how) 측정하고 있느냐의 문제라면 타당도는 그 검사가 무엇을(what) 측정하고 있는가 혹은 그 검사가 측정하고자 하는 것을 얼마만큼 잘 측정하고 있느냐의 문제와 관련된다. 다시 말해서 타당도란 한 검사가 어느 정도로 그 검사의 목적을 달성할 수 있느냐의 문제이다. 예컨대, 어느 지능검사가 매우 높은 타당도를 가지고 있다면 그 지능검사는 지능이라는 능력을 제대로 측정하고 있는 것이다. 반대로 타당도가 낮다면 이 지능검사는 지능이라는 요인 이외에 다른 요인을 측정하고 있다는 것을 의미한다.

특히 심리측정은 자연과학분야의 측정과는 달리 우리가 측정하고자 하는 대상을 명확하고 분명하게 파악할 수 없다는 점에서 타당도의 문제가 매우 중요하게 다루어지고 있다. 그러므로 한 심리검사가 갖추어야 할 가장 중요한 요건 중의 하나는 타당도이며, 만일 타당도가 매우 낮은 검사가 있다면, 그 검사는 검사로서의 모든 기능을 상실하게 되는 것이다.

이러한 검사의 타당도를 알아보는 방법에는 여러 가지가 있다. 일반적으로 한 검사의 타당도를 단순히 그 검사 자체의 내용과 결과만을 가지고서는 알 수가 없다. 따라서 그 검사의 내용과 결과를 어떤 다른 준거(criteria)에 비추어 보아 타당도를 검증하게 된다. 예를 들어, 중학교 3학년 국어검사인 경우, 이

검사의 타당도가 높은지 혹은 낮은지를 검증하기 위해서는 어떤 준거에다 비추어 보아야 한다. 이 때 준거는 중학교 3학년 국어과 교육목표가 된다. 이러한 타당도의 검증은 수치로서 나타나는 것이 아니라 그 검사의 문항 내용이 교육 목표와 어느 정도 일치하는가를 합리적인 사고과정을 통하여 논리적으로 분석하게 된다. 그래서 이를 논리적 타당도(logical validity), 혹은 내용타당도(content validity)라고 한다.

그리고 예언타당도(predictive validity)란 한 심리검사의 결과가 한 개인의 미래 행동특성을 얼마나 잘 예언해 주고 있는가를 알아보는 타당도이다. 예컨대, 현행의 대학입학 수능시험에 의하여 대학에서 신입생을 선발하게 되는데, 이 때 대학입학 수능시험에서 높은 점수를 얻은 학생들이 그렇지 못한 학생들보다 대학 입학 후 대학성적이 좋았다면, 이 때 대학입학 수능시험의 예언적 타당도는 매우 높다고 볼 수 있다. 이 밖에도 공인타당도(共因: concurrent validity)와 구인타당도(構因: construct validity) 등이 있다.

이와 같이 한 검사의 타당도는 어떤 준거와의 관계 속에서 높고 낮은 정도가 확인되는 것이며 하나의 검사가 여러 가지 목적을 위하여 사용되기 때문에 한 검사가 단 하나의 타당도를 갖는 것이 아니라 여러 가지 타당도를 가질 수 있다. 이러한 타당도는 일반적으로 지적인 검사보다는 비지적인 검사에서 낮은 경향을 보인다.

3. 심리검사의 사용목적

심리검사는 여러 상황에서 사용되고 있다. 일반적으로 심리검사의 사용목적은 크게 다음 세 가지로 볼 수 있다.

첫째, 예측적인 목적이다. 심리검사는 흔히 한 개인의 미래 행동을 예측하는 데 사용된다. 즉 학교에서의 학업성취도의 예측이라든지 혹은 직업이나 어떤 특정한 활동에서의 개인의 미래 행동을 예측하는 데 매우 유용하게 활용될 수 있다. 이러한 예측적인 목적을 위하여 심리검사가 사용될 때에는 흔히 검사의 결과는 개인간의 상호비교에 그 근거를 두어 앞으로 한 개인이 수행할 행동을 상대적으로 예측하게 되는 것이 보통이다.

둘째, 진단적인 목적이다. 심리검사는 학생들의 학업상의 문제와 심리적인 문제를 규명하는 데 흔히 사용된다. 물론 이러한 진단적 심리검사도 어떤 표준에 준하여 개인의 미래 행동을 예

Alfred Binet

측하는 데에도 사용될 수 있지만 학생들의 행동상의 원인이 되는 요인을 진단하는 데 주로 사용된다. 예를 들어 능력 있는 학생이 어떤 특정한 분야의 검사에서 낮은 점수를 받았다면 이는 어떤 특정한 원인 때문이라고 진단할 수 있다. 이러한 진단적 검사를 적절히 사용한다면, 우리는 우리의 행동상의 결함이나 결점을 발견할 수가 있을 뿐만 아니라 그 원인을 찾을 수가 있다.

셋째, 연구의 목적이다. 때때로 심리검사는 연구자가 필요한 학생들의 행동을 기술하고 규명하는 데 도움을 주는 연구의 목적으로 사용된다. 이러한 연구적인 목적으로 사용될 경우에 어떤 때에는 연구자가 직접 심리검사를 제작할 경우도 있는데, 이때 특히 검사의 타당도에 주의를 기울일 필요가 있다.

4. 심리검사의 종류

심리검사는 그 분류 방법에 따라 다음과 같이 분류할 수 있다. 첫째, 검사도구에 따라 지필검사(paper-and-pencil test)와 도구검사로 나눌 수 있다. 대부분의 심리검사가 지필검사에 해당되는데, 질문지를 나누어주고 질문지의 문항에 응답자가 답하는 방식으로 언어성검사(verbal or language test)로 불리기도 한다. 도구 검사는 개인적 특성을 측정하기 위해 특정 도구를 사용하는 검사로서 동작성검사 또는 운동능력검사 등이 해당된다. 둘째, 측정방법에 따라 속도검사(speed test)와 역량검사(power test)로 분류된다. 속도검사는 제한된 시간 내에 어느 정도의 수행 능력을 보이는가를 측정하는 검사이며, 역량검사는 시간 제한없이 지금까지 학습한 과제를 어느 정도나 습득하고 있는지를 측정하는 검사이다. 셋째, 검사실시 방법에 따라 개인검사(individual test)와 집단검사(group test)로 나눌 수 있다. 집단검사는 경제적인 효율성이 높다. 즉 같은 시간에 많은 피험자를 대상으로 실시할 수가 있으며 또한 고도의 훈련된 검사 실시자가 아니더라도 실시할 수 있다. 개인검사는 집단검사보다 신뢰롭고 구체적인 목적을 위하여 사용될 때 더 효과적이다. 넷째, 수행양식에 따라 최대수행능력검사(maximum performance test)와 전형적 수행검사(typical performance test)로 나눌 수 있다. 최대수행능력검사는 각 문항마다 정답이 있어, 응답자가 주어진 시간 내에 자신의 능력을 최대한 반응하도록 만들어진 검사이다. 전형적 수행검사는 문항에 정답이나 오답이 없는 것으로 응답자가 일상생활에서 보이는 습관적 행동을 측정하기 위한 검사이다.

이러한 다양한 형태의 심리검사 중 대표적인 유형은 다음과 같다.

첫째, 지능검사는 상대적으로 학습에 의한 영향을 적게 받고 성숙에 따라 일반적 경험의 소산으로 형성되는 소질적인 지적 능력을 측정하기 위하여 만들어진 검사이다. 지능검사는 진단과 분류의 목적으로 사용된다. 지능검사를 통해 정신지체아, 학습장애아, 영재아, 또는 다른 인지적 장애를 진단하기 위해 사용되며, 또한 지능검사의 결과에 의해 영재 프로그램이나 특수교육 프로그램에 배치 여부를 결정할 때 사용될 수 있다. 둘째, 성격검사는 개인이 생각하고 느끼고 행동하는 특징적인 방식을 성격으로 정의하고 이러한 성격의 구조와 내용을 관찰하고 기술하기 위하여 만들어진 검사이다. 성격검사는 응답자가 스스로 자기 자신에 대해 평가하도록 하는 지필식 검사인 객관적 자기보고식 성격검사와 구조화되거나 혹은 정형화되지 않은 애매한 자극을 제시함으로써 응답자의 다양한 반응을 유도하는 투사적 성격검사로 나누어진다. 셋째, 적성검사는 특정 분야의 교육, 훈련 또는 직업과 관계되는 활동을 성공적으로 수행하는데 필요한 특수 능력의 소유 정도를 측정하기 위해 만들어진 검사로서, 어떤 행위에 대한 미래의 수행을 예견하기 위해 만들어진 검사이다. 적성검사는 크게 다양한 종류의 직무를 수행하는데 필요한 기본 능력을 측정하는 일반적성검사와 특수한 작업 능력을 수행하는데 필요한 능력을 측정하는 특수적성검사로 나눌 수 있다. 넷째, 흥미검사는 개인이 어떤 행동이나 대상에 대해 갖는 선호도를 측정하기 위해 만들어진 검사이다. 흥미검사는 학업에 대한 흥미를 측정하는 학업흥미검사와 직업에 대한 흥미를 측정하는 직업흥미검사로 나눌 수 있다. 다섯째, 성취도검사는 최대수행능력검사의 한 종류로서 개인이 특정한 조건에서 구체적인 학습 경험의 결과로서 획득한 특성을 측정하기 위해 만들어진 검사로서, 주로 교육현장에서 교육평가의 방법으로 사용될 수 있다.

Ⅱ. 지능의 본질

1. 지능이란 무엇인가?

지능이 무엇이냐의 문제는 심리학 분야에서 하나의 논쟁 대상이 되고 있다. 지난 약 100년 동안 심리학자들에 의하여 지능이 규명되어 왔지만, 아직까지도 우리들에게 합의된 지능의 구성요인이 무엇인지를 정확하게 알려주지 못하고 있다.

일반적으로 지능의 정의는 크게 두 가지의 입장에서 볼 수가 있는데, 그 하나는 행동주의적 관점으로서 한 개인의 지능이란 지능검사에서 측정한 결과가 바로 그 개인의 지능이라는 입장이다. 다른 한 입장은 보다 본질적이고 이론적인 관점으로서 한 개인의 지능이란 새로운 사태에 적응할 수 있는 능력의 정도를 의미한다는 입장이다. 이러한 두 가지 입장을 종합하여 보면 지능이란 여러 가지 다양한 문제들을 성공적으로 대처할 수 있는 지각적, 인지적, 언어적인 능력과 관련된 비교적 영구적이고 안정성이 있는 개인의 속성이라 할 수 있다.

Donald Hebb에 의하면 지능이란 용어에는 두 가지 의미가 있다. 첫번째는 지능을 주어진 능력으로서 성장·발달할 가능성이 있는 타고난 잠재적인 능력으로 보는 것이며, 두번째는 지능을 개인의 발달과정에서 어느 특정한 시기에 그 개인이 가지고 있는 수행 및 이해의 수준으로 보는 것이다. 후자의 경우에는 우리는 다양한 검사의 문항에 대한 반응을 통하여 한 개인의 수행수준이나 이해수준을 파악할 수 있으나 전자의 경우는 그 능력을 포착하기가 매우 어렵다(Wrightsman & Sanford, 1975).

지금까지의 지능에 대한 여러 가지 연구결과에서 나타난 중요한 사실은 지능이란 하나의 단일요인으로 구성된 것이 아니라 여러 가지 요인으로 구성되었다는 것이다. 그리고 이러한 여러 가지 요인간에는 매우 밀접한 정적인 상관관계가 있다는 사실이다. 즉 어느 한 요인에서 높은 점수를 받은 사람은 다른 요인에서도 높은 점수를 받을 가능성이 많다는 것이다.

한 가지 분명한 사실은 우리가 지능을 직접적으로 측정할 수 없다는 것이고 또한 지능은 그 본질이 매우 복잡하고 방대하다는 것이다. 지능을 측정하기 위한 운동은 19세기 후반에 영국의 생물학자인 Francis Galton에 의하여 시작되었다. 자기의 사촌인 Darwin의 영향을 받아 Galton이 처음으로 만든 검사의 문항들은 신체·생리적인 측면에 관한 것들이 대부분이었다. Galton은 개인의 지적 기능을 감각적 변별력과 반응시간을 측정함으로써 알 수 있다고 믿었다. 따라서 그가 만든 대부분의 지능검사는 이러한 것을 측정하는 것이었다.

그러다가 1890년에 최초로 정신검사(mental test)라는 용어를 소개한 미국의 심리학자인 J.M. Cattell은 감각적 민감성이나 반응속도 등에 있어서의 차이가 바로 지적인 기능의 차이라는 것을 이론화하였다. 그 이후에 Binet와 Henri는 기억, 주의력 그리고 이해력 등과 같은 특성을 측정하기 시작했다. 즉 그들은 Galton이나 Cattell이 주장하였던 단일한 특성(반응시간 등)보다는 좀더 복잡한 기능을 측정하였다. 그들은 지능을 일반적인 특성으로 개념화하여, 지능을 개인이 처해 있는 환경에 효과적으로 적응하는 능력으로 보았다. 드디어 1905년에 Binet와 Simon이 최초로 개인지능검사를 제작하였다. 그 이후에 지능에 대한 여러 가지 이론이 나오게 되었다.

Sir Francis Galton

2. 지능을 보는 여러 가지 관점

지난 약 100년간 지능에 대한 이론적 접근 방법은 다양하였다. 1900년 초에 지능검사가 발달하면서부터 지능에 대한 이론적 연구가 활발하였으며, 이에 대한 많은 경험적 연구들이 나왔다. 즉 연령, 종족, 성별, 사회경제적 요인 그리고 그 밖의 환경적 요인에 따른 지능에 대한 연구들이 무수히 진행되었다. 이와 더불어 지능이 무엇이며, 어떻게 형성되는가에 대한 이론들이 발달하게 되었다. 여기에서 그 대표적인 몇 가지 이론을 보기로 한다.

1) Piaget의 이론

Piaget는 주로 아동의 지적 성장에 대하여 많은 연구를 하였다. Piaget는 지능을 환경에 적응하는 과정(process)으로 보았으며 적응이 이루어지는 방향으로 변화되어가는 것을 지적 발달이라고 보았다. 그리고 Piaget는 아동이 일련의 지적 발달단계에 따라 성장하며 각 단계마다 이들에게 필요한 서로 다른 유형의 인지적 과정이 있다고 하였다. 그의 이론에 따르면 3세 유아에게 계산법을 가르쳐 준다는 것은 매우 어리석은 일인데, 그 이유는 3세 유아들은 계산이라는 개념을 이해할 수 있는 정신적인 조작적 능력을 가지고 있지 않기 때문이라는 것이다. 이와 같이 아동들은 인지적 발달의 각 단계마다 특정한 방식에 의하여 사고하게 되는데 이때 모든 문제들을 이러한 방식으로 사고한다는 것이다.

Piaget는 아동들이 사고하는 사고내용에 대한 관심보다는 오히려 이들의 사고가 어떻게 이루어지는가에 특별한 관심을 가졌었다. 즉 그는 아동들이 어떤 특정한 능력들을 가지고 있는가의 문제보다는 각 발달단계에서 나타나는 어린아이들의 일반적인 능력에 대하여 더 많은 관심을 가졌었다. Piaget는 이러한 일반적인 능력들이란 하나의 규칙적이고 체계적인 방식에 따라 발달한다고 믿었다. 그리고 지능에 관한 연구는 바로 이러한 사고과정의 발달에 대한 연구라고 하였다.

또한 Piaget는 지능검사가 장래의 성공을 어느 정도 예측하는가에 대한 문제보다는 기본적인 지적 기능이 무엇으로 구성되어 있는가에 대한 문제에 더 관심을 가졌다. 그래서 그는 지적 발달의 각 발달단계에서 나타나는 여러 가지 특정한 능력들을 구체적으로 고찰하고 연구하였다. 우리가 발달이론에서 배운 바와 같이 보존(conservation)개념과 같은 능력은 일반적으로 7세가 되기 이전에는 발달하지 않는다는 것이다. 이러한 Piaget의 이론은 아동들의 사고와 인지적 능력의 유형들을 연구하는 데 많은 도움을 주었다.

2) Wechsler의 이론

지능검사의 발전에 크게 공헌한 사람 중의 한 사람이 David Wechsler이다. Wechsler의 지능검사는 오늘날 Stanford-Binet 지능검사와 더불어 가장 유명한 개인지능검사이다. Wechsler는 지능에 대한 이해를 위해서 몇 가지 지침을 제시하고 있다.

David Wechsler

즉 지능의 정의를 결정하는 네 가지 조건들을 제시하고 있는데 첫째는, 인간은 인식(awareness)할 수 있는 존재라는 점이다. 인간은 기계와는 달리 그들의 환경에 대하여 인식하고 있으며 그들이 무엇을 하고 있는지 또한 왜 하고 있는지를 구별할 수 있는 존재이다. 컴퓨터는 자기가 무엇을 하고 있는지를 이해하지도 못하며 자기가 하고 있는 일도 이해하지 못하고 있다. 따라서 컴퓨터는 지능을 가졌다고 할 수 없다. 둘째는, 지능적인 행동이란 무선적으로 일어나는 것이 아니고 목적 지향적(goal-directed)이라는 점이다. 셋째는, 지능적인 행동은 합리적이고 일관성이 있다는 점이며 넷째는, 지능적인 행동은 가치가 있어야 한다는 점이다.

일반적으로 지능검사는 추리능력이나 공간적 지각 그리고 언어적 이해능력 등과 같은 인간의 정신능력에 대한 정보를 우리에게 주고 있지만 Wechsler는 지능검사가 자기를 둘러싼 세계(환경)를 이해하고, 이러한 환경적 도전에 적응하는 개인의 능력을 측정해야 한다고 주장하였다. Wechsler는 일반적인 현재의 지능검사들이 우리를 둘러싸고 있는 환경에 대처할 수 있는 개인의 능력을 측정할 수 없다고 주장하고 있다. 왜냐하면 공간지각능력이나 언어이해능력 등으로 구성된 지능검사는 환경에 대처할 수 있는 한 개인의 적응능력을 측정할 수 없다는 것이다. 오히려 이러한 지능검사는 공간지각능력이나 언어이해능력과 같은 특수한 한 개인의 기본적인 지적 수준에 대한 정보만을 제공해 주고 있다는 것이다.

그러나 우리 주변환경의 여러가지 문제에 도전하고, 대처해 나가는 데 필요한 능력이란 이러한 특수한 능력보다는 보다 일반적인 능력이 중요하다는 것이다. 따라서 지능검사는 이러한 능력을 측정하여야 한다는 것이다.

따라서 Wechsler는 지능이란 목적을 가지고 행동하고, 합리적으로 사고하며, 효과적으로 환경에 대처하는 개인의 총괄적 능력이라고 보았다. Wechsler는 지능검사에서 나온 점수를 단지 단일한 점수로 볼 것이 아니라 그 점수를 어떤 의미있는 맥락 속에서 해석하려고 시도했던 심리학자이다. 그래서 지능검사에서 나온 점수는 그 자체를 바로 그 개인의 지능으로 볼 것이 아니라 그 개인이 가지고 있는 지능이나 지적 자원의 측면에 대한 정보로 보아야 한다는 것이다.

3) Spearman의 이요인설(二要因說)

영국의 심리학자인 Charles Spearman은 1927년에 지능의 이요인설(二要因說)을 주장하였다. 그는 그간의 여러 가지 지능검사 점수들 간의 상관관계 연구를 통하여 지능에는 두 가지 요인이 있다는 것을 밝혀냈다. 그 하나는 일반적 요인(general mental ability, g)인데 이는 어떠한 종류의 지적인 기능에도 필요한 일반적인 요인으로서 모든 능력에 작용하는 지적 능력이라고 하였다. 그리고 또 다른 요인은 특수요인(specific mental capacity, s)으로, 이는 어떤 특수한 과제수행에 필요한 지적 요인이라고 하였다.

따라서 지능검사에서 높은 점수를 얻는다는 것은 바로 이러한 일반적인 정신능력과 좀더 특수한 정신능력을 얼마나 가지고 있는가에 의하여 결정된다는 것이다. 즉, 어떤 특정한 문항에 대한 수행능력은 바로 특수요인에 대한 능력이 얼마나 있는가에 따라 결정되지만, 전반적인 지적 수행능력의 탁월성은 일반 요인에 대한 능력이 어느 정도인가에 따라 크게 좌우된다.

Spearman은 요인분석을 통하여 밝혀낸 자신의 지능의 이요인설(二要因說)을 뒷받침해 줄 수 있는 경험적인 자료를 제시하였다. 그러나 무엇보다도 지능이론에 대한 Spearman의 공헌은 지능에 대한 연구에서 지능의 구성요인을 밝히려는 연구방법을 개척했다는 것이다.

4) Thurstone의 다요인설(多要因說)

미국의 심리학자인 L.L Thurstone은 Spearman과는 다른 요인분석 방법을 사용하여 지능에는 7가지의 독립된 요인이 있다는 것을 밝혀냈다. 즉 지능검사의 결과를 해석하기 위해서는 한두 가지의 요인보다는 여러 가지 요인에 의하여 해석하는 것이 보다 그 결과를 유용하게 활용할 수가 있다는 것이다.

Louis Leon Thurstone

1938년에 근본적으로 Thurstone은 Spearman의 특수요인(s factors)을 부정하고, 그의 일반요인(g factors)을 여러 개의 요인으로 대치시켰는데, 이를 우리는 Thurstone의 기본정신능력(primary mental ability, PMA)이라고 부른다. Thurstone이 밝힌 7가지 요인들이란 언어요인(verbal factor, V), 수요인(number factor, N), 기억요인(memory factor, M), 지각요인(perceptual factor, P), 언어유창성요인(word fluency factor, W), 공간요인(spatial factor, S), 그리고 추리요인(reasoning factor, R)의 7가지 요인이다.

Thurstone은 요인분석을 통하여 각 요인들의 가중치의 프로파일을 유출했는데 다음 그림은 어느 한 개인의 가설적인 프로파일이다([그림 10-1]).

여기에서 우리가 예언할 수 있는 사실은 이 사람은 회계사 직업보다는 판매원 직업이 더 좋을 것이라는 것이다. 일반적으로 여러 사람의 결과도 이와 비슷한 경향을 띤다고 Thurstone은 말하고 있다.

Spearman이나 Thurstone의 지능이론 이외에 Vernon에 의한 위계이론(hierarchical theory)이 있는데, 즉 Vernon은 인간의 능력 구조는 계층적으로 되어 있으며, 능력의 일반적인 요인은

[그림 10-1] 7가지 요인의 프로파일

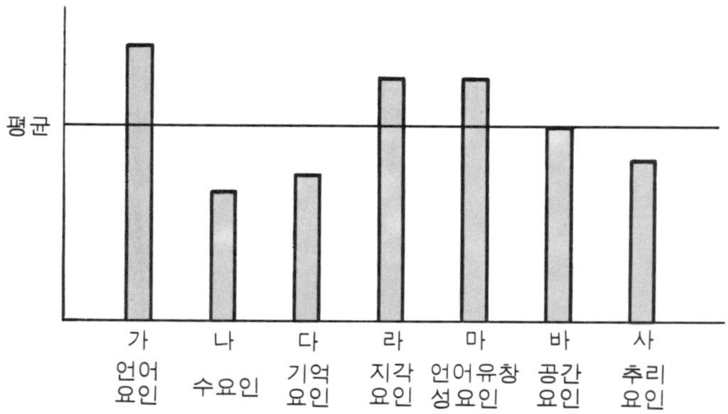

두개의 주요한 군요인(群要因: major group factors)인 언어-교육적(verbal-educational)요인과 감각-기계적(kinesthetic-mechanical)요인으로 되어 있다고 주장하였다.

여기에서 Vernon은 군요인을 Spearman의 일반요인보다는 덜 일반적인 것이며, Thurstone의 군요인보다는 더 일반적인 요인으로 보았다. 또한 Vernon은 큰 군요인에는 작은 군요인들이 있으며, 다시 작은 군요인(minor group)에도 특수요인들이 있다고 하였다.

5) Guilford의 지능구조이론

Guilford는 지능의 구조를 세 가지의 과정인 내용(contents), 조작(operations) 그리고 결과(products)의 상호작용으로 보았다. 그리고 이러한 세 가지 각 과정은 각기 여러 가지 요소로 분류된다는 것이다. 즉 사고자가 행하는 사고의 대상인 내용(contents)과 사고의 방법인 조작(operations) 그리고 사고로 나타난 결과(products)의 삼차원 측면에 따라 지능을 분류하였다([그림 10-2]). Guilford는 지능의 일반적 요인에 대한 견해를 반대하면서 인간의 지적 구조는 4개의 내용×5개의 조작×6개의 결과=120개의 다른 요인으로 구성되어 있다고 하였다.

J.P. Guilford

Guilford의 삼차원(三次元)모형을 좀더 구체적으로 설명하기 위하여 예를 들면 다음과 같다. 지금 시험을 위하여 단어(單語)를 공부한다고 하자. 이때 내용(content)은 어의적(語意的: semantic)인 것이며 정신적인 조작(operation)은 기억(memory)이 될 것이며 그리고 그 결과(product)는 시험칠 때 회상되는 단어나 단위(unit)들이 된다. 만일 Guilford의 지능 모형이 인간

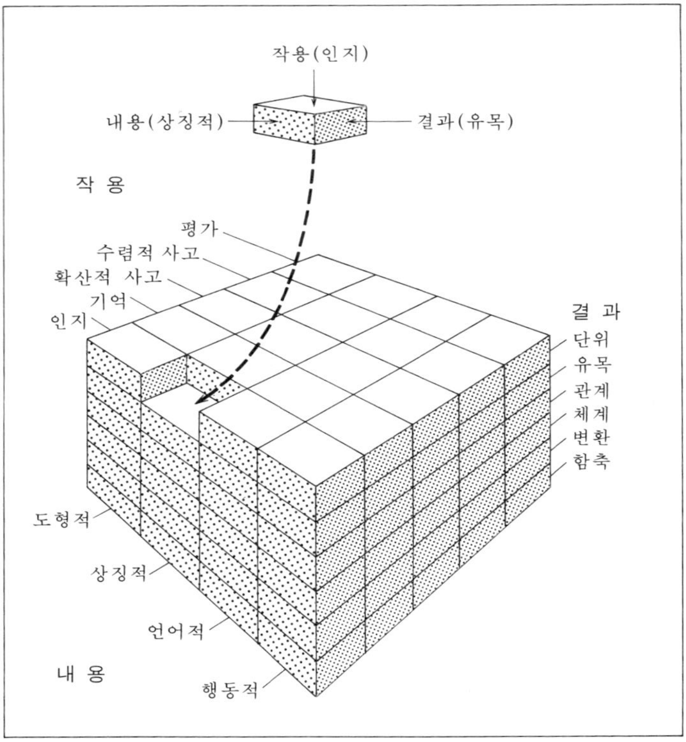

[그림 10-2] 삼차원에 표시한 지적 구조의 모형

의 지적 구조를 정확히 나타낸 것이라면 우리는 120개의 가정된 요인들을 모두 밝혀낼 수가 있을 것이다. 이러한 요인들을 규명하는 데는 요인분석 방법이 사용되는데 현재 약 100개 정도의 요인이 밝혀졌다고 한다.

Guilford는 지능검사의 결과를 통해서 이러한 각 요인들이 독립적으로 검증되는 것이며, 단 하나의 점수로서 지능을 측정한다는 것은 잘못된 생각이라고 주장하고 있다. 그리고 Guilford의 지능구조에서는 종전의 표준화된 지능검사의 결과(수렴적 사고, convergent thinking)와는 달리 확산적 사고(divergent thinking)를 조작과정에 포함시켰다는 점이다. 그래서 그는 소위 확산적 사고라고 하는 창의성을 측정하는 검사를 발전시켜 그 검사의 결과와 종전의 전통적인 지능검사 결과를 비교한 연구에서 창의성이 높은 사람이 높은 지능을 가지는 경향성은 있으나, 높은 지능을 가졌다고 해서 창의성이 높은 것은 아니라는 것을 발견하였다.

6) Cattell의 이론

Cattell에 의하면 일반적 지능(general intelligence)에는 두 가지 종류가 있는데, 그 하나는 유동적 지능(fluid intelligence)이

며 다른 하나는 결정적 지능(crystallized intelligence)이라고 주장하였다. 여기에서 유동적 지능(流動的 知能)이란 유전적 요인의 영향을 받는 지능을 말하며, 결정적 지능(結晶的 知能)이란 환경적 요인의 영향을 받는 지능을 말한다. 유동적 지능은 연령이 증가함에 따라 점차로 쇠퇴되어 가는 경향이 있으나, 결정적 지능은 연령과 교육정도가 높을수록 어느 수준까지 점차로 증가하는 경향이 있다.

유동적 지능은 비교적 그 내용들이 탈문화적(脫文化的: free of cultural content) 내용이거나 정보적 내용(informational content)을 통하여 측정되므로 사물 간의 유사성이나 사물을 분류할 수 있는 능력을 말한다. 반면에 결정적 지능의 내용은 대부분 문화적인 영향을 받는 내용들이며, 특히 언어적인 능력이라든지 수리적인 기능(numerical skill) 등이 포함된다. 따라서 유동적 지능이 유전이나 성숙 등 생리적인 요인에 의한 것이라면 결정적 지능은 학습된 지식이나 경험에 의하여 나타나는 지능이라고 할 수 있다.

Raymond B. Cattell

또한 Cattell에 의하면 일반적으로 그 어느 때보다 성인 초기(young adults)에 이 두 가지 기능 간에 매우 밀접한 관계가 형성된다고 한다. 한 개인의 결정적 능력이란 그 개인이 가지고 있는 유동적 능력과 형식적 교육연한 그리고 학습하려는 동기 등에 크게 의존하고 있다는 것이다. 유동적 능력은 대략 10세경 그 정체기(停滯期)가 되며, 결정적 능력은 18세와 그 이후까지 증가한다는 것이다. 이러한 Cattell의 지능이론은 유전적 지능과 환경적 지능을 중심으로 성인기의 지능발달을 연구하는데 크게 공헌하였다.

Ⅲ. 지능의 발달

지능이 무엇이며 그 요인이 얼마나 되는지에 대한 심리학자들의 의견이 일치되지 않기 때문에 개인간의 지적 능력의 차이에 대한 원인에 대해서도 일치된 견해를 찾기가 어렵다. 어떤 지능검사에서 얻은 한 개인의 지능검사 점수는 특정한 시기에 그 지능검사에서 얼마나 성취하였는가의 결과라고 볼 수 있다. 이 때 개인의 지능검사에 나타난 행동(점수)은 그 개인의 유전적인 요인에 의한 것인지, 아니면 환경적인 요인에 의한 것인지에 대한 문제가 제기될 수가 있다.

한 개인의 지능발달에 영향을 미치는 요인이 유전요인과 환경요인이라는 사실에는 아무런 이의가 없다. 처음에는 '지능검사 점수에 영향을 미치는 것이 어느 요인인가' 라는 질문에서 출발해서 '유전적 요인과 환경적 요인 중에서 어느 요인이 지능발달에 더 큰 영향을 미치는가' 의 질문으로 바뀌어졌으며, 다시 이러한 질문은 '유전요인과 환경요인은 지능검사 점수에 영향을 주는데 어떻게 두 요인이 상호작용을 하는가?' 라는 것으로 바뀌어졌다. 그러다가 다시 근래에는 '어느 요인이 얼마만큼(how much)영향을 주는가?' 의 질문으로 바뀌어졌다. 그러나 아작까지 이에 대한 완전한 해답을 얻기는 어렵다.

일부 연구에 의하면 지능의 전체 변량 중 유전요인이 80%, 환경요인이 20%라는 것이 주장되기는 하지만 이는 논쟁의 여지가 많다. 따라서 어떤 심리학자들은 만일 지능의 발달이 유전과 환경의 두 요인의 영향을 받는다는 것이 사실이라면 구태여 어느 쪽의 요인의 영향을 받지 않는다고 말할 수 없는 것처럼 적어도 개인의 환경적 요인이 그 개인의 지능발달에 아무런 영향을 주지 않는다고 말할 수는 없는 것이다.

인간은 태어날 때 부모로부터 유전적인 기질을 가지고 태어나지만 살아가는 동안에 그 개인이 처해 있는 환경의 영향을 받게 된다. 따라서 한 개인의 유전적인 기질이란 이러한 환경과의 상호작용에 의하여 어느 정도 수정되거나 영향을 받게 된다. 즉 유전적 요인이 한 개인의 잠재적인 지능의 범위 내에서 그 개인의 위치, 즉 잠재적인 지능을 어느 정도 개발할 수 있는가를 결정해 준다고 볼 수 있다. 여기에서 유전적인 요인은 변화시킬 수가 없으나, 환경적인 요인은 변화시킬 수가 있다. 지능발달에서 유전요인과 환경요인의 관계를 보면 [그림 10-3]과 같다.

[그림 10-3] 지능에서의 유전요인과 환경요인의 관계

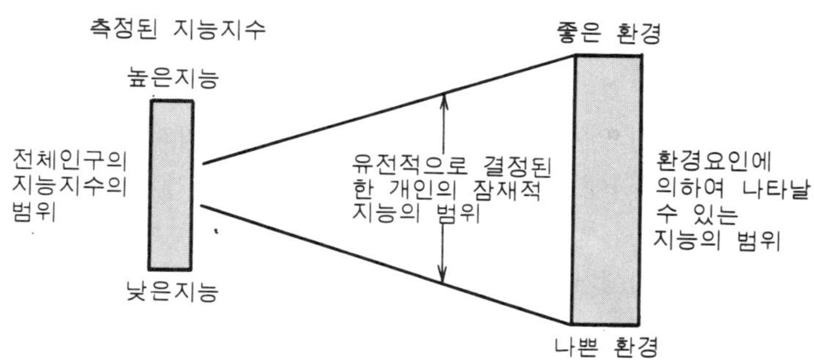

1. 지능과 유전

지능의 발달은 여러 가지 요인에 의하여 이루어진다. 한 사람의 지적인 잠재능력이 그 개인의 유전적 요소에 의하여 크게 영향을 받는다고 보는 유전 우세론자들은 이러한 사실을 뒷받침하기 위하여 주로 일란성 쌍생아(一卵性雙生兒)들을 그 대상으로 연구하였다. 특히 지능에 있어서의 차이가 주로 유전적인 요소의 차이에서 생긴다는 연구로서 대표적인 것이 수년 동안의 일란성 쌍생아에 관한 C. Burt(1966)의 연구이다. 그러나 최근에 와서는 Burt의 연구에 대한 비판이 대두되고 있다. 그러나 지능이 주로 유전적인 요인에 의하여 결정된다는 사실을 뒷받침해 주는 연구는 매우 많이 이루어졌다.

Jensen(1969)는 지난 25년간 여러 나라에서 이루어졌던 혈연과 지능지수간의 많은 상관적 연구를 분석한 결과, 혈연(血緣)관계가 있는 개인간의 지능이 그렇지 않은 개인간의 지능보다 더 밀접한 상관관계가 있다고 말하고 있다. 예컨대 만일 지능지수가 전적으로 환경에 의하여 결정된다면 양부모(養父母) 밑에서 자란 아동들의 지능은 친부모(親父母)의 지능보다 양부모의 지능과 더 높은 상관관계를 가져야 한다. 그러나 그 간의 여러 연구 결과에서 보면, 특히 Burks(1928)의 연구와 Skodak과 Skeels(1949)의 연구에서 나타난 사실은 양부모 밑에서 자란 어린아이들의 지능이 양부모보다는 친부모의 지능과 더 높은 상관이 있음을 보여주고 있다.

최근에 이루어졌던 J.L. Horn(1979)과 S. Scarr와 R.A Weinberg(1976)의 연구를 보면 친자식과 양자를 같이 양육한 가정에서 이들 어린아이들과 부모의 지능간의 상관관계를 밝혔는데 그 결과를 보면 다음〈표 10-1〉과같다.

〈표 10-1〉 부모와 친자식, 양자의 지능간의 상관관계

	Horn의 연구	Scarr와 Weinberg의 연구
어머니와 친자식	.20(N=162)	.34(N=100)
어머니와 양자	.22(N=151)	.29(N=66)
아버지와 친자식	.28(N=163)	.34(N=102)
아버지와 양자	.12(N=152)	.07(N=67)

두 연구에서 어머니와 친자식간의 상관관계나 어머니와 양자간의 상관관계가 거의 비슷하게 나타났다. 그러나 아버지와 친

자식간의 지능지수의 상관관계는 아버지와 양자간의 지능지수보다는 두 연구에서 모두 높이 나타났으나, 그 구체적인 이유는 좀더 세밀한 연구가 있어야 한다는 것이다.

또한 Horn과 Scarr 및 Weinberg는 친형제와 양자간의 상관 관계에 대한 연구도 하였는데 그 결과는 다음〈표 10-2〉와 같다.

〈표 10-2〉 친형제 및 양자간의 지능지수의 상관관계

	Horn의 연구	Scarr와 Weinberg의 연구
친형제간의 지능지수의 상관	.35(*N*=46)	.37(*N*=75)
양자간의 지능지수의 상관	-	.49(*N*=21)
친자식과 양자간의 지능지수의 상관	.28(*N*=197)	.30(*N*=134)

여기에서 나타난 사실은 친형제간의 지능지수의 상관관계가 친자식과 양자간의 지능지수의 상관관계보다 높았다는 점이다. 그러나 Scarr와 Weinberg의 연구에서는 양자간의 지능지수의 상관관계가 가장 높았다. 이러한 연구결과는 지능발달에 유전적인 요인이 결정적인 영향을 미친다는 사실을 뒷받침해 주는데는 아직 미흡하다는 것을 말해주고 있다.

Erlenmeyer-Kimling과 Javik(1963)이 지능에 관련된 52개의 연구에서 30,000개의 상관계수를 추출하여 그 평균상관을 제시한 결과와 Bourard와 McGue(1981)의 연구결과를 보면 다음〈표 10-3〉과 같다.

〈표 10-3〉 가족간의 지능의 상관관계

관 계	상관계수 분포	평균상관	McGue
일란성 쌍생아 (같이 양육)	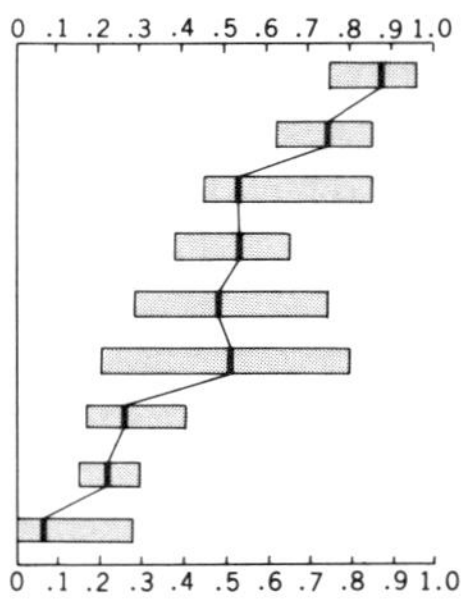	.87	.86
일란성 쌍생아 (따로 양육)		.75	.72
이란성 쌍생아 (동성간)		.53	.60
이란성 쌍생아 (이성간)		.53	-
형제자매 (같이 양육)		.49	.47
부모와 자식		.50	.40
양부모와 자식		.25	.31
관계없는 사람 (같이 양육)		.22	-
완전히 관계없는 사람		.05	-

앞의 두 연구는 지능의 발달에서 유전적 요인이 얼마나 중요한가를 보여주고 있다. 즉 유전적 소질이 서로 비슷한 사람들일수록 지능간의 상관관계가 그렇지 못한 사람들의 지능간의 상관관계보다 높은 경향을 보이고 있다. 그러나 앞의 연구 결과를 구체적으로 분석하지 않더라도 알 수 있는 사실은 인간의 지능을 결정하는 데 있어서 유전적인 요소가 매우 중요한 구실을 한다 하더라도 유전적인 요소 이외에 다른 요인들에 의하여 지능이 결정된다는 것을 알 수가 있다.

2. 지능과 환경

많은 환경적인 요인들이 우리의 지능발달에 영향을 준다.

예컨대 경제적인 수입 정도, 사회적 지위 그리고 교육적인 요인 등이 환경적인 요인들이다. 앞에서 보았듯이 유전적인 요인이 잠재적인 지적 능력의 한계를 정해 준다면, 주어진 잠재적인 지적 능력을 얼마나 개발하는가는 바로 환경적인 요인에 크게 영향을 받는다고 할 수 있다.

Newman, Freeman 및 Holzinger(1937)의 연구에 의하면, 각기 다른 환경에서 양육된 일란성 쌍생아의 지능지수를 조사하였는데, 좋은 교육적인 환경에서 자란 아동들이 그렇지 못한 아동들에 비해 훨씬 높은 지능지수를 보였다. 비록 조사 대상자의 수는 적었지만 좋은 교육적 환경에서 자란 아동들의 지능지수가 약 15점 정도가 더 높았다. 환경적인 요소가 중요하다는 또 다른 하나의 증거는 이란성 쌍생아간의 지능 지수의 상관관계가 형제간의 지능지수의 상관계수보다 높았다는 사실이다.

일반적으로 이란성 쌍생아와 형제는 그 유전적인 인자가 거의 유사하기 때문에 형제간보다 이란성 쌍생아간의 지능지수의 상관계수가 높은 것은 아마도 형제간보다 이들 이란성 쌍생아들이 보다 같은 환경적인 여건에서 자랐기 때문인 것으로 볼 수가 있다.

그리고 양자나 양녀의 지능에 대한 연구에서도 교육적인 환경이 좋지 못한 가정에 입양된 아이들이 중간 정도의 가정에 입양된 아동들보다 지능이 낮았고, 반면에 교육적인 환경이 매우 풍요로운 가정에 입양된 아동들의 지능이 훨씬 높았다. 이러한 것은 모두 환경적인 요인인 가정생활로부터 크게 영향을 받았기 때문이다.

그러나 Bayley(1965)의 연구에 의하면 출생에서부터 만 6세까지는 사회 · 경제적 조건이 좋은 가정에서 자란 아이들이 좋지 못한 사회 · 경제적 조건 하에서 자란 아이들보다 지능이 점차적으로 높아져 그 차이가 뚜렷하게 나타나고 있으나, 그 이후에는 이러한 사회 · 경제적인 조건이 계속적으로 긍정적인 영향을 줄 수도 있고 반대로 부정적인 영향을 줄 수도 있다는 것이다.

지능의 결정요인으로 환경적 요인이 매우 중요하다는 경험적 증거는 유전적 요인에 대한 경험적 증거와 마찬가지로 어느 정도 한계와 제한점을 가지고 있다. 그러나 분명한 사실은 지능이 유전과 환경의 상호작용에 의하여 결정된다는 것이다. 인간이 가지고 있는 여러 가지 특성과 마찬가지로 유전적인 요인은 한 개인이 발달할 수 있는 일련의 한계성을 결정해 준다고 볼 수 있으며, 반면에 환경적 요인은 그 개인이 발달할 수 있는 일련의 한계성 내에서 어느 정도로 성취하고 발달하느냐의 정도를 결정해 준다고 볼 수 있다.

3. 지능의 발달과 안정성

인간이 성장함에 따라 지능도 점차적으로 발달하게 된다. 그러나 이러한 지능의 발달이 언제부터 시작하여 언제까지 발달되는지 혹은 어떤 특성이 어떻게 발달되는지에 대한 연구들이 그간에 이루어져 왔지만 완전히 일치된 이론을 찾아 보기는 어렵다. 뿐만 아니라 지능발달의 정점에 달하는 연령에 대해서도 여러 가지 이론이 있다. 예컨대 Terman은 16세에 지능이 정점(頂點)에 이르게 된다고 하였으며, Wechsler와 Binet는 22세경에, 그리고 Army α검사의 경우에는 14세 경에 지능수준이 가장 높다고 하였다.

그러나 일반적으로 지능발달이 정점에 도달하는 나이는 각 개인마다 개인차가 있어 다르겠으나, 일반적으로 약 15~16세경부터 20세까지를 그 기간으로 보고 있다. 그리고 지능의 각 요인에 따라 차이가 있을 수 있다. 예를 들면 산수능력이나 추리력과 같은 능력은 지능의 정점에서 연령이 증가함에 따라 점차적으로 쇠퇴해가나, 어휘력이나 일반지식은 오히려 20세가 넘어서 일정한 연령까지 증가하는 경향을 보인다. 이는 연령에 따른 여러 가지 경험과 적응력에 관련된 지능의 요인에 있어서는 인간의 정신능력은 어느 수준까지는 향상하게 되며, 그러한 능력의 감소비율도 적다는 것을 의미한다. 여기에서 지능의 안정성 혹은 지능의 항상성(恒常性)의 문제가 제기될 수가 있다.

본질적으로 지능이란 유전과 환경에 의하여 크게 영향을 받는다는 오늘날의 일반적인 견해를 받아 들인다면, 이론적으로 볼 때 한 개인의 환경이 변화되면 그의 지능도 변화되어야 한다. 따라서 적어도 지능의 조작적 정의에 의하여 만들어진 지능검사의 점수에도 변화가 있어야 한다.

지능이 어느 정도로 안정성 있는 구인(구성개념)인가 아니면 얼마나 가변적인 구인인가 하는 문제는 매우 중요한 것이다. 만일 지능검사의 점수가 안정성이 없다면 그 지능검사는 아무 소용 없는 도구가 될 것이다. 반대로 지능검사 점수의 안정성이 완전히 보장된다면 그때에는 우리는 정신지체아의 치료(예후, 예지)에 대하여 숙명론적인 태도를 가질 수밖에 없는 것이다.

B. S. Bloom(1964)의 종단적인 연구에 의하면 어렸을 때의 지능검사의 점수는 매우 불안정한 것으로 나타났다. N. Bayley(1949)의 연구에서도 1세와 7세때에 측정하였던 지능점수 간에는 아무런 상관이 없는 것으로 나타났다. 이러한 연구의 결과로 보아 거의 확실한 사실은 4세 미만의 아동들의 지능은 안정성이 없다는 것이다. 이러한 지능의 불안전성이 근본적으로 지능 특성의 불안정성에 기인되는 것인지 아니면 부정확한 지능검사에 주원인이 있는 것인지는 확실하지가 않다. 분명한 것은 연령이 증가함에 따라 지능검사의 점수가 빨리 증가하고 있다는 것이다.

Bayley의 연구에 의하면 4세와 7세 때의 정신연령간의 상관관계는 .71로서 높은 상관을 보여주고 있다. 일반적으로 지능에 관한 여러 종단적인 연구에서 밝혀진 사실에 의하면 지능이 5세 이후에는 비교적 안정성이 있는 것으로 나타났다. Bayley(1961)도 동일한 아동들을 대상으로 연구한 결과 11세와 17세의 지능검사 점수간에는 .92의 높은 상관관계가 있음을 밝히고 있다.

아동집단에 대한 연구에서는 지능점수 간에 높은 안정성계수를 보여주고 있지만 아동 개인별로 볼 때에 지능검사 점수는 매우 큰 성장과 감소의 경향을 보여주고 있다. N.P. Honzik, J.W. Macfarlane 그리고 L. Allen(1948)의 6세부터 18세 아동에 대한 연구에서는 전체 59% 아동들의 지능지수가 15점 이상이 변화되었다고 한다. 이러한 연구결과가 우리에게 주는 하나의 시사점은 지능검사의 점수가 어느 정도 안정성이 있고 따라서 단기간과 장기간의 의사결정에 있어서 매우 유용한 지침으로서 사

용될 수도 있겠으나, 반면에 지능검사의 점수가 변동될 수 있으므로 이 지능검사의 결과 하나만으로 의사결정을 내리는 것은 합리적이고 타당하다고 볼 수 없다는 점이다.

한편 성인의 지능에 대한 안정성 문제에도 약간의 논쟁이 있다. Wechsler(1955)의 횡단적 연구에 의하면 지능의 언어성 요인은 30세까지 증가하고 그 이후에는 점차적으로 감소하는 경향이 있다고 한다. 그러나 Wechsler의 연구에서는 여러 수준의 연령집단의 교육수준을 비교하지 않았다는 점에서 표집상의 오류가 있음이 지적되고 있다. 즉, 젊은 연령층의 집단이 연령이 많은 집단보다 교육적 수준이 높았는데 이러한 사실들을 고려하지 않았다. 그리고 Bayley(1955)의 종단적 연구 결과에서는 지적 성장은 50세까지 계속된다고 하였다.

이런한 점에서 볼 때 일반적인 견해는 지적 능력이란 연령이 증가함에 따라 자연적으로 감소되는 것이 아니며, 성인에 있어서도 환경적인 요인이 그들의 지적 능력을 향상시킬 수도 있으며 감소시킬 수도 있다는 것이다. 그러므로 건강문제를 고려하지 않는다면 50세가 되더라도 25세에 가졌던 지적 능력을 그대로 가질 수는 있다고 하겠다.

4. 지능의 측정

측정된 지능은 어떤 상황에서는 매우 유용하게 활용되고 있다. 즉 우리는 한 개인의 지능을 앎으로써 어떤 과제를 수행할 수 있는 개인의 능력을 예측할 수가 있다. 심리학자에 의하면 지능이란 바로 지적인 행동(intelligent behavior)을 의미하는 것이며 이러한 지능은 관찰될 수 있는 행동을 통해서 정의를 내려야 한다고 한다. 관찰될 수 있는 행동들이란 바로 표준화된 지능검사의 각 문항이 되므로 그 검사에서 얻은 점수가 바로 한 개인의 지능이라고 볼 수 있다.

이러한 지능검사의 점수는 일반적으로 표준점수(standard score)나 백분위 점수(percentile score) 등과 같은 것으로 표시된다. 여기에서 표준점수란 피험자가 지능검사에서 얻은 실제 점수(원점수 또는 소점: raw score)를 피험자의 연령이나 학년 또는 성별 등과 같은 요인을 기초로 하여 보다 정확하고 신뢰롭게 해석하기 위하여 변형시킨 점수를 말한다. 그리고 백분위 점수란 한 개인이 얻은 실제 점수보다 낮은 점수를 받은 학생들의 백분율(percentage)을 의미한다. 예를 들면 만일 어느 학생의 백분위(百分位)점수가 84점이면, 그 개인이 속한 집단에서 그 개인보다 낮은 점수를 얻은 학생들이 84%가 된다는 것을 의미한다.

지능검사가 처음으로 나왔던 20세기 초기에는 이러한 지능은 단순한 공식에 의하여 측정되었다. 이것을 우리는 비율지능지수(ratio intelligence quotient)라고 하는데 그 공식은 개인의 정신연령(mental age)÷그 개인의 생활연령(chronological age)×100으로 산출하였다. 여기에서 한 개인의 정신연령은 일련의 지능검사에서 옳게 답한 문항수로 계산하여 산출하였다. 따라서 많은 문항을 맞추면 그만큼 정신연령은 높아지게 된다. 예를 들면 8세의 아동이 10세의 정신연령을 가졌다면 10(정신연령)÷8(생활연령)×100=125의 지능지수가 된다. 따라서 비율지능지수에서는 지능지수의 평균이 100이 된다. 이러한 비율지능지수에 의하면 지능발달의 정점인 20세가 넘어 연령이 증가하게 되면 자연적으로 지능지수는 낮게 나타날 수밖에 없다고 한다. 그리하여 이러한 결함을 보완하기 위하여 편차지능지수(deviation IQ)가 나타나게 되었다. 즉 편차지능지수는 표준점수로서 모든 연령집단의 평균을 100으로 하고, 표준편차를 16(혹은 15)으로 하는 분포에서 얻은 지능지수를 말한다. 예컨대 10세 아동의 편차지능지수가 110이고 25세 성인의 편차지능지수가 110이면 이 두 사람은 그들이 속한 연령 집단에서 위치하고 있는 상대적 위치가 같다고 보는 것이다.

5. 정신지체(mental retardation)

전 세계 인구의 지능지수분포는 대체로 정상분포를 이루고 있다. 그리고 이 중에서 정신적으로 지체된 사람들의 비율은 전 인구의 약 3%에 가깝다고 보고되고 있다. 여기에서 정신적 지체란 지적 행동에 있어서 결함이 있는 것을 말한다.

일반적으로 정신지체는 다음 3가지 기준에 의하여 분류되는데 ① 지능검사에서 개인의 지적 기능이 평균보다 훨씬 아래에 놓여 있을 때이고, ② 한 개인이 그가 처해 있는 환경에 대하여 사회적 적응을 할 수 없을 때이며, ③ 16세 이전의 발달과정에서 아동의 지적 및 사회적 행동이 비교적 그 연령에 비해 낮을 때 등 3가지로 구분할 수가 있다. 따라서 정신적 지체는 지능검사에서 나타난 지능지수뿐만 아니라 환경에 대한 적응능력 및 사회적 행동까지도 포함해서 분류되고 있다.

정신지체를 다섯 가지로 분류하고 있는데, 이는 경계선(borderline), 경도 정신지체(mild retardation), 중등도의 정신지체(moderate retardation), 중도 정신지체(severe retardation) 그리고 최중도 정신지체(profound retardation)로 나누어진다.

정신지체아의 지능지수에 대한 이론이 모두 일치하는 것은 아니지만 지능지수의 평균을 100으로 하고, 편차를 16으로 하였을 경우, 그리고 정신지체 집단을 100으로 보았을 때 각 정신지체의 분류별 지능지수와 사례수의 백분율을 보면 다음 〈표 10-4〉와 같다.

〈표 10-4〉 정신지체의 유형과 분포

분류	지능지수	전신지체자의 백분율(%)
경계선	68~83	정신지체로 분류하지 않을 수 있음
경도 정신지체	52~67	90%
중등도의 정신지체	36~51	6%
중도 정신지체	20~35	3%
최중도 정신지체	20이하	1%

정신지체에 대한 각 분류의 특징을 살펴보면 다음과 같다.

1) 경계선(borderline)

이는 지능지수가 68에서 83까지의 범위에 들어가는 사람들을 말한다. 그러나 일반적으로 이들을 정신지체라고 보지 않을 수도 있다. 사회적으로 혹은 법적으로 이들을 정상인에 분류하기도 한다. 여기에 속한 학생들은 정신지체보다는 지진아로 분류하는 것이 오히려 합당하며, 이들 중 일부분은 고등학교를 졸업하지 못할 수도 있다. 이 분류에 속하는 사람들은 일반적으로 정상인으로 간주되지만, 이들은 가끔 다른 사람의 도움이 필요하기도 하다.

2) 경도 정신지체(mild retardation)

이는 지능지수가 52~67까지의 범위에 있는 사람들을 말한다. 정신지체자 중 가장 많은 비율(90%)을 차지하고 있는 것이 경미한 정신지체이다. 이들의 대부분은 가족이나 친구들로 부터 어느 정도 도움을 받으면, 혼자서 그들의 삶을 영위할 수가 있다. 또한 이들은 일정 정도의 교육을 받을 수가 있으며 따라서 낮은 직업적 기술을 가질 수가 있다. 지적인 능력 면에서 보면, 이들은 일반적으로 약 10세 아동의 지적 수준과 같으며, 사회적인 능력은 약 16세 아동들의 수준에 해당된다.

3) 중등도 정신지체(moderate retardation)

이들의 지능지수는 36~51에 해당되며 전체 정신지체의 약 6%를 차지한다. 이들 중 일부는 아주 단순한 직업은 가질 수가 있으나 가족들에 의존하지 않고서는 살아가기가 매우 어렵다. 또한 이들은 말하고 쓸 수 있으며 친구들과 친교관계를 맺고 있지만, 운동기능이나 몸가짐 그리고 사회적인 기능을 발휘할 때 매우 서투른 행동을 하게 된다. 이들의 지적 수준은 5세나 6세 아동의 수준에 머무르지만, 최소의 수준에서 그들 자신을 돌보며 환경에 적응할 수가 있다.

4) 중도 정신지체(severe retardation)

이는 전체 정신지체의 3%에 해당되며 지능지수는 20~35에 속하는 사람들이다. 이 집단에 속하는 사람들은 운동기능이나 언어 그리고 지적인 활동에 있어서 심한 장애를 나타내며, 남의 도움없이 독립적인 생활을 하기가 어렵다. 매우 심한 경우에는 언어적인 활동을 거의 할 수가 없으며, 아주 단순한 과제라도 훈련 없이는 할 수가 없는데, 이들의 대부분은 출생시 뇌에 심한 외상을 입은 사람들이다.

5) 최중도 정신지체(profound retardation)

전체 정신지체의 1%에 해당되는 사람들로서, 지능지수는 20 이하이다. 이들은 전적으로 남의 도움을 받아야 하며 단순한 일도 거의 할 수가 없다. 또한 신체적인 성숙이나 발달도 완전하지가 못하며, 지적인 발달도 이뤄지지 못한 상태이다. 대부분의 경우 신체적인 결함, 예를 들어 시각장애, 청각장애 그리고 손 기능의 이상 등에 의해 극심한 정신지체가 유발되기도 한다.

Ⅳ. 지능검사의 분류

1. 지능 · 적성 · 학업성취도

1) 지능과 적성

어떤 사람들은 지능과 적성, 이 두 용어를 서로 교환적으로 사용하고 있으며, 또 일부 사람들은 이 두 용어간의 의미를 분명히 하려고 노력하고 있다. 일반적으로 이 두 용어간의 차이는 다음 두 가지 측면에서 볼 수 있다.

첫째로 우리가 얻고자 하는 측정치가 하나의 일반적인 측정치인지 그렇지 않은지의 차이이다. 만일 우리가 일반적인 측정치를 얻었다면 그 검사는 지능검사이며, 반대로 그 검사가 중다적 요인이나 어떤 특수한 요인을 측정하고 있다면 그 검사는 적성검사인 것이다. 그러나 반드시 이러한 구분이 옳은 것만은 아니다. 왜냐하면 Wechsler지능검사의 경우 일반적인 요인을 측정하고는 있으나 각 요인별로 점수를 산출하는 경우도 있기 때문이다.

둘째로 역사적인 배경에 그 차이점이 있다. 최초로 지능검사가 발달한 시기에는 대부분의 심리학자들은 지능을 변화하는 대상으로서가 아니라 타고난 특성으로 생각하였다. 오늘날에 와서는 이러한 가정이 타당하지 않다고 밝혀졌다. 그러나 아직까지 많은 사람들이 지능을 선천적인 특성으로 보고 있다. 이러한 경향을 없애기 위하여 검사 제작자들은 지능 대신에 적성이라는 용어를 사용하였다. 적성검사는 학생들의 학교 생활의 성공을 예측하는 데 아주 유용한 도구이므로 이 검사를 학업적성검사(scholastic aptitude test: SAT)라고도 부른다(실제로 학습능력을 측정하고 있는 검사이기도 하다). 그러나 그 검사가 일반적 요인을 측정하든, 또는 적성검사이든 모든 검사의 점수는 환경적인 변인과 유전적인 변인의 영향을 받는다.

적성검사의 한 예

2) 적성과 학업성취도

적성과 학업성취도(achievement)의 두 용어도 상호 교환적인 같은 의미로 또는 독립적으로 사용되곤 한다. 사실 검사체제로 보아 이 두 검사를 구별할 수 있는 확실한 법칙은 없다. 일반적으로 두 검사를 구별한다면 특정한 과거의 학습이 얼마나 영향을 주고 있느냐의 정도에 따라 나누어 볼 수가 있다. 즉 성취도검사가 특정한 수업이나 형식적인 수업의 결과를 측정한다면, 적성검사는 지금까지 누적된 여러 종류의 학습결과를 측정하고 있는 것이라고 할 수 있다.

지금까지 밝혀진 바에 의하면 여러 사람들이 분명하게 이해할 수 있도록 적성과 성취도의 개념을 구분하여 기술하기는 어려우나 다음과 같이 구분할 수 있다. 즉 성취도검사는 현재상태에 있어서 한 개인의 지식이나 기술, 혹은 성취도의 수준을 측정하는 데 사용되며, 적성검사는 그 개인이 앞으로 얼마나 잘 학습할 수 있는가를 예측하는 데 사용된다.

흔히 우리는 미래의 성취도를 예견하는 가장 좋은 방법으로 과거의 성취도를 알아 본다. 만일 이런 것이 사실이고 또한 미래의 학업적인 성공을 예측하는 데 적성검사가 가장 유용한 것이라면 적성검사와 성취도검사가 다른 점은 어떤 것일까? 위에서도 설명하였지만 이 두 검사의 차이는 일반적으로 성취도검사는 학생이 무엇을 배웠는가를 측정한다면 적성검사는 새로운 과제(미래의 성취도)를 학습할 수 있는 능력을 측정하고 있는 것이다.

따라서 이 두 검사의 근본적인 차이점은 그 검사가 측정하는 것이 무엇인가에 있는 것이 아니라 그 검사를 제작하는 방법과 제작자의 목적에 있다고 하겠다. 경우에 따라서는 어떤 특정한 목적을 위해서는 적성검사보다 성취도검사가 더 예언적인 구실을 할 수도 있는 것이다. 그러나 근본적으로 미래의 성취도를 예언하고자 하는 목적으로 검사를 제작하였다면 그 검사는 적성검사이고, 비록 매우 예언적인 기능이 강하다 하더라도 그 검사가 과거의 학습을 측정하기 위한 목적으로 만들어졌다면 그 검사는 성취도검사로 보는 것이다.

그러나 과거의 학습을 시간 상의 연속 위에서 구분한다는것과 또한 어느 하나의 검사만을 사용하여 과거의 학습을 안다는 것은 불가능하기 때문에 이 두 검사를 분류하는 데는 어느 정도 한계점이 있다. 중요한 것은 이러한 검사결과들이 우리가 어떤 의사결정을 하는 데 항상 도움을 준다는 사실이며 이러한 의사결정은 예측을 포함하고 있다는 점이다. 따라서 외면적이든 내면적이든 적성검사와 마찬가지로 성취도검사도 이러한 예측을 위하여 사용될 수도 있다.

한 검사 속에 있는 과제(내용)가 형식적인 학교교육의 학습에 어느 정도로 의존하고 있는가에 따라 적성검사와 성취도검사를 분류할 수도 있다. 그러나 이러한 분류는 정도의 차이이다. 대부분의 적성검사는 다른 어떤 검사보다 성취도검사와 매우 유사하다. 단지 그 검사의 과제(내용)가 특정한 교육적인 수업(학업교육)과 관련이 높을수록 그 검사는 성취도검사에 가까운 것이다. 따라서 성취도검사가 적성검사보다 환경적인 영향을 더 많이 받는다.

요약하면 검사 제각자가 예언적인 측정도구를 발전시켰다면 그 검사는 적성검사이고, 과거의 학습성취도를 측정하는 측정도구를 발전시켰다면 그 검사는 성취도검사이다. 따라서 성취도검사의 문항은 학교수업의 내용에 기초를 둘 수도 있고 그렇지 않을 수도 있다. 오늘날 검사 제작자들이 그들이 제작한 검사에 무슨 이름을 붙이든지 그 검사들의 활용은 다양한 것이다. 적성검사와 마찬가지로 성취도검사도 예언적 기능으로 활용되고 있다.

2. 지능검사의 특징

지능검사는 어떤 합리적인 이론적 기초에서 만들어진 도구는 아니다. 하지만, 인간의 지능을 재는 상대평가도구로서 합리성을 지니고 있으며 개인이 어떠한 능력을 어느 정도 소유하고 있는가 또한 어떻게 활용할 수 있는가를 평가해주는 도구로서의 유용성을 가지고 있다.

지능검사를 사용할 때에는 다음과 같이 측면에 주의를 하여야 한다. 첫째, 지능검사의 결과는 개인의 수행에 대한 결과물이 아니다. 즉, 부적절한 수행의 결과가 지능의 부족에 기인한 것이 아니다. 둘째, 지능검사의 결과는 개인간의 비교를 통해 순서를 짓기 위해서가 아니라 개인의 강점과 약점을 평가함으로써 개인을 좀 더 정확히 이해하기 위해서 사용되어야 한다. 셋째, 지능은 단일한 기능이 아니라 여러 기능의 합성물이다. 지능은 유전적 소질 뿐 만 아니라 환경적 요인에 의해서 영향을 받기 때문에, 지능검사 결과의 총점만으로 개인을 평가하기에는 많은 문제점을 내포하고 있다.

3. 지능검사의 분류

지능검사는 개인지능검사와 집단지능검사로 분류할 수가 있다. 대표적인 것을 소개하면 다음과 같다.

1) 개인 일반지능검사

대부분의 경우 우리는 집단지능검사를 사용한다. 그러나 흔히 개인검사를 실시하는 것이 더 적절할 때가 많다. 일반적으로 개인검사는 피험자의 행동에 대하여 보다 신뢰로운 측정치를 얻을 수 있으며, 그러한 행동 뒤에 있는 (행동을 유발 시키는)요인들을 이해하는 데 도움을 준다.

개인검사는 피험자의 행동을 자세히 관찰할 수가 있으며, 또한 통제할 수가 있다. 여기에서 사용된 '통제'란 말은 피험자의 동기수준과 같은 과정변인들을 통제하는 것을 의미한다. 즉 피험자의 동기를 유발시킴으로써 보다 신뢰로운 피험자의 행동을 알아보도록 하는 것이다. 그러나 이러한 통제가 피험자의 결과변인(반응결과)에까지 영향을 미쳐서는 안 된다. 즉 피험자에게 적절한 반응을 유도할 수 있도록 질문을 풀이해준다든지 또는 질문을 아주 자세히 설명하여 준다든지 하는 것은 좋지 않다. 개인검사에 있어서 검사결과는 검사실시자의 변이성에 따라 크게 달라질 수가 있다. 그러나 만일 훈련된 검사자가 검사를 실시할 경우 검사결과의 신뢰성은 매우 높아질 수가 있다.

개인지능검사 장면

지금까지 가장 널리 알려진 개인 지능검사로는 Stanford-Binet검사와 여러 가지 종류의 Wechsler검사들이 있다. 이 두 검사를 간단히 살펴보기로 한다.

(1) 스텐포드-비네(Stanford-Binet)개인지능검사

현재 사용되고 있는 Stanford-Binet개인지능검사는 최초의 Binet-Simon Scale에서 발전된 것이다. 앞에서 설명한 바와 같이 Binet는 단순한 감각이나 운동에 대한 측정치가 지능을 알아보는 데 가치가 없다고 믿었다. 1905년에 Binet가 프랑스에 있을 당시 그는 정신적으로 결함이 있는 아동들을 구명하기 위하여 Simon과 함께 고등정신능력을 측정하는 30개의 문항을 난이도의 순으로 배열하여 지능검사척도(scale)를 만들었다. 이 척도는 1908에 개정되었고, 그 문항들은 연령수준(age level)별로 분류되었으며 그리고, 아동들의 검사점수는 정신연령(mental age)으로 표시되었다. 그러다가 이 검사는 다시 1911년에 개정되었다.

그 후에 미국에서 이 검사를 개정한 많은 검사가 있었지만 그 중에서 가장 널리 알려지고 유명한 것이 1916년에 나왔던 Stanford 개정판이다. 이 Stanford 개정판은 계속해서 1937년에 다시 개정되었으며, 1960년에 세번째로 개정되었다. 이 세

가지 검사는 본질적으로는 같은 체제에 따라 만들어진 것들이다. 이들 검사는 각 연령별로 그 수준에 맞추어 내용이 구성되어 있다. 따라서 이 Binet지능검사는 연령척도(age scale)를 사용하고 있다.

검사실시자는 피험자의 생활연령(chronological age)보다 바로 아래 연령 단계에서부터 시작한다. 피험자가 자기연령보다 바로 아래 연령 단계의 문제를 모두 맞히지 못하면(한 문항이라도 틀리면) 그 아래 연령 단계에서 시작하는데 이 단계를 기저연령(basal age) 혹은 최대연령(maximal age)이라고 하며 한 개인의 전체 점수(정신연령: mental age)는 기저연령 단계에서 한계연령 단계에 이르기까지 그 개인이 풀었던 문항으로 계산하여 표시한다.

1960년대 나왔던 Stanford-Binet지능검사는 1937년에 나왔던 두 가지 형의 개정판에서 가장 좋은 문항을 표집하여 배열한 것이다. 이 Stanford-Binet지능검사 내용의 구성은 2세부터 성인상(superior adult)에 이르기까지 연령 수준별로 분류되어 있다. 2세부터 5세까지는 반년 간격으로, 5세부터 14세까지는 일 년마다의 수준을 두어 검사가 있으며, 14세 이후의 성인용으로는 4가지가 있는데 하나의 성인평균(average adult)과 3가지로 된 성인평균상(superjor adult Ⅰ, Ⅱ, Ⅲ)의 4단계에 관한 것들이다.

이 Stanford-Binet검사는 연령수준이 올라감에 따라 주어진 자료에 대한 이해나 단어의 지식에 관한 내용에 그 강조점을 두었고, 동작형 문항(performance type items)들은 하위연령수준의 검사에서만 가끔 볼 수 있는 것이 그 특징이다.

지능점수는 평균 100, 표준편차 16인 편차점수로 계산된다. 즉 이 점수는 변환점수인 것이다(편차지능지수=16z+100). 아

[그림 10-4] Standford-Binet 지능검사

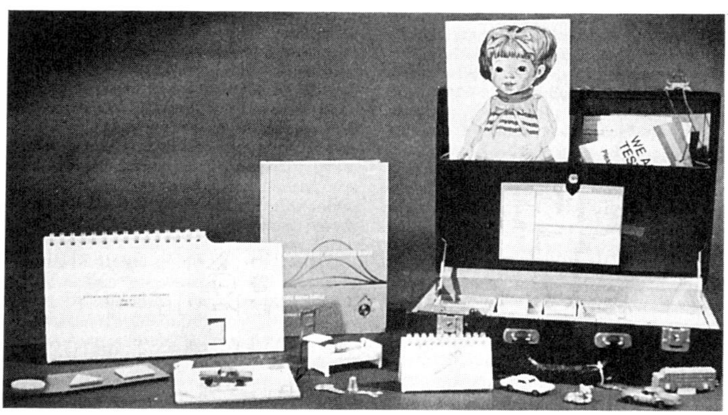

직까지 비율지능지수(정신연령/생활연령×100)개념이 사용되고 있는 가운데 이 편차지능지수가 1937년의 개정판 이후에 크게 발전되었다.

검사의 기술적인 측면에서 볼 때, Stanford-Binet검사는 매우 잘 구성된 도구이다. 지금까지 밝혀진 이 검사의 신뢰도 계수는 .90이상이었으며, 일반적으로 성인검사보다 연령이 낮은 수준에서 검사의 신뢰도가 더 낮았다. 다른 지능검사와 마찬가지로 이 검사도 미래의 학업적 성공을 예측하는 데 매우 유용한 도구이다. 학교성적과 이 지능검사 결과와의 준거타당도(예언타당도와 공인타당도)계수는 .40~.75의 범위에 있다.

Stanford-Binet지능검사 규준의 적절성에 대한 논란이 없는 것은 아니다. 표집을 위한 조사대상의 표집에 있어서 소수 집단(minority groups)을 포함하지 않았기 때문에, 이 검사를 이들 하위집단(sub-groups)에 적용할 수 없다는 것이다. 그러나 이 검사가 동일한 문화권 내에 있어서 성공을 예언하는 목적으로 사용된다면, 그 규준집단(norm groups)은 의미있는 집단인 것이다. 그러나 이 검사의 제약점은 너무나 언어능력요인(verbal ability) 측정에 치중하고 있다는 것이다. 이 Stanford-Binet검사는 1971년에 우리 나라판으로 번안되어 현재 사용되고 있다.

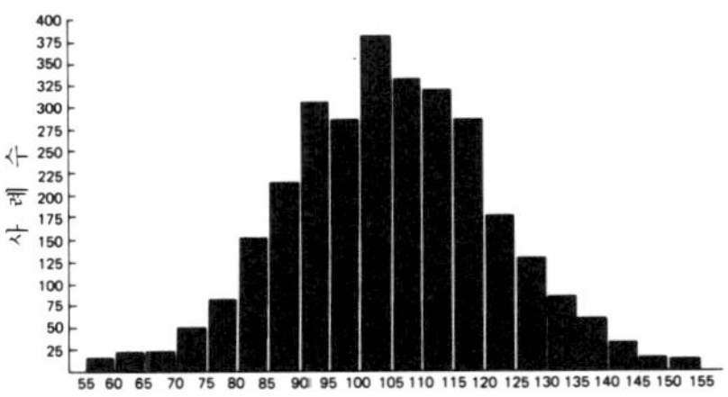

검사 점수의 분포곡선

(2) 웩슬러(Wechsler)개인지능검사

Stanford-Binet지능검사와 쌍벽을 이루는 Wechsler개인지능검사는 1939년에 최초로 웩슬러-벨레부 지능검사(Wechsler-Bellevue Intelligence Scale)라는 이름으로 출판되었는데, 이는 성인용이었다. 그러다가 1949년에 아동용 웩슬러 지능검사

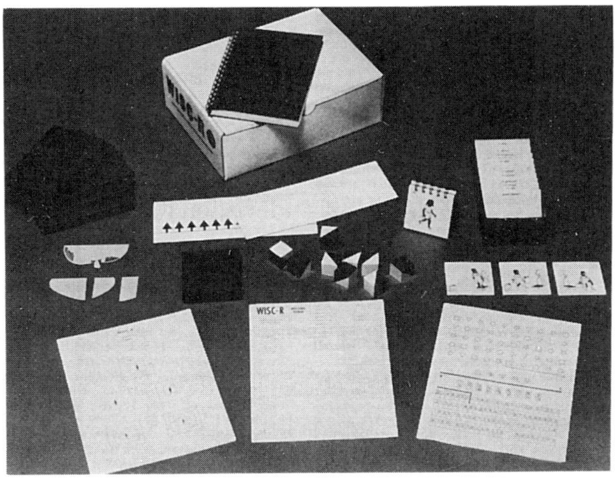

[그림 10-5] Wechsler 지능검사

(Wechsler Intelligence Scale for Children, WISC)가 출판되었다. 이 검사는 5세부터 15세까지의 아동용으로 그 체제형식은 Wechsler-Bellevue지능검사와 같은 것이다. 1955년에 Wechsler-Bellevue지능검사는 개정되면서 그 이름을 웩슬러 성인지능검사(Wechsler Adult Intelligence Scale, WAIS)로 바꾸었다.

1967년에는 취학 전 아동을 위한 웩슬러 지능검사(Wechsler Pre-school and Primary Scale of Intelligence, WPPSI)를 출판하였는데, 이 검사는 4세부터 6세반까지의 아동용이다. 이 중에서 WISC와 WAIS검사는 우리 나라 말로 번안되어 현재 사용되고 있다. 여기에서는 그 대표적인 WAIS검사를 간단히 살펴보기로 한다.

16세 이상의 성인을 대상으로 한 이 Wechsler 성인지능검사는 크게 언어성검사(verbal scale)와 동작성검사(performance scale)로 되어 있으며, 모두 11개의 하위검사로 구성되었다. 이 중 언어성검사에는 상식(information), 이해(comprehension), 산수(arithmetic), 공통성(similarity), 수암기(digit span) 그리고 어휘(vocabulary) 등 6개의 하위 검사로 되어 있고, 동작성검사는 바꿔쓰기(digit-symbol), 빠진곳 찾기(picture completion), 토막 짜기(block design), 차례 맞추기(picture arrangement), 그리고 모양 맞추기(object assembly) 등 5개의 하위검사로 구성되어 있다.

이 검사에서 각 개인의 점수는 정확하게 정답을 한 문항수에 의하여 계산된다. 따라서 이 검사는 점수척도(point scale)로 되어 있다(Binet검사의 경우는 문항들이 연령수준에 의하여 분류되어 있다). 웩슬러 성인지능검사의 경우 각 하위검사에서 얻은 원점수는 평균 10, 표준편차 3인 표준점수로 변환되어지므로 각 하위검사의 점수로서 개인간의 비교(inter-individual comparison)와 개인내의 비교(intra-individual comparison)가 가능하다. 또한 전체검사의 총점은 물론, 언어성검사와 동작성검사의 각 총점도 편차지능지수(deviation IQ)로서 평균 100, 표준편차 15로 되어 있다.

이 검사의 편차지능지수에서 특징적인 것은 편차지능지수가 각 연령별로 독립적으로 표시되어 있다는 점이다. 각 연령별, 집단별로 동일한 편차지능지수를 작성하기 위하여 조사한 결과에 의하면, 25세에서 29세까지의 집단이 원점수에 있어서 타 성인연령 집단보다 높았다.

그러나 여기에서 각 연령집단별로 지능지수를 산출한 것은 비록 지능이 연령이 증가함에 따라 감소된다 할지라도 각 집단의 평균 지능을 동일하게 하기 위해서였다. 예컨대 26세 집단에서 원점수 120점이 편차지능지수로 100이 된다면, 30세 집단에서는 원점수 110점이, 그리고 40세 집단에서는 103점이 편차지능지수 100이 된다. 이는 연령에 따라 지능이 감소되었던 것이 아니라 잘못된 표준에 의하여 각 연령별로 지능에 차이가 있을 것이라고 가정하였던 이론을 Wechsler가 반박한 것이다.

그러나 실제적으로 Wechsler성인지능검사의 규준에도 문제는 있다. 비록 Stanford-Binet검사의 규준만큼 Wechsler성인지능검사의 규준도 만족스럽다고 하여도 규준자료를 그때 그때 최근의 것으로 대치하기에 어려운 점이 많다는 것이다.

그러나 이 검사의 신뢰도는 매우 좋은 것으로 나타났다. 언어성검사와 동작성검사의 반분 신뢰도계수는 .93이상이고 검사 전체의 반분신뢰도계수는 .97이었다. 각 독립된 하위검사의 신뢰도계수는 비교적 낮았고, 그 범위는 .60~.96 사이에 분포되어 있다. 따라서 구체적인 자료로서 각 하위검사의 점수를 독립적으로 사용하는 데는 약간의 문제가 있다.

그리고 검사의 타당도는 많은 연구에서 이 검사가 여러 준거변인을 예측하는 데 매우 유용하다는 것이 밝혀졌지만, 그 검사의 요강에서 보면 좀 부족한 감이 없지 않다.

일반적으로 현재까지는 성인지능검사로서는 이 Wechsler성인지능검사가 최상의 것으로 알려지고 있다. 그러나 앞으로 이 검사의 문항내용이 계속 수정되고 최신의 규준을 마련할 필요성은 있는 것이다.

(3) Stanford-Binet검사와 Wechsler검사의 비교

심리측정이론상으로 보면 이 두 검사의 타당도와 신뢰도간에는 약간의 차이는 있으나, 다음 세 가지 측면에서 그 차이점을 찾아 볼 수 있다.

첫째, 두 검사간의 중요한 차이 중의 하나는 Stanford-Binet검사는 연령척도(age scale)로 되어 있는 반면 Wechsler검사의 경우는 점수척도(point scale)라는 점이다. 그러나 1960년에 개정된 Standford-Binet검사에서는 편차지능지수를 사용하였다.

일반적으로 점수척도보다 연령척도가 경제적으로나 모든 면에 있어서 더 많은 노력이 든다. 대부분 심리학자들은 성인용 지능검사에서는 점수척도가 더 유리하다는 데 동의하고 있으나, 아동과 청년을 위한 지능검사의 경우에는 어느 척도가 더 좋은지에 대해서는 아직 잘 알려지지 않고 있다. 그러나 일반적으로 아동지능검사의 경우 만은 연령척도가 더 좋은 것으로 많은 심리학자들이 보고 있다.

둘째, Stanford-Binet검사는 성인의 지능을 측정하기 위하여 제작된 것이 아니다. 따라서 표준화를 위하여 18세까지의 조사대상자를 표집하였다. 그러나 Wechsler검사(WAIS)는 성인의 지능을 측정하기 위하여 특별히 고안된 것이다.

셋째, Wechsler검사에서는 언어성검사와 동작성검사가 독립적으로 척도(scale)를 마련하고 있으나 Stanford-Binet검사에서는 단지 총체적인 지능지수만을 마련하고 있다. Wechsler검사는 언어성검사와 동작성검사로 나누어져 있어 동작성검사의 하위검사를 사용함으로써 문맹자, 언어장애가 있는 자, 빈곤한 환경으로 인하여 한정된 언어 경험을 가진 자들의 지능을 측정할 수 있으나 Stanford-Binet검사는 이들의 지능을 측정할 수가 없다. 그러나 이러한 차이점에도 불구하고 여러 연구결과 두 검사 간의 상관계수는 .75~.85 사이로 분포되어 있어 이상적인 공인타당도의 계수를 보여주고 있다.

여기에서 이 두 검사에 대하여 우리가 알아야 할 점은

① 두 검사가 매우 신뢰로운 도구라는 점

② 두 검사가 학업적 성공을 예측하는 데 매우 타당하다는 점

③ 가장 최초로 이 두 검사는 평균 100, 표준편차 16(Stanford-Binet)과 15(Wechsler)로 된 유도점수(derived score)를 사용하였다는 점

④ 이 두 검사는 실시와 그 결과의 해석에 있어서 매우 훈련된 전문가에 의해서만 가능하다는 점 등이다.

요약하면 개인지능검사에는 4가지 종류가 있다. 그것은 Stanford-Binet검사, Wechsler성인지능검사(WAIS), Wechsler아동지능검사(WISC), 그리고 Wechsler취학전아동지능검사(WPPSI)이다. 이들은 앞으로의 학업적 성공의 예언자로서뿐만 아니라 임상적 평가도구로서도 매우 유용한 검사들이다. 집단검사에 비하여 개인지능검사가 가지는 약점은 집단검사보다 경제적인 부담이 많고 고도로 훈련된 실시자에 의하여 그 실시가 가능하다는 점이다.

그러나 장점으로서는 ① 개인검사는 집단검사보다 일반적으로 신뢰롭고, ② 개인검사는 구체적인 목적에서 사용될 때 집단

검사보다 더 효과적이며, ③ 개인검사는 수줍음이 많고, 과묵하고 검사에 대하여 불안 때문에(그것이 오히려 집단검사에서 더 안정하게 실시된다 하더라도) 검사를 받을 수 없는 사람들에게 사용될 수 있으며, ④ 근본적으로 대부분의 개인지능검사는 언어적인 요인이 대부분이지만, 집단검사보다 독서능력이 그렇게 많이 요구되지 않는다는 점 등이다.

2) 집단지능검사

일반적으로 교육기관에서는 개인지능검사보다는 집단지능검사가 더 널리 사용되고 있다. 집단검사는 개인검사보다 경제적일 뿐만 아니라 그 결과를 비교하고 해석하는 데 시간적으로 절약된다. 실제적으로는 검사는 특별한 훈련을 받은 사람이나 카운셀러에 의하여 실시되어야 하겠지만 대부분의 집단검사는 어느 정도(최소한)의 경험만 있으면 어떤 교사도 실시할 수가 있다.

최초의 집단지능검사는 Army Alpha(α)와 Army Beta(β)검사이다. 이들 두 검사는 미국에서 제 1차세계대전 기간 동안에 150만에 달하는 신병들의 일반적 능력을 측정할 필요성에서 만들어졌다. 이 중 Army Alpha검사는 언어로 구성된 검사로서 초등학교 6학년 정도의 독해력 수준이었다. 그러나 징집된 신병 중에서 국외에서 태어났거나, 아니면 미국 태생이지만 언어능력이 부족하여 독해력이 없는 사람들이 많아 이들을 위하여 만든 검사가 Army Beta검사이다.

Alpha검사와 Beta검사 이후부터 언어성 집단검사와 비언어성 집단검사로 나누어지게 되어 오늘날 일반적으로 집단지능검사의 경우 실제적으로 두 개의 하위검사(언어와 비언어검사)별로 채점하게 되었다. 그러나 한 검사 속에 몇 개의 하위 점수로 나누어진다고 해서 그 검사가 반드시 중다적성을 측정하는 검사라고는 볼 수 없다. 그러므로 하나의 검사가 일반적인 지능을 측정하는 것인지 아니면 여러 가지 적성을 측정하는 것인지를 구별하기는 매우 어렵다. 일반적인 지능을 측정하는 검사인지 아니면 여러 가지 적성을 측정하는 검사인지는 일차적으로 그 검사제작자가 어떠한 기준에 의하여 검사를 제작하였는가에 따라 분류되는 것이다.

집단지능검사 장면

동일한 이름의 유사한 검사의 결과가 다르게 나오는 이유

심리검사란 한 개인의 행동을 객관적으로 기술하고 이해하는 데 중요하다고 생각되는 개인의 속성들을 측정하기 위하여 몇 가지 기본적인 원리를 적용하여 만든 하나의 도구로서 개인에 대한 중요한 결정을 내리는 데 사용된다.

대부분의 사람들은 지금까지 개인적으로나 혹은 집단적으로 한 가지 이상의 심리검사를 받아 본 경험이 있을 것이다. 특히, 초등학교에서부터 중 · 고등학교 시절까지 교육적 목적에 의해 몇 가지의 기본적인 심리검사를 받아보았을 것이다. 그러나 이때 부닥치는 문제 중의 하나가 유사한 검사를 두 번 이상 받았을 때 서로 각기 다른 결과가 나타나는 경우이다.

일반적으로 이런 결과의 차이를 보이는 몇 가지 원인을 살펴보면 다음과 같다.

첫째, 검사내용 표집의 차이 때문으로, 동일한 이름을 가진 두 검사는 동일한 내용영역을 표집해야 한다. 하지만 이 두 검사의 내용이 동일한 영역을 표집하였다 하더라도 검사 내에 있는 내용들이 충분히 중복되어 있지 못하여 결과가 의미있게 다를 수 있다.

둘째, 신뢰도의 차이에 의한 것으로, 낮은 신뢰도의 검사는 좀 더 많은 측정오차를 가지게 되며, 이에 따라 필연적으로 좀더 높은 신뢰도의 검사보다 측정의 표준오차가 클 수밖에 없다. 일반적으로 측정의 표준오차가 크면 그만큼 진점수를 추정하는 데 더 큰 차이를 가지게 된다.

셋째, 마루바닥 효과(floor effect)인데, 마루바닥 효과란 피험자들이 검사에서 아주 적은 문항만을 맞추었거나 혹은 전혀 맞추지 못하는 문항들이 많을 때 그 검사가 가지는 표준점수의 하한적 범위를 뜻한다. 두 검사 중 어느 한 검사와 혹은 두 검사 모두의 표준점수범위가 매우 적어서 나쁜 마루바닥의 효과가 생길 때 동일명의 검사의 결과간의 차이가 일어날 확률이 높다.

넷째, 천장효과(ceiling effect)로, 위의 마루바닥 효과와 마찬가지로 천장효과를 가진 검사들도 동일명의 유사한 검사간의 결과들이 의미있는 차이를 가져오는 하나의 원인이 된다.

다섯째, 문항 편중성(item gradients)에 기인한 것으로, 두 검사 중 어느 한 검사의 문항이 편중된 내용을 측정하는 문항들이 많을 경우에 두 검사기간의 점수는 의미있는 차이를 가져올 가능성이 커지게 된다.

여섯째, 검사 발행일자의 차이에 기인한 것으로, 보편적으로 유사한 두 검사의 발행일자의 간격이 크면 클수록 두 검사의 점수간의 차이가 크게 나타나게 된다.

일곱째, 규준집단의 대표성 문제로서, 일반적으로 근대성, 대표성 등이 적절한 규준집단이 갖추어야 할 조건으로 이 중 어느 한 가지 요소라도 좋지 않을 경우에는 결과활용에 어려움을 갖게 된다.

열덟째, 학년 및 연령 척도의 사용에 기인한 것이다.

아홉번째, 검사가 평가하는 구체적인 기능의 차이 때문이다.

제11장 정서, 동기 그리고 적응

정 서
동 기
적응과 스트레스
바람직한 적응

"누구나 화를 내기는 쉽다. 그러나 적당하고도, 적절한 때에, 올바른 목적과 방법으로 화를 내는 것은 쉬운 일이 아니다." 고대 그리스의 철학자 Aristotle가 한 말이다. 이토록 감정의 문제는 예나 지금이나 우리에게 쉽지 않은 주제이다. 현대 심리학에서 감정의 문제는 동기(motivation)와 정서(emotion)라는 이름으로 연구된다. 이렇게 된 사정에는 역사적인 배경이 있다.

일찍이 David Hume(1711~1776)은 감정을 '가라앉은(calm) 것'과 '거친(violent) 것'으로 구분하여, 이 둘을 구분 짓는 특성으로 정서(emotion)를 사용하였다. 당시 이 용어(emotion)는 물리적으로나 사회적으로 떠 있는, 가라앉지 않은 동작 또는 상태(motion)를 뜻하는 것이었다. 감정이 과거 경험에 따라 행동으로 자리잡게 되면 그 감정이 촉발될 때마다 정서나 동요 없이 행위(action)로 나타난다. 즉 동기적 행위가 나타난다는 것이다. Hume이 감정을 동기와 정서의 복합적인 심리상태를 나타내는 것으로 보고, 이것이 당시의 학자들에게 널리 받아들여지면서, 감정이란 심리범주를 나타내는 단어는 동기와 정서라는 새로운 용어로 바뀌게 되었다(한규석, 2002).

이러한 동기와 정서의 영역은 인지 능력 못지 않게 개인의 적응에 매우 중요한 의미를 지니고 있다. 실제로 기업의 인사담당자에 의하면, 인지능력은 취직을 하는 데 도움을 주지만, 승진에는 정서 요인이 더 큰 작용을 한다고 한다. AT&T Bell 연구소의 관리자들에게 가장 뛰어난 사람들의 순위를 매겨 보도록 한 연구 결과, 높은 순위를 받은 사람들은 인지 능력이 가장 높은 사람들이 아니었다고 한다. 그들은 좋은 협력자이며, 동료들에게 인기가 있었고, 자신들의 목표를 달성하기 위해 타인으로부터 필요한 협력을 잘 구해내는 사람들이었다. 또한 타인을 화나게 하는 '실패한 경영자'에 대한 연구 결과에서도, 경영자들이 기술적인 능력의 부족보다는 '대인관계에서의 결함' 때문에 대부분 실패한다고 한다(Times, 1995).

물론 현실 속에서 인지, 정서, 동기, 적응의 문제는 별개로 따로 떨어져서 일어나지 않는다. 이러한 주제들은 각 개인이 속한 사회적 환경이나 맥락 속에서, 언제나 '전체로서의 현상'(phenomenon as a whole)으로 존재한다. 하지만 연구의 편의와 관행상 이 장에서는 정서, 동기, 적응에 관한 심리학적 연구들을 간단하게 소개하고자 한다.

Ⅰ. 정 서

사람은 감정의 동물이다. 따라서 개인은 자신의 감정상태가 어떠한가에 따라서 그 행동이 달라질 수 있다. 개인이 현재 갖고 있는 감정상태를 정서(emotion)라 하는데 정서는 다른 행동에 대한 원인이 될 수 있으므로 동기와 같은 기능을 하고 있다. 다시 말하면, '무섭다'는 정서를 느꼈다면 우리는 무서움을 피하려는 적극적인 행동을 하게 된다. 또한 정서적 긴장이 지나치게 크면 수학계산과 같은 복잡한 작업에는 장애가 되지만, 마루 청소와 같은 단순한 노동에는 별다른 지장이 없다. 그와 반대로 정서적 긴장이 전혀 없으면 졸고 있는 상태이므로 일의 능률이 오르지 않게 된다. 그러므로 개인에게 주어진 과업을 능률적으로 수행하기 위해서는 적절한 수준의 정서적 긴장감(optimal tension level)을 유지할 필요가 있다. 다시 말하면, 정서 또한 동기와 함께 인간이나 동물의 행동에 결정적인 요소로 작용하게 된다.

그런데, 정서 연구는 그 방법론에 따라 각각 다르게 정의된다(김정운, 2001). 예를 들어 인류학적 · 사회학적 접근에 따라 정의되는 정서와 신경생리학적 접근에서 정의되는 정서는 전혀 다른 현상과 관계되어 있다고 해도 과언이 아니다. 아울러 정신분석적 접근에서 정의되는 정서와 발달심리학에서 설명되고 있는 정서는 각각 다른 차원들과 관련되어 있다.

정서에 관한 해부학적 · 생리학적 연구결과들은 정서 현상이 뇌의 특정부위의 호르몬이나 자율신경계의 작용과 관련되어 있음을 밝히고 있다. 예를 들어 분노, 공포 등과 같은 정서는 대뇌 변연계의 변화에 의해 촉진되는 현상으로, 혈압과 맥박의 증가와 같은 신체상의 변화를 동반한다는 것이다. 이와 같은 정서의 신경생리학적 접근은 인간 정서의 동물적 특성, 즉 생존 유지를 위한 필수적 조건에 대한 설명이다. 따라서 신경생리학적 현상과 관련된 정서는 자신과 종족의 생존을 위해 가장 본질적인 요소로 정의될 수 있다.

정서에 대한 신경생리학적 연구의 반대편에는 인류학적 정서연구가 있다. 인류학적 정서연구는 인간 내부에서 일어나는 정서의 개별적 과정을 다루기보다는 정서의 사회문화적 의미와 기능에 초점을 맞춘다고 할 수 있다. 이러한 인류학적 접근방법에서 중요시되는 것은 정서의 언어적 표현과 이러한 정서와 관련되어 사회구성원들이 공유하고 있는 지식체계라고 할 수 있다.

본 절에서는 정서의 분류, 정서에 관한 학설, 정서의 의사소통 등에 대하여 간략히 논의해 보고자 한다.

1. 정서의 분류

인간의 정서는 크게 다섯 가지 영역으로 구분된다. 구체적으로 인간의 정서는 ① 일차적 정서, ② 감각자극과 관련된 정서, ③ 자기평가와 관련된 정서, ④ 타인과 관련된 정서, 그리고 ⑤ 미학적 감상과 관련된 정서로 나누어 볼 수 있다.

1) 일차적 정서

전반적으로 긴장의 수준이 높고 목표 지향적인 정서로는 분노, 공포, 슬픔 그리고 기쁨 등 네 종류가 있다. 분노는 자기가 달성하고자 하는 목표가 좌절되었을 때 나타나는 정서로서 자신뿐만 아니라 자신의 가족, 친구, 집단 등이 상처를 받았다는 감정과 관련이 있다. 천재지변이나 위험한 대상을 만난 경우 등 위협적인 사태에 처하여 어떤 대상에 대하여 나타나는 정서가 공포인데, 이는 그 상황을 도피하거나 문제를 스스로 해결할 능력이 없다고 느낄 때 더욱 분명히 나타난다. 또 슬픔은 가장 아끼는 대상물이나 사람을 상실했을 때 느끼는 정서이다. 특히 사랑하는 배우자의 죽음 등으로 인해 나타나는 슬픔(grief)의 정서적 상태는 심각한 것으로, 우울증, 불면증, 식욕부진 등도 함께 나타난다. 그리고 기쁨은 목표를 달성했을 때 나타나는 정서로서 분위기를 고조시키고 신체적으로 경쾌한 상태를 가져온다.

2) 감각적 자극과 관련된 정서

감각적 자극과 관련된 정서에는 불쾌한 자극이나 고통스런 자극에 의한 신체적 고통, 불쾌한 모양, 냄새, 접촉, 맛에 접했을 때 나타나는 메스꺼움, 구토증이 있다. 그리고 신체적 운동, 아름다운 무늬, 색채, 형태, 그리고 소리 등을 대할 때 나타나는 기쁨과 희열감 등이 있다.

3) 자기 평가와 관련된 정서들

이 정서는 자신의 행동이나 노력의 결과를 스스로 평가할 때 느끼는 정서를 말한다. 여기에는 성공감과 실패감, 수치감, 죄의식 등이 포함된다. 이는 객관적으로 그 행동의 결과가 얼마나 잘 나타났는가보다는 본인이 설정한 주관적 기준에 의하여 그 성공, 실패 여부를 결정하는 것이다. 그러므로 이것은 개인이 설정한 요구수준과 자아이상(自我理想)에 따라 그 평가가 달라질 수 있다.

4) 타인과 관련된 정서

여기에는 사랑과 증오가 있다. 사랑은 강력한 애정적 애착이 함께 하는 정서이며 증오는 보다 더 대인관계를 면밀히 계산한 끝에 갖게되는 부적 감정이다.

5) 감상(鑑賞)의 정서

이 정서는 전반적인 미적 감정을 나타내는 것이다. 이는 미술작품, 음악, 문학, 자연경관, 종교적 체험 등과 관련되어 개인이 느낄 수 있는 미적(美的) 아름다움, 기쁨, 경탄, 놀라움 등을 표현한 것이다.

6) 비애(悲哀)의 정서

정서 가운데 특별한 한 종류는 슬픔인데, 여기에는 자기 자신에 대한 슬픔(自悲)과 타인에 대한 슬픔(他悲)이 있다. 그런데 일반적으로 자기 자신에 대한 슬픔보다는 타인에 대한 비애를 느낄 때 이타행동을 많이 하며 남을 도우려는 경향이 있다(Berkowitz, 1972; Cialdini, 1973). 그런데 안신호(1983)는 이 두 가지 슬픔의 구별에서 보다 더 진전된 정서개념으로서 '비애(pathos)'를 제시하여 '삶의 덧없음'에 대한 인식에 기초를 둔 '인간은 모두가 측은(惻隱)하다'는 정서적 태도를 실험적으로 검증하였다. 그 결과 '비애'라는 정서는 이타행동을 더욱 촉진하여 불쌍한 사람들을 돕는 행동으로 이어짐을 증명하였다.

[그림 11-1] 다양한 정서 반응
장근영의 그림. 『다양한 정서 반응』(2001)

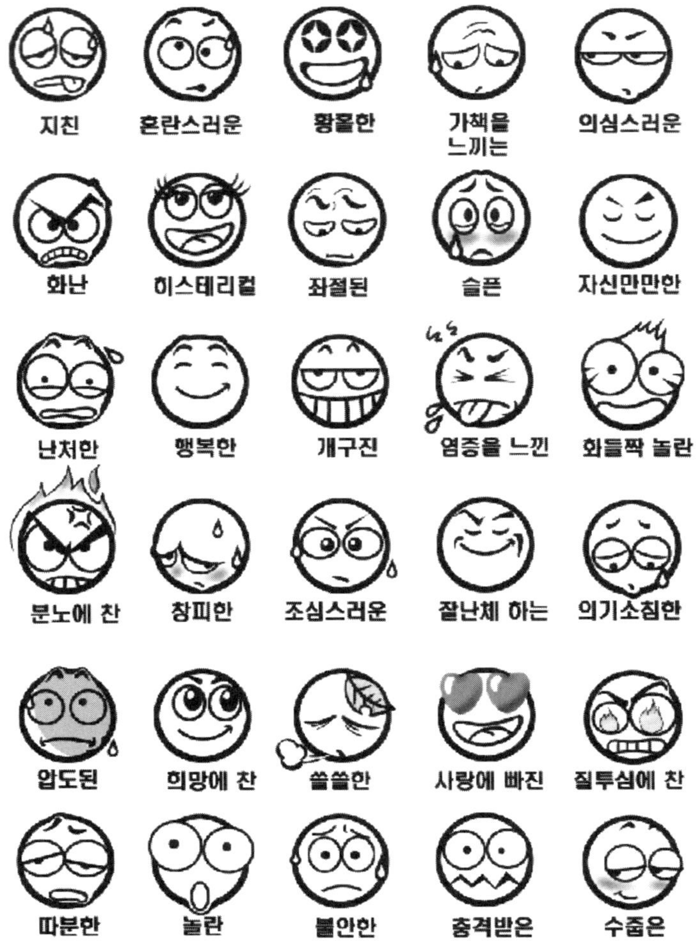

2. Plutchik의 정서분류 방법

인간이나 동물이 지닌 기본적 정서의 분류에 대하여 가장 철저하게 연구한 사람은 Robert Plutchik(1980)이다. 그는 8가지 기본정서를 하나의 원으로 묶었고, 이러한 원을 다시 3차원적 팽이모양으로 제작하여 정서의 강도에 따른 변화의 추이까지 검토하였다.

[그림 11-1]에 나타난 바와 같이 두려움, 놀라움, 슬픔, 메스꺼움, 분노, 예견, 기쁨, 그리고 수용 등 8가지의 기본정서가 있다. 그리고 이들 가운데 서로 이웃한 두 가지 정서가 합하여 또 다른 정서를 만들어낸다. 예를 들면 기쁨과 수용이 합해지면 "사랑"이, 그리고 두려움과 수용이 합해지면 "복종"이란 새로운 정서가 만들어진다. 이와 마찬가지로 "실망"은 놀라움과 슬픔

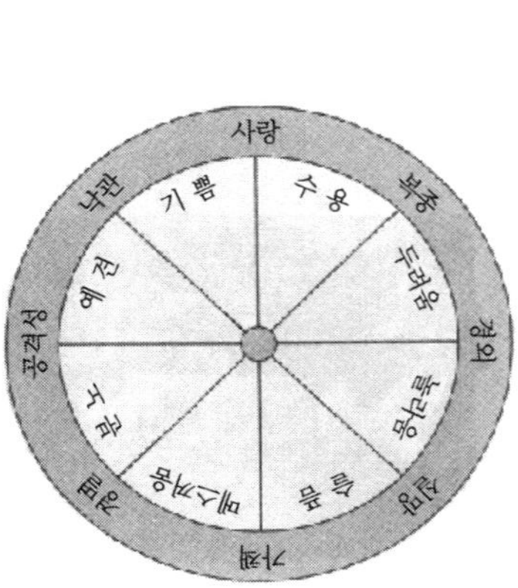

[그림 11-2] Plutchik의 8가지 기본정서의 범주(Plutchik, 1980)

의 혼합에서 생겨난 정서다.

그런데 Plutchik의 8가지 분류에서 특이한 것은 이들 정서가 갖는 강도(intensity)가 각각 다르다는 사실이다([그림 11-2] 참조). 이 정서 팽이에서 가장 윗부분의 정서가 가장 강렬하고 또 종류의 구분도 확실하지만 점차 수직적으로 아래로 내려가면서 강도가 약해지고 또 정서의 종류가 덜 명확하게 구분된다. 예를 들면, 극심한 공포(terror), 두려움(fear), 그리고 걱정(apprehension)은 그 강도에 있어서 각각 다르지만, 서로 연관되어 있는 정서이다. 만일 태풍이 몰아치는 남해안 해변에서 커다란 피해를 직접 입는 경우라면 우선 "공포"에 떨고 있을 것이며, 며칠 후 기상예보에 다시 태풍이 올 가능성이 있다면 "두려움"을 느낄 것이다. 그리고 태풍의 계절이 아닌 겨울철에도 여전히 "걱정"을 하고 살게 된다. 이러한 세 가지 정서는 강도에서만 서로 다를 뿐 비슷한 종류의 관련된 정서인 것이다.

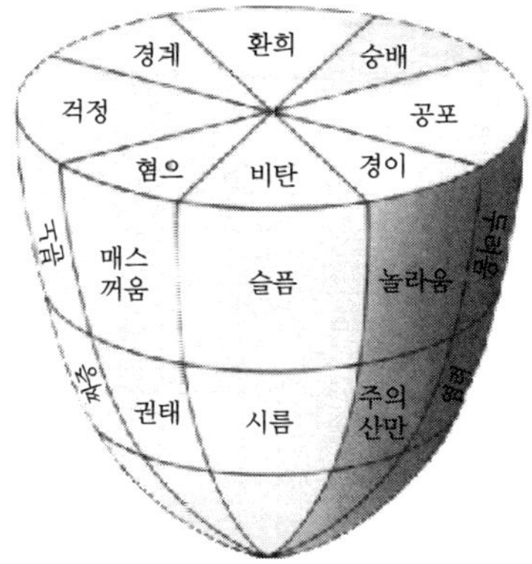

[그림 11-3] 3차원에 걸친 정서의 강도의 차이(Plutchik, 1980)

이와 같은 Plutchik의 8가지 기본정서분류와 그 강도의 차이 분석이 아직 초보단계이긴 하나, 인간의 정서적 반응을 보다 자세히 분류 · 변별하는데 커다란 공헌을 하고 있고 또 앞으로 보다 더 발전된 양상으로 계속 연구가 진전되어 나갈 것이다.

3) 정서에 관한 학설

정서에 관한 이론적 접근은 아래와 같이 크게 세 가지로 나누어 볼 수 있다.

1) James-Lang 이론

미국의 William James와 덴마크의 Carl Lange는 1880년 경 각각 독자적으로 정서에 관한 비슷한 학설을 주장했다. 위급한 사태, 예를 들어 곰을 보는 것이 개인의 근육, 피부, 내장기관 등의 변화를 먼저 가져와서 심장박동이 빨라지고 눈동자가 커지며 호흡이 가빠진다. 그리고 난 후에 이러한 생리적 변화에 대한 자각을 하게 되는데 그것이 바로 정서라고 보았다. 이러한 신체적 · 생리적 변화는 자율신경계 수준에서 대단히 빠른 속도로 일어나지만, 생리적 변화를 경험하지 못할 때는 아무런 정서가 없게 되므로 곰을 보고도 아무런 두려움도 없다는 것이다. 만일 생리적 변화를 의식하는 데서 정서가 일어난다면, 각각 다른 정서는 각각 다른 생리적 변화로부터 생겨날 수 있다. 그러나 생리적 변화에 따른 정서는 아직 뚜렷이 여러 가지로 분화가 일어나지 않는다. 예를 들면, 분노와 불안이란 두 가지 정서에 있어서 혈압, 맥박, 근육긴장 등 생리적 변화가 분명히 구별될 수 있을 정도로 나누어지지 않는다.

하지만 생리적 변화와 정서적 경험의 변별에 대한 몇 가지 구체적인 연구가 밝혀지고 있다. 예를 들면, Funkenstein, King 및 Drolette(1953) 등의 실험에 이런 사실이 잘 나타나있다. 실험자는 일군의 대학생들에게 여러 가지 문제를 풀도록 하고 나서 그들의 성적이 좋지 않고 머리가 나쁘다고 비난했다. 이때 세 가지 다른 반응이 피험자들 사이에 나타났는데, 두려움, 실험자에 대한 분노, 그리고 혹자는 실험자에 대한 분노와 자신에 대한 자책감 등을 경험하였다. 이때 심장박동, 혈압 등의 심장 및 혈관의 활동상황을 검사하였는데, 분노했던 대학생은 노어에피네프린(norepinephrine) 주사를 맞았을 때와 비슷한 생리적 변화를 보였다. 그리고 불안했던 대학생들은 에피네프린(epinephrine)의 반응을 보였다. 또한 McGeer와 McGeer(1980)의 연구에 따르면, 공격적인 행위를 할 때는 노어에피네프린이 생성되고, 무서움, 불안 그리고 도망치는 반응을 할 때는 에피네프린이 생성되었다. 그런데 생리적 변화의 신호가 생겨나면 그 사람에게 정서가 있고 그 강도는 알 수 있으나 그 정서의 종류가 무엇인지는 뚜렷하게 밝혀내지 못하고 있다.

2) Cannon-Bard 이론

이 이론은 우리들의 정서에 대한 파악이 신체적 반응과 정서적 느낌의 어떤 순서에 따른 것이 아니라 동시에 일어난다는 것이다. 이때 대뇌의 작용이 커다란 역할을 하며, 일단 외부의 자극을 받으면 자극유발을 일으키는 대뇌의 망상체계(網狀體系: reticular activation system: RAS)에 등록된다. 이때 정서유발의 강도만 결정될 뿐 어떤 종류의 정서가 나타났는가는 알지 못하는데 그 다음 단계인 대뇌의 변연계(邊緣係: limbic system)에 이러한 생리적 흥분이 전달되었을 때 비로소 정서의 종류를 알게 된다. 그러나 정서경험에 대한 생리적 변화와 그 중추신경계 및 말초신경계의 역할에 대해 명확한 결론을 내리기에는 아직 시기가 이르다.

3) 인지이론

앞에서 자율신경계의 활동에 의한 정서의 파악을 논의하였다.

그러나 정서에 있어서의 자율신경계와 대뇌의 기능이 점차 중요하게 됨에 따라 인지(認知: cognition)의 역할이 새로이 부각되었다. 이와 같은 인지이론의 관점에서 보면, 생리적 변화뿐만 아니라 개인이 처한 상황에 대한 지각이나 해석 및 판단에 따라 그 정서의 종류가 결정될 수 있다. 왜냐하면 정서적 유발이란 단순히 일반적인 유발이며 어떠한 정서내용이라고 분명히 해석할 수 없는 상태인데 이 상태를 자기나름대로 해석하고 규정하는 데 따라 정서가 달라지게 된다.

이 문제는 Schachter와 Singer(1962)의 연구에서 분명히 드러나고 있다. 그들은 '스프록신(sproxin)' 이란 가공의 약을 주사 맞고 그 약의 효과를 검사할 것이라고 피험자들에게 지시를 주었다. 그리고 나서 이 피험자를 두 집단으로 나누어 한 집단(통제집단)은 아무런 생리적 변화도 일으키지 않는 증류수(placebo)주사를 맞았다. 그리고 다른 한 집단은 생리적 유발을 일으키는 에피네프린(epinephrine) 주사를 맞았다. 그런데 이 에피네프린 주사를 맞은 집단은 또 세 개의 소집단으로 구분되었다. 제1소집단에게는 에피네프린으로 인해 나타나는 가슴이 울렁거리는 생리적 변화를 솔직하게 미리 알려주었다. 제2소집단에게는 약의 부작용효과에 대해서 아무 것도 알려주지 않았고, 제3소집단에게는 약의 주작용 이외에 또 다른 부작용이 있을 것이라고 알려주었다. 그리고 통제집단인 플라시보(placebo)투여집단에 대해서는 약물의 효과에 대해 아무런 이야기도 해주지 않았다. 그리고 나서 이들 각 피험자를 실험조수와 서로 짝을 짓도록 하였다. 이때 실험조수도 똑같은 주사를 맞았다고 거짓으로 말해준다. 즉, 어떤 조수는 즐거워하고 친절한 행동을 했고, 다른 조수는 화가 나서 분노를 폭발하는 행동을 하도록 하였다. 그리하여 피험자는 이들 실험조수의 행동을 보고 이를 참조하여 어떻게 행동하는가를 실험자는 관찰실의 일면 유리거울(one-way mirror)을 통하여 관찰하였고, 동시에 실험 후에 자기 자신이 어느 정도 기분이 좋았는지 혹은 화가 났었는지를 평정하도록 하였다.

이 실험결과에서 보면, 에피네프린이 어떤 부작용이나 생리적 유발을 할 것이라고 알려주었던 집단보다는, 그런 부작용에 대해 아무 말도 해주지 않았거나 거짓으로 말해준 경우에 더욱 정서적으로 흥분되었다. 그러므로 생리적 유발이 비슷할 때 주변에 있는 실험조수가 즐겁게 행동하면 피험자도 그런 생리적 유발을 즐거운 것으로 해석하고, 반대로 실험 조수가 화가 나서 분노를 터뜨리면 피험자도 함께 화를 내는 행동을 했다. 이러한 Schachter의 연구결과를 보면, 만일 두 가지 정서상태 사이에 생리적 차이가 별로 크지 않으면, 개인 각자의 지각과 해석(인지)에 의해서 정서적 경험이 달리 결정된다는 사실을 알 수 있다.

그런데, Magda Arnold(1960)는 인지과정의 역할에 대해 보다 진전된 견해를 보이고 있다. 즉 인지과정이 개인의 감정에 대한 해석과 행동을 좌우하게 되는데 특히 정서의 결정에는 개인의 평가(appraisial) 과정이 중요하다. 외부의 자극이 우리에게 들어오면, 우리는 일단 그 자극이 좋은 것인가 나쁜 것인가 혹은 좋지도 나쁘지도 않은 것인가를 먼저 평가하고 그 결과에 따라서 그 자극에 접근, 회피 혹은 무관심하게 대응하게 된다. 이와 같은 상황이나 사물에 대한 평가는 과거의 경험에 대한 기억, 그 상황이 자신에게 미칠 영향 등을 동시에 고려하려 하게 된다. 그러므로 무슨 감정이나 정서를 갖기 전에 반드시 이와 같은 평가로부터 먼저 하게 된다.

예를 들어, 우리가 커다란 곰을 보았다 하자. 그러면 그 곰이 산골짜기에 나돌아다니면서 해칠 것인가? 아니면 동물원의 우리 속에 갇혀 있는 것인가 등을 먼저 검토해 보고 옛날의 기억과 현재의 상황해석에 따라 감정을 달리 갖게 되고 따라서 행동을 달리 취하게 된다. 즉, 곰에 대하여 무서움을 느껴 도망칠 수도 있고, 또한 곰이 아무런 위험성도 없으므로 동물원에서 즐거운 마음으로 쳐다볼 수 있게도 된다.

이와 같이 정서에 관한 인지이론을 검증하기 위하여 Spiesman (1965)은 다음과 같은 실험을 수행하였다. 그는 한 사람이 비참하게 피투성이가 된 장면이 있는 필름을 피험자에게 보여주면서 동시에 세 가지 다른 녹음소리(sound track)를 들려주었다. 그리고 이 각각 다른 소리를 들은 집단의 전기피부반응(전기반응의 지표)이 어떻게 달리 나타나는가를 보았다. 첫째 집단은 심각한 어조로써 영화 속에 나오는 비참한 장면을 그대로 해설하는 것이었고(trauma track), 둘째 집단은 이지적인 것(intellectual track)으로서 일상적인 자세로 너무 감정을 투입하지 않고 묘사하여 관객인 피험자로 하여금 실제의 상황과는 상당한 정서적 거리를 유지하도록 하였다. 그리고 세번째 집단은 부정(denial) 집단으로서 영화 속에 나타난 비참한 장면에 대해 그럴듯한 이유를 들어 그러한 비참한 상황이 실제로는 없는 것이라고 부정하였다.

이 때 피험자들은 대학생과 회사중역들의 두 집단이었으며, 각자 안락한 의자에 혼자 앉아서 한편의 영화를 보고 또한 전기피부반응검사도 동시에 받았다. 이 검사결과를 보면, 그 영화에 대한 녹음소리가 관객인 피험자의 정서반응에 커다란 영향을 미쳤다. 즉, 이 영화장면을 심각한 사태로 해설하는 녹음을 들은 집단은 이지적 해설이나 부정하는 해설을 들은 집단보다 훨씬 더 정서적으로 각성이 되었다. 이러한 결과는 개인의 정서적 반응이, 그가 처한 상황을 어떻게 해석하느냐에 달려 있음을 보여주는 것이다.

4) 인지이론에 대한 반론

그런데 최근 이와 같은 정서의 인지이론을 부정하는 연구 결과들도 발표되고 있다. Pennebaker와 Lightner(1980)은 정서상태를 해석하는 데는 "두 가지 부분으로 된 과정"이 관련된다고 설명하고 있다. 즉 피험자는 ① 자신의 감정을 일단 즉각적으로 평가한 후 정서적 유발에 반응하고, 그 다음단계로 ② 이와 같은 평가를 뒷받침할 만한 외부적(환경적) 단서를 찾게 된다. 그러므로 이 과정에서는 외부적 단서와 일치하는 내부적 단서에 더 많은 주의를 기울이게 된다.

이 실험절차를 좀더 자세히 살펴보자. 세 집단의 피험자들에게 아무런 해가 없는 백색소음을 들려주고 그에 대한 반응을 보고하도록 했다. 이때 세 집단에게 각각 지시문이 달랐는데, 이 소음을 듣는 동안 피부온도가 올라갈 것이라고 지시를 받은 제1집단, 또 그 반대로 피부온도가 내려갈 것이라는 지시를 받은 제2집단이 온도변화에 대해 아무런 예상도 말해주지 않았던 제3(통제)집단보다 실험과정에서 실제로 피부온도의 변화가 많았다. 특히 앞의 두 가지 실험집단은 각각 지시 받고 예상한 방향으로 온도가 올라가거나 내려가는 경우가 많았다. 그러므로 사실상 피험자들은 그들이 예상했던 내부적 단서인 감각에 편파적으로 주의를 많이 기울이고 그 방향으로 변화할 것을 기대하고 있는 것이다.

그런데, 감정이 인지 다음에 따라온다는 인지이론을 비판하는 학자들도 있다. 특히, Zajonc(1984)는 인지는 정서 다음에 따라오는 것이라고 보았다. 사실상 감정적 반응은 상당히 확산되어 불분명하므로 분명히 설명하거나 규정짓기가 어렵다. 우리가 갑자기 낯선 사람과 대면하게 되면, 먼저 즉각적인 "정서반응"(예를 들면, 마음에 들거나 인상이 나쁘거나)부터 나타나게 된다. 다음 단계는 그 사람이 나에게 느끼는 감정을 파악하며 합리적으로 관계를 맺어갈 절차를 밟는다. 즉, 정서가 먼저 있은 후에 인지가 뒤따르는 것이다.

또한 C. E Izard(1982) 역시 정서의 인지론에 대하여 강하게 반박하고 있다. 그의 주장은 특히, 신생아나 유아의 경우 "생래적 유발"을 해석할 능력을 아직 습득하지 못했으므로 정서를 구분하지 못할 것이라고 가정되지만, 사실상 10가지 기본적 정서를 생래적으로 타고 난다고 보았다. 이와 같은 10가지 정서는 Plutchik이 제시한 "여덟 가지 기본정서"와 유사한 것이다.

특히 Izard는 인지과정 없이도 정서는 발생할 수 있으며, 얼굴표정이나 몸의 자세에서 독특한 면이 나타난다고 보았다. 이런 반응패턴은 학습되지 않은 것일 뿐만 아니라 '의식적 사고'와는 완전히 독립적인 신경계의 활동결과이다. 얼굴표정이나 신체의 자세에 관한 정보가 일단 대뇌에 전달되면, 사람은 자동적으로 거기에 알맞은 정서를 경험하게 된다. '놀라움'은 신체-근육의 특정한 패턴이 이루어지면 대뇌(인지중추)로 하여금 분노나 수치심과는 다른 정서임을 알도록 해준다. 그런 면에서 본다면 Izard의 주장은 James-Lange 이론과 비슷하나 James-Lange 이론이 내장기관의 생리적 변화에 초점을 맞춘 데 반하여, Izard는 얼굴표정과 몸의 자세를 중요시 한 점이 다르다.

4) 정서의 의사소통

개인이 가진 정서상태를 언어로 표현 · 묘사할 때 어느 정도로 정확히 할 수 있는가가 하나의 연구과제가 된다. 이 문제에 대하여 Davitz(1969, 1970)는 12,000명을 대상으로 면담하여 피면담자가 경험한 정서를 스스로 정확히 묘사하도록 하였다. 이 연구의 결과, 개인의 정서적 경험에 대하여 크게 다음과 같은 4가지 차원으로 구분할 수 있음을 발견했다.

① 활성화(activation): 어떤 행위를 하게 하거나 하지 못하게 하는 정서경험
② 관계성(relatedness): 어떤 대상 · 인물에 대해 접근 · 대항 · 회피하도록 하는 정서경험
③ 쾌락의 정도(hedonic tone): 안락감-불편감 혹은 긴장감

과 관련된 쾌감의 정도

④ 유능감(competence): 개인의 적절 혹은 부적절함, 유능-무능감, 만족-불만감

한편, 정서의 언어적 표현을 통한 의사소통뿐만 아니라 비언어적 의사소통(nonverbal communication)문제도 최근 관심의 대상이 되고 있다. 우리는 얼굴표정, 몸의 자세, 눈동자의 크기, 목소리의 음조(tone), 타인과의 물리적 거리 유지 등을 통해서 실제적인 언어표현 없이도 자신의 정서와 감정을 표현할 수 있다. 얼굴표정의 경우, 세계의 보편적인 정서표현 양식을 갖추는 경우가 많다. 특히 모든 동물이나 각 인종을 초월해 개, 사자, 원숭이, 침팬지와 같은 동물들과 인간의 얼굴표정에는 공통점이 많다.

특히 갑자기 놀랐을 때 눈동자가 커지는 경향은 각 문화와 인종을 초월하여 공통적인 경향이다. 또한 신체언어(body language)는 신체적 자세의 변화에 따라서 그 개인의 감정적 상태도 외부에 나타내는 것이다. 우리가 긴장을 풀고 편안한 자세를 취할 때는 안락의자에 뒤로 기대고 길다랗게 눕게 되지만, 다른 한편 정서적으로 긴장했을 때는 두 손과 두 다리를 곧바로 모으고 직선적인 자세를 취하게 된다. 그런데 이와 같이 여러가지 다양한 비언어적 의사소통을 정확히 파악하는 능력은 각자에 따라 다르다. 한편, Rosenthal은 비언어적 단서에 대한 예민성을 측정하기 위해 비언어적 예민성 검사(PONS: Profile of Nonverbal Sensitivity)를 개발했는데, 이는 타인이 나타내는 목소리의 음조, 얼굴표정, 그리고 신체적 움직임에 나타난 의미를 판단하는 개인의 능력을 측정하는 것이다. 이 측정방법에 따르면, 남자보다 여자가 정서적 · 비언어적 의사소통에 있어서 더 예민하며, 정신과의사, 심리학자, 교사 등 대인관계가 주요 업무인 전문인과 배우, 디자이너, 화가 등이 일반인보다 더욱 예민한 것으로 나타났다.

또 하나의 비언어적 정서의 의사소통은 개인 공간행동과 거리유지(personal space behavior=distance behavior)이다. 이는 최근 발달되기 시작한 환경심리학의 기본개념이기도 한데 권위있고 지위가 높은 사람, 싫어하거나 악취가 나는 사람들과는 거리를 더 크게 유지하지만, 서로 친밀하고 애정을 나누는 사람들끼리는 거를 더 가까이 유지한다. 특히 이와 같은 공간행동은

개인의 정신건강수준을 나타내게 되는데, 정신분열증 환자는 정상이나 기타 다른 정신질환자에 비해 대인적 거리를 더 크게 유지한다. 이는 자신의 신체를 둘러싸고 있는 보호막을 더욱 두터이 하려는 것이며, 하나의 신체적 완충지대(body-buffer zone: BBZ)를 형성하려는 것이다.

하지만, 똑같은 신체적 자세나 표정이라 하더라도 반드시 한 가지 정서만 나타내는 것이 아니므로 정서연구에 있어서 조심할 필요가 있다. 말하자면 누가 '운다'고 할 때, 슬퍼서 울 수도 있지만 기뻐서 울 수도 있다. 또 손뼉을 쳤을 때 찬성이나 기쁨을 나타낼 수도 있으나 탄식이나 놀라움 때문일 수도 있는 것이다.

Ⅱ. 동 기

동기(動機: motivation)는 인간이나 동물로 하여금 어떤 목적을 향하여 특정한 행동을 취하도록 유도하는 상태(states within a person or animal that drive behavior toward some goal)라고 정의할 수 있다(Morgan, 1976). 그런데 여기서 동기라고 부르는 것은 단순히 그 동기를 분류하는 낱낱의 동기들(motives)보다는 '동기가 부여되었다(motivated)'는 뜻으로 사용된다. 그러므로 동기는 어떤 특정한 목표를 향해 에너지를 동원하는 것이며, 이러한 힘의 작용에는 반드시 역동적(力動的) 측면과 방향(方向)이 포함된다. 따라서 오늘날 과학적인 심리학에서 취급하는 동기라는 개념은 20세기 초에 지배적이었던 본능(instincts) 개념이나 기타 동기 및 학습심리학자들이 말하는 추동(drive)이나 요구(need) 등의 개념과는 구별된다.

원래 본능이란 개념은 McDougall(1908)이 사용한 것으로서, 유기체로 하여금 어떤 일정한 방향이나 형식으로 행동하도록 규정하는 본유적인 생물학적 힘(innate biological force)을 가리킨다. 이 본능의 범주에는 생식, 호기심, 반격, 도망, 획득, 다른 사람과 어울려 지내는 것 등이 포함되는데, 이러한 행동이 모두 생래적으로 타고난 것이라고 보았다. 그러므로 예를 들어 Freud가 주장하는 두 가지의 본능, 즉 삶의 본능과 죽음의 본능도 생래적으로 타고난 행동 경향인 것이다. 그렇다면 생래적인 본능은 사회적 상황이나 훈련에 관계없이 생리적 · 신체적 ·

사회적 요구가 있을 때마다 언제나 나타나야 한다. 하지만 이와 같은 행동 경향이 사회적 상황이나 문화 그리고 훈련 결과에 따라 나타나기도 하고 때로는 나타나지도 않기도 하므로, 이와 같은 본능의 개념은 오늘날의 심리학에서는 받아들여지지 않고 있다.

또한 추동(推動: drive)과 요구(要求: need)라는 두 개념은 유사하면서도 서로 다른 의미를 갖는다. 즉, 음식, 물 등의 결핍으로 인한 신체적 조직의 결핍상태를 요구라고 부르고, 이러한 결핍상태로 인하여 나타난 심리적 결과인 에너지의 유발상태를 추동이라 부른다. 추동은 유기체로 하여금 행동을 하도록 촉진한다는 점에서는 동기와 비슷하나 아직 그 행동의 방향이 뚜렷이 규정되지 않았다는 점에서 동기와 구별된다. 그런데 결핍상태인 요구가 클수록 추동의 강도가 커지는 것이 일반적인 경향이지만 이 두 가지의 정도가 항상 일치하는 것은 아니다. 예를 들면, 배가 약간 고플 경우엔 음식을 굶는 시간이 길수록 음식을 먹고자 하는 추동이 점점 증가하지만, 허기의 정도가 지나치게 높아지면 오히려 기진맥진하여 음식물을 찾아 나서는 행동을 중도에 포기할 수도 있다. 이러한 경우에는 요구는 증가하지만 추동은 그와 반대로 감소하게 된다.

1. 생리적 동기

생리적 동기에는 배고픔, 목마름, 성욕, 체온의 조절, 잠, 고통의 회피, 그리고 산소공급(호흡)의 욕구 등이 포함된다. 이와 같은 생물학적 · 생리적 동기는 주로 신체적 균형의 원리(homeostasis principle)와 관련을 맺고 있다. 예를 들면, 체온의 경우 체온이 너무 올라가면 호흡 등의 증발작용을 통해 체온을 낮추게 되고, 체온이 너무 떨어지면 몸을 떨면서 모든 에너지를 소모하여 체온을 다시 올리게 된다. 그러므로 이와 같은 조절작용을 통하여 균형을 유지하게 된다. 이와 같은 균형 유지의 주기는 체온 조절 뿐만 아니라, 배고픔과 목마름의 해소 과정에서도 그대로 적용된다.

1) 배고픔 동기

인간이나 동물의 배고픔 동기는 여러 가지 경로를 통하여 일어난다. 즉 24시간 동안 전혀 음식물을 섭취하지 못하면 신체적 결핍의 정보가 대뇌에 전달되어 배고픔의 동기가 유발된다.

뿐만 아니라 음식물을 섭취한지 30분 밖에 지나지 않아 특정한 생리적 욕구가 없더라도 먹음직스러운 음식의 모양, 냄새 등의 외부적 자극이나 낮 12시와 저녁 7시와 같은 정례적인 식사시간의 사회적 습관에 의해 배고픔 동기가 발생할 수도 있다.

그런데 이들 가운데서도 장기간의 음식물 공급차단으로 인하여 생긴 신체적 · 생리적 결핍을 어떻게 회복 · 조절할 수 있는가 하는 것이 배고픔 동기의 가장 커다란 기제이다. 이와 같은 음식결핍에 대한 균형유지의 중추는 대뇌의 시상하부(視床下部: hypothalamus)이다. 이 시상하부는 음식물 섭취조절의 중추(feeding regulation center)로서 세부적으로 두 가지 부위로 이루어져 있다. 그 하나는 시상하부 외측부위(視床下部 外側部位: LH: lateral hypothalamus)라 하며, 이는 음식물의 섭취를 지시하는 중추이다. 다른 부위인 시상하부 복내측부위(視床下部 服內側部位: VMH: ventromedial hypothalamus)는 음식물 섭취를 중단시키는 중추이다. 그러므로 동물의 시상하부에 미세전극을 넣어 LH 부위를 자극하게 되면 배부른 동물도 계속 먹이를 먹게 되고, VMH 부위를 자극하게 되면 배고픈 동물도 먹는 행동을 멈추게 된다. 또한 이들 배고픈 추동의 중추를 확인해 볼 수 있는 또다른 방법이 있다. 즉 LH 세포를 파괴하면 먹이섭취를 거부하게 되고, VMH 세포를 파괴하면 너무 지나치게 과식하여 비만증에 걸리게 된다. 그리므로 LH와 VMH의 두 영역이 음식섭취의 조절에 있어 정반대 방향으로 작용하는 것이다.

이러한 음식섭취 기제는 단기적 조절과 장기적 조절로 나누어 볼 수 있다. 단기적 조절 기능의 세 가지 측면을 살펴보면 다음과 같다. ① 혈액 속의 혈당량이 낮아지면 음식섭취를 시작하고 혈당량이 높아지면 음식섭취를 중단한다. ② 위장 내의 포만감이 VMH에 정보를 전달하여 더 이상 음식을 섭취하지 않도록 한다. 이와 반대로 위장이 텅 비었다는 느낌이 LH 세포를 자극하여 음식을 섭취하도록 만든다. ③ 체온이 낮아지면 LH를 자극하여 음식을 많이 섭취하게 하고, 체온이 높아지면 VMH를 자극하여 음식물을 적게 섭취하게 한다.

이와 같은 단기적 음식섭취 조절과는 달리 장기적인 조절 기제는 상당히 신체적 · 생리적 균형을 유지하는 방향으로 작용한다. 예를 들면, 쥐의 VMH 부위를 손상시켜 음식섭취 억제가 제대로 되지 않는 경우에도 평균 체중의 3배 정도까지만 증가할 뿐 더 이상 체중이 증가하지는 않는다. 또한 LH 부위를 손상시킨 경우 체중은 점점 감소하게 되나, 나중에 음식을 자유롭게 섭취할 수 있도록 해주면 정상체중을 밑도는 정도까지 체중을 회복할 수 있다. 그러므로 시상하부는 음식물의 섭취와 중단에 대한 중추로서 매우 섬세한 메카니즘이며, 유기체의 체중이 어느 정도 일정한 수준을 유지하도록 하는 역할을 한다.

그리고 이와 같은 시상하부의 기능에 따른 생리적 기제뿐만 아니라, 음식의 모양이나 냄새, 식사시간이 되었다는 자각(비록 오후 5시지만 6시라고 알려주면 더욱 배가 고픈 것으로 느낀다) 등에 따라 배고픔의 동기가 달라진다. 이와 같은 문제는 개인이 속한 문화권과도 관련이 있다. 예를 들면, 동양인과 서양인은 식사시간 · 음식의 종류 등이 상당히 다르며, 따라서 섭취하는 영양분과 칼로리의 양 또한 달라진다. 한국인의 경우 밥, 국, 김치 등이 고정 메뉴이며 하루 세끼를 먹게 되지만, 또 식사시간은 아침, 점심, 저녁이 대체로 일정한 시간이 정해져 있다. 반면에 미국의 경우 빵, 고기, 우유 등이 주식이며, 콜라, 포도주 등도 식사와 같이 곁들이는 경우도 많고, 유럽에서는 식사시간, 특히 저녁식사시간이 8~9시 경으로 늦어지는 경우도 많다. 따라서 배고픔 동기와 음식섭취 행동은 그 근본동기가 반드시 생리적 조건과 상황에만 의존하는 것이 아니라, 개인이 살고 있는 사회와 문화에 크게 관련이 있다.

2) 성 동기

성 동기는 호르몬 분비라는 생리적 수준뿐만 아니라 사회적 측면에서도 동기의 하나로 볼 수 있다. 이 두 가지 측면 중에서 생리적 수준이 더욱 중요한데, 이는 생리적 수준에서의 성 동기가 개인의 생존은 물론 그 종족의 보존과도 관련이 있기 때문이다. 특히 동물의 성 동기 유발에는 수컷에 있어서는 테스토스테론(testosterone), 암컷에 있어서는 에스트로겐(estrogen)이란 호르몬이 각각 필수적으로 필요하다. 그런데 암컷의 경우 일정한 시기(발정기)에만 수컷의 성적 접근을 받아들이고 성 행동을 하며 수태를 할 수 있다.

인간의 경우 성적인 주기와 행동이 동물의 암컷들과는 상당히 다르다. 여성은 생식이 가능한 특정 시기에 상관없이 성적 흥분의 유발이 가능하고, 호르몬 분비는 임신과 관련이 있으나 성 충동은 임신 주기와는 상관없이 나타날 수 있다.

성 충동에 대한 통제는 신경계에서도 하고 있다. 일단 성적 유발이 시작되고 (남성의 경우) 성기와 신체의 다른 부분에 자극을 가하면, 이러한 신경정보가 척추 아래 부분에 위치한 '발기(發起) 중추'로 전달된다. 그 다음 이 중추는 이러한 정보를 발기를 통제하는 근육에 전달하고, 나중에 척추의 보다 상부에 있는 반사 중추가 사정(射精)을 자극하게 된다. 그러나 여성의 성적 흥분과 행동이 남성과 동일한 과정을 거치는지에 대해서는 아직 분명치 않다.

또한 성 행동에 대뇌가 어떻게 작용하는가는 여전히 명확하지 않지만, 변연계(邊緣係: limbic system)가 주로 관여하는 것으로 추측하고 있다. 즉 수컷 원숭이의 변연계 내의 특정한 세 가지 부위에 전극을 꽂았을 때 성적으로 발기했으며, 사람의 경우에도 치료 목적을 위해 전극을 이용하여 변연계를 자극했을 때 강한 성적 쾌감을 느낀다고 한다.

그런데 성 추동은 대뇌피질의 작용을 많이 받는데, 대뇌피질이 성행동에 미치는 영향이 크면 클수록 성적 흥분 유발과 행동에 대해 학습과 경험이 더 작용을 많이 하게 된다. 이는 인간의 성 추동이 반드시 호르몬 분비의 주기에 따라 나타나는 것이 아니며, 성 추동을 활성화시키는 자극물의 종류가 수없이 많을 수 있다는 것을 의미한다. 단순히 매력적인 성 행동의 상대방뿐만 아니라, 시각, 청각, 그리고 촉각을 통해 들어오는 자극들, 누드와 같은 그림, 환상 등이 포함될 수 있다. 또한 성 행동은 사회적 경험, 성적 경험, 영양상태와 같은 건강수준, 연령, 그리고 상대방에 대해 느끼는 정서상태 등에 따라 달라질 수 있다.

특히 성적 흥분과 행동은 성행위 상대방의 매력에 대한 기준과 같이 문화적 · 사회적 요소들도 관련이 있다. 특히 동서양의 '미인(美人)의 기준'이 같지 않으며, 시대와 유행에 따라 매력적인 성적 파트너가 달라진다. 그러므로 성 동기는 특히나 생물학적 욕구와 사회적 상황과 조건이 상호작용을 통하여 일어나는 복합적 동기라고 보아야 할 것이다.

3) 잠과 꿈의 동기

잠은 하나의 생리적 과정이며 행동이다. 일반적으로 밤중에 편히 휴식을 취하는 7~8시간 동안은 전혀 행동을 하지 않는 것으로 생각하기 쉬우나 실제로는 그렇지 않다. 이 기간 동안에 뇌파(EEG)는 움직이고 있는 매 90분마다 1~4단계까지의 깊이가 다른 잠의 주기를 갖게 되고, 또한 매 주기마다 렘(REM:

rapid eye movement) 단계라는, 눈동자가 빠른 속도로 움직이는 시기가 생기게 된다. 이러한 렘 단계와 가장 깊은 잠의 단계인 제4단계에서 주로 꿈을 꾸게 된다.

그렇다면 잠이 과연 행동인지 아닌지를 간단히 확인해 볼 수 있는 방법이 없을까? 우리가 잠들어 있는 동안에도 뇌파의 움직임이 있으므로 잠은 분명한 행동이며, 이것이 정지되면 죽음을 의미한다. 그리고 몽유병, 불면증 등 잠의 메카니즘에 이상(異常)이 생긴 경우를 보면, 잠이 하나의 '정상적인 행동' 임을 분명히 알 수 있다. 또한 며칠 동안 2~3시간만 수면을 취하게 되면, 개인의 일상생활 중 특히 운동속도 저하, 판단력 장애, 불안감, 주의집중 곤란, 심장박동 증가, 시공간 및 방향에 대한 감각상실, 심리적 위축 등이 나타나고, 결국에는 부족한 잠을 다른 기회에 보충해야 한다.

평균 수면시간을 하루 8시간으로 어림잡을 때, 우리는 전생애의 1/3을 잠에 소요한다. 그러므로 인간의 신체적 · 생리적 메

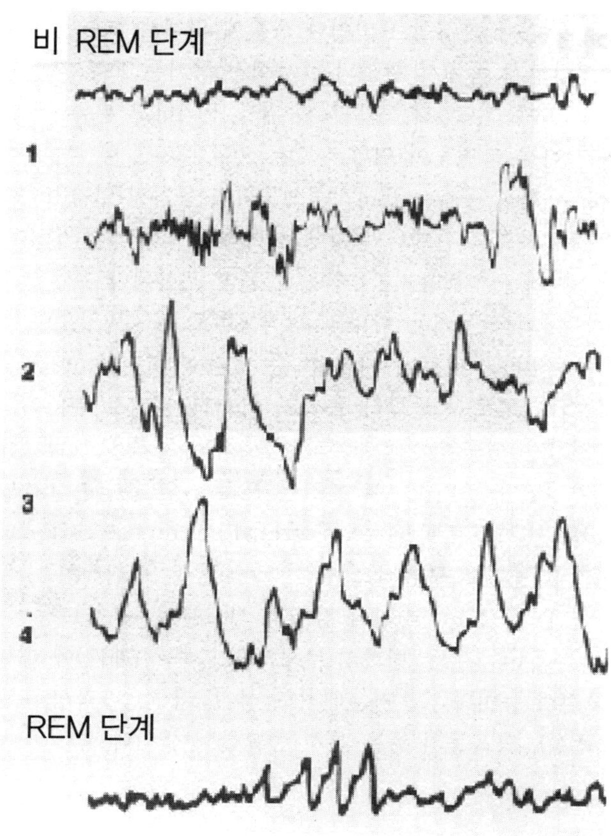

[그림 11-4] 잠의 EEG곡선

카니즘은 누구나 일정한 양의 잠을 자도록 되어 있고, 이 잠이 결핍되면 마치 우리가 음식과 물을 섭취하듯이 잠 또한 섭취해야 할 필요가 생기게 된다. 한편 잠의 주기 가운데 꿈을 꾸는 단계인 렘 단계나 제4단계에서 꿈을 꾸지 못하도록 인위적으로 깨우거나 방해를 하면 나중에도 렘 단계와 제4단계를 보충하려는 경향을 띠게 된다(Dement, 1960). 그리고 이들 두 가지 단계에서 수면을 취하지 못하도록 실험적으로 조작을 하게 되면, 깨어 있을 때에 환각, 불안감, 주의집중 곤란 등이 생겨나게 된다고 알려져 왔으나, 이 문제에 대해서는 아직 명확한 결론을 내리기 어렵다. 하지만 엄격한 실험조작, 철야비상근무, 또는 약물 복용 등으로 인해 결핍된 꿈을 보충시키는 기제를 보면, 분명히 꿈의 결핍이 개인의 일상적인 생활이나 행동에 부정적인 영향을 주어 행동장애를 초래한다는 것을 알 수 있다.

2. 사회적 동기

생리적 동기는 유기체가 학습하지 않더라도 일어날 수 있는 것이다. 그러나 환경적 요인이나 상황에 의해서 학습된 동기와, 특히 대인관계 속에서 형성되는 사회적 동기는 모두 획득된 동기라고 규정할 수 있다. 사회적 동기를 정의하고 분류할 때에는 몇 가지 다른 측면들이 있다.

첫째, 사회적 동기는 생리적 · 생물학적 동기인 일차적 동기와 구별되며, 사회적 관계와 상황에서 획득된 이차적 동기이다. 사회적 동기에는 성취동기, 유친동기 등이 포함된다.

둘째, 사회적 동기는 하나의 성격특질로 볼 수 있으며, 따라서 각 개인마다 다르게 나타날 수 있다. 이는 Henry Murray (1938)가 최초로 생물학적 동기와 사회적 동기로 분류하였고, 특히 인간은 생물학적 동기보다는 사회적 동기에 따라 행동한다고 지적했다. 그런데 이와 같은 Murray의 분류는 Edwards (1953)의 성격검사(Edwards Personal Preference Schedule)에서 15가지 동기로 구별되고 있다. 그 내용은 성취, 순종, 질서, 과시, 자율성, 유친, 타인의 감정과 의도분석, 구원요청, 지배, 죄의식, 양육과 자선, 변화의 추구, 끈기, 이성(理性)에 대한 관심, 공격성 등이다. 그 가운데서도 성취, 유친, 공격성, 구원요청(의존성), 양육동기 등은 특히 중요한 것들이다.

1) 공포의 동기

공포의 동기란 우리에게 무서움을 가져다주는 어떤 대상으로부터 회피 혹은 도피하고자 하는 욕구를 말한다. 예를 들며, 고양이에게 할퀴었던 경험이 있는 어린이는 고양이만 보면 무서워하고 피하려고 한다. 이는 어린이가 학습을 통하여 공포를 획득한 결과라고 볼 수 있다. 이러한 공포의 학습기제는 Neal Miller(1948)의 유명한 실험을 통해서 명확히 볼 수 있다. 두 개의 칸으로 이루어져 있는 도피장치에서, 쥐를 왼쪽의 흰 상자에 넣고 그 바닥에 있는 전기격자(electric grid)를 통하여 전기쇼크를 가한다. 쥐가 일단 상자 속에 들어가면 고통을 경험하고 무서움을 느끼며 그 옆의 전기쇼크가 없는 검은 색 칸으로 즉각 도피하게 된다. 따라서 그 다음부터는 아무런 전기쇼크를 주지 않더라도 흰 상자에 쥐를 넣게 되면 덜덜 떨며 공포행동을 보인다. 즉, 두번째로 흰 상자에 들어갔을 때는 사실상 아무런 쇼크나 고통이 없음에도 불구하고 흰 상자가 무서움과 연관이 되어 공포의 동기를 형성하게 되고 이에 따라 도피 또는 회피의 행동을 추구하게 된다.

한편 어떤 단순한 사물이나 상황에 대해서 뿐만 아니라, 이것이 일반화되어 그와 비슷한 상황에 대해서도 마찬가지로 두려움을 나타내게 된다. 그리하여 고층건물에서 떨어질 뻔했던 사람은 약간 높은 데만 올라가도 고소공포증을 나타내게 된다. 또한 개에 대하여 공포증을 학습한 경우 이와 유사한 고양이나 토끼 등의 털 달린 동물에 대해서도 공포를 느끼게 된다.

2) 공격성의 동기

공격성은 타인에게 의도적으로 신체적·심리적 상해를 입히려는 행동이라 정의할 수 있다. 이 때 중요한 것은 “의도(意圖)”로서, 비록 남에게 상처를 입혔다 할지라도 그것이 우연한 실수나 천재지변에 의해서 일어난 일이면 이는 공격이라고 규정하지 않는다.

공격행동의 본질에 대해서는 크게 세 가지 이론적 갈래가 있다. 그 하나는 본능이론으로써 Freud의 죽음(파괴)의 본능에 따른 공격성이나 Lorenz 등이 동물행동학에서 말하는 공격적 본능이다. 이들의 주장에 따르면, 공격성은 하나의 생리·생물학적 기본 메카니즘이므로 이를 없애는 것은 불가능하며, 개인간의 투쟁이 없는 세계평화란 있을 수 없다고 보았다. 그런데

Lorenz는 그의 저서 '공격성에 관하여(On Aggression)' 에서, 인간은 이성을 가진 고등동물이므로, 직접적이고 원시적인 공격 충동의 표현이 아니라 보다 원숙하고 이성적인 길을 통하여 공격성을 억제, 순화시킴으로써만이 세계평화를 유지할 수 있다고 주장하였다. 이러한 본유적인 공격 추동은 사회에서 받아들일 수 있는 길(예: 권투경기, 축구경기, 유도, 태권도 등)을 통하여 표출되어야 한다. 그것이 바로 억압된 공격 추동의 분출이며 정화(catharsis)라고 보았다. 이와 같은 공격성 표출과 정화가설에 대하여 몇 가지 비판이 있다. 특히 사람에게 본유적이며 스스로 통제할 수 없는 공격이나 싸움의 추동이 있다는 증거가 과학적인 연구결과들에 명확히 나타나 있지 않다(Lazarus, 1974). 또한 만일 공격의 에너지를 발산하지 못하면 긴장감 내지 심적 고통을 더 많이 느끼게 된다고 가정하였다. 그러나 최근의 관련된 연구결과에 따르면 공격행동을 표출한 사람이 표출하지 않은 사람보다 오히려 더 공격적이 되어 미래에 공격행동을 수행할 가능성이 더욱 증가되는 것으로 나타났다.

두번째 이론적 주류는, 공격행동은 좌절에 의하여 나타난 하나의 행동일 뿐 특별한 동기가 아니라는 주장이다. 이 입장에서는 사회적 상황이나 자극에 의하여 공격이 유발하는 것으로 보며 좌절-공격 가설(Frustration-Aggression Hypothesis)이라고 불린다(Dollad, Miller, Doob, Mower, & Sears, 1939). 그런데 여러 가지 실험검증결과 이 가설에도 여러 가지 부적절한 측면이 있어 이에 수정을 가하게 되었다. 즉, 개인이 좌절을 경험하였다 하여 반드시 공격행동을 하는 것이 아니며 도피, 구원요청, 위축, 환상, 대치, 무감각 등 공격행동 이외의 여러 가지 반응을 보일 수 있기 때문이다.

세번째 이론적 주류는 공격행동은 학습에 의하여 형성되는 동기로 보는 것이다. 공격행동은 Bandura와 Walters(1963)의 사회학습이론에 주로 의존하여 획득되며, 또한 강화와 처벌의 조작적 조건화 과정에 의해서도 형성된다. 특히, 아동 양육과정에서 경쟁적인 행동이나 공격행동을 격려하는 사회·문화에서 자란 아동의 경우나 부모들이 아동들의 훈육방법으로 신체적·심리적 공격행동과 처벌을 사용한 경우 등에서 직접적 강화와 대리적 강화를 통한 학습이 일어난다.

이와 같은 학습에 의한 공격동기 획득은 오늘날 TV나 영화 등에 나오는 폭력장면을 아이들에게 보여줄 때 사회적 폭력이 더욱 증가한다는 사실에서 잘 알 수 있다. Freud의 정신분석이론이나 해소가설에 따르면, 폭력장면을 많이 보면 볼수록 공격행동 경향이 감소해야 마땅하나 그와 반대로 증가한다는 것은 사회적 학습이나 강화의 메카니즘이 더욱 우세하게 작용하고 있음을 증명하는 것이다. 즉, 어린 아동들은 예전에 몰랐던 더욱 새롭고 잔인한 공격방법을 배우게 되고, 또 금지해제(禁止解除: disinhibition)과정이 작용하여, 어려서부터 억압해오던 공격추동을 더 이상 억제할 필요성을 느끼지 못하여 이제는 마음놓고 더 많이 표현하게 된다.

한편, Berkowitz(1967)는 주변에 여러 가지 공격행동과 관련된 자극물이 있을 경우에는 그런 것들이 없을 경우보다 더 공격행동이 일어나기 쉽다고 보고 그러한 자극물을 유발단서(誘發端緖: eliciting-cue)라고 불렀다. 이것은 총, 칼 등 무기가 옆에 있을 때 무기가 없을 경우보다 살인사건이나 폭력사건이 더 많이 일어나는 것을 보면 알 수 있다. 이는 개인의 공격동기가 높아서라기보다는 그가 생활하고 있는 환경이나 상황이 공격행동을 조장하는 결과를 가져온 것이다. 이러한 연구결과에 근거해 볼 때 영화, TV 등 대중매체의 폭력이 개인의 공격동기를 높이고 사회의 폭력범죄를 더욱 증가시킨다는 사실을 알 수 있다(윤진 · 곽금주, 1991).

그런데, 공격동기가 반드시 부정적이고 파괴적인 기능만 수행하는 것이 아니라, 동물의 세계에서는 특히 몇 가지 긍정적인 기능을 수행하고 있다. 즉, 사회적 위계질서(social order) 유지, 먹이와 교미의 배우자 확보, 영토의 확보와 보존 등에서 공격동기는 그 동물의 생존과 활동에 커다란 기여를 하게된다.

그런데 최근 폭력, 강간 등 사회적 공격행동이 많아짐에 따라 성동기와 공격동기의 상호작용문제가 많이 거론되고 있다. 즉, 성적으로 유발되면 공격충동이 증가하며, 이와 마찬가지로 공격충동이 유발되면 성적인 충동도 동시에 유발된다(Malamuth & Donnerstein, 1983). 다시 말하면, 공격이나 성의 동기는 일단 생리적 유발이라는 측면에서도 동일한 것이며, 그 나타나는 양상이 다를 뿐이다. 이렇게 볼 때 강간 및 성폭행범죄에 대한 사회적 경각심을 가져야겠으며, 대중매체를 통한 공격적 자극물이 덜 노출되게 함으로써 폭력범죄는 물론 성범죄도 예방 · 감소시키는 방안을 찾아야 할 것이다.

3) 성취 동기

개인이 어떤 성취행동을 할 때는 여러 가지 동기가 작용할 수 있다. 금전이나 명예 때문이 아니라 그 일 자체에 즐거움과 의미를 부여하는 동기에 의해 일을 성취하는 경우 이를 성취동기(achievement motive=n Ach)라고 부른다. 이 개념은 David McClelland(1958)가 처음 제시한 것으로서 그는 개인의 동기체계를 TAT와 같은 투사법적 성격검사를 통하여 성취심상(achievement imagery)을 측정함으로써 개인의 성취동기 수준을 결정하였다. 그런데 성취동기는 당시에 그 검사를 받는 사람이 처해 있는 사회적 상황과 관련이 있다. 대학에서 좋은 성적을 받아야 졸업 후에 취직이 잘 된다고 보거나 부모님에게 인정을 받아야겠다고 생각한 경우에 성취동기가 일시적으로 높아질 가능성이 있다.

하지만 일반적으로 성취동기의 수준이 높은 사람과 낮은 사람의 특성을 구분할 수 있다. 특히 성취동기가 높은 사람은 금전적 욕망이나 명예를 위해서라기보다는 자기가 스스로 설정한 성취수준에 도달함으로써 만족을 얻는다. 그러므로, 이들은 경쟁적인 사회에서 자신감을 갖고 모든 일을 수행하고 사회적 압력이나 유혹에 굴하지 않고 스스로 난관을 돌파하여 나아간다. 이러한 성취동기는 대학생들이 장래 직업을 선택하는 데 있어서도 영향을 미친다. McClelland(1953)의 연구에 따르면 성취동기가 높은 집단의 83%가 "기업경영" 분야에 종사하기를 희망하였다. 그런데 기업경영분야는 일반적으로 모험적인 사업이며 그 일의 성공과 실패에 대하여 스스로 책임을 져야 하는 것이다.

그런데 각 개인이 갖는 성취동기 수준은 아동들이 자랄 때의 환경이나 아동양육과정과 관련이 있다. 첫째, 아동들은 자기 자신이 하는 행동이나 노력이 주위의 환경을 실제로 바꿀 수 있다는 사실을 스스로 확인해야 한다. 그리하여 일단 스스로 노력하면 환경이 바뀔 수 있고 무엇인가 성취할 수 있다는 것을 많이 경험해야 한다. 둘째, 아동들이 이와 같은 행동을 통해 성공을 거두었을 때 어른들이 적절하게 강화를 주어야 한다. 아동들은 어른들로부터 적절한 반응이나 칭찬을 받음으로써 자기가 한 일이 얼마나 우수한 가를 파악하게 되고 앞으로 계속 과제를 잘 수행할 각오를 하게 된다.

이러한 개인의 성취동기수준을 사회전체 단위로 평가해 볼 때 그 사회의 그 당시의 경제발전과 활력, 진취적 기상, 국운의 흥망성쇠 등도 함께 나타나게 된다. 우리나라에서의 경제 개발 5개년 계획의 성공, 수출신장, 새마을 운동의 확산, 중공업육성, 88 올림픽의 성공 등과 같은 사회 전반적인 성취동기와 기풍은 국민 각자가 가지는 개인의 성취동기 수준이 사회적 · 국가적 단위로 나타난 것이라 볼 수 있다.

4) 성공에 대한 두려움

50년대 이후 성취동기는 하나의 정상적이고 바람직한 동기로 알려져 왔다. 하지만 그 이후 Martina Horner(1969)가 지적한 '성공을 회피하는 동기'는 종래의 성취동기와는 상반되는 것이다. 대학생들을 대상으로 의과대학 상급생이 자기 반에서 수석을 차지할 때 남자일 경우 10% 정도가 그 성공에 대해서 두려움이나 의심을 품었다. 하지만 수석한 학생이 여자일 경우 다른 사람들로부터 손가락질을 받으며, 외롭고 성적(性的) 매력이 없는 것으로 평가되었다. 이와 같이 여성의 성공을 부정적이고 비관적으로 보게 된 것은, 여성들에 대한 사회의 압력과 고정관념에 그 원인이 있다. 즉, 어릴 적부터 여자아이들은 집밖에서 싸움을 잘 하거나 남자보다 우수하면 '여자답지 못하다' 혹은 '사내 같다'라는 말을 들으면서 자란다. 따라서 남녀가 함께 경쟁하는 데서 여자가 특출나게 우수하면 스스로 죄의식을 느끼고 공연한 불안감을 갖게 된다. 그러므로 이와 같은 여성의 불안감이나 죄의식이 완전히 해소되지 않는 한, 진정으로 여성들이 이 사회에서 자기능력을 마음껏 발휘하기는 어렵다.

이러한 Horner의 새로운 주장에 대하여 찬 · 반 양론의 논의가 많았다. 첫째 Tresemer(1974)는 Horner의 성공에 대한 두려움 연구가 극히 적은 수의 표집을 대상으로 하였으며, 성취심상에 대한 채점이 불공정했다고 비판하였다. 특히 그는 여성이 성취를 하지 않으려는 동기가 진정한 '성공에 대한 두려움' 때문인가를 명확히 증명하지 못했다고 주장했다. 이는 사실상 여성이 보인 성취하지 않으려는 심상은 사실상 자기 자신이 너무 우수하게 성취점수를 얻으면 혹시나 '여성답지 못하게 되지나 않을까' 하는 두려움에서일 뿐, 성공 그 자체에 대한 두려움에서가 아니라는 것이다. 뿐만 아니라, 성공을 회피하려는 동기가 표현되는 '상황'이 명확히 밝혀지지 않고 있다. 남녀가 같이 경쟁하는 상황, 성 역할을 반드시 지켜야 하는 상황, 혹은 성공이 확실한 상황과 불확실한 상황 등에 대한 명확한 규정이 이루어지지 않았다.

그런데 De Charms와 Muir(1978)의 연구에 의하면 남성도 여성과 마찬가지로 성공에 대한 두려움이 큰 경우가 있다. 간호사나 재단사 등의 사회적 고정관념에 비추어 남성에게 어울리지 않는다고 알려진 직업일 때 남성도 그 직업에서의 성공을 회피한다고 한다. 그러므로 남녀 모두 사회적 고정관념에 의하여 자신의 성 역할에서 벗어나지 않으려는 것이지 반드시 맡은 바 책임 자체를 회피하거나 성공을 두려워하는 것은 아니라 하겠다.

3. 동기의 단계 이론

그동안 우리가 논의해 온 동기의 분류가, 생존에 기본이 되는 단순한 생리적인 것으로부터 시작하여 사회적, 그리고 본유적인 복잡한 것들까지 모두 망라하였다. 이와 같은 다양한 종류의 동기들을 그 위계를 정하여, 성격 및 심리적 적응과 관련시켜 이론적 체계를 정립한 사람은 인본주의 심리학자 Abraham Maslow (1954)이다.

그는 그의 대표적 명저 '동기와 성격(Motivation and Personality)'에서 인간의 잠재능력을 최대한 발휘하는 자아실현이 "심리학적 건강"임을 주장하며 동기의 위계론(Hierarchy of Motivation)을 정립하였다.

그의 이론에 따르면, 보다 기본적이고 하위에 있는 동기(즉, 배고픔 · 목마름 등)가 충족되어야만 그보다 높은 단계의 동기(자존심 등)가 나타날 수 있다. 사람이 굶어죽을 단계에 가서는 보다 점잖고 신사적인 대인관계나 자아실현 같은 동기가 나올 수는 없는 것이다. 이것은 생물의 진화론적 입장이나 개인의 성장 및 적응 등 어느 측면에서 보더라도 타당한 것이다. 이 위계론의 각 단계는 생리적 욕구(배고픔 · 목마름 등 생존에 필수적인 동기), 안전욕구(안전한 환경, 보호, 안심, 위협이 없거나 전쟁과 같은 혼란의 회피), 소속감과 사랑의 욕구(우정 · 애정 · 사교 · 뿌리 찾기, 고립이나 소외로부터의 해방, 친구 · 가족과 어울리기, 단체에의 가입), 자존심의 욕구(성취감, 자기능력의 확인, 타인이나 사회로부터의 인정, 명성, 존경받기), 그리고 자아실현의 욕구(잠재능력을 최대로 발휘하여 자아를 실현함) 등의 순서로 구성되어 있다. 이때 자아실현은 자기본성에 진실되게 살아가는 것, 또는 Maslow의 표현을 빌리면, "개인이 될 수 있는 어떤 인물로 되어야만 하는 것"(What a man can be, must

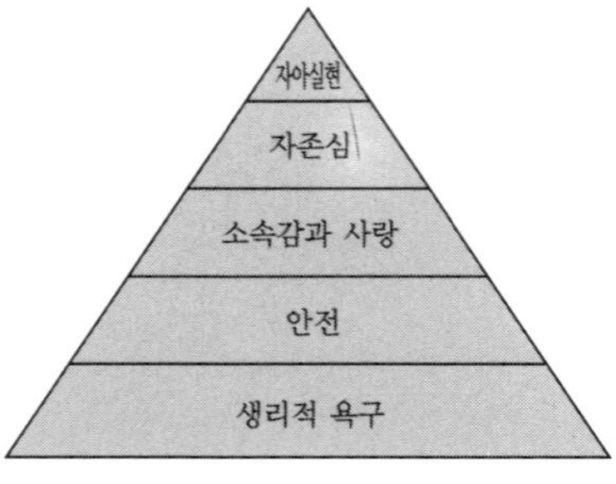

[그림 11-5] Maslow의 욕구 5단계 이론

be)이다.

위의 그림에 제시된 5단계 이론에 대해 약간 변형된 단계론이 그 이후에 제기되었다. 그것은 4단계인 '자존심의 욕구' 단계 다음에 '인지적 욕구'와 '심미적 욕구'를 첨가하여 7단계로 확장한 것이다. 인지적 욕구단계에는 주위환경이나 지식 · 기술에 대한 호기심과 이해의 욕구를 포함한다. 그리고 심미적 욕구는 추한 것을 싫어하고 아름다운 것을 추구하며, 무질서가 아닌 질서와 안정을 바라는 욕구를 말한다.

그런데 이와 같은 Maslow의 접근에 대해서 "비과학적"이라는 비판이 뒤따랐다. 다시 말하면, 생리적 욕구나 안전 욕구 등을 모두 충족시키지 않고서도 그 상위단계인 자존심이나 자아실현에까지 도달한 위대한 인물들을 역사상에서 많이 찾아볼 수 있으므로 Maslow의 욕구단계는 그 타당성이 희박하다는 것이다. 그러나 현실적으로, 건강한 일반인의 행동을 동기화시키는 여러 요인들과 그 우선순위 등을 고려해 볼 때 이와 같은 욕구단계이론은 상당한 타당성을 갖는다. 그것은 종래의 성격 및 동기이론이 부적응적이며 건강하지 못한 개인의 연구와 치료에서 나왔던 점을 감안해 볼 때, Maslow의 이론은 "건강한 일반인"을 대상으로 한 연구라는 데에서 중요한 의의가 있다.

Ⅲ. 적응과 스트레스

1. 적응이란 무엇인가

우리 인간은 매일같이 우리의 신체적, 사회적 및 개인적인 욕구를 충족시키면서 살아가고 있다. 흔히 어린아이들은 항상 무엇을 원하고 있고, 청소년이나 어른이 되면, 그들의 욕구에 의하여 생긴 긴장을 줄이기 위하여 어떤 목표를 달성하려고 한다. 이러한 과정에서 우리는 욕구충족을 맛볼 때도 있고, 또한 우리의 욕구가 좌절되는 경우도 생긴다. 그러나 인간은 끊임없이 주어진 환경에 적응하는 방법을 배우면서 살아가게 된다. 어렸을 때에는 친구나 가족, 그리고 학교 등 좁은 환경과 적응하면서 살아가게 되지만, 점차로 성장하면서 적응하여야 할 환경이 확대되어 간다.

이와 같이 적응이란 환경의 요청에 부응하여 스스로의 욕망을 조절함으로써 균형을 이루어 나가는 것 즉, 욕구와 가능성간에 균형을 이루려는 노력의 일환이라고 볼 수 있다.

교육학 대사전에 의하면, 적응이란 유기체가 환경에 대해 만족한 관계를 갖는 것을 뜻한다. 한 개인이 사회생활을 영위해 나가는 데에는 타인과의 관계에서나 그 사회의 규범, 질서에 대해서나 조화된 행동을 하며, 원만한 관계를 유지해야 한다. 이 같은 적응을 한 개의 과정으로 생각하면, 유기체가 자기 자신과 그 환경 사이에 조화된 관계를 갖도록 자기 자신의 행동을 변화시키든지 혹은 환경을 변화시키는 과정이다. 따라서 살고 있다는 것이 곧 적응의 과정이라고 할 수 있다. 그리고 생물학적으로는 적응이란 실제의 요구에 대한 순응(adaptation)이며, 살아남는 것(survival)과 같은 뜻이 되며, 심리학적으로는 개체 요구의 해소과정이며, 요구를 만족시키기 위해 장애를 극복하려고 하는 노력을 포함시키는 과정이라고 볼 수 있다.

Lazarus(1974)에 의하면 실제로 적응은 두 가지 종류의 과정이 있는데, 첫째는 주어진 환경이나 여건에 자기 자신을 맞추어 가는 과정이며, 둘째는 자기의 욕구를 충족시키기 위해서 주변의 환경적 요인을 변화시키는 과정이라고 말하였다. 여기에서 전자는 소극적인 적응과정이고, 후자의 경우는 적극적인 적응과정이라고 볼 수 있다.

일반적으로 우리는 우리의 통상적인 책임과 임무를 계속적으로 수행하는 과정에서 이러한 적응의 과정을 경험하게 된다. 어떤 경우에는 그러한 책임과 임무가 고통스럽고 어려울지라도, 모든 심리적인 불안이나 극심한 심리적 상태에 굴복하지 않고, 그 문제를 해결하는 방법을 찾게 된다. 대체적으로 우리가 어려운 상황에 대처(對處)하는 방법에는 크게 세 가지가 있다.

첫째는 문제해결(problem-solving)의 방법이다. 예컨대 자전거가 고장이 나면, 자전거를 자전거 수리점으로 끌고 가서 고치는 방법이다. 이러한 문제해결은 흔히 우리의 주변에서 가장 많이 사용하는 방법이며, 우리가 적응해 나가는 데 매우 도움을 주는 방법이다.

둘째는 주어진 상황을 그래도 받아들이는 수용적 방법이다. 이러한 방법도 우리의 적응과정에서 효과적인 방법이 될 수가 있다. 우리가 어쩔 수 없는 상황에 처해 있을 때, 당황해서 광적인 행동을 한다든지, 이상한 행동을 하는 것이 최선의 방법은 아니다.

그러나 아무런 생각 없이 수용적 방법을 받아들이는 것은 좋지가 않다. 때때로 우리는 피할 수 있었던 상황을 피하지 못하고, 그러한 사태를 맞게 되는 경우가 있는데 이런 것은 좋지 못하다. 우리는 여기에서 적극적인 문제해결방법을 요구하는 상황과 그대로 수용할 수밖에 없는 상황을 분명히 구별해야 한다.

셋째의 대처방법은 적응기제(또는 방어기제: defense mechanism)를 사용하는 것이다. 대부분의 어려운 상황은 스트레스와 불안을 수반하게 되는데, 적응기제는 이러한 스트레스와 불안을 완화시키는 데 도움을 준다. 예컨대 어느 여대생이 심리학을 전공하는 남학생과의 데이트에 대하여 매우 불안감을 갖고 있다고 하자. 이러한 불안감의 원인은 그 여대생이 심리학과 남학생에게 매우 호감을 갖고 있는데 그 남학생이 자기를 좋아하는지 그렇지 않은지를 모르고 있기 때문이다. 이 때 여대생은 그 남학생에게서 아주 매력적인 면을 찾지 못했다든지 혹은 그 남학생이 자기를 좋아하는지 그렇지 않은지에 대해 신경을 쓰지 않았다고 말함으로써, 자기가 가지고 있는 불안에 대하여 대처하게 된다. 이 때 이러한 적응기제는 불안을 감소시키는 데 도움을 줄 수 있다.

그러나 이러한 적응기제(방어기제)를 지나치게 자주 사용하게 되면 바람직하지 못한 결과를 가져오게 된다. 만일 그 여대생이 자기의 데이트에 대한 불안을 감소시키기 위해서 그러한 방어기제를 계속적으로 사용하게 되면, 결국 그 여학생은 데이트와 같은 이성관계뿐만 아니라 사회생활에 있어서도 성공적인 적응을 할 수가 없게 된다. 그러나 스트레스나 불안에 대처하기 위한 한 방법으로서 가끔 이러한 방어기제를 사용하는 것은 적응을 위한 한 가지 방법이 된다.

우리가 스트레스나 불안에 대하여 어떻게 적응하느냐 하는 방법이나 전략은 절대적인 기준에 의하여 평가될 수 있는 것이 아니다. 각 개인은 자기가 처해 있는 상황에 따라 알맞은 효과적인 방법을 선택하여 사용하여야 한다. 그리고 성공적인 적응을 하기 위해서는 반드시 한 가지 방법만이 필요한 것은 아니다. 이제 우리는 여기에서 적응과 관련된 스트레스, 불안, 욕구좌절 그리고 갈등 등을 알아보고 적응기제에 대해서 살펴보기로 한다.

2. 스트레스

환경적인 여러 가지 요구에 대처할 수 없다고 느끼거나 그리고 신체적으로나 심리적으로 우리들에게 해(害)를 끼칠 위험이 있는 상황에 직면하였을 때, 우리는 긴장과 불쾌감을 느끼게 된다. 바로 이런 경우 우리는 스트레스를 경험하게 된다. 다시 말하면 환경적인 외적인 욕구나 생리적이고 심리적인 욕구에 대해 개인이 적응할 수 있는 능력이 없을 때, 일어나는 결과가 바로 스트레스의 상태이다.

이러한 스트레스는 동일한 환경적 자극이나 사건에 대하여 모든 사람이 똑같은 정도로 느끼는 것은 아니다. 한 개인의 스트레스의 정도는 그 개인이 당면한 어떤 자극의 실제적인 위험도에는 관련이 있지만, 무엇보다도 그러한 자극에 대한 이전의 학습 경험 등이 더 큰 영향을 준다고 볼 수 있다. 직장을 잃은 사람이 마치 적군을 앞에 둔 군인이 느끼는 위협과 같은 정도의 위협을 느낄 수도 있으며, 암(cancer)으로 죽어 가는 사람이 오히려 자기 배우자가 암이 아닐까 하고 걱정하는 사람보다 덜 불안해 할 수도 있다. 이와 같이 우리가 느끼는 스트레스의 정도는 어떤 자극이 어느 정도로 위험하다고 지각하고 있느냐에 달려 있고, 그 이전의 학습경험에 크게 의존하고 있다.

또한 스트레스는 우리를 위협하고 있는 것에 대하여 우리가 대처할 수 있는 능력이 있는지 혹은 없는지에 대한 자기 자신의 평가결과에도 크게 좌우된다. 예를 들어 대학생활에서 한두번 좋은 학점을 받은 경험이 있는 학생들이 과거에 두서너 과목에서 학점취득에 실패했던 학생들보다 시험을 앞두고 불안을 덜 갖는다는 것이다.

이와 같이 책임감의 부담이 스트레스의 정도에 영향을 미치는 연구가 Brady와 그의 동료들(1958)에 의하여 이루어졌다. 그들의 '조장(助長) 원숭이(executive monkeys)'에 대한 고전적인 연구에 의하면 성장배경이 거의 비슷한 북인도산 원숭이 두 마리를 나란히 가죽끈으로 붙잡아 놓고, 매 20초 간격으로 전기충격을 주었다. 이 때 두 마리 원숭이 중 한 마리 원숭이인 조장(助長) 원숭이에게 전기충격을 줄 때, 지렛대를 누르면 자기와 자기 동료 원숭이가 모두 그 전기충격에서 벗어날 수 있게 장치를 하였으나, 나머지 한 마리 원숭이에게는 지렛대를 장치하지 않았다. 얼마 후 지렛대를 눌렀던 조장 원숭이는 심한 위궤양을 가지게 되었다. 이는 자기 자신의 안녕과 자기동료 원숭이의 안녕에 대한 책임감에서 오는 긴장이 너무 컸기 때문이었다. 반대로 그러한 스트레스를 경험하지 않았던 다른 원숭이는 아무런 이상이 없었다.

그러나 그 후의 Weiss(1971)의 연구결과는 Brady 등의 연구와는 반대되는 결과를 보여주었다. 즉 Weiss의 연구결과에 의하면 그러한 통제수단을 박탈당한 쥐들의 대부분이 위궤양에 걸렸다고 보고하고 있다. 여기에서 Brady 등이 실험에서 사용하였던 방법론에 대한 의문이 제기될 수도 있을 것이다. 그러나 Brady와 그의 동료들(1958)의 연구에 의하면, 실험 장치 하에서 의자에 원숭이를 붙잡아 두는 시간과 끈을 풀어 쉬는 시간을 변화시켜 본 결과 조장(助長) 원숭이의 경우, 의자에 붙잡아 둘 때보다 쉬는 시간에 위산(胃散)의 양(量)이 더 많았다는 것이다. 이는 위험을 경험할 때보다 오히려 다가올 위험을 예측할 때가 더 스트레스가 심하다는 것을 말해 준다.

Epstein(1962)도 28명의 낙하산 병사들을 대상으로 스트레스에 대한 예측의 효과를 연구하였다. 여기에서 28명의 낙하산 병사들에게 비행기에서 낙하하기 전(前), 낙하하는 도중 그리고 낙하한 후의 감정에 대하여 물어보았다. 그 결과 전원이 모두 낙하시간이 임박하면 할수록 도피하고 싶은 욕망과 두려움이 증가한다고 응답을 하였다. 이와 비슷한 연구로 Nomikos와 그의 동료들의 연구에서도 낙하산부대 군인들의 낙하전후의 실험결과(심장 박동과 땀샘 등을 측정)에서 같은 반응을 나타내고 있다. 즉 스트레스 반응은 거의 대부분이 어떤 위험한 사건을 경험하는 동안보다는 오히려 그것을 예상하고 대기하는 순간에 더 크다는 것이다.

이러한 스트레스에 대한 심리학자들의 관심은 사람들이란 일반적으로 자기가 확실하다고 느낄 때에는 그들에게 주어진 일을 잘 할 수 있으나, 그렇지 못할 경우에는 주어진 일을 그르치기 쉽다는 것이다. 이에 관련된 연구로서 Lazarus와 Erickson(1952)의 연구가 있는데, 이들은 어떤 학생집단 전원에게 지능검사를 실시하고 이 지능검사의 점수가 바로 학생들이 대학생활을 얼마나 잘 해나갈 수 있는가를 가르쳐 주는 하나의 지수가 된다고 말해주었다. 그리고 나서 며칠이 지난 후, 그 학생들에게 지능검사를 다시 실시하였다. 이 때 일부학생(제1집단)에게는 성적이 나빠서 다시 실시한다고 말하였고, 나머지 학생들(제2집단)에게는 전번 지능검사의 성적이 매우 우수하여 과연 그 높은 점수가 진짜 점수인가를 확인하기 위하여 다시 실시한다고 말하였다.

재검사 결과를 분석한 결과를 보면, 칭찬을 받았던 집단보다 경고와 위협을 받았던 집단의 학생들이 보다 많은 오류를 범하였다. 즉 제1집단의 학생들이 그들의 능력에 비추어 훨씬 많은 오류를 범했던 것은 스트레스를 많이 받았기 때문인 것으로 해석된다. 이와 같이 스트레스는 우리가 살아가는 동안에 여러 가지 상황이나 감정에서 경험할 수 있는데 이러한 생의 스트레스를 Holmes와 Rahe(1967)가 측정하였다. 그래서 그들은 스트레스 상황으로서 많은 사람들이 경험하게 되는 생의 사건을 순위별로 규명하였는데 이를 보면 다음 〈표 11-1〉과 같다.

위의 척도는 인생변화의 측면에서 긴장을 측정하기 위하여 발전시킨 것이다. 인생의 사건들 중에서 가장 긴장되는 것(배우자의 죽음)에서부터 가장 긴장이 적은 것(사소한 법에 걸리는 것)까지 순서대로 순위를 매겼다. 이 척도를 만들기 위해서, 연구자들은 수 천 번의 면접과 의료기록의 조사를 통해서 사람들이 긴장을 느끼는 사건의 종류를 확인하였다. 결혼은 (긍정적인 사건이지만 상당량의 재적응을 요하는 것이다) 대부분의 사람들에게는 중요한 사건인 것으로 보이므로 이것은 인위적인 수치

〈표 11-1〉 사회적 재적응 평정척도

인생사건	인생-변화치	인생사건	인생-변화치
배우자의 죽음	100	직장에서의 책임의 변화	29
이혼	73	아들과 딸이 집을 떠남	29
혼인상의 별거	65	인척(姻戚)과의 다툼	29
형무소 복역	63	탁월한 개인적 성취	28
가까운 가족의 사망	63	부인이 직장에 나가거나 그만둠	26
개인적 부상이나 질병	53	학교에 입학하거나 졸업	26
결혼	50	생활조건의 변화	25
직장에서 해고당함	47	개인적 습관을 고침	24
혼인상의 화해	45	상사와의 다툼	23
은퇴	45	거주지의 변화	20
가족의 건강상의 변화	44	학교의 변화	20
임신	40	레크리에이션의 변화	19
성생활 문제	39	교회활동에서의 변화	19
새로운 가족을 얻음	39	사교활동에서의 변화	18
사업의 재조명	39	수면습관의 변화	16
경제사정의 변화	38	식사습관의 변화	15
친한 친구의 죽음	37	휴가	13
다른 종류의 일로 전환	36	크리스마스	12
저당물의 권리상실	30	사소한 법의 위반	11

50을 부여하여 척도의 중간에 두었다. 그 다음에 연구자들은 연령, 배경 및 결혼상태가 다른 약 400명의 남녀에게 많은 다른 인생의 사건들을 결혼에 비교하도록 요구했다. 그들에게는 "그 사건은 결혼보다 더 많은 또는 더 적은 재적응을 요합니까?", "재적응이 이루어지기까지는 오래 또는 짧게 걸립니까?"와 같은 질문을 하였다. 그리고 그것의 괴로움의 정도와 재적응에 요구되는 시간에 대한 그들의 평가를 기초로 해서 그들에게 각 사건에 점수 수치를 부여하도록 하였다.

이와 같이 스트레스란 여러 가지 상황이나 감정에 관련된 일반적인 용어라고 볼 수 있다. 이러한 스트레스의 가장 일반적인 것으로는 압박감(pressure), 불안(anxiety), 욕구좌절(frustration) 그리고 갈등(conflict) 등을 들 수가 있는데 이를 좀더 자세히 보면 다음과 같다.

1) 압박감

어느 한가지의 특정한 행동표준에 맞추어 우리가 적응해야 한다던가 혹은 급속한 변화에 적응해야 한다고 느낄 때 생기는 것이 압박감이다. 이러한 압박감에는 두 가지가 있는데 그 하나는 내적 압박감(internal pressure)이며, 다른 하나는 외적 압박갑(external pressure)이다.

여기에서 내적 압박감이란 흔히 우리의 자존심을 어떻게 유지하느냐와 깊은 관계가 있다. 예를 들어 자기 자신의 지적 능력이나 신체적 매력, 인기 혹은 예술적인 재능에 대하여 자기가 가지고 있는 느낌 때문에 자기 자신을 보다 높은 수준에까지 끌어올리려고 할 때, 우리는 흔히 압박감을 느끼게 된다. 따라서 이러한 내적인 압박감은 그것이 우리에게 건설적이고 생산적일 수도 있지만, 반대로 도달할 수 없는 너무나 높은 이상이나 목표를 설정하여 자기 자신을 그러한 이상이나 목표에까지 끌어올리려고 할 때에는 오히려 파괴적인 결과를 가져오게 한다.

그리고 외적 압박감은 타인과의 경쟁이라든지, 급속하게 변모하는 사회에의 적응이라든지 혹은 가족이나 가까운 친구들이 자기에게 기대하는 것 등이 모두가 이에 속한다. 특히 타인의 경쟁에서 생기는 압박감은 우리 일상생활에서의 대인관계에도 영향을 준다. 흔히 우리는 대학에서 좋은 학점을 따기 위하여 타인과 경쟁하여야 하며 또한 보다 좋은 직장과 수입을 위하여 끊임없이 경쟁하여야 한다. 따라서 우리는 항상 남과의 경쟁에서 승리해야 한다는 압박감을 가지고 현대사회를 살아가고 있다. 우리가 살고 있는 사회가 복잡하면 할수록 그리고 급속히 변화되면 될수록 이러한 압박감은 비례해서 증가하고 있다.

예를 들어 현재 우리가 살고 있는 사회는 몇 년 전만 하더라도 생각할 수 없었던 컴퓨터가 이제는 사회 모든 분야에서 점차로 생활도구로 되어가고 있을 뿐만 아니라 우리 가족의 형태도 과거에 비하여 이혼율이 급속히 증가하는 등 여러 가지로 변모되어 가고 있다. 따라서 이러한 변화에 적응하기 위해서는 변화되는 만큼 우리의 압박감은 커지게 된다.

또한 우리는 사회생활에서 수행하여야 할 역할들이 많다. 예컨대 어떤 한 사람은 아버지의 역할, 자식의 역할, 친구의 역할, 남편의 역할 등 무수히 많은 역할을 수행한다. 이러한 역할에 대하여 타인의 기대가 있게 마련이므로 우리는 가족과 친지들로부터 많은 외적인 압박감을 받게 되는 것이다.

2) 불 안

불안이란 아주 복잡하고 이해하기 어려운 스트레스의 한 형태이다. 스트레스나 압박감 등을 경험했던 사람들은 자기가 왜 당황하고 위협받았는가를 안다. 그러나 불안한 사람은 왜 자기가 그렇게 느끼고 있는가 하는 이유를 알지 못하면서 숨이 가쁘고 가슴이 울렁거리며 근육이 긴장되고 사고를 분명히 할 수 없는 등 스트레스에서 나타나는 모든 증상을 경험하게 된다. 그리고 친구가 아침인사를 하는 데도 괜히 아무 이유 없이 화를 내고, 부모가 부르지도 않았는데 아무 이유 없이 죄의식을 가지게 되고, 용돈이 충분히 있는데도 우울해지는 경우가 있다. 이와 같이 불안이라는 감정은 그러한 감정이 일어나는 상황에 대한 합리적인 평가와는 일치가 되지 않고 모순되는 경우가 많다. 따라서 불안이란 매우 개인적이고 사적인 것이며 다루기가 부담스러운 것이다.

이러한 불안에 대하여 많은 심리학자들이 정신분석학적인 관점에서 설명하고 있다. 이들의 이론에 의하면 불안이란 내적이고 무의식적 갈등(internal, unconscious conflict)의 한 징조라는 것이다. 우리는 가끔 우리들이 가지고 있는 의식적인 가치와 갈등을 일으키고 있는 어떤 욕망이나 소원 등을 가지고 있으나, 이것들이 표면상으로 나타나지 않도록 제지하고 있다. 예컨대 한 소녀가 어머니에게 화를 내며 소리를 지르나 그 소녀는 그런 것이 잘못된 것인지를 분명히 알고 있다. 그러나 만일 이러한 행동이 제지되거나 금지된다면 의식적 가치와 갈등을 일으키는 욕망이나 소원을 제지하려는 정서가 그대로 유지되어 그 소녀는 우울해지거나 지쳐버리게 된다. 그래서 그러한 것이 친구에게 폭발되거나 백화점에 가서 마구잡이로 물건을 사들이는 행동으로 나타난다는 것이다.

또한 다른 심리학자들은 이러한 불안을 두 가지 종류로 분류하여 설명하고 있다. Spielberger(1966)에 의하면 불안에는 특성불안(trait aanxiety)과 상태불안(state anxiety)이 있다고 한다. 여기에서 특성불안이란 비교적 안정되고 일관성 있는 성격적 특성을 말한다. 이러한 특성불안의 수준은 마치 지능의 수준처럼 사람마다 제각기 개인차가 있으며 우리가 처해 있는 환경이나 상황이 달라지더라도 일정한 수준을 유지한다는 것이다. 반면에 상태불안이란 어떤 특정한 상황과 결부되어 있어 그 불안의 강도가 수시로 상황에 따라 변화된다는 것이다.

Martinez-Urrutia(1975)는 수술환자들의 특성불안과 상황불안이 외적인 위협에 의하여 어떤 영향을 받는지에 대해 연구한 결과, 환자들의 상태불안의 수준은 수술 이전에 증가하였다가 수술 후에는 감소되었으나, 이들의 특성불안의 수준은 수술 이전이나 후에도 안정되어 있었다는 것이다. 따라서 특성불안(성격적 특성)은 위협의 특수한 조건에 관계없이 변화되지 않으나 상태불안은 그렇지 않다는 것이다.

일반적으로 스트레스를 주는 상황이 길면 길수록 그리고 심하면 심할수록 상태불안은 그만큼 커지게 된다. 그리고 위험한 상황이 곧 발생할 것이라는 경고(warning)는 사람에 따라 상태불안이 증가할 수도 있고 줄어들 수도 있다. 결국 여러 연구의 결과에서 보여준 결론은 앞으로 우리에게 다가올 스트레스가 불확실할 때보다는 어떤 스트레스가 올 것인지를 알고 있을 때 상태불안은 적어진다는 것이다.

3) 욕구좌절

스트레스의 또 다른 종류가 욕구좌절(慾求挫折)이다. 이러한 욕구좌절은 어떤 하나의 목표를 성취하고자 하는 과정에서 방해물에 의하여 저지되었을 때 발생한다([그림 11-1]). 예컨대 자기가 좋아했던 여자와 결혼을 못했을 경우나 혹은 대학입학시험 점수가 나빠서 아버지가 다니던 대학에 입학하지 못했던 고등학생의 경우, 이 모두가 욕구좌절의 상태에 빠진 경우이다. 이들은 모두가 다 자기의 목표를 얻지 못했다. 따라서 이들은 그러한 목표를 포기하든지 아니면 그러한 목표를 성취하기 위하여 앞에 놓인 장애를 극복하는 방법을 찾아야 한다.

대부분의 사람과 마찬가지로 자기의 목표가 성취되지 않았을 경우 먼저 나타나는 행동반응을 분노(anger)이다. 이러한 분노는 공부를 열심히 하지 않았던 자기 자신에 대한 분노일 수도 있으며, 또한 아버지가 졸업했던 대학으로 가야한다고 권유했던 아버지에 대한 분노일 수도 있다. 그리고 대학 입학시험 문제를 출제한 출제위원들에 대한 분노일 수도 있다.

그러나 이러한 분노에는 직접적으로 표현할 수 없는 것들도 있다. 예컨대 아버지에 대한 분노 같은 행동은 사회적인 인습이나 풍습 때문에 전혀 겉으로 표현할 수가 없는 것이다. 어떤 경우에는 이들은 자기가 얼마나 실망했는지를 알지 못하는 경우도 있다. 어떻든 간에 이들은 그들이 가지고 있었던 목표를 바꾸어 다른 대학으로 가거나 혹은 본래의 목표를 달성하기 위한 새로운 방법을 모색하여야 한다.

Coleman과 Hammen(1974)은 욕구좌절의 다섯 가지 근원을 밝히고 있는데, 그 첫째가 시간적 지연(delay)이다. 오늘날 우리가 살고 있는 문화는 시간의 중요성의 가치를 강조하기 때문에 시간적인 지연을 받아들인다는 것은 매우 어렵다. 예컨대 도로교통의 혼잡으로 길 가운데서 차를 타고 시간을 보내는 사람이 겪은 것이 바로 욕구좌절의 경우이다. 둘째는 자원의 부족(lack of resources)이다. 이는 특히 수입이 낮은 사람들에서 볼 수 있는 욕구좌절이다. 예컨대 여름휴가 때에 여행할 자가용이 없다든지 그밖에 TV나 신문에서 광고하고 있는 갖고 싶은 물건 등을 살 수 없을 때 욕구좌절이 일어난다. 그리고 셋째는 상실(또는 손실, loss)인데, 이는 아주 가까운 친구나 사랑하는 사람을 잃었을 때 우리는 욕구좌절에 빠지게 된다. 왜냐하면 이러한 것들이 우리로 하여금 무기력을 느끼게 하기 때문이다. 넷째는 실패(failure)로서 이는 오늘날 과 같은 경쟁사회에서는 욕구좌절을 일으키는 가장 많고 계속적인 근원이라고 볼 수 있다. 이러한 실패감에 대처하기가 가장 어려운 점은 실패 다음에 오는 죄책감 때문이다. 마지막으로 인생에 대한 무의미(meaningless)이다. 어떤 경우에는 사람들은 인생이란 무의미한 것이라는 감정을 가지게 된다. 일반적으로 의미 있고 풍요한 삶을 발견한다는 것은 우리가 기대하는 것처럼 그렇게 쉽지 않다. 특히 우리가 의미 있고 풍요로운 삶을 위하여 할 수 있는 것이 아무 것도 없다고 느낄 때, 욕구좌절이 오게 된다. 이러한 무력감(powerlessness)은 결과적으로 소외나 절망감을 가져오게 되며, 자신이 하고 있는 일이 전혀 중요하지 않다는 느낌만을 줄 뿐이다.

4) 갈 등

우리가 생을 살아가면서 가장 많이 부딪치게 되는 것이 아마도 갈등(conflict)상태일 것이다. 예컨대 이번 학기에 듣고 싶은 두 과목이 월요일의 셋째 시간에 같이 개설되어 있어 망설이는 경우라든지 혹은 선거에서 한 입후보자의 대외정책은 마음에 들지만 국내정책은 반대당의 입후보자의 정책이 마음에 들 때, 그리고 어린 아이가 작은 아버지의 집에서 저녁 먹기도 싫고 그렇다고 집에 있으면 어머니의 잔소리가 듣기 싫을 경우 등이 모두 갈등상태에 있는 예이다.

이와 같이 갈등은 서로 상충되는 두 가지 욕구나 기회 혹은 목표에 부딪쳤을 때 일어나는 것이다. 따라서 우리는 이러한 갈등을 완전히 해결할 수는 없다. 즉 우리는 우리가 가지고 있는 목표(또는 욕구나 기회)들 중 그 어느 하나를 포기하거나 혹은 하나 아니면 두 가지를 모두 수정하거나 또는 그러한 목표를 지연시키거나 아니면 어느 것도 충분히 만족되지 않은 상황에서 살아가는 방법을 배워야 한다.

K. Lewin은 두 가지 상반되는 경향성, 즉 접근(approach)과 회피(avoidance)라는 입장에서 갈등을 분류하고 있다. 어떤 것은 우리들에게 매력이 있어 우리가 그것에 접근하기를 원하며, 또 어떤 것은 우리를 위협하기 때문에 그것에서부터 회피하려고 한다. Lewin은 이러한 반대되는 경향성(접근과 회피)이 어떻게 조합되는가에 따라 크게 갈등의 기본유형을 다음 세 가지로 분류하였다.

(1) 접근-접근의 갈등(approach-approach conflict): 첫번째 갈등의 분류는 접근-접근의 갈등인데, 이는 한 개인이 두 가지의 바람직한 목표에 동시에 이끌리고 있을 때 일어나는 갈등이다. 예컨대 결혼한 여성이 직장에 나가고도 싶고 또한 집에서 살림을 하고도 싶을 경우이다. 현명한 사람이면 어떤 대안(代案)을 생각하게 된다. 즉 현재 직업을 얻고 나서 그리고 어린

아이를 낳는 일은 좀더 나중으로 미루든지 혹은 현재 어린아이를 가진 다음 그 아이가 학교에 갈 나이만큼 크면 그 때에 직장에 나가든지 하는 것이다. 아니면 두 가지 목표를 조금 수정하여 가정부를 고용하여 집안일과 아이를 기르면서 전일제(全日制)가 아닌 직업을 얻는다든지 혹은 남편과 같이 어린아이를 돌보는 것들이다.

이와 같이 해결할 수 있는 방법은 여러 가지가 있으나 실제로 이러한 것을 그대로 실행하기는 어렵다. 더구나 그 여성이 일정한 기간 동안 더 훈련을 받고 공부하면서 전문직에 종사하기를 원할 경우 가정에서 아이를 기르고 또한 일정한 기간동안 공부를 계속한다는 것은 매우 어려운 일이다.

(2) 회피-회피의 갈등(avoidance-avoidance conflict): 회피-회피의 갈등은 접근-접근의 갈등에서처럼 진퇴양난이 갈등과 반대되는 것으로서 한 개인이 두 가지의 바람직하지 못한 가능성이나 혹은 위협적인 가능성에 당면했을 때 생기는 갈등이다. 일반적으로 사람들은 이러한 회피-회피의 갈등에 부딪치게 되면 그러한 상황에서부터 도망가려고 한다. 그러나 만일 도망가는 것이 불가능하다든지 혹은 다른 요인들에 의하여 그러한 상황에서 벗어날 수 없다면 갈등의 격렬함의 정도에 따라서 여러 가지 방법으로 상황에 대처하게 된다. 예컨대 대학생이 그 과목을 공부하기는 싫지만 또한 시험에 실패하는 것이 두려워서 적어도 당분간만은 그 과목을 공부하게 되는 경우가 있다.

그러나 이러한 선택이란 항상 쉬운 것만은 아니다. 예컨대 자기의 생명이 위협받는 줄 알면서도 범죄지역에 들어갈 경찰관의 경우, 범죄지역에서 떨어져 뒤에 있게 되면 그 대신 동료경찰관의 생명이 위험하고(그리고 자기의 자존심도 상하고), 들어가자니 자기의 생명이 위협을 받을 때, 이 경우에 의사결정하기는 매우 어렵다.

회피-회피의 갈등에 처해 있는 사람은 흔히 하나의 위협과 다른 위협 사이에서 방황하게 된다. 이는 마치 야구선수가 1루와 2루 사이에서 방황하는 것과 같은 것이다. 이와 같이 탈출할 수 없는 상황에서는 많은 사람들은 자기네들을 위하여 그러한 갈등이 없어지기를 기다리게 된다.

(3) 접근-회피의 갈등(approach-avoidance conflict): 세번째의 갈등인 접근-회피의 갈등은 같은 목표에 대하여 어느 한 개인이 이끌리기도 하면서 또한 싫어하게 되는 것으로서, 이러한 갈등은 해결하기가 어렵다. 예컨대 다리 부상을 당한 유명한 축구선수가 중요한 시합에 나가, 자기의 팀에 승리를 안겨 주고 싶지만 만일의 경우 다리 부상이 재발되어 더 심하게 되는 경우, 앞으로 축구를 할 수 없게 될까봐 불안을 느끼게 되는 경우이다. 또한 성(性)이란 더럽고 죄악시되어야 한다고 가르쳐준 부모 밑에서 자란 아동이 때때로 이성(異性)에 대하여 매력을 느끼면서 한편으로 동시에 멀리하려고 하는 것도 이런 경우이다.

바람직한 목표에 접근하려는 욕망은 그 목표에 가까워질수록 더욱 강하게 나타나며 또한 그러한 목표를 회피하려는 욕망도 목표가 가까워질수록 강해진다. 일반적으로 어떤 목표에 접근하려는 욕망보다는 회피하고자 하는 욕망이 더 빨리 증가되고 강하게 나타나다.

그런데 접근-회피 갈등은 흔히 보다 복잡한 형태로 나타나는 경우가 많다. 이러한 갈등을 2중(二重) 접근-회피 갈등이라고 Lewin은 말하고 있다. 예컨대 고전음악을 좋아하는 어머니는 어린 아들이 유명한 피아니스트가 되어주기를 원하고 반면에 아버지는 유명한 운동선수가 되어주기를 바라고 있을 때, 그 아들의 경우가 바로 이중 접근-회피 갈등상태이다. 이 때 어린 아들이 피아노를 열심히 연습하면 어머니는 즐거워하겠지만 아버지가 실망할 것이고 반대로 운동을 열심히 하면 아버지는 매우 좋아할지 몰라도 어머니가 실망하게 될 것이다. 우리는 일상생활에서 이와 같은 이중 접근-회피 갈등상태를 가끔 경험할 수가 있다.

3. 적응 기제

어떤 이유로 해서 갈등이 생겼든지 일단 갈등상태가 되면 우리는 이에 대해 적응하여야 한다. 심리학자들은 갈등에 대한 적응방법을 두 가지로 분류하고 있다. 즉, 직접적 적응(direct coping)과 방어적 적응(방어기제, defensive coping, defense mechanism)이다.

여기에서 직접적 적응(대처)이란 불편한 상황을 변화시키는 행동과 관련된 대처행동이다. 예컨대 우리의 욕구가 좌절되었을 때 우리는 우리 자신과 그 목표간에 놓여 있는 장애물을 제거하려고 시도하든지 혹은 우리의 목표를 포기하게 되는 경우이다. 마찬가지로 우리가 위협을 받았을 때, 우리는 그 위협의 근원을 제거하기 위하여 공격하거나 아니면 그 위협에서 도피함으로써 위협적인 상황에서 벗어나게 된다.

반면에 방어적 적응(방어기제)은 위협이 있는데도 불구하고 실제로는 자기는 위협을 받지 않았다고 한다든지 혹은 자기가 갖고 싶은 물건이었지만 그 물건에 대해서 정말로 원하지 않았다는 것을 자기 스스로가 믿게끔 하는 여러 가지 적응방법과 관련된 것들이다. 따라서 자기 기만의 형태로 나타나는 이러한 방어적 기제는 내적 갈등(혹은 무의식적 갈등)을 나타내는 한 특성이라고 볼 수 있다. 흔히 우리는 너무 큰 위협이 뒤따라 어떤 문제를 표면화시켜 직접 다룰 수가 없다고 느낄 때가 있다. 이때 우리는 자기 방어를 위해 그러한 갈등을 회피하게 된다.

1) 직접적 적응

우리가 위협이나 욕구좌절 혹은 갈등상태에 놓이게 되면, 직접적으로 이에 대처할 수 있는 방법으로는 세 가지를 생각할 수가 있다. 첫째 우리는 처해 있는 상황을 변화시키려고 시도하는 방법이며, 둘째 우린 자신을 변화시키는 방법이며, 셋째 주어진 상황에서부터 철회하는 방법 등이다. 이제 직접적인 적응방법에 대하여 살펴보기로 하자.

(1) 공격적 행동(aggressive behavior): 일부 심리학자들은 인간은 본래부터 공격성을 타고났다고 주장하고 있다. 따라서 인간은 자기 자신과 자기 영역을 방어하려는 본성이 있으며, 자기의 적과 자기의 위치를 파괴하는 것이면 무엇이든지 분쇄하려는 습성을 가지고 있다. 그러나 사회가 대부분의 공격적인 행동을 금지하고 있기 때문에 우리는 흔히 욕구좌절에 빠지게 된다. 따라서 우리는 흔히 직접적인 신체적 공격보다는 일반적으로 분노의 직접적 표현을 통해서 공격하게 된다.

공격적 행동이 신체적이든 언어적이든 또는 직접적인 공격이든 간접적인 공격이든 간에 이러한 공격적 행동의 성공은 다음 두 가지 조건에 의하여 결정된다. 첫째는 우리를 위협하고 있는 것이 누구(who)이며 무엇(what)인지를 명확히 알아야 한다. 그런데 이를 정확히 안다는 것은 그리 쉬운 일이 아니다. 예컨대 폭동의 경우, 분명한 대상이 없이 공격적인 행동을 하는 경우가 많다. 그래서 그들은 억압의 상징물로서 경찰관이나 건물들을 공격하게 된다. 그러다 보면 때때로 자기들의 친구나 동료들을 해치게 되는 경우가 있다.

두번째의 조건은 공격적인 행동은 적어도 적(敵)과 대등한 위치에 있을 때만이 성공할 수 있다. 사람들은 자기의 적이 효과적으로 반격할 수 있는 위치에 있다는 것을 알게 되면 결코 공격(언어적 공격일 수도 있음)을 하지 않게 된다. 마치 자기보다 어린 아이들에게는 큰 소리를 치고 야단칠 수는 있지만 자기와 비슷한 아이들에게는 야단을 치 수는 없는 것과 같다.

(2) 철회(withdrawal): 많은 상황의 경우, 가장 효과적인 해결방법이 바로 철회(withdrawal)이다. 특히 불안이나 혹은 욕구좌절이 긴장상태와 관련이 있을 때(예컨대 아무도 없는 도로에서 자전거가 고장이 있을 때), 이러한 회피적인 행동은 매우 효과적일 수가 있다. 즉 철회는 스트레스 상황으로부터 물리적으로 도피하는 것이다. 위의 예에서 우리는 자전거를 포기하거나 아니면 길 옆에 자전거를 세워놓고 누가 오기를 기다린다든지 함으로써 어느 정도 우리가 가지고 있는 스트레스를 감소시킬 수가 있다. 또한 부모가 피아노를 열심히 치든지 운동을 하든지 둘 중의 어느 하나를 원하고 있을 때 학생이 모두 하기가 싫어서 강아지를 데리고 공원에서 반나절을 보내는 경우도 철회의 예이다.

우리는 가끔 이러한 철회행동을 현실문제에 대한 단순한 거부행동과 동일시하는 경향이 있다. 상대가 우리보다 강하고, 또한 우리 자신이나 우리가 처한 상황을 효과적으로 변화시킬 수가 없고, 그리고 공격적인 행동 그 자체가 파괴적일 때, 이러한 철회행동은 하나의 적극적 적응방법이 될 수 있으며 또한 현실적인 적응방법이 된다.

그러나 철회행동이 일어났던 처음의 상황과 유사한 모든 상황에서까지 이러한 회피행동이 계속 반복되면 이는 매우 위험하다. 예컨대 지방근무가 싫어서 직장을 그만 둔 사람이 어떤한 새로운 직장도 회피하는 경우이다. 이 때에는 철회에 의한 효과적인 적응도 부적응적인 회피행동으로 되어 효과적인 적응이 되지 못한다. 따라서 철회행동도 그것이 효과적일 수 있는 반면에 위험한 것일 수도 있다. 이는 뒤에 설명할 방어적 적응

(방어적 기제)도 마찬가지이다.

2) 방어적 적응

방어적 대처행동은 다음 두 가지 종류의 상황에서 일어난다. 즉 그 하나는 자기를 위협하고 있는 것이 무엇이며 누구인지를 분명히 말할 수 없는 모호한 상황에서 일어나며, 다른 하나의 경우는 자아 정체감이나 자존심을 상하게 하는 내적 갈등의 상태에 빠졌을 때 이러한 방어적 적응행동이 일어난다. 예컨대 여학생들이 남자친구들과 같이 캠핑을 갈 경우, 그 중 한 여학생은 가고는 싶지만 부모의 허락을 받을 수 없다고 하자. 이 때 이 학생은 부모의 말을 무시하고 가면 죄의식을 느낄 것이며, 그렇다고 안가면 자기에 대한 친구들의 실망과 더불어 스스로 자존심이 상하게 될 것이다. 물론 마음 한 구석에는 남학생들과 같이 간다는 사실이 두렵기도 하여 부모의 말씀이 옳다고 생각하기도 한다. 이 때 이 여학생은 방에 혼자 들어가서 음악을 들으면서 모든 것을 잊으려고 한다.

포기나 무관심도 효과적인 방어적 적응행동의 하나의 방법으로서 이는 철회의 극단적인 한 형태라고 볼 수 있다. 예컨대 살아날 희망이 없는 상황에 직면했을 때 사람들은 오히려 평온한 마음을 가질 수 있다. 우리가 아주 위험한 상황에 놓여 있을 때 우리는 구할 수 있는 방법이 전혀 없다는 것을 알게 되면 모든 것을 포기하게 된다. 이 때에 이러한 포기는 그 상황에 대처하는 가장 효과적인 방법일 수도 있다. 그러나 이러한 포기 상태에 있는 사람들은 보다 효과적인 대처방법을 찾아내는 데 매우 불리(不利)한 상태에 빠지게 된다.

Seligman(1975)의 연구에 의하면, 외관상으로 볼 때 거의 무기력 상황에 처해 있는 사람들은 무관심과 우울 상태에 빠져있을 뿐만 아니라, 처해 있는 상황이 바뀌어서 이제는 보다 효과적으로 대처할 수 있는 데도 그러한 대처행동을 하지 못한다는 것이다.

〈표 11-2〉에는 대표적인 방어기제들(Sarason & Sarason, 1996)이 나열되어 있다. 방어기제의 중요성은 미국 하버드 대학교에서 가장 우수하다고 생각되는 학생 268명을 1937년부터 60년에 걸쳐 연구했던 그랜트 연구(Veilant, 1977) 결과에서도 잘 나타난다. 연구자들에 따르면, 인간이 발달한다는 것은 미성숙한 방어기제를 보다 적게 사용하고, 성숙한 방어기제를 보다

많이 사용하게 된다는 것을 의미한다. 앞서 보았듯이, 성공적인 삶을 산 사람과 부적응적인 삶을 산 사람들 간에 신경증적 방어기제를 사용하는 측면에서는 별다른 차이가 없었다. 신경증적 방어기제의 특징이 남모르게 고통을 속으로 삭히는 것이라는 점을 고려해 보면, 어릴 때나 나이가 들었을 때나 그리고 인생에 성공하거나 실패하거나 주관적으로 고통을 느끼면서 살아가는 것은 마찬가지인 것을 알 수 있다.

〈표 11-2〉 방어기제의 종류

정신병적 방어기제(정신병, 꿈 그리고 어린 시절에 공통으로 나타남)

① 부정(외부 현실에 대한): "잘 이해하지 못하는 과목의 기말시험을 앞두고 있는 학생이 그 시험은 사실 별로 중요하지 않다고 스스로에게 말을 하고, 공부 대신 영화를 보러 간다."
② 왜 곡
③ 망상적 투사

미성숙한 방어기제(심한 우울증, 성격장애, 청소년기에 공통으로 나타남)

① 환상(정신분열증적 철수, 환상을 통한 부정)
② 투사: "혼외관계를 갖고 싶은 욕망이 강하지만 그것에 대해 죄책감을 느끼는 사람이 그럴만한 이유도 없으면서 부인이 정숙하지 못하다고 계속 비난한다."
③ 건강염려증
④ 소극적-공격 행동(자신을 향한 피학증)
⑤ 행동화(강박적 비행, 도착증)

신경증적 방어기제(모든 사람에게 공통으로 나타남)

① 주지화(고립, 강박행동, 취소, 합리화): "얼마 전에 남편이 사망한 부인이 자신을 떠나간 남편에 대해 분노하기보다는 한국의 장례 의례의 부적절성에 대해 이야기한다."
② 억 압
③ 반동형성: "아이에게 분노하고 낙심한 엄마가 아이에게 밤새 탈이 없는지 살펴보기 위해 여러 번이나 확인을 하고, 아이의 등하교 길이 안전한지에 대해 지나치게 걱정한다."
④ 전위(전환증, 공포, 기지): "어떤 사람이 사장에게서 꾸중을 듣고 화가 났다. 그는 집에 돌아와서 부인에게 고함을 질렀다"(사장에게 고함을 지르는 것은 너무 위험할지도 모른다).
⑤ 해리(신경증적 부정)

성숙한 방어기제(건강한 성인에게서 공통으로 나타남)

① 승화: "공격성이 강한 청소년이 축구 선수가 됨으로써 그러한 감정을 위험하지 않은 방식으로 표현한다."
② 이타주의
③ 억 제
④ 예 상
⑤ 유 머

Ⅳ. 바람직한 적응

효과적인 적응이 무엇인가에 대한 심리학자들의 의견은 다양하다. 어떤 심리학자는 효과적인 적응이란 사회적 규범(norms)에 따라 살아갈 수 있는 개인의 능력을 기준으로 평가하기도 한다. 이 세상 모든 사람들은 제각기 적개심과 이기적인 소망을 가지고 있으며 이룰 수 없는 것까지도 꿈을 꾸고 있는 것이 현실이다. 그러나 이러한 충동이나 목표를 통제하면서 그들이 살고 있는 사회의 규범에 맞추어 살아간다면 이는 아주 잘 적응하는 사람이라고 보는 견해이다.

그러나 이러한 견해에 대하여 반대하는 학자도 있다. Barron (1963)에 의하면 적응 그 자체를 거부하는 것이 어떤 경우에는 건강한 인격 특성의 한 표준이 될 수도 있다고 한다. 그는 사회가 항상 옳은 것만은 아니기 때문에 맹목적으로 어떤 규칙을 받아들이는 것은 좋지 않다는 것이다.

따라서 잘 적응하는 사람이란 생활에서 부딪치는 어려움이나 모호성을 동조(同調)에 의하여 회피한다기보다는 오히려 즐긴다는 것이다. 즉 이들은 그러한 것을 도덕적으로 받아들이며 고통과 혼란을 느끼면서 살아간다는 것이다. 이들은 현실적으로 문제를 해결할 수 있는 능력에 대하여 자신감을 갖고 있으며 때로는 의식적으로 원시적인 충동이나 어린 아이 같은 행동을 보인다는 것이다. 이러한 일시적인 퇴행은 이들에게 아무런 위협이 되지 않는다고 Barron은 말하고 있다. Barron은 건강한 적응의 특성으로 융통성(flexibility), 자발성(spontaneity) 그리고 창의성(creativity)을 들고 있다. 이러한 견해는 지나친 통제는 불안을 가져온다고 하는 정신분석학적 이론에 그 근거를 두고 있다.

또 다른 입장을 보면, 잘 적응된 인간이란 동조(同調)와 비동조(非同調), 그리고 자기통제(self-control)와 자발성(spontaneity)간의 균형을 잘 유지하는 사람이라는 것이다. 이러한 사람들은 자기 자신을 밖으로 내놓을 수 있으며, 또한 그들의 욕구나 충동이 해(害)를 가져올 때에는 그러한 상황에서 자기 자신을 통제할 수도 있다는 것이다. 그래서 이들은 사회가 요청할 때 자기 자신을 변화시킬 수 있으며, 필요할 때에는 사회도 변화시킬 수가 있다는 것이다. 이와 같이 이들은 융통성을 가지고 있어서 자기의 능력이나 욕구는 물론 자기를 둘러싼 환경적 상황을 평가하는 데 매우 현실적이다.

또한 이들은 자기 자신들의 장점을 잘 알며 단점을 인정할 줄도 안다. 따라서 이들은 자기의 욕구와 적절히 조화되는 사회적 역할을 선택하며 지나친 불안이나 좌절감이 없이 위협적 상황에 잘 적응한다.

Maslow는 자아실현을 한 사람들은 평범한 사람과 구별되는 몇 가지 인성특성을 가지고 있다고 하였다. 자아실현을 한 사람에게서 찾아볼 수 있는 특성을 보면 다음과 같다. 이들은 자기에게 부과된 과제나 의무, 그리고 임무에 대하여 모든 주의와 관심을 기울인다. 즉, 그들은 자기가 중요하다고 생각되는 어떤 과제나 직업에 대하여 매우 헌신적이다. 이들은 비교적 쉽게 자기 훈련이 되는데, 그 이유는 자기가 믿고 있는 것이 옳다고 하는 것을 알고, 일을 하고자 하는 욕망을 가지고 있기 때문이다. 또한 열심히 일을 하며, 일이란 자극적이며 유쾌한 것이라고 생각한다. 이들은 자기 가정의 안녕과 복지뿐만 아니라 세계의 안녕과 복지에 대해서도 관심을 가진다. 자기가 사랑하는 사람들과의 관계에 있어서는 피상적인 관계가 아니라, 아주 깊은 정서적인 유대관계를 맺는다.

이들은 자율적이며, 독립적이다. 그리고 타인으로부터의 거부나 나쁜 평판에도 불구하고 자신에게 진실될 수 있는 길을 찾는다. 현재의 이들이 갖고 있는 문화에 전적으로 동조하기를 거부한다. 또한 이들은 상반되는 통속적인 의견에 직면하더라도 자기 나름대로의 의사결정을 할 수 있는 '심리적 자유(psychological freedom)'를 가지고 있다. 이들이 가지는 가치는 다른 사람들이 자신들에게 말해 주는 것에 근거를 두고 있는 것이 아니라, 자신들에게 진실인 것에 그 근거를 두고 있다(한종철, 1986).

그리고 이들은 매우 현실적이다. 이들은 자기의 삶의 불안, 두려움, 잘못된 낙관주의나 그리고 비관주의에 의해 왜곡하여 지각하는 경향이 적다. 이들은 덜 감정적이며, 관찰은 매우 객관적이다. 또한 이들은 정신을 집중시킬 수 있는 시간과 시기를 필요로 하기 때문에 사생활을 위한 시간을 갖기를 원하며, 종종 그것을 추구하기도 한다. 또한 자기 자신을 포함하여 타인과 자기가 살고 있는 모든 자연세계를 긍정적으로 수용한다. 이들은 자신이 유능하고 적합하다는 인식에 근거를 두고, 자기 스스로를 존중한다.

그리고 인종이나 직위 그리고 종교가 아니라 개인이라는 점에 근거하여 다른 사람들을 판단하고 호의를 갖는다. 이들은 자신의 사고, 정서 그리고 행동에 있어서 자발적이다. 또한 이들은 창조적이며, 융통성이 있으며, 개방적이고 용기가 있다. 그리고 이들은 석양, 꽃, 어린아이, 선율 등과 같은 우리의 삶에 있어서 기본적인 즐거움을 느끼게 하는 것들에 대해서 경외(敬畏)의 마음을 가지며, 그러한 능력과 신선함을 계속 유지하고 있다.

이들은 흔히 신비스러운 경험(mystical experience)들을 하게 되나, 이는 반드시 종교적인 것은 아니다. Maslow는 신비스러운 경험들을 절정경험(peak experiences)이라고 부르는데, 이러한 절정경험들은 사랑과 성(性), 심미적인 순간, 창조력의 분출, 통찰과 발견의 순간, 그리고 자연과의 융합으로부터 얻어지는 경험들이다. 이들은 높은 윤리의식을 가지고 있으며, 이러한 윤리적 내용을 기준으로 행동을 선택하는 경향이 있다. 또한 무엇이 옳고 그른지, 좋고 나쁜지를 혼동하지 아니하며, 올바른 행동을 지각하는데 그렇게 어려움을 느끼지 않는다.

이들은 인간의 약점, 허식 그리고 바보스러움 등을 가학적인 음란함이나 어떤 권위에 대한 증오가 아닌 웃음으로 표현할 수 있는, 적대적인 감정이 아닌 유머를 가지고 있다.

제12장 이 상 심 리

이상심리
이상행동의 이해
심리장애의 분류

인류역사에서 최근의 한 세기 동안에 그 앞서간 수천년에서보다 더 많은 변화가 일어났다는 것은 우리가 다 알고 있는 사실이다. 이같은 급격한 사회적 변화는 가치관의 혼돈과 상실을 가져왔고, 아울러 현대산업사회의 치열한 경쟁적 성격과 이에 따른 실패, 좌절경험 등으로 현대인은 전에 없이 심한 심리적 갈등과 압박감 속에서 살아가고 있다. 또한 이러한 스트레스 상황에서 정신적으로 의지가 되어주고 마음의 위로를 줄 수 있는 인간관계는 날로 소원해지고 있다. 이러한 점에서 볼 때 현대사회에서 정신건강문제가 중요한 사회문제로 대두되고 있는 것은 당연한 일이다.

근래 미국의 한 조사결과에 의하면 일반사람 중 약 25% 정도가 우울 · 불안증상을 경험하고 있으며, 그 중 실제로 적응상의 문제가 정신과적 진단이 가능할 정도인 경우만도 전 인구의 15%에 해당된다고 집계되고 있다. 우리 나라에서도 1987년도 서울의대 정신과학교실에서 조사한 바에 의하면 음주문제 등 사회문화적 배경에 따라 해석이 달라질 수 있는 문제를 제외한다고 하여도 전 인구의 8~10%정도가 정신과적 진단이 가능한 적응문제를 보이고 있다고 한다. 이러한 통계적수치를 제외하더라도, 우리 주변에서 불안 · 우울 등의 심한 심리적 고통을 겪고 있거나, 혹은 상식으로는 이해가 가지 않는 생각을 하거나 행동을 하는 경우, 성격상의 문제로 인하여 대인관계나 일하는데 여러 가지 어려움을 겪는 경우들을 자주 볼 수 있어, 그 원인이나 이를 극복하도록 도울 수 있는 방법에 대하여 궁금증을 느끼게 된다.

이 장에서는 심리적 적응의 문제가 전문가의 도움이 필요할 정도로 심각한 경우들에 대하여 살펴보려고 한다. 구체적으로 적응의 어려움이 표현되는 심리장애의 여러 가지 유형들을 살펴보고 각각의 원인에 대하여 알아보기로 한다.

[그림 12-1] 영화 "뻐꾸기 둥지(One flew over the cockoo's nest)"에서 주인공이 과연 정신적으로 정상인가 아닌가는 판단하기가 애매하듯이, 정상과 비정상을 판단하는 것은 어려울 때가 많다.

Ⅰ. 이상심리

대부분의 사람들은 간혹 자신의 심리상태나 행동이 과연 정상인가, 어떤 문제가 있는 것이 아닐까하는 의문을 가질 때가 있다. 경우에 따라서는 정상과 이상을 쉽게 판단할 수 있을 때도 있으나, 명확한 판단이 어려울 때도 많다. 그렇다면 정상적인 심리상태와 이에서 벗어나는 이상심리를 구분할 수 있는 기준에는 어떤 것이 있을까?

고등학교에 재학중인 P군은 새로 사귄 친구들과 어울려 학교를 결석하고 오락실 등을 출입하다가 부모에게 알려져 크게 야단을 맞은 뒤 가출하였다. P군은 집에서 들고나온 돈이 떨어지자 학교근처 전자상회에서 물건을 훔치다가 잡혀 소년법원에 송치되었다.

26세의 직장여성인 K양은 근래 3년간 사귀던 남자친구와 다투고 헤어지게 되었다. K양은 요사이 몇 주간 예민해져서 작은 일에도 쉽게 마음이 상하는 일이 잦아지고 있다. 뿐만 아니라 매사에 의욕이 없고 자신감도 없어졌으며, 모든 일이 비관적으로 느껴져서 차라리 그대로 죽어 버렸으면 하는 생각이 들 때가 많아졌다. 직장동료들도 K양의 변화를 눈치채고 걱정을 하고 있다.

24세된 미혼남성 T씨는 아버지에게 용돈을 달라고 행패를 부린 후 입원하게 되었다. 고등학교시절부터 학교에 흥미가 없어지고 성적이 떨어져 대학입시에 실패한 후, 부모가 회사에 취직시켰으나 업무에 관심이 없고 동료와 어울리지도 못하여 그만두었다. 최근에 와서는 아침에 늦게 일어나고 세수도 하지 않았으며, 가끔 부모에게 용돈을 달라고 조르다가 안주면 어머니의 옷을 찢고 아버지의 따귀를 때리며, 친척집에 가서 돈을 구걸하기도 하였다.

위의 세 사례는 그 구체적인 양상은 서로 크게 다르지만, 공통적으로 적응상의 문제를 나타나고 있다. P군은 그 행동이 사회의 규범과 질서를 깨뜨리고 있어 문제가 되고 있으며, K양은 행동상 문제가 되는 것은 없으나 본인이 심리적 고통을 느끼고 있고, 이것이 지속된다면 직장인으로서 그리고 그 밖의 사회적 기능을 충실히 해나가는 데 지장이 있을 것으로 예측된다. T씨는 그 행동이 사회적으로 통용되는 규범에서 크게 벗어나 있는 점이 특징이며, P군의 경우와는 달리 문제가 특정행동에 국한되는 것이 아니라, 근본적으로 현실판단력이나 행동의 조절능력에 심각한 어려움이 있는 것으로 보인다.

위의 세 사례에서 본 바와 같이, 정상에서 벗어난, 즉 이상 행동이나 심리장애는 첫째로 그 소속된 사회에서 보편적으로 통용되는 규범을 벗어나는 것이 그 중요한 판단기준이 된다. 개인

정상과 비정상을 구분하는 데에는 첫째로 그 소속된 사회에서 보편적으로 통용되는 규범을 벗어나는가의 여부가 중요한 판단기준이 된다.

이 사회적 규범에서 벗어나는 행동을 하게 되는 이유는 여러 가지가 있다. 즉 현실판단력의 장애로 인하여 행동의 규범 그 자체를 인식하지 못하는 경우도 있을 수 있고, 규범 자체는 인식하고 있으나, 자신의 행동을 이에 맞추어 조절하는 능력이 없어 일탈행동을 하게 될 수도 있다. 이러한 경우들은 심리장애로 규정하는 데 무리가 없으나, 현실판단력과 행동조절능력에 전혀 문제가 없으면서 자신의 신념에 따라 의도적으로 사회적 규범에서 벗어난 행동을 하는 경우는 이상행동으로 규정하기는 어렵다. 예컨대 종교적 신념에 따라 군복무를 거부할 때, 이를 이상심리로 규정하기는 어렵다고 하겠다.

둘째, 정서적 불안감, 우울 등 개인의 심리적 고통은 심리장애의 중요한 특징이다. 그러나 모든 심리장애에 정신적 고통이 나타나는 것은 아니며, 정신적 고통이 반드시 심리장애를 의미하는 것은 아니다. 예컨대 가깝던 사람을 잃고 슬픔에 잠겨 있을 때, 정신적인 고통은 있으나, 이를 심리장애로 볼 수는 없다. 또한 자신이 대통령이라는 망상에 빠져 세계평화를 이루겠다는 거창한 계획을 세우는 사람의 경우 본인은 정신적 괴로움이 없으나, 이를 정상적인 심리상태라고 보기는 어렵다.

1973년 1월, Stanford 대학의 David Rosenhan교수는 정신질환 진단과정의 신뢰성에 심각한 의문을 던지는 연구논문을 Science잡지에 발표하여 큰 파문을 일으켰다. "On being sane in insane places"라는 제목의 이 논문에서 Rosenhan교수는 지극히 정상적이고 정신적으로 건강한 사람 8명이 12개의 정신병원의 의료진을 속이고 입원할 수 있었음을 보고하였다. 이들은 그냥 "속이 빈 것 같이 허전하고 쿵 소리가 들린다"는 증상을 호소하였을 뿐, 이름, 직업을 제외하고는 모두 사실대로 이야기하였는데도 불구하고 모두 정신과 환자로 진단받고 입원할 수 있었다. 일단 입원이 된 후에는 '가짜 환자'들은 더 이상 거짓 증상을 호소하지 않았음에도 불구하고 병원의 의료진들은 이들이 정상인임을 알아채지 못하였다. 오히려 환자들 중에서는 이들이 정신병원의 내부를 조사하려는 기자이거나 연구자들일 것이라고 의심하는 사람들이 있었지만 병원 의료진 중에서는 아무도 이들에 대해서 특별한 관심을 가지지 않았다. 이들 가짜 환자들은 7일에서 52일 정도 경과된 후에 퇴원을 할 수 있었는데, 이들의 퇴원일지에는 회복된 정신분열증으로 기록되었다. 정상인들이 간단한 증상을 보고함으로써 정신질환자로 진단받고 상당기간 정신병원에 입원할 수 있었다는 Rosenhan 교수의 연구 결과는 정신질환 진단의 신뢰성에 심각한 의문을 제기하였다. 이는 현재 정신질환자로 진단 받고 입원되어 있는 사람들 중 실제로 정상적인 사람이 있을 수 있다는 가능성을 제기하고 있다. 실제로 언어소통에 문제가 있는 외국인들의 경우 정신질환자로 오해를 받고 정신병원에 입원된 사례들이 보고되어 있어 정신질환의 진단에 보다 더 신중을 기할 필요가 있음을 보여주고 있다.

셋째, 정상, 비정상을 판단하는 데 아주 중요한 기준의 하나는 적응성, 즉 개인이 자신이 처한 환경에 효과적으로 대처하는 데 저해요인이 되는가 여부이다. 불안, 우울 등의 심리적 고통은 일이나 학업, 그리고 다른 사람들과 원만한 인간관계를 이루는 데 지장을 주기 쉽다. 사회의 규범과 질서를 깨뜨리는 행동 역시, 그 사람이 자신이 처한 환경에 잘 적응해 나아가는 데 저해요인이 될 가능성이 크다고 하겠다. 반면 다소의 우울, 불안이 있거나, 바람직하다고는 보기 어려운 버릇이 있더라도, 이것이 그 사람이 효율적으로 기능하는 데 전혀 문제가 되지 않는다면, 이를 크게 문제시할 필요는 없을 것이다.

넷째, 정상, 비정상을 판단하는 데 실질적으로 매우 중요한 역할을 하는 것은 통계적 기준이다. 누구나 어느 정도의 정신적 고통을 경험하게 되고, 규범에서 벗어나는 일탈행동을 하기도 한다. 이러한 의미에서 정상과 비정상은 질적으로 다른 상태라기보다는 단지 정도의 차이만이 있는 것으로 볼 수 있다. 즉 정신적 고통이나 일탈행동의 유무가 아니라, 그 빈도나 정도 그리고 지속성에서 보통사람들이 일반적으로 보이는 범위를 넘어설 때, 비정상으로 간주하게 된다.

심리학자를 비롯한 정신건강관련 전문가들이 정신건강을 평가할 때는 위의 여러 가지 기준을 종합적으로 고려하고, 아울러 그 사람의 성격기능을 전반적으로 살펴보게 된다. 현실을 정확히 파악할 수 있는 능력, 자신의 능력 및 동기에 대한 통찰력, 자신의 행동을 스스로 조절할 수 있는 능력, 자신을 있는 그대로 받아들일 수 있고, 타인과 원만한 인간관계를 맺을 수 있는 능력, 그리고 자신의 에너지를 생산적인 활동으로 전환시키는 능력 등이 건강한 성격기능의 특징으로 제시되고 있다. 다시 말해서 정신적으로 건강한 상태와 그렇지 못한 상태를 가리는 데는 단지 행동이나 심리상태 자체만을 평가대상으로 하기 보다는 그 사람의 심리기능 전체를 보고, 그 맥락 내에서 평가하게 된다.

Ⅱ. 이상행동의 이해

사람들로 하여금 사회의 규범에서 벗어난 행동을 하게끔 하는 것은 무엇일까? 현실을 있는 그대로 지각하는 능력, 생활의 요구에 효과적으로 대처하는 능력을 손상시키는 원인은 무엇일까?

[그림 12-2] 위의 16세기 판화에는 한 여자로부터 악마를 몰아내는 의식이 그려져 있다. 이와 같이 중세에는 이상행동을 악령에 사로잡힌 것으로 보고 종교적 의식을 통하여 이를 치료하려고 하였다.

고대 그리스 Hippocrates는 심리장애를 다른 질병과 마찬가지로 신체적인 이상으로 오는 것으로 보았다. 예컨대 우울은 체액의 불균형 상태에서 오는 것으로 절제와 요양으로 치료될 수 있다고 하였다. 중세에서는 이상행동을 초자연적인 힘의 영향, 즉 악령에 사로잡힌 것으로 보고, 이를 쫓는 종교적인 의식을 통해서 치료하려고 하였다. 이상행동에 대한 현대적 이해가 시작된 것은 근세에 이르러서였다. 오늘날에는 이상행동에 대한 다양한 이론적 견해들이 공존하고 있다.

첫째, 생물학적 모형은 이상행동은 생화학적 혹은 생리적 요인에 의하여 나타나는 것으로 가정한다. 예를 들어 우울증이나 정신분열증 등은 대뇌의 생화학적 과정의 불균형에 원인이 있다고 본다. 근래 대뇌의 다양한 신경전달물질에 대한 연구가 활발해지면서 이러한 생물학적 모형을 뒷받침해주는 자료들이 누적되고 있다. 정신분열증, 우울증 등 주요한 심리장애의 발병에 유전적 요인이 중요한 역할을 한다는 연구자료, 그리고 어떤 종류의 이상행동에는 대뇌 신경전달물질 등과 관계가 있는 약물을 투입하였을 때 뚜렷한 효과를 볼 수 있다는 사실 등은 생물학적 모형을 뒷받침해 주고 있다.

둘째, 생물학적 견해와 아주 다른 입장을 취하는 것이 Freud의 정신분열적 견해이다. 정신분석적 견해에 의하면 심리장애는 무의식적인 내적갈등의 상징적 표현이다. 예를 들어 직장의 상사 등 권위자의 위치에 있는 사람에게 반항적인 태도를 취하여 갈등을 일으키는 사람의 경우 어렸을 때 자신의 아버지에 대한 적개심이 표출되는 것으로 볼 수 있는 것이다. 따라서 정신분석적 치료에서는 문제의 근원이 되는 무의식적 갈등에 대한 통찰력을 얻는 것이 이를 극복하는 데 필수적이라고 주장한다.

셋째, 행동주의 모델에 의하면 이상행동도 다른 행동과 마찬가지로 학습되는 것이다. 두려움, 불안, 난폭한 행동, 약물남용 등도 모두 학습의 원리로 설명될 수 있다는 것이다. 생물학적 견해나 정신분석적 견해에서는 이상행동의 원인이 환자 내에 있다고 가정하고 있는 반면에 행동주의 견해에서는 환자주변의 환경적 요인이 이러한 학습과정에서 중요한 역할을 한다고 주장한다. 따라서 이상행동도 환경적 요인을 바꾸어줌으로써 좀 더 바람직한 방향으로 재학습이 되도록 유인하여 치료할 수 있다고 본다.

사람들이 보이는 이상행동은 여러 가지 형태를 취하고 있고,

또한 각 사례마다 이상행동이 나타나게 되는 경위는 모두 다 다를 가능성이 있다. 따라서 어느 한 이론적 모형이 모든 경우를 다 설명할 수는 없을 것이다. 예컨데 정신분열증에서는 생물학적 요인이 발생과정에서 좀더 두드러지는 역할을 하는 데 비하여 불안증이나 우울증의 경우는 정신분석적 모형이나 행동주의 모형이 좀더 큰 설명력을 가질 수 있다. 따라서 위의 모형 중 어느 것이 더 타당하는가 하는 문제는 쉽게 결정할 수 없다고 하겠다.

Ⅲ. 심리장애의 분류

심리장애와 같이 복잡한 현상을 이해하는 데 가장 기본이 되는 작업은 이를 체계적으로 분류하는 것이다. 마치 식물학자들이 여러 가지 식물을 그 특징에 따라 분류하였듯이, 의학에서도 여러 가지 증상들을 그 나타나는 양상에 따라 분류 · 정리하는 일종의 분류체계를 만들어 이를 질병의 진단과 치료에 활용해 왔다. 심리장애의 경우도 이러한 의학적 관행에 따라 그 다양한 증상을 범주화하려는 노력이 지속되어 왔고, 그 결과 정신건강 전문가들간에 서로 통하는 심리장애의 진단 분류체계들이 만들어지게 되었다.

〈표 12-1〉 DSM-Ⅳ에 제시된 주요한 심리장애 진단범주들

1. **유아기, 아동기, 청소년기에 처음으로 진단되는 장애**(Disorders Usually first Diagnosed in Infancy, Childhood or Adolescence)
   정신지체, 학습장애, 주의력결핍장애, 틱장애, 배설장애, 분리불안장애, 반응성 애착장애 등을 포함한다.
2. **섬망, 치매, 기억상실 및 기타 인지장애**(Delirium, Dementia, Amnestic and other cognitive disorders)
   섬망, 치매, 기억상실증 등 인지 또는 기억기능의 심각한 결함을 보이는 장애를 포함한다.
3. **일반적 의학적 상태로 인한 심리장애**(Mental Disorders due to a General Medical Condition)
   일반적인 의학적 상태로 인하여 유발된 섬망, 치매, 기분장애, 불안장애, 수면장애, 성기능장애 등의 심리장애를 포함한다.
4. **물질관련장애**(Substance related disorders)
   알콜, 암페타민, 대마초, 흡입제, 환각제, 아편, 진정제 등 행동을 변화시키는 약물에 의하여 유발된 장애 및 그 물질의 남용과 의존을 포함한다.
5. **정신분열병과 기타 정신증적 장애**(Schizophrenia and other psychotic disorders)
   정신분열병을 비롯하여 현실검증력의 전반적 상실이나 자아경계의 상실 등으로 인하여 일상생활의 요구를 감당할 능력을 전반적으로 상실한 정신증적 장애를 포함한다.

6. 기분장애(Mood Disorders)
주요우울장애, 기분부전장애, 양극성 장애, 순환성 장애 등을 포함한다.

7. 불안장애(Anxiety Disoders)
공황발작, 광장공포증, 특정공포증, 사회공포증, 강박장애, 외상후 스트레스장애 등을 포함한다.

8. 신체형 장애(Somatoform Disoders)
의학적으로 설명이 되지 않는 신체증상을 호소하는 것이 주요 특징으로 신체화장애, 전환장애, 동통장애, 건강염려증 등이 포함된다.

9. 허위성장애(Factitious Disorders)
환자역할을 하기 위하여 신체적, 심리적 증상을 의도적으로 꾸미는 것이 주요 특징으로 징집회피, 장애보상 등의 뚜렷한 목표가 있어서 증상을 꾸미는 꾀병과는 달리 심리적 욕구가 주요동기로 작용한다.

10. 해리장애(Dissociative Disorders)
의식, 기억, 정체감, 환경에 대한 지각 등 통합적인 기능의 붕괴가 주요특징으로 해리성 기억상실, 해리성 둔주, 해리성 정체감장애, 이인성 장애 등이 포함된다.

11. 성장애 및 성 정체감 장애(Sexual and Gender Identity disorders)
성기능 장애, 변태성욕, 그리고 성정체감 장애를 포함한다.

12. 섭식장애(Eating Disorders)
섭식행위의 현저한 장애가 특징으로 신경성 식욕부진증, 신경성 폭식증을 포함한다.

13. 수면장애(Sleep Disorders)
불면증, 수면과다증, 수면발작, 호흡관련 수면장애, 악몽장애들을 포함한다.

14. 충동조절장애(Impulse Control Disorders)
자기 자신이나 타인에게 해가 될 수 있는 행위를 하려는 충동을 억제하지 못하는 것이 특징으로 병적 도박, 병적 방화 등이 포함된다.

15. 적응장애(Adjustment disorders)
확인가능한 심리사회적 스트레스에 반응하여 임상적으로 심각한 심리적 행동적 증상이 생기는 것이다.

16. 성격장애(Personality Disorders)
장기간에 걸쳐 굳어진 부적응적 행동방식으로 편집성 성격장애, 반사회적 성격장애, 경계선적 성격장애, 의존적 성격장애 등이 포함된다.

17. 그밖에 임상적 관심의 초점이 될 수 있는 문제
의학적 상태에 영향을 미치는 심리적 요인, 부모-자녀, 배우자와의 관계에서의 문제, 신체적 및 성적 학대 등이 포함된다.

미국 정신의학회에서 편찬한 정신장애 진단 및 통계 편람(Diagnostic and Statistical Manual of Mental Disorders, DSM)은 현재 세계에서 널리 쓰이고 있는 진단분류체계의 하나이다. 가장 최근판인 1994년 나온 DSM-Ⅳ에 근거하여 주요한 심리장애들을 살펴보면 다음과 같다.

1. 불안장애(Anxiety Disorders)

불안은 우리의 신체적 · 심리적 안전을 위협한다고 느끼는 대상이나 상황에서 경험하는 상태로, 우리 대부분이 간혹 경험하게 되는 느낌이다. 그러나 이러한 불안감이 객관적으로 보아 위협을 느끼게 될 상황이 없는데도 지속적으로, 그리고 그 정도가 심하게 경험된다면 이는 문제가 된다.

1) 불안장애의 유형

불안장애는 불안감이 특정한 상황이나 대상이 국한되어 나타나는 공포증과 구체적으로 불안감의 대상이 뚜렷하지 않은채로 불안감을 경험하는 불안상태로 나누어 생각할 수 있다. 공포증 중 흔히 나타나는 예로는 혼자 있게 되는 것이나 남의 도움을 얻을 수 없는 공공장소를 극히 두려워하여 그러한 상황을 피하려는 광장공포증, 그리고 남앞에서 말을 하거나 밥을 먹는 등 다른 사람의 주시를 받을지도 모르는 상황을 두려워하여 피하려는 사회공포증 등이 있다. 그 밖에 개 등의 특정동물을 두려워하거나 높은 장소, 폐쇄된 공간 등을 두려워하는 경우들도 있다.

[그림 12-3] 폐쇄공포증은 엘리베이터 등 밀폐된 공간에서 심한 불안감을 경험하는 것이다(John Vassos의 그림).

불안감은 뚜렷한 대상이 없이 일반적인 상태로 경험되기도 한다. 스스로 구체적으로 무엇이 두려운지조차도 알 수 없으면서 막연히 긴장되고 불안하며 어떤 나쁜 일이 일어날 듯한 예감이 자꾸들면서, 과민해져서 작은일에도 깜짝깜짝 놀라기도 한다. 자율신경계가 항진되어 식은 땀을 흘리고, 입이 마르며 숨이 차고, 가슴이 두근거리거나, 현기증이 나는 등의 신체적 증상도 함께 나타나며, 아울러 주의집중도 어렵고, 불면증, 초조감 등이 보이는 경우도 많다.

때로는 이러한 불안상태가 갑자기 몰려와 격심한 공포감을 경험하기도 한다. 이러한 공황발작(panic attack)은 보통 외부의 사건과 관계없이 일어나는 것으로 보아 개인의 내적 요인에 의해서 유발되는 듯하다. 공황발작 동안에는 자율신경계가 극도로 항진되어 호흡이 곤란하고 가슴이 심하게 뛰며, 현기증 등을 경험하고, 죽거나 자제력을 완전히 잃을 것 같은 공포감을 느끼기도 한다. 공포발작은 보통 몇 분간 지속되지만 그 격심한 공포감과 예측 불가능하다는 점 때문에, 본인에게 큰 심리적 부담을 주며, 경우에 따라서는 이로 인하여 집 밖에 나가기를 두려워하여 회피하는 등 생활에 큰 장애를 초래하기도 한다.

불안증의 또 다른 형태는 강박증이다. 강박증은 떨쳐버리려고

"그는 빈구멍을 참지 못하는 강박증 환자였다."

[그림 12-4] 강박증은 스스로 불합리하다는 것을 알면서도 어떤 특정한 행동을 하지 않으면 심한 불안감을 느껴서 그 행동을 반복적으로 하는 증상을 말한다.

해도 어떤 생각이 자꾸 떠오르는 강박관념과, 그렇게 할 이유가 없는데도 자꾸 어떤 행동을 되풀이 할 충동을 느끼는 강박행동의 두 가지 양상을 보인다. 자기 손에 병균이 붙어있다는 생각을 떨쳐버릴 수 없어 하루에도 수십번씩 손을 씻는 경우, 자기 아이에게 무슨 끔찍한 일이 일어날 것 같은 생각이 계속 떠올라 하룻밤에도 수십번씩, 자는 아이에게 가보고 확인해 보아야 하는 경우 등은 강박증의 좋은 예이다.

강박관념은 그 내용이 난잡스러운 내용이나 혹은 끔찍한 내용 등 사회적으로 용납되기 어려운 경우가 많다. 이러한 생각이 실제로 행동에 옮겨질 가능성은 적지만, 본인은 실제로 자신이 생각하는 바가 현실로 나타날까봐, 혹은 남에게 알려질까봐 불안감을 느끼게 된다. 강박행동의 경우도, 이를 중지하려고 하면 극심한 불안을 경험하게 되어, 스스로 불합리함을 알면서도 이를 억제할 수 없다.

누구나 때로는 가벼운 강박증상을 경험할 수 있다. 문을 잠갔는지 금방 확인을 하고도 다시 확인을 하고 싶은 충동을 느낀다든지, 수돗물을 잠그지 않은 것 같아 자꾸 불안해진다든지 하는 것은 강박증상의 예이다. 어떤 사람은 하루일과를 시계처럼 정확히 지키고, 이에서 조금만 벗어나도 극히 불안해지기도 한다. 강박성향은 불안한 상태에서 더 두드러지게 나타나는 경향이 있어, 이는 자신의 불안을 나름대로 통제하려는 노력의 표현으로 해석되기도 한다.

2) 불안장애의 원인

불안장애의 원인은 무엇인가? 정신분석이론에서는 신경증적 불안이란 억압되었던 무의식 속의 충동이 자아를 압도하고 의식 속으로 뚫고 나오려 할 때 느끼게 되는 일종의 경고 신호로 본다. 또한 불안증의 여러 증상은 자아가 불안감을 다루어 보려는 여러 가지 시도의 표현들로 해석할 수 있다. 예컨대 공포증은 불안감을 구체적인 상황이나 대상에 전위시키면, 그 대상앞에서만 불안감을 느끼게 되어, 이를 어느 정도 통제할 수 있다는 착각에 빠지게 된다. 또한 강박증의 증상은 불안감과 긴장에서 도피하는 수단으로 일시적으로나마 불안을 감소시켜 주는 기능을 함으로써 지속되게 되나 이것이 점차 시간과 에너지를 많이 잡아먹게 됨으로써 그 자체가 문제를 일으키게 된다고 해석될 수 있다.

행동주의 이론에서는 불안감 또한 학습된 것으로 설명된다. 예를 들어 수영하다가 빠져서 괴로운 경험을 한 어린이는 물에 들어가기를 두려워 하여 이를 회피하려고 하고, 수영장에 가서 물에 들어 가려면 심한 불안감을 느끼게 될 수 있다. 심지어는 수영과 관련된 그림을 보거나 혹은 전혀 위험이 없는 목욕탕의 욕조에 들어가는 것조차 불안감을 느낄 수 있다. 이는 불안이나 공포반응이 애초에는 무관했던 수영장의 '물'과 연합이 되어 고전적 조건형성이 이루어진 것으로 설명된다. 그 이후의 회피반응은 회피함으로써 불안감이 감소됨으로써 회피반응이 강화되는 조작적 조건 형성으로 설명되기도 한다. 강박행동 또한 그 자체가 불안감을 감소시키는 역할을 함으로써 강화되어 지속되는 것으로 설명할 수 있다.

[그림 12-5] 어린 시절의 경험이 공포증의 원인이 될 수가 있다.

근래의 연구들에서 불안과 두려움을 경험하는 성향에서의 개인차이는 유전될 수 있음을 시사하는 자료가 제시되고 있다. 꼭 같은 상황에서도 불안감을 느끼는 정도가 사람에 따라 다르다는 것은 우리가 자주 관찰할 수 있는 일이다. 이러한 개인차이가 자극에 대한 자율신경계의 민감성, 혹은 반응성 등의 기질적인 특성에 연유하며, 이러한 기질적 특성이 유전될 수 있다는 견해가 상당히 설득력 있게 제기되고 있다.

2. 신체형 장애(Somatoform Disorders)

실제로는 몸의 이상을 전혀 발견할 수 없는데도 두통, 요통 등의 통증, 또는 신체기능의 마비 등의 신체적 증상을 호소하는 경우들을 자주 볼 수 있다. 이러한 경우 주위에서는 흔히 꾀병이나, 관심을 끌려고 일부러 증상을 꾸미는 것이 아닌가하는 의심을 가지기도 한다. 그러나 꾀병과는 달리 본인은 실제로 몸이 아프고, 신체적 증상을 경험하는 것은 틀림 없으나, 단지 설명할 수 있는 신체적 근거가 없는 경우들이 있다. 이러한 경우는 여러 가지 심리적 어려움이 신체증상을 통하여 경험되고 표현된다는 의미에서 신체형 장애라고 부른다.

1) 신체형 장애의 유형

신체형 장애의 구체적인 예인 신체화 장애(somatization disorder)에서는 뚜렷한 신체적 문제가 없는데도 여러 군데 통증을 느끼거나, 구토, 설사, 복통 등의 소화기 증상, 성기능의 장애가 있고, 숨이 차고 가슴이 뛰고 현기증이 나거나 눈이 침침해지고, 귀가 잘 들리지 않는 등의 여러 가지 형태의 신체증상으로 오랜 기간 고통을 받고 여러 병원을 전전하는 경우도 많다. 신체형 장애의 또 다른 형태인 전환성 장애에서는 팔다리의 마비가 오거나 감각이 없어지기도 하고, 시력이나 청력을 잃는 등 신체기능의 상실이 뚜렷하게 나타나는데 이러한 증상을 설명할 수 있는 신체질환이나 병리적 과정을 찾을 수 없다. 전환성 장애의 특징은 신체기능의 상실에 대하여 본인은 크게 개의치 않는 듯하게 보이며, 증상의 시작이나 악화가 심리적 요인과 관련이 있는 것처럼 보인다는 점이다. 예컨대 입시를 앞둔 수험생이 갑자기 오른손이 마비가 된다든지, 심한 시집살이에 시달리던 주부가 팔을 쓰지 못하게 되어 힘든 집안일에서 벗어날 수 잇게 되는 등, 증상으로 인해서 고통스럽고 두려운 상화에서 벗어날 수 있게 되는 경우가 많다.

건강염려증(hypochondriasis)도 우리가 흔히 볼 수 있는 신체형 장애의 하나이다. 대수롭지 않은 증상이나, 신체의 변화를 심각한 질병의 시작으로 확대해석하고 두려워하며, 이 의사 저 의사를 찾아다니며 자신의 두려움을 확인하려 한다. 이러한 경우 의사가 찾아다니며 자신의 두려움을 확인하려 한다. 이러한 경우 의사가 자신의 질병에 대한 두려움에 근거가 없다는 진단을 내려도, 이를 믿지 못하고, 계속해서 불안과 두려움 속에서 새로운 증상을 찾고는 한다.

2) 신체형 장애의 원인

정신분석가들은 신체형 장애는 정서적 문제가 신체의 증상으로 바뀌어 나타난 것으로 해석한다. 즉 어린시절의 괴로웠던 경험, 그리고 수치스러운 기억으로 인하여 무의식적으로 증상을 형성하게 되는데 증상은 무의식 속의 두려움을 해소시켜주는 상징적 의미를 갖는다. 예컨대 시력을 잃는 것은 고통스러운 광경을 보지 않으려 하는 무의식적 소망의 한 표현일 수 있다.

행동주의이론에서는 증상의 출현 이후 이에 따르는 부수적인 결과에 초점을 둔다. 즉 여러 가지 신체증상은 고통스럽고 어려운 상황을 회피할 수 있는 구실이 될 수 있고 이에 덧붙여 주위 사람들의 관심과 보살핌을 받을 수 있게 된다. 이러한 경험을 하게 되면 어려운 상황에 부딪쳤을 때, 신체증상을 통해서 해결하는 것을 학습하게 된다는 것이다.

우리는 흔히 '신경성'이라는 말을 여러 가지 경우에 사용한다. 신체적 증상은 있는데 신체적으로 그럴 만한 이유가 발견되지 않을 때 즉 위에서 말한 신체형 장애에 해당되는 경우도 신경성이란 말을 쓰지만, 편두통, 고혈압, 천식, 위궤양 등 실제로 신체적 이상이 있으나 스트레스, 불안 등 심리적 요인이 발병의 중요한 원인일 경우 이를 신경성이라고 하기도 한다. 그러나 엄격히 말해서 증상의 신체적 근거가 없는 신체형장애와 편두통, 고혈압 등의 신체적 이상이 있는 정신신체장애는 구별할 필요가 있다. 신체형 장애는 의학적 치료 보다는 심리적 요인을 밝히고 이를 해소하는 것이 치료의 핵심이 되지만 정신신체장애는 심리적 요인에 대한 관심과 아울러 신체적 이상에 대한 의학적 치료가 필수적이다.

3. 기분장애(Mood Disorders)

우리는 상황에 따라 여러 가지 정서적 반응을 보인다. 경우에 따라 즐거울 수도 있고 슬플 수도 있다. 활기에 차 있을 때도 있고 기분이 가라앉을 때도 있다. 기분장애는 이러한 정서와 동기에 이상이 있는 것으로, 상황에 관계없이 늘 기분이 슬프고 가라앉거나, 혹은 부적절하게 활기에 차있고 들떠있게 된다.

1) 우 울 증

기분의 장애 중 가장 흔히 보는 형태가 우울증이다. 우울증으로 시달리는 사람들은 우울한 기분이 지속될 분 아니라, 이전에 즐겨하던 활동에도 흥미를 잃게 되고, 만사에 비관적이고 희망이 없게 느껴지며 무감각해지게 된다. 또한 식욕감퇴, 체중감소(혹은 식욕의 증가나 체중의 증가), 불면증(혹은 수면과다), 피로감 등의 신체적 증상도 나타나고, 성욕의 감퇴를 경험하기도 한다. 자신이 무가치하다고 느끼거나 심한 죄책감을 느끼며, 죽음에 대한 생각이나 혹은 실제로 자살을 기도하기도 한다. 사고력이나 주의집중력의 감퇴를 호소하는 경우도 많다.

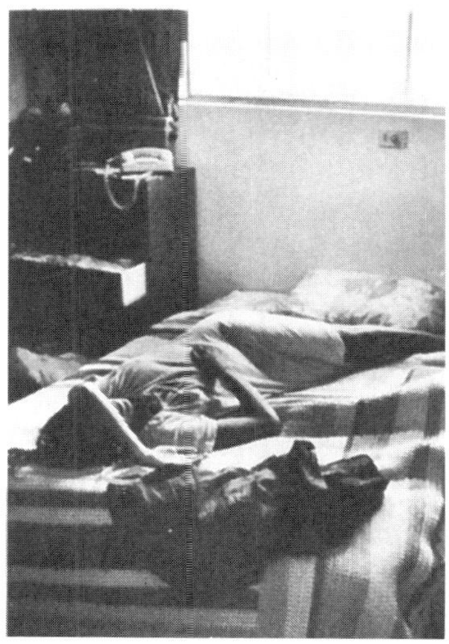

[그림 12-6] 우울한 사람들은 아침에 일어나서 학교나 직장에 가는 일이 아주 어렵게 느껴질 수가 있다.

심리장애로서의 우울증과, 우리가 때때로 경험하는 우울한 기분과는 구별할 필요가 있다. 아끼던 사람을 잃었을 때, 직장이나 학교에서 문제가 있을 때, 크게 자존심이 상하는 일이 있을 때, 우울한 기분을 느끼게 되는 것은 정상적인 일이다. 우울하다는 기분은 사실 많은 사람들이 간혹 경험하는 것으로 어느 조사에 의하면 여성은 10~20%, 남자는 5~10%가 우울한 기분을 경험한다고 한다. 청소년의 경우는 일반청소년에게 물어보면,

그중 30~40%가 우울한 기분을 느낀다고 보고할 정도로 우울한 기분이 상당히 보편적으로 경험되고 있다.

이와 같이 '정상적인' 사람들이 우울한 기분을 느끼는 경우에는 대체로 현실에서의 문제로 인한 경우가 많고, 현실에서의 문제가 해결되면 우울한 기분이 호전된다. 반면 우울증상이 심하며, 지속적으로 경험되고, 현실생활에서의 문제와 관련이 없이 나타나고 지속된다면 이는 정상적인 범위를 넘어선 심리장애로 간주할 수 있다.

가벼운 우울증의 경우, 불안증과 마찬가지로 본인이 정신적으로 고통을 느끼나, 사고과정에서의 두드러진 장애나 현실판단력에 심각한 문제는 없다. 그러나 경우에 따라서는 심한 우울증과 함께 환각, 망상 등 현실검증력의 훼손을 시사하는 정신병적 증상을 나타내기도 한다. 대부분 우울증에서의 망상은 주관적인 부적절감, 죄책감, 죽음 등 우울한 기분과 일치되는 내용일 경우가 많다.

2) 조증(mania)

기분의 장애의 또 다른 형태인 조증에서는 우울증과는 정반대로 기분이 들뜨고, 지나치게 활력이 넘치며 자신감으로 가득 찬 상태를 경험한다. 말과 사고과정 역시 극히 빨라져서 간혹 비논리적으로 보일 정도로 사고의 비약이 있으며 희망에 차서 거창한 계획을 세우지만, 이를 실제로 수행하는 데는 거의 관심이 없다. 자신의 능력에 대하여 과대망상을 갖는 경향이 있으며 주위의 다른 사람들이 자신의 계획에 동조하지 않으면 매우 공격적이며 적대적이 되기도 한다. 충동적 행동을 하는 경우도 많아 돈을 마구쓰거나 난잡한 성생활을 하기도 한다. 극단적인 경우에는 기운이 다 소진되어 주저 앉을때까지 쉴새없이 움직이고, 이해할 수 없는 행동을 계속한다.

흥미로운 일은 조증은 대부분 우울증과 교차되어 나타나게 된다는 점이다. 조증과 우울증이 번갈아 나타나는 경우를 조울증, 혹은 양극성 장애라고 한다. 양극성 장애가 경미한 형태로 나타나게 되면, 비현실적으로 들뜨고 활기에 찬 기분을 느끼는 기간에 이어 기분이 처지고 우울한 기분을 느끼게 된다. 조증과 우울증이 번갈아 나타나는 것은 조증이 실상은 우울증에 대한 방어를 의미하는 것으로 해석하기도 한다. 다시 말해서 조증의 증상은 그 표면 바로 밑에 있는 깊은 절망을 회피하고 부정하기 위한 노력이라는 것이다.

3) 우울증의 원인

정신분석이론에서는 우울을 일차적으로 상실에 대한 반응으로 본다. 상실은 사랑하는 대상의 상실일 수도 있고, 직위, 자존심 등의 상실일 수도 있다. 상실을 경험한 후 심리적 고통을 느끼는 것은 정상인에게도 있는 자연스러운 반응이나, 우울증에서는 상실에 대한 반응이 그 정도가 지나치거나, 지난치게 오래 지속되게 된다.

그러면 왜 어떤 사람들에게서는 상실에 대한 반응이 우울증으로 발전하게 될까? 정신분석가들은 그 원인을 어린 시절의 경험에서 찾으려 하였다. 우울한 사람들은 어렸을 때 자신이 사랑받고 있으며 필요한 존재라는 믿음을 확고히 얻지 못하고 성장한 경우가 많아 상실의 경험에 특별히 취약하다고 설명한다. 예컨대 어렸을 때 어머니 등 중요한 애정대상을 상실한 사람은 이러한 점에서 우울에 특히 취약하다고 하겠다.

[그림 12-7] 어린 시절에 부모 등 중요한 사람을 잃은 경험이 있는 사람은 나중에 우울증이 나타나게 될 가능성이 높다고 보고되고 있다.

어떤 이론가들은 우울증을 공격성이 자기 자신을 표적으로 표출된 결과로 보았다. 우울한 사람들은 좌절을 주거나 상처를 준 사람에 대한 자신의 분노를 그 사람에게 직접 표현하는 데 어려움을 느끼므로, 그 적대감을 자기 자신에게 돌리게 되어 자기처벌, 자기비판에 빠지고 우울증을 경험하게 된다는 것이다. 또한 행동주의자들은 전혀 다른 시각에서 우울증을 설명한다. 우울한 사람들의 무기력, 절망은 주로 환경에서부터 얻게 되는 강화가 부적절하거나 혹은 부족하기 때문이라고 본다. 사랑하는 사람을 잃거나, 직장이나 학업에서 좌절을 거듭하게 되면, 그만큼 긍정적인 보상을 받을 기회가 줄게 되어 점차 매사에 수동적이 된다. 이에 다라 보상의 기회는 더욱더 감소하며 이에 따라 외부환경과의 관계가 한층 더 위축되고 고립되는 악순환이 시작된다. 이 때 우울증상이 일시적이나마 주위의 관심과 동정을 끌게 되어 강화를 받게 되면, 우울증적 행동양상이 지속적으로 유지되게 된다.

Seligman은 우울증을 학습된 무기력의 한 형태로 보았다. Seligman은 회피할 수 없는 상황에서 전기충격 등의 외상적 경험을 하게 했을 때 동물들은 무기력, 식욕감퇴 등 우울증과 비슷한 증상을 나타내었다고 보고하면서, 사람에 있어서도 자신에게 일어나는 중요한 사건들을 전혀 통제할 수 없다고 느껴질 때, 학습된 무기력과 비슷한 상태가 경험되어 우울증으로 나타난다고 보았다. 다만 구체적으로 어떤 상황에서 학습된 무기력 상태를 느끼느냐 하는 것은 개인의 그 상황을 어떻게 해석하는가 하는 귀인양식에 달려 있다고 지적함으로써, 인지적 요인이 중요한 역할을 하는 것으로 보고 있다. 실패경험을 자기 자신의 특징의 탓으로 귀인하는 사람은 운이나, 상황의 탓으로 돌리는 사람보다 우울증에 빠질 확률이 더 높아진다고 볼 수 있다.

우울증의 중요한 특징은 지나치게 자기 비판적이고 매사를 비관적으로만 보는 일종의 인지적 왜곡이다. Beck 등은 우울 같은 정서 경험은 사고의 내용에 크게 영향을 받는다는 가정하에, 우울증은 그릇된 신념체계와 왜곡된 사고과정이 원인이라고 주장하였다. Beck에 의하면 우울한 사람들은 매사를 부정적으로 보는 경향이 있을 뿐 아니라, 논리적 사고에서도 특정한 부분적 사실에 근거하여 전체의 맥락에서 벗어나는 결론을 내리며, 정당화될 수 있는 범위를 벗어난 지나친 일반화를 하는 등 왜곡을 보인다고 하였다. 예컨대 상사 중의 한 사람에게 아주 부정적 평가를 받으면, 이로 하여 자신은 무능한 사람이고, 이제 그 직장에서의 장래는 끝났다는 식의 결론을 내리게 된다. 이와 같은 인지적 왜곡은 우울한 사람에게서 흔히 관찰되기는 하지만, 이것이 우울증의 원인인지 혹은 우울증의 결과인지는 심리학자들 간에 논란의 대상이 되고 있다.

우울증을 이해하는 데 빼놓을 수 없는 것은 그 생물학적 요인에 대한 자료이다. 우울증이나 조울증의 유전적 소인에 대한 연구들에 의하면 기분장애에 대한 취약성은 유전될 수 있다는 견해에 대체로 부합되고 있다. 조울증의 겨우 일란성 쌍생아의 일치율이 72%, 이란성 쌍생아의 일치율의 14%인 반면, 단극성 우울즐의 경우에는 일란성 쌍생아의 일치율이 40%, 이란성 쌍생아의 일치율은 11%로, 단극성 우울성보다는 조울증의 경우 유전적 성향이 더 강한 것을 시사하고 있다(Allen, 1976).

근래에는 대뇌의 신경전달물질, 특히 노어에피네프린과 쎄로토닌이 우울증과 밀접한 관계가 있다는 가설이 제기되고 있다. 노어에피네프린, 쎄레토닌 등의 신경전달물질이 결핍되면 우울증상이 나타나고, 과도하면 조증이 나타날 수 있다는 주장은 이들 신경전달물질의 활동을 항진시키는 약물을 투여했을 때 우울증상이 호전된다는 사실로 간접적으로 입증되고 있다.

요약하면, 우울증은 여러 가지 요인들이 복합적으로 작용하여 생긴다고 할 수 있다. 생리적 취약성, 성정과정에서의 경험과 관련된 성격적 특징, 상황적 요인, 그리고 경험을 해석하는 과정에서 나타나는 인지적 요인 등을 포함해서 여러 가지 요인들이 서로 상호작용하여 우울증이 나타나게 된다고 하겠다.

4. 성격장애(Personality Disorders)

성격은 개인이 환경에 적응하는 데 나타나는 그 사람 특유의 행동 및 사고양식이라고 정의하였다. 이러한 개인 특유의 행동양식은 여러 상황에서 비교적 일관성 있게 나타날 것으로 가정하지만, 실제적으로 완벽하게 일관성 있는 행동을 보이는 사람은 드물다. 상황이 변하게 되면 이에 맞추어 행동양식, 즉 성격도 조금씩 다르게 나타나는 게 당연한 일이다.

성격이 사람마다 다 독특하다는 것은 당연한 일이니만큼, 성격에 있어서 정상과 이상을 구분하는 것은 쉽지 않다. 그러나 성격이 지나치게 극단적이거나 융통성이 없어 본인에게 정신적 고통을 주고 사회적 문제를 일으킨다면, 이는 문제가 될 수 있다.

근래 심리학, 정신의학 등 정신건강관련하계에서는 여러 가지 심리장애의 밑에 깔려 있는 성격의 이상, 즉 성격장애에 대한 관심이 증가하고 있다. 이러한 관점에서는 성격장애는 좀더 오래된 만성적인 문제로, 이로 인한 적응상의 문제가 지속되어오다가 어떤 계기가 있어, 심리장애로 발전하게 된다는 것이다. 심리적 문제로 도움을 청하는 사람 중 약 절반 정도는 성격장애를 보인다는 자료는 이상의 견해를 뒷받침하고 있다.

[그림 12-8] 자기애적 성격장애는 자기도취, 자기과시욕, 그리고 끊임없이 남의 선망의 대상이 되고자 하는 욕구가 그 특징이다.

심리학, 정신의학 등 정신건강관련학계에서 많이 따르고 있는 DSM-Ⅳ에서는 성격장애의 유형을 열 가지 이상을 제시하고 이를 다시 세 개의 군집으로 나누어 기술하고 있다.

예컨대 자기애적 성격장애(narcissistic personality disorder)를 가진 사람들은 자신의 재능이나 업적에 대하여 과장된 생각을 지니고 있으며, 끝없는 성공환상에 도취되어 늘 남의 주목과 칭찬을 받으려고 하는 반면, 타인을 사랑하거나 진심으로 돌볼 수 있는 능력은 없고, 대인관계에서도 자신의 이익을 위해서 남을 이용하려고 하는 성향이 있는 것으로 기술되고 있다. 망상성 성격장애(paranoid personality disorder)는 그럴 이유가 전혀 없는데도 의심을 하고 불신에 차 있으며, 늘 속임수에 넘어가지 않기 위해서 경계하고 긴장을 풀지 못하는 특징을 지니고 있다. 또 다른 성격장애의 유형인 의존성 성격장애(dependent personality

DSM-IV

DSM-Ⅳ에서는 10가지 성격장애를 그 주요한 임상적 특징에 따라 세 군으로 나누고 있다.

〈표 12-2〉 DSM-Ⅳ에 기술된 성격장애의 유형

유형		군
망상성 성격장애	(paranoid)	A군
분열성 〃	(schizoid)	A군
분열형 〃	(schizotypal)	A군
히스테리성 〃	(hystrionic)	B군
자기애성 〃	(narcissistic)	B군
반사회성 〃	(antisocial)	B군
경계성 〃	(borderline)	B군
회피성 성격장애	(avoidant)	C군
의존성 〃	(dependent)	C군
강박성 〃	(obsessive-compulsive)	C군

disorder)는 삶에 대한 태도가 기본적으로 수동적이며, 결정을 내리거나 책임을 지는 일을 어려워하고, 늘 남으로부터 도움을 받고자 하는 욕구가 특징적인 것으로 기술되고 있다.

DSM-IV에 기술되어 있는 성격장애들은 정신과의사, 임상심리학자 등 전문가들의 경험을 수렴하여 구성된 진단범주들로, 그 타당성에 대한 체계적인 연구는 아직도 많이 부족한 상황이다. 더구나 여러 성격장애들의 특징이 서로 중복되어서, 실제 진단에 있어 같은 사례를 두고 전문가들간의 진단이 일치되지 않는 경우가 많이 나타나고 있어 문제가 되고 있다. 성격장애 중에서 가장 많이 연구가 되어 있고, 진단의 신뢰성 또한 비교적 높은 것이 반사회성 성격장애이다.

초보운전자의 망상증

망상성 성격장애는 뚜렷한 근거도 없이 늘 의심을 하고, 쉽게 상처받고 화를 내는 등 과민성을 보이기도 한다.

반사회성 성격장애는 흔히 사회병질자(sociopaths), 혹은 정신병질자(psychopaths)로도 불리운다. 반사회성 성격장애자는 그 특징이 책임감이 없고 충동적으로 행동하며 자신의 욕구만을 즉각적으로 만족시키려 한다. 또한 스릴과 흥분을 추구하며 처벌을 받고도 행동을 교정할 줄 모르고, 불안감이 없는 것이 특징이다. 반사회성 성격장애는 학령기 혹은 사춘기부터 무단가출, 도박, 우범, 폭력적 행동 등으로 나타나기 시작하는 것이 보통이다. 반사회성 성격장애와 범죄는 밀접한 관련이 있는 것은 틀림없으나, 반사회성 성격장애자가 모두 범죄자인 것은 아니며, 또한 모든 범죄자가 반사회성 성격장애를 지닌 것은 아니다.

반사회성 성격장애의 중요한 특징은 첫째, 타인에 대한 공감능력이 없고, 둘째, 자신의 행동에 대하여 가책을 느낄 줄 모르는 것이라고 할 수 있다.

대부분의 비행청소년이나 성인 범죄자들은 범법행위를 하기는 했지만 가족이나 범죄조직 내의 동료들에 대하여 어느 정도 마음을 쓰며 친구간의 의리를 중요시하는 등 나름대로의 행동수칙을 지키는 경우가 많다. 그러나 반사회적 성격장애자들은 자신 이외에 누구에게도 마음을 쓰지 않으며 자신의 행동으로 인하여 남들이 얼마나 고통을 받던 간에 전혀 죄의식을 느끼지 않는다. 이들은 처음에는 지적이고 매력적인 인상을 주기도 해서, 유망한 직업을 얻기도 하지만, 곧 빚을 진다든지, 공금을 유용하고 가족을 돌보지 않는 등 문제가 나타나게 된다.

반사회적 성격의 형성은 주로 어린 시절의 양육과정에 관련지어 설명되어 왔다. 반사회적 성격자들은 부모로부터 도덕관에 대한 가정교육을 전혀 받지 못한 탓이라고 흔히 생각할 수 있으나, 실제로는 훌륭한 가정에서 성장한 사람들 중에서도 반사회적 성격을 보이는 경우가 적지 않다. 현재까지 반사회적 성격의 원인에 대하여 단정적으로 밝혀진 것은 없으나, 연구자들 사이에서는 생물학적 요인과 성장과정에서의 부모-자녀관계가 중요한 요인으로 꼽히고 있다.

반사회적 성격을 지닌 사람의 특징으로 자주 언급되는 것은 고통이나 처벌에 대한 불안감이 없는 듯하다는 점이다. 일반 사람들에게는 범법행위와 연결되어 있는 처벌이 그 충동을 억제하는 데 큰 요인이 되는 데 반하여 반사회적 성격장애자들은 처벌이 반사회적 행동을 억제하는 데 별 효과가 없게 되어 쉽게 범법행위를 하게 되는 것으로 볼 수 있다. 실제로 반사회성 성격으로 분류된 범법자들은 학습과제에서 오류에 대한 처벌로 전기충격을 주었을 때 일반사람들과는 달리 학습이 촉진되지 않는 것으로 보고 되고 있어 위의 가설을 뒷받침해 주고 있다. 이와 같이 처벌이나 고통에 대하여 둔감한 성향은 반사회성 성격장애자들이 선천적으로 자율신경계의 활동수준이 낮은 데 기인하는 것으로 보고 있다.

정신분석 이론에서는 초자아, 즉 양심의 발달은 어린 시절 부모와의 관계에 달려 있다고 본다. 즉 오이디푸스 콤플렉스를 해결하는 과정에서 부모와의 관계가 원만한 경우 부모와의 동일시를 통한 도덕적 규범의 내면화가 효과적으로 진행될 수 있게 된다. 반면 어린 시절 아버지를 잃은 경우, 혹은 부모로부터 심리적인 배척을 경험한 사람은 동일시과정의 문제로 인하여 반사회적 성향이 높게 된다고 예측할 수 있다. 그러나 실제로 어린시절의 부모와의 관계가 초자아 형성과정에서의 문제를 통하여 반사회적 성향과 연결된다는 증거는 미약하다고 하겠다.

학습이론의 관점에서는 부모-자녀간의 훈육방식, 상호작용 등에서 해답을 찾으려 하고 있다. 예컨대, 사회화과정에서의 부모가 보여주는 모델, 좌절경험에 대한 반응의 학습 등 반사회적 행동양식의 학습에 가족, 특히 부모의 역할이 큰 비중을 차지할 수 있다. 근래에는 부모의 역할이 큰 비중을 차지할 수 있다. 근래에는 부모의 훈육에서의 일관성의 결여, 그리고 부모-자녀간의 강압적인 상호작용 방식이 반사회적 성향의 형성에 중요한 요인임을 지적하는 연구결과들이 발표되고 있다.

반사회적 성격은 다른 어떤 문제보다도 장기간에 걸쳐 일관성 있게 나타나는 것이 특징이다. Robins(1966)의 장기 종단 연구에 의하면 성인이 되었을 때의 반사회성 성격장애 진단을 예측해 주는 가장 중요한 변인은 어린 시절의 반사회적 행동과 이에 대한 죄책감의 부재였다. 이러한 결과는 반사회성 성격장애의 뿌리는 어린시절에서부터 찾을 수 있으며, 선천적인 기질적 요인과 부모와의 상호작용을 통한 경험이 상호작용하여 장기간에 걸쳐 서서히 형성되는 것임을 시시한다.

5. 약물사용장애

전세계적으로 약물사용장애는 심각한 사회문제로 부상되고 있다. 우리 나라에서도 최근 조사결과에 의하면 몇몇 종류의 약물에서는 사용빈도가 구미의 수준과 비슷하고, 기타 다른 약물 등에서도 특히 청소년들을 중심으로 그 사용빈도가 급격히 증가하고 있는 추세이다.

기분이나 행동의 변화를 위해서 특정물질을 사용하는 것은 일정 범위 내에서는 크게 문제삼지 않는다. 예컨대 알콜, 커피, 차, 담배 등은 대부분의 사회에서 문제시하지 않고 용납되고 있다. 그러나 이러한 물질 등도 반복적으로 사용할 경우 신체적, 심리적 의존상태를 일으키게 된다.

술은 우리 사회에서 가장 많이 남용되고 있는 약물이다.

신체적 의존은 몸이 그 약물에 익숙해짐으로써 같은 효과를 얻기 위하여 더 많은 양을 사용해야 하는 내성(tolerance), 그리고 그 물질의 사용을 줄이거나 중단했을 때 신체적 · 심리적 증상을 보이는 금단현상(withdrawal symptoms)이 나타남을 말한다. 심리적 의존은 약물사용에서 오는 정신적인 만족감을 얻기 위하여 계속적으로 약물의 사용을 원하는 개인의 심리적인 상태를 말한다.

약물 중에는 신체적 의존은 일으키지 않는 경우도 있으나, 심리적 의존은 거의 모든 약물이 일으키게 된다. 지속적인 약물의 사용으로 인하여 심리적 신체적인 의존이 생겨 사용을 중지하는 데 어려움이 있고, 이로 인하여 대인관계 및 직장에서의 기능에 문제가 있으며, 이러한 상태가 적어도 한 달 이상 지속될 때 약물사용장애라고 정의할 수 있다.

알콜은 남용되는 약물의 대표적인 예이다. 알콜은 너무 보편적으로 사용되고 있기 때문에 그 폐해에 대하여 무감각해지는 경향이 있으나, 다른 어느 약물보다도 신체적 · 심리적 의존성이 크고, 이로 인한 심리사회적 기능의 장애가 심각하다. 우리나라에서는 알콜중독의 초기단계로 간주되는 사례가 시골에는 8%, 도시에는 6% 정도로 보고되고 있다.

알콜남용이 진행되는 과정을 보면 최근에는 사교를 목적으로 혹은 긴장해소를 위해서 술을 마시다가, 음주의 횟수 및 양이 늘어감에 따라 알콜에 대한 심리적 의존도가 높아지며, 간혹 술이 취해 정신이 없을 때 생긴 일을 기억 못하는 기간이 있게 된다. 이것이 진행되어 위기단계에 이르면 술을 마시는 빈도가 현저히 많아지고 행동의 통제가 거의 불가능해진다. 또한 음주로 인하여 결근을 하거나, 업무수행에 지장이 생겨 직장생활에 어려움이 있게 되며, 가족이나 친구들과 음주로 인하여 말다툼이나 싸움이 잦아지게 된다. 신체적으로는 신진대사장애가 나타나며 성욕감퇴 등의 증상이 나타나게 된다. 알콜중독의 만성단계가 되면 사고능력이 현저히 저하되며, 전반적으로 심리기능 및 인격이 와해되는 과정을 밟게 된다. 또한 신체가 알콜에 익숙해져 있어서 음주의 중지나 감량 후에는 손떨림이나 불쾌감 등의 금단증상이 나타나게 된다.

알콜중독의 원인으로는 유전적 소인, 성격특징, 사회문화적 요인 등을 들고 있다. 유전적 소인을 강조하는 입장에서는 알콜중독자의 친척이나 후손 중에 알콜중독자의 비율이 높다는 자료를 토대로 알콜에 대한 신체적 반응에 개인차이가 있고 이것이 알콜남용의 가능성에 영향을 미친다는 견해가 제시되고 있다. 또한, 알콜중독자는 그 성격특징에서 충동적이며, 자신의 남성적 특징을 지나치게 나타내려는 성향이 높고, 남의 비판에 과민하고, 대체로 사회적 적응이 어려운 편이라는 연구결과도 보고되고 있어, 이러한 성격특정과 알콜남용의 가능성과의 연관을 생각할 수 있다. 그 밖에도 사회문화적 배경에 따라 알콜

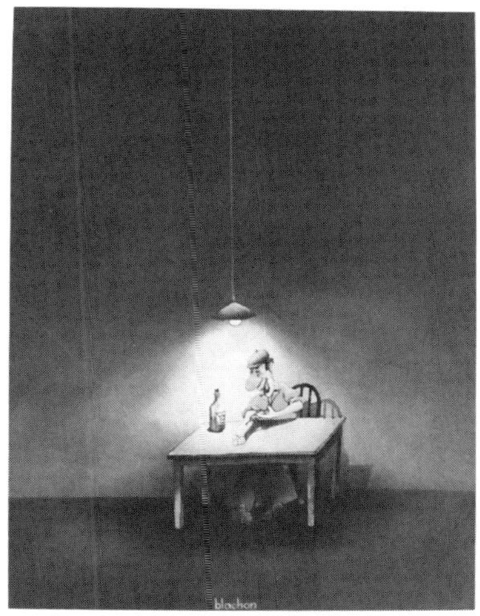

알콜은 너무 보편적으로 사용되기 때문에 그 폐해에 대해 무감각해지는 경향이 있다.

중독의 발생빈도가 현저히 차이가 나는 것으로 보아, 알콜에 대한 사회전반의 태도와 분위기가 알콜중독의 발생률에 중요한 영향을 미친다고 할 수 있다.

알콜 이외에, 코카인, 암페타민 등의 각성제, 아편, 몰핀, 헤로인 등의 마약류, LSD 등의 환각제류, 바르비탈류(barbiturates) 등의 진정제류 등의 여러 가지 약물들이 흔히 오용되고 있다. 우리 나라에서 많이 사용되고 있는 필로폰은 각성제의 일종으로 피로를 느끼지 않고 활기에 넘치게 하는 약, 또는 술에 취하지 않게 하는 약, 살을 빼는 약으로 알려져 빠른 속도로 퍼지고 있다. 필로폰은 신체적 심리적 의존이 큰 약물로 이의 급속한 확산은 매우 우려되는 사회적 문제이다. 청소년들이 많이 쓰는 본드, 부탄가스 또한 위험이 큰 약물이다. 마리화나 등 비교적 의존의 정도가 낮아 위험성이 적은 약물도, 이것이 더 위험성이 큰 다른 약물의 사용으로 연결될 가능성이 크다는 점에서 문제가 된다.

약물의 사용은 신체적 고통이나 혹은 우울, 불안 등 심리적 고통을 줄이기 위하여 시작되었다가, 점차 이에 대한 심리적, 신체적 의존이 생기게 되어 점점 더 약물에 의존하게 되는 경우가 많다. 청소년의 경우에는 새로운 자극을 추구하고, 권태로부터 벗어나기 위하여 약물을 사용하는 경우도 많이 발견된다. 약물사용자에 공통적으로 나타나는 심리적 특징은 좌절과 심리적 고통을 이겨내는 힘이 약한 미성숙한 성격으로, 일시적으로 스

〈표 12-3〉 청소년의 약물경험빈도

약물 종류	남	여	계
담배	3,075(52.6%)	930(24.3%)	4,005(41.4%)
술	4,513(77.2%)	2,731(74.8%)	7,224(74.8%)
흡입제	101(3.0%)	17(0.3%)	118(2.0%)
진통제	137(4.0%)	62(2.5%)	199(3.4%)
수면제	44(1.3%)	21(0.8%)	65(1.1%)
각성제	24(1.3%)	23(0.9%)	47(0.8%)
신경안정제	22(0.6%)	5(0.2%)	27(0.5%)
진해제	12(0.3%)	4(0.2%)	16(0.3%)
항히스타민제	11(0.3%)	3(0.1%)	14(0.2%)
이뇨제	10(0.3%)	7(0.3%)	17(0.3%)
대마초	11(0.3%)	1(0.0%)	12(0.2%)
필로폰	8(0.2%)	1(0.0%)	9(0.1%)
아편	11(0.3%)	0(−)	11(0.2%)

*한국 마약퇴치운동본부 약물남용실태 조사, 1997.
조사대상: 전국 중고등학교 학생 9,797명.
조사기간: 1997년 11월 24일~12월 20일.

트레스에서 벗어나는 방법의 하나로 약물을 사용하는 경우가 많다.

6. 정신분열증(schizophrenia)

정신분열증은 그 발생빈도가 비교적 낮은데도 불구하고 일단 발병하면 회복되었다 해도 다시 재발될 가능성이 높고, 또한 이로 인한 심리적 사회적 기능의 장애가 심하여 정상적인 사회생활을 하기가 어려운 경우가 많아, 정신질환자 치료시설의 높은 비율을 정신분열증 환자가 점유하게 된다. 정신분열증의 발병은 청소년기 이전에는 극히 드물지만, 청소년기를 기점으로 급격히 증가하게 된다.

1) 임상적 특징

정신분열즐의 증상은 여러 가지 형태로 나타날 수 있으나, 그 핵심되는 특징을 몇 가지 들어보면 다음과 같다. 첫째, 정신분열증 특유의 사고장애로 인하여 논리적인 사고의 전개가 어려워진다. 정신분열증 환자의 말이나 글을 보면 여러 가지의 무관한 연상들이 논리적 연결없이 나열되어 있는 듯하여, 이해가 어렵고, 기이한 느낌을 준다. 둘째, 현실지각에 큰 장애를 보인다. 지각적인 수준에서는 실제로 존재하지 않는 것을 보거나 듣는 환각증상을 보이는 경우가 많다. 예컨대 자신의 행동을 비난하는 소리를 듣거나, 어떤 일을 하라고 명령하는 소리를 듣기도 하고, 때로는 서로 다른 목소리가 서로 다투는 것이 들리기도 한다. 환각경험은 정신분열증 환자들이 현실에 대하여 다른 사람과는 다른 생각을 하는 망상(delusion)의 일부가 된다. 주변 사람들이 자기를 해치려 한다든지, 외부의 힘에 의해서 자기마음 속의 생각이나 감각이 조종되고 있다는 생각 등은 정신분열증환자들이 흔히 경험하는 망상의 예들이다. 뚜렷한 이유없이 다른 사람을 죽이거나 해치는 범죄 중에는 정신분열증환자의 망상으로 인하여 저질러진 경우가 있다.

셋째, 정신분열증환자들은 자신의 정서적 경험을 적절히 표현하거나, 통제하지 못하여 상식적으로 보아 상황에 전연 맞지 않은 엉뚱한 감정을 표현하거나, 혹은 전혀 감정이 없는 듯한 무감각하다는 인상을 주기도 한다. 예컨대 슬픈사건에 대하여 이야기하면서 웃는다든지, 아무 이유없이 혼자 실없는 웃음을 웃는다든지 하는 것은 정신분열증 환자에게서 흔히 볼 수 있는 증

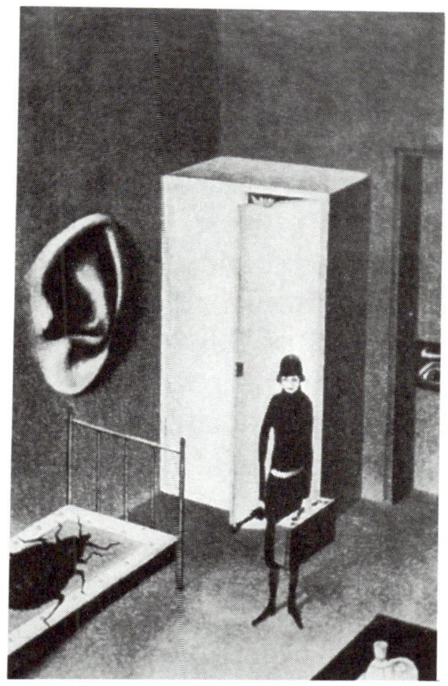

[그림 12-9] 정신분열증 환자는 아주 현실감 있는 환청이나 환시를 경험할 수 있다.

[그림 12-10] 정신분열증환자의 그림

정신분열증 환자의 내면적 경험에 대한 체험수기

…… 나는 37세 조각가, 작가이다. 나는 혼자 산다. 이러한 사실을 스스로 다 알고는 있지만 유리에 비친 영상처럼 내 존재가 확실치 않게 느껴진다—마치 손을 뻗어 보지만 절대로 만져지지 않는 신기루처럼.

일년전 내가 망상형 정신분열증 환자로 진단된 이래, 늘 그런 느낌을 가져왔다. 때로는 나 스스로 내가 누구인지를 알고 있는지, 어딘가 속해 보려고 이 배역, 저 배역을 그냥 연기해 보는 것은 아닌가 의문이 생기기도 한다. 그러나 내 병은 이제 그런 겉치레도 빼앗아 갔고, 공허한 고통을 남겼다. 나는 내 자신이 될 수 있는 편안한 자세를 찾기를 바라면서 뒤척이고 있을 뿐이다.

아직도 간혹 환청, 망상, 그리고 끔찍한 두려움을 경험할 때가 있고, 그런 때는 약을 먹는다. 약을 먹으면 정신적 긴장은 완화시켜 주지만, 약에 대한 내 몸의 반응이 싫고, 감정이 둔화되는 것이 싫다. 그래서 내 마음속의 폭풍이 가라앉기만 하면, 곧 약을 끊어버린다. 왜 약 이외의 치료법을 내놓지 않는지, 몸의 병을 가진 사람들을 위한 총체적인 치료법 같은 것이 나오지 않는지 궁금하기만 하다.……

(McGrath, 1984)

상이다.

넷째, 주변의 사람들과의 접촉을 피하고 자기만의 세계에 몰입하는 것도 정신분열증의 주요한 증상이다. 경우에 따라서는 이러한 자아몰입이 극단적인 상태로까지 진전되어 외부에서 일어나는 일에 대해서는 전혀 둔감해지고, 자신의 내적세계에서 생기는 여러 가지 생각이나 자극에만 반응하기도 한다.

2) 정신분열증의 하위유형

이상 언급된 증상들은 정신분열증에서 일반적으로 관찰되는 것들이나, 실제로는 정신분열증도 그 표현양상이 매우 다양하다. 사회적인 관습에 어긋나는 기이한 행동이 많이 나타나고, 부적절한 때 방뇨를 하는 등 퇴행적인 행동이 특징인 해체형(disorganized type), 몇 시간이고 같은 자세로 움직이지 않거나 말이 없고 전혀 무반응인 상태를 보이거나 혹은 그 반대로 지나치게 흥분되어 끊임없이 말하고 움직이는 등 운동이나 활동부분에서 특징적인 문제를 보이는 긴장형(catatonic type), 일반적으로 행동이나 언어표현에서는 비교적 '정상적'이라고 할 수 있으나, 피해망상으로 인하여 현실판단이 왜곡되는 망상형(paranoid type), 그리고 망상, 환각, 사고장애 등의 정신분열증의 일반적 증상은 보이나 위의 어느 유형과도 딱 들어 맞지 않는 임상적 특징을 보이는 감별불능형(undifferentiated type) 등의 하위유형으로 나누어서 보기도 한다.

다음은 32세 정신분열증 환자가 쓴 편지로 정신분열증에서 흔히 나타나는 연상과정의 이완이 잘 드러나 있다.

> 父母님前 上書
>
> 햇빛을 등지고 글월로 안녕소식을 전합니다. 시간의 흐름이 늦은 것 같군요.
>
> 이몸은 내몸이 아니요 바로 여러분들의 노예입니다. 존경하는 어머님! 감사합니다.
>
> 1969년 2월 2일 먼지가 뭉쳐져 떨어졌어. 즉, 부활이 됐지. 맛있게 라면을 먹다. 인내로 이성을 가져라. 노력 MP환자. 발산은 능력을 가져야. 완전무결. 실패하라! 재출발.
>
> 2월은 왔다.
>
> —이부영 저, 〈정신의학〉(1987)에서

3) 정신분열증의 원인

정신분열증은 다른 어느 정신질환보다도 많은 연구가 이루어져 있지만, 아직까지 정신분열증이 어떠한 경로로 발생하는가는 구체적으로 밝혀지지 않고 있다. 정신분열증에는 유전적인 요인이 작용함을 시사하는 자료로, 정신분열증 환자들의 자녀는 태어날 때부터 양부모밑에서 양육되는 경우에도 발병할 확률이 일반사람보다 높고(Heston, 1966), 또한 일란성 쌍생아에게서의 정신분열증 발병의 일치율이, 이란성 쌍생아의 경우보다 훨씬 높다는(Gottesman & Shields, 1966) 연구보고 등을 들 수 있다. 그러나 유전인자를 100% 공유하는 일란성 쌍생아의 경우에도 한쪽에게 정신분열증이 발병하였을 때, 다른 한쪽이 발병하지 않는 경우도 상당수가 있어, 유전 이외의 요인 또한 중요함을 시사하고 있다.

정신분열증에 유전적인 소인이 있다면, 이는 신체의 생화학적인 결함이나 불균형 등을 통해서 표현될 것이라는 가정하에 정신분열증 환자들에게 나타는 특징적인 생화학적인 측면이 집중적으로 연구되어 여러 가지 가설이 제기되어 왔다. 그중 대표적인 것으로 대뇌 신경전달물질의 일종인 도파민(dopamine)이 관련되어 있다는 도파민가설을 들 수 있다. 정신분열증의 증상을 완화시키는 항정신제들은 뇌의 도파민의 양을 감소시키거나 도파민 수용기를 차단하는 등 도파민의 기능을 억제하는 것으로 알려지고 있어 도파민 가설을 간접적으로 뒷받침해주고 있다. 또한 도파민의 기능을 활성화시키는 암페타민(amphetamine)을 과다량을 흡수했을 때, 정신분열증의 증상과 유사한 암페타민 정신증을 일으킨다는 점, 그리고 암페타민이 정신분열증의 증상을 악화시킨다는 점 등도 도파민 기능 항진이 정신분열증의 중요원인이라는 가설과 일치한다.

정신분열증의 발병에는 유전적 요인이나 생화학적 요인에 못지 않게 심리사회적 요인 또한 중요하게 작용할 수 있다. 정신분열증 환자들 중에서는 어렸을 때 부모를 일찍 잃거나 정서적으로 불안정한 부모밑에서 성장한 빈도가 일반집단보다 높은 경향이 있다. 정서적으로 불안정하고 미숙한 부모와의 상호작용을 통하여 자녀들은 진실한 감정을 이해하는 데 어려움을 느끼며 혼란스러워하는 사람으로 성장하게 된다고 하였다(Lidz, Fllck & Cornelison, 1965).

성장기의 부모 등 중요한 사람들과의 관계가 정신병리의 중요한 원인이 되리라는 것은 합리적인 가설처럼 보이나, 이를 구체적으로 뒷받침해주는 경험적 증거는 약하다. 특히 불건강한 가족관계 속에서 성장한 사람 중 대다수가 정신분열증이 되지 않는다는 점에서, 직접적인 인과관계를 설정하기가 어렵다는 점이 지적되고 있다. 그러나 이러한 불건강한 가족관계는 건전한 성격을 발전시키는 데 저해요인이 되므로 생리적으로 정신분열증에 대한 취약성이 있는 사람에게는 발병의 위험성을 높이는 기능을 할 수 있다. 즉 생리적인 취약성과 심리사회적 요인이 서로 상호작용하여 정신분열증의 발병 여부가 결정된다고 생각할 수 있다.

근래 정신분열증의 발병과정을 체계적으로 연구하고자 정신분열증환자의 자녀들을 발병가능성이 높은 고위험군(risk group)으로 보고, 이들을 어린 시절부터 세밀하게 추적 조사하는 종단연구가 활발히 수행되어 왔다. 이와 같은 연구를 통하여 정신분열증의 발병과정을 전향적으로 연구하면 유전적 요인과 심리사회적 요인이 어떻게 상호작용하여 정신분열증이 발병되는가를 더 잘 이해할 수 있을 것이다.

제13장 상담과 심리치료

정신분석적 접근 / 행동주의적 접근 /
합리적-정서적 접근 / 인간 중심 접근 /
형태주의적 접근 / 현실치료 /
집단상담 / 진로상담

정신병리에 대한 사람들의 태도는 과거 2세기 동안에 아주 크게 변화하였다. 극히 최근까지도 사소한 장애는 무시했거나 아니면 의지력의 빈약 정도로 생각했고 또 정신병 같은 것은 인간 속에 있는 정령의 작용이라고 생각해 왔다. 특히 우리 나라에서는 심한 정신병에 걸리면 마귀가 들렸다거나, 어떤 악령이 사람을 사로잡았다고 생각해왔다. 더욱이 증세가 사소한 정도를 지나 아주 심한 정도에 이르기까지도 이를 감추고 병원 같은 데 가서 치료받는다는 일은 생각조차 하지 않았다. 대개의 경우에는 정령에 사로잡혔다고 하면 이는 부정한 것이고 몹쓸병에 걸렸다고 생각되어 경원하거나 두려워하였으므로 이런 사람들에

근세 이전의 정신병자에게 가해졌던 비인간적인 처우

a. 선사시대의 유골. 정신병을 치료하기 위해 악마가 빠져 나갈 구멍을 뚫어 놓았다.

b. 병실 안에 묶여 있는 환자.

c. 흔들리는 장치

(a)

(b)

(c)

대한 치료는 무자비하고 비인간적이었다. 그래서 정신병에 걸리면 격리수용하고, 특수 수용소에 감금하고, 악령을 내쫓는다는 구실로 학대하고 고문하였다.

조금 인도적이라는 치료방법도 무당이 굿을 하거나, 이상한 의식 절차를 밟아 악령을 추방하려는 것이었다. 그뒤 18세기에 이르러 좀더 과학적 원리에 입각한 치료법이 시작되었다. 강력한 자력을 작용시켜 몸 속의 악령을 끄집어 내기도 하였으며, Mesmer라는 사람이 최면술을 정신질환의 치료에 사용하기도 하였다. 그 뒤 악령이 사람 속에 들어앉아 있다는 사고방식은 점차 없어졌으나, 그래도 무엇인지 알지 못하는 힘이 몸 속에 있어서 이를 없애야 정신병이 치료될 수 있다고 믿었다.

19세기에 이르러서야 사람들은 정신병의 원인이 심리적이고 생리적인 데에 있다고 생각하게 되었다. Charcot나 Breuer, Freud 등은 정신장애의 치료에 있어서 획기적인 개념과 방법을 도입하였다. 이들은 모두 의사였기 때문에 정신병도 마치 육체적인 병처럼 생각하였고, 정신병자도 앓는 사람이기 때문에 치료를 해줘야 한다고 생각하였다. 이들의 주장은 당시에는 대단히 새로운 것이었고, 정신병이 무슨 악령의 소행이 아니고 치료될 수 있는 것이라는 개념은 매우 진보적이고 중요한 것이었다. 그래서 비인간적인 치료법에서부터 인간적이고 조직적인 치료방법이 본격적으로 개발되기 시작하였다.

"그는 미친것도 병이라고 생각하게 만드는 이상한 귀신에 씌였대나봐."

정신병도 무슨 악령의 소행이 아니고 치료될 수 있으리라는 개념은 매우 진보적이고 충격적인 것이었다.

그러나 아직도 많은 사람들은 정신병리 현상이 단순히 몸이 약한 것과는 달라서, 외부의 도움없이도 자신의 의지력으로 정신적 문제를 해결할 수 있다고 생각한다. 여러 가지 문제에 대하여 불안감을 갖는 이는 그 일을 무서워 하기 때문이며, 이를 극복하기 위해서는 결단력을 보이고 이 어려움을 이겨나가야 한다고 보고 있다. 아무도 소아마비 걸린 아이가 의지력만 강하면 걸을 수 있고, 약시인 아이가 정신만 집중시키면 볼 수 있다고 생각하지는 않는다. 그러나 정신장애자에 대해서는 이해가 아직도 부족하다. 다만 최근에 이르러 우리 나라에서도 이 정신병리 현상에 대한 이해도가 조금씩 높아지고 있으며, 정신병이 자기 자신의 잘못 때문도 아니고 의지력이 박약해서도 아니며, 특수한 돌봄과 치료가 필요하다는 인식이 높아가고 있다.

이와 같이 정도가 다소 심한 정신적인 장애는 차치하고서라도 복잡한 현대를 살아가는 우리들은 누구나 쉽게 불안과 좌절, 무기력, 우울 등과 같은 심리적인 증상들을 경험하곤 한다. 대학입학에 실패하여 낙담하는 청소년들, 점점 어려워지는 취업에 직면하여 스트레스를 받는 젊은이들, 자식들을 어느 정도 다 기른 후 자신의 정체감을 잃어버려 우울에 빠지는 중년부인들, 승진의 압박감과 격무에 시달리는 직장인들, 이제는 가정과 사회에서 모두 버림받았다고 생각하는 노인들…. 이들은 우리가 주변에서 쉽게 만날 수 있는 우리의 이웃들이며, 바로 우리 자신의 모습이기도 하다. 또한 어린 시절의 부정적이고 충격적인 경험으로 인해 성인이 되어서도 거기에서 벗어나지 못하고 정신적인 고통에 시달리는 사람들, 온갖 비합리적인 신념과 기대들로 인해 스스로 파놓은 함정에서 헤어나오지 못하는 사람들, 적대감과 반항심으로 가정과 학교에서 제대로 적응하지 못하고 비행에 빠져드는 청소년들, 스스로 아무리 자제하려 해도 쉽게 끊을 수 없어 결국은 심각한 약물이나 알콜중독에 빠져드는 사람들 등등 이러한 사람들 모두가 바로 상담과 심리치료가 절실히 필요한 사람들이라 하겠다.

점차 사회가 발전하고 복잡해질수록 사람들과의 관계는 소원해지기 쉽고 메말라지기 쉽다. 이러한 사회에서 더욱 절실히 요구되는 것은 인간관계의 회복이며, 우리 사회는 여러 가지 신경증과 정신적인 장애로 고통을 받고 있는 사람들에게 보다 따뜻한 관심을 쏟아야 한다. 그리고 무엇보다도 중요한 것은 사회의 따뜻한 배려와 함께, 보다 전문적인 상담과 심리치료가 이들에게 베풀어지는 기회가 확대되어야 할 것이다.

따라서 본 장에서는 심리적인 문제를 효과적으로 개선시키는데 도움이 되는 대표적인 상담접근에 대해서 살펴볼 것이며, 각각의 상담과정과 상담기법에 대해 간략히 소개할 것이다.

I. 정신분석적 접근

Sigmund Freud가 자신의 임상경험을 토대로 만든 정신분석에서는 유아기, 아동기 때의 심리성적 갈등이 인간의 성격형성에 매우 중요한 역할을 한다고 보았다. 심한 불안을 피하기 위해서는 현실세계에서 감당못할 갈등을 무의식의 세계로 밀어넣기 위하여 방어기제를 사용하며, 정신적 장애는 이 무의식의 세계에 원인이 있고, 인간의 정신장애의 증상은 방어기제의 직접적 결과라고 보았다. 정신적 장애가 이런 과정으로 일어난다고 볼 때, Freud는 다음의 두 가지 목표를 성취할 수만 있다면 정신치료가 성공한다고 하였다. 즉, ① 무의식의 세계에 있는 심리적 갈등을 의식의 세계로 이끌어 올려, ② 드러난 갈등을 직접 타결하고 부닥치면 문제를 해결할 수 있다고 보았다.

즉 정신분석치료의 목적은 내담자로 하여금 보다 성숙한 방식으로 자신의 갈등을 이해하고 이를 다뤄나감으로써 정신내적인 갈등을 해소할 수 있도록 도와주는 것이다.

정신분석의 과정에서는 어떠한 위협이나 비난을 받을 위험이 없는 안전한 분위기 속에서 과거에 내담자가 효과적으로 대처할 수 없었던 장면에 직면할 수 있게 하고, 그것과 관련되어 억압되어 있는 감정이나 충동들을 자유롭게 표현할 수 있게 도와줌으로써 갈등이 되었던 무의식의 내용을 의식수준으로 올려 각성시키고자 한다. 이와 같이 무의식의 내용을 의식화하여 내담자로 하여금 자신의 행동에 대한 동기를 각성하고 통찰하게 하여 의식 수준에서 행동할 수 있게 돕는 것이다.

1. 상담과정

1) 시작단계

전통적인 정신분석적 상황에서는 내담자를 카우치(긴의자)에 눕게 하고 떠오르는 생각과 느낌, 심상들을 자유롭게 표현하게 한다. 그리고 치료자는 그 뒤편에 앉아 내담자의 얘기를 무비판적으로 경청한다. 정신분석에서는 내담자가 말하거나 행동하는 것, 독특한 어휘나 말 실수, 각 회기에서 처음 꺼내는 말, 꿈의 내용, 약속시간에 맞게 오는지의 여부 등이 모두 무의식적 정신과정의 단서로 관찰된다. 이러한 단계를 거치면서 치료자는 내담자의 무의식적 갈등의 성질에 대한 전반적인 윤곽을 이해하게 되지만, 초기단계에서는 이에 대한 표면적인 측면만을 주로 다룬다.

2) 전이의 발달단계

상담이 진행되어 감에 따라 내담자는 무의식적 갈등의 문제를 드러내게 되는데 이 때 그 갈등과 관련되는 중요한 인물에 대한 정서적 반응이 치료자를 향하여 나타나게 된다. 이러한 현상을 전이(transference)라고 하며, 이는 현실에서 벗어난 부적절한 지각이고 상담관계를 왜곡시키는 결과를 가져온다. 그러므로 상담자는 전이의 분석을 통해 내담자로 하여금 현실과 환상, 그리고 과거와 현재를 구별하도록 해주며, 내담자가 얼마나 과거의 견지에서 현재를 잘못 지각하고, 잘못 해석하며, 잘못 반응하는지를 이해하도록 도와준다.

3) 훈습(working through)

내담자가 자신의 갈등의 본질에 대해 통찰을 얻게 되는 것은 한 두번의 과정으로 이뤄지는 것이 아니며 여러 차례에 걸친 훈습이라는 과정을 통해 공고히 되어야 한다.

4) 전이의 해결단계

전이의 해결은 곧 정신분석의 성공적인 종결을 의미하는 것이며, 상담의 주요목표가 성취되고 전이가 잘 이해되었을 때 상담을 종결하게 된다.

2. 상담기법

1) 자유연상

자유연상은 내담자에게 맨처음 머리에 떠오르는 것을 말하게 하고, 그 다음엔 자기 마음을 아주 자유스럽게 하고 아무것도 염두에 두거나 두려워하지 말고 연관되어 생각나는 것을 말하게 한다. 그런 것은 사소하다거나 유치하다거나, 불필요하다거나 하는 의식적인 검열과정 없이 자연스럽게 흘러나오도록 한다. 그렇게 하는 과정에서 자기도 모르게 감춰졌던 일이나 갈등의 원인이 드러나게 된다.

프로이드가 사용했던 정신분석치료실

맞은 편 벽에 긴 의자가 놓여 있는 것이 보인다.

2) 저항의 분석과 해석

상담시간에 늦게 오거나 어떤 생각이나 감정을 회상할 수 없거나 표현하기를 주저하는 것 등등이 일종의 저항현상으로서, 이는 내담자가 불안으로부터 자아를 방어하려는 경향 때문에 생긴다. 이러한 현상이 나타날 때 상담자는 내담자가 저항하고 있다는 사실에 대해 알려줄 필요가 있다.

3) 꿈의 분석과 해석

무의식의 자료를 캐내는 수단으로는 자유연상 외에 꿈의 분석도 중요시된다. Freud는 꿈을 무의식적 욕구의 표현이라고 보았기 때문에 아주 중요시하였다. 꿈의 내용은 보통 상징적이거나 왜곡되어 있으나 대개는 환자의 문제를 아주 잘 나타내준다. 그래서 환자가 꿈을 꾸었을 때는 그것을 잘 기억해 내도록 하여 치료에 활용한다. 해석과정을 통해 꿈 속에 나타난 의미의 가능성이나 꿈에서 보인 상징적 표상이나 증상의 상징적 의미, 그 밖의 환자의 상태를 깨닫도록 해준다.

4) 전이의 분석과 해석

내담자가 중요한 인물에게 느꼈던 감정을 상담자에 대하여 갖게 되는 것을 전이라고 하는데, 이는 긍정적인 것일 수도 있고 부정적인 것일 수도 있다. 즉 내담자는 상담자에게 아주 밀접하고 강한 애착심을 느끼거나 아니면 적대적인 감정을 갖기도 한다. 이와 같은 반응을 분석하고 해석함으로써 내담자의 문제를 이해하고 갈등을 풀어나가도록 도움을 줄 수 있기 때문에 정신분석에서 전이는 매우 중요하게 다뤄진다. 또한 전이는 내담자와 다른 사람과의 인간관계의 표본이 되는 것이므로, 전이를 잘 다뤄줌으로써 내담자가 다른 사람과의 인간관계를 잘 정립해 나갈 수 있도록 도와줘야 한다.

Ⅱ. 행동주의적 접근

행동치료는 한 마디로 내담자의 행동을 수정하기 위해 학습의 원리를 적용하는 치료법이라고 할 수 있으며, 대부분의 비정상적인 행동은 정상적인 행동과 마찬가지로 학습경험에 의하여 획득되고 유지되는 것으로 가정한다. 따라서 행동주의 상담의 목적은 잘못 학습된 행동을 소거하고, 보다 효과적이고 바람직한 행동을 새로 학습하도록 내담자를 도와주는 것이라 할 수 있다.

초기의 행동치료는 고전적 조건형성과 조작적 조건형성의 원리를 단순히 임상적으로 적용한 것이었으나, 현대에 이르러 행동치료는 사회학습이론과 인지적 행동수정으로 확대발전하였다. 즉 인지적인 과정이 행동과 환경적 요인을 매개함을 강조하고 있다. 따라서 행동치료의 목적도 초기에는 비현실적 불안이나 공포의 제거가 주를 이루었으나, 점차 자기행동을 스스로 지도해가는 프로그램의 개발에 중점을 두고 있다.

또한 행동주의 상담에서는 내담자가 바람직한 행동의 변화를 일으키기 위해서 반드시 그의 심리적 문제의 기원을 이해해야 하는 것은 아니라고 가정한다. 따라서 상담자는 내담자의 증상의 역사적 선행요인을 분석하는 데 초점을 두기보다는 현재 그러한 행동을 하게끔 하는 강화요인이 무엇인지 현재의 행동결정인에 초점을 맞추어야 한다.

1. 상담과정

행동주의적 접근에서는 개개인에게 맞는 개별적인 상담목표를 강조하기 때문에 하나의 통일된 상담과정을 제시하기란 어렵다. 하지만 행동주의 상담에서 중요시하는 일반적인 상담과정은 다음과 같다.

우선 우리가 흔히 잘못 생각하는 것은 행동치료에서는 상담자와 내담자의 관계를 중시하지 않는다는 것이다. 물론 행동주의 상담자들은 따뜻함이나 공감과 같은 변인이 치료의 충분조건이라고는 생각하지 않으나, 행동주의 상담에서 상담자-내담자 관계는 매우 중요하며, 이들의 신뢰로운 관계가 굳건히 형성될수록 상담은 더욱 효과를 보게 된다. 즉 친밀하고 신뢰로운 관계는 앞으로 내담자가 상담과정에서 직면하게 될 어렵고 고통스러운 과정을 견뎌낼 큰 힘이 되어주는 것이다.

이와 같이 상담관계가 잘 형성이 된 후에 상담자는 내담자의 문제행동을 정확히 파악해야 한다. 그러한 행동이 일어나는 선행원인과 그것의 결과 및 영향을 분석하고, 일상생활에서 강화를 받고 있는 것은 무엇인지에 대해서도 분석해야 한다. 상담목표의 설정은 상담자의 도움 아래 내담자가 스스로 정할 수 있게 해야 하고, 가능하면 구체적으로 목표를 정해야 한다. 상담효과에 대한 평가는 상담과정 중에도 끊임없이 이뤄져야 하며, 목표

"이봐 자네 심리치료를 받는 게 어때? 거기서라면 이완(relaxe)하는 법을 가르쳐 줄텐데……."

행동에 대한 최종평가 후에 상담을 종결하게 된다.

2. 상담기법

1) 체계적 둔감화(systematic desensitization)

이 방법은 사람이란 동시에 느긋하면서 불안할 수 없다는 원리에 입각한 것이다. 내담자는 그가 두려워하는 대상이나 상황에 서열이 있게 마련이다. 즉 예를 들면, 뱀을 두려워하는 사람이 있다고 하자. 그는 뱀이야기만 들어도 기분이 나쁘고, 다음으로는 뱀그림을 보는 일, 실물을 멀리서 보는 일, 점점 가까이 가는 일, 드디어 뱀을 만지게 되는 일에 이르기까지 그 혐오와 두려움의 정도가 점점 증가할 것이다. 체계적 둔감법에서는 내담자를 처음에 아주 평안하고 이완된 상태로 있게 한다. 이렇게 되기 위해서는 몇 차례 치료기간이 경과되어야 한다. 그리고 최면이나 약물이 필요할 때에는 사용할 수도 있다. 내담자는 가능한 한 긴장을 풀고 힘을 빼고 조용하게 있는다. 이런 상태에 들어가면 내담자는 두려움의 서열에서 제일 약한 상황을 상상한다. 이 때 불안감이 되살아나면 이것을 잊어버리고 다시 평온한 상태로 되돌아가도록 노력한다. 결국 불안했던 상황에 들어가면서도 긴장을 하지 않을 수 있게 된다. 이것이 가능해지고 나면 다음 단계의 상상을 한다. 그렇게 해서 서서히 공포의 단계가 높은 쪽으로 상상을 옮겨가노라면, 일반화 과정의 원리에 의하여 실생활에서 공포의 상황에 부닥쳐도 크게 불안감을 느끼지 않게 된다.

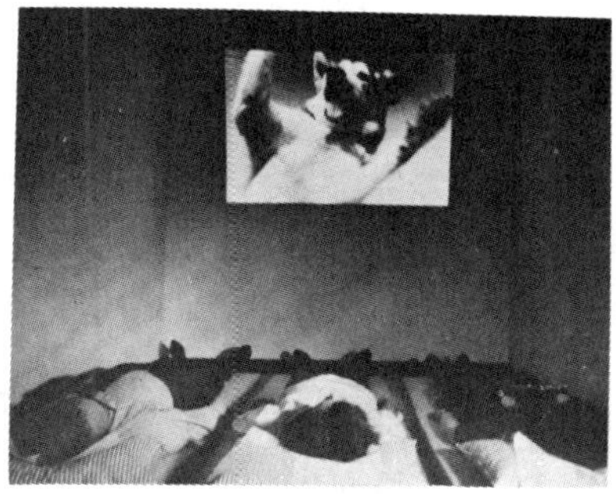

체계적 둔감법

2) 모델링(modeling)

행동치료에서 채택하는 또 하나의 방법은 모델링 또는 모방(imitation)이다. 어떤 대상에 대하여 특히 무서워하는 사람에게 그가 불안해 하는 그런 상황에 처해 있는 다른 사람이 거기에 두려움없이 대처해 나가는 것을 보여주고 그대로 따라하도록 시켜서, 이것이 별로 두려워할 것이 못되는구나 하는 것을 깨닫고, 행동을 새롭게 조성해 나가도록 하는 방법이다.

모델링을 이용한 치료

3) 혐오치료(aversive therapy)

행동치료에서는 때때로 부정적인 강화, 처벌, 혐오조성 등을 이용하여 부적응적 행동을 치료하기도 한다. 예를 들면, 내담자에게 버려야 할 행동이 있을 경우에, 그 내담자가 그 행동을 하

기만 하면 벌을 가한다. 이것은 근본적으로 둔감법과 반대되는 것이다. 알콜중독자의 경우에 실제로 술을 마시는 행위에서부터 술병 쪽으로 가는 일, 술 생각만을 하는 일 등을 생각해 보자. 조건형성의 과정에서, 술잔에 손을 대기만 해도 강한 전기쇼크를 준다든지 하면 혐오를 일으키는 전기쇼크가 음주벽과 연관이 된다. 그 다음엔 술집에 들어가는 일, 술을 사는 일, 나아가서는 술 생각만 해도 이 쇼크와 연관이 지어진다. 결국 술생각만 하면 불쾌한 경험, 즉 전기쇼크가 떠오르기 때문에 술마시는 것과 관련된 생각이나 행동을 기피하게 되어 마침내 치료가 된다. 행동치료자는 공포를 없게 해주는 일도 하지만 이와 같은 방법으로 공포감을 조성하여 치료하기도 한다.

4) 긍정적 강화(positive reinforcement)

긍정적 강화를 이용한 조건형성 기법은 어떤 특정 행동을 학습하게 하기 위하여 흔히 사용되는 방법으로서, 언제나 내담자가 바람직한 행동을 했을 때에는 그것을 칭찬해주고 보상해 주는 것이다. 보상은 단순한 말로 할 수도 있고, 먹을 것, 금전, 기타 그때 그때 적절한 방법을 쓸 수가 있다. 학습의 장에서 본 바와 같이 Skinner가 비둘기를 훈련시켰듯이, 이 방법을 인간에게 적용한다는 것이다. 실어증에 걸린 어린이에게 이 방법을 써서 처음에는 무슨 소리만 내어도 칭찬해주고, 말 같은 소리를 내면 또 상을 주고 다음에는 낱말, 그리고 문장이 이루어지도록 강화해 준다. Sherman(1963)은 이 방법이 매우 심한 실어증 장애환자에게 효험이 많다고 보고한 바 있다.

5) 노출치료(exposure therapy)

내담자가 무서워하거나 위험을 느끼는 장면에 내담자를 실제로 노출시켜 보는 방법으로서, 내담자가 상상 속에서 생각했던 만큼 실제로 두렵지 않음을 직접 경험하게 하여 내담자의 잘못된 인지를 교정하도록 하는 치료방법이다. 여기에는 상상 속에서의 노출과 실제노출(in vivo exposure), 그리고 점진적인 노출과 갑작스럽고 집중적인 노출(flooding)기법이 포함된다.

Ⅲ. 합리적-정서적 접근(Rational-Emotive Therapy)

Albert Ellis에 의해 창시된 이 치료법은 인간이 불안하거나 우울해지는 것은 어떤 충격적인 경험을 했는가의 사실 여부 때문이 아니라, 그런 경험을 어떻게 해석하고 받아들이느냐에 달렸다고 보는 것이다. 예를 들어 실패를 한 후 우울해지는 것은 내가 실패해서는 안되는데 이렇게 되었지 하는 생각 때문에 우울해졌다는 것이다. 즉 나도 실패할 수 있지 않냐라고 생각하면 우울하지 않을 것이라는 입장이다. 이와 같이 RET에서는 사람들이 잘못된 신념을 구성하고 있기 때문에 여러 가지 심리적 장애를 나타내는 것이며, 그 신념체계를 합리적으로 바꾸면 심리적 장애를 고칠 수 있다고 보았다.

이와 같이 RET는 내담자의 인지적 변화를 주요 목표로 하며, 거의 모든 심각한 정서적 문제들이 마술적인 비합리적 사고로부터 직접적으로 연유된다고 주장한다. 그리고 그러한 신념들을 논리적이고 합리적인 사고에 의해 단호하게 논박함으로써 제거시키거나 최소화시킬 수 있고 궁극적으로 재발되지 않을 것이라고 주장한다.

이러한 RET의 기본 가정은 ABCDE 이론으로 집약되어 설명할 수 있다. 즉 불안이나 우울과 같은 정서적인 결과(C: Consequence)는 어떤 사건의 발생(A:Activating events) 때문이 아니라, 그 사건에 대해서 개인이 가지는 신념체계(B: Belief), 특히 비합리적인 신념체계에 의해서이다. 따라서 정서적인 혼란에서 벗어나려면 비합리적인 신념체계를 합리적인 신념체계로 바꿔야 하며, 그러기 위해서 논박(D:Dispute)을 사용한다. 이와 같이 내담자가 자신의 비합리적 신념을 적극적으로 논박하고, 합리적 신념이 타당하다는 것을 실증하게 되면 논박의 결과로 상담의 효과(E:Effect)가 나타나게 된다.

신경증으로 이끄는 대표적인 비합리적 신념들로는 "나는 주위 모든 사람들로부터 항상 사랑과 인정을 받아야 한다" "매사에 유능하고 완벽해야지만 인간적으로 가치가 있다" "어떤 일이 내가 원하는 대로 안 될 때는 절망이다"와 같은 것들이 있다.

"어머, 너 그러다가 거식증 걸리겠다, 얘."

신경성 거식증의 원인으로 날씬함을 미의 기준으로 삼는 현대사회의 가치관을 드는 학자도 있다.

1. 상담과정

RET에서는 내담자의 과거사를 듣고 정서에 공감하고 지지해 주는 것에 그리 많은 시간을 할애하지 않는다. 대신 내담자가 현재 경험하고 있는 것에 초점을 두며, 능동적-지시적-설득적-철학적인 방법을 사용하여 비합리적인 생각을 논리적으로 분석하고 이를 합리적 신념으로 대치시키려 노력한다. 그러기 위해서는 우선 "반드시…이어야 한다"(should, ought, must)와 같은 비합리적 신념을 내담자 스스로 갖고 있다는 것을 내담자로 하여금 깨닫게 하고, 이와 같은 자기파괴 문장을 지금까지 스스로 계속 반복하고 있기 때문에 정서적 혼란에서 벗어나지 못하고 있음을 알려준다. 그리고 상담자는 여러 기법을 사용하여 비합리적 신념을 바꾸도록 도와주며, 궁극적으로 융통성있고 합리적인 인생관을 갖도록 도와준다.

2. 상담기법

1) 인지적 기술

"반드시……해야만 한다"와 같은 비합리적 자기진술을 합리적으로 바꿔보도록 과제를 내주며, 내담자 스스로 자신의 비합리적 신념에 대해 매일 시간을 정해 놓고 논박해 보도록 한다. 또한 인지적 재구성을 위해 RET와 관련된 책을 읽게 하는 독서법을 사용한다.

2) 정서적-환기적 기술

상담자가 내담자의 어떠한 행동도 무조건적으로 수용함을 보여줌으로써, 내담자가 자신도 역시 실수할 수 있고 비난받을 만한 잘못된 행동을 할 수도 있다는 점을 스스로 수용할 수 있게 도와주고, 즐거움을 주는 기법(pleasure giving technique)을 사용해 보통 때는 절대로 할 수 없다고 생각한 행동을 상담장면에서 죄의식 없이 하게 하여 즐거움을 충분히 경험해 보게 한다.

3) 행동적 기술

행동주의 기법이 적용되어, 조작적 조건형성원리를 이용하여 스스로 바람직한 행동을 했을 때 자기강화를 주고 그렇지 않으면 자기처벌을 하게 하고, 이완훈련도 겸할 수 있다. 또한 구체적인 행동과제를 내주어 실제 생활에 적용시켜 보게 한다.

Ⅳ. 인간 중심 접근

인본주의 심리학의 입장을 취하는 Maslow나 Rogers 같은 학자들은 정신분석학자나 행동주의학자들과는 좀 다른 견해를 갖고 있다. 이들은 인간의 능력이나 가능성은 대개의 경우 그 인간의 주체 속에 있으며, 사회가 그 자체의 표현을 방해하지 않음으로써 적절하게 성장하도록 도움을 주어야 한다는 견해를 갖고 있다. 즉, 인본주의 이론가들간에는 서로 상당한 차이점이 있기는 하나 이같이 인간 스스로의 능력이 내재해 있으며, 모든 인간은 주관적 지각에 의하여 그 행동이 지배되며, 각기 무엇인가를 향하여 되어져 가고 있다(becoming)는 인간관계에 대해서는 공통적이다. 심리치료에 있어서도 같은 이치로 인간은 자기 자신의 문제를 해결할 수 있는 능력을 각자가 가지고 있으며, 상담자는 자기들의 기준이나 가치관을 내담자에게 강요해서는 안 된다고 보았다.

Carl Rogers

이러한 관점에서 인본주의적 상담은 몇 가지로 구분될 수 있는데, 그 중 가장 잘 알려져 있고 대표적인 것이 Carl Rogers가 발전시킨 내담자 중심치료(client-centered therapy)라 할 수 있다. 이는 최근에 와서 인간중심 치료(person-centered therapy)라고도 불리워진다. 정신분석에서처럼, 내담자가 자기 문제에 대하여 이야기를 하면 상담자는 듣는다. 이때 특히 강조되는 것은 내담자가 자신의 문제가 무엇인지를 스스로 찾아내도록 하는 데 있고, 상담자가 이를 해석해 주는 일은 극히 드물다. 그 대신 상담자는 자신의 개인적 반응과 느낌을 대등한 입장에서 이야기해 준다. 단, 이것이 내담자의 표현을 해석해 주는 것이어서는 안 되고 상담자 자신의 개인적인 반응과 느낌을 그대로 전해주도록 한다. 이렇게 해석이 아닌 자신의 느낌을 전해줌으로써 내담자가 자기에 대하여 다른 사람들이 어떻게 생각하고 반응하는가 하는 것을 알게 해준다. 정신분석적 접근과는 달리, 인본주의에서 상담자는 내담자에게 이 세상에 자기와 함께 늘 존재하는 실제의 인물로서 함께 이 사회에서 살고 있다는 공감을 갖게 하여 주는 데 의의가 있다.

또한 인본주의 입장에서는 내담자의 문제가 반드시 어릴 때의 경험 때문이라는 생각은 하지 않는다. 어렸을 적의 경험이 중요하지 않다는 것이 아니라 인간중심 치료에서는 과거의 다른 전통적인 심리치료법보다는 현재에 더 강조점을 둔다.

인간 중심치료는 자신의 문제가 스스로 집약되지 못하고, 무엇이 문제인지 잘 파악되지 못하는 어려움이 있을 때 매우 유효하다. 일단 내담자가 자신의 느낌이 정리되고, 그것을 수용할 태세가 이루어지고 나면 그 다음에는 어떤 문제에 부닥쳐도 능히 대처해 나갈 수 있게 된다.

1. 상담과정

인간 중심상담은 성장에 대한 “만일-그러면(if-then)” 접근으로 기술될 수 있다. 즉 성장을 위한 적절한 조건이 확립되면, 내담자는 개인적인 통찰을 믿고 문제해결을 향해 한 걸음 더 나아갈 것이라는 것을 기본전제로 한다.

상담은 다음과 같은 방향으로 그 과정이 진행된다.

① 내담자는 자신의 감정을 점차 자유롭게 표현하며, 비자기(non-self)보다는 자기와 관련된 감정들을 자유롭게 표현하게 된다.

② 내담자가 표현하는 감정들은 점점 더 그의 자기개념과 경험간의 불일치에 관련된다.

③ 상담자가 지속적으로 무조건적이고 긍정적인 관심을 보일 때, 내담자는 그와 같은 불일치의 두려움을 자각상태에서 경험하게 된다.

④ 내담자는 과거에는 부정해 왔거나 왜곡해 왔던 감정들을 자각상태에서 충분히 경험하게 된다.

⑤ 내담자의 자기개념은 그 이전에는 지각되지 못하였거나 왜곡된 형태로 지각된 경험들을 포함하도록 재조직된다.

⑥ 자기구조의 재조직을 통하여 내담자의 자기개념은 그의 경험과 더욱 일치하게 된다. 즉 자기구조에는 이전에 너무 두려워서 자각하기를 거부하였던 경험들이 포함된다.

⑦ 내담자는 무조건적인 자기존중감을 느끼고, 자신을 평가의 소재지(locus of evaluation)로서 경험하게 된다.

2. 상담기법

인간 중심상담은 기법을 강조하는 것에서 내담자의 신념, 태도, 치료적 관계를 강조하는 것으로 전환을 가져왔다. 여기서는 기법 그 자체는 관계를 비개인적으로 만드는 것에 불과하다고 보며, 상담자가 말하고 행동하는 것보다 치료적 관계를 더 중시한다. 인간 중심상담에서 기법은 내담자에 대한 수용, 존중, 이해를 표현하고 전달하며, 내담자와 함께 생각하고 느끼고 탐색할 내적 준거체계를 발달시키려는 시도라 할 수 있다.

인간 중심상담에서 강조하고 있는 것으로 "지금-여기(here and now)"가 있다. 즉 어떤 개인의 과거에 있었던 일이 현재 어려움의 원인이라는 것은 중요하지 않다. 그것보다는 현재 내담자가 어떻게 기능하느냐가 중요하다. 그러므로 치료에서는 내담자의 현재 감정에 초점을 맞추고, 내담자로 하여금 그런 감정을 언어적으로 표현하도록 돕는다.

또한 인간 중심상담에서는 관계에서 지적인 요소보다는 정서적인 요소에 초점을 둔다. 내담자가 특정 상황에 대해 이야기를 하고 특정 상황의 형식적인 내용을 강조해서 말한다 할지라도 상담자는 내담자가 자신과 타인, 그리고 그의 환경 내에서 일어나는 일에 대해 느끼는 감정에 주목하도록 돕고, 내담자가 표현하는 감정을 가능한 한 정확하게 반영해 주는 것이 필요하다. 그럼으로써 내담자는 자신의 감정을 분명하게 경험하고 통찰을 갖게 되면, 새로운 행동목표와 방식을 발생시키게 된다.

V. 형태주의적(Gestalt)접근

Frederich Perls에 의해 창시된 게스탈트 치료는 지금-여기에서 내담자의 자각을 증진시킴으로써 보다 실존적인 삶을 살아가도록 하는 데 중점을 두는 치료법이다. 게스탈트라는 용어는 보통 형태, 형체, 모습 등으로 표현이 되나, 보다 정확하게는 유기체 욕구의 지각을 시각적으로 표현한 개념이라 할 수 있다. 즉 유기체의 욕구는 어떤 상황에서 가장 중요한 욕구(전경)와 덜 중요한 욕구(배경)로 구분될 수 있는데, 이때 중요한 욕구가 덜 중요한 욕구에 대비되어 뚜렷하게 형태적으로 지각될 때 게스탈트가 잘 지각된다고 말한다. 정상인의 경우는 대개 전경과 배경에 있는 욕구의 분별이 가능하고 중요도에 따라 해소가 가능하지만, 심리적 문제를 지닌 사람은 미해결된 욕구가 남아 새로 일어나는 게스탈트를 잘 지각하지 못하고 혼동을 일으키게 된다.

따라서 게스탈트 치료에서는 투사되거나 억압되어 있는 욕구를 자각하고 자신의 모든 에너지를 통합하여 스스로 자립(self-support)할 수 있게 도와 주며, 개체로 하여금 현재 속에서 현재를 충실하게 살아가는 실존적인 삶을 살도록 이끌어 주는 것을 목표로 한다.

게스탈트에서 가장 중요하고 가장 기본적인 개념은 자각, 전경과 배경, 그리고 지금-여기의 개념이다. 자각은 지금 현재에 체험하고 있는 것에 초점을 맞추는 능력을 의미하며, 전경과 배경은 유기체의 자기조절 능력에 의해 자연스럽게 욕구가 등장하고 밀려나는 것을 말하며, 지금-여기는 현재가 유일한 현실이라는 점을 강조하는 개념이다.

1. 상담과정

상담자는 내담자의 즉각적인 감정에 대한 자각과 신체 및 환경, 언어에 대한 자각을 방해하는 것 등에 초점을 둔다. 내담자로 하여금 명백한 것에 접할 수 있도록 하기 위해 상담자는 내담자에게 도전을 하여 그의 모든 감각을 충분히 사용하는 것을 학습하도록 한다. 치료과정에서 상담자는 추상적인 주지화와 진단, 해석 그리고 지나친 군말을 피한다. 치료에서 가장 중요한 점은 내담자가 자신에 대해 이야기하고, 순간순간 변하는 그들의 자각에 명백하게 초점을 맞출 수 있는 분위기를 제공하는 것이다. 상담자는 지금-여기에서 내담자와 대면하면서 자신의 현재의 지각과 경험을 내담자와 공유하며, 내담자가 언어적·비언어적으로 드러내는 내용에 대해 피드백해 준다. 이러한 피드백은 내담자가 그가 하고 있는 것을 자각하도록 돕는다.

게스탈트 치료는 상담자와 내담자간의 진정한 나와 너의 관계에 기초한 참여를 중요시하며, 이것은 상담자와 내담자간의 긴밀한 접촉을 의미한다. 이러한 긴밀한 상호작용을 통해 내담자는 자신에 대해 배우고 변화할 수 있게 된다.

2. 상담기법

게스탈트 치료는 인간 중심치료와 마찬가지로 과거를 재구성하려 들지 않으며, 내담자의 무의식적인 동기를 들춰내려하지 않는다. 게스탈트 치료는 현재에 초점을 두고 있으며, 내담자와 상호작용을 하면서 관찰을 통해 내담자에 관한 중요한 정보를 얻는다. 치료자는 내담자의 언어적 표현과 비언어적 표현간의 불일치를 간파할 수 있어야 하고, 이를 내담자에게 피드백해 줌으로써 내담자가 그들의 정서와 행동을 더 잘 지각할 수 있도록 돕는다.

치료자는 “지금 당신은 오른손으로 무엇을 하고 있죠?” 혹은 “지금 당신의 음성이 어떻게 들립니까?” 등을 질문함으로써 ‘지금-여기’를 강조한다. 치료자는 결코 “왜”라는 질문을 하지 않는데, 그 이유는 “왜”라는 질문은 주지화를 촉진할 뿐이기 때문이다. 반면 “어떻게” “무엇”이라는 질문을 사용함으로써 현재의 기능에 주의를 집중시킨다.

이와 같이 ‘자각’은 게스탈트 치료의 가장 중요한 방법이자 목표가 되기도 하며, 이외에도 여러 가지 게임기법을 사용한다. 여기서는 대표적인 몇 가지만 소개하겠다.

1) 책임지기

치료자는 내담자에게 어떤 진술을 하게 한 후 “나는 그것에 대해 책임지겠다”는 말을 항상 덧붙이도록 요구한다. 그럼으로써 내담자가 자신의 감정을 타인에게 투사시키는 대신에 그러한 감정을 자신의 것으로 인식하고 받아 들이는 것을 돕는다.

2) 느낌을 지속하기

내담자가 불쾌한 감정이나 기분을 이야기한 후 그것으로부터 회피하고 싶은 욕구를 강하게 느끼는 순간에 치료자는 내담자에게 그러한 감정에 직면하여 그것을 경험하는 것은 장애물을 제거하고 성장에 이르는 데 필요한 고통을 견디는 의욕을 고양시켜 준다.

3) 과장하기

내담자가 감정을 명확히 자각하지 못하고 있을 때 어떤 행동이나 언어를 과장하여 표현하도록 시켜 감정의 자각을 도와준다.

4) 자아부분들의 대화

자아의 여러 부분들이 서로 통합되지 못할 때 그 부분들을 서로 대화하게 하여 이들을 통합할 수 있도록 도와주는 것이다. 대개 부모 자아와 어린이 자아, ‘우월한 자’와 ‘열등한 자’ 등이 한 개인 안에 갈등을 일으키며 존재한다.

Ⅵ. 현실치료

현실치료(Reality Therapy)는 1950년대에 William Glasser에 의해 창시되었다. 이 접근에서는 현재와 현재의 행동에 초점을 두며, 내담자가 자신의 욕구를 자신이나 타인에게 피해를 주지 않으면서 현실적인 방법으로 충족시킬 수 있도록 도와줌으로써 내담자로 하여금 성공적인 정체감을 획득하도록 하는 것이다. 결국 개인적인 책임감은 상담의 목표이며, 개인의 불행은 무책임에서 비롯된 결과라고 본다.

현실치료에서는 모든 사람은 태어나면서부터 죽을 때까지 정체성에 대한 욕구를 가지고 있다는 것을 전제로 한다. 정체성의 욕구란 각자가 독립적이며 독특한 존재임을 느끼려는 욕구이다. 이 욕구는 누구에게나 있는 것이며, 각 개인은 자기자신이 성공적인 정체감 혹은 패배적인 정체감을 가지고 있는지를 알아야 한다.

또한 현실치료에서는 각 개인이 성장할 수 있는 잠재력을 가지고 있다고 본다. 그리고 모든 개인은 자신의 목표가 있으며 이 목표들은 열망의 정도에 따라서 달성될 수 있다고 가정한다. 상담자는 내담자가 목표를 향해 나가는 데 방해가 되는 것이 무엇인지를 상담과정에서 인식하고 문제해결의 대안을 찾을 수 있도록 도와준다.

1. 상담과정

상담과정에서 상담자는 현재의 사건들을 다루고 현재의 행동에 초점을 맞추어야 한다. 이와 같이 과거나 미래보다는 현재에 관심을 기울일 때 내담자의 자아의식은 증가한다. 자아의식은 자신의 특징과 감정과 잠재력을 이해하고 확장하도록 하며, 자신과 타인 그리고 사물들을 긍정적으로 지각하게 하고, 내담자 스스로 독립적으로 계획하며 행동하도록 하는 원동력이 된다. 결국 내담자는 상담과정을 통하여 점차 책임 있는 행동을 하게 되고, 자신과 타인에게 해를 끼치지 않고 자신의 욕구를 충족시킬 수 있게 된다.

2. 상담기법

현실치료에서는 건설적인 논쟁이나 지적인 토의를 사용하기도 한다. 내담자의 신념에 대해 상담자가 질문을 하고, 상담자의 신념을 내담자와 함께 얘기하고, 두 사람 사이에 발견되는 신념의 불일치점을 논쟁하거나 토론한다.

또한 현실치료에서는 내담자가 자신의 행동에 대해 책임을 지게하고 변명을 막기 위해 맞닥뜨림 방법도 사용하며, 균형 있고 긍정적인 자아와 건전한 생활을 위해 유머도 자주 사용한다.

Ⅶ. 집단상담

집단상담은 상담자와 내담자가 일 대 일로 만나는 개인상담과는 달리, 한명의 상담자와 여러 명의 내담자가 함께 상담작업을 해나가는 것이다. 그러므로 상담자로부터만 피드백을 받을 수 있는 개인상담과는 달리, 집단을 이루고 있는 구성원 모두로부터 자신의 생각과 감정, 행동 등에 대한 피드백을 받을 수 있는 장점이 있고, 구성원들간의 역동이 보다 더 활발히 일어나 집단 안에서 자신의 대인관계 패턴을 확인해 볼 수 있으며, 집단에 참가한 구성원 모두가 다른 구성원에 대하여 동시에 치료자의 역할을 할 수 있다.

(a) 집단치료

집단상담은 심한 정서장애를 가지지 않고 스스로 일상생활을 해 나가고 있는 비교적 정상인을 대상으로 그들의 건전한 발달과 성숙에 관심을 가지며, 집단상담을 통해 개인적인 문제를 해결하고자 하는 목표와 함께 역동적 대인관계 과정을 통한 대인관계 학습을 하고, 개인적 잠재력의 개발을 도모한다.

집단참가자들은 집단상담을 통해 나뿐만 아니라 동료들도 나와 비슷한 문제를 가지고 있다는 사실을 확인하고 위로를 얻고 공감의 폭을 넓힐 수 있게 되며, 자기가 가진 결함에도 불구하고 동료들에게 있는 그대로의 자기가 수용되는 것을 경험한다.

집단이 처음 시작될 때 대체로 내담자들은 아직 구조화가 덜 되고 신뢰가 충분히 형성되지 않은 데서 비롯된 불안감과 불확실성을 경험하게 된다. 그리고 과도기적 갈등단계로서 서로간에 부정적 감정이 드러나게 되며, 그러한 갈등단계를 넘어서면 집단은 점차로 응집성을 발달시켜 집단원들은 '우리집단'이라는 소속감과 신뢰감을 굳게 형성한다. 그리고 나면 집단은 보다 생산적인 활동을 하게 되며 생산적인 결과를 가져오게 되고, 상담의 목표가 어느 정도 달성되면 종결을 맞게 된다.

(b) 가족치료

집단상담은 크게 구조화된 집단과 비구조화된 집단으로 나눌 수도 있다. 전자는 상담자가 집단의 목표와 과정을 정해놓고 주도적으로 집단을 이끌어가는 것을 말하며, 후자는 미리 정해놓은 프로그램 없이 그 자리에서 일어나는 집단원들간의 관계를 분석하여 개인내/간 갈등을 이해하고 해결하고자 하는 것을 말한다.

다음에 소개되는 몇 가지 프로그램은 우리가 일반적으로 접할 수 있는 것들로서, 간략히 그 프로그램의 성격과 내용에 대해 소개하고자 한다.

1. 감수성 훈련

다른 말로 T-Group, 참만남집단으로도 불리워지는 이 프로그램은 개인의 문제를 다루기보다는 현재 그 자리에서 일어나는 감정을 위주로 표현하는 훈련이다. 사실 우리의 일상적인 의사소통패턴은 사고중심이고, 솔직하지 못하며, 구체적이지 않고 모호하여 듣는 사람으로 하여금 많은 오해와 왜곡을 불러 일으키는 것이 보통이다. 따라서 감수성 훈련에서는 지금-여기에 충실하여 남을 해치지 않는 범위 내에서 최대한으로 솔직하며, 자신의 감정과 그 감정이 들게 된 배경을 항상 의식하고 이것을 명확하게 표현하고 전달하는 것을 훈련함으로써 자신과 타인의 감정을 보다 정확히 지각하고 보다 효율적인 의사소통을 할 수 있도록 하는 데 도움을 준다.

2. 자기표현 훈련

우리는 흔히 대인관계에서 지나치게 소극적이어서 자기주장을 제대로 못하고 손해를 보고 사는 사람들을 만나게 되며, 반대로 지나치게 공격적이어서 남은 어떻게 되든지 자기주장만 앞세우는 사람들을 보게 된다. 전자의 유형에 속하는 사람들은 자기의 권리를 희생하고 상대방의 권리만 존중해주는 결과를 가져오며, 후자의 유형에 속하는 사람들은 자기의 권리만 앞세우고 상대방의 권리는 무시해 버리는 결과를 가져온다. 이러한 관점에서 볼 때 가장 이상적인 자기표현이란 상대방의 인권을 존중하면서 동시에 자신의 생각이나 느낌을 솔직하게 표현하여 자기의 권리도 존중할 줄 아는 것이다.

이를 위해서 자기표현 훈련에서는 여러 가지 행동주의적 방법과 인지적 접근을 병행하여 요청하기, 거절하기, 칭찬하기, 비판하기, 사교적 대화하기 등과 같은 여러 차원의 표현행동을 부모님이나 친구, 교수님, 직장 상사 등의 여러 대상을 설정해 놓고 구체적으로 훈련해 본다.

3. 진로탐색 집단상담

사람의 일생에 있어 진로를 잘 결정한다는 것은 단순히 직업을 갖고 살아가는 것의 의미를 넘어서서 자신의 생애를 만족스럽게 개발하는 것과 관련이 있다. 이런 면에서 진로탐색 집단상담은 단순히 좋은 직업을 선택하게 하는 데 도움을 주기보다는, 스스로 자신의 심리적 특성과 직업적 적성을 잘 이해하게 한 후 이것을 바탕으로 진정으로 만족할 수 있고, 자신의 능력 안에서 해낼 수 있는 적합한 진로를 선택하도록 하는 데 도움을 준다.

이를 위해서 진로탐색 집단상담에서는 자신의 가장 중요한 성취경험, 흥미를 느끼는 영역, 자신이 가지고 있는 기술, 가장 적합한 적성, 자신의 성격특성, 일과 관련된 중요한 자질 그리고 중요한 개인적 가치에 대한 점검을 토대로 자신에게 가장 적합하다고 생각되는 직업유형을 선택해 보게 하고, 구체적으로 직업에 대한 정보를 주며 면접상황을 역할 연기해보며 미리 준비해 보기도 한다.

4. 잠재력개발 집단상담

잠재력개발 집단상담은 사람들이 타고날 때부터 부여받은 무한한 잠재력을 스스로 깨닫지 못하고 있는 것을 효과적인 집단 운영을 통해 자신의 잠재력을 실현시켜 나갈 수 있도록 도와주는 프로그램이다. 구체적으로 다음과 같은 네 가지 목표를 두고 있다. 첫째는 자기를 사랑하고 긍정할 수 있는 능력, 둘째는 다른 사람에 의해서가 아니라 스스로 자기에게 내적인 동기를 부여할 수 있는 능력, 셋째는 자기가 가치 있다고 생각하는 방향으로 일생을 이끌어갈 수 있는 능력, 그리고 넷째는 타인에 대한 공감의 증대를 목표로 한다.

이를 위해서 잠재력개발 집단상담에서는 자신의 일생을 통해 절정경험이 무엇이었는지를 회상해보고, 생활 속에서 작은 것들이지만 삶에 활력을 느끼게 해주는 작은 기쁨들을 서로 나눠보며, 자신이 만족했던 일, 성공했던 일, 성취했던 일에 대해 그 동기요인을 파악해보고, 자신의 가치관을 명료화 해보며, 자신의 강점과 잠재력을 인식하고 이를 토대로 장기적인 목표를 설정해 보는 것을 포함한다.

Ⅷ. 진로상담

기술문명의 발달, 급속하게 변하는 직업세계, 첨단산업의 급증, 그리고 가치관의 변화 등으로 인해 현대사회는 과거와는 매우 다른 산업 구조로 인해 미래 사회에 현명하게 적응하기 위한 직업 선택의 문제가 복잡해지고 있다. 따라서 자신의 능력 및 특성에 맞는 적재적소의 직업 및 진로를 선택하는 것이 과거보다 어렵고 중요한 문제가 되고 있기 때문에 진로와 관련되어 전문적인 도움이 매우 중요한 사회적 문제로 대두되고 있다.

진로상담이란 일반적으로 직업선택의 문제 뿐 만 아니라 직업을 갖고자 하는 준비와 직업활동 과정을 모두 포함하는 개념으로 개인이 진로 목표를 명확히 하고 이런 목적에 일치하는 진로를 선택하도록 돕는 과정이다.

진로상담의 초창기에는 상담자가 내담자에게 여러 가지 검사를 실시하고 그 결과에 부합되는 직종을 발견하여 개인과 직업을 결합시켜주는 일련의 과정에 초점을 맞추었기 때문에 그 영역이 매우 한정적이었다. 하지만, 산업사회의 발달과 직업 환경의 변화, 현대사회의 다양화와 전문화 때문에 개인의 특성과 직업의 연결만으로는 포괄적인 도움을 제공하기가 힘들게 되었다. 따라서 개인으로 하여금 자신에 대해 좀 더 정확한 이해를 할 수 있게 하고 일의 세계를 포함한 주변 환경에 대해 명확하고 체계적으로 이해할 수 있도록 전생애 발달 과정에 초점을 맞춘 진로상담의 개념으로 확장이 필요하게 되었다.

수퍼 (Super, 1951)는 진로상담은 일의 세계에서 적절히 융화된 자신의 역할상과 자아상을 발전시키고 수용하여 현실로 전환하도록 내담자를 도와주는 과정이라고 정의하고 있다. 한편, 미국진로발달협회(National Career Development Association)는 진로상담을 내담자가 적절한 직업 결정을 하기 위해 자신과 환경을 이해하고 활용하도록 돕는 목적을 가진 상담자와 내담자의 관계로 정의하고 있다.

이상의 정의들을 종합해 보면, 진로상담은 개인이 지니고 있는 잠재 가능성을 인식하고 개발시켜 자신이 원하는 진로를 선택하고 적응하도록 하는 조력과정이라고 정의할 수 있다.

이러한 의미를 갖는 진로상담의 구체적인 목적은 다음과 같다.

첫째, 자아개념을 구체화하는 과정이다. 내담자가 자신의 능력, 적성, 흥미, 성격 등에 의존하여 진로선택과 관련하여 막연하게 갖고 있는 목표를 진로상담을 통해 현실적인 자아개념을 형성하도록 도와주는 과정이다. 둘째, 일의 세계에 대한 이해력을 갖는 과정이다. 일의 종류, 직업세계의 구조, 직업세계의 특성, 그리고 특정 직업에서 요구하는 조건 등에 대한 대담자의 이해력을 향상시켜주는 과정이다. 셋째, 진로계획에 대한 책임감을 향상시켜주는 과정이다. 자신의 진로를 계획하고 선택하는 과정에서 주체가 되어야함을 인식시켜주는 과정이다. 넷째, 의사결정능력을 길러주는 과정이다. 자신의 진로를 현명하게 계획하고 결정하기 위해서는 최선의 것을 선택할 수 있는 의사결정능력이 필요하다. 따라서 진로상담에서는 의사결정시 요구되는 요소 등을 제공하고 학습하도록 도와주어야 한다.

심리치료는 과연 효과가 있는가?

심리치료의 효율성을 평가하는 것은 사실상 많은 변인들을 고려해야 하므로 매으 어려운 작업이라 할 수 있다. 예를 들어 심리적 문제를 가진 많은 사람들이 어떠한 전문적인 치료 없이 좋아지는데 이러한 현상을 자발적 회복이라고 한다. 그러나 전문적인 도움 없이 심리적 장애가 회복되는 것을 묘사하는 데 있어서 '자발적' 이라는 용어는 적절하지 않다. 왜냐하면 전문적인 치료가 없었을 따름이지 어떠한 형태의 외부적인 사건, 즉 개인의 생활상황에 변화가 오거나 다른 사람의 도움 등으로 인하여 증상이 호전되었을 수 있기 때문이다. 그러므로 단지 전문적 치료가 없이 증상이 호전되는 것을 진정한 자발적인 회복이라 보기는 어렵다.

전문적인 도움을 구하지 않는 심리적으로 고통받는 많은 사람들의 경우, 친구나 선생님 또는 종교적인 조언자와 같은 비전문인의 도움으로 호전될 수 있다. 우리는 이러한 회복을 '자발적'이라고 고려할 수 없다. 그러나 그들이 심리치료에 기인한 것이 아니므로 대개는 자발적 회복률에 포함되며, 그 범위는 30%에서 60%에 이른다.

결국 심리치료의 효과를 제대로 평가하기 위해서는 치료를 받지 않은 통제집단과 치료집단을 비교해야만 한다. 이러한 평가에는 다음의 세 가지, 즉 증상의 진전에 대한 내담자의 평가와 치료자의 평가, 그리고 가족이나 친구 또는 치료에 개입하지 않은 다른 임상가의 판단이 포함되어야 할 것이다. 그리고 이 외에도 심리치료의 효과를 평가하는 데 쓰여질 수 있는 다른 측정치들로는 여러 검사(예: MMPI 등)들이 활용될 수 있으며, 행동치료의 경우에는 목표행동의 변화(예: 강박적 행동의 감소)를 포함할 수 있다.

이러한 심리치료의 효율성을 평가하기 위해 여러 연구자들은 이제까지 개별적으로 행해져온 심리치료 효과에 대한 연구들을 모아서 Meta-Analysis를 실시하였다. 그 결과, 치료를 받은 사람들이 받지 않은 사람들보다 한결 나아졌음을 발견하였다.

또한 치료회기의 수에 따른 향상률을 보더라도 치료를 받은 집단이 자발적 회복률 이상의 향상을 보인 것은 분명한 사실이다(아래 그림 참조). 8회가 되면 대략 50%의 내담자들이 향상을 보였으며, 여섯 달쯤 경과하면 75%가 향상을 보인다.

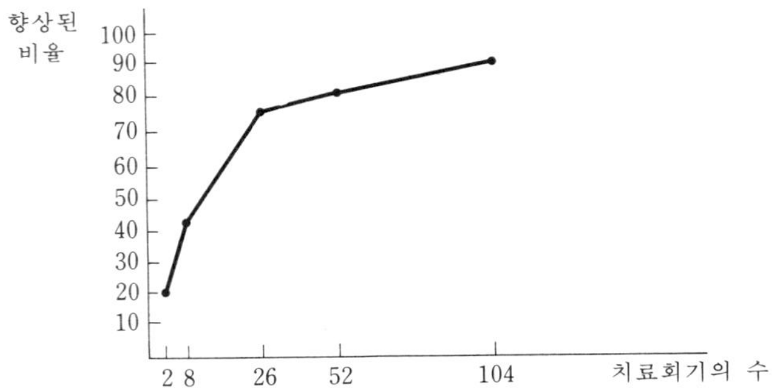

모든 심리치료는 동등한가?

위에서 보았듯이 치료를 받는 것이 그렇지 않은 것보다 더 큰 향상을 보인다. 그렇다면 어떠한 치료적 접근이 보다 더 효과적일까?

이 질문에 대한 논란은 오랫동안 계속되어져 왔으나, 많은 연구들을 분석한 결과 치료들간의 효율성에는 별다른 차이가 없는 것으로 드러났다. 분명히 여러 치료들간의 치료기법과 과정이 다른데도 이러한 결과를 나타낸 것을 보면 모든 심리치료에 공통되는 요인이 존재하고 있음을 알 수 있다.

심리치료의 공통요인

어떤 치료에서는 통찰을 강조하고, 또 어떤 치료에서는 모델링과 강화를 강조한다. 그리고 또 다른 치료에서는 공감과 온정적인 관계를 강조한다. 이와 같이 이론에 따라 분명히 강조하는 바가 다르지만 사실 이들보다 더 중요한 요인이 대부분의 심리치료에 공통적으로 존재한다.

첫째는 치료자 요인으로, 치료자가 내담자에게 따뜻하게 대해주는 것과 이들에게 새로운 조망과 접근을 제시해 주는 것을 포함한다.

둘째는 내담자 요인으로, 내담자의 치료에 대한 몰입과 치료의 효과에 대한 중등도 수준의 기대를 말한다.

마지막으로는 치료자와 내담자간의 치료적 관계로서, 그들간의 정서적 유대와 치료에 대해 상호 개입하는 것을 이른다.

이와 같은 세 가지 요인이 대부분의 심리치료에는 공통적으로 존재한다고 볼 수 있으며, 바로 이러한 요인이 어떠한 특정 기법보다 치료의 결과에 더 중요한 요인으로 작용하고 있는 것이다.

제14장 심리학의 새로운 활동분야

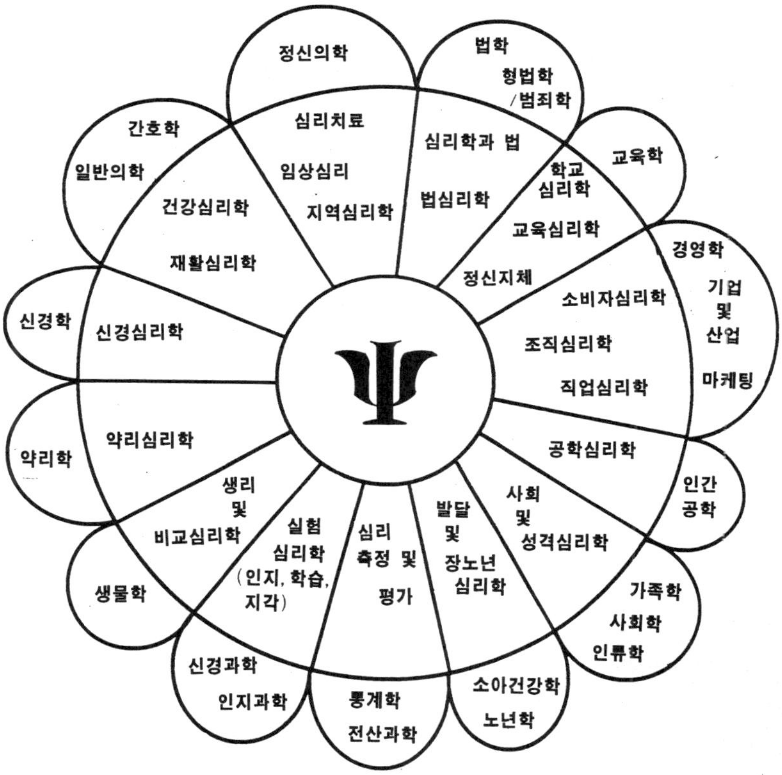

법률과 심리학 / 인간공학과 심리학 /
환경조건과 인간행동 / 인구의 노령화와 심리학 /
프로그램 평가연구 전문가 /
건강심리학 / 인구문제와 심리학 /
스포츠와 심리학 / 군대와 심리학 /
맺는말

1879년 독일의 라이프찌히(Leipzig)대학 실험실에서 시작된 현대 과학적 심리학은 사회과학과 자연과학의 중간지대를 점령하고 비약적으로 발전해 왔으며 지난 100여년 동안 인간행동과 의식과정의 기초를 이해함은 물론, 실제 개인의 복지증진을 위해서 많은 공헌을 해왔다. 하지만 최근 1960~70년대의 급격한 사회변화와 자연과학 및 산업기술의 발전을 겪으면서 지난 100년간에 전혀 상상조차 할 수 없었던 수많은 새로운 연구분야들이 속출하고 있다. 이와 같은 추세는 심리학의 이름하에 그 전문영역이 최근에 급격히 세분화되고 있는 데서 잘 나타나고 있다. 이러한 현황은 한국심리학회나 세계에서 가장 심리학이 발달되어 있다고 인정받는 미국심리학회의 분과학회 구성을 살펴보면 전반적으로 이해할 수 있다.

예를 들면, 1946년에 창립된 한국심리학회에는 2002년 현재 12개의 분과학회가 있는데, ① 실험 및 인지심리학, ② 사회 및 성격 심리학, ③ 발달심리학, ④ 산업 및 조직심리학, ⑤ 임상심리학, ⑥ 상담 및 심리치료, ⑦ 생물 및 생리 심리학 ⑧ 사회심리연구학, ⑨ 건강심리학, ⑩ 여성심리학, ⑪ 소비자 · 광고심리학, ⑫ 학교심리학회 등이 있으며, 또한 소장학자들을 중심으로 인지공학연구회 등의 독회도 활발하게 이루어지고 있다. 이러한 한국심리학회의 활동에 근거하면 한국심리학회가, 기초연구는 물론 사회 각영역에서, 전문적 활동이 점차 증대됨을 알 수 있다.

하지만 심리학연구의 최근동향을 범세계적 측면에서 보다 명확히 파악하기 위해서는 심리학의 학술적 연구와 사회적 공헌이 매우 활발한 구미 여러 나라, 특히 미국의 예를 주시해 볼 필요가 있다. 1892년에 창립되어 1992년에 100주년 기념행사를 성대히 치른 미국심리학회는 약 108,000명의 회원 및 준회원을 포용하고 있으며 기초와 응용심리학분야를 통틀어 매우 광범위한 영역에서 활동하고 있는 바, 그 산하 47개 분과학회의 번호와 명단은 다음과 같다(제4분과와 제11분과학회는 도중에 해체되어 현재는 없다.)

"그는 무중력상태의 성생활에 대한 심리학적 연구분과회원이야. 요즘 한참 인기있는 심리학 분야지."

급격한 사회변화와 자연과학 및 산업기술의 발전을 겪으면서 지금까지는 상상할 수 없었던 수많은 연구분야들이 속출하고 있다.

① 일반심리학, ② 심리학의 교육(Teaching of Psychology), ③ 실험심리학, ⑤ 심리평가와 측정, ⑥ 생리 및 비교(동물)심리학, ⑦ 발달심리학, ⑧ 성격 및 사회심리학, ⑨ 사회문제에 대한 심리학적 연구분과회(Society for the Psychological Study of

Social Issues: SPSSI), ⑩ 예술과 심리학, ⑫ 임상심리학, ⑬ 전문가의 자문(Consulting)심리학, ⑭ 산업 및 조직심리학, ⑮ 교육심리학, ⑯ 학교심리학, ⑰ 상담(Counseling)심리학, ⑱ 공공행정에 종사하는 심리학자 분과학회(Psychologists in Pblic Service), ⑲ 군사심리학, ⑳ 성인발달 및 노화심리학, ㉑(인간)공학심리학, ㉒ 재활(再活)심리학, ㉓ 소비자심리학, ㉔ 철학적 심리학, ㉕ 실험적 행동분석(Experimental Analysis of Behavior) 분과학회, ㉖ 심리학사, ㉗ 지역사회 심리학, ㉘ 정신약리학, ㉙ 심리치료, ㉚ 심리적 최면, ㉛ 미국내 각 주(州)별 심리학의 활동관계 분과학회, ㉜ 인본주의 심리학, ㉝ 정신지체아(Mental Retardation), ㉞ 인구 및 환경심리학, ㉟ 여성심리학, ㊱ 종교문제에 관심을 가진 심리학자들의 분과학회(Psychologists Intereted in Religious Issues: PIRI), ㊲ 아동 및 청소년 보호사업 분과학회, ㊳ 건강(Health)심리학, ㊴ 정신분석 분과학회, ㊵ 임상신경심리학(Clinical Neuropsychology), ㊶ 심리학과 법률, ㊷ 개업 중인 심리학자들의 분과학회, ㊸ 가족심리학, ㊹ 동성애 문제에 대한 심리학적 연구학회(Society for the Psychological Study of Lesbian and Gay Issues), ㊺ 소수민족문제에 대한 심리학적 연구분화회, ㊻ 매체(Media)심리학, ㊼ 신체적 운동과 스포츠 심리학, ㊽ 평화심리학(Peace Psychology) 그리고 ㊾ 집단심리학 및 집단심리치료

이상과 같은 47개 분과학회 가운데 ㉛ 미국내 각 주별 심리학의 활동관계 분과학회와 ㊷ 개업중인 심리학자들의 분과학회 등은 심리학자들의 권익보호 등을 위한 행정적 · 정치적 활동을 위한 단체이며, 그 이외의 45개 분과학회는 모두 심리학내의 연구분야를 대표하는 것이다. 그런데, 특히 분과학회의 번호가 늦은 것일수록 최근에 결성된 것이며, 이는 최근에 새로이 나타난 심리학 내의 세분화된 영역을 나타내는 것이다. 이 가운데 특히 ⑲ 군사심리학, ⑳ 성인발달 및 노화심리학, ㉑ 인간공학심리학, ㉒ 재활심리학, ㉓ 소비자심리학, ㉗ 지역사회심리학, ㉞ 인구 및 환경심리학, ㉟ 여성심리학, ㊱ 종교와 심리학, ㊳ 건강심리학, ㊶ 심리학과 법률 등은 최근에 크게 각광을 받는 분야이다. 그러므로 본 장에서는 위와 같이 최근에 크게 대두되는 분야 가운데 몇 가지 영역을 선정하여 보다 자세히 논의하고자 한다.

Ⅰ. 법률과 심리학

심리학적 지식과 원리는 모든 형사 및 민사관계 재판 절차에도 그대로 적용될 수 있다. 이는 흔히 범죄심리학 및 사회비행, 청소년 비행의 문제를 단순한 법률적, 사회질서 확립의 차원에서만 다루지 않고 심리학적, 정신의학적, 교육적 그리고 사회학 및 사회사업학적 관점을 동시에 고려하는 데서 잘 나타나고 있다.

특히 형사소추와 재판절차에 있어서 전문 심리학자들의 역할이 크게 두드러질 수 있는데, 그 단계는 다음과 같이 4가지로 구분될 수 있다.

① 재판 이전 단계: 심리검사를 통하여 피고가 재판을 받을 능력이 있는가를 우선 결정한다.

② 재판단계: 피고를 변호하는 증거로써 심리적인 정상성 여부(sanity 또는 insanity)를 심리검사를 통하여 검사 · 제시한다.

③ 판결과정: 피고인을 징역형, 집행유예, 혹은 정신병원에 입원시키는 등 판사의 판결에 참고가 될 자료를 제공한다.

④ 교정(矯正)단계: 교도소 내에서 개인적 정신건강 진단 및 정신치료, 집단치료, 행동수정치료, 그리고 직업상담 등 심리학적 서비스를 제공한다.

사실상 최근에 와서는 개인의 정서적 문제, 성격이상, 정신질환 등과 범죄행동과의 관련성이 더욱 명확하게 밝혀지고 있고, 따라서 궁극적으로 범죄자의 사회 재복귀를 위한 정신치료와 재활(再活)에 심리학적 지식의 적용을 크게 필요로 하고 있다.

또한, 심리학 전문가들은 형사 · 사법제도와 절차의 개선과 향상에도 크게 기여할 수 있다. 예를 들면, 다음과 같은 8가지가 주요한 것들이다.

① 형사관계법의 개정과 보완, ② 경찰의 역할수행의 변화, ③ 지역사회 중심의 교정제도 확립, ④ 교도소 개혁, ⑤ 교정장면에 있어서의 준(準)심리전문가(예: 전과자, 만기석방자, 혹은 교정직 공무원 등을 단기간의 훈련을 통해 보조전문가로 활용할 수 있다)의 채용과 훈련, ⑥ 심리학자나 정신과의사로부터의 전문적인 법정증언 정취, ⑦ 직원선발, 직무분석, 업적평가작업, 그리고 ⑧ 전체 사법제도에 있어서 정신건강 전문가로서의 역할수행 등이다.

1. 경찰 및 검찰을 비롯한 수사기관과 심리학

경찰과 검찰을 비롯한 관계기관에 대한 심리학자의 역할은 우선, 크게 다음과 같은 두 가지 측면을 들 수 있다.

1) 경찰인력관리와 심리학의 응용

경찰은 모든 국민의 생명과 재산을 지켜주는 국가기관이다. 따라서 이들 경찰관들은 경찰학교 지망단계로부터 정신건강 수준, 성격이상 여부, 지능의 수준 등에 관한 심리검사와 면접 등을 통하여 엄격한 기준에 맞도록 선발되어야 한다. 예를 들면 1982년 경남 의령경찰서 관내에서 우순경이 주민들에게 총기를 난사했던 사건은 경찰관에게 정신건강과 심리적 안정성이 얼마나 중요한 것인가를 단적으로 보여주는 것이다. 뿐만 아니라, 1991년 경찰청의 독립 및 지위격상과 때를 같이하여, 경찰전문인력의 효율적 관리를 위한 심리검사 전문요원의 특채, 범죄심리학 전공자의 채용 움직임은 이 분야에서도 우리 나라가 급격한 향상을 보이고 있음을 나타내는 것이다.

2) 범죄에 대한 심리학적 기본지식의 제공

경찰은 날마다 강도, 절도, 강간, 폭력 등 수많은 범죄들과 부닥치며 살아간다. 이 때, 이들은 우선 범인 용의자의 수사, 체포, 구금에 있어서 보다 신중을 기하고 과학적 수사에 임할 필요가 있다. 그러므로 예를 들어 무고한 시민을 인질로 잡고 총기 난동을 부리는 범인으로부터 피해자를 무사히 구출하고 범인을 체포하기 위해서는 범인이 처한 상황에 대한 여러 가지 심리학적 원리의 습득이 요청된다. 또 현장주변에 모여든 군중의 통제와 정리, 인질범이 보여주는 행동경향, 즉 식사 및 수면부족의 영향, 장시간의 무료함에 대한 반응 및 타인과의 상호작용 과정에 적용할 수 있다. 또한 이러한 원리는 시민의 자살에 대한 예방 등에도 적용될 수 있고, 단순히 피의자를 물리적 힘으로 억누르거나, 그런 문제를 회피하기보다는 보다 합리적이고 평화적인 방법으로 피의자를 연행할 수 있다. 그리고 최근에는 우리 나라의 검찰이나 경찰에서도 거짓말탐지기(polygraph)를 수사에 이용하고 있고, 그 전문가를 훈련시키고 있다. 이들은 피의자의 단순한 생리적 반응을 측정 · 해석할 뿐만 아니라 숙달된 면접기술을 통해 보다 정확한 수사와 범인검거에 임하고 있다.

앞으로 거짓말탐지기와 같은 심리학을 응용한 과학수사의 장비들이 보다 많이 개발 · 보급되고 또 그 검사결과가 재판의 증거물로 채택됨으로써 심리학 · 생리학 등의 범죄문제해결에 보다 큰 공헌을 할 날이 하루빨리 다가와야 할 것이다.

2. 교정(矯正) 심리학자

오늘날 교도소에 대한 기본개념이 과거와는 판이하게 다르다. 사실상 교도소(矯導所)란 단순히 범죄자를 응징하거나 수용하는 기관이 아니라, 언젠가는 다시 사회로 돌아가 성실한 시민의 한 사람으로서 역할을 담당해야 할 재소자들의 재활과 교정을 담당하는 곳이다. 다시 말하면, 교도소나 소년원을 단순히 처벌을 집행하는 수용소가 아니라, 하나의 치료 및 교육기관으로 보는 것이다.

그리하여, 심리학자들은 이러한 교정장면에서 소년감별업무, 재소자의 입소와 퇴소에 있어서의 면접, 심리검사 그리고 분류 · 판단과정에 기여할 수 있다. 그리고 이들은 집단치료든 개인치료든 재소자의 심리치료에도 관여하게 되며 또한 재소자의 가석방 결정과 재범방지를 위한 여러 가지 예측프로그램에 심리학자의 진단과 소견이 참작될 수 있다. 또한 심리학자들은 이상과 같은 상담 및 임상심리학적 역할 뿐만 아니라 교정행정가, 전문연구요원, 그리고 전문교사로서의 역할도 함께 할 수 있으며, 행정고등고시에도 '교정직', '보도직' 등이 있어 행정고위간부 채용의 길을 열어놓고 있다.

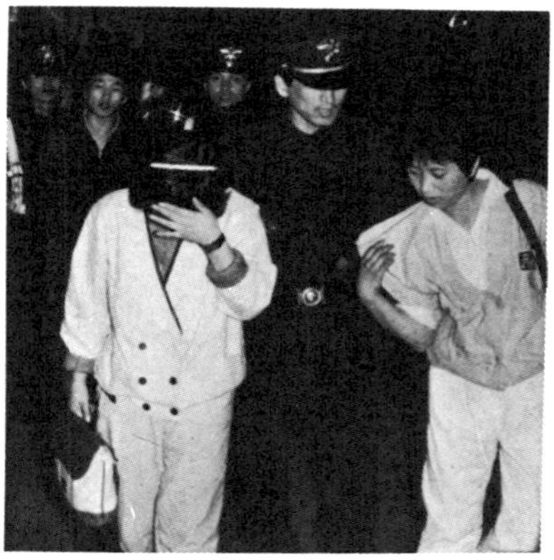

비행청소년

비행청소년의 선도에 심리학자의 도움이 요청되고 있다.

3. 가정법원/소년법원과 심리학자의 역할

범죄와 형사사건에 관련된 성인문제뿐만 아니라 청소년 비행문제에 대한 심리학자의 역할이 특히 중요하다. 청소년 범죄자들의 지능검사나 성격검사를 비롯한 심리검사적 서비스가 그 커다란 역할 중의 하나이다. 또한 심리학자는 비행청소년의 학교성적, 가족상황의 파악은 물론 과활동성(過活動性 : hyperactivity), 주의집중장애아동(注意集中障碍兒童 : attention deficit children), 학습장애아 등을 검사 및 평가하기도 한다. 또한 가정법원에서의 이혼관계 사전 조정, 소년부 재판에 있어서의 참고 진술, 정신감정 소견제출 등 청소년 재판과 가족관계 재판과정에서도 적극적으로 그들의 전문지식이 활용될 수 있다. 뿐만 아니라, 이들 형사정책의 집행을 담당하는 전문가를 양성하는 사법연수원, 법무연수원, 경찰대학과 경찰종합학교 등에서도 심리학 교육을 더욱 강화할 필요가 있겠다. 특히 이들이 공부해야 할 분야는 사회비행 및 범죄심리학뿐만 아니라, 발달심리학, 성격심리학, 이상심리학, 상담 및 임상심리학 등 여러 가지 심리학의 기초적인 영역이다.

그런데 사법시험 합격자들이 판검사, 변호사로 활동하기 전에 2년간 대학원과정을 밟게 되는 사법연수원이나, 법무부, 검찰 및 교정관계 공무원을 정기적으로 연수시키는 법무연수원, 그리고 4년제 국립대학인 경찰대학과 단기과정인 경찰종합학교 등에서 아직 한 사람의 심리학 전공교수도 임용하지 않고 있다. 이와 같은 사실은, 정부당국이 사법제도운영에 대한 심리학 전문지식의 적용에 그다지 비중을 두고 있지 않음을 단적으로 나타내는 것이다. 그런데 한 가지 특기할 사항은 1985년에 한국형사정책학회가 창립되어 형사법학자, 현직 법관과 검찰간부, 변호사, 심리학자와 사회학자를 비롯한 사회과학자, 그리고 정신의학자를 비롯한 기타 관계전문가들이 함께 범학문적으로 형사정책문제를 연구하게 되었다는 점이다. 뿐만 아니라, 1989년 특별법에 의한 법무부 산하연구기관으로 '한국형사정책연구원'이 설립되어 본격적인 범죄 · 사회비행 · 교정 · 형사정책에 관련된 법령과 제도 등, 형사정책의 모든 분야에 대한 깊이있는 연구를 수행하고 있다. 그리고 일반적인 청소년관계 기초연구와 정책개발을 위해 체육청소년부 산하의 '한국청소년연구원'이 역시 1989년에 신설되어 많은 전문가들이 일하고 있다. 이 연구원은 '93년 1월부터 '한국청소년개발원'으로 확대개편되었으며, 또 다른 기구로서 청소년 상담활동을 전문으로 하는 기관인 체육청소년부 산하 '청소년대화의 광장'이 있다. 이와 같은 새로운 출발과 더불어 이러한 분야에 있어서의 심리학자들의 적극적인 활동이 기대되고 있다.

Ⅱ. 인간공학과 심리학

인간의 신체적, 생리적, 그리고 심리적 조건(즉, 인간요인: human factors)과, 기계장치 및 생활용품과의 관련성을 취급하는 연구분야가 최근에 와서 크게 각광을 받고 있다. 이와 같은 연구분야를 인간공학(human engineering), 혹은 인간요인심리

전투기의 조종석

학(human factors psychology)이라고 부른다. 특히 인간의 인지적인 특성을 고려하여 효율적인 시스템의 설계에 관심을 두는 분야를 인지공학심리학이라 한다. 역사적으로 보아 인간공학은 세계 제2차대전 전후 전투기 조종실 내의 구조와 기계배열을 조종사의 신체적 조건과 감각, 지각, 운동, 학습 능력 등에 적절하게 설계하여, 가능한 한 기계조작의 실수를 줄이고 전투수행의 효율성을 높이기 위한 목적으로 발달하기 시작했다. 이와 같은 인간과 기계장치 사이의 적절한 협응문제는 최근 자동차나 가전제품의 편리하고 안전한 사용방법에서부터 신발의 편안함, 책걸상과 같은 가구의 높이, 기능, 색채 등이 개인의 신체적 조건에 맞는가 하는 편리한 가정생활과 소비자 보호의 문제에까지 광범위하게 확장되어 있다. 이러한 인간공학 분야의 새로운 확장은 우주공학의 발전, 새로운 컴퓨터 등 기구의 개발 등에 힘입은 것인데, 특히 그 기초연구와 응용연구분야에 심리학 전문가들이 많이 참여하고 있다.

이러한 인간공학의 분야들은 미국의 인간요인 연구학회(Human Factors Society)의 연차학술대회의 발표논문내용(1970~1975년), 미국 공학심리학회(American Society of Engineering Psychology)의 발표내용(1973~1975년) 등에 잘 나타나 있는데 그 내용은 다음과 같다.

① 의료 및 보건분야, ② 안전관리, ③ 컴퓨터시스템, ④ 치과보철학, ⑤ 환경설계, ⑥ 항공공학시스템, ⑦ 해양학, ⑧ 건축설계, ⑨ 레크리에이션시설(여가선용), ⑩ 도시계획 및 도시문제, ⑪ 산업 및 조직장면에서의 직무설계 및 분석, ⑫ 통신체계, ⑬ 소비자 보호, ⑭ 교통체계, ⑮ 장애자 복지, ⑯ 법률집행 및 형사정책, ⑰ 노년학 및 노인복지시설, ⑱ 사회복지.

이 가운데 6가지 문제만 특히 집중적으로 다루어 보고자 한다.

1. 환경문제와 인간공학

최근 급속한 산업화, 공업화 그리고 도시화와 더불어 물리적 환경이 인간행동에 미치는 영향에 대한 논의가 활발히 전개되고 있다. 이는 소음공해, 대기 및 수질오염, 인구과밀과 주거생활, 그리고 유독물질에 대한 안전대책 등이 그것이다. 이와 같은 환경요인의 문제가 심리학과 연관을 맺게 된 것은, 물리적 환경요인이 인간의 감각과 지각, 운동수행(motor performance), 동기, 범죄와 사회비행, 결근율과 이직률, 직무에서의 사고와 실수, 사물에 대한 미학적 감각, 레크리에이션활동, 그리고 일반적인 개인의 가치관 등에 크게 영향을 주는 요인이기 때문이다.

특히 환경설계와 관련된 연구분야는 크게 다음과 같은 3가지 방향으로 나누어 볼 수 있다.

① 특수한 환경: 해양학, 항공·우주공학 그리고 지하공간 이용

② 스트레스를 받는 환경: 대기 및 수질 오염, 소음과 진동, 방사능 누출, 그리고 지나친 고온과 저온

③ 환경계획: 도시계획, 건축계획, 지나친 인구과밀에 대한 반응, 그리고 개인적 공간행동(personal space behavior)

지하철이나 여객기의 좌석배치에도 환경심리학적 연구가 필요하다.

2. 교통체제와 인간공학

자동차, 비행기, 기차 등 교통수단의 기술개발과 운영에 수많은 심리학적 지식과 원리의 적용이 필요하게 된다. 특히, 인간공학 심리학자들은 교통수단의 설계에 있어서 속도, 연료절감, 안전도 등과 같은 기술적 측면은 물론, 운전자의 안전운전, 감각 · 지각속도와 능력의 한계, 안락감 등 여러 요인을 먼저 고려하여 보다 우수하고 적절한 교통수단 개발에 기여할 수 있다.

뿐만 아니라 특히 교통수단(자동차, 비행기, 혹은 여객선 등)의 설계, 교통정보체계, 그리고 종래의 교통수단이 아닌 다른 대안적 교통수단의 파악 등과 여객수송과 거기에 관련된 부대시설(즉, 터미널, 고속도로 그리고 공항 건설 등), 안전운행과 사고예방에 대한 연구도 여기에 포함된다. 예를 들면, 최근 서울과 부산에 개통된 지하철 운영체계가 그것인데, 승객들의 이용행동, 태도 그리고 이용률을 높이기 위한 방안 등이 심리학적 및 행동과학적 측면에서 폭넓게 연구되어야 할 것이다. 시민이면 누구나 쉽게 알아 볼 수 있는 안내표지판, 지하철 입구에 설치된 계단의 경사도와 그 안정성, 역 구내와 열차 내의 조명밝기와 쾌적감 등이 연구대상이라 할 수 있다. 또한 지하철개통과 더불어 그 활용정도가 달라지는 기존의 시내버스와 택시의 이용방안도 심리학적 측면을 고려하여 새롭게 강구해 보아야 할 것이다.

3. 소비자의 생활용구와의 상호적합성

소비자들이 일상생활에서 이용하는 물품들은 그것이 과연 소비자의 인지적, 신체적 그리고 행동적 조건에 적합한 것이가를 고려하여 만들어져야 한다. 즉, 교통수단, 가정용 소도구(전기

산업디자인 포장 개발원
우리 나라도 앞으로 산업디자인 포장에 심리학자의 관여가 요구된다.

면도기 등), 가전제품(냉장고, 가스레인지 등), 가구, 레크리에이션 도구(자전거, 운동화 등), 의료기구 등이 그것들이다. 이때 이들 기구에 대한 사용자의 특성을 고려하여, ① 기구의 안전도, ② 기구이용의 용이도, ③ 능률적 이용 여부, ④ 최소한의 이용방법 훈련을 통해서도 이들 도구를 안전하고 편리하게 사용할 수 있도록 해야 한다.

그리고 앞에서 언급한 물품들에 대한 디자인, 사용성, 안전도에 관한 연구는 나날이 발전해가는 디자인 · 포장관계 분야와 더불어 크게 각광받을 분야이다.

최근 우리 나라에서도 자동차의 안전도는 물론, 냉장고, 세탁기와 같은 가정용품의 디자인과 기능이 우리 나라 가정 주부들의 신체적 조건과 생활양식 혹은 행동특성에 적절한가에 대한 연구가 각 가전제품 생산회사들에서 활발히 진행되고 있으며, 특히 인간공학적 연구를 거쳐 '과학적으로 설계된 주방'이 아파트 단지나 개인주택에서 호평을 받고 있다는 사실은 인간공학, 즉 인간요인을 고려한 공학과 심리학의 중요한 역할을 단적으로 증명해 주는 것이다. 그런데 한 가지 유감스러운 것은 우리 나라에서도 한국산업디자인포장개발원(구 디자인포장센터)이 설립된지 약 20년이 경과했지만, 아직 한 명의 전문심리학자도 이 기관에 참여하지 못하고 있다는 것이다. 반면 이웃 일본의 디자인포장센터에나 구미 여러 나라의 유사기관에는 수많은 전문심리학자들이 관여하고 있다.

4. 정보통신기술의 발달과 의사소통

인간의 의사소통을 가능케 하는 가장 큰 수단은 언어이며, 특히 시각과 청각을 통한 언어의 의사소통이 가장 중요하다. 역사적으로 보아 문자의 발명 이래 의사소통방법의 꾸준한 발달이 있었으며, 특히 인쇄술의 발달이 가장 주목할 만한 것이라 하겠다, 그러다가 20세기에 들어와서 타자기와 컴퓨터, 워드프로세서(word processor)가 발달되었는데 이것이 심리학자들에게 또 다른 과업을 맡겨주었다. 즉 글자에 대한 독서용이도(讀書容易度: read-ability) 향상의 문제가 그것이다. 글씨로 쓴 언어의 해독력 향상문제에는 그 외에도 도로표지판, 자동차 번호판, 복잡한 기구에 대한 사용지시문, 컴퓨터 프로그램, 항공관계 레이더의 판독 등이 포함된다. 이는 글자를 읽고 그 입력된 정보를 처리하는 것은 인간이므로, 인간이 가진 정보처리적 특성을 고려

우리 생활에서 컴퓨터가 차지하는 비중이 급속히 늘어나면서 글자체(font)의 독서용이도에 관한 연구가 필요하게 되었다.

하여 모든 것을 고안 · 설계해야 하기 때문이다. 이와 같은 문제는 단순한 글자만의 문제가 아니라 안전표지, 소리, 경보 등의 문제를 모두 포함한다.

그리하여 미국 벨전화회사연구소(Bell Telephone Laboratories: 이 연구소는 시카고(Chicago)를 비롯한 미국 전역에 설치되어 있다)에서는 전화가입자가 보다 효율적인 청각적 의사소통을 할 수 있는 방안에 대한 기초연구를 위해 많은 심리학자들을 고용하고 있다. 여기서는 청각적 음의 구별과 기억과의 관련성에 대한 특수한 기구(다양한 종류의 전화) 개발과 이에 관련된 문제해결이 심리학자의 과업이다. 또한 소음이 개인의 발언(speech)이나 기타 소리의 지각에 어떻게 악영향을 주며, 기타 다른 개인의 작업성과에 어떤 장애를 주는가도 연구하게 된다. 그러므로 우리 나라에서도 체신부, 한국통신 정책연구원, 한국전기통신공사, 한국과학기술원 등에 감각 및 지각심리학자, 공학심리학자 그리고 언어심리학자들의 참여가 요청되고 있다.

5. 기계조작과 작업성과

한 개인이 어떤 기계를 이용하여 작업을 할 때 투입한 입력에 비해 그 양이나 질에서 우수한 출력과 업적을 산출하는 것이 목적이다. 이것이 바로 작업성과이며 능률이다. 이러한 사실은 전화기의 다이얼 돌리기와 터치톤(touch-tone)으로 단추 누르기와의 비교에서 잘 나타난다. 그리고 자동차 운전 역시 도로(道路)라는 궤도를 이탈하지 않고 그 위로 안전하게 달려가야 하는 것이므로(비행기와 같이 완전 자동화된 조종이 아닌 다음에는) 자동차 운전에 대한 여러 가지 변인들을 동시에 고려해야 한다. 운전기술훈련, 면허시험, 운전기술과 음주의 영향, 연령, 신체장애자, 시력, 청력 등 여러 변인들이 자동차 운전에 주는 영향을 미리 연구하여, 자동차 설계시에 자동차 내의 계기판 등의 배열을 적절히 하여 운전자가 운전도중에 모든 상황을 즉시 알 수 있게 하여야 한다.

가장 비인간공학적인 자동차

이와 같은 기술과 심리학의 연계적 발달은 2차대전을 전후하여 급속하게 이루어져 왔다. 그리고 오늘날엔 항공우주 개발계획의 발달과 더불어 인간공학 분야는 더욱 발전하고 있다. 항공관제탑의 공동작업 효율증진, 우주선 내의 스트레스와 고독감 극복방안 등은 여러 가지 상황에 대한 의사장치(疑似裝置:

simulation)를 이용한 연구를 통해 얻을 수 있으므로 이 분야에 대한 필요가 증가하고 있다. 그리고 이런 연구를 통해 얻은 과학적 자료들은 결국 우리의 일상생활에서 사무실이나 주택 그리고 기타 건축물의 설계와 가구배치 등에 그대로 응용될 수 있게 된다.

자동차나 비행기 등의 설계시, 계기판 등의 배열을 적절히 하여 정신 · 운동작업 성과를 최대화해야 할 것이다.

이런 문제들을 다루는 인간공학자들은 새로운 기계장치의 사용에 있어서 「인간-기계 체계(man-machine system)」 가운데 특히, 인간의 변인들을 다룬다. 최근 미국과 일본을 비롯한 선진 산업사회의 추세를 보더라도 이런 전문가에 대한 수요가 더욱 증가하고 있다. 한편 이들 공학심리학자들이 활약할 수 있는 기관은 교통운수분야에서는 교통안전관리공단, 도로교통협회, 교통관제센터, 생활기구 관련기관으로 특허청, 공업진흥청, 소비자보호원, 통신분야에 체신부 우정부야, 전기 통신공사, 한국통신정책연구원, 인력훈련분야로는 노동부, 산업인력관리공단 이외에도 국방과학 연구소 등이 있다.

Ⅲ. 환경조건과 인간행동

최근, 환경조건과 인간행동과의 관계에 대한 관심이 점차 높아가고 있다. 이는 산업화, 공업화에 따른 자연환경의 파괴와 훼손, 혹은 오염 그리고 시민의 안락한 일상생활과 건강을 위협하는 환경조건이 세계 각국에 많이 생겨나기 때문이다. 그리하여 환경심리학 내지 환경공학이 전세계적으로 새로운 학문영역으로 점차 그 자리를 굳건히 잡아가고 있다. 이와 같은 환경조건의 문제들은 대기 및 수질오염, 소음과 온도, 건축설계 및 도시계획과 같은 물리적 요인들뿐만 아니라, 개인의 사생활 보호(privacy), 영토보존 행동(territorial behavior), 개인적 공간행동(personal space), 그리고 인구과밀(crowding)에 대한 영향 등 매우 심리적인 측면에까지 연결되어 있다.

환경과 인간

환경과 인간행동과의 연관에 대해서는 몇 가지 기본적 이론들이 있다.

첫째, 환경적 스트레스에 대한 이론으로서, 비행장 근처나 도심지 교차로의 지나친 소음, 복잡한 상가지역의 인구밀집 등은 개인에게 심리적 스트레스를 가하게 되어 평범하고 조용한 지역에서 살고 있는 사람과는 전혀 다른 적응행동을 하고 또한 심리적 부적응을 나타내기도 한다.

둘째, 환경이 주는 정서적 · 생리적 유발의 측면이 있다. 예를 들면, 환경상황에 따라 지나치게 긴장하거나 이완된 자세를 지니도록 하여, 호흡, 맥박, 혈압 등의 생리적 변화도 유발하고, 또한 일의 능률 향상에 지장을 주게 된다.

셋째, 환경이 주는 정보과잉(information overload)의 효과가 있다. 이는 개인에게는 수용하여 처리할 수 있는 정보의 양이 한정되어 있기 때문에, 한꺼번에 너무 많은 정보가 들어오면 일부는 무시 혹은 제외하게 되는 과정과 관련되어 있다. 가령, 한적한 농촌 길모퉁이보다 도심지 지역에서 길거리에 쓰러져 있는 사람에 대해 도와주려는 이타행동이 적게 나타나는 현상도 이 효과로 설명이 가능하다.

넷째, 위와는 반대로 환경의 자극이 너무 부족한 경우에는 더욱 많은 환경의 자극과 변화를 추구하게 된다. 한 예로, 감각적 자극결핍(sensory deprivation) 실험장면에서, 피험자는 너무나 조용하고 외부자극이 없는 실험실 내의 생활에 견디지 못하고 마침내는 보다 많은 외부자극을 갈망하게 된다. 또한 도심지의 규격화된 건물과 메마른 거리는 도시민으로 하여금 감각자극결핍의 효과를 가져오게 한다. 즉, 단조로운 고층건물들로 둘러싸인 도심지 생활은 너무나 단조롭고 자극이 결핍된 환경을 제공하므로, 새로운 자극과 환경을 찾아 틈만 나면 산과 바다로 관광여행을 떠나게 만들고, 혹은 청소년들로 하여금 보다 더 자극적이고 변화 있는 상황을 추구하며 비행을 저지르게 만들기도 한다.

다섯째, 환경은 또한 개인의 행동을 속박하기도 한다. 너무나 복잡한 시내버스 속이나 열차간에서는 개인이 취할 수 있는 행동선택의 여지나 자유가 없어지게 된다. 그런데 이와 같은 행동속박이 일시적인 것이면 커다란 문제가 없으나(계절에 따른 덥거나 추운 날씨, 버스와 지하철타기 등), 이것이 장기적이고 우리 개개인의 힘으로 해결될 수 없는 경우(인구 과밀한 도시생활, 포로수용소생활 등)에는 결국 '학습된 무기력'을 일으켜 우울증 경향 등 심각한 정신건강의 문제를 유발시키게 된다.

이와 같은 환경문제는 심리학은 물론 사회학, 경제학, 지리학, 인류학, 건축학, 토목공학, 조경학, 주거학, 도시계획학 등과 다학문적인 관계를 맺고 있고, 특히 사회생태학(social-ecology)과 인간-환경관계론은 최근 독립된 특수연구분야로 부각되고 있다. 환경심리학에 대한 자세한 논의는 다음과 같은 문헌에서 찾아볼 수 있다(윤진, 1982; 홍대식 번역, 1984; Altman, 1975; Bell 등, 1985; Stokols, 1982). 현재 환경심리학의 응용분야와 관련되어 활발히 논의되는 영역은 다음과 같다.

전통부엌과 현대식부엌

1. 주거문제와 개인의 행동

개인의 주거생활과 행동과의 관계는 다음과 같은 세 영역으로 나눌 수 있다. ① 주거단지에 대한 입주자의 지각, ② 주거시설 설계시에 개인의 만족도를 고려한 공간배치, ③ 인구과밀(crowding)에 대한 반응, 공격성, 매력, 그리고 개인의 공간행동, 영토보존행동, 범죄예방 등을 연구한다. 그러므로, 대한주택공사를 비롯한 대단위 아파트 건설회사, 건설교통부의 건설연구소와 각 시 · 도의 건설국, 토목국, 도시계획 담당부서, 공원국, 환경국, 소방본부, 화재예방협회 등에 심리학자들이 취업하여 일할 수 있다.

2. 작업과 여가활동

작업장과 취미 · 스포츠 시설, 휴양 · 레저지역 등에 대한 설계, 물리적 환경이 직업 및 교육의 성과 및 작업만족도에 미치는 영향이나 산업장면에서 환경과 스트레스, 그리고 심장 · 혈관관계 질환과의 관계 등을 연구해야 한다. 그러므로 노동부 노정국, 근로기준국, 혹은 행정자치부와 건설부의 담당기관에서도 심리학자들의 독특한 역할이 필요하다.

교육장면이나 작업장면의 설계와 가구배치는 작업성과와 학업성과에 큰 영향을 끼친다.

3. 교육장면

학습하기에 효율적이고 안락한 교실의 설계와 가구배치, 학습된 무기력이 생기지 않도록 하는 자극이 다양하고 풍부한 학습환경 조성, 학교 · 교실, 박물관, 미술관 등의 설계 및 환경과 개인의 사회적 행동과의 관계 등을 면밀히 연구하게 된다. 예를 들면, 우리 나라의 초등학교들은 모든 교실이 복도를 중심으로 모두 직선으로 배치되도록 설계되어 있고, 이 일정한 넓이의 교실에서 50~60명의 학생들이 6년간 생활하게 된다. 이 때 과연 우리 초등학생들이 교실을 자신의 안락한 생활공간으로 지각하고 있는가를 먼저 연구해야 할 것이다.

4. 범죄예방

범죄예방과 재범률 감소를 위한 환경적 측면의 배려로는 특히 다음 몇 가지 사항을 들 수 있다.

① 주거지역을 설계할 때 가능한 한 범죄율을 낮추도록 설계해야 한다. 그러므로, 가로등의 밝기와 낯선 이방인에 대해 감시를 쉽게 하는 방법 등을 고려하게 된다.

② 교도소의 입지선정, 교도소의 특수 기능을 고려한 설계를 통하여 교도소 재소자의 재범방지를 도모한다.

③ 지나치게 많은 수감자의 수효로 인하여 교도소 내의 인구과밀효과와 이에 따른 사회학적 혹은 심리학적 영향을 연구한다.

5. 교통안전과 개인적 행동

교통안전 문제에 관련된 심리학적 문제들은 다음과 같다.

① 보행자의 행동형태-공간행동: 벽이나 물건에 몸 기대기, 계단의 위험성과 안전성

② 개인이 가진 생체리듬(circadian rhythm)의 영향(예: 장거리운행 고속버스 운전사의 피로감과 수면부족, 각지역 시차(時差)에 따른 해외취항 여객기 승무원의 적응문제)

③ 가로등의 밝기와 자동차 운전자의 시력과 안전문제

④ 고속도로 건설과 안전도

⑤ 시민의 지하철 혹은 버스의 이용선호도

대합실 등의 설계시엔 사용자의 공간행동을 고려하여야 한다.

6. 대기 및 수질오염, 소음 등에 대한 반응

이미 앞에서 논의한 바와 같이 오염이나 공해의 정도가 낮은, 정상적인 환경에의 주거자와 이러한 공해가 심한 지역(예: 공업단지, 비행장근처, 도심지 상가지역, 지하상가)의 거주자나 근로자의 개인반응차이에 대한 연구가 필요하다.

소음공해와 어린이

요즘 복잡한 도시 생활에서 소음공해가 없는 곳이 드물다. 특히 교통량이 많은 도심지, 공항근처, 고속도로와 철도변, 공단지역 등에 장기간 거주하게 되면, 그 영향이 성인은 물론 어린이에게 더 많이 미치게 된다.

이런 연구분야는 환경심리학이 크게 공헌하고 있는데, Cohen, Glass와 Singer(1973)가 수행한 소음의 통제가능성(controllability of noise)연구가 대표적이다. 일반적으로, 도심지 고속도로가에 장기간 살아온 아동들은, 조용한 곳에 산 아동들보다 청각변별능력이나 독서능력 등에서 수행이 떨어진다. 또 다른 유사한 연구들에서 보면, 비행장 근처 이착륙회랑 주변에 사는 아동들이 조용한 지역에 사는 아동들보다

문제 해결능력이 부족하다. 또 이들은 '어려운 과제'를 해결해야 될 때 적극적으로 문제해결을 시도해 보기보다는 쉽게 포기하는 경우가 더 많다. 즉, 이들은 학습 · 수행 · 주의집중 등에서 다른 아동들보다 더 많은 어려움을 보였다.

아동들은 어른들과는 달리, 언어학습 등에서 소음공해에 따른 불리한 점을 쉽게 극복하지 못하고 피해를 당하게 되므로, 언어기술, 읽기 등에서 발달이 부진할 수 있다. 그리고 이들은 소음과 같은 좋지 않은 환경조건 속에서 "스스로 통제를 할 수 없었던" 경험 때문에, 학습된 무기력감(learned helplessness)을 획득하였다. 즉, 그들은 소음공해에서 벗어나려고 여러번 시도해 보았지만 번번히 실패하고 말았던 경험을 갖고 있다. 따라서 이들은 자기가 "노력해도 아무 소용이 없다는 사실"을 배우게 된다. 즉, "통제 가능성"을 지각하지 못했으므로, 나중에 소음을 꺼버릴 수 있는 상황이 되더라도 그것을 꺼버릴 수 있는 스위치를 돌릴 줄도 모르고 소음을 제거하려는 노력 자체를 하지 않게 된다. 이는 장기간 환경적인 스트레스를 받게 되면, 통제가능성의 결여(lack of control)를 배우게 된다는 뜻이다.

이런 연구결과를 볼때, 소음 · 대기 및 수질오염 · 인구과밀 등으로 인한 환경적 변인이 인간의 행동에 커다란 영향을 줄 수도 있다. 이런 문제에 대해 심리학과 건축학, 도시공학등 관련분야들의 학제간의 협동연구가 시급할 것이다.

Cohen, S., Glass, D.C. & Singer, J.E(1973). Apartment noise, auditory discrimination, and reading ability in children, *Journal of Experimental Social Psychology*, 9, pp.407~422.

7. 에너지의 이용과 절약

환경보호와 공해방지를 위한 에너지 이용과 절약의 문제도 환경심리학자들이 연구하고 있다.

① 에너지 위기에 대한 인식 및 태도와 실제적인 절약 활동과의 관계

② 대기오염방지를 위한 자발적인 자가용차 운행절제 행동

③ 난방용 연료의 고급화를 통한 대기오염 수준을 저하시키기 위한 행동

이와 같은 에너지 이용과 절약 행동을 연구하기 위해서는 동력자원부, 에너지 연구기관 등에서의 심리학적 연구가 많이 있어야 할 것이다.

홍수 등의 천재지변에 대한 대응책도 환경심리학적 연구에 기반을 두고 이루어져야 한다.

8. 자연보호 및 천재지변에 대한 대응

요즘 전국적으로 확산되고 있는 환경보존 캠페인(예: '쓰레기를 줄입시다' 운동 등)에서 보듯이, 자연보존을 위한 개인의 태도와 행동을 측정하고 이를 실천에 옮기도록 개인의 태도와 행

동의 변화를 추구한다. 예를 들면, 길거리에 쓰레기 버리지 않기, 휴지, 폐지, 빈병 등의 재활용, 건물벽에 낙서하지 않기, 유황성분이 적은 휘발유 쓰기 등이 그것이다. 그러므로 건설교통부 국립공원 관리공단, 산업자원부와 그 산하 관계연구소 등에서 이 문제에 관한 많은 연구가 필요하다. 또한 천재지변에 대한 개인의 대응책도 환경심리학적 연구의 대상이 된다.

① 홍수, 가뭄, 지진 등 극단적인 천재지변에 대한 주민들의 반응과 대응방법

② 홍수, 지진 등에 대한 예방대책(대피훈련 등)

그러므로 전국 재해대책 위원회, 행정자치부의 민방위본부 등에서 천재지변 등 위기에 대한 국민의 행동대책 설정을 위해 심리학적 전문요원의 도움을 필요로 한다.

Ⅳ. 인구의 노령화와 심리학

최근 노인문제에 대한 범세계적인 관심이 일어나고 있다. 의약의 발달과 영양상태의 호전으로 말미암아 평균 수명이 길어지는 반면, 신생아 출산율은 감소하는 추세에 있다. 그러므로 결과적으로 볼 때 고령인구의 상대적 증가로 인하여 사회 전체가 노령화되어 가고 있다. 1990년 현재 65세 이상의 노인이 한국 전체 인구의 약 4%인 204만명에 이르고 있으며, 서기 2000년에는 전체의 5.9%인 299만명에 이를 것으로 추산되고 있다. 이와 같은 우리 나라의 노령인구비율은 미국의 12%(약 전체 인구 2억 2천만 가운데 2,600만명), 일본의 11%에 비하면 아직도 낮은 셈이다.

노부부의 길(최부길 작)
사회전체가 노령화되면서 노인문제에 사회적 관심이 집중되고 있다.

그러나 우리 나라의 조기 정년퇴직제는 '노인아닌 노인'의 문제를 야기시키고 있다., 특히 우리 나라 대부분의 기업체가 55~58세를 정년퇴직 연령으로 규정하고 있기 때문에 한창 일할 나이인 50대 중반에의 은퇴는 본인은 물론 그 가족들에게 있어서도 하나의 위기로 받아들여지고 있다(한국 경영자 총협의회(1979)의 자료에 따르면, 전체기업의 93.6%가 정년제를 사규로 채택하고 있고, 그 가운데 79.2%가 55세, 그리고 9.1%만이 60세 또는 65세를 정년 연령으로 규정하고 있다). 이와 같은 범세계적 인구의 노령현상으로 말미암아, 중년기 이후의 장년세대 및 노인세대에 대한 신체적 건강과 의료보호, 사회복

지 정책, 연금제도, 가족관계, 주거환경 개선 등 수많은 문제가 부수적으로 발생하게 된다.

그리하여 이와 같은 노인문제의 심각성은, 마침 전생애 발달심리학 연구의 흐름을 타고 성인 및 노인심리학 분야의 새로운 개척에 결정적인 촉진제 역할을 하고 있다. 이러한 경향은 1986년부터는 '**심리학과 노화**(*Psychology and Aging*)'란 학술잡지를 미국심리학회에서 발간하기에 이르렀다. 뿐만 아니라, 1950년에 벨기에에서 조직된 국제노년학회에는 현재 세계 40여개국이 가입되어 있으며, 매 4년마다 국제노년학대회(Interna-tional Congress of Gerontology)를 개최해 오고 있다.

사실상, 노화과정과 노인문제는 단순히 심리학만이 다룰 문제가 아니라, 의학, 생물학, 사회학, 사회복지학, 가정관리학, 간호학 그리고 경제학에 이르기까지 광범위한 학문적 상호협력이 필요한 부분이다. 그리하여 한국노년학회(회원 약 400명)도 여러 학문분야의 관련학자들로 구성되어 있으며 「**한국노년학**」이란 학술잡지를 정기적으로 간행하고 있다. 한편, 생물학 · 생화학 · 생리학 · 식품영양학 등 주로 자연과학 · 의학분야에서 노화과정을 연구하는 학자들이 모여 한국노화학회를 1990년에 창립하고 「**한국노화학회지**」를 발간하고 있다. 그리고 노년학 전체의 영역과 성인 · 노인심리학의 여러 주제에 대해서는 다른 문헌(윤진, 1985)을 참고하기 바란다.

노화과정에 따른 심리학의 연구분야는 크게 기초 · 실험연구와 응용분야로 다음과 같이 대별할 수 있다.

1. 기초 · 실험적 연구분야

노화과정과 인간행동과의 관계에 대한 기초 연구와 실험적 접근은 다음과 같은 여러 분야에서 이루어지고 있다.

① 연령증가에 따른 생물학적 · 생리적 변화의 문제—유전적 소질, 대뇌구조와 기능의 변화, 신경계 및 내분비선, 죽음의 원천적 원인 등—가 생물학 · 생리학 그리고 생리심리학과 신경과학의 영역에서 다루어진다.

② 생활환경과 심신의 건강상태가 개인의 노화와 그 행동에 미치는 영향—즉, 일생을 통해 받게 되는 스트레스, 개인마다 달리 경험하게 되는 환경요인들, 문화적 차이와 사회구조의 급속한 변화에 따른 노화과정의 변화와 차이 등 사회적 · 환경적 요인들이 이 영역에서 다루어진다.

④ 노화에 따른 성격 및 행동 특성의 변화와 심리적 적응 과제의 문제—이 주제 아래서는 40대 이후 장년기에 접어들며 나타나는 성격 특성(예: 조심성과 경직성의 증가)과 행동 특성의 변화(예: 나이를 태어난 날로부터 계산하기보다는, 죽을 날로부터 거꾸로 한해씩 줄여서 계산하는 이른바 시간전망(time-perspective)의 변화), 우울증 경향의 증가, 노년기의 심리적 적응형태 등이 이에 포함된다.

2. 실제응용과 관련된 분야

심리학은 기초 및 실험심리학적 분야에서뿐만 아니라 응용분야에서도 중년 세대와 노인 복지를 위한 여러 방면에 공헌할 수가 있다. 심리학자들은 의료기관, 사회복지기관 그리고 법률 및 행정관계 전문가들과 협동적으로 주로 사회복지 실무에 종사하게 된다. 즉, 노인의 지위 향상, 세대간의 차이 및 갈등 해소, 주거환경의 개선, 경제적 빈곤문제의 해결, 강제 정년퇴직제도에 대한 대책, 여가활동 프로그램 개발, 사회적 고립의 방지를 위한 지원체제(social suport network)형성, 신체 및 정신건강의 증진, 죽음 및 죽어가는 과정에 대한 연구 및 서비스제공(예: hospice care와 같은 임종환자 간호) 등이 이에 속한다.

농두의 손(손봉운 작)

특히, 임상 · 상담심리학 분야에서는 그동안 아동, 청년 등 젊은 세대를 주요 대상집단으로 하여 심리학적 지식과 기술을 펼쳐 왔다. 그러나 앞으로는 아동, 청년 등 젊은 연령세대 뿐만 아니라, 장년기 혹은 노년기의 정신건강 증진을 위한 심리검사 실시, 진단 및 치료, 카운셀링 및 가족치료의 영역에까지도 눈을 크게 돌려야 할 것이다. 뿐만 아니라, 우리 나라에서 특히 문제가 되는 조기정년퇴직(55세 또는 60세)에 따른 제2의 취업문제는 산업 및 상담심리학자의 활동을 요구하는 분야이다. 즉, 조기정년퇴직자의 경제적 빈곤, 가족부양에 있어서의 책임과 능력의 부족, 노년기에 맞는 개인의 역할 재사회화(再社會化), 퇴직준비를 위한 상담, 능력 및 적성의 재평가, 그리고 제2의 취업(second career)을 위한 고령자의 재교육 등이 그것이다.

그리고 남 · 녀간의 평균수명의 차이에 따른 노인문제와 복지대책이 시급하다. 예를 들면 우리 나라의 경우 평균수명이 남 68세, 여 73세 정도로 집계되고 있다. 부부가 동갑으로 결혼하더라도 노년기에 가서는 여성이 5년간 홀로 살지 않으면 안 된다. 이와 같은 수명의 차이는, 65세 이상 노령층 가운데 유배우

자율이 남자는 80%이지만 여자는 20%에 불과한 데서 잘 나타나고 있다. 그러므로 남편의 사망으로 인해 5년~10년 이상을 외로이 여생을 살아가야 하는 여성노인에 대해 특별한 대책이 있어야 할 것이다.

한편 노인복지 시설과 관련 기관에 대한 심리학자의 역할과 공헌도 아직 미지수로 남아 있다. '복지사회 건설'을 지향하는 '80년대와 '90년대에는 노인복지법, 노인고용촉진법, 국민연금, 저소득층노인 수당지급 등 노인을 위한 법적제도와 복지시설과 프로그램이 많이 개발되어 왔다. 하지만 이들 제도적 장치와 프로그램이 아직 미흡한 상태에 있으며, 앞으로 유료 양로원, 노인병원, 평생교육기관, 노인촌 및 아파트단지, 그리고 노인보호단체 등에 상당수의 심리학 전공자들이 사회복지 등 기타 분야의 전공자들과 함께 적극적으로 참여해야 할 것이다. 이런 의미에서 보건사회부를 비롯한 정부기관, 양로보험 등을 취급하는 보험회사, 국립보건원을 비롯한 노화과정 연구기관에 대한 심리학자의 참여가 크게 기대된다고 하겠다.

V. 프로그램 평가연구 전문가

우리 사회에서는 사회복지 사업계획, 직업훈련계획, 특수지역 아동의 교육증진계획, 의료보험제도, 에너지 절약계획, 주문식 단제, 새마을운동계획, 영농후계자 육성방안 등 수많은 교육, 사회, 복지 및 기타 계획들이 행해지고 있다. 이들 여러 계획의 실시과정은 시행과 그 효과의 평가라는 두 가지 단계로 되어 있으며, 이와 같은 계획들의 효과의 측정은 긴요한 일이라 하겠다. 왜냐하면, 그 사업에 많은 인력과 예산을 투입하여 실시했을 때 "어느 정도 효과가 나타났는가?"를 정확하게 평가할 수 없다면, 그 계획의 계속 혹은 중단, 또는 제2차 계획의 실시와 같은 결정을 내리는 데 기본적인 자료를 제공할 수 없기 때문이다.

이와 같은 프로그램 평가연구(program evaluation research)에도 심리학자들이 참여하게 되는데, 이들은 다음과 같은 몇 가지 측면에서 평가연구에 참여할 수 있는 전문가로서의 자격과 능력을 갖추고 있다. 심리학자들은 사회과학과 행동과학의 분야에서 전문지식을 습득했고, 통계, 실험설계 및 다양한 연구방법론의 훈련을 충분히 받았으므로 이러한 작업에 참여할 수 있다.

프로그램 평가연구는 특히 계획했던 사업의 목표가 어느 정도 달성되었는가를 객관적으로 측정하는 통계적 · 수량적 평가와, 이와는 대조적으로 생활의 질이 어느 정도 향상되었는가를 측정하는 연구의 두 가지로 대별될 수 있다.

1. 양적 측정을 통한 프로그램 평가연구

심리학자가 평가연구에 공헌할 수 있는 이유는 그들이 객관적이고 양적인 측정의 전문가들이기 때문이다. 심리학자들은 실험실에서 행해온 엄격한 실험연구의 전통과 지능 · 성격 · 적성검사 등의 여러 심리검사의 경험을 살려 신뢰도와 타당도가 높은 심리측정도구를 제작 · 사용하고 있으며, 이와 같은 심리검사의 결과들이 개인의 학교, 직장 그리고 군대장면에서의 성취수준에 어떤 영향을 주는가에 대한 실제적인 측면에서도 관심을 기울이고 있다. 그리고 특히 측정도구의 타당성에 각별한 주의를 기울여, 건강수준의 향상, 의료시술의 효과, 불우가정 아동에 대한 보충교육의 효과, 직원의 능률향상 계획의 결과 등을 보다 과학적으로 측정하려고 노력하고 있다.

2. 생활의 질에 대한 연구

정부나 지역사회 차원에서 여러 가지 사회개발이나 개선계획을 성공적으로 실시하게 되면, 궁극적으로 현실에서의 사회적 문제와 개인적 문제를 해결하는 데 크게 기여하게 될 뿐 아니라, 그 혜택을 받는 사람들의 생활의 질을 향상시켜 주게 된다. 그러므로 주거환경과 의료시설의 개선, 고용증대와 실업자문제, 에너지 보존과 절약, 자연환경보호 등과 같은 여러 가지 사회적 문제들의 해결을 위해 수립한 적절한 계획을 집행하기 위해서는 이에 대한 평가 연구가 필요하다. 예를 들면, 미국의 경우 1960년대 이후 **헤드스타드**(Headstart)프로그램을 통하여 극빈 혹은 결손가정의 아동에 대한 보수교육프로그램을 실시한 바 있는데, 이 계획이 성공한다면, 그 혜택을 받는 시민들의 생활의 질을 높여주게 된다. 또한 농어촌 · 벽지의 보건소 개설과 의사 및 간호사 등 의료전문가 배치계획이 성공적이라면, 농어촌이나 벽지주민들의 의료전달체제가 보다 개선되고 따라서 그들이 생활의 질도 향상될 것이다. 그것은 단순히 어느 특정지역이나 계층의 주민들에게만 혜택을 주는 것이 아니라, 국민 전체 혹은 보다 크게는 인류전체의 복지향상에 이바지하게 되는 것

어제와 오늘(김희웅 작)

이다.

3. 심리학자의 역할에 대한 한계

심리학자들이 프로그램 평가연구에 참여할 때 객관적 연구방법과 타당성 있는 측정도구를 사용한다는 장점이 있기는 하지만, 이들에게는 그 능력이나 교육, 훈련과정의 측면에 있어서 상당한 제한점도 있다.

우선, 심리학자의 교육과 훈련의 폭이 너무 제한되어 있다는 점이다. 그러므로 각 특수영역, 예를 들어 교육, 사회복지, 행정 각 부처 등의 평가계획에 참여하려는 심리학자는 사전에 그 특수분야에 대한 추가적인 교육과 훈련을 받을 필요가 있다. 그렇게 함으로써 이들 각 분야의 전문가들과 의사소통을 보다 원활히 하고, 그 분야에서 문제시 되는 사항을 보다 정확히 파악하여, 그 분야의 전문가들과 팀을 이루어 평가계획에 참여할 수 있으며, 이러한 과정을 거쳐야만 심리학자가 갖는 제한점도 보완될 수 있다.

우리 나라에서도 '60년대 말부터 '70년대에 이르기까지 정부시책 평가를 위한 평가교수단을 국무총리 산하에 설치하여 운영한 바가 있고, 기타 각 부처와 기관에 다양한 업무평가제도가 있어왔다. 물론 주로 경제개발 5개년계획에 대한 평가가 이들의 주된 업무였다. 그러나 그 이후 계속된 각종 새마을운동사업, 의료 및 사회복지사업, 교육사업, 인력개발계획 등의 평가에 심리학자가 적극적으로 참여했어야 마땅하나 사실상 그러하지 못했다. 이제부터 양적 및 질적 측량을 위한 연구 방법론을 훈련받은 심리학자들이 크게는 제6차 및 제7차 경제 · 사회개발 5개년 계획으로부터, 작게는 각 부처의 소규모 사업평가, 각 기업체나 공공기관의 경영 · 업무평가에 적극 참여해야 할 것이다.

Ⅵ. 건강심리학

"건강한 육체에 건강한 정신이 깃든다"는 격언이 있다. 또한 건강한 정신 위에 건강한 육체가 유지될 수 있다는 주장도 가능하다. 이와 같이 신체와 정신과의 관계도 역사적으로 고대에서부터 하나의 불가분의 관계로 논의되어 왔다.

그리하여 정신-신체 상호관계론(mind-body relationship)은 의학은 물론 심리학에서도 중시되어 온 문제이다. 특히 정신질환의 경우, 생리적·기질적·신체적 장애보다는 심리적 장애에서 많이 발생하는 것으로 나타나 심신 2원론(心身二元論)이 부정되고 있다. 이와 같은 심신관계론은 사업에 실패하여 스트레스를 많이 받은 사람이 '홧병'이나 위궤양에 걸리거나 성질 급한 사람이 심장마비가 잘 일어난다든지 하는 상식적인 이야기에서도 잘 드러나고 있다. 이와 같은 정신-신체적 연관성은, 정신의학과 임상심리학 등에서 주로 취급해온 정신신체증후(精神身體症候: psycho-somatic symptom)에서 취급하고 있다.

그러므로 최근 의학계에서도 의과대학 교육과정에 심리학을 비롯한 행동과학적 기초과목을 포함시켜, 의료 전문인으로 하여금 신체적 질환과 심리적·행동적·환경적 특성과 인간관계를 충분히 이해할 수 있도록 해야 한다는 주장이 대두되고 있다. 이와 같은 정신신체의학은 제2차 세계대전 후 급속히 성장, 발달하였다. 특히 정신분석학적 입장을 취하는 심리학자들은 개인의 성격특성, 유아기의 부모와의 관계, 그리고 무의식적 동기와 갈등에 따라 신체적·정신적 건강수준이 달라진다고 주장한다. 이러한 건강과 심리학의 관계는 최근 Gatchel과 Baum(1983)의 저서를 비롯한 많은 문헌에서 활발하게 논의되었다.

1. 행동의학

행동의학(behavioral medicine)이란 의학의 연구 및 진단·치료와 행동과학과의 만남을 말한다. 그리하여 미국의 경우, 국립심장·폐·혈액연구소, 국립 암연구소, 그리고 국립 정신건강연구소 등 관계연구기관에서 '행동의학' 부문을 하나의 독립된 연구영역으로 규정하고 있다.

역사적으로 보아 건강·의학분야에서 심리학이 해왔던 역할로는 정신치료, 정신분열증 그리고 정신지체(mental retardation)연구 등 세 가지 분야가 주요한 것이었다. 그러나 이 세 가지 이외에 다른 건강과 의료영역에서도 심리학의 역할이 중요하다는 것이 인식되고 있다. 그리하여 암·심장질환 등의 연구, 치료, 그리고 예방을 위한 심리학적·행동과학적 접근의 새로운 물결이 일어나게 되고 이에 발 맞추어 1978년에는 미국심리학회 내에 제38분과학회로써 건강 심리학 분과(Division of Health Psychology)가 생겨나게 되었으며, 이들은 **건강심리학**

사람들의 건강에 대한 관심이 증가하면서 건강심리학에 대한 관심이 고조되고 있다.

(*Health Psychology*)이라는 전문잡지까지 발간하게 되었다. 또한 80년대 초에 행동의학 연구학술 단체들이 생겨났고 최근에는 **행동의학잡지**(*Journal of Behavioral Medicine*)가 발간되기에 이르렀다.

행동의학은 심리학, 의료사회학, 건강교육 등과 같은 행동과학의 제 영역을 포괄하여 건강관리, 치료, 그리고 질병예방에 필요한 지식을 총체적으로 다루는 것이다.

처음 행동의학이란 용어를 사용했을 때도 주로 학습이론 등에 기초를 두고 행동에 대한 실험적 분석(experimental analysis of behavior)에 중점을 두었었다. 그리하여, 행동치료나 행동수정 등에 실험적 분석방법을 이용하여 신체적 질병이나 생리적 기능부전(機能不全: 예를 들면 고혈압, 알콜 및 약물중독, 비만증 등)을 평가 · 진단 · 치료 그리고 예방하려고 하였다. 뿐만 아니라, 신체적 · 정신적 질병이나 건강관리와 관련된 여러 가지 행동의 이해와 기능적 분석을 시도하는 과학적 연구 또한 행동의학의 커다란 영역으로 인정받았다.

그러나 행동의학, 행동건강, 그리고 건강심리학은 그 정의를 약간씩 달리 하게 된다. 행동의학이란 건강, 질병, 그리고 기타 생리적 부전과 관련된 연구 · 교육 · 진단 · 치료의 영역을 모두 포괄하는 다학문간의 연결된 학문이다. 한편, 행동건강은 건강관리, 질병예방, 질병의 치료에 대한 학문으로, 교육프로그램, 적절한 식이요법(섭생)과 신체적 운동프로그램 등이 이에 포함된다.

건강 심리학은 행동의학과 건강관리의 문제 양자를 포함하는 심리학의 하나의 독립된 영역으로 규정될 수 있다. 그러므로, 건강심리학은 건강의 유지와 증진, 질병의 예방과 치료, 건강 · 질병 그리고 이와 관련된 기능적 부전에 대한 병원학적(病原學的)이고 진단적인 상관요인을 찾아내는 연구분야를 말한다(Matarazzo, 1980).

"모두들 내 수술자리와 내 체온에만 관심있지 "나"에 대해서는 상관을 안해! 나는 건강심리학자가 필요해!"

2. 건강 및 의료서비스와 환경과의 관계

시민이 새로운 지역에 이주하거나, 이미 살고 있는 지역에 새로운 도시계획이나 재개발 사업을 실시했을 경우, 이러한 새로운 환경으로 인한 안전사고, 여러 가지 장애물, 그리고 그 안전성에 대한 연구가 필요하다. 또한 아동병원, 일반 성인용 병원, 장기 입원환자를 위한 요양원 등의 설계 및 건설에 있어서 환경적 요인과 환자의 건강증진과의 관련성을 연구해야 한다. 건강증진과 의료의 문제는 포괄적으로 새로이 태동하고 있는 건강심리학(health psychology)의 영역이다. 그러므로 환경부, 국립환경연구소, 국립보건원, 산업보건 전문기관, 또는 대한의학협회 등에 심리학 전문가의 역할이 필요하다.

3. 건강심리학의 내용

건강유지 및 질병과 심리적 변인과의 관계는 다음과 같은 여러 가지 측면에서 두드러지게 나타나고 있다.

① **스트레스에 대한 개인의 반응:** 스트레스에 대한 개인의 지각, 생리적 반응, 정신적 해석 및 인지.

② **환경에 대한 통제가능성과 학습된 무기력:** 환경을 통제하고 있다고 믿고 환상, 통제불가능성을 믿고 포기한 상태에 있는 개인의 무기력감.

③ **질병을 일으키는 행동적 요인들:** 스트레스에 대한 반응, 일상생활에서 일어나는 주요사건과 변화들(生活事件), 심장질환—성격유형과 심장질환과의 관계, 고혈압, 암.

④ **생리심리학적 장애들:** DSM-Ⅴ 분류기준에 나타난 생리심리학적 장애들—피부질환, 근육고통, 호흡부진, 심장질환, 순환계질환, 소화계통질환, 비뇨기계통질환, 내분비선계통질환 등.

⑤ **의료장면과 환자의 행동:** 입원환자의 행동(예: 지나친 환자의 순응행동과 거부행동)이 질병치료에 미치는 영향 그리고 이들의 행동에 따라 의사 · 간호사 등 의료전문가의 반응이 달라지는 문제, 수술과 이에 대한 스트레스, 건강유지행동(환자로서의 지나친 역할수행이나 치료의 요청), 치료와 처방에 대한 환자의 순종행동.

⑥ **의료장면에서의 심리검사와 평가:** 임상면접, 심리검사(투사법, 자기 보고형 성격검사 등), 생활경험조사표 등.

⑦ **인지적 · 행동적 치료방법:** 여러 가지 행동치료법, 근육이완법, 체계적 둔감법, 행동연습, 인지적 재구성, 바이오피드백(biofeedback).

⑧ **통증완화 방법:** 통증의 지각, 통증에 따른 행동, 통증 치료방법, 최면술, 침술, 인지적 전략수립 등.

⑨ **건강심리학의 응용:** 비만증의 예방과 치료—식사조절 등, 알콜중독(성격특성과의 관계, 치료방법), 흡연과 금연치료—교

육, 예방프로그램 등.

그러므로 심리학자는 일반국민의 건강유지와 증진을 위한 교육, 예방, 진단 및 치료 등 모든 프로그램에 참여할 필요가 절실하다. 특히, 국립보건원을 비롯한 의료연구기관, 각 종합병원의 의학연구소에 행동과학분야를 신설하고, 순수한 의학적 · 생리학적 연구에 첨가하여 심리학 · 사회학 등 행동과학의 원리에 근거를 둔 건강증진행동과 질병예방(예: 심장병, 암, 정신질환 등)에 대한 연구가 절실히 요청된다. 이는 특히 오늘날의 의료체계의 많은 관심이 치료보다는 예방에 있는 바 예방의학, 지역사회의학 등이 주축이 되어 의학적 · 생물학적 접근과 동시에 행동과학적 접근이 반드시 이루어져야 할 것이다.

그리고 의과대학, 치과대학, 간호대학 및 보건대학원, 보건전문대학 등의 교과과정에 심리학을 비롯한 행동과학의 각 과목이 더욱 확충되어야 할 것이다. 물론 최근에 와서 의학분야에서 행동과학에 대한 관심이 매우 높아져 온 것은 사실이다. 그러나, 이것은 정신의학분야 등에서의 심리검사와 심리치료, 그리고 이상행동에 관한 기초연구 등에 제한되어 왔다. 그러나 앞으로 모든 의료전문가들이 질병유발에 대한 보다 많은 심리 · 사회적 요인들을 이해하고, 이의 예방과 치료에 행동과학적인 원리들이 어떻게 이용될 수 있는가에 더욱 많은 관심을 기울여야 할 것이다.

또한 건강유지와 증진을 위한 여러 가지 교육 훈련 프로그램에 심리학자들이 적극적으로 참여해야 할 것이다. 예를 들면, 비만증예방과 치료를 위하여 섭생관계와 적절한 신체적운동 등에 심리학자들의 전문적 공헌이 요구된다. 특히 식생활습관과 식품영양관계 행동에 있어 종래에는 단순히 음식물의 내용을 화학적 수준에서 분석하는 데 그친 감이 없지 않았다. 그러나 개인의 비만증과 건강상태를 단순히 영양섭취의 수준에서만 이해할 일은 아니며, 그 이외의 개인의 식습관(食習慣)과 행동양식의 측면에서도 이해되고 수정되어야 할 문제인 것이다.

그 이외에 병원에서의 의료전문가(의사, 간호사, 의료기사 등)와 환자와의 원만한 의사소통을 통한 치료의 효율성 증가, 환자가 느끼는 고통과 통증의 완화와 통제, 알콜과 약물중독을 비롯한 습관성 중독환자들의 예방, 진단, 그리고 치료과정에 심리학자들이 크게 공헌할 수 있을 것이다.

때늦은 검진과 암

오늘날 세계적으로 가장 무서운 질병은 암이다. 만일 암을 조기검진 · 조기발견할 수 있다면 그 치료가능성은 더욱 높아질 것이다.

이와 같이 암 검진을 너무 지연시켜 치료의 기회를 잃어버리는 불행한 일을 당하지 않기 위해서는 환자가 「건강유지행동」을 평소에 적절히 하도록 교육 및 훈련을 실시해야 할 것이다.

이 문제에 대해 미국 암 협회(American Cancer Society)에서는 “암의 7가지 위험신호”를 발표하고, 이런 증상이 나타나면 환자들은 즉시 검진을 받도록 촉구하였다.

① 대소변(용변) 행위의 변화, ② 종기가 오랫동안 낫지 않는 경우, ③ 비정상적인 출혈, ④ 가슴 등의 신체부위에 덩이(lump)나 딱딱한 것이 생김, ⑤ 소화장애 또는 음식삼키기가 곤란함, ⑥ 사마귀나 반점(斑點)의 변화, ⑦ 끊임없이 기침이나거나 목이 쉬는 경우,

대부분의 환자들은 이런 증상이 있더라도 한달 이상 검진을 지연시키고, 특히 35~50%의 환자들은 석달 이상이나 아무런 조치를 취하지 않는다.

또 자기는 ‘암에 걸리지 않을 것”이라는 잘못된 확신 때문에 검진을 늦추는 경우도 많다. 이들은 보통 독립적이고 자신 만만하게 질병에는 걸리지 않는다고 생각하면서 이런 증상들을 무시해 버린다. 또 암이 걸린 것을 알면서도 이제는 인생이 마지막이며 치료가 불가능하다고 미리 포기하여 검진이나 치료를 받지 않으려 한다. 이런 운명론자는 사실상 조기 발견만 한다면 치료가 가능함에도 불구하고 검진지연으로 인하여 완치의 기회를 놓치게 되니 매우 안타까운 일이다.

또한 “치료에 대한 공포” 때문에 치료를 기피하는 경우도 있다. 일부 여성들은, 유방암은 유방절제수술 이외에는 완치방법이 없는 것처럼 잘못 알고서, 유방속의 덩어리 치료를 받지 않으려고 하기도 한다(유방절제 수술후가 수술전보다 더 보기 흉하고 악화될 것을 우려한다). 또, 화학요법이나 방사선 치료의 부작용을 겁낸 나머지 치료를 기피하는 경우도 있다. 그러나 사실상 누구에게나 그러한 치료방법을 쓰는 것도 아니며, 또 꼭같은 부작용이 나는 것이 아니다.

사실 왜 환자들이 조기진단과 치료를 받지 않으려는지 그 이유는 파악할 수 있으나, 실제로 암치료에는 별다른 도움이 되질 않는다. 무엇보다도 가장 좋은 방법은, 환자를 포함한 대중을 대상으로 한 “건강행동(health behavior)”의 교육을 실시되어야 할 것이다. 동시에 암검진을 정기적으로 광범위하게 실시하며 의사 · 간호사 등을 대상으로 전문교육을 시키며, 의료진과 환자 사이에 의사소통을 보다 원활하게 하도록 해야 할 것이다.

이것은 건강과 질병이 단순히 의료전문인들에게만 맡겨 놓을 문제가 아니며, 질병의 예방, 검진 · 치료등에 대한 개인의 태도와 행동이 보다 중요한 것임을 말해준다. 이러한 분야는 앞으로 「건강 심리학」

의 연구와 응용분야로서 크게 각광을 받을 것이다.

Shelley E. Taylor(1991), health Psyhology(2nd, Ed.), N.Y: McGraw-Hill. p. 280.

Ⅶ. 인구문제와 심리학

기다림(김태성 작)

전세계가 공통관심사로 씨름하고 있는 문제의 하나가 인구 폭발가능성의 긴박한 이슈이다. 이미 우리 나라도 '92년 현재 인구가 4천 3백만을 돌파하였고, 중공의 10억, 인도의 6억을 합하여 전세계가 50억 이상의 인구를 갖고 있다. 이와 같은 상황 속에서 특히 개발도상국가의 급속한 인구증가율은 빈곤 문제에 커다란 압박을 가하므로 더욱 큰 문제가 아닐 수 없다. 그런데 1950~70년대 이후 UN을 비롯한 국제기구와 각국의 시책에 따른 인구증가율의 둔화와 감소로 인하여 이제 더 이상 인구의 문제가 없어진 것으로 잘못 인식하는 경우가 많다. 그러나 이는 사실이 아니다. 인구학의 문제는 단순히 사람의 숫자의 문제가 아니라 남녀비율, 연령비율, 결혼과 출산의 주거, 이혼, 각 가정의 적절한 자녀 수, 자녀간의 터울, 혼외관계와 사생아, 여성의 취업여부 등 수많은 사회적 문제를 함께 안고 있는 것이다.

심리학과 인접학문들이 연구해야 할 인구문제 중 다음과 같은 몇 가지가 특히 두드러지게 나타난다.

첫째, 두 차례에 걸친 세계대전 이후의 출산붐(baby boom), 우리 나라의 6 · 25동란 이후 전후세대의 출산율 증가 등이 최근까지 큰 문제로 등장했으나, 요즘 그 비율이 상당히 감소되었다. 그러나, 이러한 감소추세는 다시 경제적 여건의 호전과 더불어 조혼경향이 증가함에 따라 언제 인구증가 추세가 다시 나타날지 모를 일이다.

둘째, 정상적 부부간의 임신비율은 줄어든다고 하지만, 성개방으로 인하여 '원하지 않는 임신' 의 경향이 점차 늘어가고 있는 것이다. 특히, 청소년들의 혼전 성관계, 혼전임신, 그리고 인공임신중절 등과 같은 새로운 경향은 해결되어야 할 문제들이다.

셋째, 장수로 인한 노령인구의 증가로 인해 노동력의 구성 비율이 달라진다는 점이다. 즉, 종래에는 연소 및 청년근로층이 대다수를 차지했으나, 이제 전체 근로자에 대한 고령근로자의 비율이 점차로 증가하고 있다. 따라서 정년퇴직 연령(停年)의 연장, 의료보장과 연금제도의 개선 등 여러 가지 사회 제도가 영향을 받게 된다.

넷째, 인구의 증가는 주택난, 취업난, 교통난, 조세의 증가, 의료 및 복지비용의 상승 등 여러 가지 국가정책과 연관된 문제들을 함께 몰고 오게 된다.

그러므로 인구문제는 단순히 의학자의 생식기관 연구(임신, 출산, 단산 등……)나 인구학자의 사회적인 인구경향 연구에 의해서만 해결될 수 있는 것이 아니라, 심리학자들이 참여하는 여러 학문간의 공동연구를 통해 해결될 수 있을 것이다. 특히, 심리학은 개인의 성행동, 태아성감별(胎兒性鑑別), 임신, 출산, 단산 등에 대한 의사결정과정, 피임도구의 사용에 대한 태도, 출산이나 자녀에 대한 태도와 동기 등을 연구하게 된다. 이와 같은 사항은 우리 나라에서의 가족계획사업과 인구증가율 억제의 노력이 전통적인 남아선호사상(男兒選好思想)으로 말미암아 남아에 비해 여아의 수효가 작아지는 불균형적 결과를 낳은 것을 보면 이것이 단순한 의학적 · 인구학적 문제라기보다는 심리학적 문제임을 알 수 있다. 그리고 결혼연령, 결혼과 이혼, 가족구성원의 수, 여성의 성역할 변화와 직장진출 등도 심리학에서 연구할 문제로서, 우리 나라의 경우 보사부 산하 '한국보건사회연구원'과 같은 기관에 반드시 인구문제를 전공한 심리학자가 연구에 참여해야 마땅하다.

Ⅷ. 스포츠와 심리학

우리 나라는 최근 급속한 국민소득의 증가와 생활수준의 향상으로 인하여 레저와 스포츠에 대한 열기가 점차 높아가고 있다. 특히 '86아시안게임과 '88올림픽 그리고 2002월드컵의 성공적 개최로 인하여 얻은 민족적 자부심과 자신감을 스포츠가 단순한 운동 경기만의 행사가 아님을 명백히 보여주고 있다. 이러한 상황속에서 스포츠는 단순히 운동선수들만의 잔치는 아니며, 거기에는 뒤에서 성원하는 관람자의 문제, 각종 경기 선수에 대한 훈련의 과학화문제가 함께 뒤따르게 된다.

이러한 문제와 관련하여 동구권을 비롯한 전세계가 선수훈련의 과학화에 박차를 가하고 있고, 우리 나라도 체육학계의 주도로 체육심리학에 관한 일반 개설서와 논문이 상당수 발표되고 있다. 뿐만 아니라, 1982년 6월에는 스포츠심리학의 학제간의 접근을 위하여, 한국심리학회와 한국체육학회가 공동으로 학술 심포지움을 개최하고 그 자료집 「스포츠와 심리학」을 발간한 바 있다.

또한 스포츠연구에 대한 심리학의 기여방법을 R.N. Singer(김종선과 정청희 번역, 1982)가 분류하였는데, 그 중요한 내용은 다음과 같다.

① 사회심리학: 경쟁과 협동, 집단역학, 사기, 지도력, 경기자에 대한 관중 또는 사회의 영향.

② 발달심리학: 생애 초기의 경험과, 그것이 운동솜씨에 주는 영향, 운동수행에 대한 유전적 및 환경적 영향, 기능학습을 위한 최적연령, 운동수행에 있어서의 남녀 차이와 연령차.

③ 임상심리학: 부상을 자주 당하는 선수의 심리적 요인, 승리의 욕망은 강하나 계속적으로 패배하는 선수의 문제, 경기나 단체의 체제에 적응하지 못하는 선수, 경기를 쉽게 포기하는 선수.

④ 성격심리학: 챔피언과 일반 운동선수의 성격 특성의 차이, 운동선수와 일반인과의 성격 특성 차이, 서로 다른 운동에 참여하는 선수들 간의 성격적 차이, 스포츠 활동에의 참여자와 비참여자와의 성격특성의 차이.

⑤ 학습심리학: 연습계획에 관한 변인들(예: 운동 연습과 휴식에 대한 시간 배당), 강화와 보상의 사용, 동기유발, 한 가지 기능의 다른 기능에의 전이, 학습된 내용의 파지.

⑥ 교육심리학: 지능지도에 있어서의 효과적인 교수방법, 시청각 교재 이용의 효과, 기능습득을 위한 일련의 체계적 훈련법, 훈련에 있어서의 문제해결 등.

특히 최근의 스포츠연구는 운동경기 선수와 관련된 문제와 관중의 행동과 관계되는 문제 등 두 가지로 나눠지는 경향을 보이고 있다. 첫째, 경기자의 경기력 향상과 관련된 문제가 있다. 경기력 향상을 위한 감각—운동학습, 심리적 불안감 극복, 자아개념향상, 팀 전체의 협동과 단결 등에 역점을 두어 일반적인 기능훈련은 물론, 요가 등의 정신집중훈련, 자신감을 높이기 위한 극기훈련 등도 시키고 있다.

둘째로는 스포츠의 경기자가 아닌 관중의 문제가 있다. 즉 프로권투나 레슬링의 관람을 통한 관중의 공격행동욕구의 해소, 응원과 사기진작, 자기 학교 · 직장 · 향토와 국가에 대한 애착심과 자부심 등이 그것이다.

특히 경기선수에 대한 심리학적 변인의 중요성은 다음 예에서 보면 쉽게 알 수 있다. 보도에 보면 어느 유명한 여자 양궁선수가 팬들의 지나친 기대에 짓눌린 나머지 '84년 LA올림픽대회에서 자기 평소 실력도 발휘하지 못한채 부진한 성적을 낸 후 슬럼프에 빠졌던 적이 있다. 또 LA올림픽의 권투부분에서 금메달을 딸 것이라 기대를 모았던 권투선수가 어처구니 없이 예선에서 탈락하거나 동메달에 머문 반면, 아무도 관심을 두지 않았던 선수가 심리적 부담감없이 경기에 임하여 오히려 금메달을 획득한 경우도 있었다. 이러한 현상들은 과연 단순한 운동경기만의 문제라고 할 수 있을까?

선수들의 심리적 부담 등이 경기성과에 영향을 준다.

그렇기 때문에 이미 북미대륙에서는 북미 스포츠심리학회가 조직되어 활동하고 있고, 1965년 로마에서 국제스포츠 심리학회가 조직되어 매 4년마다 대규모의 국제학술회의도 개최하고 **국제스포츠심리학잡지**(*International Journal of Sports Psychology*)라는 학술잡지도 간행하고 있다.

이런 의미에서 우리 나라에서도 문화관광부, 대한체육회와 그 산하 경기단체, 태능선수촌 스포츠 과학연구소, 여러 체육대학과 각 대학의 체육학과 및 체육교육과들, 뿐만 아니라, 각급 스포츠와 레저관계 기관이나 단체에 심리학자가 진출하여 스포츠와 관계된 여러 가지 심리학적 변인들에 대하여 새로운 연구를 해야 할 것이다.

Ⅸ. 군대와 심리학

우리는 세계 제4위의 막강한 군사력을 자랑하고 있고, 의무병역제를 통하여 정병을 양성 · 유지하며 국토방위나 남북통일을 위한 노력을 계속해나가고 있다. 특히 군대조직과 기능은 일반사회와는 다른 독특한 몇 가지 특성을 가지고 있으므로 기존의 심리학적 메카니즘이 그대로 적용되지 않을 수도 있다. 그러나 군대조직 또한 인간조직 가운데 하나의 특수한 사례이므로, 이들 군대장면에서 심리학적 기본원리와 지식이 광범위

군사훈련장면

하게 적용될 수 있다. 그 가운데 몇 가지 사항을 고찰하면 다음과 같다.

(1) 효율적인 군인력관리를 위한 심리학적 지식의 적용 : 이 영역에서는 지원자나 징집대상자에 대한 적성, 성격검사 등을 통한 개인차의 측정, 면접 및 심리검사를 통한 인사선발과 분류가 중요한 과업의 하나이다. 뿐만 아니라 효율적인 훈련과 교육, 군대생활에 대한 심리적 적응, 상담심리학 원리의 적용, 술, 담배 그리고 성생활 등을 포함한 모든 개인적 적응문제가 이에 포함된다. 그리고 집단적인 사기진작과 단결력 증진, 동료간의 전우애 등 대인관계 및 사회적 관계의 형성도 중요한 측면이 된다.

(2) 전투임무수행과 관련된 문제들 : 이 분야에서는 실제 전투상황에서의 효율적인 행동을 수행하도록 하는 심리학적 측면이 포함된다. 예를 들면, 공격 혹은 방어작전 등 공포상황에서의 행동, 적에 대한 심리전과 선전 등이 그것이다.

이와 같은 여러 측면에서 군사문제가 심리학적 문제와 연결된다. 특히, 군대에는 청소년기에 있는 20대가 주로 입영하기 때문에 군대 내의 지휘력, 통솔력, 사기앙양, 정신건강유지, 사고방지 등을 위한 인력관리의 측면에서 조직심리학 그리고 임상심리학 및 정신위생의 측면까지 동시에 고려해야 한다.

예컨대, 탈영병의 총기난동사건, 군대 내의 사병들의 심리적 부적응 및 정신건강문제 등은 군대에서도 일반사회와 마찬가지로 심리학적 연구와 그 지식의 적용을 필요로 하고 있음을 보여주는 단적인 예들이다.

X. 맺는말

심리학이 '인간과 동물의 행동과 정신과정을 연구하는 과학'이라는 정의에 의문을 제기하는 사람은 이제 거의 없다. 이와 같은 정의에서 볼 때, 심리학은 모든 유기체(organism)를 다루는 학문이며, 특히 인간을 연구하는 데 그 역점을 두고 있다. 따라서 전통적으로 인간의 행동과 정신과정에 대한 보다 과학적인 연구를 지향하기 위하여 실험실 중심의 기초연구가 심리학의 주류를 이루어 온 것은 사실이다. 그러나 최근 급변하는 사회상황과 산업화 · 자동화 등 후기산업사회의 발전은 심리학 영역에 있어서도 단순히 실험실 중심의 미시적 · 자연과학적 접근에만 머물러 있도록 내버려 두지 않았다. 그리하여 응용분야의 심리학이 각광을 받게 되었고 또한 사회의 발전과 개인의 복지향상에 크게 공헌해온 것 역시 사실이다.

그런데 최근 비교적 그 기반이 잡힌 응용분야만으로는 사회와 개인의 요구를 충족시키기에 부족한 점이 많이 나타나게 되었다. 그리하여 나날이 새로운 기초 및 응용심리학 분야가 나타나고 또 사라져가고 있다. 그러므로 이와 같은 최근의 추세를 우리 나라에서도 명확히 파악하고 미래를 대비하여 심리학이 보다 넓은 영역에서 어떻게 기여할 수 있는가도 살펴볼 필요가 있다. 본 장에서는 이들 새로이 나타난 수많은 연구분야 가운데 법률 및 형사정책, 인간공학, 환경, 노인문제, 건강문제, 프로그램평가, 인구문제, 그리고 군대, 스포츠와 레저 등의 분야에 대한 심리학의 적용 문제를 간략하게 논의해 보았다. 이들 각각의 분야들은 이제 심리학 내에서 하나의 독립된 분야로 점차 그 자리를 굳혀가고 있으며 앞으로 수많은 전문가들의 노력과 공헌으로 인하여 더욱 발전해 나아갈 것이다.

이 밖에도 새로이 부각되는 심리학분야들에는 여러 가지가 있다. 예를 들면, 종교 및 신앙생활, 색채 및 디자인, 의복행동과 유행, 주거생활과 실내장식, 식생활 습관과 건강관리(예: 비만증 예방), 의사 · 간호사를 비롯한 의료진과 환자와의 인간관계, 가족 내의 문제해결을 위한 가족심리학, 지역사회 환경개선과 상담을 통해 주민들의 정신건강문제를 사전에 예방하려는 지역사회심리학, 알콜 · 담배 · 마약 등에 대한 중독의 예방을 위한 교육 및 치료, 언어교정치료와 자폐아동 교정훈련, TV 등 대중매체의 폭력과 음란프로그램의 영향, 인터넷을 통한 대인관계 형성과 적응, 남녀성역할의 변화와 차별철폐, 정신질환 및 신체질환 · 지체장애로부터의 재활, 정보통신의 효율성과 인간의 인지능력 및 구조와의 관계, 지역 갈등 · 노사갈등과 같은 집단심리과정의 합리적 해결, 국제분쟁의 조정과 평화의 추구 등 수없이 많다. 다시 말하면, 인간이 숨쉬고 활동하는 곳에는 심리학이 언제나 존재하게 되고 거기에 또한 공헌을 함으로써 새로운 과학적 지식의 발전과 축적은 물론, 개인과 사회의 복지증진에 기여하게 된다. 그리고 심리학의 새로운 응용분야를 좀더 깊이 알아보고자 하는 독자는 「응용사회심리학」(홍대식 번역, 1988)을 참고하면 많은 도움이 될 것이다.

이제 우리 나라도 중진국에서 선진국에로의 발돋움을 하고 있는 단계에 와 있다. 이와 같은 선진국에의 발돋움을 단순한 경제적 발전과 국민소득수준의 향상만으로 이루어지는 것은 아니다. 오히려 '복지사회'가 궁극적인 목표인 모든 자유민주주의 국가에서는 인간의 복지수준 향상이 그 국가발전의 척도가 된다. 이제 심리학도 국가의 전반적인 발전과 더불어 더욱 그 영역을 확장시킬 뿐 아니라 그 질적인 수준에 있어서도 눈부신 발전을 이룩할 것이다.

참 고 문 헌

김광일, 원호택, 김이영 등(1983a). 고등학교 재학생의 정신건강 실태조사(Ⅰ): 개인 집중조상 대한 소견. **정신 건강 연구**, 1, 1-40.

김광일, 원호택, 김이영 등(1983b). 고등학교 재학생의 정신건강 실태조사(Ⅱ): 집단 심리검사에 의한 조사. **정신 건강 연구**, 1, 41-50.

김성태, 김봉숙(1962). 서울 시내 여자 중고생들의 월경 개시기에 관현 연구. **심리학 연구**, **창간호**, 성균관대학교 심리학회.

김정운(2001). 관계적 정서와 문화적 정서: 정서의 문화심리학적 접근. **한국심리학회지: 일반**, **20 (2)**, 389~407. 한국심리학회.

김종서, 남정걸, 정지웅, 이용환(1982). **평생 교육의 체재와 사회 교육의 실태**. (연구 논총 82-7), 한국 정신문화연구원.

김종선, 정청희 역(1982). **스포츠 심리학이란 무엇인가?**. 서울: 동아학연사.(Singer, R. N.(1975). *Myths and truths in sports in sports psychlogy,* New York: Harper & Row.

민병근, 최상진, 이길홍(1978). **오늘의 청소년: 한국 청소년의 의식구조와 행동양식(제1집)**, 서울: 중앙대학교 영신 아카데미 한국 청소년문제 연구소.

서봉연(1975). **자아 정체감 형성에 관한 심리학적 일연구**, 경북대학교 대학원 박사학위 청구논문.

서봉연, 전광문(1965). 순결교육을 위한 기초 조사. **중앙교육 연구소 조사연구**, **제38집**, 서울.

서봉연 외 7인(1994). **심리학 개론**, 서울: 박영사.

서울대학교 사회과학 연구소(1985). **청소년 의식구조 조사연구**.

송해룡(1984). **일부 자살기도자에 대한 사회 정신의학적 조사연구**. 고려대학교 석사학위 논문.

송준만 번역(1986). **공격성에 관하여**. 서울: 이화여자대학교 출판부. (Konrad Lorenz 원저, On aggression).

안신호(1983). **비애가 이타행동에 미치는 영향**. 서울대학교 대학원 박사학위 청구논문.

윤 진(1982). 공간행동의 본질과 그 측정방법. **사회심리학 연구**, 1(1), 24-43.

윤 진(1985), **성인 · 노인 심리학**. 서울: 중앙 적성출판사.

윤 진, 김인경 번역(1988). **아동기와 사회**(Erik Erikson 원저, *Childhood and Society*, 1963). 서울: 중앙적성출판사.

윤 진, 곽금주(1991). 대중매체의 폭력성이 청소년에게 미치는 영향. **형사정책연구**, **2 (2)**, 53~94.

윤 진, 조긍호 번역(1983). **무기력의 심리**. 서울: 탐구당. (M. G. Seligman 원저, *Helplessness*).

윤호균(1984). **통제불능 경험후의 수행결손과 방략**. 서울대학교 대학원 박사학위 청구논문.

이만영(1983). **색채 명명법에 의한 심리적 요소색 연구**. 고려대학교 박사학위 청구논문.

이재창 외(1981). **청소년문제 종합진단 연구-자아개념과 가치관을 중심으로-**(연구보고 RR-145). 서울: 한국교육개발원.

이춘재(1979). 아동의 탈 중심화 능력의 발달에 관한 일연구. **한국 심리학회지**, 2, 159-173.

이훈구(1982). **청소년 의식측면에서의 청소년 문제 · 원인 · 대책**. 한국교육개발원 주최의 「학생생활지도 종합대책 협의회」에서 발표한 논문. 미출간.
이훈구, 박미자(1985). **대학생의 인간에 대한 이해**. 미출간 논문.
장휘숙(1984). **생리적 지표로 측정한 부모에 애착 형성의 시기**. 이화여자대학교 대학원 박사학위 논문.
조긍호(1979). 현대 한국청년의 정체의식. **청년 연구**, 2, 71-107(유테스코 한국위원회).
조명한(1982). **한국 아동의 언어 획득 연구: 책략모형**. 서울: 서울대학교 출판부.
한규석 (2002). 학술용어 사용의 심리학: 왜 우리말로 학문해야 하나. **사이**, 1, 80~93. 우리말로 학문하기 모임.
한종철(1986). **교육심리학**. 서울: 양서원.

Ainaworth, M. D. S.(1973), the developmet of infantmother attachment. In B. M. Caldwell & H. N. Ricciuti(Eds.), *Review of child development research(Vol. 3)*. Chicago University of Chicago Press.
Alberto DiMascio, gerald L. Klerman, Myrna M. Weissman, Brigitte A. Prusoff, Carlos Neu and Patricia Moore(1979). A control group for psychotherapy research in acute depression: One soultion to ethical and methodologic issues, *Journal of Psychiatric Research, 15(3)*, 189-197.
Allen, M. G.(1976). Twin studies of affective illness. *Archives of General Psychiatry*, 35, 1476-1478.
Allport, G. W.(1937). *Personality: A psychological interpretation*. New York: Holt.
Anderson, J. R.(1988). *Cognitive psychology and its implications*.
Arnold, M. B.(1960). *Emotion and personality(2 vols)*. New York: Colombia University Press.
Aronfreed, J.(1976). Moral development from the standpoint of a general psychological theory. In T. Likona(Ed), *Moral development and behavior*. New York: Holt, Rinehart & Winston.
Asch, S. E.(1952). *Social psychology*. Englewood Cliffs, N. J.: Prentice-Hall.
Asch, S. E.(1958). Effects of group pressure upon modification and distortion of judgements. In Maccoby, E. E., Newcomb T. M., and Hartley, E. L.(Eds.) *Readings in social psychology(3rd ed.)*. New York: Holt, Rinehart and Winston.
Aslin, R. N. & Smith, L. P.(1988). Perceptual development. *Annual Review of Psychology. 39*, 435-473.
Baddley, A.(1990) *Human memory: Theory and pratice*. Boston: Allyn & Bacon.
Baltes, P. B., & Schaie, K. W.(1974). The myth of the twilight years. *Psychology Today*, March, 35-40.
Bandura, A., & Walters, R. H.(1963). *Social learning and personality development*. New York: Holt, Rinehart & Winston.
Badura, A., Ross, D., & Ross, S. A.(1961). Transmission of aggression through imitation of aggressive models, *Journal of Abnormal and Social Psychology*, 63, 575-82.
Bandura, A., Ross, D., & Ross, S. A.(1963). Imitation of aggressive models. *Journal of film mediated aggressive models Journal of Abnormal and Social Psychology*, 663-11.
Barron, F.(1963). *Creativity and psychological health*. Princeton, N. J.: Van Nostrand.

Baumrind, D.(1967). Child care practices anteceding three patterns of preschool behavior. *Genetic Psychology Monographs*, 75, 43-88.

Baumrind, D.(1971). Current Patterns of parental authority. *Developmnetal Psychology Monograph, 4*, 1-103.

Bayley, N.(1955). On growth of intelligence *American Psychologist, 10*, 805-818.

Bayely, N.(1965). Comparisons of mental and motor test scores for ages 1-15 months by sex, birth order, race, geographical location and education of parents. *Child Development*, 36, 379-411.

Bell, R. Q.(1968). A reinterpretation of the direction of effects in studies of socialization. *Psychological Review, 75*, 8-95.

Bem, D. J.(1965). An experimental analysis of self-persuasion. *Journal of Experimental Social Psychology. 1*, 199-218.

Bem, D. J.(1967). Self-perception: An alternative interpretaion of cognitive dissonance phenomena. *Psychological Review, 74*, 183-200.

Bem, D. J.(1972). Self-perception theory. In leonard Berkowitz, (ed.), *Advances in Experimental Social Psychology. 6*, 2-62, New York: Academic Press.

Berbaum, K., & Chung, D. S.(1981). Perceptive field sizes and a new version of the Hermann grid. *Perception, 10*, 85-89.

Berbaum, K., Bever, T., & Chung, C. S.(1984). Extending the perception of shape from known to unknown shading. *Perception, 13*, 479-488.

Berbaum, K., Bever, T., & Chung C. S.(1983). Light source position in the perception of object shape. *Perception, 12*, 411-416.

Bergin, A. E.(1971). The Evaluation of therapeutic outcomes. *Handbook of psychotherapy and behavior change*, N. Y.: Wiley 217-70.

Berkowitz, L.(1972). The case for bottling up rage. *Psychology today, March*, 42-46.

Berkowitz, L., & Le Page, A.(1967). Weapons as aggression-eliciting stimuli. *Journal of Personality and Social Psychology, 7*, 202-7.s

Bernstein, W. M., Stephan, W. G., & Davis, M. H.(1979). Explaining attribution for achievement: A path to analytic approach. *Jounal of Personality and Social Psychology, 37.*

Bexton, W., H., Heron, W., & Scott, T. H.(1954). Effcts of decreased variation in the sensory environment. *Canadian Journal of Psychology, 8*, 70-76.

Blakemore, C., & Cooper, G. F.(1970). Development of the brain depends on the visual environment. *Nature, 228*, 478.

Blakemore, C.(1978). *Mechanics of the mind.* N. Y.: Cambridge University Press.

Block, H.(1977). Recognizing the coherence of personality. In Magnusson, D., and Endler, N. S.(eds.) *Interactional psychology: Current issues and future prospects.* New York: LEA/Wiley.

Bloom, B. S.(1964). *Stability and change in human characteristics.* New York: Wiley.

Bower, T. G. R.(1971). The object in the world of the infant. *Scientific American*, October, 20-38.

Bewer, T. G. R.(1976). Repetitive processes in child development. *Scientific American*, 235(5), 38-47.

Bowlby, H.(1969). *Attachment and loss, Vol. 1.* New York: Basic Books.

Bowlby, J.(1958). The nature of the chilid's tie to his mother. *International Journal of psychoanalysis, 39*, 35.

Boyntonn, R. M.(1978). Color in contour and object perception. In E. C. Catreretta & M. P. Freidman(Eds.), *Handbook of perception, Vol. Ⅷ.* New York: Academic Press. 173-199.

Brady, J. V., Porter, R. W., Conrad, D. G., & Mason, J. W.(1958). Avoidance behavior and the development of gastroduodenal ulcers. *Journal of the Experimental Analysis of Behavior, 1*, 69-72.

Breitmeyer, B. G., & Ganz, L.(1976). Implications of sustained and transient channels for the theories of visual pattern masking, saccadic suppression, and information processing. *Psychological Review, 83*, 1-36.

Bronfenbrenner, U.(1977). Toward experimental ecology of human development. *American Psychologist*, 32(7), 513-531.

Brown, F. G.(1976). *Principles of educational and psychological testing*. Holt, Rinehart and Winston.

Brown, J. A.(1958). Some tests of the decay theory of immediate memory. *Quarterly Journal of Experimental Psychology, 10*, 12-21.

Burt, C.(1966). The genetic determination of differences in inteligence: A Study of monozygotic twins reared together and apart. *British Journal of Psychology, 57*, 137-153.

Buss, A. H., & Plomin, R.(1975). *A temperament theory of personality development*, New York: Wiley.

Buss, A. H. & Plomin, R.(1984). *Temperament: Early developing personality traits*. Hillsdale. NJ: LEA.

Butler, R. A.(1964). Curiosity in monkeys. *Scientific American, 190(18)*, 95-98.

Campos. J. J., Hiatt, S., Ramasay, D., Henderson, C., & Svejda, M.(1978). The emergence of fear on the visual cliff. in M. Lewis & L. A. Rosenblum(Eds), *The development of affect(vol. 1).* New York: Plenum.

Campos, J. J., Langer, A., & Krowitz, A.(1970). Cardiac responses on the visual cliff in prelocomotor human infants. *Science, 170*, 196-197.

Cattell, R. B.(1965). *The scientific analysis of personality*. Baltimore, Md: Penguin.

Chomsky, N.(1965). *Aspects of the theory of syntax*. Cambriidge, Mass: M. I. T. Press.

Cialdini, R. B., Darby, B. L., & Vincent J. E.(1973). Transgression and altruism: A case for hedonism. *Journal of Experimental Social Psychology*, 9, 502-516.

Cohen. L. B. & Younger, B. A.(1984). Infant perception of angular relations. *Infant Behavior and Development, 8*, 37-47.

Coleman, J. C. & Hammen, C. L.(1974). *Contemporary psychology and effective behavior.*

Glenview, Ⅲ. : Scott & Foresman.
Conrad, R.(1964). Acoustic confusions in immediate memory. *British Journal of Psychology, 55*, 75-84.
Corballis, M. C., & Beale, I. S.(1976). *The psychology of left and right*, Hillsdale, N. J.: Erlbaum.
Coren, S., & Porac, C.(1977). Fifty centuries of righthandedness: The historical record. *Science, 198*, 631-632.
Coren, S., Porac, C., & Ward, L. M.(1978). *Sensation and perception.* N. Y: Academic Press.
Craik, F. I. M., & Lockhart, R. S.(1972). Levels of processing: A framework for memory research. *Journal of Verbal Learning and Verbal Behavior, 11*, 671-684.
Craik, F. I. M., & Tulving, E.(1975). Depth of processing and retension of words in episodic memory. *Journal of Experimental Psychology: General, 104*, 268-294.
Cronbach, L. J.(1970). *Essentials of psychological testing.* New York: Harper & Row.
Cumming, E., & Henry, W. E.(1961). I. New York: Basic Books.
Darley, J. M., & Latane, B.(1968). Bystander intervention in emergencies: Diffusion of reponsibility. *Journal of Personality and Social Psychology, 8.*
Dart.R. A.(1949). The predatory implemental technique of australopithecus. *American Journal of Physical Anthropology, 7*, 1-38.
Davies, M.(1999). Consciousness. In R. A. Wilson & F. C. Keil(Eds.) *The MIT encyclopedia of the cofnitive sciences*. Cambridge. MA: MIT Press, 190-193.
Davitz, J. R.(1969). *The language of emotion*, New York: Academic Press.
Davitz, J. R.(1970). A dictionary and grammar of emotion. In M. B. Arnold(Ed.), *Feelings and emotions*, New York: Academic Press.
De Charm, R., & Muir, M. S.(1978). Motivation: Social approaches. *Annual Review of Psychology*, 91-113.
De Valois, R. L., & De Vealois, K. K.(1975). Neural coding of color. In E. C. Carterette & M. P. Friedman(Eds.), *Handbook of perception*, Vol. V. New York: Academic Press. 117-166.
Delogado, J. M. R.(1969). *Physical control of the mind: Toward a psycho-civilized society.* New York: Karper & Row.
Dember, W. N., Earl, R. W., & Paradise, N.(1957). Response by rats to different stimulus complexity. *Journal of Comparative and Physiological Psychology, 50*, 514-518.
Dement, W. C. (1960). The effect of dream deprivation, *Science, 131*, 1705-1707.
Dollad, J., Miller, N. E., Doob, C. W., Mower, O. H., & Sears R. R. (1939). *Frustration and aggression*, New Haven, Conn: Yale University Press.
Eagly, A. H., & Crowley, M.(1986). Cender and helping behavior: A meta-analytic review of the social psychological literature. *Psychological Bulletin*, 100, 309-330.
Edwards, A. L.(1953). *Manual for the Edwards Personal Preference Scale*, New York: Psychological Corporation.
Ekstrand, B. R.(1972). To sleep, perchance to dream(about why we forget). In C. P. Duncan, L.

Sechrest, & A. W. Milton(Eds.). *Human memory: Festschrift in honor of Benton J. Underwood*. New York: Appleton-Century-Crofts.

Elkind, D.(1968). Cognitive development in adolescence. In J. F. Adams(Ed.). *Understanding adolescence*. Boston: Allyn and Bacon.

Emswiller, T., Deaux, K., & Willits, J. E.(1971). Similarity, sex, and requests for small favors. *Journal of Appliecl Social Psychology, 1*, 284-291.

Epstein, S.(1962). The measurement of drive and conflict in humans: Theory and experiment. In M. R. Jones(Ed.), *Nebraska symposium on motivation*, Lincoln: University of Nebraska Press.

Erikson, E. H.(1963). *Childhood and society(2nd ed.)*. New York: Norton.

Erikson, E, H.(1963). *childhood and society*(2nd ed.). New York: Norton.

Erlenmeyer-Kimiling, L., & Jarvik, L. F.(1963). Genetics and intelligence: A review. *Science, 142*, 1477-9.

Eysenck, H. J.(1953). *The effects of psychotherapy: Use and abuses of psychology.* Baltimore: Penguin.

Eysenck, H. J.(1967). *The biological vasis of personality*. Springfield, Bel: Charles & Thomas.

Fantz, R. L.(1961). The origin of form perception. *Scientific American*, May, 450-463.

Fantz, R. K.(1965). visual perception from birth as shown by pattern selectivity. *Annal of the New York Academy of Sciences, 118*, 793-814.

Fesinger, L.(1957). *A theory of cognitive dissonance*. Stanford, Calif.: Stanford Univ. Press.

Festinger, L., & Carlsmith, J. M.(1959). Congnitive consequences of forced compliance. *Journal of Abnormal and Social Psychology, 58*.

Field, t. & others(1986). Effects of tactile/kinesthetic stimulation on perterm neonates. *Pediatrics, 77*, 654-658.

Fishbein, M.(1963). An investingation of the relationships between beliefs about an object and the attitude toward that object. *Human Relations, 16*.

Flavell, J. H.(1977) *Cognitive Development*. Eenglowood Cliffs. N. H.,:Prentice-Hall.

Floderus-Myrhed. B., Pederson, N. & Rasmuson, I.(1980). Assessment of heritability based on a short form of the Eysenck Personality Inventory: A study of 12, 898 twin pairs. *Behavior Genetics, 10*, 153-162.

Fowler, R. L., & Kimmel, H. K.(1962). Operant conditioning of the GSR. *Journal of the Experimental Psychology*, 63, 563-567.

Fox, R,, Aslin, R., Shea, S. & Dumais, S.(1980). Stereopsis in human infants. *Science. 207*, 323-324.

Freud, S.(1956). Defense nenro-psychoses. *Collected papers*. London: Hogarth.

Funkenstein, D. H., King, S. M., & Drolette, M.(1953). The experimental evocation of stress. In *Symposium on stress*, Division of Medical Sciences of the National Research Council and Army Medical Services, Graduate School of Walter Reed Army Medical Center. Washington, D. C. Government Printing Office.

Gaertner, S. L.(1975). The role of racial attitudes in helping behavior. *Journal of Social Psychology, 97*, 95-101.

Gaertner, S. L., & Dovidio, J. F.(1977). The subtlety of white racism, arousal, and helping behavior, *Journal of Personality and Social Psychology, 35*, 691-707.

Gaertner, S. L., & Dovidio, J. F.(1986). The aversive form of racism. In J. F. Dovidio & S. L. Gaertner(Eds.), *Prejudice, discrimination, and racism.* Orlando, F1.: Academic Press.

Gatchel, R., and Baum, A.(1983). *An introduction to health psychology.* Reading, M. A.: Addison-Wesley Co.

Gazzaniga, M. S.(1967). The split brain in man. *Scientific American, 217(2)*, 24-29.

Gazzaniga, M. S.(2000). *The new cognitive neurosciences. (2nd ed.).* Library of Congress Cataloging-in-Publication Data.

Gelman, (1979). Preschool thought. American psychologist, 34, 900-905.

Gibson e. J. & walk. R. D.(1960). "The visual cliff." *Scientific American*, 64-71.

Gilligan. C.(1977). In a defferent voice: Women s conceptions of the self and of morality. *Havard Educational Review, 47*, 481-517.

Gleitman, H.(1983). *Psychology.* New York: Norton.

Golldstein, E. B.(1989). *Sensation and perception.(3rd ed.).* Baltimore, California: Wadsworth Publishing Company.

Gottesman, I. I. & Shields, J.(1966). Schizophhrenia in twins: Sixteen years consecutive admissions to a psychiatric. *British Hournal of Psychiatry, 112*, 809-818.

Gregory, R. L.(1970). *The intelligent eye.* N. Y.: Mcgraw-Hill.

Hall, G. S.(1922). *Senescence: The last half of life.* New York: Appleton.

Harber, R. N.(1983). The impending demise of the icon: A critique of the iconic storge in visual information processing. *The Behavioral & Brain Scince, 6*, 1-54.

Hare, R. D.(1970). *Psychopathy: Theory and research.* New York: Wiley.

Harlow, H. F.(1958). The nature of love. *American Psychologist*, 13, 673-685.

Harlow, H. F., & Zimmerman, R. R.(1959). Affectional response in the infant monkey. *Science, 130*, 421-432.

Harlow, M. K., & Harlow, H. F.(1966). Affection in primates. *Discovery, 27*, 11-17.

Havighurst, R. J.(1953). *Developmental tasks and education.* New Uork: Longmans Green.

Havighurst, R. J.(1972). *Developmental tasks and education(3rd ed).* N. Y.: David Mckay.

Hebb, D. O.(1949). *The organization of behavior.* New York: Wiley.

Heider, F.(1958). *The psyhchology of interpersonal relations.* New York: Wiley.

Heston, L. L.(1966). Psychiatric disorders in foster home reared children of schizophrenic mothers. *British Journal of Psychiatry, 112*, 189-25.

Hirst, W.(1995). Cognitive aspects of Consciousness. In M. S. Gazzaniga(Ed.), *The cognitive neurosciences*. Cambridge, MA: MIT Press, 1307-1319.

Hobson, J. A.(1997). Consciousness as a state-dependent phenomenon. In J. D. Cohen & J. W.

Schooler(Eds), *Scientific approaches to consciousness*, Mahwah, NJ: Erlbaum, 379-396.

Hochberg, J. e.(1978). *Perception*. N. J.: Prentice Hall.

Hoffman, M. C.(1977). Personality and social development. *Annual Review of Psychology, 28*, 295-321.

Hoffman, M. L.(1984). Parent discipline, moral internalization and development of prosocial motivation, In E. Staub. D. Bar-Tal, J. Karylowski, & Reykowski(Eds.). *Development and maintenance of prosocial behavior.* New York: Plenum.

Hofling, C. K., Brotzman. E., Dalrymple, S., Gravesm N., and Pierce, C. M.(1966). An experimental study in nurse-physician relationaship. *Journal of Nervous and Mental Disease, 143.*

Holmes, T. H., and Rahe, R. H. (1967). The social readjustment rating scale. *Journal of Psychosomatic Research, 11*: 213-18, 446.

Honzik, N. P., Macfarlance, J. W., & Allen, L.(1948). The stability of mental test performance between two and eighteen years. *Journal of Experimetal Education, 17*, 309-324.

Horn, J. H., et al.(1979). Intellectual resemblance among adoptive and biological relatives: The Texas Adoption Project. *Behavior Genetics, 19*, 177-208.

Horn, J. L.(1976). Human abilities: A reiview of research and theory in the early 1970' s. *Annual Review of Psychology, 27*, 437-485.

Horn, J. L. & Cattell, R. B.(1967), Age differences in fluid and crystallized intelligence. *Acta Psychologica, 26*, 107-129.

Horner, M. A. (1969). Bright woman is caught in a double blind. *Psychological Today, 99*, 36-38.

Horton, D. L., & Mills, C. B.(1984). Human learning and memory. *Annual Review of Psychology, 35*, 361-394.

Hovaland, C., Hanis, I., & Kelley, H. H.(1953). *Communication and persuation*. New Haven: Yale Univ. Press.

Hubel, D. H., & Wiesel, T. N.(1968). Receptive fields and functional architecture of monkey striate cortex. *Journal of Physilolgy, 195*, 215-243.

Huff, D.(1954). *How to lie with statistics*. New York: Norton.

Hull, C. L.,(1943). *Principles of behavior: An introduction to behavior theory*. New York: Appleton Century.

Hurvich, L. M., & Jameson, D.(1974). Opponent processes as a model of neural organization. *American Psychologist, 29*, 88-102.

Hyde, D. M.(1959). *An investigation of Piaget's theories of the development of the concept of number*. Unpublished doctoral disseration, University of London.

Hyde, T. S., & Jenkins, J. J.(1969). Different effects of the incidental tasks on the organization of recall of a list of highly associated words, *Journal of Experimental Psychology, 82*, 472-81.

Inhelder, B. & Piaget, J.(1958). *The growth of logical thinking form childhood to adolescence*. New York: Basic Books.

Iverson, L. I.(1979). The Chemistry of the brain. *Scientific American, 241(3)*, 134-149.

Izard, C. E.(1982). *Measuring emotions in infants and children.* New York: Cambridge University Press.

James, W.(1892). *Principles of psychology.* New York: Holt.

Jane Goodall(1986). Social rejection, exclusion, and shunning among the Gombe chimpanzees, *Ethology and Sociobiology*, 7(3-4), 227-236.

Jensen, A. R.(1969). How much can we boost IQ and scholastic achievement. *Harvard Educational Reiview, 39*, 1-123.

Jones, E. E., & Nisbett, R. E.(1971). The actor and the observer: Divergent perceptions of the causes of behavior. *In Attribution: Perceiving the causes of behavior.* Morristown. N. J.: Silver Burdett/General Learning Press.

Jordan, N.(1972). Is there an Achilles heel in Piagets theorizing? *Human Development, 15*, 379-382.

Kagan, J.(1971). *Understanding children, behavior, motives and thought.* New York: Harcourt, Brace & Jovanovich.

Kagan. J.(1984). *The nature of the child.* New York: Basic Books.

Karabenick, S. A., Lerner, R. M., & Beecher, M. D.(1973). Relation of political affiliation to helping bahavior on election day, *Journal of Soceal Psychology, 91*, 223-227.

Katz, I., Cohen, S., & Glass, D.(1975). Some determinants of cross-racial helping behavior. *Journal of Personality and Social Psychology, 32*, 964-970.

Kaufman, L.(1974). *Sight and mind: An introduction to visual percetption.* New York: Oxford University Press.

Kelley, H. H.(1967). Attribution theory in social psychology. In levine, D.(Ed.), *Nebraska Symosium on Motivation, Vol. 15.* Lincoln: Univ. of Nebraska Press.

Kelley, H. H.(1973). The processes of causal attribution. *American Psychologist, 28.*

Kelley, S., Jr., & Mirer, T. W.(1974). The simple act of voting. *American Political Science Reveiw, 68.*

Kelman, H. C.(1961). Processes of opinion change. *Public Opinion Quarterly, 25.*

Kernberg. O. F.(1974). Further contributions to the treatment of narcissistic personalities. *International Journal of Psychoanalysis, 55.*

Kiesler, D. J.(1966). Some myths of psychotherapy research and the search for a paradigm. *Psychological Bulletin, 65*, 110-36.

Kim, M.-S., & Robertson, L. C.(2001). Implicit representations of space after bilateral parieral lobe damage. *Journal of Cognitive Neuroscience, 13*, 1080-1087.

Klatzky, R. L.(1980). *Human memory.* San Francisco: Freeman.

Kohlberg, L.(1963). the development of children' s orientations toward a moral lord: I. Sequence in the development of moral thought. *Vita Humana, 6*, 11-33.

Kohlberg, L.(1967). Moral and religious education and the public schools: A developmental view. In T. Sizer(Ed.), *Religion and public education.* Boston: Houghton Mifflin.

Kohlberg, L.(1968). The child is a moral hilosopher. *Psychology Today*, 25-30.

Köhlberg. L.(1966). A cognitive-developmental analysis of children' s sex-role concepts and attitudes. In E. E. Maccoby(Ed). *The development of sex differences*. Stanford University Press.

Köhler, W.(1925). *The mentality of apes*. New York: Hartcourt Brace.

Kretschmer, E.(1925). *Physique and character*. New York: Harcourt, Brace.

Lambert, W. W., Solomon, R. L., & Watson, P. D.(1949). Reinforcement and extinction as factors in size estimation.I, 39, 637-641.

Lashely, K. S.(1950). In search of the engram. *Proceedings Social Experimental Biology, 4*, 454-482.

Latane, B., & Rodin, J.(1969). A lady in distress: Ingibiting effects of friends and strangers on bystander intervention. *Journal of Experimental and Social Psychology, 5*.

Lazarus, R. S,(1974). *The riddle of man*. Englewood Cliffs, N. J.: Prentice-Hall.

Lazarus, R. S., & Erickson, C. w.(1952). Effects of failure stress upon skilled performance. Journal of *Experimental Psychology, 43*, 100-105.

Levy, J., trevarthian, c., & Sperry, R. W.(1972). Perception of bilateral chimeric figures following hemispheric deconnextion. *Brain, 95*, 61-78.

Lidz, T., Fleck, S., & Cornalison, A. R.(1965). *Schizophrenia and the family*. New York: International University Press.

Lieberman, M. A., et al.(1973). *Encounter groups*. New York: Basic Books.

Loehlin, J. C. & Nichols, R. C.(1976). *Heredity, environment, and personality: A study of 850 twin sets*. Austin: Univ. of Texas Press.

Loehlin, J. C., Willerman, L. & Horn, J. M.(1988). Human behavior genetics. *Annual Review of Psychology, 39*, 101-133.

MacLeod, K. I. A.(1978). Visual sensitivity. *Annual Review of Psychology, 29*, 613-645.

Malamuth, N. M., & Donnerstein, E.(1983). *Pornograph and sexual aggression*. New York: Academic Press.

Martinez-Urrutia, A. (1975). Anxiety and pain in surgical patients. *Journal of Consulting and Clinical Psychology*, 43, 437-442.

Marr, D.(1982). *Vision*. San Francisco: W. H. Freeman.

Masangkay, z, s., Mccluskey, K. A., Mcintyre, C. w., Simsknight. J., Vaughan. B. E. & Flavell, J. H.(1974). The early development of infences about the visual percepts of others. *Child Development, 45*, 357-366.

Maslow, A. H. (1954). *Motivation and personality*. New York : Harper & Row.

Matarazzo, J. D.(1980). Behavioral health and behavioral medicine: Frontiers for a new health psychology. *American Psychologist, 35*, 807-817.

Mayer, R. E.(1981). *The promise of cognitive psychology*. San Francisco: Freeman.

McClelland, D. C., et al. (1953). *The achievement motives*. New York: Appleton-Century-Crofts.

McClelland, D. C. (1958). Methods of measuring human motivation. In J. W. Atkinson (Ed.), *Motives in fantasy, action and society: A method of assessment and study*. New York: Van Nostrand.

McClenlland, D. C. & Atkinson, J. W.(1948). The projective expression of needs: The effect of different intensities of the hunger drive on perception. *Journal of Psychology, 25*, 205-222.

McDougall, W. (1908). *Social psychology*. New York: G. P. Pam Sons.

McGeer, P. L., McGeer, E. G. (1980). Chemistry of mood and emotion. *Annual Review of Psychology, 31*, 273-307.

McGuire, W. J.(1960). A syllogistic analysis of cognitive relationships. In Hovland, C. I., And Resenberg, M. J.(Eds.), *Attitude organization and change*. New Haven Conn.: Yale Univ. Press.

Medinnus, G. R., & Hohnson, R. C.(1976). *Child and adolescent psychology*, 2nd ed. N. Y.: John Wiley & Sons.

Michael C. Jensen(1980). Editorial data, *Journal of Financial Economics, 8(2)*, 103.

Milgram, S.(1963). Behavioral study of obedience. *Journal of Abnormal and Social Psychology*, 67.

Milgram, S.(1974). *Obedience to authority: An experimental view*. New York: Harper and Row.

Miller, D. T., & Ross, M.(1975). Self-serving biases in attribution of causality: Fact or fiction? *Psychological Bulletin*, 82, 213-225.

Miller, G. A.(1956). The magical number seven plus or minus two: Some limits on our capacity for processing information. *Psychological Review, 63*, 81-97.

Miller, N. E. (1948). Studies of fear as an acquirable drive: I. In the learning of new response. *Journal of Experimental Psychology, 38*, 89-101.

Miller, N. E.(1959). Liberalization of basic S-R concepts: Extensions to psychology. In *A study of science*. (Vol. 2: General systematic formulations,m learning, and special processes). New York: McGrew-Hill.

Milner, B.(1966). Amnesia following operation on temporal lobes. In C. W. M. Whitty & O. L. Zangwill(Eds.). *Amnesia*. pp. 109-133. London: Buttenworth.

Mims, P. R. Hartnett, J. J., & Nay, W. R.(1975). Interpersonal attraction and help volunteering as a function of physical attractiveness. *Journal of Psychology, 89*, 125-131.

Morgan, C. T. (1976). Physiological mechanisms of motivation. *Nebraska Symposium on Motivation*, Lincoln, Nebraska: University of Nebraska Press.

Murray, H. A. (1938). *Explorations in personality*. New York: Oxford University Press.

Nauta, W. J. H., & Feirtag, M.(1979). The organization of the brain. *Scientific American, 241(3)*, 88-111.

Neisser, U.(1967). *Cognitive psychology*. New York: Appleton-Century-Crofts.

Neugarten, B. L.(1968). Adult personality: Toward a psychology of the life cycle. In B. L. Neugarten(Eds.), *Middle age and aging*. Chicago: University of Chicago Press.

Newmam, H. H., Freeman, F. N. and Holzinger, K. J.(1937). *Twins: A study of heredity and environment*. Chicago: University of Chicago Press.

Nisbett, R. E., Caputo, C., Legants, P., and Maracek, J.(1973). Behavior as seen by the observer. *Journal of Personality and Social Psychology, 27*.

Nisbett, R. E., & Ross, L.(1980). *Human inference: Stategies and shortcoming of social judgement*. Englewood Cliffs, N. J.: Prentice-Hall.

Nolte, J.(2002). *The human brain: An introduction to its functional anatomy(5th)*. Missouri: Mosby, Inc.

Norman, D. A.(1976). *Memory and attention: An introduction to human information processing(2nd ed.)*. New York: Wiley.

Olton, J., & Milner, P.(1954). Positive reinforcement produced by electrical stimulation of septal area and other regions of rat brain. *Journal of Comparative and Physiological Psychology, 47*, 419-427.

Olton, K. S.(1977). Spatial memory. *Scientific American, June, 82-98*.

Paivio, J., & Milner, P.(1978). The relationship between perceptual and verbal codes. In E. C. Carterette & M. P. Friedman(Eds.), *Handbook of perception: Vol 9. Perceptual processing*. New York: Academic Press.

Pennebaker, J. W., & Lightner, J. M.(1980). Competition of internal and external information in an exercise setting. *Journal of Personality and Social Psychology, 39*, 165-174.

Penner, L. A., Dertke, M. C., & Achenbach, C. J.(1973). The "flash" system: A field study of altruism. *Journal of Applied Social Psychology, 3*, 362-370.

Peterson, L., & Peterson, M. J.(1959). Short-term retention of individual verbal items. *Journal of Experimental Psychology, 4*, 378-398.

Piaget, J.(1926). *Judgement and reasoning in the child*(M. Worden. Trans.). New York: Harcourt, Brace & World.

Piaget. J.(1927). *The child's conception of physical casuality*(M. Worden, Trans.). New York: Harcourt, Brace&World.

Piaget, J.(1932). *The developmnent of the child*. New York: Harcout Brace.

Plutchik, R.(1980). *Emotion: A psycho-evolutionary synthesis*. New York: Harper & Row.

Pomatal, R. J., & Clone, G. L.(1973). Helping on the highway: The effects of dependency and sex. I, 3, 150-164.

Posner, M. I., & Keele, S. W.(1967). Decay of visual information from a single letter. *Science, 158*, 137-139.

Posner, M. I., & M. E. Raichle.(1994). *Images of mind*. New York: Scientific American Library.

Premack, E.(1965). Reinforcement theory. In D. Levine(Ed.), *Nebraska Symposium on Motivations(vol. 13)*. Lincoln: University of Nebraska Press.

Reese, H. W.(1963). Perceptual set in young children. *Child Development, 34*, 151-159.

Reznick, J. S, & Kagan, J.(1982). Category detection in infancy. In L. Lipsitt(Ed). *Advances in infancy research(Vol. 2.).* Norwodd, NJ: Ablex.

Riesen, A. H.(1947). The development of visual perception in man and chimpanzee. *Science, 1,* 107–108.

Rock, I.(1975). *An introduction to perceptiion.* New York: McMillan Publishing Co., Inc.

Rogers, C. R.(1951). *Client-centered therapy.* Boston: Houghton Mifflin.

Rogers, C. R.(1970). *On becming a person.* Boston: Houghton Mifflin.

Rokeach, M.(1968). *Beliefs, attitudes, and values.* San Francisco: Jossey-Bass.

Rokeach, M.(1973). *The nature of human values.* New York: The Free Press.

Rorschach, J.(1921). *Psychodiagnostik.* Bern, Switzerland: Huber.

Rosenberg, M. J.(1956). Cognitive structure and attitudinal affects. *Journal of Abnormal and Social Psychology, 53.*

Resenberg, M. J.(1960). An analysis of affective-cognitive consistency. In Hovaland, C. I., and Rosenberg, M, J.(Eds.), *Attitude organization and change.* New Haven, Conn: Yale Univ. Press. 15–64.

Resenthal, R.(1964). Experimenal outcome-orientation and the results of the psychological experiment. *Psychological Bullentin, 61.*

Ross, L.(1977). The intuitive psychologist and his shortcomings: Distortions in the attribution process. In Berkowitz, L.(Ed.), *Advances in Experimental Social Psychology, Vol. 10.* New York: Academic Press.

Ross, R., Bierbrauer, G., and Hoffman, S.(1976). The role of attribution processes in conformity and dissent: Revisiting the Asch situation. *American Psychologist, 31.*

Sakitt., & Long, G. M.(1979). Spare the rod and spoil the icon. *Journal of Experimental Psychology: Human Perception and Performance, 5,* 19–31.

Sarason, I. G. & Sarason, B. R.(1996). *Abnormal psychology.* Prentice-Hall.

Scarr, S., & Weinberg, R. A.(1976). IQ test performance of black children adopted by white females. *American Psychologist, 31,* 726–739.

Scarr, S., Wobber. P, L., Weinberg, R. A. & witiig, M. A.(1981). personality resemblance among adolescents and their parents in biologically related and adoptive families. *Journal of Personality and Social Psychology, 40,* 885–898.

Schachter, S.(1959). *The Psychology of affiliation: Experimental studies of gregariousness.* Stanford. Calif.: Standford University Press.

Schachter, S., & Singer, J. E. (1962). Social and physiological determinants of emotional state. *Psychological Review,* 169, 379–399.

Schielderup, H.(1955). Lasting effects of psychoanalytic treatment. *Psychiatry, 18,* 109–33.

Sears, R. R., Maccoby, E. E., & Levin, H(1957). *Patterns of child rearing.* New York: Harper & Row.

Segall, M. H., Campbell, D. T., & Herskovits, M. J.(1966). *The influence of culture on visual perception.* Indianapolis: Bobbs-Merrill.

Seligman, M. E. P. (1975). *Helplessness.* San Francisco: Freeman.

Sheldon, W. H.(1942). *The varieties of temperament.* New York: Harper & Bros.

Sheldon, W. H.(1954). *Atlas of men: a guide for somatotyping the adult male at all ages.* New York: Haper and Row.

Shepard, R. N. & Metzler, J.(1971). Metal rotation of three-dimensional objects. *Science, 171,* 701-703.

Sherif, M.(1936). *The Psychology of social norms.* New York: Harper and Row (Harper Torchbooks, 1966).

Sherman, J. A.(1970). Reinstatement of verbal behavior in a psychotic by reinforcement methods. *Journal of Speech and Hearing Disorders, 28,* 398-401.

Shotland, R. L., & Huston, T. L.(1979). Emergencies: What are there and do they influence bystanders to in tervene? *Journal Personality and Social Psychology, 34,* 990-999.

Shotland, R. L.(1989). A Model of the causes of date rape in developing and close relationships. In C. Hendrick(Ed.), *Review of Personality and Social Psychology, 10,* Beverly Hills: Sage.

Sissons, M.(1981). Race, sex, and helping behavior. *British Journal of social Bychology, 20,* 285-292.

Skinner, B. F.(1957). *Verbal behavior.* Englewood Cliffs, N. J., Prentice-Hall.

Skinner, B. F.(1958). Teaching machines. *Science, October 24,* 969-977.

Snyder, M., Grether, J., & Keller, K.(1974). Staring and compliance: A field experiment on hitch-hiking. *Journal of Applied Social Psychology, 14,* 165-170.

Solso, R. L.(1979). *Cognitive psychology.* Harcourt Brace Jovanovich.

Sperling, F.(1960). The information available in brief visual presentation. *Psychological Monographs, 74.*

Sperry, R. W.(1964). The great cerebral commissure. *Scientific American, 210(1),* 42-52.

Spielberger, C. D,(1966). The effects of anxiety on complex learning and academic achievment. In C. D. Spielberger(Ed.), *Anxiety and behavior.* New York: Academic Press.

Spiesman, J. C.(1965). Autonomic monitoring of ego defense process. In N. S. Greenfield & W. C. Lewis(Eds.), *Psychoanalysis and current biological thought.* Madison: University of Wisconsin Press.

Stapp, J., & Fulcher, R.(1981). The employment of APA menbers. *Amercan Psychologist, 36*: 1263-1314.

Sternberg, S.(1966). High speed scanning in human memory. *Sience, 153,* 652-654.

Sternberg, S(1967). Two operations in character recongnition: Some evidence form RT measurements. *Perception and Psychophysics, 2,* 45-53.

Sternberg, S.(1969). Memory scanning: Mental process revealed by reaction time experiments. I, 421-457.

Thomas, A., Chess, S., & Birch, H.(1970). The origin of personality. *Scientific American,* 102-109.

Thompson, R. F.(1980). *Brain.*

Times(1995). *The EQ factor. October 2 (146),* 60-68.

Tinklepough, O. L.(1928). An experimental study of representative factors in monkeys. *Journal of comparative Psychology, 8*, 197–236.

Tolman, E. C. & Honzik, C. H.(1930). *"Insight" in rats.* Berkelely: Unibersity of California Press.

Tresemer, D.(1974). Fear of success: Popular, but unpopular. *Psychology Today*, March, 82–85.

Tulving, E.(1972). Episodic and semantic memory. In E. Tulving & W. Donaldson(Eds.), *Organization of memory*. New York: Academic Press.

Tulving, E.(1974). Cue–dependent forgetting. *American Scientist 62*, 74–82.

Turnbull, C. M.(1961). Observations. *American Journal of Psychology, 1*, 304–308.

Tyron, R. C.(1942). Individual differences. In F. A. Moss(Ed.), *Comparative Psychology*. Englewood Cliffs, N. J.: Prentice–Hall, 330–365.

Veilant, G. E.(1977). *Adaptation to life*. Little, Brown and Company.; 한성열 역 (1993). 성공적인 삶의 심리학. 나남출판.

Walk, R. D., & Gibson, E. J.(1961). A comparative and analytical study of visual depth perception. *Psychological Monographs, No. 75.*

Walster, E., Aronson, E., & Abrahams, D.(1966). On increasing the persuasiveness of a low prestige communicator. *Journal of Experimental Social Psychology, 2.*

Walster, E., and Festinger, L.(1962). The effectiveness of "overhead" persuasive communications. *Journal of Abnormal and Social Psychology, 65.*

Watson, J. B. & Rayner, R.(1920). Conditioned emotional reactions. *Journal of Experimental Psychology, 3.*

Watson, J. S.(1972). Smilling, cooing, and "the game.", *Merril–palmer Quarterly, 18*, 323–339.

Waugh, N. C., & Norman, D. A.(1965). Primary memory. *Psychological Reivew, 72*, 89–104.

Wechsler, D.(1955). *Adult Intelligence Scale Manual*. New York: The Psychological Corporation.

Weiss, J. M.(1971). Effects of signal condition on stress pathology in rats. *Journal of Comparative and Physiological Psychology, 1*, 1–14.

West, S. G., & Brown, T. J.(1975). Physical attractiveness, the severity of the emergency and helping: A field experiment and interpersonal simulation. *Journal of Experimental Social Psychology, 11*, 531–538.

West, S. G., Whitney, G., & Schnedler, R.(1975). Helping a motorist in distress: The effects of sex, race, and neighborhood. *Journal of Personality and Social Psychology, 31*, 691–698.

Western, D. I.(1996). *Psychology: mind, brain & culture*, John Wiley & sons.

White, R. W.(1956). *The abnormal psychology(3rd ed.).* N. Y: Ronald Press.

Witkin, H. A., et al.(1962). *Psychological differentiation*. New York: Wiley.

Wickens, D. D.(1972). Characteristics of word encoding. In A. Melton & E. Martin(Eds.),(1972). *Coding processes in human memory*. Washington, D. C.: Winston, pp. 191–215.

Wilson, D. W. & Donnerstein, E.(1979). Anonymity and interracial helping. Paper presented at the Southwestern Psychological Association convention.

Winter, D. G.(1973). *The power motive*. New York: Free Press, 45–49, 92.

Winter, D. G. & Stewart, A. J.(1978). Power motivation. In H. London and J. Exner(Eds.), *Dimension of personality*. New York: Wiley.

Wolpe, J.(1973). *Practice of behavior therapy(2nd ed.)*. New York: Pergamon.

Wrightsman, L. S., & Sanford, F. H.(1975). *A Scientific study of human behavior(4th ed.)*. Belmont, California: Wadsworth Publishing Co., Inc.

Zajonc, R. B.(1984). On the primacy of affect. *American Psychologist, 39*, 117~123.

Zeki, S. M.(1977). Colour coding in the superior temporal sulcus of rhesus monkey visual cortex. *Proceedings of the Royal Society, 197B*, 195-223.

Zuckerman, M.(1974). The sensation seeking motive. *Progress in Experimental Personality Research, 3*, 80-148.

찾 아 보 기

[ㄴ]

[ㄷ]

[ㄹ]

[ㅁ]

[ㅂ]

[ㅇ]

[ㅈ]

[ㅊ]

[ㅋ]

[ㅌ]

[ㅍ]

[ㅎ]

[저자약력]

이 훈 구 (李勳求)	서울대학교 학사, 석사 미국 Hawaii 대학교 박사 현재 연세대학교 문과대학 심리학과 교수
한 종 철 (韓宗哲)	연세대학교 학사, 석사 연세대학교 박사 현재 연세대학교 문과대학 심리학과 교수
정 찬 섭 (鄭燦燮)	서울대학교 학사, 석사 미국 Iowa 대학교 박사 현재 연세대학교 문과대학 심리학과 교수
오 경 자 (吳慶子)	서울대학교 학사 미국 Iowa 대학교 석사 미국 Havard 대학교 박사 현재 연세대학교 문과대학 심리학과 교수
한광희 (韓光熙)	연세대학교 학사, 석사 연세대학교 박사 현재 연세대학교 문과대학 심리학과 부교수
황상민 (黃相旻)	서울대학교 학사 미국 Harvard 대학교 석사, 박사 현재 연세대학교 문과대학 심리학과 조교수
김민식 (金民植)	연세대학교 학사, 석사 미국 Vanderbilt 대학교 박사 현재 연세대학교 문과대학 심리학과 부교수

인간행동의 이해

1993년 8월 20일 초판 발행
2019년 9월 30일 제2판 23쇄발행

저 자 이 훈 구 외
발행인 배 효 선
발행처 도서출판 法 文 社

주 소 10881 경기도 파주시 회동길 37-29
(파주출판문화정보산업단지)
등 록 1957. 12. 12 / 제2-76호(윤)
TEL(031)955-6511, FAX(031)955-6528
e-mail(영업): bms@bobmunsa.co.kr
(편집): edit66@bobmunsa.co.kr
홈페이지 http : //www.bobmunsa.co.kr
조 판 한 미 문 화 사

정가 25,000원 ISBN 978-89-18-21056-8